동기강화상담 기술훈련

실무자 워크북

동기강화상담 기술훈련 제2판

실무자 워크북

David B. Rosengren 지음

신성만 · 김성재 · 이동귀 · 전영민 · 김주은 옮김

Building Motivational Interviewing Skills

A Practitioner Workbook

박학사

Building Motivational Interviewing Skills:
A Practitioner Workbook, Second Edition
by David B. Resengren, PhD

Printed in Korea
ISBN: 978-89-98521-73-8

역자 서문

동기강화상담은 이제 전 세계적으로 다양한 영역에서 적용되고 있다. 임상이나 중독 행동의 영역뿐만 아니라 인간 동기와 관련되어 있는 모든 영역에 그 활용범위가 확대되고 있다. 이 책의 이전 판과 새 판이 나오는 사이 새롭게 조명되고 있는 영역은 섭식 활동과 다이어트에 관련한 동기강화상담, 교정시설이나 범죄 행동의 변화와 관련된 동기강화상담, 학업과 진로지도에 관련한 동기강화상담, 운동과 당뇨병과 같은 성인병의 예방과 개입을 위한 동기강화상담 등으로, 앞으로도 적용범위가 무궁무진할 것으로 예상된다. 심지어는 AI를 활용한 동기강화상담 접근도 연구가 시작되고 있다. 이처럼 흥미로운 연구들이 속속 제시되고 있는 가운데, 변화대화와 유지대화 각각의 뇌 반응을 측정하고 이러한 대화의 패턴 자체만으로도 뇌의 활성화가 달라지며 관련된 중독물질에 대한 경험 자체도 변화될 수 있다는 연구들도 제시되고 있다. 동기강화상담 자체가 뇌 영역의 변화, 뉴런의 활성화, 그리고 신경전달물질의 변화를 가져올 수 있다는 사실이 확인되면서 약물요법을 대체할 수 있는 접근 방법으로 그 가능성이 점차 커지고 있다. 또한 조기선별 및 단기개입(Screening, brief intervention and referral to treatment; SBIRT)으로 알려져 있는 최근의 근거 중심적 공중보건 서비스의 핵심 기술로서 동기강화상담이 자리매김하고 있다는 것도 대단히 고무적인 일이다.

이와 같은 다양한 변화와 발전에 힘입어 동기강화상담의 훈련 영역도 보다 많은 경험과 지식을 쌓게 되었고 이 워크북은 그러한 발전의 정수를 모아 놓은 것이다. 이 책에는 보다 효과적이고 다양한 활동 과정과 연습들이 이전 판의 거의 두 배 분량이나 보강되었고 훈련생들이 어려워하거나 실수하는 영역들을 확인하여 집중적으로 연습할 수 있게 구성되었다. 무엇보다 이 책의 가장 큰 강점은 워크북을 잘 숙지하였을 경우 충분히 능숙하게 동기강화상담을 실시할 수 있게끔 되어 있다는 점이다.

이전 판에서 함께 해 주셨던 선생님들이 새 판 번역에 이번에도 힘을 모아 주셨다. 새로이 국제적인 활동을 하는 동기강화상담 훈련가 네트워크(MINT)의 일원이자 충남대학교 심리학과의 김주은 교수께서 번역진에 합류하여 큰 힘이 되어주어 기쁘게 생각한다. 책의 교정 과정에 큰 도움을 준 한동대학교 상담센터의 김예인 선생과 박학사 편집부에 고마움을 전한다.

2020년 봄

한동대학교 연구실에서

역자 대표 신성만

시리즈 편집자 서문

『동기강화상담 기술훈련』은 2009년 초판이 출간되면서부터 빠른 속도로 Guilford의 동기강화상담 적용 시리즈의 고전이 되었다. MI가 생소한 사람들, 스스로 연습하고 싶어 하는 사람들, 워크숍에서 적극적으로 연습하기를 희망하는 훈련가들, 그리고 훈련생의 최선을 이끌어 내고자 고민하는 슈퍼바이저들에게 값진 책으로 증명되어 왔다. 2013년 Miller와 Rollnick의 『동기강화상담』 제3판이 출간되자 새롭고 다양한 아이디어와 개념들이 훈련 현장을 채웠고, 차례로 Rosengren 박사의 기술 중심 저서가 개정되면서 내용이 보다 명료해졌다. 학습자가 MI의 네 가지 과정을 이해하고, 내담자의 언어에 대해 집중하고, 공감과 지시 간의 긴장 사이에서 균형 잡을 수 있도록 돕기 위해 설계된 연습들은 MI의 전문성을 연마하는 데 있어 훨씬 더 중요해졌다.

따라서 이번 『동기강화상담 기술훈련: 실무자 워크북』 신판을 맞이하게 된 것은 매우 기쁜 일이다. MI에 대해서 독학을 하든, 집단에서 가르치든, 실무자들을 수련감독하든 간에 상관없이, 당신은 이 책을 통해 훌륭한 연습 내용들을 숙지할 수 있을 것이다. Rosengren 박사가 조심스럽게 지적하다시피, 이 워크북이 MI에 관한 광범위한 책이나 여러 훈련을 대체하는 것은 아니지만, MI를 시작하는 사람에게는 좋은 책이 될 수 있다. 이 워크북은 MI 기법이 풍부하다는 측면에서 '직접 해보는' 것을 좋아하는 이들에게 특별한 환대를 받을 것이고, MI 교과서 3판의 적합한 자습서가 될 것이다.

사실 이 워크북을 비롯하여 일반적인 MI의 실제는 MI의 교육과 품질 보증의 탁월성에 관심 있는 전문가들의 본거지인 동기강화상담 훈련가 네트워크(Motivational Interviewing Network of Trainers: MINT; www.motivationalinterviewing.org)와 창립 이래 회원이었던 Rosengren 박사에게 많은 빚을 지고 있다. 당신이 곧 읽게 될 이 워크북은 Rosengren 박사의 훈련에 대한 천부적 재능과 다른 사람들과 자신의 아이디어를 공유하고자 하는 관대함이 결합되어 만들어진 것이다. 당신은 이제 그 훌륭한 작업물을 읽게 될 것이다!

Stephen Rollnick, William R. Miller, Theresa B. Moyers

저자 서문

이 책의 초판 발행 이후 8년 동안 실제 세계와 동기강화상담 세계에 많은 변화가 있었다. 이 모든 변화 속에서 이 책을 쓰는 데 있어 특별히 영향을 끼친 것이 몇 가지 있다.

첫째, 2013년에 동기강화상담의 신판이 출간되었다(Miller & Rollnick, 2013). 이 신판에서 Miller와 Rollnick은 MI의 원리를 나열하는 대신에 과정에 대해 깊이 있게 설명하고, 이전에는 '저항'이라고 불렀던 불협화음과 유지대화를 명확하게 구분하였다. 불협화음 또한 MI의 네 가지 과정을 통해 사람들이 어떻게 변화해 가는지에 대한 설명으로 소개하였다. 이번 『동기강화상담 기술훈련(Building Motivational Interviewing Skills)』의 개정판은 이러한 변경 사항과 일맥상통하며, MI의 과정에 대한 추가적 이해를 제공하고자 하였다. 이 책은 또한 Miller와 Rollnick이 사용한 조직체계를 준수하였다. 즉, 네 가지 과정은 이 책의 전반적인 틀을 제공하며, 나는 이러한 과정 안에서 나타나는 MI의 개념과 기술을 소개하고자 한다.

둘째, 이전에는 연구자들이 MI가 효과가 있는지를 물었다면, 이제는 MI가 어떻게 작동하는지에 대해 묻기 시작했다. 완벽한 그림은 아니지만 변화대화, 유지대화, 변화과정 중 불협화음 그리고 이러한 과정을 돕거나 또는 방해할 수 있는 상담사의 행동에 대해 보다 명확히 설명하고 있다. 이 책은 독자들에게 기본적인 기술의 적용과 이러한 기술들의 타이밍에 대해 방향과 의도를 생각하며 연습하기를 권한다. 예를 들어, 질문하고 반영을 제공하는 것이 네 가지 과정에서 각각에 특정한 방식으로 사용될 수 있다.

셋째, MI가 어떻게 작동하는지 묻는 질문으로 바뀌면서 긍정심리학으로부터 점점 더 많은 영향을 받게 되었다. 긍정심리학에 익숙하지 않은 사람들을 위해 이것은 사람들과 공동체가 행복해지는 데 영향을 미치는 요인에 대한 연구라고 간략하게 설명할 수 있다. Wagner와 Ingersoll은 Fredrickson(2009)의 긍정적 감정의 확장과 구축 이론(Broaden-and-build theory of positive emotions)을 포함한 생각을 『집단 동기강화상담(Motivational Interviewing in Groups)』을 통해 MI 세계에 소개하였다. 이 연구가 발견한 것과 MI 상담사와 내담자의 작업에서 발생하는 것 사이에 자연스러운 결합이 있는 것을 볼 수 있다. 더 많은 연구가 필요하겠지만, 이 생각들은 긍정심리학에서 발견한 것들을 뒷받침하는 연구에 대해 간략하게 언급하였다.

마지막으로, 나는 초판이 출판된 시기에 예방 연구소(Prevention Research Institute: PRI)라는 비영리 단체와 일하기 시작했다. 흥미롭게도 PRI는 MI가 탄생한 해인 1983년에 같은 질문(변화가 필요할 것 같지만 변화를 고려하지 않는 사람들과 함께 일할 수 있는 더 좋은 방법이 있는가? 그리고 데이터가 우리에게 말하는 것은 무엇인가?)으로 시작되었다. PRI는 초기에 고위험 음주 및 약물 선택에 대한 예방을 목표로 삼았다. MI를 선택 사항으로 두지 않고, 연구소는 설득 이론, 특히 설득의 핵심 경로로 방향을 돌렸다. (설득의 핵심 경로는 미묘한 의미를 많이 담고 있지만 여기서는 내담자가 제시된 생각과 개념에 대한 신중한 고찰을 통해 변화하도록 장려하는 것을 의미한다.) 설득은 MI가 피하는 것이므로, '설득'이라는 용어의 사용이 처음에는 나를 불안하게 만들었으나, PRI 프로그램을 경험하고 설득이론에 대해 연구한 결과, MI와 설득과정 모두 영향력이 있다는 것을 알게 되었다. 사실, 공통적으로 적용되는 핵심과정을 다른 이름으로 설명한 것처럼 보인다. 두 가지 방법 모두 오래 지속되는 내재적 변화를 목표로 했으며, 잘 수행되었을 때 개인과 선택권이 모든 것의 중심이 되었다. 비록 MI와 설득 이론, 또는 최근의 정교화 가능성 모델(Elaboration Likelihood Model)(Petty, Barden, & Wheeler, 2009; Petty & Wegener, 1999)의 장기적 적합성에 대해서는 계속 살펴보아야 하지만 독자들은 정보 제공하기에 관한 장, 그리고 더 일반적으로는 이 책의 언어('너'보다는 '나'와 '우리')와 필자가 제시하는 순서를 통해 이들을 통합하는 예를 보게 될 것이다.

독자들의 피드백을 바탕으로, 어떤 활동은 사라졌고 어떤 활동은 남겨졌으며, 새로운 장(chapter)과 활동이 있다. 몇몇 장들을 분할하고, 다시 초점을 맞추고, 수정하고, 확대시켰다. 가치와 목표를 탐구하는 것에 대한 '수평선 찾기'라는 새로운 장이 추가되었다. 자료의 40 %가 새로운 것이며 30 %가 중요한 형식으로 수정되거나 편집되었다. 독자들이 판단할 테지만, 남은 30 %가 시간의 시험을 견뎌내기를 바란다.

저자 소개

David B. Rosengren 박사는 켄터키주 렉싱턴에 위치한 민간 비영리 단체인 예방 연구기관(Alcohol and Drug AbuseInstitute)의 기관장 겸 CEO이다. 또한 그는 치료, 연구, 훈련 및 관리에 관한 다양한 경험을 가진 임상심리학자이기도 하다. 이전에는 워싱턴대학교에서 알코올 및 약물 남용 기관(Alcohol and Drug AbuseInstitute)의 연구 박사 및 자문위원과 동기강화상담(MI) 자문위원이자 교육자로 일하였다. Rosengren 박사는 35개국과 6개 대륙에 걸쳐 1,000명이 넘는 MI 강사를 대표하는 국제 협회인 동기강화상담 훈련가 네트워크(Motivational Interviewing Trainers Network: MINT)를 설립하는 데 기여하였다. 그의 연구 관심 분야로는 내담자 및 상담가를 위한 변화 메커니즘, 훈련 방법, 연구 결과의 실현 및 배포 등이 포함된다. 그는 중독, MI, 교육 및 변화과정에 대한 저널 기사 및 교과서의 챕터를 저술했다.

감사의 글

많은 분들께 감사를 드린다. MI의 구조에 대한 이해를 진전시키기 위해 많은 노력을 기울인 Terri Moyers는 이번 판에서 편집자로 일했다. 다른 작업에서 그래 왔듯이 본서에 있어서도 동일하게 분명하고 실용적이며 직접적인 방식으로 작업해 주었다. 그녀의 노력에 감사를 표한다. 그녀의 지도는 주의가 필요한 영역뿐만 아니라 향후 개발이 필요한 MI 모델의 영역들을 견고하고 날카롭게 하는 데 도움이 되었다.

Guilford Press의 직원들은 이 과정에서 훌륭한 동반자였다. Jim Nageotte는 다시 한번 훌륭한 지도와 더불어 현명한 조언을 제공해 주었고, 초기의 생각을 수정하는 것부터 이 판의 최종 완성본까지의 과정에 있어 능숙하게 도와주었다. Jane Keislar는 원고에서 옆길로 벗어나는 나의 많은 양떼들을 몰아주는 능숙하고 친절한 양치기이다. 훌륭한 질문과 보다 명료한 편집을 제공해 주고 원고의 전반적인 형식을 잡아 준 Anna Brackett, Margaret Ryan, Martin Coleman을 포함한 수많은 Guilford의 직원들이 이 책을 매듭지을 수 있도록 도와주었다. 마지막으로, Paul Gordon의 아름다운 표지 디자인에 다시 한번 감사한다. 책을 표지로 판단해서는 안 되지만, 표지가 우리 책의 나머지 부분을 볼 수 있는 틀을 만들어 주는 것도 사실이다. Judith Grauman, Kathy Kuehl, Katherine Lieber, Alica Power, Errin Toma, Angela Whalen, 그리고 이 책을 시장에 내놓기 위해 노력해 준 Guilford 마케팅팀의 모든 사람들에게 감사한다.

물론, 이 책의 기반이 되는 MI 기술, 훈련, 그리고 연구물에 상당한 기여를 한 동기강화상담 훈련가 네트워크(MINT)의 많은 회원들이 있다. 친애하는 MINT 회원들의 공로를 제대로 인정하기 위해 이름을 하나하나를 말해야 한다면 아마 100개 이상의 이름을 불러야 할 것이다. 이 작업이 여러분의 노고에 기대어 있다는 사실을 내가 잘 알고 있다는 것을 알아주었으면 한다. 여러분의 풍부한 아이디어와 너그러운 마음, 그리고 일에 대한 열정은 내가 여러분 사이에 있다는 것에 기쁨을 느끼고 확실히 더 좋아지게 한다. 여러분들의 지혜와 우정을 소중히 여긴다. 특히 Bill Miller와 Steve Rollnick이 오랜 세월 동안 보여 준 관대함과 우정, 그리고 그것이 나의 내면에 성장을 촉발하게 된 것에 감사의 마음을 전하고 싶다.

내 인생에서 가장 훌륭한 선물 중 하나는 PRI에서 일할 수 있는 기회를 얻었다는 것이다. 나는 종종 미국에서 최고의 직업을 가졌다고 말하곤 하는데, 사람들의 삶에 변화를 주는 역동적인 팀과 풍부하고 창의적인 일을 하고 있기 때문이다. 내 생각에 이보다 더 좋은 것은 없다. 이곳의 동료들은 내가 성장할 수 있도록 중요한 도움을 주었는데, MI처럼 중요한 것을 가져다가 큰 시스템에 규모에 맞게 구현하는 일과 같이 겉보기에 벅차 보이는 도전들이 포함되어 있다.

마지막으로, 친구와 가족들은 내 삶의 버팀목이다. 나를 바로 세우고 올바른 방향으로 나아갈 수 있도록 해 주는 Ed, Rhonda, Catherine, David, Colleen, Stuart, Dudley, 그리고 Candace가 내 곁에 있음은 큰 축복이다. 또한 결혼했다는 이유로 나의 허튼소리들을 참아내야 하는 불행한 영혼들, 우리 시댁 식구들에게 감사하고 싶다. 또, 항상 나를 응원해 준 좋은 친구들 Laura, Andy, Mike, Mary Kay에게 감사하며, 특별히 Ida의 몸은 이 세상의 어지러움을 떠났지만 나는 여전히 그녀의 영혼을 따뜻하게 기억한다. 내 동생 Todd와 여동생 Nancy는 형제자매이자, 내가 웃음과 영감과 편안한 우정을 찾을 수 있는 좋은 친구들이다. 부모님 Charley와 Marlys는 나에게 듣는 것과 진정한 경청을 받는 것의 가치를 처음 가르쳐 주신 분들이다. 나에게 너무 많은 선물을 주어서 감사의 마음을 충분히 표현하기조차 어렵다. 이들로부터 받은 교훈은 초판부터 계속되어 왔다. 아버지는 나에게 용기와 강점, 그리고 잘 죽을 수 있는 방법에 대해 다시금 가르쳐 주셨다. 어머니는 진정한 사랑이 어떤 것인지, 그리고 사랑하는 사람이 죽은 후에 어떻게 계속 살아가야 하는지를 보여 주었다. 반대로, 우리 아이들은 이 롤 모델들의 엉성한 모조품과 같은 나를 참아 주었다. Kate, Michael, 그리고 Sophia, 내가 참 많은 것을 자랑스럽게 여기지만, 너희의 두드러지는 성격적 특성은 나의 공이라고 할 수 없다. 너희는 나의 기쁨이고, 내 인생 최고의 자랑이다. 마지막으로, 나의 아내 Stephanie는 보조 조종사이고 자문가이며, 뮤즈이자 동반자이고 지지자이며 내게 영감을 주는 사람이다. 조금 떨어져 있지만, 난 여전히 나로 웃게 하는 당신의 목소리와 따뜻한 미소, 그리고 풍성한 웃음을 사랑한다. 모두에게 감사한다.

차례

본 도서의 구매자는 *www.guilford.com/rogengren-materials*에서 활동과 연습들을 다운로드 및 인쇄할 수 있고, 동기강화상담의 시연 영상을 시청할 수 있음(자세한 내용은 저작권 페이지 참조).

PART 1 앞으로의 여정

Merrian-Webster[1]에 따른 '지도(map)'의 사전적 정의는 다음과 같다.

- 일반적으로 전체 또는 영역의 일부의 평평한 표면을 나타냄
- 지도를 명확하게 나타내는 것

나는 적극적이고 활동적인 사람이었다. 나는 하이킹, 배낭여행, 카누 타기 그리고 강 래프팅을 좋아했다. 현재는 나이, 건강, 아이들 그리고 시간적 제약 때문에 그러한 활동을 원하는 만큼 하기 힘들지만, 여전히 나의 내면에 지속적으로 울려 퍼지는 그 경험들의 핵심적인 측면들이 있다. 나는 이 책에서 내담자와의 작업을 잘 떠올려 보도록 위에서 언급한 경험들, 특히 강 래프팅을 비유로 사용하고자 한다.

처음부터 시작하자. 나는 보트 가이드로서 대단한 전문가일 필요는 없다. 단지 특별한 지식과 경험을 가지고 있을 뿐이다. 보트 가이드는 물이 어떻게 움직이며 풍경과 상호작용하는지, 물에서 보트가 어떻게 기능하는지, 그리고 보트에서 사람들이 어떻게 협력하여 그 여행을 성공적으로 만들어 내는지를 이해하고 있다. 그들은 보트를 조종하기 위해 필요한 구체적인 기술을 이해하고 있어야 한다. 마지막으로, 그들은 그들이 들어가는 특정한 강과 날씨 조건과 같은 요소들이 어떻게 강에 영향을 미치는지에 대해 알아야만 한다. 이것은 우리가 다음 페이지에서 살펴보기를 희망하는 동기강화상담의 요인에 대한 우리의 지식과 유사하다.

물론, 이 여정을 떠나는 데 필요한 특정 도구와 지식이 있다. 우리는 강을 알아야만 하고, 목표를 향하기 위해 좋은 지도는 언제나 도움이 된다. 이 지도는 우리가 어디에 있고, 어디로 가고 있는

[1] 모든 장(chapter) 도입 부분에 나오는 정의는 *www.merriam-webster.com*에서 검색했다.

지를 이해하는 데 도움이 되는 세부적인 내용과 함께 앞에 있는 강의 본질적인 특징들에 대한 정보를 제공해야 한다.

뿐만 아니라 우리에게는 다른 것들도 필요하다. 나침판은 래프팅 여행에서 필요한 10개의 준비물 중 하나로 여겨진다. 나침판은 원래의 계획된 궤도에서 벗어날 때 방향을 바로잡을 수 있도록 도와준다. 또한 우리를 움직이도록 도와주는 튼튼한 보트나 노와 같은 적절한 장비도 필요할 것이다. 우리가 이 책에서, 이에 상응하는 MI 요소들을 차례로 고려하게 될 것이다. 먼저 제1장에서 이 책의 지도를 살펴본 다음 제2장에서 MI 여행의 몇 가지 본질적인 특징들을 살펴본다. 마지막으로, 제3장에서는 이 세션을 마치며, MI의 네 과정이 우리와 내담자가 어디에 있으며 어디로 가고자 하는지를 결정하는 데 어떻게 도움을 주는지를 살펴볼 것이다.

서론

MI의 성장이 지속되고 있다(Miller & Rollnick, 1991, 2002, 2009, 2013; Miller & Rose, 2009). 본서의 첫 판은 MI의 성장과정에 있었던 모든 다양한 방법들을 보여 주는 목록들을 제시하면서 시작했었다. 지금은 이와 같이 나열할 목록들이 너무 많아졌고 대부분의 독자들에게는 필요 없는 것일 수 있다. 대신, 유능한 저자, 연구자, 임상가들에 의해 쓰인 광범위한 주제를 다루는 MI 책의 목록을 제시하는 것과 같이 보다 실제적인 것으로 성장을 측정해 보고자 한다. 2009년 이 책의 초판이 출판된 이래 Guilford Press가 제작한 책들의 주제와 저자는 다음과 같다.

- 『학교에서의 동기강화상담』(Rollnick, Kaplan, & Rutschman, 2016)
- 『영양과 건강에 대한 동기강화상담』(Clifford & Curtis, 2015)
- 『불안장애를 위한 동기강화상담』(Westra, 2012)
- 『당뇨병 관리와 동기강화상담』(Steinberg & Miller, 2015)
- 『동기강화상담과 사회복지실천』(Hohman, 2011)
- 『청소년을 위한 동기강화상담』(Naar-King & Suarez, 2011)
- 『동기강화상담과 CBT: 최대 효과를 위한 전략들의 결합』(Naar-King & Safren, 2017)
- 『집단 동기강화상담』(Wagner & Ingersoll, 2012)
- 『재소자를 위한 동기강화상담: 참여, 재활, 복귀』(Stinson & Clark, 2017)

또한 다음과 같은 두 가지 새로운 판을 포함한다.

- 『동기강화상담: 변화 함께하기』(제3판; Miller & Rollnick, 2013)
- 『심리적 문제 치료에서의 동기강화상담』(제2판; Arkowitz, Miller, & Rollnick, 2015)

또한 Zuckoff와 Gorscak(2015)은 일반 대중들뿐만 아니라 내담자들이 사용할 수 있는 훌륭한 자습서를 펴냈다. 마지막으로, Shumacher와 Madson(2015)도 MI를 배우고 사용할 때 일반적인 임상적 문제를 해결하기 위한 팁과 전략들을 제공하는 책을 펴냈다. 성장의 폭은 놀라울 정도로 크며 지난 7년 동안 MI가 확장해 온 폭과 깊이를 반영하고 있다. 또한 이번 새로운 판이 어떻게 적용될지도 궁금하다.

1. 목적

이 지침서는 다양한 치료적 장면과 전문 분야의 상담자들을 염두에 두고 만들어졌다. 이 책에서는 일반화시켜 '상담자'와 '내담자'로 통칭해서 부르고 있기는 하지만 여기서 말하는 상담자는 상담적 도움을 제공하는 모든 분야의 상담자, 교도관, 준전문가, 또래 또는 동료 상담자, 의사, 치과 보조사, 당뇨병 관리사, 약물의존 치료전문가, 사회복지사, 전문상담사 등을 총칭하는 말이다. 이들의 공통점을 찾는다면 내담자는 변화의 가능성을 실현시키기 위해 애쓰는 사람이고 상담자는 이러한 사람들의 노력을 돕기 위해 개입하는 사람이라는 것이다.

이 책은 Miller와 Rollnick(2013)이 쓴『동기강화상담』3판과 함께 사용되면 효과적이다. 이외에도 최근 시리즈로 나와 있는『심리치료에서의 동기강화상담(Motivational Interviewing in the Treatment of Psychological Problems)』(Arkowitz et al., 2008),『보건 의료 장면에서의 동기강화상담: 환자의 행동 변화 돕기(Motivational Interviewing in Health Care: Helping Patients Change Behavior)』(Rollnick et al., 2008)와 함께 사용할 수 있다. 그러나 이러한 지침서들은 학습 기법과 여타 개념적인 부분에 대한 논의를 제공하지만, 실제적인 연습을 해 보도록 하는 부분은 빠져 있다. 따라서 이 책은 MI 기술을 확장하고 실제적인 연습을 제공하는 데 초점을 맞추고 있다.

『동기강화상담』3판을 꼭 읽어야만 이 책을 사용할 수 있는 것은 아니다. 이 책의 각 장은 그에 해당하는 개념들을 잘 요약해서 초반부에 제시하고 있다. 동기강화상담을 잘 알고 있는 상담자의 경우에는 초반부의 개념 정리를 간단히 훑어보는 정도로 넘어갈 수 있을 것이고 초보자의 경우에는 개념을 이해하기 위해 활용할 수 있을 것이다. 전문가든 초보자든『동기강화상담』3판을 제대로 읽으면 더욱 유용하다. 동기강화상담의 개념을 더 깊이 있게 이해하도록 도와줄 뿐만 아니라 이 책의 가치를 깨닫는 데도 도움이 될 것이다.

이 책은 동기강화상담의 현재 개념과 일치하며, 동기강화상담 워크숍에서 수련생들에게 제공되는 교육 순서와 이전 개념에 대한 논리적인 구축, 그리고 이러한 주제에 생소한 독자들을 위한 조직구조를 제공한다.

특히, 이 책에서는 질문을 던지고 반영을 하는 핵심 기술들이 각 단계에서 어떻게 다르게 전개될 수 있는지를 생각하며 관계 형성하기(engaging), 초점 맞추기(focusing), 유발하기(evoking), 계획하기(planning)의 네 가지 과정을 사용한다. 이번 장은 일반적으로 자유롭지만 다음 장부터는 초기 작업을 기반으로 연습을 제공한다. 이미 MI 개념에 익숙하거나 비선형적인 방식으로 일하는 경향이 있는 사람들에게 워크북은 여전히 뛰어난 책이다.

마지막으로, 이 책은 비록 언어를 사용해서 지식을 전달하고 있지만 사실은 다양한 지적 측면과 학습 양식을 자극할 수 있는 방식으로 서술되었음을 기억하기 바란다(Silver, Strong, & Perini, 2000). 다양한 학습 활동이 이 책에 포함되어 있는데 어떤 사람에게는 그중에 몇 가지가 상황적으로 들어맞지 않을 수도 있다. 모든 활동을 해 보는 것이 바람직하겠지만 그렇다고 하나도 빠뜨리지 말아야 한다는 부담은 갖지 않아도 된다.

2. 구체적인 목표

이 책은 세 가지 목표를 두고 쓰였다. 첫 번째로, 독자들이 이 책에 소개되어 있는 다양한 임상환경과 훈련환경에서 MI가 적용되는 것을 직접 보도록 하는 것이다. 뒤에서 보게 될 예시들은 심리학자로서의 30년의 경험과 MI 훈련자로서 20년 이상의 경험에서 비롯된 것이다. 물론 책은 사례의 시각적 이미지나 풍부한 음성 대화를 제공해 주지는 못하지만, 대화를 천천히 살펴볼 수 있고 상담자의 생각을 읽을 수 있다는 장점이 있다. 내담자와 상담자의 상호작용의 섬세한 부분을 집어내기 위해서는 여러 번 대화를 반복해서 들을 필요가 있는데 책을 통해서는 그것이 얼마든지 가능하다.

두 번째로, 이 책은 MI를 연습해 볼 수 있는 기회를 제공한다. 책에 소개되어 있는 활동들은 우리에게 상담기술을 연습해 보고 개선할 수 있는 기회를 제공하기 위한 것이다. 혼자서 할 수 있는 활동도 있지만 다른 사람과 함께 해야 하는 것도 있고 특별히 파트너와 함께하기 위해서 만들어진 활동도 있다. 또한 MI 학습 집단에서 사용될 수 있는 활동들도 소개되어 있다. 모든 활동에 필요한 활동지가 각 장의 마지막에 소개되어 있다. 작성 완료된 활동지가 다른 활동을 하는 데에 사용될 수도 있기 때문에 가지고 있는 것이 좋다. 자신의 상담기술을 발전시키기 위해서 활동지를 복사해서 사용하는 것도 좋은 방법이다.

세 번째로, 이 책에는 상담자가 내담자와 함께 참여해 볼 수 있는 활동이 소개되어 있다. 이러한 활동은 한 장(chapter)에서만 제공되고 있지만 다양한 목적을 위해서 여러 각도로 실시될 수 있다. 그렇지만 이런 활동을 하는 것이 꼭 MI를 실시한다는 것을 의미하지는 않는다. MI 정신에 입각한 활동이기는 하지만 상담 상담자가 어떻게 사용하느냐에 따라서 MI적인 활동이 될 수도 있고 그렇지 않을 수도 있는 것이다. 따라서 상담 상황에서 사용할 경우에는 활동에 대한 충분한 이해와 경험을 바탕으로 각각의 상황에 맞추어 실행해야 한다.

3. 책의 구성

첫 장과 마지막 장은 다른 장들과 구성이 다르다. 이 장에서는 MI에 대해 소개하고, 마지막 장에는 MI에 관한 연구를 짧게 요약한 내용과 MI를 배우는 데에 필요한 조언이 포함되어 있다. 제2장, 제4장에서 제11장까지는 다음의 형식을 따른다.

도입

각 장에서 다루게 될 질문이나 문제를 나타내는 임상적 예시를 보여 준다. 상황의 묘사와 담화를 통해서 MI의 기초가 된 삶의 실제적 문제를 경험해 볼 수 있다. 그리고 마지막에는 "당신은 이제 어디로 가시겠습니까?"라고 묻는다.

심층 탐구

각 장에서 다루게 될 개념들을 소개한다. 예를 들어, 제4장에서는 반영적 경청이 무엇인지, 그것이 어떻게 작용하는지와 구체적인 적용에 대해서 이야기한다. 이 분야에 이제 입문한 사람들에게는 앞으로의 실무 경험에 매우 기초적인 바탕이 될 내용일 것이고, MI 경험이 많은 상담 상담자들에게는 저자가 그동안 MI를 실천하고 연구하고 가르치면서 했던 경험과 상담자 자신의 경험을 비교하면서 복습해 볼 수 있는 기회를 제공하게 될 것이다.

개념 정리 문제—자가 진단하기

앞에서 읽었던 내용을 자신이 잘 이해했는지 가볍게 점검해 보는 시간이다. 경험이 많은 상담자들에게는 앞에서 했던 복습을 정리하는 시간이 될 것이다. 뒤에 정답과 해설도 제시되어 있다.

연습하기

앞에서 배운 개념적 내용을 실제 임상 상황에 통합시키는 부분이다. 기술을 어떻게 적용하는지를 바탕으로 MI가 실제로 실시되는 장면을 관찰할 수 있을 것이다.

시도해 보기

직접 연습을 해 볼 수 있는 시간이다. 각 장마다 다채로운 형식으로 되어 있으며 계속해서 파트너가 필요한 것은 아니다. 하지만 다른 사람에게 기술을 연습해 보는 시간에는 친구나 가족, 동료 또는 카페에서 일하는 사람까지도 파트너로 초대해 볼 수 있다. 상대방에게 치료를 제공하는 것이 아니기 때문에 부담을 가질 필요는 없다. 단지 상대방의 독특한 생각을 이해해 보려고 시도하면서 공감 기술을 연습하면 된다.

단순해 보이는 활동이라고 해서 반드시 쉬운 것은 아니다. 하지만 뛰어난 기술을 연마하기 위해서는 복잡한 과정이 필요할 때도 있다. 반영적 경청을 예로 들면, 이 기술은 사용할수록 그 깊이와 방향 그리고 다양성이 점점 더 발전되어 간다. 따라서 기술을 한번 연습해 보는 것으로 그것이 완전히 습득되었다고 여기지 말고, 그 기술이 정말 자신의 것이 되려면 여러 번 반복해서 연습해야 한다는 점을 염두에 두어야 한다. 활동지에 무심코 답을 작성하기 전에 복사해서 사용한다면 다음 연습을 할 때마다 새로운 느낌으로 할 수 있을 것이다. 트레이닝 경험에 비추어 볼 때, 숙련된 MI 상담자들의 경우, 그 기술이 기본적이기 때문에 연습 기회를 잘 찾지 않는다. 앞서 언급했듯이 심리학자 Angela Duckworth는 『그릿(*Grit*)』(2016)에서 숙달력을 쌓는 데 절대적으로 필요한 것은 집중력과 엄청난 노력, 기술적 측면에 대한 반복적인 연습이라고 언급한다. 이 연습은 탁월함에 필수적인 행동의 자동성과 '이건 내게 너무 기본적인 일이다'라는 사고방식의 전환으로 이어진다. 대신, 진정한 통합성이 나타나는 것은 기본적인 실천에 있다. 그러나 그렇게 하려면 단순한 로테이션 식의 생산을 넘어 연습에 집중해야 한다.

파트너 활동

이 책에 수록된 활동들은 혼자서도 얼마든지 할 수 있지만 친구나 동료, 또는 연습 집단에서 함께 시도해 보는 것은 더욱 도움이 될 것이다. 다른 사람과 함께하면 혼자서는 얻을 수 없었던 깊이 있는 토론과 연습 그리고 직접적인 피드백의 기회까지 얻을 수 있다. 각 장에는 특별히 파트너와 함께 피드백을 할 수 있는 활동이 있다. 이는 마치 무대의 막이 오르기 전 마지막 리허설을 하는 것과 같이, 앞으로 내담자와 상담을 하게 될 상황을 피드백과 함께 미리 경험해 볼 수 있는 기회가 될 것이다.

그 밖의 고려 사항

수년 동안 MI 훈련자와 상담자들이 경험해 온 실무 상황에서 일어날 수 있는 일들, 그리고 한계점이면서 여전히 완벽하게 정리되지 않은 것들이 적혀 있다. 예를 들면

> "양면반영을 할 때, 첫 번째 반영 문장에서는 내담자가 유지하는 것을 언급하고, 두 번째 반영 문장에서는 변화를 강조하는 측면을 언급하도록 하는 것이다. 이런 전략이 자연스럽게 우리가 향하고자 하는 방향으로 논의의 흐름을 이끌 수 있도록 해 준다."

이 부분에 적힌 내용들은 내가 교육을 받을 때 노트 가장자리에 간단하게 메모를 해 놓은 것이라 특정 범주에 포함시키기 애매한 것들이다. 그리고 여기에는 지금까지 MI 훈련자들과 전문가들이 고민해 온 문제에 대한 토론 내용을 담고 있다. 독자들은 MI 훈련자들과 전문가들 사이에서 일어나는 논쟁이 특별히 다른 논쟁과 어떠한 점이 다른지 관찰해 볼 수 있을 것이다.

4. 섹션

앞서 언급했듯이『동기강화상담』(3판)에 도입된 네 가지 과정을 기반으로 이 책을 여러 부분으로 나누었다. 각 부분에는 과정에 대한 간단한 설명과 과정을 실행할 수 있고, 다음 장에는 과정을 연습할 수 있다.

부록

부록을 보면 첫 판에서 바뀐 부분들이 있다. 이 책을 읽고 MI에 대해 더 배우기를 원하는 독자들이 사용할 수 있는 유용한 정보들을 담았고, MI 자원에 대한 부분은 삭제하였다. 인터넷을 통해 이용할 수 있는 자원이 폭발적이라는 것을 감안할 때, 이러한 정적인 형태의 목록이 더 이상 유용하지 않다는 것이 명백해졌기 때문이다. 나는 독자들이 동기강화상담 네트워크 웹 사이트를 접속해 볼 것을 권장한다. MINT(*www.motivational interviewing.org*)는 이용 가능한 자원들의 업데이트된 목록을 유지하고 있으며 대부분은 무료이다. 또한 MI 기술의 개발을 위한 교육 및 코칭 기회 목록

이 포함되어 있다.

동기강화상담 학습 공동체 설립하기

MI를 공부할 때, 파트너뿐만 아니라 함께 공부할 공동체를 만들어 보는 것이 좋다. 부록에는 MI 학습 공동체를 어떻게 계획할 것인가에 대한 구체적인 방법들이 소개되어 있다. 집단의 진행을 위해서는 MI 전문가보다는 오히려 공동체에 참여하고자 하는 사람이 더 필요하다. 부록에는 미래의 MI 집단 리더가 될 사람에게 주는 조언과 함께 공동체를 구성하고 조직적인 모임을 계획하는 데 필요한 것이 무엇인지에 대한 제안이 포함되어 있다.

참고문헌과 색인

마지막 부록에는 책에 인용된 내용의 출처와 용어를 빠르게 찾을 수 있도록 색인을 담았다.

5. 용어

MI에 관한 책을 쓸 때마다 항상 느끼는 어려움은 변화를 하는 사람과 변화를 돕는 사람에 대한 호칭을 결정하는 일이다. 이 책에서도 다양한 도움을 주는 상황을 이야기하기 때문에 모든 상황에 공통된 호칭을 찾기가 쉽지 않았다. 저자는 나름대로 내담자와 상담자라는 용어를 채택하였고, 독자들이 이를 각자의 상황에 맞추어 적절히 적용할 것을 권유한다. 또한 양쪽 성별을 모두 포함하기 위해서 대명사는 복수를 사용하였다. 복수가 아니더라도 이는 남성과 여성을 모두 지칭한다.

마지막으로, 예방연구소(Prevention Research Institute: PRI)의 동료들은 나에게 글을 쓸 때 1인칭('나'와 '우리') 포괄적 언어가 중요하다는 사실을 가르쳐 주었다. 이러한 종류의 언어는 우리가 서로 비슷하다는 것을 의도적으로 전달하며, MI를 배우는 데 있어서 우리 모두가 유사한 여정을 겪고 있음을 인식하게 한다. 우리는 같은 길을 가고 있다. 돌이켜 볼 때, 이는 이 탐험에서 우리로 동반자가 되게 하는 MI의 마음가짐과도 더욱이 일치한다. 2인칭 ('당신')을 사용하는 것이 더 적절할 때가 있지만, 나는 2인칭을 가능한 한 적게 사용하는 것을 목표로 하였다.

6. 나에 대한 소개

임상심리학자로서의 내 삶을 돌아보았을 때, 나는 박사학위를 받았던 1988년 이전부터 내담자의 동기에 깊은 관심을 가져 왔다. 내담자의 문제를 개념화하고 잘 고안된 계획을 세우며 실험에 의해 증명된 치료 방법을 제공하는 등 여러 방법을 사용했다. 하지만 그것이 무엇이든 간에 거기에 동참하려는 내담자의 의지가 없는 한 그 무엇도 의미가 없음을 깨닫게 되었다. 이런 한계 상황 때문에 나는 지속적으로 이 문제에 관한 해답을 구하고 찾으려 노력했고, 마침내 1990년 MI를 만나는 문턱에 서게 되었다.

처음에는 치료나 개입, 아웃리치 과정에서의 간단한 개입의 효과적 사용법에 우선적으로 초점을 맞춘 연구를 시작하였다. 그동안 알코올과 약물 사용, HIV 유발 행동, 음주운전 행위, 기형아 출산 방지에 관한 연구에 참여하였고, 길거리 아웃리치, 해독기관, 사정기관, 치료 프로그램, 내담자의 집, 전화 상담 등과 관련하여 일했다. 시간이 흐르면서 효과적인 MI 훈련 모델과 MI 기술 습득을 평가하는 방법을 개발하는 데로 관심을 돌렸다. 연구자로 일하는 동시에 이와 같은 일련의 일들을 하기 위해서 MI 교육자, 슈퍼바이저, 컨설턴트의 역할도 하고 있다.

1993년 나는 Miller와 Rollnick이 뉴멕시코 앨버커키에서 개최한 초보 훈련자들을 위한 훈련(training of new trainers: TNT)에 참여하였다. 그곳에서 나는 신문 출간을 시작해 보겠다고 자청했다. 처음에는 작은 규모로 시작했지만 많은 사람들의 노력이 어우러지면서 우리는 동기강화상담 훈련가 네트워크(MINT)라는 MI 훈련가들이 모이는 국제단체를 만들게 되었다. 이 단체에는 여섯 대륙에 속해 있는 수천 명의 멤버가 등록되어 있고 매년 국제적 모임을 갖는다.

지난 20년 동안 나는 다양한 사람들과 전문가들에게 MI를 소개하고 교육시켰다. 그러는 동안 계속 나를 따라다녔던 질문은 “어떻게 하면 저들이 더 많이 배울 수 있을까?”였다. 그 질문에 대한 답으로 이 책을 권하고 싶다.

MI의 기초

1. 도입

나는 훈련실 뒷자리에 앉아 우리의 트레이너 중 한 명이 계속 교육하는 것을 지켜보고 있었는데, 그 때 훈련 참가자 중 한 명인 Sarah가 언성을 높이며 말했다.

"만약 그들이 틀렸다면, 저는 바로 그 사실을 말할 거예요. 저에게 그럴 책임이 있다는 것도 알아야 할 필요가 있기 때문이죠." Sarah는 전에 불렀던 후렴구를 반복했다. "음, 사람들에게 도전해도 괜찮다고 알려 주지만, 저 또한 그들에게 도전할 거라고 말해요."

그의 말에 동의하는 사람들이 여기저기서 고개를 끄덕였다. 다른 사람들은 이 참가자로부터 전에 들었던 대화에서 벗어나 아래를 내려다보았다. 일부는 이견으로 고개를 저었다. 교육의 선두에 있던 트레이너는 머릿속으로 이런저런 생각을 했다.

- MI를 연습할 때, MI를 훈련시키고 있는 것이므로 MI와 일치하는 방식으로 진술에 응답한다.
- 참가자에게 도움이 되는 반응을 형성하고, 그녀의 생각에 대한 새로운 관점을 제공한다.
- 이러한 행동이 집단에 분열을 일으키고 있으므로 나머지 참가자들에게 관심을 쏟는다.
- 참가자에게 MI와 더 일치하는 대안적 견해를 제시한다.
- 세션의 초점을 벗어나는 대화를 피한다.

나는 뒷자리에 앉아 있으면서 지난 20년 동안 어떤 것들이 어떻게 변했는지에 대해 생각했다. 수다스럽고 의견이 분분한 이 사람은 이 훈련 기간 동안 여러 트레이너들의 골칫거리였다. Sarah는 가르치는 개념과 기술을 받아들이고 적용하려고 애썼다. 그녀는 자주 다른 견해를 제시했고 또한 그녀의 내담자들을 깊이 배려했다. 하지만 그녀는 짜증이 났고, 나는 트레이너가 반응하려고 애쓰는 것을 보며 그녀가 아주 잘못 알고 있다는 것을 그녀에게 직면시켜 주고 싶었다. 트레이너는 말하기 시작했다.

"우리는 지금 치료나 상담 또는 훈련을 하면서 자주 부딪히거나 의문을 가졌지만 해결하지 못하고 넘어가던 문제의 교차로에 서 있습니다. 사실 이러한 문제는 저에게도 그랬듯이 우리를 성가시게 하고 짜증 나고 좌절하게 만들기도 합니다. 따라서 우리는 선택을 해야 합니다. 논쟁의 근거를 제시하든지, 논쟁에 맞서든지, 아니면 무시하든지……. 다른 사람의 답을 기다리거나 Sarah가 가진 의문을 대신 풀어 줄 모임을 만들 수도 있습니다. 우리의 전문성에 근거해서 논쟁을 하거나, 아니면 그녀가 이러한 우려를 하는 진짜 이유에 대해 초점을 맞추고 이야기를 나누어 볼 수도 있고, 이러한 행동을 하게 만드는 것이 무엇인지 알아볼 수도 있습니다. 우리의 선택은 MI의 원리와 그 철학의 중심에 놓여 있습니다."

2. 심층 탐구

변화에 대한 대화

가장 기본적인 것은 MI는 변화에 대한 대화라는 것이다. 이러한 대화를 하는 데는 여러 가지 방법이 있다. Rollnick, Miller, 그리고 Butler(2008)는 이러한 것들이 세 가지 주요 커뮤니케이션 도구(질문하기, 경청하기, 정보 제공하기)를 공유하지만 원의 서로 다른 부분을 따라 떨어지는 수렴적 스타일로 생각할 수 있다고 제안한다. 지시하기, 따라가기 및 안내하기 등 세 가지 방식은 각각 어떤 상황에는 적합할 수 있고 또 다른 상황에는 잘 맞지 않을 수 있다. 목표는 상담자가 한 가지 스타일만 사용하는 것이 아니라 상황에 따라 유연하고 능숙하게 움직이는 것이다.

지시하기 방식을 사용하는 상담자는 종종 조언이나 행동 계획의 형태로 전문지식을 제공한다. 이 과정에는 문제 해결의 질적 수준이 있다. 이 일은 연출하는 사람이 전형적으로 담당한다. 외과 의사들이 심박조율기와 제세동기를 삽입하기 전에 환자들에게 문제, 해결책, 그리고 일의 과정에 대해 전달하는 것과 같다. 상담자가 제공하는 기술적 전문지식은 내담자에게 상당히 도움이 될 수 있지만, 결과적으로 불균형한 관계를 내포하기도 한다. 내담자는 의사결정, 조언 및 조치를 위해 상담자에게 의존한다. 이러한 접근은 생명을 구할 수도 있다. 예를 들어, 아이가 거리로 달려들면 부모는 피해를 막기 위해 멈추라는 명령으로 빠르게 대응할 것이다. 이런 식의 암묵적인 메시지는 "나는 이 상황을 어떻게 해결할지에 대한 생각을 가지고 있다."라는 의미이다.

이와는 대조적으로, 따라가기 방식에서 상담자가 내담자의 리드를 따라가는 것은 놀라운 일은 아니다. 따라가기 방식은 내담자가 주로 담당하는 접근 방식이며, 상담자의 목표는 잘 듣고 상황을 이해하는 것이다. 상담자는 우려를 제쳐두고 내담자가 문제를 어떻게 보는가에 초점을 맞춘다. 예를 들어, 한 여성이 가치 있지만 완전히 만족스럽지는 못한 안정적인 일을 계속 할지, 아니면 경제적인 위험이 따르지만 그 일을 그만두고 성취감을 느낄 수 있는 자영업을 택할지 고민하고 있다고 하자. 일반적으로 올바른 선택이라는 것은 없기 때문에, 상담자는 주로 경청하고 조언하고 싶은 유혹을 피함으로써 내담자 스스로 자신의 상황을 보다 명확하게 이해할 수 있도록 도와준다. 이러한 방식은 내담자가 어떤 강력한 감정에 압도되는 상황에서 특히 도움이 될 수 있다. 대화는 내담자의 속도와 방향에 따라 움직인다. 상담자의 암묵적인 메시지는 "필요한 것에 대한 당신의 지혜를 받아들이고 신뢰한다."이다.

안내하기 방식은 상담자와 내담자가 한 팀으로 일하면서 상담자와 내담자가 함께 '걷기'를 하지만, 이번에는 상담자가 길을 가리키며 다른 선택지들은 무엇이고, 어떠한 것이 가능한지, 또 다른 사람들은 어떻게 해 냈는지 등 각 접근 방식에 따른 위험과 이점에 대해 알려 준다. 상담자가 가능한 경로를 가리킴에 따라 내담자는 자신에게 가장 적합한 방향을 선택하는 데 도움을 받는다. 그러나 궁극적으로 길을 선택해야 하는 것은 내담자이다. 이런 방식에서의 암묵적인 메시지는 "나는 당신이 직접 이 문제를 해결하도록 돕겠다."는 것이다. MI는 정제된 형태의 안내하기이다.

상담자의 기술이 어느 한 특정한 방식에서 우세하다 하더라도 상담자들은 이 모든 방식에서 경청하고, 질문하고, 정보를 공유할 수 있다. 이러한 각각의 방식은 MI 원칙과 어떤 점에서는 일치할 수도 있고 그렇지 않을 수도 있다. 마지막으로, 방식의 구분이 직관적으로 이해가 되긴 하지만, 따라가기에서 지시하기, 그리고 안내하기로 이동할 때 그 사이에 명확한 경계를 짓는 것은 어려울 수 있다. 실제로 이 경계는 사소한 것에 불과한데 이는 단지 하나의 방식만을 적용하는 것이 아니라, 세 가지 방식 모두를 유동적으로 움직여서 어느 시점에 특정 방식이 가장 효과적일지를 결정하는 것이 목적이기 때문에 사소한 것에 불과하다고 할 수 있다. MI의 정의는 이러한 생각에서 출발한다.

MI의 정의의 출발: MI란 무엇인가?

> MI는 결심과 변화에 대한 자신의 동기를 강화하기 위한 협력적인 대화 방식이다.

'안내하기'가 다른 방식들보다 이 정의에 더 잘 부합한다는 것을 쉽게 알 수 있을 것이다. MI는 대화에 대한 전문성, 즉 협동정신을 가진 두 사람 간의 대화 방식이다. 그러나 두 번째로 이 정의는 상담자에게 "나의 방식은 내담자들이 가지고 있는 변화에 대한 이유를 강화하는 데 도움이 되는가?"라는 본질적인 질문을 던진다. 이 과정에서 어느 한 방식이 어떻게 도움이 되고 또는 방해가 되는지를 이해하기 위해서, 변화에 대한 대화가 어떻게 작용하는지를 탐구할 필요가 있다.

변화준비도

각각의 내담자들은 변화준비도에 있어 상당한 차이를 보인다. 대부분의 상담자들에게 있어 이러한 부분은 그리 새로운 것이 아닐 것이다. 사실 당신이 이 책을 사서 읽는 이유도 아마 상담자로서 내담자의 준비도를 높이는 데 도움이 되고자 하는 열망에서 비롯되었을 것이다. 앞으로 변화와 준비도에 대한 몇몇 기본 개념부터 살펴볼 것이다. 변화준비도에 대한 대부분의 개념은 Prochaska와 DiClemente(1984, 1998)에 의해 발전된 초이론적 변화단계 모델(transtheoretical model: TTM)로부터 비롯된다.

❦ **변화에 대한 양가감정은 정상적인 것이다.** 만약 내담자가 어떤 변화에 대해 그것이 명백하게 필요한 것이고 쉽게 이루어질 수 있는 것이라 느꼈다면 변화는 진작에 일어났을 것이고, 우리의 도움을 필요로 하지도 않았을 것이다. 그러나 변화하는 것은 어렵기 때문에 사람들은 이에 대해 다양한 생각과 감정을 가지게 된다. 그래서 상담자는 이러한 불확실성을 내담자의 문제로 보기보다는 정상적인 변화과정의 한 부분으로 보고, 내담자와 함께 해결해 나가기 위해 그와 보조를 맞추어야 한다. 실제로, 변화과정에 대한 노력이 잘 진행되고 있음에도 불구하고 내담자들은 변화과정 내내 양가감정을 경험한다(Engle & Arkowitz, 2006). 상담자는 내담자가 이 양가감정을 해결하려는 생각에서 벗어나려고 하기보다는 양가감정을 자연스러운 것으로 바라보도록 함으로써, 내담자가 내담자의 변화를 향한 기울기를 유지하고 강화한다.

❦ **변화는 비선형적으로 일어나기도 한다.** 다시 말하면 내담자는 비변화(non-change)에서 변화(change)의 단계로 곧바로 이동하지 않는다. 초기에 단계들이 나타나고 후퇴(setback)가 있으며 변화가 일어나기 직전에 이전의 문제행동으로 잠시 돌아가는 경우도 있다. 때로 내담자들은 비록 성공률의 차이가 있겠지만 상담자의 도움 없이 실질적인 변화를 시도하기도 한다.

❦ **준비도는 고정되어 있지 않다.** 이 부분에 대해서도 이 책 전반에 걸쳐 지속적으로 언급할 것이다. 내담자들의 준비도에 있어 시작점이 다르다는 것은 명확하지만 변화의 노력에는 상담자가 긍정적이거나 부정적인 영향을 미칠 수 있다는 것 또한 점점 분명해지고 있다. 이 장의 도입부에 소개된 Sarah의 반응에 대해 상담자가 어떻게 대응하는지에 따라 대화가 다양한 방식

으로 전개될 수도 있다는 것은 쉽게 상상해 볼 수 있다.

❦ **준비도에 주의를 기울인다.** 혈압, 체온, 맥박 등이 의료기관에서 중요한 생체지수(vital sign)이듯이 상당히 많은 MI 훈련자들은 변화에 있어서 준비도가 생체지수와 같다고 말한다. 준비도에 집중하게 되면 상담자는 상담 회기를 보다 효과적으로 이끌어 갈 수 있다. 예를 들어, 변화에 대한 자신감은 높지만 그러한 변화가 그다지 중요하지 않다고 생각하는 내담자가 있다면 상담 회기를 변화의 중요성을 찾아가는 데에 집중하도록 이끌어 갈 수 있을 것이다.

교정반사

교정반사는 상담자가 내담자의 삶에서 문제를 적극적으로 해결하려고 시도하는 경향을 말하며, 그렇게 함으로써 오히려 내담자 변화의 가능성을 줄이는 것을 말한다. 이는 타인을 돕고자 하는 욕구에서 시작되는데, 문제점을 발견하게 될 때 그것을 개선하고자 노력하게 만드는 긍정적 동기이기도 하다.

상담자는 내담자들의 상황이 바뀌어서 그들이 더 행복하고 생산적인 삶을 살게 되기를 바란다. 이러한 결과를 기대하는 것 자체에는 아무런 문제가 없지만, 안타깝게도 교정반사가 내포하고 있는 문제점은 양가감정의 가능성을 고려하지 못한다는 점에 있다.

내담자들은 기본적으로 변화에 대해서 양가감정을 지니고 있기 때문에 어떤 때는 변화가 꼭 필요하거나 혹은 그 변화가 가능하다는 것조차 생각하지 못할 수도 있다. 이것은 변화에 있어서 동전의 양면과 같다. 변화와 관련된 두려움, 불확실성, 관계의 변화와 금전적 · 시간적 비용은 현재 상황을 유지하려고 하는 이유가 된다. 이러한 비용과 요소들이 종합적으로 내담자가 현재 행동에 머무르도록 영향을 미치는 것이다.

우리가 내담자를 변화로 몰아세울 때, 내담자의 양가감정은 압박을 받게 되고, 그 결과는 뻔하다. 내담자들은 뒤로 밀쳐진다. Miller와 Rollnick(2013)은 이전에 이를 push back **저항**이라고 불렀지만, 추가적인 검토에 따르면 이 과정의 대인관계 측면은 적절하게 표현되지 않았다. 그 결과 지금은 저항이라는 말이 쓰이고 있으며 연구는 이러한 개념화를 지지한다. 연구자들은 이 단계에서 상담자의 행동이 내담자의 저항에 직접적인 영향을 미친다는 점을 입증했다(Barnett, Moyers, et al., 2014; Miller & Sovereign, 1989; Moyers et al., 2007; Patterson & Forgatch, 1985). 내담자의 저항을 증가시키는 상담자의 행동에는 ① 내담자가 문제를 가지고 있다는 것을 설득시키는 것, ② 변화의 이점을 주장하는 것, ③ 내담자에게 변화의 방법을 말해 주는 것, ④ 변화하지 않았을 때의 결과에 대해 경고하는 것이 있다. 변화를 지지하는 상담자의 태도가 오히려 내담자의 저항을 증가시켜 결국 변화가 일어날 가능성을 감소시키는 것이다. 내담자가 정말로 필요로 하는 정보가 있다고 느낄 때 우리에게 교정반사가 슬쩍 들어오는 경향이 있는데 그것은 그렇게 보이지 않아 특히 치명적일 수 있다. 앞서 열거한 네 가지 상담자의 행동 중 어느 하나에도 해당되는 것 같지 않기 때문이다. 교정반사의 교묘한 성격은 그것이 발생하는 것에 대한 우리의 인식을 흐릴 수 있다. 하지만 결과는 마찬가지이다. 내담자들은 뒤로 밀쳐진다.

변화를 지지하는 상담자의 태도가 오히려 내담자의 저항을 증가시켜 결국 변화가 일어날 가능성을 감소시키는 것이다. 이러한 관점에서 내담자의 저항은 상담자의 행동에 의해 더욱 강화되거나 약화될 수 있는 일종의 에너지와 같은 것이라 할 수 있겠다. 내담자의 저항 강도가 높아지는 것을 볼 때 상담자는 자신의 행동에 문제가 있음을 알고 그 행동을 바꿀 필요가 있음을 인식해야 한다. 상담자는 내담자의 문제를 직접적으로 교정하려는 행동을 함으로써 내담자의 저항을 강화시킬 것이 아니라, 내담자의 저항에 직접 맞서지 않으면서도 저항을 최소화하는 것을 상담의 목표로 삼아야 한다. 또한 우리는 내담자로부터 변화의 이유를 이끌어 내기 위해 고안된 방식과 행동을 사용해야 할 것이다.

MI의 상담자 정의: 왜 MI를 사용하는가?

이러한 생각들은 MI의 초기 정의를 위한 그림을 채우는 데 도움이 될 뿐만 아니라, 바쁜 상담자들이 이 방법을 배우기 위해 시간과 노력을 투자하는 이유에 대한 MI의 두 번째 정의로 인도한다.

> MI는 변화에의 양가감정에 대한 공통적인 문제를 설명할 인간 중심 스타일의 상담이다.

이 정의 안에서 요소들이 수렴되기 시작한다. 이것은 특정한 성질을 가진 본질적으로 협력적인 대화이다. 우리는 이 대화에서 함께한다. 이것은 사람들에게 무엇을 해야 하는지, 왜 그것을 해야 하는지를 말하는 것이 아니라 오히려 그들의 변화이유를 이끌어 내는 것을 포함한다. 그리고 대부분의 내담자와 사람들에게 무엇을 해야 하는지 알려 주는 것은 변화하지 않기로 결심하는 의도하지 않은 결과를 낳는다는 점에 주목하면서, 변화의 중심성을 인식한다. 또한 MI는 내담자 중심의 전통에 기반, 양가감정에 대응하기 위한 방법을 제공한다. 이는 내담자 중심의 전통이 우리에게 미치는 영향이다.

MI 정신

우리가 내담자와 어떻게 상호작용하는지를 알려 주는 안내철학이 있으며, 그것은 Carl Rogers

(1980)의 내담자 중심의 글쓰기에서 비롯된다. 그러나 MI의 맥락에서는 Rogers의 사상이 진화하고 있다. Miller와 Rollnick(2013)은 이 철학을 협동정신, 수용, 연민, 유발성이라는 네 가지 영역 안에 드는 마음가짐으로 묘사한다. 게다가, 이들 각 영역은 경험적인 요소뿐만 아니라 행동적인 것도 포함하고 있다. 마지막으로, 이러한 영역들은 겹쳐져 있으며, 우리가 찾는 MI 정신의 핵심은 바로 그 중심에 있다.

협동정신이 MI에 있어 분명한 기반처럼 보일지 모르지만, 우리가 내담자의 변화를 도와야 한다는 압박을 느낄 때, 이것을 쉽게 놓칠 수 있다. 이 영역은 가장 효과적이기 때문에 내담자를 능동적인 파트너로 보아야 한다. 상담자는 이 관계에 중요한 전문 기술을 가져가긴 하지만, 이러한 협력적인 자세는 내담자 자신에 대한 전문지식, 자신의 경험과 상황, 그리고 변화에 대한 이전의 노력을 포함한다. 내담자의 전문지식에 대한 상담사의 존중은 협동정신의 경험적 요소이다. 이러한 행동적 표현은 내담자의 열망과 목표(우리 자신의 삶을 유지하는 것)를 적극적으로 이끌어 내고, 변화가 가능한 긍정적인 환경을 조성하는 것이 포함된다. 예를 들면, 상담사로서 우리가 어떤 내담자의 결정에 대해 염려를 보일 수는 있을지라도, 처방하거나 설명적 조언은 피해야 한다.

수용은 협동정신의 요소와 전진(move beyond) 모두를 포함한다. Miller와 Rollnick(2013)은 이것이 절대적 가치, 자율성, 정확한 공감, 인정의 네 가지 요소로 구성되어 있다고 설명한다. 이러한 구성 요소에서 Rogers의 인간 중심주의가 분명하고 명백하게 나타난다.

절대적 가치는 각자가 가지는 가치뿐만 아니라, 그 이상의 존재가 될 수 있다는 잠재력을 가지고 있다는 믿음을 반영한다. 그러므로 우리는 사람들이 우리와 깊은 의견의 차이를 보일 때에도 그들을 받아들이고 존중해야 한다. MI 정신의 이 구성 요소는 내담자가 선택권이 거의 없거나 아예 없는 사람들(예: 어린이)에게 부정적인 영향을 미치는 경로를 선택할 때 상담자들에게 특히 어려울 수 있다. MI 상담자들은 이러한 우려를 공유하고 있으며 내담자에게 변화를 강요할 수 없다는 것을 인식하고 있다. 우리가 자유와 의지를 통제하는 강압적인 환경에서도, 내담자들은 변화를 선택해야 한다.

자율성은 사람들이 자신의 삶의 방향에 대해 스스로 결정을 내려야 한다는 믿음을 반영한다. 여기서 **영향력**과 **통제력**을 구별하는 것이 중요하다. 우리가 내담자들과 함께 하는 일은 그들의 결정에 영향을 미칠 수 있지만, 그들이 감옥에 갇혔을 때조차도 그것은 궁극적으로 그들의 결정이다. 이 지식은 비록 우리가 사람을 물가로 인도할 수는 있지만, 물을 마시게 할 수는 없다는 수정된 격언과 같다. MI에 관해서는, 다음과 같이 덧붙이면 이 진술이 더 정확해질 것이다. "우리는 그 사람이 갈증을 인지하도록 도울 수 있지만, 결과적으로 그 사람은 술을 선택할 수도 있어." 이는 단순히 다른 사람에게 우리의 의지를 강요하려는 것과 같지 않다. 대신 우리는 그 사람이 이미 그 안에 존재하는 과정을 파악하도록 돕는다.

내담자가 갈증을 인식하도록 돕기 위해서는 우선 그들의 관점에서 세상을 이해해야 한다(Moyers & Miller, 2013). 그러한 이해는 우리의 **정확한 공감**을 필요로 한다. 즉, 세상을 내담자가 보는 것과 같이 보는 능력과 동시에 그 속에서 길을 잃지 않기 위한 우리의 능력을 유지하는 것이다. 내담자에게 도움이 되는 것은 이 두 가지 자질의 결합이다. 그리고 우리는 그들의 삶을 위해 다른 가능성을 알아차리고 노력해야 한다.

마지막으로, 내담자가 변화 작업을 성공적으로 수행하기 위해서는 변화 사항을 먼저 확인해야 한다. 희망은 모든 변화 노력에 필수적이며 따라서 우리는 그 가능성을 키워야 한다. 내담자(그리고 우리 자신) 내에서 우리는 문제와 약점을 찾는 것이 아니라 개인 내부에 있는 장점과 자원을 찾고 확인함으로써 이 과정을 지지한다. Miller와 Rollnick(2013)은 이 과정을 **인정**이라고 부르고, 내담자 내부에서 이러한 것들을 찾는 **사고방식**과 그 강점, 그리고 자원에 적극적으로 관심을 기울이는 **행동 구성 요소**가 있음을 다시금 강조한다.

이 네 가지 요소, 즉 절대적 가치, 자율성, 정확한 공감, 인정을 종합하면 **수용**이 된다. 이것들은 Rogers가 60년 전에 우리에게 가르쳐 준 것의 기반을 형성하는 것이다. 내담자를 그대로 받아들이면 그들은 스스로를 방어할 필요성을 덜 느끼게 되고 변화 가능성에 더 개방적으로 된다.

연민의 영역은 상식에 지나지 않는 것처럼 보일지 모르지만 훨씬 더하다. 연민은 사람들을 조종하여 상담사에게 보답하게 하는 행동을 취하게 하는 시술자(또는 판매원)에 대한 방어 수단이다. 이런 의미에서, 연민은 다른 사람의 고통에 대한 관심과 보살핌을 경험하는 일반적인 정의에서 그 개인의 행복을 위해 일하는 것을 포함하는 정의로 확장된다. 실제로 Miller와 Rollnick(2013)은 연민을 "상대방의 복지와 최선의 이익을 추구하기 위한 의도적인 약속"이라고 묘사한다.

유발성은 아이디어와 해결책이 내담자로부터 나올 수 있도록 돕는 것을 포함한다. 내담자들은 변화를 시도하고 도전하는 데에 도움이 되거나 방해가 되는 것들을 직접 경험해 본 전문가이다. 우리는 이 분야의 전문가로서 내담자와 같은 문제를 가지고 있는 사람들이 보편적으로 어떤 특성을 가지는지에 대해서는 잘 알지만, 특정 내담자가 무엇을 원하고 필요로 하는지에 대해서는 잘 알지 못한다. 따라서 내담자들에게 적절한 고려 사항을 제공하고 변화의 이유와 방법을 내담자 스스로 발견하도록 하는 것이 우리가 가져야 할 목표이다. 우리는 변화를 유발하는 방법이 여러 가지라는 것과 변화의 동기는 바로 내담자 안에서부터 시작된다는 점을 인정해야 한다.

이 지침 철학은 MI에만 국한된 것이 아니다. 실제로 MI 정신의 요소는 다양한 범주(예: 종교적 가르침, 심리학 연구)에서 나타났다. Moyers, Miller와 Hendrickson(2005)의 연구에 따르면 이러한 정신은 MI 상담자의 기술의 중요한 전제조건이며, 이는 내담자의 행동과 치료 결과를 예측한다. 실제로 Miller와 Moyers(2006)는 MI를 배우기 위한 여덟 가지 과제를 기술할 때 이를 상담자들이 배울 수 있는 첫 번째 요소로 만들 정도로 이러한 맥락에 중요성을 둔다.

핵심 기술

MI는 많은 치료적 접근에서 발견되는 상담기술과 방법을 포함하고 있다. 이러한 기술 내에서, 우리는 내담자와의 관계를 구축하고, 문제점을 탐색하고, 공감대를 형성하는 데 도움이 되는 도구를 발견한다. 이렇게 핵심이 되는 기술들을 우리는 OARS+I이라고 부른다. OARS는 열린 질문하기(Open-ended questions), 인정하기(Affirmations), 반영적 경청(Reflective listening), 요약하기(Summaries), 정보 교환하기(Information exchange)[1]의 약자이다. 이러한 기술들은 많은 접근 방식의 기본이지만, 쉽거나 단순하다는 의미로 받아들여져서는 안 된다. 각각의 기술들을 잘 구사하기 위해서는 임상적 전문 훈련이 필요하다. 어떤 경우에 상담은 이 네 가지 기술만을 사용해서 이루어지기도 한다. 제4장과 제5장에서 이 기술들에 대해 더 자세히 언급할 것이다.

변화대화 유발하기

세 번째 요소는 MI만의 고유한 기술로 변화대화라는 특정한 대화를 내담자로부터 유발하는 다양한 방법들을 나타낸다. MI의 다양한 개입방법들은 변화대화를 이끌어 내고 그것을 강화시키기 위해 만들어졌다. 이러한 접근 방법은 내담자들이 상담 중에 본인이 진심으로 했던 말을 더 잘 지키게 되는 경향성에 근거를 두고 고안되었다. Amrhein 등의 연구(2003)에 따르면 변화대화의 방향과 강도는 내담자의 결단 정도와 그 후의 행동을 예측할 수 있게 해 준다. 연구는 또한 발생 빈도가 중요하며(Barnett, Spruijt-Metz, et al., 2014; Moyers, Martin, Houck, Christopher, & Tonigan, 2009) 다른 두 요인보다 약간 더 쉽게 알아차릴 수 있다는 것을 보여 준다. MI의 중요한 목표 중 하나는 내담자가 변화해야 하는 이유를 분명하게 말할 수 있도록 도와서 변화하려는 의도를 강화시키는 데 있다.

내담자가 구체적인 변화에 대해 말할 수 있게 돕는 것은 그가 양가감정을 경험하고 있을 때 특히 중요하다. 양가감정을 경험하고 있는 내담자는 흔히 상담자가 하는 주장에 반대되는 주장을 펼치게 되므로 상담에서 딜레마를 만들어 낸다. 양가감정의 딜레마란, 내담자를 위하는 상담자가 내

---

[1] Miller와 Rollnick(2013)은 가장 최근 저서에서 질문하기(asking), 인정하기(affirming), 경청하기(listening), 요약하기(summarizing), 정보 교환하기(exchanging Information)로 동명사 형태를 사용하여 기술들의 능동적 특성을 강조했다. 이와 같은 강조점은 기술들에 대해 생각할 때 유용하다. 그러나 약자 OARS+I는 기술의 학습과 상기에 있어 유지를 용이하게 하는 '연결성'이 있으므로, 여기에서 규칙처럼 사용할 것이다.

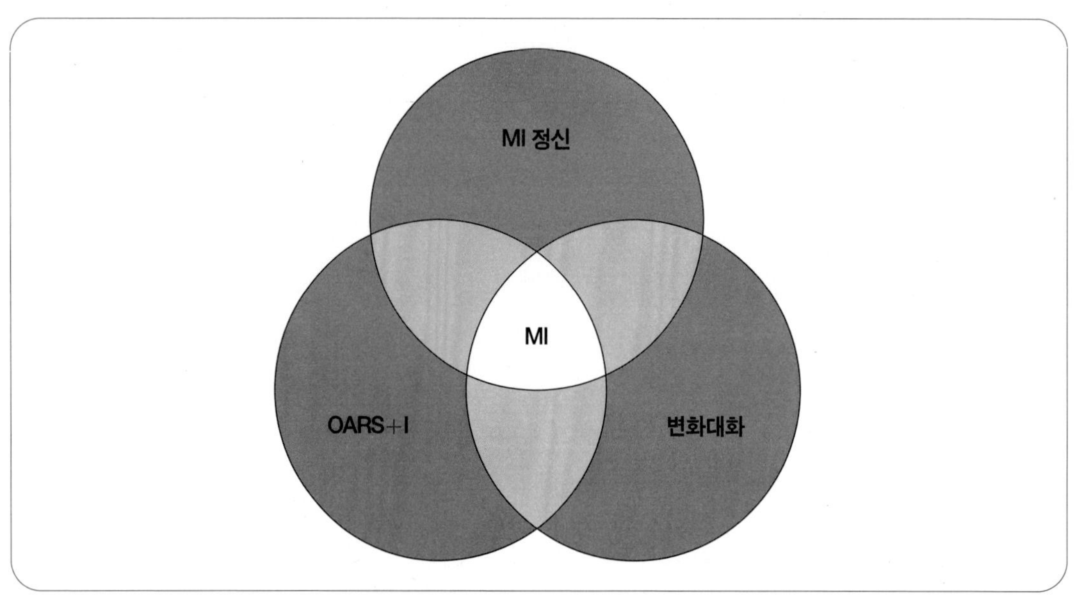

[그림 2-1] MI 요소

담자에게 필요한 변화를 하도록 설득시키려고 하면 결국 "네, 그렇지만……."이라는 대답만 듣게 되는 경우를 말한다. 만약 이러한 역동이 오래 지속되면 결국 내담자는 스스로가 만든, 변화하지 않아야 하는 이유에 설득되고 이러한 상황 때문에 기운 빠진 상담자만 남게 될 것이다. 만약 상담자가 말하는 변화의 당위성에 설득된다고 하더라도 내담자는 실질적인 변화를 하고 싶어 하지 않을 것이다. 제9장에서는 변화와 유지대화에 대한 자세한 정보를 제공하고, 제10장과 제11장은 각각에 대응하는 연습을 제공한다.

MI 정신, OARS+I, 변화대화 등 이 세 가지 요소는 MI에 필수적이다. [그림 2-1]은 이러한 요소들이 어떻게 서로 잘 맞고 연결되어 MI를 형성하는지에 대한 한 가지 체계를 제공한다. 다시 말해, 많은 MI 요소들이 여러 시대에 걸쳐 종교적이고 철학적인 사고뿐만 아니라 다른 치료 체계에도 존재해 왔다. MI의 독특한 점은 이러한 요소들이 어떻게 조합되는지, 어떻게 사용되는지, 그리고 변화를 유도하기 위한 그들의 적용 방법이다. 이것들은 또한 우리를 MI에 대한 우리의 세 번째 정의로 이끈다.

MI의 기술적 정의: 어떻게 작동하는가?

이것은 상황이 어떻게 돌아가는지 알고 싶어 하는 사람들을 위한 정의이다. 즉, 차에 기름을 넣고 가끔 기름을 바꾸기를 원하는 것이 아니라, 후드를 올리고 엔진의 부품들이 어떻게 함께 작동하는지 이해하기를 원하는 사람들을 위한 것이다.

> MI는 특히 변화의 언어에 주의를 기울이는 협력적이고 목표 지향적인 대화 방식이다. 수용과 연민의 분위기 속에서 내담자의 변화이유를 도출하고 탐구함으로써 특정 목적에 대한 개인적 동기 부여와 헌신을 강화하기 위한 것이다.

이 정의 안에서 우리는 MI 정신, OARS+I의 표현을 보고, 변화대화를 본다. 협동정신과 대화 방식은 여전히 분명하지만, 이제는 목표 지향의 또 다른 층이 존재한다. 목표는 여전히 내담자의 변화이유를 끌어내는 것이지만, 이제 구체적인 목표를 향해 나아가는 것이다. 동기부여와 헌신이 강화되는 방법에 대해서도 인과관계가 있다. 마지막으로, 이 과정이 발생하는 맥락이 있으며, 수용뿐만 아니라 내담자의 이익에 부합하는 활동도 포함한다. 우리 중 일부에게는 원하는 것보다 더 많은 정보를 제공받는 느낌일 수 있지만, 다른 누군가에게는 우리가 보고 싶은 링크를 제공할 것이다. MI와 마찬가지로, 어떤 정의가 당신의 상황에 가장 유용한지 결정하는 것은 당신에게 달려 있다.

3. 개념 정리 문제—자가 진단하기

진실 혹은 거짓

1. T F MI는 단지 Carl Rogers의 입장을 취하는 상담 접근법일 뿐이다.
2. T F 다수의 MI의 개념은 다양한 사람들의 이론, 글, 연구로부터 도출된 것이다.
3. T F MI를 실천하는 상담자들은 내담자와 논쟁하는 것을 피한다.
4. T F 반영적 경청이 바로 MI이다.
5. T F 유발성이란 내담자 안에 있는 동기와 자원을 이끌어 내는 것을 의미한다.
6. T F MI를 실천할 때 상담자가 말하는 태도는 말하는 내용만큼이나 중요하다.
7. T F 양가감정은 부인의 다른 표현이다.
8. T F 저항은 대인관계 속에서 일어난다.
9. T F 지시성 또는 방향성은 MI의 주요한 개념적 특징이다.
10. T F 자율성은 우리가 내담자의 행동에 관한 어떠한 목표도 갖지 않는다는 것을 의미한다.

정답 및 해설

1. F 나의 동료 중에 농담처럼 MI를 이렇게 설명하는 사람이 있다. MI가 Rogers의 이론을 기초로 만들어지기는 했지만 이는 단지 태도의 문제만을 말하는 것은 아니다. MI는 방향

성과 의도의 조합이다. 이는 동기를 쌓고, 저항과 함께 춤추며, 변화대화에 주의를 기울이며, 그 만남에 특별한 정신을 가져다준다.

2. T MI 개념과 기술의 바탕이 된 자료는 다양하다. 그러나 그렇다고 해서 MI가 단지 과거에 있던 개념을 현대적으로 각색한 것이라고 말할 수는 없다. MI만이 가진 독특한 요소들이 있기 때문이다.

3. T 우리는 논쟁을 통해서 저항을 불러일으킬 수 있기 때문에 논쟁을 피하려고 한다. 그렇다고 내담자의 말에 모두 동의하겠다는 것은 아니다. MI에서는 다양한 방법을 통해 내담자의 의견과 반대되는 견해를 제시할 수 있다. 하지만 내담자가 어떻게 세상을 바라보는가를 이해하기 위해서 상담자는 순수한 호기심으로 시작해야 한다.

4. F 반영적 경청은 MI에서 매우 중요한 기술이지만 그것이 곧 MI 전부를 말하는 것은 아니다. 나는 MI 정신과는 맞지 않는 반영적 경청 문장을 매우 정확히 구사하는 상담자들을 본 적이 있다. 하지만 제5장에서 언급하는 것처럼 반영적 경청을 잘하지 못하면서 MI를 제대로 실천할 수는 없다.

5. T 유발성은 MI 정신의 구성 요소로서 내담자로부터 정보, 지혜, 해결 방안 등을 계속해서 이끌어 내려는 태도를 말한다. 또한 유발성은 동기를 강화하고 그에 관한 생각들을 마치 거울처럼 내담자가 들여다볼 수 있도록 반영해 주는 것을 의미한다.

6. T 내담자와의 대화가 어떻게 수용되고 효과를 발휘하는가에 있어서 상담자의 태도와 의도는 매우 중요한 역할을 한다. 예를 들어, "그렇다면 그것이 당신에게 어떤 영향을 미칩니까?"라는 말을 빈정대면서 말하는 것과, 정확히 같은 단어를 사용하는 진정한 호기심 태도에서 나오는 질문은 내담자에게 매우 다른 영향을 미칠 수 있다.

7. F 사람들이 양가감정에 빠지기 때문에 이를 해결하는 것이 MI의 주요 목표가 되기는 하지만, 양가감정은 부인을 뜻하는 것도 아니며 바람직하지 않은 것만도 아니다. 양가감정은 변화의 과정 어디에서든 나타날 수 있고 존중되어야 하는 자연스러운 감정이다.

8. T 저항은 특정한 질병이나 장애에 동반되는 증상이 아니다. 저항은 관계가 진행되는 과정의 한 부분으로 상담자에 의해 긍정적 또는 부정적으로 영향을 받을 수 있다. 상담자에게 있어서 내담자의 저항은 상담의 전략을 바꾸게 하는 신호가 되어야 한다.

9. T 지시성 또는 방향성은 MI의 주요 개념으로서 두 가지 요소로 이루어져 있다. 내담자의 변화를 지지해 주는 대화 요소들에 주의를 기울이는 것과 대화를 생산적인 방향으로 이끄는 것이 그것이다. 상담자는 이러한 생산적인 대화에 주의를 기울이며 방향을 잡으면서 저항을 줄이고 변화대화를 이끌어 낸다.

10. F 내담자의 자율성을 인정하는 것이 상담자의 목표를 무효화하는 것은 아니다. MI를 실천할 때는 변화를 목표로 하는 행동이 있다. 그러나 참여 초기에 내담자에 대한 이러한 열망은 내담자 자신의 상황을 탐색하고 신뢰할 수 있는 지침인지의 여부를 결정할 수 있는 안전한 환경을 조성할 때 확보하게 된다. MI의 틀 안에 있는 우리와 같은 상담자들이 중요하게 생각하는 목표가 있을 것이다. 신장 기증 여부를 결정하는 것, 태도 변화를 취하

는 것, 성적 안전성을 증진시키는 것, 상습적인 범죄 행위를 줄이는 것, 식단과 운동 습관을 개선하는 것, 독재적이지 않으면서 권위가 있는 양육 방법으로 아이들을 기르는 것, 약물복용을 멈추게 하는 것이 그 예가 될 수 있다. 내담자 역시 목표를 갖게 될 것이다. 그러나 이것은 우리가 내담자에게 중요한 것(일반적으로 과정에 집중하기)을 발견한 후에 그리고 내담자들이 그 변화를 위한 목표를 선택할 것이고 선택해야 한다는 것을 인식한 후에만 일어난다.

4. 연습하기

Sarah의 이야기로 돌아가 보자. 우리가 그녀를 남겼을 때, 나는 짜증이 났고, 트레이너는 어떻게 해야할지 선택지를 고민하고 있었다. 기억해라. 나는 그녀에게 그 자료에 대해 말할 준비가 되어 있었고, 사실상 그녀가 왜 틀렸는지(그리고 왜 내가 옳았는지) 논쟁했다. 비록 나의 그런 행동이 나를 기분 좋게 만들어 주기는 할지라도 그것은 MI적인 방법이 아니다. 또한 Sarah나 다른 훈련생들도 똑같이 느꼈을 것이다. 그녀의 진술은 일종의 저항이었다. 따라서 나는 좀 더 MI적인 방법으로 응하고 그의 '저항과 함께 구르기'를 해야 했다. 대부분의 상담자들처럼 나에게 있어서도 MI 정신으로 돌아오는 가장 쉬운 방법은 상대방을 진심으로 경청하고 반영하면서 더 협력적으로 대하는 것이다. 설명이 덧붙여 있는 트레이너와 Sarah의 다음 대화를 살펴보자.

	진술	설명
TR:	내담자들과 열린 대화를 하고 싶으시군요.	교정반사를 하지 않고 반영 기술을 이용해서 상대방의 동기를 이해하려 한다는 것을 전달함.
Sarah:	네. 저는 내 내담자들이 자신들 마음속에 있는 이야기를 꺼내서 말을 해줘야 한다고 생각해요. 스스로 틀린 점이 무엇인지도 알아야 하고요.	Sarah는 나의 말에 긍정했고 자신의 목표를 다시 주장함.
TR:	그들이 부정적인 인상을 가지고 떠나길 원치 않으시군요.	경청.
Sarah:	네. 그들이 뭘 하고 있는지는 괜찮아요.	저항이 줄어들기 시작함.

	진술	설명
TR:	그리고 내담자들이 잘못된 정보를 가지고 떠나지 않았으면 하는 마음에서 그들을 자극하시는 거고요.	무비판적인 태도로 그녀의 동기를 이해하고 있다는 것을 전하려고 함.
Sarah:	네, 맞아요. 그게 제 일이라고 생각해요.	Sarah는 이해 받았다고 느끼고 자신의 의견이 강화되었다고 느낌.
TR:	지금 알고 계시는 최선의 방법으로 하고 계시는군요. 아마 그 방에 있던 다른 사람들도 그런 생각을 가지고 있을 거라고 생각하시네요.	약간의 동기를 부여하고 다른 연습생들에게까지 넓혀 보기를 시도함.
Sarah:	맞아요.	Sarah는 이해와 수용을 느끼면서도, 동기 측면에서 큰 움직임을 보이지 않음.
TR:	때로는 그런 방법이 정말 큰 효과가 있을 때가 있죠.	연습생으로서의 관점을 인정하고 불일치감. 촉진하기로 이어질 수 있는 문을 열어 줌.
Sarah:	네, 맞아요.	저항이 줄어듦.
TR:	하지만 항상 그런 것은 아니네요.	사실 여부에 있어서는 합리적인 추측일 수 있으나, 내담자의 동기을 강화하는 데 있어서는 위험 부담이 있음.
Sarah:	매번 효과가 있진 않아요. 어떤 사람들은 변화될 준비가 되어 있지 않아요.	저항이 감소함. 관계가 더 협력적이고 덜 적대적이게 느껴짐.
TR:	내담자들이 변화되길 원하시고요.	반영을 통해 내담자들을 돕고자 하는 긍정적인 동기와 Sarah 자신이 연결되게 함.
Sarah:	맞아요. 그게 바로 제가 이 일을 하는 이유이고, 난 그들을 돕고 싶어요.	Sarah는 자신의 희망과 가치를 끄집어냄.
TR:	그리고 그 돕고자 하는 욕구가 당신이 당신의 공구 벨트 안에 공구들을 추가시키는 이러한 교육에 참여하게 만들었군요.	연습생에게 듣고 새로운 것을 배우는 Sarah의 적극적인 자세를 강조. 그녀의 선택에 대한 자율성을 존중하면서 더욱 협력

	진술	설명
		적으로 느낌.
Sarah:	그것도 있고 (웃음) 평생교육 학점도 있고요.	Sarah는 이해 받았다고 느낌. 농담은 그녀의 감정이 변화됨을 암시함.
TR:	(웃음) 그 평생교육 학점이 이 방에 있는 많은 사람들에게도 중요했을 수도 있겠다 싶네요. 상담사에게 어려운 내담자들을 어떻게 도울 수 있을지 그 방법을 찾는 중이었을 수도 있고요.	Sarah와 장내 청중, 그리고 그들의 사안을 합리적인 추측을 통해 연결시킴.
Sarah:	(트레이너들이 웃으면서 고개를 끄덕임.)	합의와 동의가 이루어짐.
TR:	자, 이제 "우리가 하는 방식이 내담자에게 효과가 있는지 어떻게 알 수 있을까?"라는 질문과 마주하게 되었네요.	상담자는 다시 한번 참가자들과 Sarah를 연결시키면서 대화의 방향을 내담자들에게 무엇이 도움이 되고, 그렇지 않은지를 확인하는 쪽으로 돌림.

MI 상호작용에 대한 완벽한 예시는 될 수 없지만 위에 설명되어 있는 대화는 앞에서 이야기한 요소들을 담고 있다. 상호작용은 Sarah의 완강한 자세에서 변화 가능성에 더 열린 자세로 바뀐다. 이 변화는 우리가 원하는 것에 미치지 못할 수도 있지만 변화가 일어날 수 있는 조건을 만들어 낸다. 이러한 조건을 만들어 내는 것이 참여의 목적이다.

트레이너는 Sarah를 설득하려 하기보다는, 그녀의 말을 잘 듣고 내담자에게 도움이 되고자 하는 그녀의 욕구를 평가함으로써 협력관계를 구축했으며 방향성과 의향도 뚜렷했다. 트레이너의 반영은 단순히 Sarah가 한 말을 되풀이하는 것이 아니라, 그녀의 진술의 표면 아래에 무엇이 놓여 있을지 몇 가지 추측을 해 보았다. 이러한 접근 방식은 Sarah가 자신의 더 깊은 동기를 고려하고 이 훈련이 그녀에게 제공할 수 있는 가능성에 대해 개방할 수 있게 해 주었다.

트레이너는 Sarah의 필요뿐만 아니라 다른 사람들의 필요에도 신경을 썼다. 이 자세는 트레이너가 참가자들 사이에 공통적인 요소들을 확인하고 선택하도록 이끌었다. 집단 구성원들에게 자기평가 과정을 시작하도록 요청한 방법, 즉 시기적절하고 잘 짜여진 질문 등을 사용한 접근 방식은 변화대화의 토대를 마련했으며, 훈련 세션의 목적을 위해 집단을 다시 목표물로 이동시켰다. 이 장의 앞부분에서 언급된 것을 보강하기 위해, 반영적인 경청 진술은 이 만남 내내 주된 도구였다.

5. 시도해 보기

MI를 실행하는 데에 있어 매우 중요한 MI 정신은 직접 경험했을 때 더 이해하기 쉽다. 다행히도 우리 대부분은 우리의 삶에 차이를 만들어 준 사람들을 통해서 그러한 정신의 예시를 경험했다. 그런 사람들, 즉 우리가 멘토(mentor)라고 부르는 사람들은 선생님일 수도 있고, 이웃일 수도 있고, 부모일 수도 있고, 코치 또는 슈퍼바이저일 수도 있다. 여기에 있는 활동은 이러한 정신의 예시가 되는 MI 트레이너가 사용하는 연습[2]을 바탕으로 한다. 다음의 활동들은 결국 MI 정신을 확실히 알게 해 주고 공감 '근육'을 기를 수 있도록 도울 것이다. 마지막으로, 파트너 작업은 당신이 가지고 있는 강점과 능력을 깨달을 수 있게 해 주고, 결과적으로 그것은 당신이 내담자들을 돕는 데에 유용하게 사용될 것이다.

〈연습 2-1〉 가장 좋아하는 멘토

당신에게 배움의 동기를 주고 당신이 하려던 것보다 더 열심히 뛰어나게 할 수 있도록 영감을 준 사람은 누구인가? 이 활동은 당신에게 그런 영향을 미쳤던 사람에 대해 생각하고 몇 가지 질문에 답하는 과정이다. 활동의 목표는 그 사람의 특징을 찾고 그 사람과 함께 있을 때 당신이 어떻게 느끼고 반응하였는지를 알게 하는 것이다. 만약 딱 한 사람을 지목할 수 없다면 그중에서 이 활동에 가장 적합한 사람을 고르면 된다.

〈연습 2-2〉 MI 정신인가?

내담자와 상담자의 대화 가운데 MI 정신이 나타나는지를 관찰해 보는 것은 많은 도움이 된다. 〈연습 2-2〉를 위한 활동지에는 짧은 내담자의 말과 상담자의 반응이 예시로 적혀 있다. 이 예시를 보고 상담자의 대답이 MI 정신과 일치하는지를 판단해 보면 된다. 그리고 그렇게 판단하는 이유를 적고 활동지 뒤에 있는 나의 분석과 비교해 볼 수 있다.

〈연습 2-3〉 나의 열망

다른 사람들이 어떻게 일하는지를 살펴본 후에, 우리가 어떻게 일하는지 그리고 특히 우리가 내담

[2] 이것은 Carolina Yahne이 개발한 연습, 가장 좋아하는 선생님의 변형이다.

자들과 함께 하는 일에 가져오는 포부를 살펴보는 것이 도움이 될 것이다.[3] 이러한 포부는 내담자뿐만 아니라 우리가 어떤 종류의 도움을 주는 사람인가를 위한 것이다. 이것은 우리가 내담자와의 작업에서 어떤 특성을 중요하게 보고 이것이 우리가 연습하는 방법에 어떻게 영향을 미칠지 고려할 수 있는 기회이다. 또한, 우리는 이러한 가치들이 어떻게 MI 정신을 지지할 수 있는지, 그리고 우리가 우리의 열망과 MI 정신을 더 일치시키기 위해 무엇을 변화시켜야 할지를 평가한다.

〈연습 2-4〉 통근

어떤 내담자들은 공감과 이해를 쉽게 느끼지만, 어떤 내담자들은 어려워할 수도 있다.[4] 여기 여러분의 일상에서 이곳저곳으로 이동하면서 공감 기술을 연습할 수 있는 몇 가지 방법이 있다. 이 연습에서는 통근 중에 발생할 수 있는 몇 가지 일반적인 사건을 골라 공감대를 형성하는 기회로 활용할 것이다. 첫 번째 활동은 어리석고 짜증 나거나 위험한 결정을 내려서 당신에게까지 영향을 미치는 사람의 배경이 될 만한 '사연'을 만들어 내는 것이다. 이런 일은 차를 운전하거나, 버스에 서 있거나, 기차를 타거나, 비행기를 타거나, 나룻배를 타거나, 그냥 걷거나 할 때 일어날 수 있다. 두 번째 활동은 라디오를 듣고 반영을 형성해 보는 것이다.

〈연습 2-5〉 당신이 해야 할 일들……

누군가를 돕고자 하는 욕망은 종종 상담사들의 핵심 가치인 경우가 많다. 하지만 이 핵심 가치는 내담자들과의 관계에서 교정반사의 형태로 문제가 될 수 있다. 이 우리가 교정반사를 인식하고 내담자로부터 유용한 정보나 조언을 듣는 데 방해가 될 수 있는 교정반사의 '유지적 측면'을 확인하는 데 도움이 된다.

〈연습 2-6〉 어려운 내담자

우리를 힘들게 하는 내담자는 항상 있기 마련이다. 이러한 내담자들은 우리로 하여금 역량을 발휘하게도 하고 우리의 직업에 대해 불만을 갖게 하기도 하며 심지어 그들의 다음 방문을 두려워하게까지 만들기도 한다. 지금 당신이 일하고 있는 환경을 생각해 보고 당신을 힘들게 만드는 내담자가 누구인지 생각해 보라. 생각이 나면 〈연습 2-6〉의 활동지를 완성해 보자.

---

[3] 이 연습은 Zuckoff와 Gorscak이 개발한 가치 분류 활동에서 영감을 얻었다.

[4] 이 연습 자료들에 대해 Dee Dee Shout과 Chris Dunn에게 감사한다.

6. 파트너 활동

〈연습 2-1〉, 〈연습 2-2〉, 〈연습 2-3〉, 〈연습 2-5〉, 〈연습 2-6〉은 모두 파트너와의 활동으로도 할 수 있다. 〈연습 2-4〉는 팀 활동으로도 할 수 있다. 〈연습 2-7〉은 파트너 활동이지만 혼자서도 할 수 있다. 자신의 이야기를 검토한 후에 스스로 자신의 장점을 확인하기만 하면 된다.

〈연습 2-7〉 가장 좋았던 기억

이 활동은 '신뢰할 수 있는 강점'이라고 불리는 연습에 기초한다.[5] 이 연습에서는 파트너와 차례로 돌아가며 각자의 삶에서 가장 좋았던 시절의 기억을 떠올리고, 그림을 그리고, 그 요소들을 기술한다. 파트너는 당신의 이야기를 듣고 당신의 강점들을 찾아줄 것이다. 그러고 나서 그 강점들을 당신의 일에 어떻게 활용할 수 있을지 고려해 볼 것이다.

7. 그 밖의 고려 사항

사교 댄스는 MI를 설명하는 데 있어 가장 인기 있는 비유이다. 사교 댄스를 잘하려면 반드시 서로를 파트너로 인식해야 하기 때문이다. 정말 춤을 잘 추는 댄서들은 서로 섬세한 신호를 보내면서 동작을 이어 간다. 이는 한 사람이 자신의 의지로 상대방을 누르려고 애쓰는 레슬링과는 대조되는 것이다. 따라서 상담을 하면서 절망하거나 내담자의 저항을 느낄 때, 자기 자신에게 지금 내담자와 춤을 추고 있는지 레슬링을 하고 있는지 질문해 볼 필요가 있다. 사람들이 MI에 대해서 흔히 가지는 오해는 MI가 내담자가 원하지 않는 변화를 하게끔 조종하는 방법이라는 것이다. 또 다른 오해는 MI가 결국 내담자가 변화를 원할 때에만 효과를 발휘하기 때문에 임상적으로 별 도움이 되지 않는다는 것이다.

나는 이 장에서 이러한 오해가 사실이 아니라는 것이 잘 설명되기를 바란다. MI는 내담자가 적절한 행동 변화를 선택할 가능성과 기회를 최대화하는 것을 목적으로 내담자의 자율성과 가치관 존중을 바탕으로 하여 만들어진 구체적인 전략들의 집합이다. MI는 가장 좋은 것을 선택하려는 인간의 본성을 이용하여 내담자와의 협력적인 관계를 통해 내담자가 자신의 파괴적이고 해로운 행동으로부터 변화하고자 하는 열망을 찾도록 해 주는 것이다.

---

[5] 이 연습 자료에 대해 Elaine Christensen에게 감사한다.

연습 2-1 좋아하는 멘토

당신의 인생에 중요한 영향을 끼친 사람들을 생각해 보라. 비록 우리의 두려움을 자극해서 어떤 행동을 하게 했던 사람들을 떠올릴 수 있지만, 그들은 우리의 연습에 어울리는 사람들이 아니다. 당신의 인생에 중요한 영향을 끼친 사람들은 당신에게 높은 기대를 걸고, 당신이 인식하지 못했던 가능성을 스스로 볼 수 있도록 영감을 주고, 그 가능성을 위해 노력하도록 격려한 사람들이다. 여기에는 몇 가지 범주가 있을 것인데, 슈퍼바이저, 교사, 코치, 상담사, 이웃, 그리고 부모가 포함된다. 이 사람들은 당신을 위해 새로운 관점을 열어 주었을지도 모르는 사람들이다.

좀 더 구체적으로, 당신의 학습동기를 강화해 주고 당신이 예상했던 것보다 더 열심히 노력해서 뛰어난 사람이 될 수 있도록 영감을 주었던 사람은 누구인가? 그 사람의 이름을 적어 보고 당신이 기억하는 그의 성격, 그와 함께 있었을 때의 느낌과 반응을 간단히 적어 보자. 만약 한 사람을 지목할 수 없다면 그중에서 이 활동에 가장 적합한 사람을 고르면 된다. 내가 만났던 최고의 슈퍼바이저의 이야기를 다음에 적어 보았다.

Al

성격: Al은 나에게 많은 기대를 했던 사람이다. 나는 경험이 그리 많지 않았지만 그는 내가 좋은 치료자가 될 것이라는 기대를 가지고 있었다. 그는 내가 작은 실수라도 숨기지 않고 드러내 보일 수 있도록 격려해 주었다. 그는 할아버지처럼 따뜻한 사람이기도 했고 상황에 따라서는 아주 직설적이고 솔직하기도 했다. 그는 나와 내담자들에게 말을 할 때 매우 신중했고 자신의 상담을 테이프로 남기기도 했다. 또 꼭 고민해 볼 필요가 있는 실용적인 것들에 대해 조언을 주기도 했다. 내가 대학원 과정에 있었을 때 가장 기억에 남는 강의는 '변호사의 전화를 받았을 때 어떻게 해야 하나?'라는 제목으로 Al이 했던 강의이다. 내가 전문가들을 훈련시킬 때 자주 인용하는 "우리의 순진함도 신랄한 비판도 내담자들에게는 도움이 되지 않는다."라는 말을 한 사람도 그이다.

나의 반응: 나는 많은 실수를 하면서도 계속 노력했다. 왜냐하면 그가 나를 더 나은 심리치료사이면서 유능한 심리학자로 만들기 위해 헌신하고 있다는 것을 알았기 때문이다. 시간이 지나면서 나는 내 판단과 능력이 탄탄한 기초를 기반으로 한다는 것을 점점 신뢰하기 시작했다. Rogers 이론에 입각한 치료자였던 그는 좋은 상담자의 마음가짐뿐만 아니라 기술도 가르쳐 주었다. 상담에 임할 때 그 자리에 진정성 있게 실존하지 않는 한 좋은 상담자가 될 수 없다는 것을 배웠다. '지금 여기'의 태도는 심각한 상담 장면에서도 유머를 잃지 않게 해 주는 힘이 되었다.

이제 내가 만났던 최고의 스승에 대해서 이야기해 보겠다.

(다음 쪽에 계속)

좋아하는 멘토

Doc

성격: Doc은 고등학생들에게 미술을 가르치는 것을 정말 좋아했다. 매우 딱딱했던 다른 수업의 분위기와는 달랐기에 나는 항상 그의 수업을 기다렸다. 그의 수업에는 항상 음악이 있었으며 격식이 없어 창의적인 작업을 할 수 있었다. 그는 학생들의 아이디어와 선택을 존중해 주었고 줄 긋기 연습을 시키기보다는 창의적인 작업을 할 수 있도록 격려해 주었다. 그는 내가 만든 작품에 진심으로 관심을 보였고 매번 내 작품을 자세히 들여다보았다. 그는 내가 질문을 하면 조언을 해 주고 자신의 생각을 말해 주었지만 한 번도 나에게 무엇을 하라고 강요하지는 않았다. 그는 언제나 나에게 내 작품에 대해서 설명해 보라고 했고, 친구들과 잡담하는 것과 서로의 아이디어를 나누는 것의 경계를 분명히 해 주었다. 그의 수업은 언제나 창의력과 나의 능력을 탐험해 볼 수 있는 여유로운 시간이었지만 그렇다고 아무것도 하지 않고 시간을 보내는 것은 아니었다. 그는 그림을 그리고 조각을 하고 창의적인 작품을 만드는 데에는 다양한 방법이 있다고 믿고 있었다. 한번은 이런 일이 있었다. 고등학교 3학년 때 나와 내 친구는 애니메이션 영화를 만들기로 결심했다. 사실 우리는 애니메이션 영화를 만드는 것에 대해서 아무것도 모르는 상태였고 그 누구도 우리와 같은 과제를 하고 있지 않았다. Doc의 대답은 "멋진데! 구체적으로 얘기해 보렴."이었다. 영화를 만드는 데 1년의 시간이 걸렸다. 우리는 대본을 만들고 애니메이션 기술을 익히며 편집하는 방법을 배우고 계속해서 필름을 돌렸다. Doc은 계속 우리의 작업을 점검해 주면서 실패를 경험할 때는 위로해 주었으며, 하기로 했던 작업을 끝내지 못했을 때는 함께 고민해 주었다. 그는 우리가 많은 관객들 앞에서 그리고 좋은 음향 시스템을 가지고 그가 만든 팝콘과 함께 첫 상영회를 할 수 있도록 도와주었다.

나의 반응: 나는 평생 해 보지 못했을 일들을 시도해 볼 수 있었다. 실수도 했지만 새로운 발견도 했고, 잘 몰라서 잘하지 못하는 것에 대해 두려워하지 않게 되었다. 문제를 마주하게 되면 내 부족함을 숨기려 하지 않았다. 나는 내가 극복할 수 있는 것과 그럴 수 없는 것이 무엇인지 알게 되었다. 가장 기억에 남는 것은 내가 항상 그의 수업을 기다렸고 즐겁게 맞이했다는 것이다.

이제 여러분의 차례이다. 당신에게 있어서 가장 기억에 남는 스승이나 슈퍼바이저를 생각해 보자. 그가 어떤 사람이었는지 또 당신이 배우고 능력을 발휘하는 데에 그로부터 어떤 영향을 받았는지 생각해 보자. 그리고 다음 질문에 답해 보자.

좋아하는 멘토

그의 이름은 무엇인가?

그는 어떤 사람이었고 어떤 성격을 가지고 있었는가?

그는 당신에게 어떤 영향을 미쳤는가?

당신은 그의 노력에 어떻게 반응하였는가?

연습을 마친 후, 그 중요한 사람의 특성을 살펴보고, 협동정신, 수용, 연민, 유발성 등의 MI 정신 특성과 비교해 보자. '협동정신'은 문제를 해결하거나, 아이디어를 추구하기 위해 다른 사람들과 조화를 이루려는 성향이다. 사람마다 각기 다른 역할이 있을 수 있지만, 그 과정은 상호 지지적이다. '수용'은 타인의 절대적 가치, 자신의 삶의 길을 선택할 수 있는 능력과 필요성, 현명하게 선택할 수 있는 능력에 대한 인식이다. '연민'은 타인의 복지에 대한 관심과 우려를 나눌 뿐만 아니라 상대방의 복지를 대변하는 역할을 하고 있다. '유발성'은 한 집단이 다른 한 집단에서 가장 좋은 것을 이끌어 내는 행동이다. 이 네 가지 요소는 당신이 알아본 사람에게 어떻게 반영되는가?

연습 2-2 이것이 MI 정신인가?

다음은 내담자의 말과 상담자의 반응에 대한 예이다. 각 대화를 읽고 상담자의 반응이 MI 관점에서 적절한 반응인지 그렇지 않은지를 표시하고 이유를 설명해 보자.

1. **Richard(Sarah의 남편):** 아내가 저에게 거짓말을 하고 몰래 바람을 피웠다는 것이 너무 화가 나요. 그걸 눈치채지 못했단 걸 도무지 믿을 수가 없어요. 완전히 바보가 된 기분이라고요.

   상담자: 돌이켜 봤을 때 당신이 눈치채지 못했던 것들은 무엇인가요?

   적절한 반응 ______ **부적절한 반응** ______

   이유:

2. **Arthur:** 아버지께서 제가 우울증이라고 말씀하셨겠지만 그렇지 않아요. 축구를 하고 싶지 않다는 게 우울하다는 말은 아니잖아요.

   상담자: 아버지께서 괜한 걱정을 하고 계시다고 생각하는군요. 그런데 아버지께서 그렇게 생각하시는 이유가 무엇이라고 생각하나요?

   적절한 반응 ______ **부적절한 반응** ______

   이유:

3. **Tanya:** 제가 이전만큼 건강해질 수 있도록 도와줄 뭔가가 당장 필요해요. 제 건강 상태가 저를 완전히 무력하게 만들어 버렸거든요. 다른 건 아무것도 생각할 수가 없어요. 어떻게 하면 좋을까요?

   상담자: 도움이 될 수 있을 법한 방법들이 생각나기는 하지만 당신이 지금까지 어떤 것들을 생각해 봤는지를 먼저 들어 보는 게 좋을 것 같네요.

   적절한 반응 ______ **부적절한 반응** ______

   이유:

(다음 쪽에 계속)

이것이 MI 정신인가?

4. **Arthur:** 더 이상 멍청한 생각들을 기록하고 싶지 않아요. 이런 바보 같은 생각들에 관심을 갖고 적고 있는 게 무슨 도움이 되겠어요? 저는 이곳에 나아지기 위해서 온 것이지 제 기분을 망치기 위해서 온 게 아니거든요.

   상담자: 그래요. 그럴 수 있겠네요. 그 방법이 많은 사람들한테 도움이 됐지만 모두에게 도움이 될 수는 없겠지요. 그렇다면 다른 방법을 찾아보는 게 좋을 것 같은데, 이 문제를 다룰 수 있는 방법들에 대해서는 전에 의논했잖아요. 그중에 어떤 방법이 더 도움이 될 것 같은가요?

   적절한 반응 ______ **부적절한 반응** ______

   이유:

5. **Tanya:** 병원에서는 제가 당장 수술을 받아야 된다고 하더군요. 근데 전 그 사람들을 믿을 수가 없어서 수술 일정을 잡지 않았어요.

   상담자: 시간을 늦추면 안 됩니다. 그들은 모두 전문가예요. 지금 당장 전화해서 이번 주 중에 수술 받도록 합시다.

   적절한 반응 ______ **부적절한 반응** ______

   이유:

6. **Sarah(Richard의 아내):** Richard가 말한 대로 제가 잘못한 건 맞아요. 그래요, 바람을 피웠다고요. 하지만 전 그 관계를 끝내고 결혼생활을 다시 시작하려고 했었어요. 그렇지만 남편은 절대 제가 그 일을 잊을 수 있게 놔두지 않을 걸요. 그냥 이혼하는 게 오히려 나을 거예요.

   상담자: Sarah, 이혼을 할지 안 할지를 결정하는 건 당신이에요. 그래도 Richard와의 관계를 좀 더 긍정적으로 볼 수 있는 것들이 있다면 어떤 게 있을까요?

   적절한 반응 ______ **부적절한 반응** ______

   이유:

7. **Peggy(Arthur의 어머니):** 가족들이 저를 위해서 깜짝 파티를 열어 줬어요. 제가 눈치채지 못하게 모두 와 주었고, 2시간 동안 제가 술 마시는 것 때문에 가족들이 얼마나 상처를 받았는지도 얘기해 줬어요. 그들은 제가 알코올 중독이라고 생각해요. 술을 많이 마시긴 하지만 절대 중독자는 아니라고요!

   상담자: (부드럽게) Peggy, 만약 오리처럼 걷고 꽥꽥거리는 게 있다면 그건 오리일 거예요. 다른 사람들이 모두 당신을 알코올 중독이라고 한다면 유의해서 생각해 보실 필요가 있어요. 당신은 아니라고 생각하겠지만 그 말이 맞지 않을까요?

   적절한 반응 ______ **부적절한 반응** ______

   이유:

8. **Lloyd(Arthur의 아버지):** 제 생각에는 Arthur가 집안일에 대해 너무 많은 책임을 지려는 것 같아요. 그 또래 남자애들은 운동이나 하고 여자친구나 쫓아다녀야 하는 거잖아요. 그런데 얘는 남동생이나 가사에 대해 더 걱정을 하고 있어요. 심지어는 빨래도 하더군요. 저는 그 나이 때 절대 해 본 적이 없는 일이죠. 아들한테 축구 같은 좀 더 정상적인 활동을 하라고 이야기를 하면, 화만 내고 자신을 이해하지 못한다고 합니다. 저는 어떻게 해야 하는 겁니까?

   상담자: 알코올 문제가 있는 가정에서 흔하게 있는 일이죠. 아드님한테 축구를 하라고 하는 것보다 체스나 학교 신문 같은 동아리 활동을 권하는 게 어떨까요? 제 생각에는 Arthur가 그런 것들은 받아들일 것 같습니다. 아드님이 얼마나 똑똑한지 모르고 계시는 것 같은데 아마 축구보다는 다른 분야에 훨씬 뛰어날 수 있을 거예요.

   적절한 반응 ______ **부적절한 반응** ______

   이유:

9. **Tanya:** 의사가 치료를 위해 해야 될 일들이 적힌 목록을 만들어 줬어요. 감당할 수 없을 정도로 압도돼요. 하루에 약을 세 번 먹어야 한대요. 저는 개밥을 매일 주는 것도 기억 못하는 사람이라고요. 저는 그런 걸 할 수가 없는데 그렇게 안 하면 죽을 수도 있는 거니까 너무 무서워요.

   상담자: (격려하며) 할 수 있어요. 해야 합니다.

   적절한 반응 ______ **부적절한 반응** ______

   이유:

이것이 MI 정신인가?

10. **Richard(Sarah의 남편):** 이 시점에서 뭘 해야 할지 모르겠어요. 꼼짝할 수가 없어요. 저는 더 이상 이런 식으로 살고 싶지 않아요. 어떻게 해야 하죠?

    상담자: 그럼, 커플 워크숍에 시간을 내보시는 건 어떨까요? 이번 주말에 진행될 예정입니다. 비싸긴 하지만 당신들에게는 정말 좋을 것 같네요. 처음에 두 분께서 함께 하고자 했던 이유를 재발견하는 데 도움이 될 수 있을 거예요.

    적절한 반응 ______ **부적절한 반응** ______

    이유:

연습 2-2의 핵심

사실 MI 정신은 정도의 차이지 옳고 그름으로 구분할 수 있는 것은 아님을 다시 한번 기억할 필요가 있다. 여기서 독자는 적절한 반응과 부적절한 반응으로 내가 분류한 것에 동의하지 않을 수도 있기 때문에 내 판단의 논거를 아는 것이 더 중요하다. 나의 생각은 다음과 같다.

1. **부적절한 반응**. 이러한 반응은 유발성과 협동정신이 상담자를 서로 다른 방향으로 이끌 때 나타난다. 상담자는 우선 협동적인 입장에서 지지하는 태도를 보이는 것이 바람직하다. 더 자세히 말하자면 상담자는 공감을 표현하지 않은 채로 정보 수집을 위한 질문으로 뛰어들었다.
2. **적절한 반응**. 이번에도 협동정신과 유발성이 함께 나타나는데 이번에는 상담자가 관계의 문제에 먼저 관심을 보이는 것이다. 상담자는 내담자의 말을 반영하고 뒤이은 열린 질문을 통해 내담자가 변화를 탐색할 수 있는 방향으로 전환하고 있다.
3. **적절한 반응**. 상담자는 전문가로서의 역할을 피하면서 내담자로부터 협동적인 태도를 구하고 내담자의 이익을 위해 행동한다. 상담자는 조언을 구했던 내담자의 요청을 피하지 않으면서 좀 더 적절한 방법으로 답을 찾을 수 있도록 돕고 있는 것이다. 상담자는 Tanya가 가지고 있는 해결 방안을 스스로 말하는 기회를 놓치지 않게끔 하였다.
4. **적절한 반응**. 아무리 좋은 치료 방법이라도 내담자가 실천하지 않으면 소용이 없기 마련이다. 상담자는 내담자와 힘겨루기를 하기보다 협동하는 방법을 찾으려고 하고 있다.
5. **부적절한 반응**. 상담자는 양가감정을 경험하고 있는 어려운 의사결정을 내리는 데에 있어서 내담자의 자율성(수용의 일부분)을 지지해 주지 못하고 있다. 그는 그럴듯한 이유를 대면서 변화를 강요하지만 아마 "네, 맞습니다. 하지만……."라는 내담자의 대답을 듣게 될 것이다.
6. **적절한 반응**. 상담자는 Sarah가 의사결정을 하는 데 자율성을 인정해 주면서 동시에 자기 탐색과 긍정적인 사고를 할 수 있도록 대화를 이끌어 가고 있다.
7. **부적절한 반응**. 대부분의 경우 직면은 저항을 증가시킨다. 상담자는 내담자의 행동에 대한 결론을 내담자가 내릴 수 있도록 해야 한다는 MI의 중요한 개념을 무시하였다. 이러한 접근 방법은 내담자의 자율성과 협동정신의 원칙을 거스르는 행동이다.
8. **부적절한 반응**. 아무리 좋은 의도에서 비롯된 정확한 조언이라도 유발성, 협동정신, 수용, 연민이라는 MI 정신에 어긋날 수 있기 때문에 조언을 주는 것을 경계할 필요가 있다. 이 대화처럼 구체적인 사항에 대해서 논쟁을 하는 것 또한 저항을 불러일으킬 수 있다.
9. **부적절한 반응**. 위로, 격려, 지지는 상담에서 중요한 부분이지만 MI 정신에 비하면 부차적인 것

(다음 쪽에 계속)

이다. 이 대화에서 상담자는 내담자에게 선택 사항을 주지 않으면서 그의 자율성(수용의 일부분)을 침해하고 있다. 게다가 변화에 필요한 힘을 줄 수 있는 내담자의 딜레마를 알아차리지 못했다.

10. **부적절한 반응**. 이 결정이 어려운 것은 워크숍이 내담자들에게 매우 도움이 될 수 있기 때문이다. 그리고 상담자가 재정적 이득을 얻게 되는 것도 분명하다. 이러한 정보가 어떻게 제시되는가와 결합하여, 어려움이 있는 곳이다. 이 경우 상담자는 유발성, 수용(자율성)의 원리, 그리고 가장 중요한 것은 연민을 손상시키는 접근법을 주장한다. 상담자가 내담자나 상담자의 이익을 위해 일하고 있는지는 더 이상 명확하지 않다. 나중에 우리는 이러한 요소들을 뒷받침하는 방식으로 정보를 제시하는 방법에 대해 토론할 것이다.

연습 2-3 나의 열망

누구나 본인이 되고 싶은 조력자 유형에 대한 열망을 가지고 있다. 이것들을 가치라고 부를 수도 있고, 자질이나 특징이라고 부를 수도 있다. 뭐라고 부르느냐에 상관없이, 내담자와의 작업에 일종의 정보로서 도움이 된다. 대개 우리의 생각은 잘 표현되어 있고 이론적 모델과 일치할 수 있다. 또는 상담자로서 무엇을 해야 하는지, 어떤 사람이 되어야 하는지에 대해서 어렴풋하게만 생각하고 있을 수도 있다. 어느 경우든, 이 연습은 우리의 작업에서 실행되어야 한다고 믿는 자질이나 특성의 유형을 고려할 수 있는 기회이다.

이 목록을 읽고 여러분이 내담자와의 작업에 있어서 필수적이라고 생각하는 자질을 살펴보라. 여러분이 그렇게 되어야만 한다는 것은 아니다. 끝에는 이전까지 나열되지 않은 다른 가치나 자질을 추가할 수 있는 2개의 란이 있다.

수용 내담자를 있는 그대로 받아들임	**권한** 내담자에게 책임감을 느낌	**진실성** 내담자와의 작업에 있어 진실됨
자율성 내담자가 스스로 선택하도록 장려함	**돌봄** 내담자를 돌봄	**편안함** 내담자의 필요를 제공함
도전 내담자에게 어려운 일을 하도록 격려함	**헌신** 내담자에게 헌신함	**연민** 내담자를 위해 걱정하고 행동함
자신감 내담자를 어떻게 성공시키는지와 스스로에 대해 확신을 가짐	**공헌** 내 일을 통해 내담자와의 세계에 무언가를 추가함	**협동성** 내담자를 돌보는 다른 이들과 협동함
창의성 내담자의 업무에 독창적인 아이디어를 줌	**신뢰** 내담자에게 신뢰를 주고 믿음을 줌	**의무** 내담자와 업무에 대한 의무를 다함

(다음 쪽에 계속)

나의 열망

흥미 내담자의 일에 에너지와 열정을 가져옴	**전문가** 기술과 지식에 대해 내담자로부터 인정받음	**용서** 내담자가 실수와 한계를 받아들이도록 도와줌
재미 내담자와 함께 즐겁게 일하고 즐김	**너그러움** 내담자들에게 가진 것을 나누어 줌	**성장** 작업 과정에서 계속해서 성장하고 변화함
도움의 손길 내담자들에게 도움이 됨	**정직** 내담자에게 정직해야 함	**희망** 내담자에 대해 긍정적이고 낙관적인 전망을 유지함
겸손 저신의 작업에 대해 겸손함	**유머** 작업에 있어서 즐거움을 가짐	**독립** 내담자와 어떻게 일할지 스스로 결정함
평화로움 내담자와 작업을 하는 동안 평화를 느낌	**정의** 내담자를 공평하게 대함	**지식** 내담자에게 가치 있는 정보를 제공함
여가 직장에서 쉴 수 있는 시간을 가짐	**사랑** 내담자와 사랑을 주고받음	**충실** 내담자에게 충실하고 신뢰함
부적합 권한 및 규범에 도전하고 그것을 내담자에게 권장함	**개방성** 내담자와 새롭게 할 수 있는 것에 개방되어 있음	**주문** 질서정연하고 체계적인 방식으로 작업함
열정 내 업무에 대해 열정을 느낌	**기쁨** 내담자와 작업하는 것을 즐김	**권력** 내담자와의 작업 성격 및 수행 여부를 결정함
목적 작업 과정에서 의미와 방향성을 가짐	**합리성** 이성과 논리에 따라 지도되어야 함	**평판** 내담자들이 선호하는 상담자가 됨

나의 열망

존경 내담자들이 가치 있는 사람이라고 대해 줌	**책임감** 내담자에 대해 책임감 있는 의사결정을 하고 이를 수행함	**위험** 내담자와 함께 새로운 아이디어 및 방법을 시도함
안전 업무에 있어 안전한 상황을 설정함	**자기단련** 업무 환경에 단련됨, 내담자와의 작업에서 단련됨	**자신감** 내담자 업무에 대해 스스로 자신을 가짐
이타성 내 요구보다 내담자의 요구를 우선시함	**자기이해** 자신에 대해 깊은 이해를 가지고 있음	**기술** 업무에 대한 기술을 보유함
고독 혼자서 생각할 시간과 공간을 가짐	**영성** 영적 생명과 성장을 추구함	**안정성** 내담자에게 안전한 상황을 제공함
관용 나와 다른 내담자를 받아들이고 존중함	**전통** 내담자와의 작업 패턴을 존중함	**부** 상담 업무를 통해 재정적 필요와 욕구를 충족시킴
일 내담자 업무를 열심히 함	**다른 가치:**	**다른 가치:**

자, 이 표를 다시 살펴보고 당신의 상위 가치 다섯 가지를 골라 보자. 다음 표에 이러한 내용을 기록한 후 아래 두 가지 질문에 답해 보라.

- 나에게 이 가치를 중요한 요소로 만드는 것이 무엇인가?
- 이 가치가 내 업무에서 어떻게 표현되는가?

나의 열망

다음은 예시이다.

가치와 자질	나에게 중요한 요소인 이유는 무엇인가?	이 가치와 자질이 내담자와의 관계에서 어떻게 나타나는가?
예시: 재미	나는 긍정적인 감정들이 내담자들의 새로운 가능성을 보고 그것들을 끝까지 따라가도록 돕는 데 중요하다고 믿는다.	나는 그 일에 대해 진지하지만, 또한 농담도 하고, 웃기도 하며, 내담자와의 만남 중에 장난를 치기도 한다. 그러나 이것은 그들이 비용을 지불하지 않아도 된다.

가치와 자질이 일상생활에서 우리의 선택이 되듯, 내담자와의 상호작용을 형성하기도 한다. 삶에서도 그렇듯이, 내담자와의 작업은 시간이 지남에 따라 이러한 가치와 자질에서 멀어지기 쉽다. 이 연습은 우리가 어떤 포부를 가지고 있는가를 분명히 할 뿐만 아니라, MI 정신의 일부로서 우리가 확인한 네 가지 요소와 이것들이 어떻게 맞는지 고려할 수 있는 기회를 제공한다. 각각의 가치 또는 자질이 MI 요소들과 어떠한 방식으로 일치되는지, 그리고 MI의 요소들과 더 밀접해지기 위해 변화해야 할 사항이 무엇인지 잠시 생각해 보자.

나의 열망

- 협동정신은 문제를 해결하거나, 아이디어를 추구하기 위해 다른 사람들과 조화롭게 일하는 경향이다. 사람마다 각기 다른 역할이 있을 수 있지만, 그 과정은 도움이 된다.
- 수용은 다른 사람의 절대적인 가치, 그들의 능력과 삶의 과정을 선택할 필요성, 그리고 현명하게 선택할 수 있는 능력을 인정한다.
- 연민은 다른 사람의 웰빙에 대한 관심과 걱정을 공유할 뿐만 아니라, 상대방의 복지를 대신하여 행동하는 것을 포함한다.
- 유발성은 한 당사자가 다른 일에서 가장 좋은 것을 끄집어내는 행위이다. 방향은 필요할 때 가볍게 제공될 수 있다. 상대방의 자율성은 존중되고 격려된다.

가치와 자질	이 가치가 어떻게 MI 정신과 일치하는가?	무엇이 바뀌어야 하는가?
예시: 즐거움	이 가치는 MI 정신 범주에 딱 들어맞지는 않다. 그러나 긍정적인 감정은 우리로 하여금 협동적 관계를 구축하게 하고 내담자가 문제에 대한 해결책을 식별하고 구현하는 데 더 창의적인 능력을 발휘할 수 있는 조건을 만들게 한다.	비록 즐거움이 조화를 이루지만, 나는 그저 빈둥거리기만 하는 것이 아니라 그것이 내담자의 일에 도움이 되도록 주의할 필요가 있다. 즐거움으로 인해 우리를 내담자와의 작업에서 벗어나지 않도록 확실히 할 필요가 있다.

다음 단계는 내담자와의 작업을 통해 당신이 두 번째 열에서 살펴본 것들을 보강하고, 그 자질들을 내담자와의 작업에서 세 번째 항목으로 가져오는 것이다. 당신이 해야겠다고 결심한 것이 있다면 그런 것들을 어떻게 할 수 있을지 적어라.

연습 2-4 통근

회사까지 출퇴근하는 것은 흔한 일이다. 그 과정에서 다른 사람들에게 짜증이 나는 것도 흔한 일이다. 여기에 여러분의 스트레스를 줄이면서 공감하는 것을 연습할 수 있는 기회가 있다.

첫 번째 방법은 기본적으로 다음과 같다. 평소 당신을 화나게 하는 짜증스러운 일(예를 들어, 누군가가 교통 체증 때문에 당신을 가로막고, 지하철 앞으로 밀고, 당신이 앉으려던 좌석에 앉고, 비행기 좌석 등받이를 당신의 앞으로 젖히고, 큰 소리로 통화하기)을 기다렸다가, 그 사람의 '뒷이야기'를 만들어 보자.

예시:

Wally가 내 앞에 끼어들었다. 그는 매우 일진이 좋지 않은 하루를 보내고 있다. 아침 출근길에 그는 바지에 커피를 엎질렀다. 기분이 상했다. 그는 젖은 바지를 입은 채로 어제 늦게까지 일하면서 완벽하게 준비했던 중요한 발표를 하러 갔다. 그 후 함께 동거하고 있는 여자친구가 전화를 해서 개가 또 카펫에 토를 해 놨다는 얘기와 함께 앞으로 둘의 관계에 대해서 좀 더 진지하게 고민을 해 봐야겠다는 말을 전했다. Wally가 퇴근 준비를 하고 있을 때 그의 상사가 오늘 마감 시간 전까지 교정해야 하는 문서를 들고 왔다. 이 일 때문에 그는 늦게 퇴근을 했고 결국 딸의 연주회에 늦을 것 같았다. 딸의 순서는 세 번째인데 오늘 아침 반드시 가겠다고 약속을 했었다. 만약 서둘러서 운전을 하면 딸의 연주가 끝날 때쯤에 겨우 도착할 수 있을지도 모른다.

상대방에 대한 적대감과 짜증이 그의 입장에 대한 이해로 바뀔 때까지 계속 이야기를 만들어 가자. 만약 당신이 운전을 하지 않는다면 당신의 삶에 짜증을 일으키는 사람이나 상황에 대해서 이 활동을 해 보자.

두 번째 활동은 위의 활동만큼 공상적이지는 않지만 똑같이 창의력이 요구된다. 차 안이나 집에서 당신이 평소에 잘 듣지 않거나 당신의 경험이나 견해에 일치하지 않는 담화 라디오 방송을 틀어 놓는다. 라디오 진행 아나운서나 청취자의 의견을 경청한 후 라디오를 끄거나 소리를 줄여 놓고 큰 소리로 그의 말에 반영하는 연습을 한다. 상대방의 말에 동의할 수는 없더라도 이해할 수 있을 때까지 반복해서 시도한다. 또는 진행자 혹은 청취자에 대한 뒷이야기를 다시 만들 수 있다.

연습 2-5　당신이 해야 할 일……

이전에 이와 동일한 내담자의 진술로 작업했지만, 지금은 조금 더 많은 정보가 추가되었다. 이 연습에서 우리는 내담자의 진술문을 약간 다르게 사용할 것이다. 진술문을 읽고 상담자들이 우려할 만한 것이 무엇일지 생각해 보자. 이는 상담자가 몰아가고자 하는 방향과 대척되는 심한 바람과 같아서 교정반사로 이어질 수 있다. 그런 염려를 감안할 때 생각나는 '좋은' 충고를 적어 보라. 그런 다음 이 '좋은' 충고를 받아들이는 데 방해가 될 수 있는 양가감정의 유지적 측면을 생각해 보라. 이는 내담자들이 가지고 있을 법한 생각이다. 마지막으로, 내담자들이 이러한 유지적 측면을 바탕으로 이 조언에 대해 어떻게 말할지 작성해 보라. 아래에 예가 있다.

1. **Richard(Sarah의 남편)**: 아내가 저에게 거짓말을 하고 몰래 바람을 피웠다는 것이 너무 화가 나요. 그걸 눈치채지 못했단 걸 도무지 믿을 수가 없어요. 완전히 바보가 된 기분이라고요. 지금 이 시점에서 저는 단지 아이들을 제게 데려오고 그녀가 비용을 지불하도록 변호사를 고용하고 싶을 뿐이에요.

   교정반사: Richard의 분노는 그의 최선의 이익을 저해할 수 있다.

   '좋은' 조언: 화난 건 이해하지만, 아내와 전쟁을 하러 가는 건 아이들을 힘들게 할 수도 있고, 좀 시기상조인 것 같지 않나요?

   유지적 측면: 당신은 내가 나 자신만 생각한다고 말하네요. 내 아내야말로 그런 사람인데…….

   Richard: 그럴지도 모르죠, 하지만 이 일은 꽤 오래됐고, 만약 그녀가 아이들, 혹은 나에 대해 신경을 썼다면, 이런 헛소리를 하지는 않았을 거예요. 현실을 직시하죠. 그녀는 자기 생각만 해 왔어요.

내담자의 응답과 지속적인 측면을 분리하는 것이 너무 어렵다고 생각되면 간단히 내담자의 응답을 작성해 보자. 그러나 내담자가 가질 수 있는 내부 대화의 종류를 고려하고, 내담자가 우리에게 표현하는 것과 자기 대화가 다를 수 있다는 것을 인식하는 것은 우리 스스로를 도전하는 데 도움이 될 수 있다.

2. **Arthur**: 아버지께서 제가 우울증이라고 말씀하셨겠지만 그렇지 않아요. 축구를 하고 싶지 않다는 게 우울하다는 말은 아니잖아요. 그래요, 전 세상에서 가장 행복한 사람도 아니고 많은 일을 하고 있지도 않아요. 그래서 뭐요! 당신이 저와 같은 처지라면 당신도 불행할 걸요.

   교정반사:

(다음 쪽에 계속)

당신이 해야 할 일……

'좋은' 조언:

유지적 측면:

내담자:

3. Tanya: 제가 이전만큼 건강해질 수 있도록 도와줄 뭔가가 당장 필요해요. 제 건강 상태가 저를 완전히 무력하게 만들어 버렸거든요. 다른 건 아무것도 생각할 수가 없어요. 어떻게 하면 좋을까요? 잠을 못 자겠어요. 몸이 늘 아프고, 기운이 없어요. 더 이상 제가 원하는 일을 할 수 없어요.

   교정반사:

   '좋은' 조언:

   유지적 측면:

   내담자:

4. Arthur: 더 이상 멍청한 생각들을 기록하고 싶지 않아요. 이런 바보 같은 생각들에 관심을 갖고 적고 있는 게 무슨 도움이 되겠어요? 저는 이곳에 나아지기 위해서 온 것이지 제 기분을 망치기 위해서 온 게 아니거든요. 생각을 기록하는 것은 항상 그래 왔어요. 더 이상 하고 싶지 않고 그만 하고 싶은 일이라고요.

   교정반사:

   '좋은' 조언:

   유지적 측면:

   내담자:

5. Tanya: 병원에서는 제가 당장 수술을 받아야 된다고 하더군요. 근데 전 그 사람들을 믿을 수가 없어서 수술 일정을 잡지 않았어요. 다리를 교정하기 위해 수술을 여러 번 했는데도 해결된 게 없었어요. 그런데 제가 왜 더 나아질 거라는 보장도 없이 또 다른 수술을 해야 하죠?

교정반사:

'좋은' 조언:

유지적 측면:

내담자:

6. **Sarah:** Richard가 말한 대로 제가 잘못한 건 맞아요. 그래요, 바람을 피웠다고요. 하지만 전 그 관계를 끝내고 결혼생활을 다시 시작하려고 했었어요. 그렇지만 남편은 절대 제가 그 일을 잊을 수 있게 놔두지 않을 걸요. 그냥 이혼하는 게 오히려 나을 거예요. 제가 이렇게 한 데는 다 이유가 있었어요. 그냥 일어난 것이 아니라고요. Richard의 잘못도 있고요.

교정반사:

'좋은' 조언:

유지적 측면:

내담자:

7. **Peggy(Arthur의 어머니):** 가족들이 저를 위해서 깜짝 파티를 열어 줬어요. 제가 눈치채지 못하게 모두 와 주었고, 2시간 동안 제가 술 마시는 것 때문에 가족들이 얼마나 상처를 받았는지도 얘기해 줬어요. 그들은 제가 알코올 중독이라고 생각해요. 술을 많이 마시긴 하지만 절대 중독자는 아니라고요! 제 아버지가 알코올 중독자셨으니까 알코올 중독자가 어떤지 알아요. 저는 확실히 제 아버지의 모습과 달라요.

교정반사:

'좋은' 조언:

유지적 측면:

내담자:

당신이 해야 할 일……

8. **Lloyd(Arthur의 아버지):** 제 생각에는 Arthur가 집안일에 대해 너무 많은 책임을 지려는 것 같아요. 그 또래 남자애들은 운동이나 하고 여자친구나 쫓아다녀야 하는 거잖아요. 그런데 얘는 남동생이나 가사에 대해 더 걱정을 하고 있어요. 심지어는 빨래도 하더군요. 저는 그 나이 때 절대 해 본 적이 없는 일이죠. 아들한테 축구 같은 좀 더 정상적인 활동을 하라고 이야기를 하면, 화만 내고 자신을 이해하지 못한다고 합니다. 저는 어떻게 해야 하는 겁니까? 그런다고 혼자 내버려 두면 그 애는 투덜거려요. 제가 무슨 말을 하든 저에게 쏘아붙여요. 무엇을 하든 결국 Arthur에게 지기 때문에, 저는 그냥 제가 옳다고 생각하는 대로 하렵니다.

   교정반사:

   '좋은' 조언:

   유지적 측면:

   내담자:

9. **Tanya:** 의사가 치료를 위해 해야 될 일들이 적힌 목록을 만들어 줬어요. 감당할 수 없을 정도로 압도돼요. 하루에 약을 세 번 먹어야 한대요. 저는 개밥을 매일 주는 것도 기억 못하는 사람이라고요. 저는 그런 걸 할 수가 없는데 그렇게 안 하면 죽을 수도 있는 거니까 너무 무서워요. 저는 지금 두 가지 나쁜 선택 사이에 끼어 있어요. 절 풀어 주세요.

   교정반사:

   '좋은' 조언:

   유지적 측면:

   내담자:

연습 2-5의 핵심

교정반사는 여러 형태를 취할 수 있다. 우리가 내담자들의 관점에서 부정확한 것을 볼 때 또는 우리의 지식 기반이나 기술 레퍼토리 내에서 그들을 도울 수 있는 것들이 있다고 느낄 때 종종 이러한 반영이 일어난다. 주목할 것은 이러한 예들이 친절한 상담자들에게는 좋은 관행처럼 느껴질 수 있지만 그들은 변화를 방해할 수도 있다. 내담자의 내부적인 이야기와 그에 따른 반응을 고려하면 적어도 세 가지는 해야 한다. 첫째, 표면 아래에 있는 양가감정의 지속적 측면은 무엇이며, 무엇이 표현되고 있는지 고려해 보라. 둘째, 내담자가 이 정보를 어떻게 받을 것인지를 고려하여 공감대를 형성한다. 셋째, 우리의 행동에서 오는 것에 대해 순차적으로 생각해 보라. 이 마지막 목표는 책 전체에 걸친 고려 사항이다.

2. **교정반사:** Arthur는 우울함을 부정하고 그 상황에서 선택하는 것을 포기하는 것 같다.

   상담자: 글쎄요, 당신이 우울해졌는지 말하기는 어렵지만, 당신이 원했다면 당신의 기분을 좋게 하기 위해 할 수 있었던 일이 분명히 있었을 것 같아요.

   유지적 측면: 당신은 지금 내가 이렇게 느끼는 건 내 탓이라고 말하고 있군요.

   Arthur: 예를 들면요? 행복한 생각을 하는 것 말인가요?

3. **교정반사:** Tanya는 도움을 요청하고 있다. [그녀가 움직일 준비가 되어 있는 것처럼 보이기 때문에, 도전을 탐구하지 않고 우리가 이 자리에서 조언을 하는 것은 쉽다.]

   상담자: 우리가 가장 먼저 해야 할 일은 그를 좀 더 활동적으로 만드는 거예요. 그것은 활동이 만성적인 고통을 관리하는 데 절대적으로 중요한 역할을 해요. 그렇게 하지 않으면, 당신의 세계는 점점 더 작아질 거예요.

   유지적 측면: 나는 내 세계가 작아졌다는 것을 알아요. 난 이미 그렇게 하려고 했지만 그것은 효과가 없었어요. 당신은 이 문제를 해결하려는 나의 시도를 존중하는 것 같지 않아요.

   Tanya: 맞아요, 만약 그게 그렇게 쉬웠다면 난 그것을 했을 거예요.

4. **교정반사:** Arthur는 CBT가 잘못된 인식을 확인할 때 꽤 효과적이라는 것에 대해 논쟁하고 있다.

   상담자: 나는 당신이 행복한 생각을 하는 것을 원하지 않아요. 이것은 더 불행하게 이끈다는 것을 의미해요. 대신에, 나는 어떻게 당신의 생각이 당신의 행동과 선택에 영향을 미치는지에 대해 스스로 생각해 보길 바라요. 우리가 그걸 알게 되면, 우리는 그 생각들에 도전할 수 있고, 당신은 당신의 상황에 대한 통제력을 되찾을 수 있어요.

   유지적 측면: 이 진술들은 모두 사실일지도 몰라요. 그리고 당신은 단지 나에게 무엇을 해야 하

(다음 쪽에 계속)

연습 2-5의 핵심 (계속)

는지 말하는 또 다른 어른일 뿐이에요. 나는 그것을 좋아하지 않으며 하지 않을 거예요. 게다가, 나는 내가 가지고 있는 생각이 마음에 들지 않아요.

Arthur: 아니, 전 그렇게 생각하지 않아요. 마법처럼 엄마, 아빠와 제 상황이 나아질까요?

5. **교정반사**: Tanya는 꼼짝 못하고 있고 그녀의 의사들은 고통을 일으키고 있는 구조적인 문제를 해결할 방법을 제안하고 있을지도 모른다.

   상담자: 그래요, 보장은 없고 그것은 좌절감을 줄 수 있어요. 하지만 근본적인 문제를 해결할 기회가 있다면 적어도 첫걸음으로 생각해야 하지 않을까요?

   유지적 측면: 나는 이전 수술의 경험, 관련된 고통과 불편함, 그리고 혜택의 부족과 변화의 가능성에 균형을 맞추고 있어요. 수술을 또 하기 전에 좀 더 확실한 걸 원해요.

   Tanya: 생각해 봤는데, 수학적인 계산이 저한테는 안 통하더라고요.

6. **교정반사**: 계속되는 이혼의 위협은 커플이 생산적인 대화에 참여하지 못하게 한다.

   상담자: 당분간 이혼에 대한 이야기는 잠시 미뤄 두는 게 좋겠어요. 여러분을 벼랑 끝으로 내몰고 뒷걸음질치도록 만드는 것 같아요. 나는 여러분이 원치 않은 입장에 처하게 되지 않기를 바라요.

   유지적 측면: 지긋지긋해요. 그리고 당신은 내 이야기를 듣고 있지 않아요. 그는 이혼을 위협하면서 저를 괴롭히지 않을 거예요. 게다가, 그는 이 모든 난장판에서 한몫을 했어요.

   Sarah: 글쎄요, 아직 제가 어떤 생각인지는 모르겠지만, 내가 머물려면 그가 약간의 변화를 주어야 할 거예요.

7. **교정반사**: 상처, 당황, 분노에 대한 Peggy의 감정은 그녀 자신뿐만 아니라 다른 사람들에게도 어떻게 영향을 미치고 있는지를 보는 데 방해가 되고 있다. 알코올에 대한 그녀의 관점 또한 그녀가 자신의 상황을 정확하게 평가하는 것을 방해할 수도 있다.

   상담자: 알코올 중독자인지 아닌지에 대한 우리의 견해가 음주 상황을 평가하는 데 어떤 영향을 미칠지 흥미롭네요. 알코올 중독자들은 여러 가지 형태로 나타나는데, 그중에는 기능을 잘하는 것 같은 사람도 포함되어 있어요.

   유지적 측면: 당신이 좋게 말했는데도, 저는 낙인찍힌 것처럼 느껴지네요. 전 그 말에 동의하지 않아요.

   Peggy: 무슨 소리죠?

8. **교정반사**: Lloyd는 좋은 부모가 되기를 원하며 도움과 지원을 요청며 몸부림치고 있다. 그는 또

(다음 쪽에 계속)

연습 2-5의 핵심 (계속)

한 소년이 무엇을 해야 하고 해서는 안 되는지에 대해 약간의 견해를 가지고 있는데, 이것은 내담자와의 관계에서 문제가 될 수 있다.

상담자: 당신이 얼마나 도와주고 싶은지 들었지만, 저는 당신이 뒤로 한걸음 물러서서 아들에게 어떻게 행동해야 한다고 말하지 않았으면 해요. 아들은 여자아이들을 쫓아다니거나 스포츠를 하는 것에 관심이 없을 수도 있어요.

유지적 측면: 당신은 내 편이라고 하지만 제가 하는 일이 잘못됐다고 하는 걸 보니 사실은 아닌 것 같네요. 저는 어떤 지시를 원하고 당신의 제안이 우리의 관계를 다시 되돌려 놓길 원해요. 그런 말은 저에게도 제 아들에게도 도움이 되지 않아요.

Lloyd: 내가 어떻게 해야 하지? 그냥 하루 종일 그 애를 돌봐? 그건 안 돼.

9. **교정반사:** Tanya는 계속 압도감을 느끼고, 주변을 맴돌며, 내가 통제하기를 바라는 것 같다. 그녀는 우선순위를 정하고 방향을 잡을 필요가 있다.

   상담자: 맞아요. 그렇다면 당신이 다시 정상 궤도에 오르도록 도와줄게요. 당신에게 굉장히 중요한 약 먼저 시작해 보죠. 약을 먹기 위한 정기적인 시간을 정해 봅시다. 일어날 때와 자러 갈 때 약을 먹는 것은 어때요? 대부분의 사람들은 약 섭취와 같은 일들을 도와줄 수 있는 일상적인 루틴을 가지고 있어요.

   유지적 측면: 그게 쉬웠다면, 진작 그렇게 했을 거예요. 당신은 그것이 어렵다는 것을 이해하지 못하는군요.

   Tanya: 문제는 내가 잠을 잘 수 없어서 깨어 있다는 거예요. 그러다 나는 소파에서 잠들게 되고 너무 피곤하고 고통스러워도 침대로 가지 않아요. 그냥 거기에 누워 있는 것이 더 편해요.

연습 2-6 어려운 내담자

우리를 힘들게 하는 내담자는 항상 있기 마련이다. 이러한 내담자들은 우리로 하여금 역량을 발휘하게도 하고 우리의 직업에 대해 불만을 갖게 하기도 하며 심지어 그들의 다음 방문을 두려워하게 만들기도 한다. 지금 당신이 일하고 있는 환경을 생각해 보고 당신을 그렇게 만드는 내담자는 누구인지 생각해 보자.

이제 그 사람을 생각하면서 다음 질문에 대답해 보자.

당신은 지금 그 사람과 무엇을 하고 있는가?

상황이 어떻게 변하기를 원하는가?

무엇이 그러한 변화를 방해하고 있는가?

이제 당신이 그 내담자라고 생각해 보자. 진짜로 그 사람의 입장이 되어 보려고 노력하자.

당신은 지금 상담자와 무엇을 하고 있는가?

상황이 어떻게 변하기를 원하는가?

무엇이 그러한 변화를 방해하고 있는가?

(다음 쪽에 계속)

어려운 내담자

두 가지 질문을 읽고 MI 정신의 네 가지 영역에 대해 생각해 보라.

- 협동정신은 문제를 해결하거나, 그에 대해 이야기하거나, 아이디어를 추구하기 위해 다른 사람들과 조화롭게 일하는 경향성이다. 사람마다 각기 다른 역할이 있을 수 있지만, 이것은 서로를 지지해 준다.
- 수용은 다른 사람들의 절대적인 가치, 그들의 능력과 삶의 과정을 선택할 필요성, 그리고 현명하게 선택할 수 있는 능력을 인식한다.
- 연민은 다른 사람의 복지에 대한 돌봄과 고민을 공유할 뿐만 아니라, 상대방의 복지를 대신하여 행동하는 것을 포함한다.
- 유발성은 한쪽이 다른 한쪽의 최고를 끌어내는 행동이다. 지시는 필요할 때 제공되지만 가벼운 터치 정도이다. 상대방의 자율성은 존중되고 격려된다.

이 네 가지는 관계를 바꾸기 위해 당신에게 어떤 일이 일어날 필요가 있다고 말하는가?

만약 당신이 이 내담자와 한 가지 새로운 접근법을 시도하려고 한다면 그것은 무엇이겠는가?

연습 2-7 가장 좋았던 기억

당신이 어떠한 역할을 했거나 최선을 다해서 역경을 이겨냈거나, 또는 다른 사람을 위해 특별히 애를 썼거나, 스스로 자랑스러워했던 사건을 그려 보자. 그게 무엇이든, 당신의 예술적 기술을 걱정하진 마라. 중요한 세부적인 정보를 추가하며 그림을 그려라. 그곳에 누가 있었는가? 무슨 일이 있었는가?

여기에 당신의 그림을 만들어라.

당신의 파트너에게 당신의 그림을 보여 주고 설명해 보라.

(다음 쪽에 계속)

가장 좋았던 기억

각자 한 바퀴씩 돌았을 때, 여러분의 파트너가 이 상호작용에서 보여 준 자질에 대해 몇 분간 생각해 보라. 그런 자질을 보고 세 가지 장점을 생각해 보자. 당신의 진술을 뒷받침하는 구체적인 예와 함께 다음에 그것들을 적어 보라.

예: 당신은 공감능력이 있다. 당신은 당신이 맡은 임무에 만족하지 않았지만, 당신의 도움이 필요한 사람들의 입장이 되기 위해 노력했고, 그들에게 어떤 일이 일어날지 생각했다. 그리고 당신은 당신의 실망에 집중하기보다 그들의 필요를 위해 반응했다.

1. 강점:

2. 강점:

3. 강점:

마지막으로, 이 활동에서 당신이 들은 세 가지 (명시적이거나 암묵적인) 장점을 구체적인 예를 포함하여 서로 피드백하라.

이것들은 당신이 최선을 다했을 때 당신을 나타내는 장점들이다. 그것들은 또한 여러분이 긴장할 때 만들어질 수 있는 것이다. 그러나 이러한 장점을 의도적으로 이용하기 위해서는 먼저 그 장점들을 인정하고 포용해야 한다. 이 활동은 그 방향으로 한 걸음 내딛는 것을 나타낸다. 당신은 당신의 삶에서 이러한 강점을 어떻게 관찰해 왔는가?

당신은 이것들을 당신의 내담자에게 어떻게 사용할 것인가?

네 가지 과정

*Merrian-Webster*에 따른 '과정(processes)'의 사전적 정의는 다음과 같다.

- 어떤 것을 생산하거나 특정한 결과를 초래하는 일련의 행동
- 자연적으로 일어나는 일련의 변화

2013년 Miller와 Rolnick은 동기강화상담의 네 가지 과정을 소개했다. 그것은 관계 형성하기(engaging), 초점 맞추기(focusing), 유발하기(evoking), 계획하기(planning)이다. 이 네 가지 과정을 가장 기본적인 수준에서 정의해 보면 다음과 같다. **관계 형성하기**는 내담자가 현실에서 당면한 어려움을 탐색할 수 있는 작업 관계와 안전한 장소를 구축하는 것이다. **초점 맞추기**는 내담자에게 가장 중요한 것이 무엇인지 이해하고, 앞으로 나아갈 방향성을 설정해 가는 것이다. **유발하기**는 변화에 대한 내담자의 이유를 이끌어 냄으로써 결심에서 행동으로 이어지게끔 하는 것이다. **계획하기**는 결심을 실행에 옮기기 위한 방법을 수립하는 것이다. 이 네 가지 과정은 내담자와의 작업 탐색 과정을 이해할 수 있는 틀을 제공하는데, 이 과정의 자세한 정의에 대해서는 추후 논의할 것이다. 이 네 가지 과정은 상담자와 내담자 사이의 상호작용을 위한 지도의 의미를 가지는데, 이는 변화의 메커니즘이 내담자 안에서 발생하고 상담자를 변화를 위한 엔진으로 보는 Prochaska와 DiClemente(1984)의 초이론적 모델(transtheoretical model)과는 다르다. 네 개의 과정은 지도와 같아서 우리가 어떻게 내담자에 맞춰서 할 수 있는지, 즉 무엇을, 언제, 왜 해야 하는지 그 방법을 더 잘 이해할 수 있도록 도와준다.

앞서 살펴본 바와 같이 이 모델은 설명이 분명하고 실제 MI 훈련가들도 단순하다는 점을 좋아하지만, 네 가지 과정의 본질에 대해서 이해해야 할 것이 많다. Miller와 Rollnick(2013)은 MI의 흐름

을 책의 줄거리와 같이 이어진 실로 묘사했는데, 그러면서도 범주 간에 중복과 반복이 나타나는 경향이 있다고 언급하였다. 게다가 이 과정은 절대 끝나지 않고, 상황에 따라 반복된다. 그렇다면 이 과정은 무엇이며, 어떻게 이해할 수 있는가? 그리고 더 중요하게는 우리는 이것을 어떻게 사용할 수 있는가?

내 생각에 MI의 과정에는 세 가지 특성이 있는 것 같다. 첫째로, 이 과정은 우리가 특정 내담자의 변화를 촉진하는 과정 중에서 어디에 위치하는지를 설명한다. 둘째로, 우리가 지금 이 순간에 가지고 있는 목표에 대해 알려 준다. 셋째로, 이 과정은 우리가 기술을 어떻게 효율적으로 사용할 수 있을지 결정하도록 안내해 준다. 이를 강 래프팅 비유의 맥락에서 생각해 보자.

강을 따라 내려가는 래프팅 여행은 우리들이 하는 상담 작업처럼 하루짜리가 될 수도 있고 몇 주 이상으로 연장될 수도 있다. 이 과정에는 네 가지 요소, 즉, 강, 가이드, 고객, 그리고 도구(예: 보트, 노)가 있다. 먼저 강부터 시작하자.

같은 강줄기라도 물의 상태가 항상 같은 것은 아니다. 즉, 우리가 같은 지점에 두 번째 들어가더라도 같은 물이 아니라는 것이다. 그곳엔 상류로부터 흘러온 것들, 그리고 현재의 위치에 있는 것들, 그리고 하류에서 거슬러 올라온 온갖 것들이 섞여 있다. 이 비유가 네 가지 과정에 대해 설명하는 바는 다음과 같다. 첫째, 이는 네 가지 과정의 요소들이 모두 섞인다는 것을 의미한다. 그러나 과정에는 일반적인 순서라는 게 있어서, 그 과정을 성공적으로 항해하지 못하면 하류에서 문제가 발생할 수 있다. 예를 들어, 내담자가 안전감을 경험할 수 있는 관계를 형성하는 데 실패한다면, **초점 맞추기** 과정에서 내담자의 참여 의지가 제한될 것이다. 변화에 대한 **이유**를 충분히 유발하는 과정 없이 바로 **계획하기**로 접어들게 되면, 내담자는 문제를 마주했을 때 노력을 유지하는 데 있어 어려움을 겪을 수 있다. 이처럼 변화의 흐름은 우리가 어디에 있는지에 대해 중요한 정보를 제공한다. 이 지식이 우리의 작업에 도움이 되는 때는 바로 물에 온갖 물줄기의 요소들이 섞여 있다는 것을 인식하는 순간이다.

둘째, 우리가 변화의 흐름 속 어디에 위치하는가는 우리가 당면하고 있는 목적에 대하여 알려 준다. 내담자는 무엇을 하고 있으며, 우리는 무엇을 해야 하는가? 우리가 이 시점에서 성취하고자 하는 것은 무엇이고, 어디를 향하고 있는가? 지금 이 시점은 우리가 처음 관계를 형성하기 시작했을 때처럼, 협동하는 방법을 배워가는 때인가? 아니면 **초점 맞추기** 과정에서처럼 어떤 경로로 갈지를 선택하고 있는 중일 수도 있다. 어쩌면 우리가 개별화된 방법으로 변화대화를 유발함으로써 양가감정의 교착점에서 벗어나도록 돕는 것처럼, 앞으로 나아갈 길을 찾기 위해서 협동해야 하는 급류의 한복판에 있는 것일 수도 있다. 아니면 전문가와 고객이 함께 보트를 해안으로 끌어 올린 후에, 앞으로 어떻게 항해해 갈 것인가에 대해 토론하는 **계획하기**의 과정일 수도 있다. 이 모든 과정에서 실무가는 때마다 순발력 있게 행동할 뿐 아니라, 앞으로 가게 될 길에 대해서도 전략적으로 생각하는 좋은 가이드와 같다. 가이드는 항해 경로에 대한 지식을 가지고 있는데, 성공적인 여행으로 이어지도록 하기 위해서는 타인과 협력해야 한다. 고객은 자신에게 가장 적합한 경로를 결정해야 하고, 그 후에 노를 제대로 저어야 한다. 이는 고객의 작업이 특정한 때에 특정 방식으로 이루어진다는 것을 의미한다. 그러나 여전히 가장 중요한 것은 고객과 가이드가 힘을 합쳐 항해해야 한다는 것이다.

셋째, 우리가 가이드로서 기술을 사용하는 방식은 우리가 강 위 어느 곳에 위치하는지 그리고 목적이 무엇인지에 따라 결정된다. 기술이 적용되는 양식과 사용되는 시기는 다양하지만, 핵심 기술은 일관성을 유지한다. 노를 젓는 모습은 물살이 잔잔한 완만한 구간인지 세찬 급류가 일어나는 좁은 구간인지에 따라 달라지겠지만, 우리는 래프팅과 MI의 항해 둘 다에 있어서 OARS(+I)를 사용한다. 예를 들어, 래프팅하는 와중에 어느 구간에서 거품이 일어난다면 그것은 유발하기 과정의 일환으로 다른 방식의 반영을 할 때일 수도 있고, 또는 선택한 경로가 옳은 것인지에 대해서 재조명하고 확정지을 때일 수도 있다. 결국, 어떤 기술들은 특정 상황에서만 사용될 수도 있고 또는 강의 하류로 내려가는 과정에서 나타날 수 있다. 예를 들면, 계획하기는 내담자가 일종의 행동방침에 대해 확인하고 결심한 이후에 착수된다.

종합해 보면, 네 가지의 과정은 우리가 어디에 위치하고 있는지를 알려 준다. 또한 지금 해야 할 일이 무엇인지, 예를 들면 잠잠히 생각하고 있어야 할 때인지, 그리고 앞으로 무엇을 목표로 해야 하는지에 대해 설명한다. 그리고 마지막으로 우리가 기술을 어떻게 적용하기를 원하는지를 알려 준다. 물론 강의 상태는 예측할 수 없이 변하므로, 예기치 못한 상황에 대비해야 한다. 폭우, 수로 개방, 가뭄 등으로 인해 강의 상태가 변할 수 있다. 이와 마찬가지로, 일련의 변화과정에 있는 내담자의 움직임은 급변할 수 있다. 무언가 중요한 불일치가 있을 것이라고 예상하고 있을 때, 그 대신 내담자가 이미 계획하기를 시작할 준비가 되어 있다는 것을 발견하게 될 수 있다. 반대로, 내담자가 변화 행동하기 직전에 있다고 생각하고 있다가도, 다시 초점 맞추기, 심지어는 유발하기의 전 단계인 관계 형성하기까지 돌아갈 필요가 있음을 깨닫게 될 수도 있다.

물론 물의 흐름과 래프팅의 비유는 완벽하지 않다. 래프팅 가이드는 우리가 보통 MI 가이드에게 권장하는 것보다 훨씬 더 지시적이다. 실제 강, 특히 위험한 강에서는 과정의 순서가 달라질 수 있다. 예를 들면 계획하기 과정은 강에 진입하기 전에 시행되기도 한다. 강줄기의 전체 흐름은 한 방향을 향하지만, 내담자 내면의 과정과 그들이 실현하고자 하는 변화의 흐름은 그렇지 않을 수 있다. 더욱이, 우리가 내담자와 함께 있든 그렇지 않든 변화의 강은 계속해서 흐른다. 따라서 이 모델은 분명한 한계를 가지고 있다.

이러한 한계점이 있지만, 그 안에 여전히 가능성이 있다. 일반적으로 내담자가 우리와 함께하는 시간은 우리와 떨어져서 보내는 시간에 비해 매우 적다. 이것이 흐르는 강이다. 내담자와 우리가 간헐적으로 함께 작업하는 시간은 보트를 잠시 강에서 꺼내 놓는 때와 같아서 우리가 그 이상을 함께 가 줄 수는 없다. 내담자는 우리 없이 계속해서 항해해 갈 것이다. 비록 우리가 떠난 바로 그 지점에 다시 발을 내딛더라도, 강도 우리도 그때 이후로 계속 변화했다. 따라서 우리는 다시 관계 형성하기로 돌아간다. 즉, 이 비유는 한계가 있지만 도전과 상호작용의 본질을 꿰뚫는다. 구체적으로, 가이드와 고객(내담자)에 따라 작업이 어떻게 달라지는지, 시간이 지남에 따라 이러한 작업이 어떻게 변하는지, 그리고 협동정신의 중요성을 보여 준다.

앞으로 이 책에서 우리는 기술에 대한 체계적인 설명을 제공하기 위해 이 네 가지 과정을 사용할 것이다. 기술마다 두드러지는 부분이 있을 테지만 우리는 이 여정 내내 똑같은 핵심 기술들을 사용한다. 각 세션에서 다음 세 가지 영역을 검토할 것이다.

1. 우리는 어디에 있는가?
2. 지금과 앞으로의 목표는 무엇인가?
3. 우리는 이 상황에서 기술을 어떻게 적용할 것인가?

관계 형성하기: 관계의 기반

*Merriam-Webster*에 따른 '기반'의 사전적 정의는 다음과 같다.

- 근본적인 바탕 또는 지지
- 일의 이루어지는 토대
- 어떤 것이 세워지거나 지지되는 기초, 기준, 원칙
- 기초를 다지는 행동

기반은 안정성을 의미한다. 구조물이 세워지는 기초라고 할 수 있다. 깊이가 있으며 변하지 않는 특징을 가진다. 그러나 관계는 본질적으로 역동적이며 변화하는 특징을 가진다. 그렇다면 관계에는 기반이 있다고 할 수 있는가?

당연히 관계에는 기반이 있다. 사실 그런 질문을 하는 것은 어리석다. 기반의 사전적 정의를 자세히 살펴보면, 우리의 초점이 너무 좁다는 것을 알 수 있다. 기반은 어떤 것을 세우고 지지하는 기본 바탕으로, MI에서 이러한 기반이 되는 것이 바로 관계이다.

기반이라는 단어의 정의에는 기초를 다지는 행동이 포함된다. 즉, 무엇인가를 짓는 데 있어서 첫 번째로 필요한 단계이다. MI에서 첫 번째 단계는 협동정신을 바탕으로 관계를 형성하는 것이다. 우리는 관계를 가정하지 않고, 관계를 만든다. 또한 이 관계는 특정한 종류의 변화에 대한 대화에 기초하여 세워지는데, 이는 ① MI 정신에 입각한 것으로, ② 내담자가 말하는 것이 변화대화인지 유지대화인지 주의를 기울이며, ③ 이 두 가지를 가능하게 하는 특정한 핵심 기술에 바탕을 둔다. 이러한 요인들의 조합은 MI의 변화대화가 다른 인간 중심 치료나 해결 중심 치료에서 이루어지는 변화에 대한 대화와 어떻게 다른지를 보여 준다.

관계 형성하기의 성공과 실패

Miller와 Rollnick(2013)은 내담자와 관계를 형성하는 것을 "내담자와 상호적인 신뢰와 존중의 관계를 형성하는 과정"으로 정의했다(p. 40). 이 정의는 치료적 동맹관계를 이야기하고 있는 동시에 내담자와 공유하는 과정으로 강조한다는 점에서 흥미롭다. MI에서 우리는 내담자와 편안하고 안전하게 생각을 공유하며 적극적으로 관계를 맺는 것에 초점을 둔다. 이 정의는 상담자인 우리가 내담자를 신뢰할 때에야 가능하다는 것을 전제로 한다. 특히, 다른 사람에게 문제가 되고 자신에게 도움이 되지 않는 행동을 하는 내담자를 믿는 것은 어렵다. 그러므로 우리와 관계를 형성하고자 하는 내담자의 의지에 영향을 미치는 것들이 무엇인지 고려할 필요가 있다. 또한 상담자 스스로도 내담자를 신뢰하는 것에 영향을 미치는 요인들이 무엇인지 생각해 보아야 한다. 예를 들면, 우리의 가치, 열망, 이전의 내담자와의 경험, 그리고 사회적 상황들은 내담자를 신뢰하는 데 영향을 미칠 수 있다. 이 장 마지막 부분의 연습문제를 통해 내담자를 신뢰하는 데 영향을 미치는 요인들에 대해 생각해 보자. 또한 다음 장에서는 상담자가 가지는 가치와 내담자에 대한 기대의 연관성을 설명할 것인지, 이는 내담자와의 협동 관계를 유지하기 위해 우리가 먼저 생각해 보아야 하는 부분이다.

앞서 살펴본 협동정신에서처럼, Miller와 Rollnick(2013)은 내담자와의 관계 형성을 촉진하거나 저해하는 상담자의 행동이 있다고 밝혔다. 관계 형성에 도움이 되지 않는 측면에서 상담자가 빠질 수 있는 함정들은 다음과 같다.

- 평가 함정—문제를 해결하기 위한 서비스를 제공하기 위해 정보를 수집할 뿐 내담자 개인에게 주의를 기울이지 않는 경우
- 전문가 함정—내담자와 협동적 관계를 맺기보다 해답을 얻기 위해 정보를 얻는 관계로 대화를 구조화하는 경우
- 조급하게 초점 맞추기 함정—내담자의 삶의 큰 흐름을 이해하기보다 현재 문제 영역에만 초점을 좁히는 경우
- 진단명 붙이기 함정—진단에 집중하느라 한 사람으로서 개인을 바라보지 못하거나 내담자가 정확한 진단을 받아들이도록 싸우는 경우
- 잡담 함정—회기 중 내담자와의 잡담을 상담으로 착각하는 경우

반대로, 관계 형성을 촉진하는 요소에는 만남을 위해 내담자의 참조틀에 참여하는 것이 포함된다. 관계 형성을 촉진하는 네 가지 요소들은 다음과 같다.

- 목표—이 만남을 위한 내담자의 목표와 열망은 무엇인가?
- 중요도—내담자에게 현재 문제 상황이 얼마나 중요한가?
- 긍정성—이 만남은 내담자에게 희망을 비롯한 긍정적인 감정을 어느 정도까지 느끼게 하는가?
- 기대—이 만남에서 내담자가 전문가와 자신 사이에 일어났으면 하고 기대하는 일은 무엇인가?

이와 같은 질문들은 내담자와 초기의 대화를 이끌기도 하지만, 이는 내담자가 스스로에게 물을 수 있는 질문이기도 하다. 따라서 이와 같은 내담자를 위한 질문에 내포된 욕구를 다루는 것은 우리의 능력에 달렸으며, 내담자가 이런 질문들에 진지한 자세로 대답한다면 그것 자체로 관계가 형성되었음을 알 수 있다. 이와 같은 요구 사항을 해결하기 위해 몇 가지 기술을 소개할 것이다. 보다 명료한 설명을 위해 요구 사항들을 세 가지로 분류하고 우리가 얼마나 잘하는지 판단할 수 있는 질문들은 다음과 같다.

- 안전감을 제공하고 환영하라.
  - 긍정적인 감정을 느끼기 위해서는 내담자가 안전하다고 느껴야 한다. 내담자가 환영받고 가치 있다고 느낄 수 있는 환경을 어떻게 제공할 수 있을까?
  - 내가 실제적으로 하거나 제공할 수 있는 것은 무엇일까?
- 묻고 경청하라.
  - 내담자는 어떤 이유로 상담에 와서 나에게 이야기하는가? 오지 않는 선택을 할 수도 있는데 왜 상담에 오는가?
  - 이와 같은 상황은 내담자의 인생과 각종 욕구와 우선순위에 어떻게 부합하는가?
- 필요한 정보를 제공하라.
  - 내담자가 이 상황에 대해 알고 있는 것은 무엇이며, 또 내가 새롭게 제공할 수 있는 것은 무엇인지 어떻게 알 수 있는가?
  - 어떻게 내담자를 설득하고자 하는 유혹을 피하고, 내담자의 경험을 토대로 현실적인 희망을 제공할 수 있을까? 이 내담자에게 희망을 줄 수 있는 부분이 무엇인지 알 수 있는가?

이 범주에 수반되는 질문들은 내담자를 더 깊이 이해하는 데 도움이 된다. "이 내담자의 목적은 오직 ________일 뿐 이 문제에 대해서는 관심이 없어."라는 상담자 내면의 반응을 넘어서서 내담자의 내면세계와 반응들을 이해할 수 있도록 돕는다. 진정한 **관계 형성하기**가 될 때, 내담자와의 라포가 형성되고 표면적인 수준의 관계를 뛰어넘게 된다. 내담자가 자신의 문제행동과 어려움이 발생하는 영역을 탐색하는 데 있어 안전하다고 느낄 수 있는 깊은 관계가 형성되면 현재의 어려움이 내담자의 삶의 큰 그림의 차원에서 어떤 의미를 가지는지를 알게 된다.[1] 예를 들어, 관계 형성하기는 단순히 내담자가 좋은 부모가 어떤 사람인지 아는 것만을 의미하지 않는다. 부모가 된다는 것이 이 사람의 삶에 있어 어떤 의미인지 탐색하는 것부터 시작한다. 이것이 MI가 구축하고자 하는 관계의 기초이다.

강에서 래프팅하는 비유로 다시 돌아가 보자. 각 과정이 제공하는 세 가지 범주, 즉 어디서, 무엇을, 어떻게는 매우 간단하다. 우리는 이 여정의 초입에 있다. 만약 이전에 래프팅을 한 적이 있다면 또다시 강으로 들어가고 있는 중이다. 같이 래프팅을 시작하는 것에 익숙해지고 서로 어떻게 할지 파악할 필요가 있다. 안전감을 형성하고, 묻고 들으면서 필요한 정보를 제공해야 한다. 내담자가 이 여정에서 자신이 무엇을 원하는지 이해하고 우리를 자신에게 도움이 되는 사람으로 인식하도록 해야 한다. 우리 또한 지금 현재 상황에 내담자의 삶의 큰 흐름과 어떻게 연결되는지 알게 될 것이다.

목표로 하는 관계 수준에 이르기까지는 시간이 걸리는 작업이며 구체적인 기술을 요구한다. 다음 장들에서 어떠한 기술을 향상시킬 수 있는지 언급할 것이다. 그전에, 몇몇 활동들을 먼저 해보자. 첫 번째 활동에서는 내담자와의 관계 형성에 영향을 미치는 요인들을 살펴보자. 두 번째 활동에서는 Russell을 소개하고 그의 상황을 좀 더 깊이 있게 이해하기 위해 어떻게 관계를 형성할지 연습해 볼 것이다. 이후, Russell의 사례로 다시 돌아가서 각 단계(관계 형성하기, 초점 맞추기, 유발하기, 계획하기)에서 Russell과의 상호작용이 어떻게 달라지는지 살펴볼 것이다.

[1] 깊은 관계와 라포의 차이점에 대한 설명을 제공해 준 Stephanie Ballasiotes에게 감사한다.

활동 2a　내담자와의 관계 형성에 영향을 미치는 요인들

상담에 영향을 미치는 요인들은 다양하다. 〈연습 2-3〉에서 다룬 상담자로서 우리가 가지고 있는 가치나 내담자에 대한 열망 외에도 상담에 영향을 미치는 요인들이 많다. 이 활동을 통해서 내담자와 관계를 형성하고 신뢰하는 과정에 영향을 미치고 있는 것들은 무엇인지 생각해 보자.

우선 우리 삶에 중요한 사람들을 떠올려 보자. 영향력 있는 사람들을 분류할 수 있는 목록을 아래에 나열하였다. 제시된 목록에 해당되지 않는 사람을 적을 수 있는 **기타 인물**란이 있다. 중요한 사람의 이름이나 이니셜을 적어 보라.

영향이라는 것은 긍정적일 수도 있고 부정적일 수도 있다. 여기서는 영향이 좋거나 나쁠 것이라고 전제하지 않는다. 단지 당신에게 중요한 영향을 주었다는 가정만 있을 뿐이다.

부모/보호자: ____________________

형제, 자매: ____________________

다른 가족 구성원: ____________________

친구: ____________________

교사/교수: ____________________

코치: ____________________

종교 지도자: ____________________

상사: ____________________

다른 성인들: ____________________

배우자/파트너: ____________________

여자친구/남자친구: ____________________

군대 상사: ____________________

군대 친구: ____________________

기타 인물: ____________________

____

____

(다음 쪽에 계속)

내담자와의 관계 형성에 영향을 미치는 요인들

다음의 표 첫 칸에는 당신의 삶에 가장 큰 영향을 미친 4명 또는 5명 인물의 이니셜을 적어 보라. 둘째 칸에는 각 인물이 사람을 보는 관점에 대해 적어 보라. 셋째 칸에는 어떻게 그 관점이 본인의 신뢰에 영향을 미쳤는지 간단히 적어 보라.

인물	이 인물이 사람을 보는 관점	당신의 신뢰에 미친 영향

여기서는 본인의 내담자에 대한 관점과 상담 방식에 영향을 미친 사람들을 생각해 보자. 교수, 슈퍼바이저, 동료, 연구자, 이론가 등이 될 수 있다. 첫 칸에는 가장 본인의 상담 스타일에 영향을 많이 미친 4명 또는 5명의 이름을 이니셜로 적어 보자. 내담자에 대한 그들의 관점을 다음 칸에 적어 보자. 마지막 칸에는 그들의 관점이 본인이 내담자와 관계를 맺고 신뢰하는 방식에 어떤 식으로 영향을 미쳤는지 적어 보자.

인물	내담자에 대한 관점	내담자와의 관계 및 신뢰에 미친 영향

사람에 대한 관점은 국적, 지역사회, 속한 단체(예: 인종, 종교단체, 기관, 교우집단) 등 우리의 현재 사회환경의 영향을 받는다. 우리가 사회환경과 맺고 있는 방식에 따라 이들의 영향은 앞서 언급한 요인들보다 클 수도 있고 작을 수도 있다. 그것은 우리가 수영을 하고 있는 수영장과 같기 때문이다.

내담자와의 관계 형성에 영향을 미치는 요인들

다음의 사회환경적 요인들을 생각해보고 본인에게 작게 또는 크게 영향을 끼치고 있는 부분을 적어보자. 예를 들어, 미국에서 자주 언급되는 가치로는 힘든 일을 극복하고 자립하고 발전하는 강인한 개인주의가 있다. 비록 우리가 이 주장의 정확성에 대해 논쟁할 수는 있겠지만, 그럼에도 불구하고 이러한 문화적 가치는 일반적으로 미국인들이 사람을 보는 관점과 생활환경과 문제를 해석하는 방식에 영향을 미친다. 잠깐 시간을 내어 여러분에게 작게 또는 크게 영향을 미치고 있는 아래의 요소들에 대해 생각해 보자.

배경	사람들에 대한 가치	본인의 가치관 및 신뢰감에 미친 영향
국적:		
지역:		
지역사회:		
인종/민족:		
종교:		
소속 기관:		
다른 배경:		

다른 배경 요인으로는 대중매체나 광고 등이 포함될 수 있다.

좀 더 구체적으로 당신이 내담자를 보는 센터, 병원들의 환경이 내담자와 관계 맺는 방식과 신뢰도에 어떤 영향을 미치는지 생각해 보자.

내담자와의 관계 형성에 영향을 미치는 요인들

일터에서 명백하게 드러나는 내담자에 대해 가지고 있는 당신의 철학, 관점은 무엇인가?

일터에서 명백하게 드러나지 않지만 내담자에 대해 가지고 있는 당신의 철학, 관점은 무엇인가?

내담자와 관계를 맺는 데 방해가 되는 요소들은 무엇인가?(예: 사생활 침해, 내담자의 수, 시간, 회기 수, 위탁환경 등)

자, 이 모든 정보들을 종합해 보자.

일반적으로 사람을 신뢰하는 것에 대한 나의 신념은 무엇인가?

구체적으로 내담자를 신뢰하는 것에 대한 나의 신념은 무엇인가?

이러한 신념이 내담자와의 관계에 어떤 영향을 미치는가?

내담자와의 관계 형성에 영향을 미치는 요인들

앞서 언급한 것들을 고려해 보았을 때, 내담자와의 관계를 향상시키는 데 도움이 되는 것은 무엇인가? 그리고 어떤 것을 더 많이 하고 싶은가?

어떤 부분이 내담자와의 관계 형성에 방해가 되며 어떻게 변화시킬 수 있을까?

이 활동지에 적은 내용들을 살펴보면서 어떻게 아래 기술들을 향상시킬 수 있을 지 생각해 보자.

안전감 제공하기와 환영하기:

묻고 경청하기:

정보를 제공하기:

활동 2b　Russell과 관계 형성하기

28세인 Russell은 여섯 살, 여덟 살 두 딸의 아버지이며 현재 이혼 상태이다. Russell은 대학생이었을 때 여자친구였던 Addie가 임신을 해서, 결혼을 결심하고 돈을 벌기 위해 대학을 중퇴했다. 국제 선박 운송회사에서 월급은 좋으나 신체적으로 힘든 배달 운전수로 일을 하기 시작했으며 현재까지 그 직장에서 일하고 있다.

사랑해서 결혼했지만 Russell과 부인은 서로 맞지 않는 부분을 발견하면서 결혼생활이 순조롭지 않았으며 아이들을 양육하는 것에 대한 부담이 결혼생활에 큰 지장을 주었다. 부부상담을 시도했음에도 결국 이혼을 결심하게 되었다. 이혼을 결정하는 과정에서 두 딸에게 안정감과 일관성을 제공하기 위해 함께 노력하였으나 양육방식의 차이로 싸우는 일이 잦았다.

Russell은 방이 2개인 작은 아파트에 살고 있다. 주말에는 두 딸과 함께 지내며, 주중에는 부인과 두 딸이 함께 지낸다. 아이들을 사랑하고 주중에도 그들을 그리워하지만, 동시에 주중에는 일하고 주말에는 아이들을 돌보는 것 때문에 한시도 쉬는 시간이 없다. 가끔 목요일 밤에 대학 시절 친구들을 만나는 것이 전부이다. 대학 친구들과 만나는 것이 좋긴 하지만 학위를 가진 친구들이 돈도 더 많이 벌고 여유 시간이 더 많은 것이 부럽다. 외로움을 느끼지만 2년 전 이혼한 후 한 두 번밖에 데이트를 하지 못했다. 젊은 시절은 그냥 지나가 버렸고 마치 목적 없이 강을 떠다니는 듯한 느낌을 받는다.

그의 회사는 직원들의 마약 사용을 엄격히 금하고 있으며, 무작위로 소변검사를 실시한다. 마약 사용으로 Russell은 현재 보호관찰 중이며 회사의 정책상 상담 4회기를 해야 한다. 회사는 상담에 대해 비용을 제출하고 대략적인 상담 내용에 대한 보고서를 요구한다. 또한 회사는 운전사들의 마약 사용으로 인한 위험성 때문에 정기적으로 소변검사를 실시할 예정이며, 만약 Russell 이 앞으로 6개월 동안 다시 마약을 사용해서 걸린다면 해고될 것이다.

이전에도 언급했듯이 Miller와 Rollnick(2013, p. 40)은 '관계 형성'을 "서로 신뢰하고 존중하는 관계를 맺는 과정"으로 정의하며 관계 형성을 향상시킬 수 있는 요소들을 소개했다. 이 정의를 Russell의 사례에 적용하는 실제적인 방법에 대해 알아보자.

Russell이 상담을 통해 얻고 싶은 것은 무엇일까? 적어도 두 가지 이상을 생각해 보라.

(다음 쪽에 계속)

Russell과 관계 형성하기

현재 Russell 의 삶에서 중요한 세 가지 우선순위는 무엇일까? 그와의 상담에서 이 우선순위를 어떻게 이야기할 수 있을까?

Russell의 강점은 무엇인가? 적어도 세 가지 이상 적어 보자.

장기적으로 Russell이 이루고 싶은 것은 무엇일지 생각해 보라. 세 가지 이상 적어 보라.

Russell과 관계 형성하기

Russell이 당신과 관계를 맺는 데 방해가 될 수 있는 것은 무엇일까? 세 가지 이상 적어 보라.

다음은 Russell과 상담자의 대화이다. 다음의 대화를 읽고 상담자가 사용하고 있는 기술 영역에 대해 써 보라. '묻고 경청하기'는 묻기, 경청하기, 또는 묻고 경청하기가 포함된다. 순서가 '묻고 경청하기'가 아니라 '경청하고 묻기'가 될 수도 있다. 마지막 칸에는 각 기술영역이 상담자가 다루어야 하는 네 가지 관계 형성의 요소 중 어디에 해당되는지 적어 보라. 마지막으로, 상담자의 대화가 그에게 어떤 영향을 미치고 있는지에 대해서도 적어 보라.

기술 영역	관계 형성 요소
• 안전감 제공하고 환영하기	• 목표
• 묻고 경청하기	• 중요성
• 정보 제공하기	• 긍정성
	• 기대

상담자: 차나 커피 한잔 하시겠어요?

Russell: 아니요, 괜찮습니다.

상담자: 여기에 오신 이유나 과정에 대해 알고 계신 바가 있나요?

Russell: 소변검사 결과 때문에 받아야 한다는 것 외에는 잘 모릅니다.

상담자: 소변 결과가 양성으로 나오셨다고요.

Russell: 네, 갑자기 그런 결과가 나와서…….

상담자: 놀라셨겠네요.

Russell: 글쎄요. 소변검사 결과가 그런 거니 뭐…….

Russell과 관계 형성하기

	기술 영역	관계 형성 요소
상담자: 상담에 들어가기 전에 먼저 비밀보장에 대한 부분을 이야기해 드릴게요. 혹시 여기서 비밀보장이 되는 부분과 또 회사에 보고를 해야 하는 부분에 대해서 알고 계신가요?		
Russell: 글쎄요, 이 상담은 저에게 도움을 …… 사적으로 진행될 거라고 하던데.		
상담자: 확실한지는 모르겠다는 말씀처럼 들리네요.		
Russell: 위험을 무릅쓰고 이야기해야 하나 싶죠.		
상담자: 너무 솔직하게 이야기하면 오히려 위험하지 않을까 싶으신가 봐요.		
Russell: 그렇죠.		
상담자: 그렇게 위험을 무릅쓰면서 솔직하게 얘기하고 싶진 않으신가 봐요.		
Russell: (고개를 끄덕거림)		
상담자: 도움이 된다면, 이 부분에 대해 좀 더 자세히 설명해 드리고 싶은데요.		
Russell: 네.		
상담자: 상담에서 비밀이 보장된다고 하지만 회사가 비용을 내고 싱담 보고시를 제출히라고 한 상항이에요.		
Russell: 그렇지요.		
상담자: 상담 보고서를 쓰는 것은 맞지만 보고서에는 내담자분의 이름과 상담 일시, 소요시간, 일반적인 진행과정들 만이 포함돼요. 만약 오늘 상담에 대한 보고서를 쓴다면 '상담하는 것에 대한 규칙을 함께 설정함' 정도의 정보가 들어가는 거죠. 우리가 이야기하는 대화의 내용은 들어가지 않아요. 이 부분에 대해 어떻게 생각하시나요?		
Russell: 조금 이해가 되네요. (웃음)		

Russell과 관계 형성하기

	기술 영역	관계 형성 요소
상담자: (웃음) 도움이 되나 보네요.		
Russell: 네, 도움이 돼요. 저도 어떻게 되는 건지 궁금했었어요.		
상담자: 본인이 이야기하고 싶은 것과 회사가 알 필요가 없는 것들이 충돌할 수 있으니까요.		
Russell: 맞아요.		
상담자: 본인이 원하는 것을 이야기한다면, 어떤 부분을 다루는 게 도움이 될까요?		
Russell: 글쎄, 잘 모르겠어요.		
상담자: 이러한 것에 대해서 생각해 보지 못하셨나 봐요.		
Russell: 네. 그런데 좀 쉴 수 있는 시간이 있으면 좋겠다 싶어요.		
상담자: 항상 바쁘니까, 쉬면서 즐길 수 있는 활동을 할 수 있는 시간이 있었으면 하시는군요. 스스로에게 문제가 되지 않는 선에서요.		
Russell: (웃음) 네, 더이상의 문제가 일어나지 않는 선에서요.		
상담자: (웃음) 좋아요. 그 부분이 Russell 씨에게 도움이 될 만한 부분이군요. 다른 게 있을까요?		
Russell: 글쎄요. 아이들이 너무 사랑스럽긴 한데 아이들을 훈계하는 것이 힘겨울 때가 많아요.		
상담자: 양육하는 방식과 아이들과 할 수 있는 활동 같은 것에 대해 같이 한번 이야기해 볼 수 있겠네요.		
Russell: 네, 그러면 너무 좋을 것 같아요.		
상담자: 정말 배우고 싶어 하시는군요.		
Russell: 네, 진짜 그러면 너무 좋을 것 같아요.		
상담자: 좋아요. 다른 부분들도 있겠지만, 너무 다양한 부분들을 세세하게 이야기하기 전에 잠시 한 발짝 뒤로 물러서서 본인의 인생의 큰 그림을 좀 생각해 보고 이러한 부분들이 그 큰 그림에 어떻게 맞을지 이야기해 보면 좋겠어요. 일 말고 Russell 씨의 삶에 대해 조금 말해 주세요.		

활동 2b의 정답 및 반응의 예

다음은 실제 정답이 아니라 가상의 대답이다. Russell의 대화의 표면 아래 있을 수 있는 것들을 알아차리는 데 도움이 되는 가이드 정도로 생각하라.

Russell이 상담을 통해 얻고 싶은 것은 무엇일까? 적어도 두 가지 이상을 생각해 보라.

1. 회사에서 해고되지 않는 것
2. 삶의 부담이 줄어드는 것
3. 딸들에게 더 좋은 아버지가 되는 것
4. 회사 상사에게 더 이상 마약문제가 없다고 보고하는 것

현재 Russell의 삶에서 중요한 세 가지 우선순위는 무엇일까? 상담에서 이 우선순위를 어떻게 다룰 수 있을까?

1. 직업을 유지하는 것
2. 안정감을 제공하는 역할
3. 아버지로서의 역할
4. 스트레스를 줄이는 것

Russell의 강점은 무엇인가? 적어도 세 가지 이상 써 보라.

1. 성실히 일함
2. 책임을 받아들이고 수행함
3. 자신의 필요를 미룰 수 있음
4. 유머감각
5. 뒤로 물러서서 큰 그림을 볼 수 있음

장기적으로 Russell이 이루고 싶은 것은 무엇일지 생각해 보라. 세 가지 이상 써 보자.

1. 일, 이이들 양육, 자신의 필요 사이의 균형을 찾는 것
2. 다시 대학을 다니는 것
3. 재밌는 시간을 가지는 것
4. 친구들과 시간을 보내는 것

Russell이 당신과 관계를 맺는 데 방해가 될 수 있는 것은 무엇인가? 세 가지 이상 써 보라.

1. 상담 내용 때문에 직장에서 문제가 생기는 것
2. 상사에게 상담 내용을 보고하는 것 때문에 어디까지 이야기해야 하는지 확신이 없는 것
3. 자신의 문제에 답이 없다고 느끼는 것
4. 어떤 부분에서 상담을 통해 도움을 받고 싶은지 확신이 없는 것

(다음 쪽에 계속)

활동 2b의 정답 및 반응의 예 (계속)

다음은 Russell과 상담자의 대화이다.

	기술 영역	관계 형성 요소
상담자: 차나 커피 한잔 하시겠어요?	안전감 제공하기와 환영하기.	긍정성.
Russell: 아니요, 괜찮습니다.	중립. 경계.	
상담자: 여기에 오신 이유나 과정에 대해 알고 계신 바가 있나요?	묻고 경청하기.	기대.
Russell: 소변검사 결과 때문에 받아야 한다는 것 외에는 잘 모릅니다.	중립. 변화 없음.	
상담자: 소변 결과가 양성으로 나오셨다고요.	묻고 경청하기.	안전감을 제공하기와 환영하기.
Russell: 네, 갑자기 그런 결과가 나와서…….	중립. 변화 없음.	
상담자: 놀라셨겠네요.	묻고 경청하기.	안전감 제공하기와 환영하기.
Russell: 글쎄요. 소변검사 결과가 그런 거니 뭐…….	중립. 부정적인 감정이 조금 가미됨.	
상담자: 상담에 들어가기 전에 먼저 비밀보장에 대한 부분을 이야기해 드릴게요. 혹시 여기서 비밀보장이 되는 부분과 또 회사에 보고를 해야 하는 부분에 대해서 알고 계신가요?	정보 제공하기. 묻고 경청하기. 안전감 제공하기와 환영하기.	기대.
Russell: 글쎄요…… 이 상담은 저에게 도움을 주기 위한 것이라면서…… 사적으로 진행된 거라고 하긴 하던데.	사실 정보 전달하기.	
상담자: 확실한지는 모르겠다는 말씀처럼 들리네요.	묻고 경청하기. 안전감 제공하기와 환영하기.	

(다음 쪽에 계속)

활동 2b의 정답 및 반응의 예 (계속)

	기술 영역	관계 형성 요소
Russell: 위험을 무릅쓰고 이야기해야 하나 싶죠.	자신이 우려되는 부분 표현하기와 우선순위에 대해 힌트 제공하기	
상담자: 너무 솔직하게 이야기하면 오히려 위험하지 않을까 싶으신가 봐요.	묻고 경청하기.	중요성.
Russell: 그렇죠.	사실 확인.	
상담자: 그렇게 위험을 무릅쓰면서 솔직하게 얘기하고 싶진 않으신가 봐요.	묻고 경청하기. 안전감 제공하기와 환영하기.	목표. 기대.
Russell: (고개를 끄덕거림)	좀 더 이해 받는 느낌을 표시.	
상담자: 도움이 된다면, 이 부분에 대해 좀 더 자세히 설명해 드리고 싶은데요.	정보 제공하기. 묻고 경청하기.	기대. 긍정성.
Russell: 네.	상담자와 함께 움직임.	
상담자: 상담에서 비밀이 보장된다고 하지만 회사가 비용을 내고 상담 보고서를 제출하라고 한 상황이에요.	정보 제공하기.	목표. 기대.
Russell: 그렇지요.	자신이 우려하는 부분에 대해 좀 더 정보를 제공함.	
상담자: 상담 보고서를 쓰는 것은 맞지반 보고서에는 내담자 분의 이름과 상담 일시, 소요시간, 일반적인 진행과정들만이 포함돼요. 만약 오늘 상담에 대한 보고서를 쓴다면 '상담하는 것에 대한 규칙을 함께 설정함' 정도의 정보가 들어가는 거죠. 우리가 이야기하는 대화의 내용은 들어가지 않아요. 이 부분에 대해 어떻게 생각하시나요?	정보 제공하기. 묻고 경청하기.	기대. 긍정성.

(다음 쪽에 계속)

활동 2b의 정답 및 반응의 예 (계속)

	기술 영역	관계 형성 요소
Russell: 조금 이해가 되네요. (웃음)	웃음은 긍정적 감정을 반영하며 안전감이 높아짐을 의미.	
상담자: (웃음) 도움이 되나 보네요.	묻고 경청하기.	긍정성.
Russell: 네, 도움이 돼요. 저도 어떻게 되는 건지 궁금했었어요.	긍정성이 지속되며 이 상담에 대한 본인의 우려에 대해 확실히 표현함 .	
상담자: 본인이 이야기하고 싶은 것과 회사가 알 필요가 없는 것들이 충돌할 수 있으니까요.	묻고 경청하기.	긍정성. 중요성.
Russell: 맞아요.	내담자가 관계 형성에 좀 더 깊이 들어감.	
상담자: 본인이 원하는 것을 이야기한다면, 어떤 부분을 다루는 게 도움이 될까요?	묻고 경청하기.	목표. 중요성.
Russell: 글쎄, 잘 모르겠어요.	내담자가 관계 형성에 한 발짝 더 들어가고 있는 중.	
상담자: 이러한 것에 대해서 생각해 보지 못하셨나 봐요.	묻고 경청하기.	기대. 긍정성.
Russell: 네. 그런데, 좀 쉴 수 있는 시간이 있으면 좋겠다 싶어요.	내담자가 관계 형성에 좀 더 깊이 들어감.	
상담자: 항상 바쁘니까, 쉬면서 즐길 수 있는 활동을 할 수 있는 시간이 있었으면 하시는군요. 스스로에게 문제가 되지 않는 선에서요.	묻고 경청하기. 안전감 제공하기와 환영하기.	긍정성. 중요성.
Russell: (웃음) 네, 더이상의 문제가 일어나지 않는 선에서요.	긍정적 감정이 지속됨.	
상담자: (웃음) 좋아요. 그 부분이 Russell 씨에게 도움이 될 만한 부분이군요. 다른	묻고 경청하기.	긍정성. 중요성.

(다음 쪽에 계속)

활동 2b의 정답 및 반응의 예 (계속)

	기술 영역	관계 형성 요소
게 있을까요?		
Russell: 글쎄요. 아이들이 너무 사랑스럽긴 한데 아이들을 훈계하는 것이 힘겨울 때가 많아요.	추가적인 내용을 덧붙임.	
상담자: 아이들을 양육하는 방식과 활동 면에 시간을 함께 써 볼 수 있겠네요.	묻고 경청하기.	중요성.
Russell: 네, 그러면 너무 좋을 것 같아요.	이 영역의 중요성에 대해 강조함.	
상담자: 정말 배우고 싶어 하시는군요.	묻고 경청하기 . 안전감 제공하기와 환영하기.	중요성.
Russell: 네, 진짜 그러면 너무 좋을 것 같아요.	중요성 확실히 하기.	
상담자: 좋아요. 다른 부분들도 있겠지만, 너무 다양한 부분들을 세세하게 이야기하기 전에 잠시 한 발짝 뒤로 물러서서 본인의 인생의 큰 그림을 좀 생각해 보고 이러한 부분들이 그 큰 그림에 어떻게 맞을지 이야기해 보면 좋겠어요. 일 말고 Russell 씨의 삶에 대해 조금 말해 주세요.	묻고 경청하기.	목표. 중요성.

마지막 대화의 방향 변화를 주목하라. 성급하게 문제 해결하는 것에 초점을 맞출 수도 있겠지만, 이 질문은 우리로 하여금 Russell의 삶의 큰 그림으로 초점을 옮겨서 Russell 본인에 대해, 자신의 우선순위에 대해 좀 더 이해할 수 있는 과정을 거칠 수 있도록 한다. 이것은 관계 형성의 중요한 요소이다. 바로 문제 영역을 넘어서 초점을 넓히기를 의미한다.

OARS 사용: 반영적 경청

1. 도입

열 살이 된 Carl은 올해 처음으로 야구를 시작했는데 야구에 대해 아는 것은 별로 없었다. 게다가 그는 주의력결핍/과잉활동장애(ADHD)를 가지고 있기 때문에 연습과 게임에 온전히 집중하기 힘들다. 목표 지점에 공을 일관성 있게 던지고 잡는 데 문제가 있지만, 그는 필사적으로 투수가 되고 싶어 했다. 코치는 Carl이 지속적인 연습을 통해 목표를 성취할 수 있을지 의구심이 들었지만 Carl에게 투구를 할 수 있는 기회를 주겠다고 약속했다. 그리고 코치는 Carl에게 스트라이크를 던지는 연습을 할 필요가 있다고 말했다. 물론 투수가 되고 싶은 열망이 있었음에도 불구하고 집에서의 규칙적인 연습으로 이어지지는 못하였고, 결국 투구 정확도도 충분히 개선되지 못했다. 하지만 코치는 자신의 약속을 잊지 않고 있다. 어느 날 Carl이 팀을 위해 투구를 하는 순간이 왔다. Carl은 컨트롤 문제로 4점을 내줬다. 이는 그 리그에서 한 이닝 최다 허용 점수였다. 기가 죽지 않은 Carl은 밝은 얼굴로 벤치로 돌아와서 코치에게 말했다. "참 잘했죠, 코치님? 제가 한 사람을 아웃시켰어요." 벤치 입구에 서 있던 코치는 Carl에게 다음과 같은 말을 했다.

선수가 달성하고 싶은 것이 무엇이냐에 따라 코치가 반응할 수 있는 방법은 다양하다. 만약 Carl에게 있어서 야구를 즐기는 것이 무엇보다 중요하다고 생각한다면, 코치는 "Carl, 정말 재미있었어."라고 말할 것이다. 혹은 Carl이 격려를 받고 야구에 대해 더 많은 흥미를 가지고 전보다 많은 노력을 하도록 하고 싶다면, 코치는 "네가 한 명을 아웃시킨 것은 정말 잘한 일이야. 투구를 하는 데 큰 용기가 필요했을 텐데 넌 그것을 해 냈어."라고 말할 것이다. 만약 목표를 설정하고 목표를 향해 노력하는 것이 중요하다고 생각한다면 코치는 "넌 분명 한 명을 아웃시켰어. 네가 두 명 더 아웃시키고 싶었다면 다음번에는 어떻게 해야 할까?"라고 말할 것이다. 아니면 코치가 Carl이 자신의 투구 기술을 좀 더 현실적으로 평가하는 데 관심을 가지고 있다면 코치는 "Carl, 몇 가지는 참 잘했어. 그리고 내가 생각하기에 좀 더 노력해야 할 부분도 있는 것 같아. 넌 어떻게 생각하니?"라고 말할 것이다. 물론 승리하는 것이 가장 중요한 일이라고 생각한다면 코치는 보다 직면적으로 반영하면서 "Carl, 한 명을 분명 아웃시켰어. 그리고 네가 훌륭한 투수가 되기 위해서는 매 이닝 3명을 아웃시켜야 할 필요가 있다고 생각해. 그래서 투구에 좀 더 관심을 가져 줬으면 좋겠어. 네가 스트라이크를 던지는 연습을 좀 더 한 후에 게임에서 투구를 했으면 좋겠어."라고 말할 것이다.

코치가 선수에 대하여 어떤 목표를 가지고 있느냐가 선수에 대한 반응을 결정하고, 이러한 코치의 반응은 선수의 매우 다양한 반응을 유발할 수 있음을 설명한다. 우리는 코치의 반응에 따라서 Carl의 투수를 하고 싶은 동기와 그리고 그 동기의 방향이 어떻게 변했는지를 쉽게 알 수 있다.

MI에서는 이러한 작은 반응들을 '핵심 기술(core skills)'이라 지칭한다. 이 기술들은 이미 상담사들의 기본 도구와 같은 것이지만, 다른 유형의 개입법들에 초점을 맞추게 되면서 간과되는 경향이 있다. 그럼에도 불구하고 이러한 기술들을 전략적으로 사용하게 되면 내담자와의 상호작용 과정에 극적인 변화가 일어날 수 있다.

OARS+I는 이러한 핵심 기술을 설명하기 위해 사용되는 약어(acronym)이다. OARS+I는 열린 질문하기(**O**pen-ended questions), 인정하기(**A**ffirmations), 반영적 경청하기(**R**eflective listening), 요약하기(**S**ummaries)와 정보 교환하기(**I**nformation exchange)이다. 상담사들은 상담 회기를 진행하면서 **전략적으로** 개입하기 위해 OARS+I를 사용한다. 이 기술들은 보다 큰 전략적 개입의 맥락에서 다른 기법과 결합되어 사용되거나 혹은 일차적인 하나의 개입법으로 사용될 수 있다. 더구나 이 기술들은 특정 주제(예: 변화대화)에 대해서는 다루지만 다른 주제(예: 유지대화)에 대해서는 다루지 않는 식으로 전략적으로 사용된다. 이 부분이 이 기술 사용의 **지향적인**(directional) 측면이다. 우리는 책의 전반에 걸쳐서 기술 사용의 의도적 및 지향적 속성을 언급할 것이다. MI를 잘하는 데 있어서 반영적 경청이 중요하기 때문에 이 장에서는 반영적 경청에 대해 중점적으로 다룰 것이다. 제5장에서는 핵심 기술들 중 OAS, 제8장에서는 정보 교환하기에 대해 다룰 것이다.

반영적 경청은 MI의 토대가 되는 **핵심 기술**이다. 반영적 경청은 상담사들이 내담자에 대한 자신의 관심, 공감 및 이해를 표현하는 기제이다. 상담사들은 내담자에 대한 수용을 표현할 수 있고 또한 부드럽게 도전하게 만들 수도 있다. 상담사들은 문제가 되는 진술들을 더 깊이 탐색하게 하거나 혹은 그러한 진술로부터 초점 이동을 촉진시킬 수 있다. 반영적 경청은 대개 생산적인 방향으로 향할 수 있는 동력을 만드는 데 사용된다.

반영적 경청은 언뜻 보기엔 쉬워 보인다. 그러나 반영적 경청을 잘하려고 한다면 강도 높은 훈련과 기술이 필요하다. 상담 교육자로서의 내 경험에 의하면 반영적 경청은 상담사들이 가장 열심히 훈련할 필요가 있는 영역이지만 훈련시간을 가장 적게 할애하는 분야이기도 하다. 그렇지만 이 기술이 없으면 MI를 진행할 수 없을 것이다. 더구나 상담 수련생들과 내담자들은 내게 반영적 경청에 있어 겸손해야 한다는 사실을 가르쳐 주었다. 내가 숙련된 상담사이자 상담 교육자임에도 내담자가 말하고 있는 것을 경청하고 있지 않을 때가 있다. 그럴 때면 나는 반영적 경청 기술을 미세하게 다듬는 기회를 갖는다. 따라서 당신이 이미 반영적 경청을 잘하고 있다 할지라도 이 부분에 어느 정도의 시간을 할애할 것을 권장한다. 사실 매우 숙련된 상담사에게도 이러한 반영적 경청 훈련은 반영적 경청을 하는 것뿐만 아니라 의도적으로 연습하는 기회가 된다.

2. 심층 탐구

먼저 반영적 경청이 아닌 것에 대해 논의해 보자. 사실 임상에서 일상적으로 사용되는 많은 기술들은 반영적 경청이 아니다. Gordon(1970)은 이러한 상담기술들을 12개 영역으로 분류한 다음, 이를 '장애물'([그림 4-1])이라 불렀다. 해당 상담기술들이 내담자가 앞으로 나아가는 것을 방해하고 변화를 향한 동력을 훼손시킨다고 느꼈기 때문에 이러한 기술들을 장애물이라고 부른 것이다. 질문하기는 중요한 핵심 기술이다. 그러나 질문은 내담자로 하여금 잠시 멈춰서 제기된 문제에 대해 생각해 보게 함으로써, 나아가던 방향으로의 움직임을 중단하게 한다. 그러나 반영적 경청의 경우 부정확하게 사용될 때조차도 내담자들의 전진을 중단시키는 것이 아니라 지속시키는 경향이 있다.

어떤 장애물들은 내담자와의 작업에서 매우 유용하게 사용될 수 있다. 이러한 경우 장애물들이 적절한 개입법으로 여겨지긴 하지만, 이러한 개입법들이 경청과는 다르다는 점을 인식하는 것이 중요하다. 칭찬하기가 좋은 예이다. 대부분 내담자들을 칭찬하는 것이 매우 중요한 활동이고, 칭찬이 권장되는 시기와 장소가 있다는 점에 대해 동의할 것이다. 예를 들어, 우리와 부모들에게 자녀들이 잘하고 있을 때 칭찬해 줄 것을 요청한다. MI 관점에서 볼 때, 문제가 되는 것은 상담사들이 이런 장애물을 항상 사용하지 말아야 한다는 것이 아니라, (어떤 장애물은 다른 것에 비해 명백히 도움이 안 될 수 있지만) 이러한 장애물 반응을 너무 많이 사용하면서 반영적 경청은 너무 적게 사용한다는 것이다.

이러한 개입법이 반영적 경청이 아니라면 도대체 무엇이 반영적 경청이란 말인가? 반영적 경청이란 생각하는 방식으로써, 내담자가 말하는 내용에 대한 관심과 내담자의 지혜에 대한 존중을 포함하고 있다. 이러한 시각은 내담자가 자신에 관한 한 우리가 알게 되는 것보다 더 많은 것을 알

Thomas Gordon의 12가지 장애물

1. **명령하기, 지시하기, 요구하기**—권위로 명령한다. 권위는 실제적이거나 암시적이다.
2. **경고하기, 주의주기, 위협하기**—명령과 유사하지만 따르지 않으면 그에 따른 결과가 주어질 것이라는 의미가 내포되어 있다. 이러한 행동들은 위협적인 것이거나 혹은 나쁜 결과를 예고해 주는 형태이다.
3. **충고하기, 제안하기, 해결책 제시하기**—치료자는 자신의 전문지식과 경험을 사용해서 실천해야 할 조치들을 권고한다.
4. **논리적으로 설득하기, 논쟁하기, 강의하기**—실천가들은 내담자는 문제들을 합리적으로 판단할 수 없으며, 따라서 합리적으로 판단할 수 있도록 도울 필요가 있다고 믿는다.
5. **도덕적으로 말하기, 설교하기, 내담자들에게 그들의 의무를 말하기**—이러한 진술이 전달하는 메시지는 내담자에게 적절한 도덕성에 대한 교육이 필요하다는 것이다.
6. **동의하지 않기, 판단하기, 비평하기, 비난하기**—이러한 네 가지 행동들의 공통적인 점은 내담자나 언급된 말에 뭔가 잘못된 것이 있음을 암시해 준다는 것이다. 단순 반대(simple disagreement)가 여기에 포함된다.
7. **동의하기, 승인하기, 칭찬하기**—이 메시지는 언급되고 있는 말에 대한 동의이다. 이 행동들은 의사소통 과정을 중단시키며 화자(speaker)와 청자(listener) 사이의 불평등한 관계를 내포하고 있다.
8. **창피 주기, 조롱하기, 진단명 붙이기**—이 행동들은 외현적일 수도 있고 내현적일 수도 있다. 대개 이 행동은 문제성 있는 행동이나 태도를 겨냥한다.
9. **해석하기, 분석하기**—실제 문제나 숨어 있는 의미를 찾아서 해석해 주는 것은 상담사들에게 있어서 매우 일반적이고 매력적인 활동이다.
10. **안심시키기, 동정하기, 위로하기**—이러한 행동의 의도는 내담자가 더 편안하게 느끼도록 해 주는 것이다. 승인해 주는 것과 마찬가지로 이 행동들도 의사소통의 자연스러운 흐름을 방해하는 장애물이다.
11. **질문하기, 시험해 보기**—질문은 경청을 방해할 수 있다. 이 행동들의 의도는 더 많은 것을 찾아내기 위해 더 깊이 점검해 보는 것이다. 여기에 숨겨진 메시지는 충분히 질문하면 질문자가 해답을 찾을 것이라는 암시이다. 질문은 화자가 아닌 질문자의 관심사를 좇는 방향으로 이루어질 때 대화의 자연스러운 흐름을 방해할 수 있다.
12. **철수하기, 주의분산시키기, 웃음으로 얼버무리기, 주제 바꾸기**—이 행동들은 대화의 방향을 바꾸며, 또한 내담자가 말하고 있는 내용은 중요하지 않거나 귀담아 들을 필요가 없다는 의미를 담고 있다.

[그림 4-1] Thomas Gordon의 12가지 장애물

출처: *Parent Effectiveness Traning* by Thomas Gorden, MD, copyright © 1970 Thomas Gorden. Used by permission of Mckay, a division of Random House, Inc.

고 있다는 분명한 명제에서 시작한다. 내담자들은 자신들의 성격발달, 생활선택, 행동, 태도, 신념에 영향을 끼친 요인들이 무엇인지 우리보다 훨씬 더 많이 알고 있다. 그러나 그들은 보지 못하지만 우리가 볼 수 있는 것들도 있다. 그리고 빙산처럼 우리들 누구도 명확하게 볼 수 없고 완전하게 알 수 없는 부분들이 존재한다.

바다에 떠 있는 거대한 빙산은 수면 위로 보이는 것보다 그 아래에 훨씬 더 큰 것이 존재한다는 얘기를 들어 본 적이 있을 것이다. 비록 수면 아래에 있는 얼음의 비율은 빙산에 따라 다르겠지만 부정할 수 없는 일반적 진실은 우리가 보고 있는 것보다 훨씬 더 큰 것이 수면 아래에 있다는 점이다. 그러나 내담자가 빙산과 같다는 것은 비교적 분명히 느껴지지만, 내담자의 진술을 빙산의 일각으로 생각하는 것은 잘 와닿지 않을 수 있다. 이에 대해 자세히 살펴보자.

한 내담자가 어떤 진술을 했다고 하자. 우리는 근무 상황에 따라 그리고 그날의 느낌에 따라 내담자가 말한 내용으로부터 듣고 보는 바가 달라질 것이다. 내담자가 밖으로 진술한 내용은 거대한 빙산 중에서 수면 위로 드러난 부분에 해당된다. 분명 다양한 상황들이 이처럼 듣고 보는 가장 기본적인 과정을 방해할 수 있다. 안개가 정확하게 보고 듣지 못하게 방해할 수 있다. 매우 춥고, 맑고, 별이 빛나는 밤에는 특히 그렇다. 실제로 춥고 별이 빛나는 안개 낀 밤이라는 기상조건과 배의 빠른 속도가 결합되어서 타이타닉호가 침몰하였다고 주장하는 사람들도 있다. 타이타닉호의 관측자들이 밤 안개 때문에 수평선을 잘못 보아서 빙산과 충돌하게 된 것이라고 보는 것이다. 이와 유사하게 상담사가 내담자에 대해 잘못 지각하도록 만드는 상황들이 있을 수 있다. Arthur의 예를 보자. 그는 부모에 의해 상담실에 끌려 온 행복하지 않은 10대 소년이다.

상담사가 Arthur에게 치료를 받으러 오는 것에 대해 어떻게 느끼고 있는지에 대한 질문을 했고, Arthur는 "모르겠어요, 이런 쓸데없는 상담을 돈 내고 받고 있는데 좋을 리 없죠."라고 대답했다고 가정해 보자. 그의 반응을 정확하게 보고 듣는 것을 방해할 수 있는 여러 상황들이 있다. 예를 들어, 상담사는 Arthur가 진술한 내용의 일부를 놓쳤을 수 있다. 그 부분은 중요한 부분일 수도 있고 중요하지 않은 부분일 수도 있다. 아래층에 있는 댄스 교습소가 저녁 동안 활기를 띠고 시끄러워지면서 Arthur의 말을 듣기 약간 힘들었을 수 있다. 내담자가 말을 작게 했을 수도 있다. 혹은 상담사가 매우 힘든 다른 내담자와의 상담 회기를 방금 끝내고서 그 상담 회기에 대한 생각들을 비우려고 노력하고 있는 중일 수도 있다. 혹은 마지막 상담 회기가 너무 오래 진행되었고, 그 사례에 대한 자료를 바쁘게 검토하고 정리하느라 화장실 갈 시간도 없었던 상태였을지도 모른다. 혹은 하루 종일 상담실에 앉아 있느라 허리가 아팠을 수도 있다. 이와 같은 상황들 중 어느 것이나 상담사의 눈과 귀를 흐리게 만들어서 Arthur의 진술을 명확하게 듣거나 보지 못하게 만들었을 수 있다.

잘못된 수평선을 발생시킬 수 있는 다른 요인들이 있다. 상담사는 들은 것을 이해하려고 노력한다. 청소년들에 대한 그의 경험은 이 젊은이가 어떤 특정한 것을 생각하거나 느끼고 있을 가능성이 높다는 점을 그에게 말해 준다. 가능성이 높은 이러한 생각이나 느낌들 중 어떤 것들은 실제도 그럴 것이고 다른 것들은 이 젊은이가 가지고 있지 않을 것이다. 상담사는 이 젊은이가 부모의 상담 강요 때문에 오히려 상담실에 오는 것을 꺼려 할 것이라고 예측할지도 모른다. 상담사는 내담자의 신체언어와 정서적 색깔에 대해서는 정확하게 읽지만 그 의미를 확대 해석할 수도 있다. 이 내담자는 그 임상가가 다루기 힘들어서 좋아하지 않았던 다른 내담자를 그 임상가의 기억에서 떠올리게 했을 수도 있다. 이러한 다양한 가정들 때문에 이 상담사는 잘못된 수평선을 선택하게 되어 빙산을 정확하게 지각하지 못했을 수도 있다.

우리는 어떻게 이러한 문제점들을 바로잡을 것인가? 우리의 지각을 점검하는 가장 간단하고 직접적인 방법은 해당 빙산에 대해 지각한 내용을 진술하는 것이다. 우리는 수면 위에서 보고 들은 것에 대해 반영한다. 잠시 후에 빙산 비유로 다시 돌아오기로 하고 반영적 경청에 관한 몇 가지 기초 지식을 먼저 살펴보자.

반영적 경청이란 진술을 하는 것(making statements)이지 질문을 하는 것(asking questions)이 아니다. 사용된 단어들은 정확하게 동일하지만 단어들을 전달하는 방식(그리고 느낌)은 다르다. 예를 들어, 다음 두 문장을 소리 내어 읽어 보라.

"여기에 왜 와야 하는지 너도 잘 모르는 것 같구나?"
"여기에 왜 와야 하는지 너도 잘 모르는 것 같구나."

첫 문장의 끝에서는 당신의 목소리가 올라가고 두 번째 문자의 끝에서는 내려가는 것을 눈치챘는가? 두 번째 문장은 추측하는 느낌을 전달해 주고 있는데, 이것이 반영적 경청에서 요구되는 문장이다. 청자는 화자가 언급한 말의 의미를 확인하거나 부인하기 위해 추측을 한다. 만약 이 추측이 빗나갔다면, 이 진술문은 청자에 의해 명확하게 수정되면서 더욱 깊이 있는 자기 탐색으로 이어진다. 진술문은 내담자의 대화를 촉진시키는 동력이 된다. 반대로 의문문은 내담자의 진술 흐름을 방해한다. 당신이 이 책을 구입해서 읽는 이유에 대해 생각해 보아라. 그리고 아래 두 문장에 대한 당신의 반응을 느껴 보아라.

"당신은 MI에 대해 배우고 싶은가요?"
"당신은 MI에 대해 더 많이 배우고 싶군요."

이 두 문장에 대해 당신은 어떻게 느꼈는가? 어떤 생각이나 감정이 들었는가?

반영적 경청 진술문을 사용할 때 다음과 같은 표준적인 문구를 사용하는 것이 유용할 수 있다.

"그래서 당신은 ……하게 느끼고 있군요."

"당신이 ……을 느끼는 것으로 들립니다."

"……한 것인지 아닌지 당신도 혼란스럽군요."

"당신은 ……"

반영적 경청을 하고자 할 때 이러한 문구들이 유용하기는 하지만 기계적으로 사용되는 것에 대해서는 조심해야 한다. 문구를 다양하게 변화시키지 않는다면, 내담자들은 그러한 반복된 말에 피로를 느끼고, 당신이 자신들을 '치료해 주고' 있는 것처럼 느끼게 된다. 즉, 내담자들을 이해하기 위한 진정성 있는 작업을 하기보다는 상담 흉내만 내고 있는 것이다. 또한 우리가 내담자 진술의 수면 위에 드러난 것들을 지속적으로 반영할 때에도 이러한 '치료해 준다'는 느낌을 갖게 만든다. 다시 Arthur의 얘기로 돌아가보자.

Arthur는 "모르겠어요, 이런 쓸데없는 상담을 돈 내고 받고 있는데 좋을 리 없죠."라고 말하였다. 이 진술은 수면 위에 드러난 부분이다. "당신은 치료를 받아야 하는지에 대해 혼란스럽군요."라고 우리는 단순하게 반응할 수 있다. 이것은 Arthur가 말했던 것에 대해 정확하게 반응하는 것이다. 이러한 표면(혹은 기술적 표현으로는 '단순')반영은 그 내담자가 말했던 내용에 가장 근접하게 다가간 수준이다. 이 진술문은 이미 언급된 내용을 넘어서는 어떤 것도 첨가하지 않고 관심과 흥미를 전달하고 있다. 상담사의 진술은 내담자가 사용한 것과 동일한 단어이거나 매우 비슷한 단어를 사용하고 있다. Moyers, Manuel과 Ernst(2014)가 지적하기를 단순반영(simple reflection)이란 "매우 중요하거나 강력한 내담자 정서에 주목하는 것이지만 내담자의 원래 진술에서 많이 벗어나지는 않는다."(p. 21)고 하였다. 이와 유사하게 청자가 '부가적인 요점이나 방향을 추가'하지 않는다면 요약하기(summaries)도 단순반영으로 분류될 수 있다. 따라서 표면반영(surface reflections)은 내담자와의 대화를 지속하게 만드는 것은 물론이고 내담자 및 의사소통을 안정화시키는 경향이 있다.

그러나 Arthur의 경우 수면 아래에 있을 만한 것이 무엇인지 생각해 보자. 그는 다음과 같이 생각할 수도 있다. "모르겠어요, 이런 쓸데없는 상담을 돈 내고 받고 있는데 좋을 리 없죠. 이건 모르는 누군가와의 낯선 대화가 아닌가요. 더구나 이런 낯선 대화에 대해서는 난 불편해요. 게다가 내가 말한 내용을 부모님에게 상담사가 말하지 않을 것이라고 어떻게 믿을 수 있어요? 그렇다고 내가 치료를 받지 않는다면 내 부모님들은 지금보다 훨씬 더 많은 불평을 할 거예요. 이건 정말 최악이에요!"

Arthur는 자신의 생각들을 알기 쉽게 정리하는 것이 어려웠을 수도 있다. 그는 자신의 생각과 감정들을 온전하게 이해하지 못했을 수도 있다. 혹은 자신의 생각과 감정들에 영향을 미치는 모든 요소들을 연결시키지 못했을 수도 있다. 그날 학교생활이 힘들었을 수 있고, 그리고 아빠는 사무실로 가는 차에서 그의 장래에 관한 얘기로 그를 괴롭게 만들었을 수도 있다. 다른 곳에 있는 것 외의 그 어떤 다른 것에 대해서도 생각하고 싶지 않을 수도 있다. 또한 성인들과 얘기하는 것이 불편했을 수도 있다. '잘 모르겠다'는 뜻의 신체언어인 어깨 으쓱하기 몸짓을 사용하는 전형적인 청소년일 수도 있다. (성인들의 질문에 반응할 때마다) 여러 상황들이 있다는 것을 알고 있고 각각을 설명할 수는 있지만 각 상황들을 종합하여 통합된 형태로 표현하기가 어려웠을 수도 있다. 혹은 이 모든 상황들을 표현할 능력은 있지만 낯선 사람(즉, 상담사)에게 아직 말할 준비가 되어 있지 않았을 수도 있다. 이 모든 상황들은 Arthur가 진술한 말의 수면 아래에 잠재되어 있는 빙산 부분들을 나타내고 있다.

이 예에서 우리는 표면반영의 제한점을 알 수 있다. 표면반영이란 내담자가 진술한 내용에 대한 반응으로서 상담사가 내담자의 진술에 주목하고 있고 정확하게 듣고 있다는 점을 내담자에게 전달하는 것이다. 그렇지만 표면반영은 내담자가 현재 어떤 상태인지 혹은 걱정되는 부분이 무엇인지에 대한 깊은 이해를 전달하지는 못한다. 표면반영은 현재의 대화를 지속하게는 하지만 전진시키진 못한다. 그렇다고 단순반영을 버려야 한다는 의미는 아니다. 단순반영은 상담사가 상담 진행에 어려움을 겪고 있을 때에 큰 가치를 지니는 기법으로서 상담사가 반응하는 내용에 근거해서 매우 정교하게 이루어진다. 그러나 표면반영은 한계가 있는 도구이고 우리가 이 도구들만을 사용한다면 내담자(그리고 우리)는 대화가 진척되지 않고 있다고 느낄 것이다.

그래서 우리는 우리가 하는 반영의 깊이에 변화를 줌으로써 수면 아래로 내려가기를 도전한다. 이러한 더 깊은 반영은 내담자가 언급한 내용을 넘어서지만 내담자 말의 표면 아래에 있다고 합리적으로 추정되는 정보들을 다룬다. [그림 4-2]는 수평선의 위와 아래에 있는 것이 무엇인지(즉, 의미)에 대한 이러한 생각들을 담고 있다. 우리는 반영의 깊이를 달리함으로써 상담 회기 내의 친밀도를 더 깊게 하거나 증가시킨다. 또한 이러한 변화는 상호작용의 정서적 분위기를 바꾼다.

일반적으로 반영의 깊이는 상담 상황과 일치되어야 한다. 한 회기의 초기와 후기에는 수평선의 위에 있는 내용들을 다루는 것이 일반적이다. 한 회기의 중심부로 갈수록 반영의 깊이가 깊어져야 한다. 그러나 감정 조절을 위해 노력하는 내담자에게는 좀 더 표면적인 수준의 반영이 더 적절할 것이다. 반영의 깊이에 대한 기본적인 원칙은 내담자가 표현한 말의 의미가 무엇인지에 대해 더 적게 알수록 수면 아래로 잠수해 들어가는 깊이가 더 얕아진다는 것이다.

더 깊은 반영은 내담자가 언급한 내용을 넘어서 더 많은 것을 다룬다. 이러한 반영 유형은 가능하다면 내담자의 감정들에 대해 훨씬 더 큰 의미를 추론하고, 또한 그 정보를 인지적으로 재구성하는 경우도 많다. 그리고 이러한 반영들이 더 깊이 있는 것으로 간주되려면 추가적인 깊이, 진전

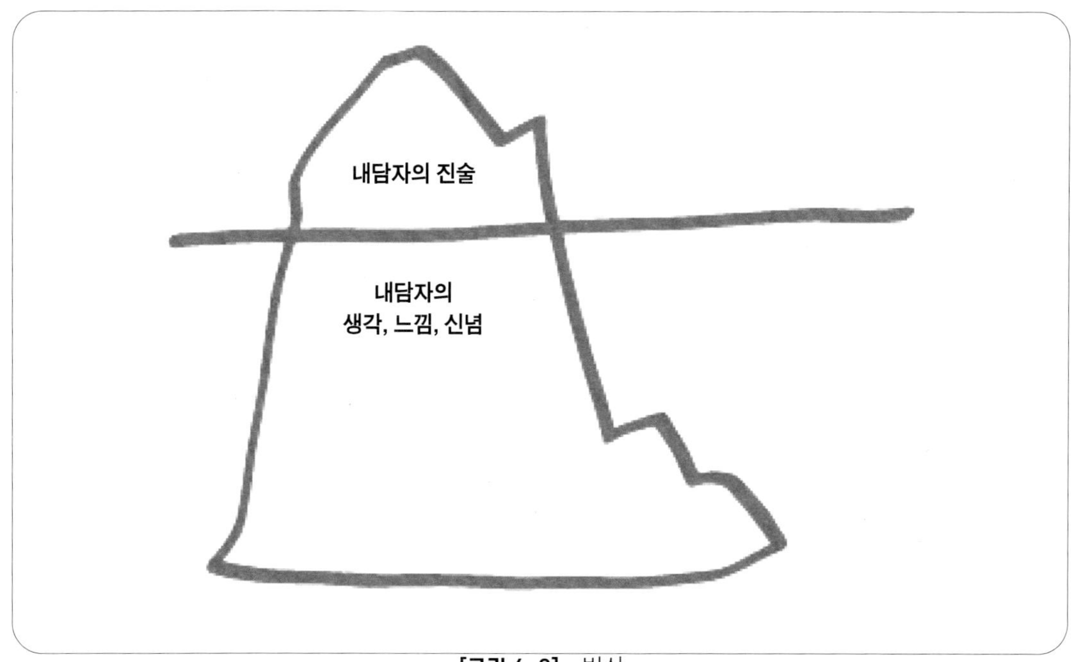

[그림 4-2] 빙산

이나 방향성을 포함해야만 한다(예: Moyers et al., 2014). 더 깊은 반영은 내담자가 미쳐 생각하지 못했던 요소들을 서로 비교해 줌으로써 내담자의 자기이해를 더욱 깊게 한다(즉, 부가적인 깊이 요소). 다시 Arthur의 진술문에 적용해 보면, 더 깊은 반영은 "다른 사람이 너에 대한 결정을 내려서 네가 많이 실망스러웠겠네."일 것이다. 비록 짧을지라도 이러한 진술은 그 내담자가 말했던 내용에서 더 많이 진전시키고, 또 다른 탐색의 방향으로 문을 열어 준다. 더 깊은 반영은 이와 같은 방식으로 대화를 더 진전시키는 역할을 한다.

반영적 경청에서 반영의 깊이를 변화시키는 것이 중요한 것처럼 내담자의 진술을 과대하게 반영하거나 혹은 축소시켜 반영하는 작업도 효과적이다. 확대반영(amplified reflection)은 내담자로 하여금 어떤 입장에서 뒤로 물러나게끔 만들 수 있다. 내담자가 단호한 주장을 할 때 확대반영이 효과적일 수 있다. 상담사는 내담자의 주장이 진정한 자신의 입장인지를 파악하기 위해 내담자의 주장의 단호하거나 모순된 부분들을 부드러우면서도 진정성 있게 강조한다. 내담자가 이미 표출한 입장에서 물러난다면 상담사는 내담자가 다른 대안들을 생각할 수 있는 시간을 잠시 주고, 그 상황을 세밀하게 재구성한다. 만약 내담자가 기존 입장에서 움직이지 않는다면 그것은 정확한 반영이었던 것이라고 판단할 수 있다. 예를 들어, 확대반영을 Arthur의 진술에 적용해 보면, "그래, 네 시각으로 볼 때, 요즘 일이 너무 잘되고 있는 거네."라고 할 수 있다. 이 예에서 진정성 있는 태도를 가지고 표현하는 것이 매우 중요하다. 비꼬는 듯한 태도가 조금이라도 있다면 Arthur는 그것을 느끼고,

화를 내거나 언쟁을 할 것이다. 이러한 이유 때문에 상담사들은 축소반영을 더 선호하는 경우가 많다.

축소반영은 내담자가 표현한 말의 강도나 그 보다 약간 더 낮은 강도로 내담자의 진술을 강조하는 진술이다. 축소반영은 내담자 진술의 주제를 계속 이어지게 하고 깊이 있게 만드는 효과가 있다. 이러한 개념들은 비록 같지는 않지만 이끌기(leading) 및 따라가기(following) 개념과 밀접하게 연결되어 있다. 따라가기를 할 때에는 상담사가 대화 방향에 있어서 내담자보다 약간 뒤에 머문다. 따라가기 기법은 대개 의도하는 특정 방향과 축소반영 모두를 포함하지만(즉, 내담자의 특정 진술 내용은 반영하고 특정 내용은 무시하는 방식으로 이루어짐) 내담자를 다음 단계로 이끌고 가려는 시도는 하진 않는다. 이끌기는 내담자보다 약간 앞서 나가서, 내담자가 직접적으로 진술하지는 않았지만 대화 속에 함축되어 있는 내용까지 반영해 준다. 이 기법이 바로 문단 이어 가기(continuing the paragraph)이다. 이 기법의 목적은 내담자가 인식하지 못하고 있는 새로운 방향으로 내담자를 이끌어 가는 것이다. Arthur의 진술에 적용해 보면, 뒤따르기 반응은 "부모님들이 너를 여기에 데려온 것에 대해 화가 났구나."가 될 것이다. 반면에 이끌기 반응은 "부모님들이 너를 여기에 데려오려는 이유에 대해 혼란스럽고, 그래서 그 이유를 네가 알고 싶을 수도 있겠네."가 될 것이다. 첫 번째 반응에서 상담사는 내담자가 언급하지 않은 정서에 초점을 맞춤으로써 상호작용을 더 깊게 하면서도 내담자의 진술 방향을 앞서지 않고 뒤따라가고 있다. 두 번째 반응에서는 상담사는 내담자가 명확하게 언급하지 않은 새로운 방향으로 대화를 적극적으로 이끌어 가고 있다. 대개 상담사는 이끌기로 가기 전에 뒤따르기로 시작할 것이다.

양면반영(double-sided reflection)은 내담자가 자신의 진술에 담겨 있는 양가감정을 인식할 수 있도록 강조한다. 양면반영은 현재 진술의 바로 직전이나 그 이전에 언급되었던 진술과 연결된다. 양면반영의 진술에는 "한편으론 당신이 ……을 느끼고 있고, 또 다른 한편으론 ……을 느끼시는군요"와 같은 문구가 포함될 수 있다. 나는 양면반영을 사용할 때마다 저울처럼 두 손을 들어 올려 양면을 시각적으로 나타낸다. 또한 나는 사람들에게 현 상태 유지의 장점을 먼저 말하게 한 후에 변화의 장점을 말하도록 지도한다. 변화의 장점을 나중에 말하도록 지도하는 이유는 변화에 대한 탐색을 더 진전시키기 위한 자연스러운 출발점을 제공하기 때문이다. 이렇게 하는 것은 또한 최신효과(recency effect)의 장점을 지닌다. 즉, 연구에 의하면 가장 최근에 들은 것이 기억에 떠올릴 가능성이 더 높고 대화에 큰 영향력을 지닌다는 것이다(예: Cialdini, 2016). 또한 이 상황에서 당신이 사용하는 접속사에 대해 주의하라. 접속사 '그러나'는 그 단어에 선행하는 모든 말들을 부정해 버리는 경향이 있는 반면에, 접속사 '그리고'는 두 측면을 모두 장점으로 인식하게 만드는 경향이 있다. Arthur의 진술에 양면반영을 적용해 보면, "그래, 한편으론 여기에 오고 싶지 않았고, 그리고 또 다른 한편으론 무언가 변화시킬 필요가 있다는 것을 알고 있었네요."가 될 것이다.

반영적 경청에서 마지막으로 고려할 점은 은유를 사용하는 것이다. 은유는 보다 복잡한 반영의 형태로 간주된다. 왜냐하면 은유는 대개 내담자가 언급했던 내용보다 훨씬 앞서가면서도 여전히 그 본질을 담고 있기 때문이다. 은유는 새로운 자료들을 통합시키는 데 필요한 조직화 도식(organizational scheme)을 제공함으로써 내담자가 자신의 상황을 새로운 방식으로 이해할 수 있도록 도와준다. Arthur의 진술에 은유를 적용해 보면, "그래, 그것은 점수를 내는 방법이나 규칙을 모르고 강제로 해야 하는 게임과도 같아."라고 할 수 있다. 이러한 게임 은유는 Arthur가 이해할 수 있는 평범한 상황(조직화 요소)을 제공한다. 이러한 새로운 틀은 Arthur가 편안해지도록 하기 위해서는 그 상황이 어떻게 변화되어야 하는지(새로운 자료를 통합시키는 방법)에 관한 아이디어를 Arthur나 상담사가 덧붙일 수 있도록 허용해 준다. 은유는 어떤 상황에 대해 새로운 방식으로 이해하고 반응할 수 있도록 해 준다. [그림 4-3]에 이처럼 서로 다른 반영 유형들에 대한 간략한 개요가 제공되어 있다.

훈련생들은 '내담자의 말을 왜곡하는 것'에 관하여 걱정하기도 한다. 훈련생들은 내담자의 생각을 추측하는 것이 주제넘은 행동이며, 추측한다고 하더라도 조심스러울 필요가 있다고 느낀다. 본질적으로 그들은 수면 위에 머물기를 원한다. MI는 ① 빙산의 수면 아래에 있는 것에 관하여 추측하는 것에 기초를 두고 있고, ② 상담사와 내담자 모두의 이해를 더 깊게 하려는 정신으로 이루어

표면반영—수면 위에 있는 것을 반영하는 것으로, 내담자가 사용한 것과 같은 단어나 가장 비슷한 단어를 사용한다.

수면 아래의 의미—내담자가 진술한 내용보다 훨씬 더 깊이 들어가서, 그동안 수집된 정보들을 새로운 관점에서 제시한다.

정서적 반영—표현되었거나 내포되어 있는 감정을 반영한다.

확대반영—내담자가 진술한 내용을 확대시켜 반영한다. 즉, 단호하거나 저항적인 언급을 더욱 강조하여 그 진술의 강도를 높인다.

양면반영—내담자가 가지고 있는 양가감정의 두 면을 모두 반영한다.

문장 이어 가기—내담자를 새로운 방향이나 아직 인식하지 못하고 있는 부분으로 움직이게 만든다.

은유의 사용—특정 상황에 대하여 내담자가 진술한 내용을 앞서가지만 그 본질은 여전히 지니고 있는 새로운 사고방식을 제공한다.

[그림 4-3] 반영의 유형

지며, ③ 앞으로 나아가게끔 하는 것이다. 이러한 추측이 크게 틀리지 않는 한 내담자들은 대개 상담사의 다소 부정확한 반영에 대해 명료화시켜 주고 더 많은 정보를 제공하는 식으로 반응한다. 따라서 나는 상담사가 추측하는 것과 추측이 잘못되는 것에 대해 걱정하지 말고, 내담자가 사용하지 않은 단어를 덧붙여야 한다고 생각한다. 이러한 과정을 통해 상담사들은 더욱 정교하게 추측할 수 있게 되고, 내담자들은 자기 자신과 자신의 욕구 및 행동에 대해 더 깊이 이해하게 된다.

추측하는 말을 선택할 때 '자극적인' 단어의 사용을 조심해야 한다. '자극적인' 단어의 본질적 의미는 업무 유형과 지역에 따라 다르지만, 보편적으로 자극적이고(예: '조종당한'), 상황과는 무관하게 내담자들에게 분노를 일으키는 단어들이 몇몇 있다. 그런 단어들은 바로 저항을 불러일으킬 가능성이 있기 때문에 다른 단어나 문구를 찾는 것이 가장 좋다.

3. 개념 정리 문제—자가 진단하기

진실 혹은 거짓

1. T F OARS+I는 기본적인 MI 기술이다.
2. T F ORAS+I 는 MI에만 있는 독특한 기술이다.
3. T F 반영적 경청하기는 MI의 핵심 기술이다.
4. T F MI의 반영적 경청은 의도적이고 지향적이다.
5. T F 훌륭한 반영적 경청은 내담자가 말한 것을 그대로 반복하는 것이다.
6. T F 다양한 형태의 반영을 사용하는 것이 중요하다.
7. T F 확대반영은 내담자의 확고한 주장에 부드럽게 도전하는 것이다.
8. T F 당신은 내담자를 가능한 한 더 빨리 이끌어 가야 한다.
9. T F 정확한 반영은 내담자가 말하지 않은 요소들을 포함시킬 수 있다.
10. T F 내담자가 말한 의미를 추측하는 것에 대해 신중해야 한다.

정답 및 해설

1. T OARS+I는 MI의 '핵심 기술'이며 훌륭한 MI 실무에 기본이 된다.
2. F 이 기술들은 MI에만 있지 않다. 사실 많은 상담사들이 상담 입문 과정에서 이 기술을 학습한다. MI에서 독특한 점은 이러한 기술들이 특정 목표 지향적이고 의도적으로 사용된다는 것이다.

3. T 반영적 경청은 일종의 상담기술이면서 또한 MI의 핵심이다. 많은 상담사들은 MI를 하고자 하는 사람이라면 반영적 경청에 능숙해야 한다고 생각한다. 선행 연구에 의하면 반영의 빈도뿐만 아니라 반영의 깊이도 유능한 MI 상담사와 초보 MI 상담사를 구별시켜 주는 기준이 되는 것으로 나타났다.

4. T 실제로 반영적 경청은 내담자 중심 상담과 MI가 서로 다른 길을 가게 되는 지점이다. 유능한 MI 상담사는 대화를 더 깊게 하고 진전하도록 전략적으로 작업한다. 연구 결과는 내담자로 하여금 변화를 향하여 진전하도록 돕는 데에 있어서 이러한 접근이 유용한 것으로 나타났다.

5. F 표면반영은 내담자가 언급한 것에 가장 가깝게 머무는 수준일지라도, 내담자의 말을 오직 반복하기만 하는 상담사보다 내담자를 더 짜증 나게 만드는 것은 없다.

6. T 당신은 내담자가 언급한 것을 축소반영, 확대반영, 이끌어 가거나 따라가는 것은 물론이고 반영의 깊이를 다양화해야 한다.

7. T 확대반영을 효과적으로 제공하는 핵심은 부드럽고 진정성 있게 작업하는 것이다. 그렇게 하지 못했을 때는 내담자에게서 저항을 야기시킬 것이다.

8. F 너무 빠르게 이끌어 가는 것은 부정확한 경청이다—상담사는 내담자를 이해하려고 노력하기보다는 자신의 상담 주제를 다루려고 시도한다.

9. T 반영하기에는 내담자가 사용하는 말들을 뛰어 넘는 정보가 포함되어야 한다—이러한 추가 정보가 반영을 더 깊게 만든다.

10. F 상담에서 무관심하거나 무감각해서도 안 되지만 추측은 해야만 한다. 이러한 추측 과정은 우리를 수면 아래의 의미에 접근할 수 있게 하고 내담자가 염려하는 것들에 대해 상호간의 이해를 더 깊게 함으로써 진전의 길을 제공한다.

4. 연습하기

한 청소년 내담자와의 다음 상호작용에 주목하라. 이 청소년은 아버지와의 심각한 갈등 때문에 상담을 받으러 오게 되었다. 그의 아버지는 그가 도덕성이 없고 공격적인 아이라고 주장하면서 그를 '고쳐 주기'를 원하였다. 이 젊은이가 원하는 것은 혼자 남는 것이었다.

상담사의 행동과 내담자의 반응에 주목하라. 이 예에서 상담사의 미세한 행동이 어떻게 내담자로 하여금 상담에 참여하도록 만드는지, 그리고 작업에 집중시키기 위해 상담을 어떻게 시작하는지 알 수 있다. 또한 핵심 기술 몇 가지(OAS)가 소개될 것이다.

	진술	설명
상담자:	일주일 동안 어떻게 지냈어?	열린 질문.
내담자:	아주 좋았어요.	최소 반응.
상담자:	좀 더 얘기해 주겠니?	추가적인 열린 질문.
내담자:	특별한 일은 전혀 없었고, 밖에서 친구들을 좀 만났어요. 그런데 저와 아빠 사이에 사건이 하나 있었는데, 그렇다고 큰일은 아니고요. 선생님께서 아시다시피, 전 아빠를 이해할 수 없어요. 그뿐이에요.	더 많은 정보; 아빠와 사이에 발생한 사건에 대한 자료에 있어서 빠뜨린 점들.
상담자:	그래, 큰일은 아니지만 뭔가 일이 있었구나.	수면 위. 표면반영.
내담자:	예, 아빠는 저보고 밤에 밖에 나가지 말라고 하셨지만, 이미 계획된 거였어요. 우리는 말다툼을 했고, 아빠는 저더러 방에 들어가라고 명령하셨어요. 저는 너무 화가 나서 집을 뛰쳐나왔어요. 다시 집에 돌아왔을 때 아빠가 저는 빼고 형들만 데리고 주말내내 캠핑을 가서 집에 없었어요. 오히려 더 좋았어요.	내담자는 더 많은 자료를 계속 제공하고 있음.
상담자:	아빠가 떠나서 정말 좋았구나.	수면 아래 의미. 확대반영.
내담자:	당연하죠. 아니, 잘 모르겠어요. 아빠는 매번 저를 무시하고 욕만해요. 좋은 생각은 아니지만 저도 아빠와 똑같이 하고 있고요. 그렇지만 저는 저의 이런 행동 때문에 괴로워요. 이런 제 행동은 성숙하지 못한 것이죠?	그는 아버지가 떠난 것이 좋았다는 자신의 말에서 한 발짝 뒤로 물러서서, 아버지가 떠난 것에 대해 양가감정이 있음을 인정함.
상담자:	어떨 때는 그럴수도 있고, 그렇지 않을 수도 있겠지. 폭력적인 아버지의 말 때문에 정말 괴로웠겠다.	중요한 요소에 주의를 돌리는 재진술.

	진술	설명
내담자:	예, 그것도 못하냐고 말하면서 무시하는것은 정말 미성숙한 행동이에요. 저는 그렇게 겉과 속이 다른 위선자하고 같이 있고 싶지 않아요. 말이 너무 셌나요? 하지만 그게 제가 느끼는 바인 걸요.	그는 더 강한 정서로 반응한.
상담자:	너는 아버지를 신뢰하고 싶지만, 도무지 신뢰할 수가 없구나?	수면 아래 의미. 더 깊은 재진술.
내담자:	맞아요. 전 한 번 말한 것은 지키거든요. 제가 무언가 하겠다고 하면 전 그렇게 해요. 예를 들면, 이번 여름에 전 스케이트로 친구네 차 문을 찌그러트렸어요. 우리 부모님께는 이 얘기를 비밀로 해 주실 거죠?	내담자는 가치와 문제행동에 관한 대화를 통해 상호작용을 심화시킴.
상담자:	좋아, 너나 다른 사람에게 위험만 없다면 그렇게 할게.	정보 제공.
내담자:	친구에게 차를 손상시킨 비용을 갚겠다고 말했어요. 그 친구는 문을 교체하고 페인트를 칠했어요. 하지만 제 스케이트도 박살 났죠. 그래서 친구의 부모님께서는 저에게 미안해서 차 수리 비용을 주지 않아도 된다고 말할지도 몰라요. 하지만 저는 비용을 지불하겠다고 약속했고 그렇게 하려면 전 일을 해야 해요. 약 50만 원인데 저에게는 큰 돈이죠.	내담자는 약속의 가치를 얼마나 중요하게 생각하는지에 대한 정보를 제공하고 있음. 이것은 우리가 더 초점을 맞출 수 있는 영역이다. 또한 이 부분은 동기강화적 불일치가 어디에 있을 수 있는지에 대한 단서를 제공함.
상담자:	다른 사람들은 너에게 약속을 지키지 않더라도 그리고 약속을 지키는 것에 어떤 대가가 지불되더라도 너는 기꺼이 약속을 지키려고 하는구나. 이것은 너에게 중요한 가	부모와의 연결을 탐색하는 인정하기.

	진술	설명
	치인 것 같아. 약속을 지키려는 너의 특성이 누구의 영향을 받았는지 궁금하네.	
내담자:	모르겠어요. 아마, 엄마……. 아빠도 그럴 수 있겠지만.	아빠에 대한 내담자의 시각이 약간 유연해짐.
상담자:	좋아. 엄마의 영향이 있었구나. 그리고 너와 아빠의 관계가 항상 지금과 같았던 것은 아니었구나.	수면 약간 아래로 내려감. 더 깊은 반영.
내담자:	네에…….	
상담자:	지금까지의 이야기를 내가 모두 이해하고 있는지 검토해 보자. 너는…….	요약을 시작함.

이러한 상담의 종결 단계가 되면 도움을 받는 느낌이 든다. 이 청소년은 아버지로부터 호전적이고 도덕심도 없는 놈으로 취급받고 있다. 그러나 다른 사람들이 그에게 책임을 지울 수 없는 상황에서조차도 그는 명확한 가치관을 보이고 있고, 이러한 가치와 일치되는 행동을 하고 있다. 그는 자신만 혼자 두고 아버지가 여행 간 일에 대한 자신의 양가감정을 알게 되면서 동기에 있어서의 불일치감을 경험한다. 당신이라면 요약 이후에 내담자에게 어떤 질문을 하고 싶은가?

5. 시도해 보기

당신은 다음의 연습들을 통해서 가장 단순한 경청에서부터 가장 복잡한 경청에 이르는 일련의 듣기 경험을 하게 될 것이다. 비록 첫 단계부터 시작할 필요는 없겠지만 각 연습 활동은 그 이전 연습 활동을 토대로 이루어진다. 첫 단계 연습은 무엇이 경청인지 아닌지를 파악하는 활동이다. MI에서 우리는 내담자를 당신의 훈련가로 이용할 것을 권장하고 있다. 즉, 우리는 내담자들의 반응을 활용해서 우리가 잘하고 있는 것이 무엇이고 좀 더 연습해야 할 부분이 어디인지에 관하여 배울 것이다. 그러나 이를 위해서는 당신은 당신 자신과 내담자의 행동에 대해 민감하게 관찰할 수 있어야 한다. 우리는 다른 사람들의 작업(특히, 인기 있는 TV 토크쇼 사회자)을 보면서 (민감한 관찰자가 되기 위한) 관찰 기술을 배우기 시작할 것이다. 생방송이나 음성 녹음으로 된 것을 사용할 수도 있지만, 나는 속도를 조절하며 관찰할 수 있는 녹화본을 사용을 더 추천한다. 그다음 우리는 빙하의 수면 아래 의미에 접근하는 연습을 할 것이다. 특히, 우리는 빙하의 아랫부분에 존재하는 것이 무엇인지에 대해 파악할 것이다. 이 연습을 통해 우리는 내담자 말들을 더 깊이 숙고하게 되고 그 후의 연습은 그러한 관찰이나 숙고에 근거해서 반영반응을 해 볼 것이다. 그다음의 연습에서는 의도적인 반영을 함으로써 한 단계 나아가게 될 것이다. 즉, 우리는 동일한 진술문의 서로 다른 측면들을 강조하는 연습을 할 것이고, 이러한 연습은 대화가 진행될 방향에 영향을 미치기 시작할 것이다. 그 후 우리는 이 모든 단계들을 통합해서 더욱 복잡한 반영적 반응을 만들어 내는 작업을 할 것이다. 이 연습을 통해 우리는 대화의 서로 다른 측면들을 강조하거나 대화를 더 심화시킴으로써 반영적 경청 역량을 더욱 강화할 것이다. 마지막으로, 이 모든 연습은 우리가 실제 대화 속에서 경청을 의도적으로 사용하는 연습으로 이어진다.

〈연습 4-1〉 장애물 찾기

당신의 감각을 장애물을 찾아내는 데 맞추는 것은 당신이 이러한 장애물들을 언제 이용하는지를 더 잘 자각하게 하는 매우 유용한 첫 단계가 될 수 있다. 그러나 친구, 이웃이나 가족과의 대화 중에 코딩지를 꺼내어 놓고 기록하는 것은 예의가 아니다. 사회자가 초대 손님을 인터뷰하는 TV나 라디오의 토크쇼를 이용하는 것이 더 나은 방법이다. 강경하고 엄격하다는 평가를 받는 사회자가 진행하는 토크쇼 프로그램을 선택할 수도 있다. 당신은 훌륭한 듣기와 Gordon의 장애물 반응 모두를 관찰하게 될 것이다. (이 장의 마지막 부분에서) 〈연습 4-1〉을 검토해 본 후, 토크쇼 한 편을 시청하고 사회자가 반영적 경청 진술을 하는 때와 장애물 반응을 하는 때 모두를 기록해 보아라. 장애물 반응이 반드시 나쁜 것만은 아니며, 이러한 장애물들이 매우 성공적으로 사용될 수도 있음을 명심하라. 그러나 장애물은 대화를 진전시키는 동력을 중단시키고 저항을 일으킬 가능성이 있다. 가능하다면 진행자가 어떤 문제에 관하여 누군가와 함께 진행해 나가는 프로그램을 선택하라. 프로그램이 빠르게 진행되기 때문에 녹화도 고려해 볼 수 있다. 왜냐하면 당신이 적절한 답을 생각해 내야 할 때 녹화테이프를 중단시킬 수 있기 때문이다. 또는 라디오 옆에 테이프 녹음기를 놓고 그 쇼를 녹음할 수 있다. 만약 이러한 방법들이 당신에게 효과적이지 않다면(예를 들어, 당신이 청각적으로 민감하지 않을 경우) 당신은 그 쇼의 대본을 이용할 수 있는지 알아보고 시각 자료를 사용할 수도 있다. 점수를 기록하고 다음의 질문들에 응답하라.

〈연습 4-2〉 듣기 관찰하기

이 연습은 당신의 귀를 경청하는 것에 맞추는 두 번째 작업이다. 다시 말해 사회자가 초대 손님을 인터뷰하는 TV나 라디오 프로그램을 선택하라. 이번엔 관찰하고 듣는 것에 초점을 맞추어야 할 것이다. 사회자가 자신이 관심 있는 부분에 대해 어떻게 의사 전달하는지 파악하기 위해 소리를 끄고 몇 분 동안 영상을 관찰하라. 그 후 소리 볼륨을 켜고 반영의 빈도를 세어 보라. 여기서 프로그램 진행을 천천히 관찰할 수 있도록 녹화를 해 볼 수도 있다. 또한 대화가 너무 빠르게 진행되는 것처럼 느껴진다면 프로그램 대본을 이용하는 것도 유용할 것이다.

〈연습 4-3〉 빙산의 일각

내담자가 진술하는 동안 우리가 보고 들을 수 있는 부분이 있다. 즉, 내담자가 말을 할 때 우리가 눈으로 보는 부분들, 그리고 내담자가 사용하는 단어들이 그것이다. 그러나 그러한 진술은 그 내담자가 진술을 하면서 생각하고 느끼는 내용들의 일부분, 즉 빙산의 일각이다. 이 연습에서 당신은 그러한 빙산의 일각을 본 후 그 수면 아래에 있는 의미에 대하여 추측해 볼 것이다. 〈연습 4-3〉 작업지에서 내담자 진술들을 읽고, 이러한 진술들이 무엇을 의미하는지에 대하여 추측해서 반응을 해 볼 것이다. 폭넓게 생각하기를 바란다. 비언어적이거나 암묵적으로 나타나는 심리적 과정이 이러한 연습을 통해 명료화되고, 당신은 더욱 정교한 반영을 할 수 있게 될 것이다.

〈연습 4-4〉 빙산 반영하기

이 연습은 반영을 형성하는 단계로 진행된다. 우리는 〈연습 4-3〉에서 추축한 내용들을 가지고 반영적 경청 진술을 만들 것이다. 때로 이 연습이 '나는'을 '당신은'으로 수정하는 만큼이나 간단할 수도 있고, 어떤 때는 빙산의 훨씬 더 깊은 곳을 반영하는 진술을 만들게 될 수도 있다. 이것은 반영 형성을 연습하는 것이기 때문에 단순히 단어를 대체하는 수준을 넘어서기를 권장한다. 우리가 하는 모든 것이 '나는'을 '당신은'으로 수정하는 것이라면 우리는 반영적 경청 근육(reflective listening muscle)을 강화시킬 수 있는 이 번 기회를 온전하게 이용하지 못하고 있는 것이다.

〈연습 4-5〉 의도적 반영하기

MI는 의도적이고 지향적이다. 그래서 반영(MI에서)이란 내담자가 언급하고 있는 것이 무엇인지에 대해 추측하는 작업뿐만 아니라 내담자 진술의 특정 측면에는 주목하고 다른 측면에는 주목하지 않는 전략도 포함된다. 이러한 과정을 통해 상담사는 의견 교환의 동기강화 조각들에 초점을 맞출 수 있게 된다. 그러나 어떤 방향을 지향하는 상담이 되기 위해서는 먼저 이러한 조각들을 인식하고 반응할 수 있어야만 한다. 이 연습에서 우리는 내담자의 진술들에 대해 언급되고 있는 것과는 다른 요소를 이용하는 반영 진술로 대답해야 한다. 각 내담자 진술에 대해 우리는 세 가지 반영 진술을 만들 것인데 각 반영 진술은 대화의 서로 다른 부분에 초점을 맞추고 있다. 우리가 내담자 진술의 각기 다른 요소에 주의를 기울이는 시기와 방식에 주목하라(즉, 우리는 의도적임). 우리는 내담자 진술의 각기 다른 요소에 관심을 보임으로써 대화를 특정 방향으로 이끌어 갈 수 있다(즉, 우리는 지향적임). 책의 후반부에 우리는 방향성(directionality)에 대해 더 깊이 다루겠지만 현재의 초점은 의도성(intentionality)에 있다.

〈연습 4-6〉 수면 아래 의미에 접근하기: 반영 심화하기

이전 연습에서는 수면 아래에 있을 수 있는 의미를 추측하여 반영 진술로 만드는 것이었다. 그다음에 우리는 내담자 진술의 서로 다른 부분들을 알아차려서 의도적으로 반응하는 작업을 하였다. 이제 우리는 이 과정을 한 단계 더 나아가 우리가 반영하는 방식에 대해 의도성을 가지고 서로 다른 부분들을 통합하는 작업을 할 것이다. 우리의 목적은 표면적인 진술 내용을 넘어서 내담자와의 진술에 더 깊은 깊이와 복잡성을 추가하는 것이다. 다시 말해서 우리는 내담자가 진술한 내용이 의미하는 바(수면 아래의 것)에 대하여 추측하는 교육을 할 것이고, 이 과정에서 구체적인 반영 유형을 사용할 것이다.

〈연습 4-7〉 표적 반영: 관계 형성하기

지금까지 반영 진술을 만들고 심화하는 작업을 많이 하였기 때문에 이제는 내담자를 관계 형성하기(engaging) 과정으로 끌어들이는 반영 진술을 만드는 방법을 연습할 것이다. 다시 한번 내담자 진술을 읽은 후 두 가지 상이한 반영 진술문을 만들어라. 그러나 이번에는 관계 형성을 촉진시키는 방식으로 반영 진술문을 만들어라. 초점 맞추기, 유발하기나 계획하기에 대해서는 신경 쓰지 말라.

〈연습 4-8〉 의도적 대화

이 연습에서는 당신이 기록 기법을 통해 숙달시켜 왔던 듣기 기술들을 사용해 본다. 간단히 말해서, 당신은 다른 작업을 하지 말고 듣기 작업을 한 후, 이러한 듣기가 두 사람 간의 상호작용에 어떤 영향을 미치는지를 관찰한다. 가장 효과적인 연습이 되기 위해서는 조언하고 싶은 마음을 쉽게 유발시키는 그러한 상황을 선택하라. 조언하고 싶은 이러한 유혹을 견디기 힘들겠지만, 듣기만으로도 달성될 수 있는 것이 무엇인지를 관찰하라. 최근의 대화(예를 들어, 오늘밤 파트너와 대화할 때, 회사 동료가 상사에 대해 불평할 때, 자녀가 숙제를 하지 않은 이유를 정당화시킬 때)를 선택하는 것이 유용하다. 연습지에 과거의 대화들을 회상하여 기록해 보아라. 내가 이 연습을 워크숍에서 사용했을 때 참가자들은 결혼 20년 동안 알지 못하였던 일들을 회상하게 되었다며 놀라워했다. 듣기는 놀라운 효과를 보였다. 그러나 이 훈련이 당신이 원하는 만큼 잘되지 않더라도 걱정하지 말라. 이것은 연습이고 항상 반복해서 할 수 있는 것이다.

6. 파트너 활동

'시도해 보기'에서 설명된 많은 연습들은 또한 파트너 작업의 일부분으로 사용될 수 있을 것이다. 예를 들어, 당신은 TV 쇼를 녹음하고 진술 내용을 파트너와 함께 코딩할 수 있다. 코딩하기 어려운 진술이 있을 때는 테이프를 멈추고 발견된 문제에 대해 논의해 보라. 당신들 각각은 〈연습 4-3〉과 〈연습 4-4〉를 작성하고 각자의 반응을 기록한 후, 그 반응의 배후에 있는 당신의 생각을 설명한다. 혹은 당신들은 TV 쇼 테이프를 시청하고, '내담자'의 각 진술 후에 테이프를 멈추고, 당신이 사용할 수 있는 반영반응을 만들 수 잇다. 다양성을 향상시키기 위해 당신은 더 깊은 깊이나 복잡성을 지닌 여러 반영반응을 만들려는 시도를 할 수도 있다.

대안적인 연습방법으로 당신은 파트너가 자신에 대한 자질을 설명하는 진술을 하게 한 후, 파트너에게 있어서 그 진술의 의미가 무엇인지를 추측하기 위해 "당신 말은 …… 의미로 들립니다."라고 말하는 접근법을 반복해서 사용하는 방법이 있다. 파트너는 '예' 혹은 '아니요' 답변만 할 수 있다. 당신이 더 이상의 가설을 만들지 못하거나 혹은 파트너가 자신의 진술을 당신이 이해했다고 생각할 때까지 이 과정을 계속하라. 다른 대안적 방법은 당신의 진술이 파트너가 생각하고 있는 핵심 시각에 더 가까이 접근하거나(더 가깝다) 혹은 더 멀어질(더 빗나갔다) 때 파트너로 하여금 '더 가깝다' 혹은 '더 빗나갔다'라고 반응하게 하는 방법이다.

당신은 또한 파트너와 함께 의도적 듣기를 연습할 수 있다. 파트너에게 자신의 지난주에 관해 이야기해 보도록 요구하고, 당신은 반영적 경청 진술만을 사용하라. 당신이 아무 질문 없이 5분까지 파트너의 이야기를 듣기만 할 수 있는지 알아보라. 당신은 또한 파트너로 하여금 자신이 변화시키려고 노력하고 있는 일에 대해 설명해 보게 할 수 있다. 그러나 파트너가 함께 나누기에 편안하게 느낄 수 있는 것만을 선택하게 하라.

당신이 이러한 형태의 의도적 듣기에 편안해지면 내담자들을 대상으로 시도해 보라. 만약 당신이 매우 다른 방식으로 작업하는 경향이 있다면, 내담자들이 이러한 변화를 쉽게 알아차리고 질문할 것이다. 당신은 내담자에게 전문적인 발전의 일환으로서 기술을 향상시키기 위해 노력하고 있고, 이러한 변화들은 이 과정의 일부라고 알려 줄 수 있다. 이 경우, 당신은 내담자의 말에 정말 주의 깊게 듣고 있다는 점을 내담자에게 확신시켜 주어야 한다. 만약 당신에게 녹음기가 있고 내담자와 기관의 허락이 있다면 자기 검토를 위해 이 회기들을 녹음할 수도 있다. 녹음된 당신의 상담 내용을 코딩하기 위해서는 〈연습 4-2〉에 대한 평가지를 이용하라. 당신은 또한 파트너를 이 과정에 참여시킬 수 있다. 녹음된 당신의 상담 내용을 들을 때 부정적인 측면에 초점을 두기 쉽다는 점을 명심하라. 그러므로 당신이 잘하고 있는 부분과 다음 상담에서 더 많이 시도하고 싶은 부분에 주목하라. 당신이 막혔을 때에는 파트너에게 조언을 구하라.

7. 그 밖의 고려 사항

핵심 기술인 반영적 경청은 실제보다 더 쉬워 보인다. 달리 말하자면, 반영적 경청은 단순하지만 그렇다고 쉽다는 의미는 아니다. 만약 당신이 반영적 경청만을 사용하는 것이 아무런 도움이 되지 않는다고 느낀다면 당신은 아마 내담자가 한 말의 내용과 너무 비슷한 내용만을 반영하고 있을 가능성이 높다. 당신은 수면 위에 머무르고 있는 것이다. 수면 아래에 무엇이 있는지에 대해 추측을 해 보라. 추측하는 연습 외에는 다른 대안이 없다.

도움이 되는 경청은 무엇인가? 이 질문은 훌륭하지만 온전하게 설명하려면 이 책의 범위를 훨씬 벗어날 것이다. 간단하게 설명하자면 우리는 내담자들이 자신의 경험을 정리하고 이해하도록 돕는다. 우리의 직무는 우리가 들은 것을 단순히 다시 반복하는 것이 아니라, 문제를 해결하고 전진하는 데 도움이 되도록 내담자들이 이용할 수 있는 문장 구조로 재구성하는 것이다. 어떤 치료자들은 이 과정을 일관성 있는 이야기를 만드는 작업으로 설명하기도 한다.

듣기는 분명 다른 중요한 속성을 가지고 있다. Rogers(1980)는 다른 사람이 당신의 말을 주의 깊게 듣는 경험의 힘에 대해 저술했다. 당신의 인생을 생각해 보라. 누군가가 당신의 말을 잘 들어줄 때 도움이 되지 않았는가? 그렇다면 어떤 점이 유익했는가?

연습 4-1 장애물 찾기

장애물을 탐지하는 데에 당신의 감각을 집중시키는 것은 당신이 내담자와의 대화에서 이러한 장애물들을 언제 사용하게 되는지를 더 잘 자각하기 위한 매우 유용한 첫걸음이 될 수 있다. 이 연습에서 당신은 TV, 팟캐스트, 혹은 라디오 등의 토론 프로를 이용할 수 있다. 또한 당신은 유튜브 비디오를 이용할 수도 있다. 어쨌든 진행자가 깐깐하다는 평판을 받고 있는 사회자가 진행하는 토론 프로그램을 선택하라. 당신은 훌륭한 경청과 Gordon의 장애물 둘 모두를 관찰할 가능성이 높다. 명심해야 할 것은 장애물이라고 해서 반드시 나쁜 것은 아니라는 점과 진행자는 이러한 장애물을 초대 손님에게 성공적으로 사용할 것이라는 점이다. 그러나 장애물은 진전 움직임을 중단시키고 면담자와 피면담자 간의 불일치를 발생시킬 수 있다.

다음과 같은 단계가 있다.

1. 아래의 장애물들을 검토하라.
2. 토론 프로그램, 팟캐스트, 혹은 라디오 프로 중에서 하나를 선택하여 관찰하라. 되도록 사회자가 어떤 문제에 대해 누군가와 토론하는 그런 프로그램을 선택하라.
3. 사회자가 반영적 경청 진술을 하는 때와 장애물 진술을 하는 때를 기록하라.
4. 프로그램들이 빠르게 진행되기 때문에 당신이 토론 프로그램 진행을 중단시켜서 당신의 대답을 고민해 볼 수 있도록 하기 위해 프로그램을 녹음하는 것도 고려해 볼 수 있다. 혹은 라디오 옆에 휴대용 녹음기를 두고 녹음할 수도 있다. 또 다른 방법으로 팟캐스트를 다운로드 받아서 사용할 수도 있다.
5. 만약 청각을 이용하는 이러한 방법들이 당신에게 여전히 맞지 않다면 토론 내용을 글로 옮긴 기록물이 있는지 찾아서 이용할 수도 있다.
6. 당신의 점수를 계산하여 기록하고 다음 질문에 대답하라.

Thomas Gordon의 12가지 장애물	횟수
명령하기, 지시하기, 요구하기—권위로 명령한다. 권위는 실제적이거나 암시적이다.	
경고하기, 주의주기, 위협하기—명령과 유사하지만 따르지 않으면 그에 따른 결과가 주어질 것이라는 의미가 내포되어 있다. 이러한 행동들은 위협적인 것이거나 혹은 나쁜 결과를 예고해 주는 형태이다.	
충고하기, 제안하기, 해결책 제시하기—치료자는 자신의 전문지식과 경험을 사용해서 실천해야 할 조치들을 권고한다.	

(다음 쪽에 계속)

장애물 찾기

Thomas Gordon의 12가지 장애물	횟수
논리적으로 설득하기, 논쟁하기, 강의하기—상담사들은 내담자의 문제들을 합리적으로 판단할 수 없으며, 따라서 합리적으로 판단할 수 있도록 도울 필요가 있다고 믿는다.	
도덕적으로 말하기, 설교하기, 내담자에게 그들의 의무를 말하기—이러한 진술이 전달하는 메시지는 내담자에게 적절한 도덕성에 대한 교육이 필요하다는 것이다.	
동의하지 않기, 판단하기, 비평하기, 비난하기—이러한 네 가지 행동들의 공통적인 점은 내담자나 언급된 말에 뭔가 잘못된 것이 있음을 암시해 준다는 것이다.	
동의하기, 승인하기, 칭찬하기—이 메시지는 언급되고 있는 말에 대한 동의이다. 이 행동들은 의사소통 과정을 중단시키며 화자(speaker)와 청자(listener) 사이의 불평등한 관계를 내포하고 있다.	
창피 주기, 조롱하기, 진단명 붙이기—이 행동들은 외현적일 수도 있고 내현적일 수도 있다. 대개 이 행동은 문제성 있는 행동이나 태도를 겨냥하고 있다.	
해석하기, 분석하기—실제 문제나 숨어 있는 의미를 찾아서 해석해 주는 것은 상담사들에게 있어서 매우 일반적이고 매력적인 활동이다.	
안심시키기, 동정하기, 위로하기—이러한 행동의 의도는 내담자가 더 편안하게 느끼도록 해 주는 것이다. 승인해 주는 것과 마찬가지로 이 행동들도 의사소통의 자연스러운 흐름을 방해하는 장애물이다.	
질문하기, 시험해 보기—질문은 경청을 방해할 수 있다. 이 행동들의 의도는 더 많은 것을 찾아내기 위해 더 깊이 점검해 보는 것이다. 여기에 숨겨진 메시지는 충분히 질문하면 질문자가 해답을 찾을 것이라는 암시이다. 질문은 화자가 아닌 질문자의 관심사를 좇는 방향으로 이루어질 때 대화의 자연스러운 흐름을 방해할 수 있다.	
철수하기, 주의분산시키기, 웃음으로 얼버무리기, 주제 바꾸기—이 행동들은 대화의 방향을 바꾸며, 또한 내담자가 말하고 있는 내용은 중요하지 않거나 귀담아 들을 필요가 없다는 의미를 담고 있다.	
장애물 사용 총 횟수	
반영적 경청 반응 총 횟수	

다음은 앞의 자료에 대해 숙고하면서 고려해 볼 수 있는 질문이다.

사회자는 얼마나 많은 장애물과 반영적 경청 반응을 사용했습니까? 두 가지 수치는 차이가 있습니까? 당신은 이러한 차이에 대해 어떻게 생각하나요?

장애물 찾기

반영적 경청과 장애물을 구별하는데 어느 부분에서 어려웠습니까?

사회자의 장애물 사용에 대해 당신이 동의하게 되는 때는 언제였습니까?

어느 시점에서 초대 손님이 사회자에게 저항하는 것을 관찰하였습니까? 그 저항 행동이 발생하기 직전에 사회자는 무엇을 하고 있었습니까?

연습 4-2 듣기 관찰하기

이것은 당신의 귀를 듣는 것에 집중시키는 두 번째 단계이다. 사회자가 초대 손님을 인터뷰하는 TV, 팟캐스트나 라디오 프로그램(혹은 유튜브)을 다시 선택하라. 이번엔 사회자의 듣기 기술에 대한 관찰에 초점을 맞추어라.

1. 첫 3~5분 동안 초대 손님과 사회자의 상호작용을 소리 없이 영상만을 보면서 관찰하라. 사회자가 관심을 전달하기 위해 무엇을 하는지 주목하라.
2. 소리를 다시 켜고 사회자가 사용한 반영적 경청의 수를 세어 보라. 이전 연습에서 사용한 것과 똑같은 형식을 사용하거나 다른 반영 유형을 포함하고 있는 〈연습 4-2〉 형태를 사용할 수 있다.
3. 나중에 천천히 관찰할 수 있도록 프로그램을 녹화해 둘 수도 있다. 만약 대화가 너무 빠르게 진행된다고 느낀다면 프로그램의 대본(글로 옮긴 기록물)을 이용하라.

종류	설명	횟수
표면	내담자가 말한 내용에 가장 가까이 머문다. 관심을 전하고 내담자를 안정시킨다.	
수면 아래 의미	내담자가 말한 내용을 훨씬 넘어 가며, 내담자가 사용한 말과 똑같은 단어를 사용하지 않는다. 내담자의 말들을 인지적으로 재구성하기도 한다. 더 깊은 의미를 추론하고 내담자의 정서를 반영하기도 한다	
확대	내담자의 단호한 진술을 과장해서 강조한다. 이렇게 함으로써 내담자가 자신의 원래 입장에서 뒤로 물러나도록 만든다.	
양면	양가감정의 양면을 모두 인식해 준다.	
은유	이해한다는 본보기를 제공하기 위해 진술 내용을 훨씬 뛰어넘는다.	
장애물		

생각해 볼 질문들은 다음과 같다.

사회자가 주로 어떤 반영 유형을 사용합니까?

(다음 쪽에 계속)

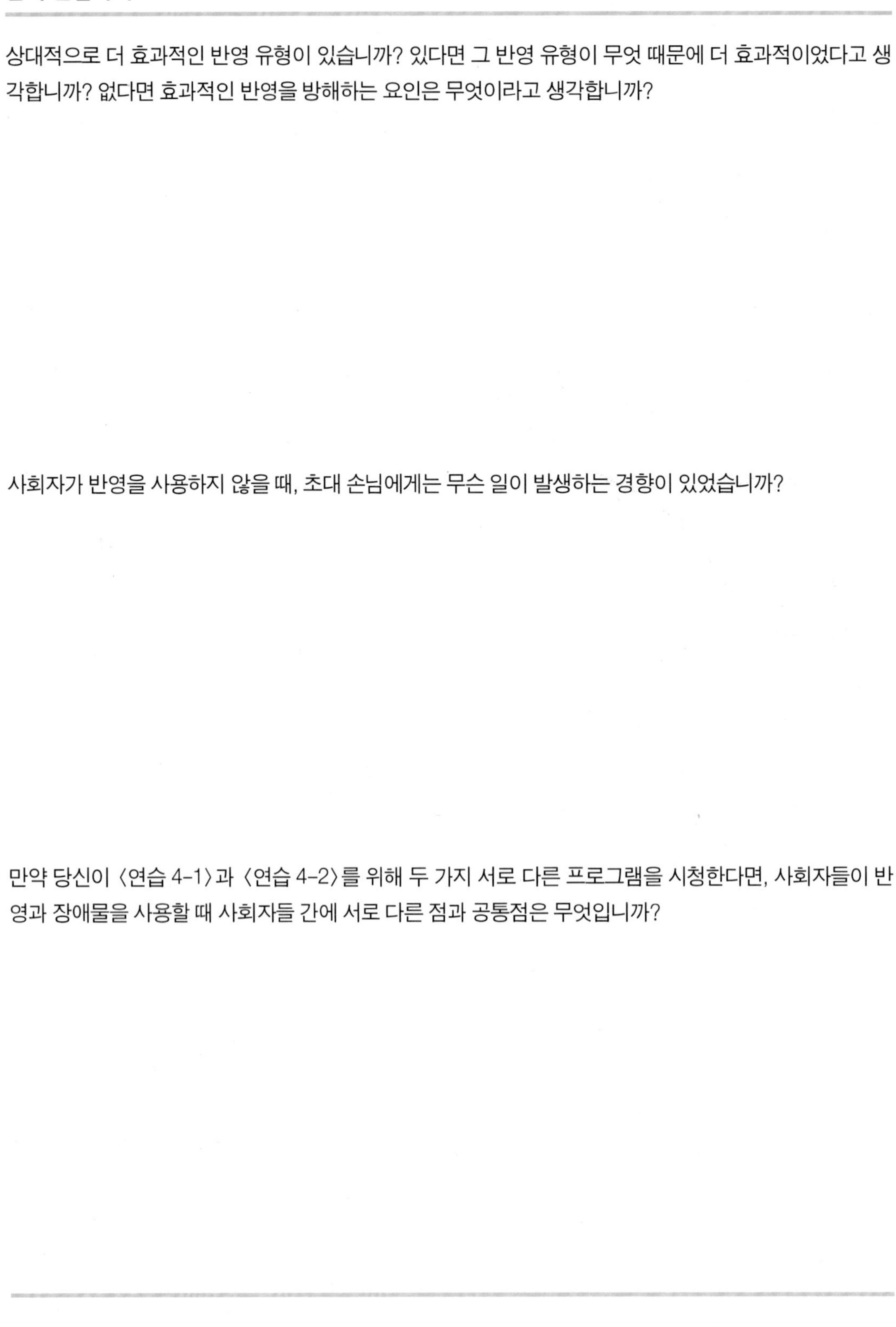

듣기 관찰하기

상대적으로 더 효과적인 반영 유형이 있습니까? 있다면 그 반영 유형이 무엇 때문에 더 효과적이었다고 생각합니까? 없다면 효과적인 반영을 방해하는 요인은 무엇이라고 생각합니까?

사회자가 반영을 사용하지 않을 때, 초대 손님에게는 무슨 일이 발생하는 경향이 있었습니까?

만약 당신이 〈연습 4-1〉과 〈연습 4-2〉를 위해 두 가지 서로 다른 프로그램을 시청한다면, 사회자들이 반영과 장애물을 사용할 때 사회자들 간에 서로 다른 점과 공통점은 무엇입니까?

연습 4-3 빙산의 일각

내담자들이 진술을 했을 때, 그 진술은 내담자들이 생각하고 있는 내용 및 말의 의미에 대한 빙산의 일각을 나타낼 수 있다. 다음 진술의 경우, 그 진술의 수면 아래에 있을 수 있는 의미에 관하여 5개 이상의 추측 진술을 만들어 보라. 이러한 진술을 그 내담자가 하는 진술문으로 기술하라.

예: **나는 체계적인 사람이다.**
나는 물건 정리하기를 좋아한다.
나는 규칙적인 생활을 좋아한다.
나는 계획과는 다르게 일이 진행되는 것을 좋아하지 않는다.
나는 내 책장이 잘 정리되어 있는 것을 좋아한다.
나는 논리적 사고를 한다.

이러한 이 진술의 몇 가지는 수면에 가까이 머물러 있지만 다른 진술은 빙산 아래 더 깊이 들어가 있다. 즉, 그러한 진술은 '체계적인'이 의미하는 것을 훨씬 넘어서고 있다. 비록 체계적인 것으로 간주될 수 있는 말뜻의 일부 요소를 위 모든 진술들이 담고는 있지만, 어떤 진술들은 틀릴 수도 있을 것이다. 이러한 과정을 통해 우리는 빙산의 경계선이 어디인지를 찾을 수 있다. 이제 다음 문장을 사용해서 빙산의 표면 아래로 들어가 보자.

나는 갈등을 좋아하지 않는다.
1.
2.
3.
4.
5.

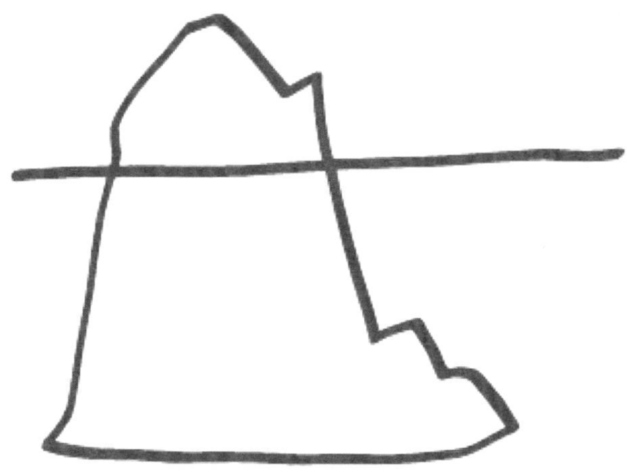

(다음 쪽에 계속)

빙산의 일각

나는 유머감각이 있다.

1.
2.
3.
4.
5.

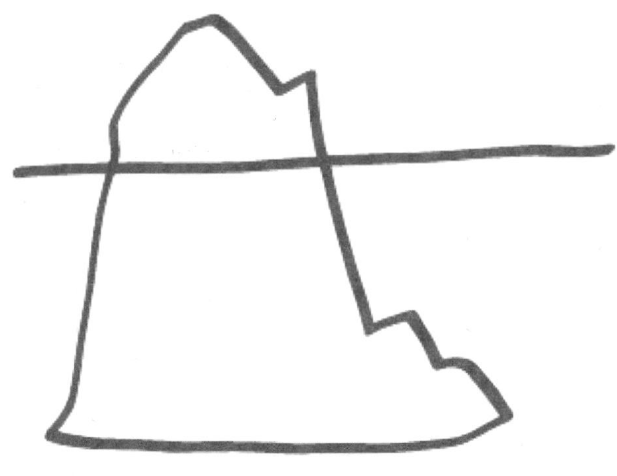

나는 너무 작은 일에 연연해한다.

1.
2.
3.
4.
5.

나는 헌신적이다.

1.
2.
3.
4.
5.

연습 4-3의 반응 예

나는 갈등을 좋아하지 않는다.

나는 사람들이 동의해 주지 않으면 불편해진다.
나는 서로의 의견 차이를 해결하기 위해 노력한다.
나는 다른 의견을 듣는 것을 피한다.
나는 협력하기 위한 방법을 찾는다.
내 분노가 나를 해친다.

나는 유머감각이 있다.

나는 웃는 것을 좋아한다.
나는 일상생활에서 유머를 사용한다.
유머는 내 마음의 짐을 가볍게 하는 데 도움 된다.
웃음은 내가 쉽게 할 수 있는 것이다.
나는 너무 심각하게 고민하지 않는다.

나는 너무 작은 일에 연연해한다.

내가 보이는 반응들이 문제가 된다.
나는 가끔 에너지를 헛되게 쓴다.
나는 예민하다.
나는 너무 예민하다.
나는 사람들의 생각에 대해 걱정하지 않고 싶다.

나는 헌신적이다.

나는 사람들을 도와준다.
나는 그러지 않아야 할 때에도 다른 사람을 도와준다.
나는 누군가가 실수한다면 용서한다.
나는 다른 사람의 헌신을 가치 있게 여긴다.
나는 다른 사람이 배신하면 화가 난다.

연습 4-4 빙산 반영하기

〈연습 4-3〉에서 당신은 내담자 진술의 수면 아래에 있을 수 있는 것에 관하여 추측하는 연습을 하였다. 당신은 이러한 추측을 내담자의 진술 형태로 기술하였다. 이제는 당신이 이러한 추측을 그 내담자에게 하는 반영적 경청 진술로 변경하는 연습을 해 보자. 몇몇 경우에는 '당신은'을 '나는'으로 단순히 주어만 바꾸는 것일 수도 있다. 그러나 다른 경우에는 당신이 더 많은 추측을 해야 할 수도 있다.

다음은 그 예이다.

나는 체계적인 사람이다.

나는 물건 정리하기를 좋아한다. ························ 당신은 물건들이 제 위치에 있는 것을 좋아하는군요.

나는 규칙적인 생활을 좋아한다. ·· 당신은 규칙적인 생활을 좋아하는군요.

나는 계획과는 다르게 일이 진행되는 것을 좋아하지 않는다. ························ 예기치 못한 변화 때문에 경기를 망쳤군요.

나는 내 책장이 잘 정리되어 있는 것을 좋아한다. ······· 당신은 당신의 공간이 정돈되어 있을 때 더 좋은 기분을 느끼는군요.

나는 논리적 사고를 한다. ·· 이것이 당신 생각을 반영하고 있군요.

이러한 진술들을 만들 때 어떤 진술들은 수면에 근접해 있는 반면에 어떤 진술들은 빙산의 더 깊은 곳까지 들어가 있는 표현들이다. 즉, 이러한 더 깊은 진술들은 '체계적인'이 의미하는 것에 관한 원래의 추측보다 훨씬 더 나아간 것이다. 비록 체계적인 것으로 간주될 수 있는 말뜻의 일부 요소를 위 모든 진술들이 담고는 있지만, 어떤 진술들은 틀릴 수도 있을 것이다. 이러한 과정을 통해 우리는 빙산의 경계선이 어디인지를 찾을 수 있다. 이제는 당신 차례이다. 〈연습 4-3〉으로 되돌아 가서 각각에 대한 반영적 경청 진술을 만들어 보라. 만약 연습지가 복잡하다면 당신의 추측들을 다른 종이에 옮겨 적고, 그 옆에 당신의 반영적 경청 진술을 기록해 보라.

연습 4-4의 반응 예

나는 갈등을 좋아하지 않는다.

나는 사람들이 동의해 주지 않으면 불편해진다.	사람들이 동의해 주지 않으면 당신은 불편해지는군요.
나는 서로의 의견 차이를 해결하기 위해 노력한다.	당신은 중재자이군요.
나는 다른 의견을 듣는 것을 피한다.	다른 의견은 당신을 예민하게 만드는 군요.
나는 협력하기 위한 방법을 찾는다.	당신은 공통점을 찾는군요.
내 분노가 나를 해친다.	분노가 당신을 해치는군요.

나는 유머감각이 있다.

나는 웃는 것을 좋아한다.	웃음은 당신이 살아 있음을 느끼도록 돕는군요.
나는 일상생활에서 유머를 사용한다.	당신은 일상생활에서 유머를 찾는군요.
유머는 내 마음의 짐을 가볍게 하는 데 도움이 된다.	당신은 웃을 때 마음의 짐이 가벼워지는 느낌을 받는군요.
웃음은 내가 쉽게 할 수 있는 것이다.	당신에게 웃음은 자연스러운 것이군요.
나는 너무 심각하게 고민하지 않는다.	당신은 너무 심각하게 고민하진 않는군요.

나는 너무 작은 일에 연연해한다.

내가 보이는 반응들이 문제가 된다.	때때로 당신의 반응이 문제를 발생시키는군요.
나는 가끔 에너지를 헛되게 쓴다.	당신은 에너지를 헛되게 쓰고 싶지 않군요.
나는 예민하다.	당신은 쉽게 마음의 상처를 입는군요.
나는 너무 예민하다.	당신은 다른 사람의 말에 쉽게 상처받고 싶지 않군요.
나는 사람들의 생각에 대해 걱정하고 싶지 않다.	당신은 사람들의 생각에 대해 걱정하고 싶지 않군요.

나는 헌신적이다.

나는 사람들을 도와준다.	당신은 사람들을 도와주는 사람이군요.
나는 그러지 않아야 할 때에도 다른 사람을 도와준다.	당신은 그러지 않아야 할 때에도 다른 사람을 도와주는군요.
나는 누군가가 실수한다면 용서한다.	당신은 다른 사람의 실수를 용서할 수 있군요.
나는 다른 사람의 헌신을 가치 있게 여긴다.	그것 또한 당신이 다른 사람에게서 가치 있게 여기는 특성이군요.
나는 다른 사람이 배신하면 화가 난다.	다른 사람이 배신할 때 당신은 몹시 괴롭군요.

연습 4-5 의도적 반영하기

다음 문장을 읽고 3개의 반응을 기술하라. 각 반응은 해당 문장의 상이한 측면을 강조해야 한다. 여기에 그 예가 있는데 해당 문장을 여러 조각으로 나누어서 그 각각을 반영하는 형태이다. 당신은 그 반영 부분을 기술하면 된다.

나는 즐거웠어요. 그러나 어떤 것은 포기해야만 했어요. 나는 이제 더 이상 이대로 놔둘 순 없어요.

1. "나는 즐거웠어요……." 당신은 그동안 즐겁게 보냈군요.
2. "그러나 어떤 것은 포기해야만 했어요……." 당신은 뭔가 발생할 수도 있는 일에 대해 걱정하는군요.
3. "나는 이제 더 이상 이대로 놔둘 순 없어요……." 변화되어야 할 때라고 느끼는군요.

나는 조금 다르게 반응할 수도 있었어요. 그렇지만 만약 그녀가 한 발짝만 물러나 주었더라면 상황이 이렇게 나빠지진 않았을 거예요. 그렇게 되었다면 이러한 일들은 발생하지도 않았을 거예요.

1.

2.

3.

나는 요즘 우울했어요. 기분을 좋게 하려고 술 마시는 것 대신 다른 것을 하려고 계속 노력하고 있어요. 그렇지만 술 몇 잔 하는 것보다 더 효과적인 것은 없는 것 같아요.

1.

2.

3.

(다음 쪽에 계속)

의도적 반영하기

나는 큰 걱정은 하지 않아요. 그렇지만 HIV 검사를 받은 지 1년이 넘었어요.

1.

2.

3.

내가 완벽하지 않다는 사실은 알아요. 그렇지만 부모님은 왜 항상 내가 해야 할 일을 지시하는 것일까요? 난 세 살짜리 어린애가 아니라고요!

1.

2.

3.

딸은 마리화나를 피우는 것을 별로 큰 문제가 아니라고 생각해요. 점점 더 많은 곳에서 마리화나를 피우는 것이 합법화되고 있다고 말해요. 딸은 내가 마리화나를 피지 못하게 하는 이유를 이해를 못해요.

1.

2.

3.

연습 4-5의 반응 예

명료하게 알 수 있도록 문장의 각 부분과 그에 상응하는 반영 부분을 함께 제시하였다.

나는 조금 다르게 반응할 수도 있었어요. 그렇지만 만약 그녀가 한 발짝만 물러나 주었더라면 상황이 이렇게 나빠지진 않았을 거예요. 그렇게 되었다면 이러한 일들은 발생하지도 않았을 거예요.

1. **"만약 그녀가 한 발짝만 물러나 주었더라면……."** ············· 당신은 그녀가 조금만 더 양보해 주기를 바랐군요.
2. **"상황이 이렇게 나빠지진 않았을 거예요……."** ························ 당신은 상황이 덜 나빠지기를 원하였군요.
3. **"나는 조금 다르게 반응할 수도 있었어요……."** ························· 당신은 조금 다르게 반응할 수도 있었군요.

나는 요즘 우울했어요. 기분을 좋게 하려고 술 마시는 것 대신 다른 것을 하려고 계속 노력하고 있어요. 그렇지만 술 몇 잔 하는 것보다 더 효과적인 것은 없는 것 같아요.

1. **"난 요즘 우울했어요……."** ································ 당신은 그동안 기분이 가라앉아 있었군요.
2. **"술 몇 잔 하는 것보다 더 효과적인 것은 없는 것 같아요……."** ························· 음주는 단기적으로 효과가 있군요.
3. **"기분을 좋게 하려고 술 마시는 것 대신 다른 것을 하려고 계속 노력하고 있어요……."** ······················ 당신은 음주 대신 다른 것이 효과적이었다면 그것을 좋아했겠군요.

나는 큰 걱정은 하지 않아요. 그렇지만 HIV 검사를 받은 지 1년이 넘었어요.

1. **"1년이 넘었어요……."** ·· 꽤 되었네요.
2. **"HIV 검사를 받은 지……."** ···························· 당신은 자신의 HIV 상태에 대해 궁금하군요.
3. **"난 큰 걱정은 하지 않아요……."** ·· 당신은 약간 걱정이 되는군요.

(다음 쪽에 계속)

연습 4-5의 반응 예 (계속)

내가 완벽하지 않다는 사실은 알아요. 그렇지만 부모님은 왜 항상 내가 해야 할 일을 지시하는 것일까요? 난 세 살짜리 어린애가 아니라고요!

1. **"내가 완전하지 않다는 사실은 알아요……."** ………………………… 당신도 가끔 실수를 하는군요.
2. **"부모님은 왜 항상 내가 해야 할 일을 지시하는 것일까요……."** ………………………… 당신이 해야 할 일을 부모님으로부터 지시를 받을 때 당신은 괴롭군요.
3. **"난 세 살짜리 어린애가 아니라고요……."** ………… 당신은 어린아이 취급받는 느낌이었군요.

딸은 마리화나를 피우는 것을 별로 큰 문제가 아니라고 생각해요. 점점 더 많은 곳에서 마리화나를 피우는 것이 합법화되고 있다고 말해요. 딸은 내가 마리화나를 피지 못하게 하는 이유를 이해를 못해요.

1. **"내 딸은 마리화나를 피우는 것이 별로 중요하지 않다고 생각해요……."** ………………………………… 딸의 마리화나 사용이 걱정이군요.
2. **"내 딸은 점점 더 많은 곳에서 마리화나를 피우는 것이 합법화되고 있다고 말해요……."** ………… 당신과 딸은 언쟁을 하였군요.
3. **"내 딸은 내가 물러서지 않는 이유를 이해하지 못하고 있어요……."** ……………………………… 당신이 딸을 얼마나 염려하는지 딸은 모르고 있군요.

연습 4-6 수면 아래 의미에 접근하기: 반영 심화하기

다음 문장을 읽고 나열된 각 반응 유형을 기록하라. 때로는 어떤 반영 유형은 적합하지 않을 수도 있다(예: 확대반영). 어쨌든 시도해 보라. 반응 유형은 다음과 같다.

수면 아래 의미반영: 내담자가 진술한 내용보다 훨씬 더 깊이 들어가고, 수집된 정보를 새로운 시각으로 제시한다.

확대반영: 내담자가 진술한 내용을 확대시켜 반영한다. 즉, 확고함이나 저항을 나타내는 단어를 더욱 강조하여 그 진술의 강도를 높인다.

양면반영: 내담자가 가지고 있는 양가감정의 두 면을 모두 반영한다.

감정반영: 표현되었거나 내포된 정서를 반영한다.

다음은 반응 유형의 예이다.

나는 즐거웠어요. 그러나 어떤 것은 포기해야만 했어요. 나는 이제 더 이상 이대로 놔둘 순 없어요.

수면 아래 의미반영: 그래서 즐거움에는 대가가 따랐군요.

확대반영: 당신 삶에서 최고의 시간을 보냈겠군요.

양면반영: 한편으론 당신은 잘 지내 왔고, 또 한편으론 즐거운 생활이 끝나가고 있음을 당신은 알고 있군요.

감정반영: 앞으로 생활이 어떻게 될지 걱정이 조금 되는군요.

나는 조금 다르게 반응할 수도 있었어요. 그렇지만 만약 그녀가 한 발짝만 물러나 주었더라면 상황이 이렇게 나빠지진 않았을 거예요. 그렇게 되었다면 이러한 일들은 발생하지도 않았을 거예요.

수면 아래 의미반영:

확대반영:

양면반영:

감정반영:

(다음 쪽에 계속)

수면 아래 의미에 접근하기: 반영 심화하기

나는 요즘 우울했어요. 기분을 좋게 하려고 술 마시는 것 대신 다른 것을 하려고 계속 노력하고 있어요. 그렇지만 술 몇 잔 하는 것보다 더 효과적인 것은 없는 것 같아요.

수면 아래 의미반영:

확대반영:

양면반영:

감정반영:

나는 큰 걱정은 하지 않아요. 그렇지만 HIV 검사를 받은 지 1년이 넘었어요.

수면 아래 의미반영:

확대반영:

양면반영:

감정반영:

수면 아래 의미에 접근하기: 반영 심화하기

내가 완벽하지 않다는 사실은 알아요. 그렇지만 부모님은 왜 항상 내가 해야 할 일을 지시하는 것일까요? 난 세 살짜리 어린애가 아니라고요!

수면 아래 의미반영:

확대반영:

양면반영:

감정반영:

딸은 마리화나를 피우는 것을 별로 큰 문제가 아니라고 생각해요. 점점 더 많은 곳에서 마리화나를 피우는 것이 합법화되고 있다고 말해요. 딸은 내가 마리화나를 피지 못하게 하는 이유를 이해를 못해요.

수면 아래 의미반영:

확대반영:

양면반영:

감정반영:

연습 4-6의 반응 예

내가 무언가를 다르게 할 수 있다는 것을 알지만, 만약 그녀가 물러나기만 했다면 그 상황에서 그렇게 긴장되진 않았을 거예요. 그러면 이 모든 일이 일어나지 않았겠죠.

수면 아래 의미반영: 당신은 당신의 상황이 달라지길 원하는군요.

확대반영: 마치 모든 책임이 전적으로 그녀에게 있는 것처럼 느껴집니다. 마치 이 결과가 정말 그녀의 잘못인 것처럼 말입니다. 그 상황이 정말로 그녀의 잘못인 것처럼 그녀에게 그것에 대한 모든 책임이 있는 것으로 들립니다.

양면반영: 그녀는 그 일의 발생에 있어서 부분적인 책임이 있습니다. 그리고 당신도 달리 행동하고 싶었던 부분이 있음을 당신은 알고 있습니다.

정서반영: 당신은 이 상황에 대해 매우 고통스럽군요.

나는 요즈음 우울했어요. 나는 내 스스로 기분이 좋아지기 위해서 음주보다는 다른 것들을 시도해 왔지만, 몇 잔의 술을 제외하고는 아무것도 효과가 없는 것 같아요.

수면 아래 의미반영: 성공률은 부족하지만 당신은 음주 외에 다른 방법을 찾으려고 계속 노력하고 계시네요.

확대반영: 음주만이 유일한 해결책입니다.

양면반영: 음주는 단기적으로 도움이 되고, 한편으론 당신은 음주가 장기적 전략은 아닐 것이라는 점을 인식하고 있군요.

정서반영: 당신은 열심히 일한 것에 대한 부족한 급료 때문에 좌절을 느끼는군요.

나는 너무 걱정하지는 않지만, HIV 테스트를 한 지 1년도 넘었어요.

수면 아래 의미반영: 당신은 위험한 행동을 했었네요.

확대반영: HIV가 당신에게 전혀 걱정스러운 것이 아니군요.

양면반영: 당신은 매우 안전하였다고 느끼면서, 동시에 어떤 위험이 있었다는 점을 인식하고 계시는군요.

정서반영: 당신이 성적으로 적극적인 것을 선택해 온 이래로 항상 어떤 불확실성-약간의 불안-이 존재하는 것 같아요.

(다음 쪽에 계속)

연습 4-6의 반응 예 (계속)

내가 완벽하지 않다는 것을 알지만, 부모님은 내가 해야 하는 것들을 왜 항상 지시하는 걸까요? 나는 세 살이 아니라고요!

수면 아래 의미반영: 그들은 당신이 원하지 않는 부모님이군요

확대반영: 부모님은 당신에게 어떤 선택의 기회도 전혀 주지 않는군요.

양면반영: 부모님은 상당히 가부장적인 것 같네요. 그리고 동시에 당신이 더 잘할 수 있는 것들이 있다는 것을 당신이 알고 있군요.

정서반영: 당신의 분노가 커지면 결국 당신은 입을 뾰로통하게 해서 '아니'라고 말하는 세 살짜리 아이 같은 기분을 느끼는군요.

딸은 마리화나를 피우는 것을 별로 큰 문제가 아니라고 생각해요. 점점 더 많은 곳에서 마리화나를 피우는 것이 합법화되고 있다고 말해요. 딸은 내가 마리화나를 피지 못하게 하는 이유를 이해를 못해요.

수면 아래 의미반영: 부모의 걱정을 이해하지 못하고, 오로지 간섭하는것으로 여기는군요.

확대반영: 딸이 앞으로 진짜 큰 문제를 겪을 것이라고 생각하시는군요.

양면반영: 한편으론, 당신은 딸을 돌보고 싶군요. 그리고 다른 한편으론 당신의 방법이 갈등을 일으키고 있다는 점도 알고 계시고요.

정서반영: 당신은 딸에게 일어날 수 있는 일에 대해 극도로 두렵군요.

연습 4-7 표적 반영: 관계 형성하기

지금까지 우리는 반영 진술문을 만들고 심화시키는 연습을 많이 하였고, 이제는 내담자들의 **관계 형성하기**(engaging) 과정을 촉진시키는 반영 진술문을 만드는 연습을 할 것이다. 다시 설명하자면, 내담자의 진술 내용을 읽은 후 두 가지 서로 다른 반영 진술문을 만든다. 그러나 이번에는 **관계 형성**을 촉진시키는 방향으로 만든다. **초점 맞추기**, **유발하기**나 **계획하기**에 대해서는 신경 쓰지 않아도 된다.

1. 딸이 좀 더 건강한 음식을 먹었으면 좋겠어요. 계속 지금처럼 먹는다면 건강이 나빠질 것 같아 걱정이에요. 아시다시피 딸이 고집이 세서 제가 계속해서 설득하지는 못할 것 같아요.

   A 반영:

   B 반영:

2. 대마초가 이제는 많은 곳에서 합법화가 되어, 대마초를 금지해야 한다는 이전 주장들이 설득력이 없어 보여요. 물론 무엇이든 너무 많이 하면 문제가 되겠지만, 제가 많이 피우는 것도 아니고, 음주가 훨씬 더 많은 문제를 일으키는 것 같아요. 물론 아내가 싫어하고, 아이들이 아빠가 대마초를 피운다는 것을 알게 될까 걱정을 하지만, 저는 대마초를 피우면서도 여전히 직장 일을 하고 있고 집안일도 돕고 있어요.

   A 반영:

   B 반영:

(다음 쪽에 계속)

표적 반영: 관계 형성하기

3. 가족들이 제가 일을 너무 많이 한다고 생각해서 가끔씩 저를 힘들게 해요. 가족들은 제가 일에 대해 가지고 있는 생각을 이해하지 못하는 것 같아요. 저는 제가 하는 일이 좋고 사회에 많은 기여를 하고 있다고 생각해요. 가족들은 저와 같은 방식으로 일해 본 경험이 없기 때문에 일 자체를 부담이라고 생각하지요. 한편으로는 저도 가끔씩은 일 때문에 지치기도 하고, 또 일 때문에 가족들에게 신경을 쓰지 못하는 것이 싫긴 해요.

   A 반영:

   B 반영:

4. 저도 믿음을 가지고 싶고 영적인 경험을 하고 있지만, 종교를 가진 사람들이 보여 주는 위선이 싫어요. 말하는 대로 행동하지 않는 종교인들의 위선에 너무 화가 나요. 어떤 종교적인 교리는 어리석어 보여서 믿기가 힘들어요.

   A 반영:

   B 반영:

연습 4-7의 반응 예

관계 형성하기의 목적은 내담자의 관점에서 세상을 이해하고, 내담자 삶의 더 큰 그림을 이해하며, 안전한 환경을 만들려고 노력하는 것임을 기억하라.

1. 딸이 좀 더 건강한 음식을 먹었으면 좋겠어요. 계속 지금처럼 먹는다면 건강이 나빠질 것 같아 걱정이에요. 아시다시피 딸이 고집이 세서 제가 계속해서 설득하지는 못할 것 같아요.

   관계 형성하기:

   단순반영 A: 정말 딸을 돕고 싶군요.

   단순반영 B: 딸의 건강이 걱정되시는군요.

2. 대마초가 이제는 많은 곳에서 합법화가 되어, 대마초를 금지해야 한다는 이전 주장들이 설득력이 없어 보여요. 물론 무엇이든 너무 많이 하면 문제가 되겠지만, 제가 많이 피우는 것도 아니고, 음주가 훨씬 더 많은 문제를 일으키는 것 같아요. 물론 아내가 싫어하고, 아이들이 아빠가 대마초를 피운다는 것을 알게 될까 걱정을 하지만, 저는 대마초를 피우면서도 여전히 직장일을 하고 있고 집안일도 돕고 있어요.

   관계 형성하기:

   단순반영 A: 대마초는 부당한 취급을 받는 것 같군요.

   단순반영 B: 대마초 때문에 집 주변이 좀 지저분하군요.

3. 가족들이 제가 일을 너무 많이 한다고 생각해서 가끔씩 저를 힘들게 해요. 가족들은 제가 일에 대해 가지고 있는 생각을 이해하지 못하는 것 같아요. 저는 제가 하는 일이 좋고 사회에 많은 기여를 하고 있다고 생각해요. 가족들은 저와 같은 방식으로 일해 본 경험이 없기 때문에 일 자체를 부담이라고 생각하지요. 한편으로는 저도 가끔씩은 일 때문에 지치기도 하고, 또 일 때문에 가족들에게 신경을 쓰지 못하는 것이 싫긴 해요.

   관계 형성하기:

   단순반영 A: 당신이 하는 일을 사랑하는군요.

   단순반영 B: 가족들은 당신을 걱정하는군요.

(다음 쪽에 계속)

연습 4-7의 반응 예 (계속)

4. 저도 믿음을 가지고 싶고 영적인 경험을 하고 있지만, 종교를 가진 사람들이 보여 주는 위선이 싫어요. 말하는 대로 행동하지 않는 종교인들의 위선에 너무 화가 나요. 어떤 종교적인 교리는 어리석어 보여서 믿기가 힘들어요.

   관계 형성하기:

   단순반영 A: 당신은 영적인 느낌을 받고 싶군요.

   단순반영 B: 당신은 종교를 받아들이려고 계속 노력하고 있군요.

연습 4-8 의도적 대화

당신이 누군가와 대화하면서 경청기술을 연습하는 것에 대해 결정하라. 경청기술은 시간이 지나면서 자연스럽게 숙달되겠지만 이 결정이 빠를수록 경청기술 숙달도 빨라질 것이다. 특히, 당신이 평소에 충고를 해 주고 싶은 욕구가 생기곤 하는 그런 대화를 선택하고 그 욕구를 자제하려는 시도를 해 보라. 그다음에 아래의 질문들을 생각해 보아라.

다른 기술(예를 들어, 질문)을 사용하지 않고 의도적으로 듣고 싶었던 것은 무엇인가?

대화 상대방은 어떻게 반응했는가?

당신의 반영 유형을 변화시키기 위해 사용할 수 있는 방법은 무엇인가?

이런 유형의 경청을 실천하는 데 있어서 힘든 점은 무엇인가?

이번 대화를 통해 당신의 스타일에 대해 배운 것은 무엇인가?

OARS 사용: 열린 질문하기, 인정하기, 그리고 요약하기

1. 도입

손을 만지작거리면서 앉아 있는 Barbara의 얼굴에는 긴장이 역력했다. 그녀는 직업적성검사를 받기 위해 내소하였다. 검사를 의뢰한 대학에서는 심리학자에게 그녀의 인지 및 학습 능력을 평가하고 그녀에게 대학 진학이 현실적으로 가능한지에 대한 의견을 요청하였다. 그녀는 열네 살까지는 정상적인 성장을 보이다가 어느날 학교에서 발작을 일으켰다. 종양이 발견되어 수술을 통해 제거했지만 사고기능에 문제가 생겼다. Barbara는 공부를 잘하는 1등급 학생이었는데, 수술 후에는 개념 이해 수업을 포함한 특수교육을 추가로 받지 않고서는 고등학교를 마칠 수 없을 정도가 되었다.

대학은 그녀의 목표가 현실적이지 못한 것으로 검사의뢰서에 기록하였다. 그러나 그녀는 지금 서른두 살이고 고등학교 졸업 이후에 변화들이 있었다. Barbara는 대기실에서 평가의 목적을 검토하고 궁금한 전에 대해 알아 본 후 동의서에 사인했다.

"걱정이 있는 것처럼 보이네요." 상담자가 대화를 시작했다.

"저는 정말로 학교에 가고 싶은데, 선생님께서 대학을 갈 수 없는 수준이라고 말씀하실까 봐 걱정돼요."

"왜, 전에 누군가가 Barbara에게 그런 말을 했기 때문인가……."

"음, 맞기도 하고 틀리기도 해요. 종양 제거 수술 후에 학교생활이 힘들었지만, 약간의 도움으로 학교를 졸업할 수 있어요. 또 스스로 더 성숙해졌다고 느끼고요."

"목표는 성공하는 것이며 대학 진학이 성공을 이루는 길이라 느끼는군요. 또한 준비되어 있고, 할 수 있는 능력도 있다고 생각하는군요."

우리가 지금 선택할 수 있는 방향은 다양하다. 지금까지 우리는 관계 형성하기 이상의 작업을 하지 않았지만 몇 가지 반영 기법에 대한 몇 가지 중요 정보를 연습을 통해 학습하였다. 당신은 여기서 어디로 어떻게 갈 것인가?

제4장에서 언급했듯이, MI는 회기를 진척시키기 위해, 그리고 특별히 관계 형성하기 과정에 도움을 주기 위해 핵심 기술(core skills)에 많이 의존하고 있다. 핵심 기술들은 대부분의 상담자가 임상 작업에서 이미 사용하고 있는 기본적인 도구이다. 이 도구들은 열린 질문(Open-ended question), 인정하기(Affirmations), 반영적 경청(Reflective listening) 및 요약하기(Summaries)에 정보 교환하기(Information exchange)를 더한 것으로, 이를 기억하기 좋게 OARS+I라고 부른다. 제4장에서는 반영적 경청에만 집중적 초점을 맞추었다면, 제5장에서는 열린 질문, 인정하기, 요약하기에 초점을 맞추었다. 비록 **관계 형성하기** 과정에서도 약간의 정보 교환에 대해 다루고 있지만 더 많은 정보가 오고 가는 시점은 **초점 맞추기**(focusing) 과정 동안이다. 제8장에서 초점 맞추기에 관하여 설명할 때 정보 교환에 대하여 자세하게 다룰 것이다.

2. 심층 탐구

열린 질문

비록 짧은 대답일지라도 상담 동안 정보를 수집하기 위해서는 질문들이 필요한데, 그중에서 열린 질문(open-ended questions)은 MI 정보 수집 과정에서 중추적인 역할을 한다. 열린 질문은 내담자가 자신의 문제 영역을 탐색할 수 있도록 무비판적인 분위기를 조성해 준다. 열린 질문은 내담자에게 "예", "아니요" 또는 "지난주에 3번"과 같은 짧은 대답 그 이상을 요청하는 것으로, 내담자에게 "얼마나 자주, 그리고 얼마나 많이 술을 마시는지요?"라고 물어보는 대신에 "당신의 음주 습관은 어떻습니까?"라고 질문한다. 가끔은 이런 단어들이 너무 애매모호하거나 포괄적인 의미로 느껴질 수 있다. 내가 이런 형태의 질문을 하면 내담자는 내 말의 의미가 무엇인지에 대해 질문하고, 나는 다시 "당신이 어떤 상황에서 술 마실 결정을 하게 되는지 듣고 싶습니다."라고 대답하곤 한다. 이러한 열린 질문은 내담자로 하여금 자기 탐색의 시작문을 열게 만들고, 그 후 반영적 경청을 통해 추가적인 움직임을 유도한다. 강 래프팅에 비유해서 설명하자면 열린 질문이 우리를 강변에서 강으로 출발하게 하고 방향을 바꾸도록 돕는다면, 반영들은 미세한 움직임으로 진일보하게 한다.

관계 형성하기 과정 동안의 질문들, 특히 시작 시점의 질문들은 대개 구체적이지 않고 개괄적이다. 우리는 언제든지 더 구체적인 질문을 추가할 수 있다. 우리의 바람은 내담자들이 자신들에게 중요한 것들을 우리에게 말해 줄 수 있도록 충분한 시간을 만들어 주는 것이다.

물론 질문들은 목적과 방향성을 가질 때도 많다. 치료적 작업을 할 준비가 되어 있는 내담자의 경우에는 단순히 대화를 시작하게 하는 것만으로도 충분할 것이다. 예를 들어, "무슨 일로 오시게 되었나요?"라고 물을 수 있다. 그러나 일반적으로 내담자들은 변화를 실천하는 것에 대해 양가적이다. 이들이 대화하도록 하기 위해서는 더 많은 도움을 제공해야 할 때가 많다. 그렇다고 해서 내담자가 자신의 문제에 대해 편하게 얘기할 수 있게 하려고 일상적인 잡담을 해야 한다는 의미는 아니다. 일상적 잡담은 내담자를 가장 편안하게 해 주는 상담에서의 과업(예를 들어, 당신이 내담자를 판단하지 않고 그들의 상황을 이해한다는 내담자들의 지각)을 지연시킨다. 따라서 광범위하지만 일반적이지 않은 답변을 요구하면서 대화를 시작하게 만드는 몇 가지 질문을 만들어 놓는 것이 유용할 때가 많다. 부모님의 요청으로 상담소를 방문한 청소년에게 "너에게 무슨 일이 있는지 아버지가 걱정하고 계시다고 들었어. 아버지가 걱정하시는 이유가 무엇이라고 생각하니?"라고 질문할 수 있다. 물론 만약 초점이 되는 문제가 확인된다면 직접적으로 "그래서 당신은 조금 우울하시군요. 무슨 일이 있으신가요?" 하고 질문할 수도 있다. 그러나 관계 형성하기 과정 중이거나 저항적인 내담자와 대화를 시작할 때에는 문제 영역에 대한 구체적인 대화를 삼가야 하며, 내담자의 관심 영역에 초점을 두기 전에 그들의 인생 전반에 초점을 두고 질문을 시작하는 것이 좋다.

> "그래요, 여기 오신 것은 당신이 원해서가 아니라 보호관찰관[남편/아내/동료/선생님/의사/슈퍼바이저 등]이 원했기 때문이군요. 잠시 후에 그 얘기를 다시 하겠지만 지금은 먼저 당신에 대해 좀 더 알고 싶어요. 당신이 누구이며, 당신 인생은 어떠한지 좀 더 얘기해 주세요."

MI와 일치하지만 OARS 범주에 포함되는 어려운 상담자의 행동이 또 하나 있다. 열린 질문은 반영하기와 질문하기의 합성어와 같다. 예를 들면, "나는 당신이 단주(혹은 단도박)를 결심한다면 무슨 일이 일어날지 궁금합니다."처럼 분명 질문은 아니지만 마치 질문인 것 같다. 이러한 진술은 내담자에게서 더 많은 정보가 담긴 대답을 이끌어 낸다. MI 연구에서 이러한 진술들은 질문으로 간주되며, 일반적으로 MI 훈련가도 그러한 진술들을 질문으로 지칭한다.

관계 형성하기 과정에서 질문을 하면서 약간의 소개말을 하는 것은 대화 맥락을 만들고 초기 라포를 형성하는 데 도움이 될 수 있다. 소개말에는 내담자들에게 상담자가 알고 있는 내용과 이번 상담에 대한 상담자의 태도에 대해 알려 주는 것이 포함된다. 특히, 소개말은 MI 정신의 핵심 부분으로 제2장에서 설명한 비판단적 태도를 내담자들에게 알려 주는 역할을 한다.

그리고 관계 형성하기 과정 동안의 열린 질문하기는 대화의 폭을 넓혀 줄 수 있다. 우리는 문제 영역에 관한 좁은 초점에서 벗어나서 내담자를 한 인간으로서 더 많이 이해하기 위한 작업을 한다. 회기나 협동 관계를 새롭게 시작할 때는 특히 긍정적인 열린 질문에 초점을 맞추는 것이 도움이 된다. 예를 들어, "지금 현재 당신의 삶에서 성공적이라고 느끼고 있는 부분은 무엇입니까?" 혹은 좀 더 재미있게 표현하자면, "최근에 당신을 웃게 만든 일이나 시기에 대해 말씀해 주시겠어요?"라고 물을 수 있다.

반대로, 단답의 바람직한 답변이 나올 수밖에 없는 수사적 질문(rhetorical questions)은 피하라. 보통 그런 질문은 우려에 대한 표현을 감추려는 가면일 뿐이다. 예를 들어, "당신이 그냥 동의만 하면 더 쉬울 것 같지 않아요?"란 질문을 생각해 보라. 우려하는 바를 직접적으로 표현하도록 함으로써 내담자가 고민해 볼 정보로 이용하게 하는 것이 더 좋다. 이러한 작업을 효과적으로 하는 방법에 대해서는 제8장에서 다룰 것이다.

훌륭한 MI의 지표로 사용되는 비율이 있다. MI 연구자는 일반적으로 전문적인 MI 실행의 표준으로써 '반영적 경청 진술' 대 '질문'의 비율을 2:1로 본다(Moyers, Miller, & Hendrickson, 2005; Moyers, Ernst, & Manual, 2014). 대부분 MI 연습생들은 이러한 기준에 미치지 못한다. 즉, 연습생들이 MI를 배우기 시작할 때 대개 반영적 경청을 한 번 할 때마다 질문을 두 번 한다. 초기 상담은 다음과 같이 진행될 수 있다.

연습생: 그러니까 마리화나를 피우는 건 큰 문제가 아니라고 생각하신다는 거죠?

내담자: 네, 마리화나가 알코올만큼 문제된다고는 생각하지 않아요.

연습생: 그렇게 느끼는 이유는 무엇인지요?

내담자: 정부가 마리화나에 대해 편견을 가지고 있다고 생각해요.

연습생: 정부가 공정하지 않다고 생각하시는군요…….

내담자: 사망에 미치는 영향은 마리화나보다 알코올이 훨씬 더 큽니다.

우리의 연구에 의하면, 이틀간의 워크숍 이후에는 위의 비율이 질문 한 번에 반영적 경청을 한 번 이상 하는 비율까지 증가되었고 연습을 통해 더 증가시킬 수 있는 가능성도 컸다(Baer et al., 2004, 2009). 이러한 유형의 상담은 다음과 같이 진행될 수 있다.

연습생: 마리화나와 관련된 문제에 대해 어떻게 알고 계신가요?

내담자: 마리화나가 알코올만큼 문제된다고는 생각하지 않아요.

연습생: 마리화나가 안전하다고 느끼게 된 이유는 무엇인가요?

내담자: 안전하다는 단어가 적절한 단어인지는 모르겠네요.

연습생: 그렇다면 어떤 게 적절한 단어가 될 수 있을까요?

내담자: 모르겠어요. 문제가 더 적다 정도 아닐까요. 음, 단어가 아니고 구문이네요.

연습생: 마리화나가 덜 위험하다고 느끼고 계신 것 같아요.

당신은 반영 대 질문 비율이 왜 중요한지 궁금할 수도 있다. 여러 가지 이유가 있다. 앞서 언급한 바와 같이 MI에서 상담자들은 대화의 동력(momentum)을 만든 후에 동력의 방향을 정하려고 시도한다. 여기서 질문은 이러한 대화의 동력을 단기적으로 중단시키는 경향이 있다. 이러한 점 때문에 Gordon(1970)은 질문을 장애물로 분류하였다. 질문하기가 매우 유용할 때도 있지만 대부분의 경우 경청을 방해하는 요인으로 작용한다. 상담자들은 질문하기를 매우 잘한다. 특히, 자세하고 구체적인 정보를 탐색하는 닫힌 질문(예를 들어, "결혼하신 지 몇 년이 되었죠?")을 매우 잘한다. 불행하게도, 질문하기를 계속하게 되면 상담자는 전문가 함정에 빠지게 된다.

대화가 '질문-그리고-대답'의 흐름으로 가게 되면 상담자와 내담자의 관계는 더 이상 협동적이지 않게 되고, 오히려 조사하는 과정이 되어서 결국 내담자도 질문자(즉, 상담자)가 정확한 대답을 해 줄 것이라는 기대를 갖게 된다. 이 함정은 병원 환경에서 자주 발생하는데, 즉 환자는 증상을 가지고 오면서 의사나 간호사가 정확한 질문을 해 주고 해결책을 줄 것이라는 기대를 가지고 있다. 그러나 이것은 다른 환경에서도 발생한다. 이와 같은 함정은 서비스 환경에 관계 없이 내담자를 수동적인 수혜자로 만들고 상담자가 모든 작업을 떠맡게 하는 좋지 못한 부작용을 가지고 있다.

또한 이러한 상호작용 방식은 조사자가 전문가이어야 한다는 기대와, 내담자보다는 문제에 대해 더 많이 알아야 한다는 기대를 가지게 한다. 이러한 상담자와 내담자의 관계는 내담자의 참여를 유발시키는 협동 관계가 아니라 치유의 책임이 상담자에게 있는 위계적 관계이다. 상담자가 문제의 본질을 파악하는 전문성을 가지고 있을 수도 있지만 치료는 보통 내담자의 적극적인 참여를 통해 이루어진다. 이것이 문제이다. 외과의사는 막힌 정맥과 동맥을 교정하는 삼중 우회술을 해 줄 수 있지만, 환자는 '치유' 상태를 유지하기 위해 신체 재활 치료를 받고 생활방식의 변화를 시도해야 할 것이다. 분명 수동적인 내담자와의 위계적 관계와 같은 환경들은 MI 정신과 일치하지 않는다. 이처럼 함정들을 피하기 위해 MI 훈련가들은 연습생들에게 매 질문마다 하나의 반영적 경청을 실천하는 것을 시작해 보도록 격려하고, 이후에 그 비율이 일정하게 유지된다면 질문 하나에 반영적 경청 두 번 이상을 해 보게 한다. 이러한 유형의 상담은 다음과 같이 진행될 수 있다.

상담자: 마리화나의 어떤 점을 좋아하시는지가 분명하신 것 같아요. 그러면 마리화나의 덜 좋은 점은 무엇인가요?

내담자: 의도했던 것보다 더 오랫동안 소파에 앉아 있게 돼요.

상담자: 밖에 나가서 하고 싶은 게 있으신가 봐요.

내담자: 네, 밖에 나가서 사람들을 만나고 싶어요.

상담자: 인간관계가 당신에게 중요한 것이군요.

내담자: 네, 뭐……. 사람들 만나는 것을 제쳐두고 있어요. 일이 너무 많아질 것 같거든요.

상담자: 그렇지만 이렇게 지내는 걸 원하지는 않으시고요.

질문을 할 때 세 번째로 고려할 사항은 열린 질문과 닫힌 질문을 구분하는 것이다. MI 훈련과 연구에 따르면, 두 가지 질문 사이에는 앞에서 언급한 여러 가지 이유들을 근거로 명확한 차이가 존재한다. 그 외에도 닫힌 질문은 내담자의 대화 동력을 차단하는 경향이 열린 질문보다 훨씬 더 높다. 그러나 이러한 차이점들이 실제 현장에서 항상 나타나는 것은 아니다. 열린 질문이라 해도 한두 단어의 짧은 대답만을 야기하기도 한다. 청소년들은 훌륭한 열린 질문에 그저 어깨를 으쓱하거나 '난 몰라요'라는 짧은 반응만을 보이기도 할 것이다. 반면에 닫힌 질문이 마치 열린 질문처럼 긴 응답을 야기시키기도 한다. 이러한 차이가 덜 중요하게 되는 때도 있다. 실제로 MI 치료 통합 코딩 체계(MI Treatment Integrity coding system: MITI 4.1)의 가장 최근 판에서는 MI 숙련도의 지표로서 열린 질문과 닫힌 질문의 비율을 덜 강조하고 있다. 그러나 일반적으로 열린 질문과 닫힌 질문은 앞에서 설명한 방식으로 작동되고, 이러한 작동 방식은 불협화음을 많이 보이는 내담자들과 작업할 때 가장 분명해진다. 이러한 상황에서 우리는 '질문-그리고-대답'의 함정에 빠질 위험이 있다. 그래서 MI 훈련에서는 닫힌 질문보다는 열린 질문 더 많이 할 것을 계속 강조한다.

마지막으로, MI에는 '핵심 질문(key question)'이라는 특별한 유형의 질문이 있다. 핵심 질문이란 비유하자면 "다음은 무엇이죠?"라고 묻는 것이다. 이 질문은 결심공약(commitment)을 확고히 하기 위해 사용될 수도 있지만 더욱 일반적으로는 내담자가 변화를 실천할 준비가 되어 있는지를 묻는 것이다. 결과적으로 핵심 질문을 할 만한 시점은 다양하다. 명확하게 말해서, **관계 형성하기**나 **초점 맞추기** 단계에서 핵심 질문을 하는 것은 시기상조이다. **유발하기**와 **계획하기** 단계에서 핵심 질문을 한다. 따라서 이 기술에 대해서는 이 책의 유발하기 및 계획하기 파트에서 더 자세하게 다룰 것이다.

인정하기

제2장에서 설명했던 바와 같이 MI에서는 내담자가 힘과 능력과 자기 효능감을 느낄 수 있도록 돕는다. 나는 '할 수 있다'는 태도를 갖출 수 있도록 지지하고 돕는다. DiClemente(1991, 2003)는 전문가의 도움을 찾는 사람들은 대부분 스스로는 혼자서 노력해 보았지만 성공적이지 못한 사람들이라

고 생각한다. 그들은 혼자 힘으로 변화를 시도해 봤지만 노력이 자신이나 다른 사람들에게 만족을 주진 못하였다. 이러한 '실패'된 시도들 때문에 도움을 찾는 사람들의 사기가 저하되어 있는 경우가 많다. 그러므로 내담자에게 정말로 변화할 수 있다는 희망과 믿음을 서서히 불어넣는 것은 상담자의 역할 중 하나이다. 낙관성은 변화의 핵심 요소인 것으로 나타나며, 상담자는 낙관성의 발생과 강도에 영향을 미칠 수 있다(Achor, 2010; Frederickson, 2009; Seligman, 2011). 인정하기는 내담자들이 변화 노력에 동원할 수 있는 자신의 자원에 주의를 돌리도록 돕는 방법이다.

인정하기는 내담자의 강점의 진가를 인식하고 인정해 주는 진술이다. 사실 Miller와 Rollnick(2013)은 다른 사람들을 깊이 있게 알고 그들의 진정한 가치에 대해 인식하는 과정 없이 그들을 진정성 있게 인정해 줄 수는 없다고 하였다. 따라서 반영적 경청 과정에서 내담자가 깊이 이해받고, 수용받고, 인정받았다고 느낀다면 인정하기라고 볼 수 있겠다. 그렇지만 인정하기는 반영적 경청 그 이상이다. 인정하기의 진술은 내담자들이 문제 영역들을 다룰 때 정체성, 강점 및 능력과 가용자원에 주목하도록 돕는다. 이와 같이 강점과 역량에 대한 인식이 긍정적인 감정과 결합되면 사람들의 내적 환경에 변화의 가능성과 같은 다양한 기회가 열린다.

인정하기는 대개 명확하고, 내담자에 대한 진솔한 이해와 인정을 나타내는 단어들로 구성되어 있다. 예를 들어, 아동보호 서비스를 받으면서 양육권을 상실할까 봐 두려워하는 어머니에게 상담자는 "어머님은 분명 자녀들을 정성껏 돌볼 것이고 자녀들을 지키기 위해 싸울 준비도 되어 있다는 것을 잘 알고 계세요."라고 말할 수도 있다. 약물중독 치료를 반복적으로 받고 있는 사람의 경우에는 "당신은 거듭된 실패에도 불구하고 자신의 삶을 변화시키려는 큰 결심을 하셨군요."라고 말할 수도 있다.

MI 훈련가들에 의하면 내담자들이 판단 받거나 하찮게 보인다고 느끼게 되면 부정적으로 반응하게 되기 때문에 인정하기 기법을 사용하는 것이 결코 쉽지 않다고 한다. 인정하기 진술의 방법과 내용에 있어서 문화적 및 맥락적 차이들이 분명 존재한다. MI 훈련가들은 이러한 문제를 막기 위해서 다양한 아이디어를 제안하고 있다.

- 태도, 결심이나 목표 대신에 구체적인 행동에 초점을 맞추어라.
- '나는'이란 단어의 사용을 피하라.
- 평가가 아닌 설명에 초점을 맞추어라.
- 문제 영역보다는 문제되지 않는 영역에 주의를 기울이라.
- 인정하기란 좋은 자질들을 내담자에게 귀인시키는 것이라고 생각하라.
- 내담자들의 정적 세계관 대신 긍정적 세계관을 주목하고 격려하라.

위와 같은 이유로 MI 훈련에서는 칭찬(compliments)과 인정하기(affirmations)를 서로 다른 것으로 보고 있다. 칭찬은 대개 평가적 판단을 내포하고 있다. 항상 그렇진 않지만 칭찬은 대부분 '나는'이란 단어로 시작된다. 즉, "나는 당신이 아이들을 마음 깊이 돌보고 있다고 생각해요."와 같다. MI 상담자들의 의견은 인정하기를 할 때 '당신은'이란 단어를 사용하는 것으로에 합일되고 있다. 즉, "당신은……", "당신은 …이라고 느끼는군요." 또는 "당신은 ……라고 믿고 있군요."라는 말로 인정하기를 한다. 이처럼 주어를 '나'에서 '당신'으로 바꾸는 것은 긍정해 주는 대상을 외부 요인에서 내담자의 내적 속성으로 전환시키는 효과가 있다. 인정하기는 현재 그대로의 내담자에 대한 존중과 긍정을 전달한다. 이러한 관점은 자기 가치 확인 이론(self-affirmation theory; Steele, 1988)에 잘 부합되는데, 이 이론은 자신의 정체성, 가치 및 역량에 주목하도록 만드는 것은 위협이 될 수 있는 영역들을 다룰 때 방어적 태도를 감소시키는 효과가 있다고 본다(Cohen & Sherman, 2007, 2014). 자기 가치 확인과 타인 가치 확인을 다르게 보는 연구도 이루어지고 있지만, 분명한 것은 이러한 가치 확인 작업이 내담자에게 유익하다는 점이다.

실무에서 인정하기가 핵심 기술 중에 가장 적게 사용되는 경향이 있다. 이는 불행한 현실이다. 왜냐하면 보통 내담자들은 자신의 생활 경험들에 대해 신랄한 비판을 받기도 하고, 자신들의 단점, 실패 및 부족한 노력들을 다른 사람들이 지적할 것이라고 예상하게끔 학습되어 왔기 때문이다. 상담직에서 일하는 한 인간으로서 당신이 이룬 훌륭한 작업들을 알아 주는 누군가를 곁에 둔다는 것이 당신 인생에 얼마나 강력한 영향을 미칠 수 있는가를 생각해 보아라. 나는 MI 훈련을 시작한 연습생들에게 한 명의 인간으로서 최고였던 시절에 대한 이야기를 자기 짝에게 말해 보도록 한다. 연습생들은 자신의 짝의 강점들을 경청한 후 자신들이 들은 내용에 근거하여 인정하기를 한다(제2장의 〈연습 2-7〉에 이러한 연습 활동들이 설명되어 있음). 인정하기는 필수 활동이며, 훈련 참여자들 모두 인정하기 활동이 필요하다는 점을 알고 있다. 서로에 대해 최선을 다해 경청한 후, 들은 내용을 소리 내어 말할 수 있는 기회를 가질 때면 연습실은 항상 에너지가 넘치고 따뜻하다. 훈련 후에 이야기를 나눌 때 이 연습에 대해 감사를 표현하는 사람들이 많았다. 이 연습이 어땠는지 묻는 질문에 누군가는 다음과 같이 말할 것이다. "나는 이것이 단지 연습에 불과하다는 것을 알고 있어. 그렇지만…… 이 연습은 정말 좋은 느낌을 주었어."

Apodaca와 동료들(2015)은 MI 연습생의 인정하기가 변화대화(change talk)는 증가시키고 유지대화(sustain talk)는 감소시킨다는 사실을 발견하였다. 즉, 우리가 인정하기를 제공하면 내담자가 즉각 변화대화로 반응할 가능성은 증가하고, 유지대화가 뒤따를 가능성은 감소한다. 부적절한 인정하기가 유지대화를 증가시켰을 것이라고 주장할 수도 있으므로 이 결과에 대해 추가적인 연구를 수행할 필요가 있다. 다만 위 결과에 대한 한 가지 가능한 설명은 인정하기가 사람들로 하여금 변화할 수 있다는 자신감을 느끼도록 도움으로써 가능한 변화의 모습들을 마음으로 그려 보도록 했다는 것이다. 자신이 변화할 수 있다고 느낄 때 당연히 변화할 가능성도 높아진다. Bandura는 이러한 개념을 자기 효능감에 관한 연구에서 설명하였고(예: Bandura, 2004), 이 개념은 초기 MI 도서들에 반영되어 있다.

사람들이 잘 성장하는 데 도움되는 것이 무엇인지에 관하여 연구하는 긍정심리학은 인정하기에서 중요한 것이 무엇인가에 대해 매우 흥미로운 정보를 제공한다(Wagner & Ingersoll, 2008). 긍정 정서의 가치에 관하여 연구하고 있는 Frederickson(2009)의 주장에 의하면, 긍정 정서는 우리의 시야를 넓혀 주어서 결국 우리가 부정 정서에 사로잡혀 있을 때는 볼 수 없었던 다양한 가능성들을 볼 수 있게 돕는다고 하였다. 희망과 자부심은 긍정 정서의 일반적인 형태로서, 인정하기가 이러한 희망과 자부심을 건드리는 것처럼 보인다. 이는 인정하기를 통해 주어지는 관계의 긍정적 속성을 검토함으로써 한 단계 더 나아가서 생각해 볼 수 있다. 물론 이 개념에 대한 설명은 우리들이 하고 있는 논의의 범위를 다소 벗어나지만, Frederickson(2013)은 몇 가지 조건(예를 들어, 두 사람의 감정이나 생각이 일치하고, 안전하며, 서로의 웰빙에 관심을 두고 있음)이 맞을 때 강력한 관계가 만들어진다고 하였다. MI에서는 그 마지막 조건을 **연민**(compassion)이라 부른다. 반영적 경청이 이러한 조건들을 생성하는 데 도움이 될 수 있겠지만, 다른 사람의 내적 강점들을 인식하여 소중하게 여기는 것은 보다 강력한 형태의 긍정 정서일 수 있다[Frederickson은 이를 Miller(2000)가 언급했던 것처럼 **사랑**이라 부다]. 그의 연구는 이러한 순간들에는 매우 강력한 영향력과 변화를 가능하게 하는 잠재력이 있어, 우리를 변화로 안내해 줄 수 있음을 시사한다. 나는 이러한 내적 강점을 인식하고 소중하게 여기는 것이 Miller와 Rollnick가 **진정한** MI에 필수적이라고 주장했던 연민일 것이라고 짐작한다.

뇌영상 연구는 또 다른 매우 흥미로운 설명을 제시하고 있다. 즉, 우리의 뇌는 긍정 정서에 대해 저마다 다른 반응을 보이며(예: Hasson, Nir, Levy, Fuhrmann, & Malach, 2004), 변화대화 및 유지대화에 대해서도 서로 상이한 반응을 보인다(Houck, Moyers, & Tesche, 2013). 인정하기 과정에서 뇌의 특별히 중요한 부분들이 자극되는 것일 수도 있다. 이에 대해서 앞으로 추가적인 검증이 필요하겠지만, 현재의 자료만으로도 진정성 있게 인정하기를 사용하는 것이 내담자들에게서 변화대화를 유발시키는 데 긍정적인 영향을 미친다는 것을 알 수 있다.

따라서 인정하기를 더 많이 사용해야만 한다고 말할 수 있겠다. 앞에서 지적한 것처럼 인정하기 기술은 임상 현장에서 다른 핵심 기술들에 비해 적게 사용되고 있다. 인정하기를 자유롭게 사용할 수 있지만 너무 넘치거나 억지스럽게 시도하는 것에 대해서는 유의하라. 그렇지 않으면 내담자들은 진정성이 결여되어 있음을 알아차리게 되고 상담자와 내담자 간의 관계는 악화될 것이다. 당연한 일에 대해 억지스럽게 인정하기를 사용하지 말라. 내담자들을 화나게 만들 것이다. 그러나 내담자의 어려움을 그의 강점으로 재구성할 수 있다. 예를 들면, "포기하지 않고 계속 나아가기가 상당히 힘드셨을 텐데 당신은 어떻게 해서든 계속 앞으로 나아갈 수 있는 내적 강점을 가지고 계셨어요."라고 말할 수 있다. 더구나 인정하기 작업을 어렵게 진행할 필요는 없다. 내담자를 잘 알고 있을 때 인정하기는 홀가분하고 즐거운 분위기를 띤다. 이러한 경우 유머를 사용하여 내담자가 자신을 더 깊이 인식하는 방향으로 부드럽게 몰아가면서 내담자에 대한 존중을 표현할 수 있다.

인정하기가 특별한 문장구조를 갖는 것은 아니지만 긍정적 문장으로 진술되어야 한다. 즉, 어떤 것의 결핍이 아닌 강점과 속성에 초점을 맞추어라. 예를 들어, "어떻게 해서든지 코카인 사용을 피하려 하고 계시네요."는 인정하기의 시작 진술이다. 그러나 이 진술은 어떤 것에 대한 회피에 초점이 맞추어져 있다. 긍정적인 요소를 찾아라. "거부하기 힘든 유혹에도 불구하고 코카인을 사용하지 않는 것과 같이, 당신은 자신의 힘으로 결정을 할 수 있었습니다." 해결 중심 치료에서 사용되는 질문들(예를 들어, "그렇게 오랫동안 어떻게 단주할 수 있었습니까?")은 인정하기 정보를 이끌어 낼 수 있다. 즉, 내담자들에게 과거의 성공담이나 강점들을 이야기해 보도록 요청하라. 그러나 인정하기는 내담자의 진술 내용을 다시 알려 주는 반영 또는 요약하기(summary) 기법을 통해 내담자의 시각을 적극적으로 비추어 주는 과정을 대신할 수는 없다.

인정하기에 사용될 재료를 찾는 방법은 여러 가지이다. 다른 핵심 기술들을 사용하여 이 정보를 이끌어 낼 수 있다. 인정하기에 사용할 수 있는 내담자의 자질들을 찾아낼 수 있는 특정한 영역들도 있다. 예를 들어, 이전의 '성공적이지 못한' 변화 경험들을 탐색해 보는 것이 유용할 수 있다. 과거 경험들을 탐색하는 일반적인 이유가 있다(예를 들어, 내담자가 시도해 왔던 것이 무엇인지를 이해하고, 무엇이 효과적이었는지를 평가하며, 내담자의 걱정이나 두려움을 이해하는 것). 그러나 이에 더하여 이러한 탐색은 내담자가 성취했던 것에 다시 주목하게 하는 기회를 제공한다. 내담자들은 이러한 탐색을 시도하면서 자신의 강점들을 노출시키게 된다. 이렇게 드러난 강점들에 주목하라. 심지어 다수의 부정적 경험들마저도 재구성될 수 있다. 다수의 부정적 경험들은 내담자가 실패에도 불구하고 계속 도전했다는 것을 의미하고, 결국 내담자의 인내심과 변화에 대한 강력한 바람을 나타내 주는 것이다. 나는 최근의 교육과정에서 한 상담사를 만났는데 그녀는 면허 시험에 여러 차례 응시하였으나 실패하였고 다시 응시하려고 한다는 말을 하였다. 나는 반응하기를 "당신은 포기자가 아닙니다. 당신은 계속할 것이라고 결심하였습니다."라고 했는데, 이 말로 그 상담자는 바로 눈물을 흘렸고 자신에 대해 부적절하다는 관점이 아니라 감정 관점을 가지게 되었다. 그럼에도 불구하고 자기 가치 확인 연구에서 제안하였던 것처럼, 비문제성 영역에 초점을 맞추는 것이 특별한 가치가 있을 것이다. 예를 들어, 당신은 사람들로 하여금 자신들의 가장 중요한 다섯 가지 가치에 주목하게 하고, 그리고 자신들의 이러한 핵심적 가치들과 일치되는 삶의 방식들에 주목하게 할 수도 있다.

부정적이거나 저항적인 행동도 재구성되어 인정하기의 대상이 될 수 있다. 분명, 내담자들이 치료에 부정적인 태도를 보이는 것은 흔한 일이며, 누군가가 치료를 권유했을 때 특히 그렇다. 상담자는 이러한 경험을 재구성하여 다음과 같이 말함으로써 내담자를 인정해 줄 수 있을 것이다. "치료에 대한 강한 부정적 생각이 있지만 오늘 당신은 여기 오시는 큰 결심을 했습니다." 혹은 "치료에 대하여 좋지 못한 경험이 있었다면 오늘 여기 오는 것에 대해 걱정스럽게 느끼는 것은 당연합니다. 그럼에도 불구하고 여기 오시는 힘든 결심을 하셨습니다." 이 두 가지 진술에서 당신은 평가적인 요소가 섞여 들어가 있는 것에 주목할 것이다. 당신은 아마 평가적 요소가 스며드는 것을 완전히 피할 수는 없을 것이다. 당신이 일차적으로 사용하는 인정하기 형태로서 이런 평가적 요소가 포함된 인정하기를 사용하지 않도록 늘 주의하라.

인정하기는 종착점이 아니라 관계 형성하기(engaging) 단계에서 내담자에 관한 가치 있는 정보를 탐색하는 과정의 한 부분이다. 내담자에게 자신의 대답을 좀 더 정교화할 것을 요구하는 질문은 내담자로 하여금 최초의 인정하기를 넘어서 자신의 세부적인 강점들을 계속 탐색도록 만드는 데 유용하다. 예를 들어, 이것은 앞 문단의 인정하기 진술에 뒤따르는 질문일 것이다. 즉, "당신은 어떻게 스스로 그 약속을 지킬 수 있었습니까?" 일반적으로 '어떻게' 그리고 '무엇을'과 같은 질문들이 정교화하기에 좋은 방법이다. "……을 어떻게 하였습니까?", "무엇을 했습니까?"

연습생들은 경청하는 것만으로도 내담자들에게 인정하기를 제공하고 있는 것이기 때문에 더 이상의 것을 제공할 필요가 없다고 느끼는 경우가 종종 있다. 이와 같은 방식으로 소중한 느낌을 받게 하는 것이 정말 인정하기라고 할지라도 우리는 또한 인정하기를 제공하는 데 있어서 직접적이어야 한다. 우리가 소중한 사람에게 보이는 사랑이 이와 유사한 예일 것이다. 비록 우리의 행동이 이러한 사랑의 감정을 전달해 줄지라도, "당신을 사랑해."라고 직접 말하는 것은 여전히 중요하다. 분명 이것은 평가적 요소와 '나' 진술을 사용하는 것이 타당화될 수 있는 상황이다. 또한 화자(speaker)가 "당신이 있으면 나와 다른 사람들의 세계가 밝아집니다. 당신은 다른 사람들의 최고 장점들을 발견하여 알려 줌으로써 그들이 자신의 장점을 기꺼이 받아들일 수 있도록 도와주고 있습니다. 당신의 유머는 다른 사람들의 약점들을 건드리기보다는 다른 사람들의 기분을 더 편안하게 만들어 줍니다."와 같은 말을 한다면, "난 당신은 사랑합니다."란 말에 얼마나 더 큰 힘이 실릴지 상상해 보아라.

우리는 이 논의를 마치기 전에 응원하기(cheerleading)와 인정하기(affirmations)의 차이에 대해 살펴보고자 한다. 응원하기는 앞으로 나아가는 것을 가로막는 모든 것을 내담자가 탐색하거나 극복하도록 돕고 싶어 하는 교정반사(righting reflex) 반응의 연장선으로 볼 수 있다. 응원이 내담자들에게 우리의 믿음을 전달해 준다고 할지라도 그것은 또한 우리의 신념이나 견해의 영향을 받는다. 응원은 변화대화가 아닌 유지대화를 유발시킬 수 있다. 반대로 인정하기는 내담자들이 자신의 기술, 감정 및 능력을 앞으로 나아가는 방법이나 자원으로 인식하도록 돕는다. 인정하기는 내담자들에 관한 것이며 우리나 우리의 신념에 의존적이지 않다. 인정하기는 또한 진실을 이야기한다. "당신은 포기자가 아닙니다."라는 인정하기 진술이 그 상담 훈련생에게 매우 효과적이었던 이유가 이것 때문이다.

마지막으로, Moyers(개인적인 대화, 2016년 3월 7일)는 사건(event)으로서의 인정하기와 스타일로서의 인정하기를 구별하는 것이 중요할 수 있다고 주장하였다. 그는 사건으로서의 인정하기는 상담자가 표적을 제대로 맞추지 못하는 경우 응원에서처럼 상대방에게 어색함과 불편감을 줄 수 있다고 주장하였다. 그러나 상호작용 스타일로서의 인정하기는 어색함을 줄 가능성이 거의 없다. 다시 우리가 예로 든 사랑 이야기로 되돌아 가보자. 사랑하는 방식으로 행동하는 것이 가장 중요할 것이다. 그러나 그 말을 하는 것과 그 말을 하는 방법도 중요하다.

요약

일반적인 도움, 심리치료 및 MI에 대한 나의 생각이 몇 년에 걸쳐 진전되어 오면서, 나는 이러한 도움 과정을 통해 내담자들이 자신의 경험들을 체계적으로 정리할 수 있게 된다는 믿음에 이르게 되었다. 이에 대해서는 제4장에서 자세하게 설명하였다. 이것은 새로운 개념이 아니며 이야기치료에서 표현되는 개념들과 매우 일치되는 것이다. 그러나 이러한 개념을 수용하기 위해서는 내담자들이 우리에게 말했던 내용을 단순히 내담자들에게 되돌려 주는 것(즉, 단순반영) 그 이상의 것을 해야 한다. 즉, 반영하기는 내담자들이 말했던 내용을 단순히 반복하는 것 그 이상이 되어야 한다. 또한 반영은 명확하게 표현되지는 않았지만 내담자들의 말 속에 내포되어 있는 요소들을 표현함으로써 내담자들의 이해를 증진시켜야 한다. 이렇게 내담자 말들을 정리해 준다는 개념이 요약의 핵심이다.

Miller와 Rollnick(2002)은 반영적 경청을 특별히 응용한 기법이 요약하기라고 설명한다. 그들은 세 가지 요약 유형—수집, 연결, 전환—에 대해 기술하였는데, 이들은 서로 겹치기는 하지만 서로 다른 목적으로 사용된다. 각 요약의 유형은 다음에서 논의될 것이다. 요약하는 상담자는 언급된 각 정보들 중에서 무엇을 포함시키고 제외시킬 것인지, 그리고 어떻게 그 정보를 표현할 것인지를 결정한다. 요약하기에 있어 가장 중요한 것은 바로 간결성이다. 두서 없이 기술된 요약들은 내담자들이 자신의 경험을 조직화하는 데 도움이 되지 않는다. 오히려 이 독백들은 힘을 잃게 한다.

요약의 간결성과 관련된 것이 선택성이다. 상담자는 MI 원리를 마음에 새기면서 내담자가 전진하는 데 도움이 될 요소들을 포함시키는 것을 목표로 해야 한다. 제2장에서 이미 두 가지 중요한 개념, 즉 변화에 있어 양가감정(ambivalence)의 역할 및 변화대화(change talk)의 개념을 설명하였다. 특히, 양가감정이 있는 내담자를 대상으로 상담하면서 변화의 이익에만 초점을 두는 것은 내담자의 반론을 불러일으킨다. 그러므로 요약을 할 때 변화의 이익에만 초점을 두어선 안 된다. 동시에 MI의 일차 목표는 변화대화를 이끌어 내어 강화시키는 것이다. 따라서 상담자들은 내담자들이 표현하는 변화대화에 주목해야 하고, 요약할 때 이러한 변화대화 진술들을 특별히 강조해야 한다. 회기의 시작 부분에서 있었던 Barbara와의 상호작용에 대한 요약은 이러한 개념을 잘 예시해 줄 것이다.

> "당신은 특별히 이번 평가에 관심이 있어서가 아니라 당신의 소속 기관에서 요구했기 때문에 오늘 여기 와 계시는군요. 당신은 이 평가가 학교를 가고 싶은 당신의 꿈을 방해할까 봐 걱정하면서, 동시에 학교에 다니는 것이 당신을 힘들게 하는 도전임을 인식하는 것 같습니다. 마지막으로, 당신은 강점들을 지녔고 성장하였습니다. 우리가 해야 할 일부 과업은 당신이 이러한 강점들을 활용하여 성공할 수 있도록 도울 방법을 결정하는 것입니다."

이 요약은 세 문장으로 간단하지만 다양한 개념들을 담고 있고, 이해하기 쉽게 설명하고 있다. 또한 이러한 문장들은 Barbara의 경험을 구성하는 구조를 제공한다. 예를 들어, "당신은 여기 오고 싶지 않습니다. 당신은 다소 걱정하고 있습니다. 그리고 우리는 공동 목표 즉 당신의 성공 목표를 공유합니다." 이러한 요약 진술문은 그녀의 양가감정을 무시하지 않지만 그 양가감정에 머물러 있지도 않는다. 이 요약 진술문은 인정하기로 시작해서 다시 설정한 목표(즉, 대학에 진학하는 것이 포함될 수도 아닐 수도 있는 Barbara의 성공)를 강조하는 것으로 끝맺는다. Barbara가 이 요약에 반응하게 만들거나 혹은 그녀가 어떻게 자랐는지에 관해서 추적 질문을 하는 것을 상상하게 될 것이다.

위에 설명한 요약 유형은 Miller와 Rollnick(2013)이 **수집요약**(collecting summary)이라고 부르는 것다. 수집요약의 기본 목적은 정보를 함께 모으고, 그것을 다시 내담자에게 되돌려 주고, 대화를 앞으로 계속 진행시키는 것이다. 왜냐하면 수집요약은 변화대화를 강화하는 데 특히 유용하기 때문에 요약은 MI 회기를 진행할 동안에 주기적으로 제공된다. Miller와 Rollnick(2013)은 잘 구성된 요약하기는 내담자에게 전체적인 시각을 제공한다고 하였다. 또한 잘 구성된 요약하기에서는 당신의 대화 속 이질적 요소들에 주목함으로써 내담자에게 인정하기를 제공할 뿐만 아니라, 이해하기 쉽게 이질적 정보를 잘 엮어서 제공한다.

하지만 Miller와 Rollnick(2002)는 요약을 과다하게 사용하지 말 것을 경고했다. 너무 잦은 요약은 내담자로 하여금 인위적인 느낌을 갖게 할 수 있기 때문이다. 즉, 당신은 단순히 내담자를 이해하려고 노력하기보다는 오히려 기술을 구사하고 있는 것이다. 나는 이에 더하여서 요약하기는 당신의 성격 및 스타일과 일치되어야 한다는 점을 추가하고 싶다. 임상가로서의 나는 단지 내담자에 관한 정보를 경청하고 있고 이해하고 있다는 점을 내담자에게 확인시켜 주기 위해 요약을 주기적으로 한다. 이러한 약간의 행동시연을 하지 않으면 나는 내담자에 대한 중요 정보들을 잊어버리게 된다. 그러나 나는 이러한 목적을 달성하기 위하여 두세 문장으로 된 매우 짧은 요약을 하는 경향이 있다.

연결요약(linking summary)과 수집요약의 경계는 모호하지만, 일반적으로 연결요약은 수집요약과는 다른 목적으로 사용된다. 연결요약은 현시점에서 들은 정보들을 이전에 들었던 정보와 비교하여, 두 정보 사이의 불일치성이나 관계성을 부각시키기 위한 목적으로 사용된다. 이러한 기법은 내담자의 양가감정을 탐색하는 과업뿐만 아니라 불일치감을 만드는 과업에 특히 유용하다. 내담자들이 진술한 이런 불일치 정보들이나 양가적인 생각들을 요약하는 상담자가 평가하지 않는다. 대신에 상담자는 양가적이거나 대립되는 내담자의 두 생각들에 대해 편들기를 하지 않고 균형 잡힌 입장을 취하며, 내담자로 하여금 두 생각의 장단점을 평가하도록 둔다. 이러한 목적을 달성하기 위해 나는 '그러나'란 접속사보다는 '그리고'란 접속사를 사용할 것을 권한다. 이것은 Rollnick과 Miller의 주장과도 일치한다. '그러나'란 접속사를 사용하게 되면 그 접속사에 선행하는 모든 진술들을 부정하는 결과가 초래된다. 예를 들어, "그것은 훌륭한 생각입니다, 그러나 ……" 혹은 "당신이 입고 있는 옷을 좋아합니다. 그러나 …….” 반면에 '그리고' 접속사를 사용하게 되면, 두 생각 모두에 대해 동등한 무게를 두는 것으로 인식된다. 이것은 내담자가 내적으로 경험하고 있는 시각이다. 예를 들어, "모두가 당신을 그냥 내버려 두기를 당신은 원하고 있습니다. 그리고 당신은 그것을 성취할 수 있는 일들을 실천하는 것에 대해 확신이 없군요." 마지막으로, 연결요약은 상담자로 하여금 내담자가 이전에 언급했던 정보는 물론이고 모든 부수적인 정보들을 통합할 수 있도록 해 준다. 예를 들어, "당신은 지금의 부부관계가 그렇게 큰일이 아니라고 생각하고 있으시군요. 관계 문제들은 잠잠해졌고 갈등도 사라졌고요. 동시에 당신은 이것이 흔히 겪는 주기적인 사이클이라고 제게 말했습니다. 당신의 아내는 이전에 만약 당신이 무언가 다르게 하지 않으면 떠날 것이라고 말하였습니다. 그리고 당신은 또한 당신이 이전과는 다르게 행동하는 것도, 아내가 떠나는 것도 모두 싫다고 말했습니다."

전환요약(transitional summary)은 또 다른 목적으로 사용된다. 상담자는 해당 회기 내에서 대화의 방향을 선택하거나 변화시키기 위해 전환요약을 사용한다. 때때로 이런 요약은 "지금까지 당신이 나에게 했던 말들을 내가 제대로 이해했는지 점검해 봅시다." 또는 "당신의 상황에 관하여 당신이 내게 말한 것을 내가 듣고 이해한 내용을 말씀드리겠습니다."와 같은 머리말로 시작된다. 이렇게 시작되는 진술은 약간 더 긴 요약이 되는 경향이 있으며, 새로운 방향을 이끄는 열린 질문에 앞서서 사용되거나 혹은 한 회기를 종결하기 위해 사용될 수 있다. 전환요약은 전형적으로 단계 1과 단계 2 사이의 접합 지점에서 이루어지고, 핵심 질문으로 이어지게 된다. 비록 전환요약에서 많은 분야들을 다루는 경향이 있지만, 조금 전에 설명한 두 개의 목표—간결성과 내담자 경험에 대한 정리—를 마음에 새겨라. 만약 내담자가 집중하지 못하거나 당신이 길을 잃기 시작한다면 그것은 당신이 지금하고 있는 요약이 너무 길다는 것을 의미한다. 너무 갑작스럽다고 느낄지라도 즉시 요약을 결말지어라. 나는 물론이고 다른 상담자들게도 너무 자주 관찰되는 점은 너무 긴 요약을 수정하려고 시도하다가 오히려 상담 진행을 더욱 엉키게 만드는 것이다. 이럴 때는 요약을 멈추고 내담자의 진술에 대한 이해 내용을 점검하고 그 내용에 덧붙여 가는 것이 더 낫다. 전환요약의 예는 다음과 같다.

> "이제 마무리하려고 합니다. 그리고 나는 당신이 말한 것들을 내가 정확히 이해했는지 확인하고 싶습니다. 당신은 오늘 가석방 조건 때문에 여기에 왔습니다. 당신은 나를 가석방 관리자로 신뢰하는데 확신하지 못하는데, 이것은 부분적으로 가석방 관리자에 대한 과거의 나쁜 경험들 때문입니다. 동시에 당신이 감옥으로 돌아가고 싶지 않은 것은 분명합니다. 그래서 당신은 이전과는 다르게 행동해 보려고 노력해 왔습니다. 당신은 이전에 어울렸던 무리들과 더 이상 어울리고 있지 않습니다. 당신은 다른 장소로 옮겨서 살고 있습니다. 당신은 쉽지 않음에도 몇 가지 다른 결정들을 하고 있습니다. 이렇게 고민하고 있는 결정들 중 하나는 나와 이 상담시간을 어떻게 사용할 것인지를 구상해 보는 것이고, 그리고 당신은 아직은 상담을 받으려는 결심을 완전히 굳히진 못하고 있습니다. 혹시 내가 놓친 부분이 있나요?"

더 긴 요약을 했다면, 대개 내담자에게 잘못 요약한 부분이나 빠진 부분을 수정하거나 첨가할 것을 요청하기도 한다.

임상 실무에서 보면, 상담자들은 다음에 무슨 요약 유형을 사용할 것인지를 생각할 시간을 갖지 않는 경우가 종종 있다. 그러나 상이한 유형의 요약이 있다는 점을 알고, 요약을 시작하기 전에 요약의 목적을 고려하는 것이 유용하다. Miller와 Rollnick(2013)은 우리가 내담자와 어떤 과정에 있느냐에 따라 우리의 요약 유형은 달라질 것이라고 하였다. 관계 형성하기 과정 동안의 요약은,

이 내담자를 어떤 판단도 하지 않고 이해하려는 우리의 노력을 전달한다. 그래서 이 단계의 요약에는 수집요약이 주로 사용된다. 초점 맞추기 과정 동안의 요약은 내담자들이 가장 중요하다고 확인한 요소들을 강조할 것이다. 이러한 요약에는 수집 및 연결 요약이 포함된다. 유발하기 과정 동안의 요약은 불일치를 만들려고 하고, 들었던 변화대화를 강조한다. 따라서 이 과정에서는 결심공약(commitment)을 확고히 하여 계획하기로 유도하기 위한 전환요약(transitional summary)이 어떤 시점에 사용될 가능성이 높지만 전반적으로는 수집 및 연결 요약이 사용된다. 계획하기 과정에서의 요약은 내담자가 자신의 목적을 달성하기 위해 상담실에 가지고 온 요소들을 강조하고, 또한 이미 약속한 결심공약(commitment)을 강조한다. 따라서 계획을 수립할 때 수집 및 연결 요약도 사용되겠지만, 계획이 굳어지면서는 전환요약이 다시 사용될 것이다. 현재의 대화 내용을 계속 진행시키고 싶은가? 만약 그렇다면 수집요약이 타당하다. 내담자가 언급한 생각들의 불일치를 만들고 싶은가? 그렇다면 연결요약이 적절하다. 상담의 방향을 바꾸거나 종결하고 싶은가? 전환요약을 사용하는 것이 좋을 것이다.

3. 개념 정리 문제—자가 진단하기

진실 혹은 거짓

1. T F OARS는 상담자가 흔히 그들의 임상 도구 상자에 두고 이미 사용하고 있는 기본적인 기술이다.
2. T F OARS+I는 MI이다.
3. T F 초보 MI 상담자일 때는 종종 반영보다 질문을 더 많이 하기도 한다.
4. T F 닫힌 질문은 나쁘다.
5. T F 인정하기는 내담자의 강점들을 인식하고 그 가치를 인정하는 진술문이다.
6. T F 연구에서는 인정하기를 할 때 '당신'이란 단어의 사용을 지지한다.
7. T F 인정하기는 OARS+I에서 가장 자주 사용되는 요소이다.
8. T F 요약을 할 때, 서로 상반된 두 진술(즉, 양면 진술) 사이를 '그러나' 접속사로 연결함으로써 양가감정에 주목하는 것이 중요하다.
9. T F 인정하기는 기분을 좋게 할 뿐만 아니라 변화과정에 특별히 중요하다.
10. T F 내담자가 우리에게 했던 말이 무엇인지를 내담자가 인식하도록 돕는 것뿐만 아니라, 내담자의 경험들을 정리하고 이해하도록 돕는 데에도 OARS를 사용한다.

정답 및 해설

1. T OARS은 MI에만 유일하게 있지 않고 대개 상담자들의 기술 목록에 이미 있는 것이다. MI에서 OARS의 독특한 측면은 지시적(혹은 목표 지향적) 방법으로 그러한 기술들을 사용한다는 점이다.

2. F OARS+I가 MI는 아니며, 비록 이러한 기술들을 아는 것이 MI를 수행하는 데 필수적이지만, 다른 요소들도 필요하다. 예를 들어, OARS는 MI의 정신이나 원리와 일치되지 않는 방식으로 사용될 수도 있다.

3. T 이것은 사실이다. 목표는 매 질문마다 두 번의 반영을 제공하는 것이다. 왜냐하면 연구에서 이러한 2:1의 비율은 변화대화의 가능성을 증가시키는 것으로 나타났기 때문이다. 그러나 대부분의 초보 MI 상담자들에게 있어서 우리의 첫 목표는 매 질문마다 하나의 반영을 제공하는 것이고, 그 후 2:1 비율을 달성하는 것이다.

4. F 닫힌 질문이 '나쁜' 것은 아니다. 닫힌 질문은 단순히 상담 도구로서는 한계점이 있기 때문에 닫힌 질문의 사용을 피하고 열린 질문을 더 사용하려고 노력해야 한다. 그러나 닫힌 질문이 바람직한 상황도 있다. 일반적으로 목표는 닫힌 질문보다 열린 질문을 더 하는 것이다.

5. T 인정하기의 목적은 내담자가 그 상황으로 가져오는 내적 자원들에 내담자의 주의를 끌어가는 것이다. 다시 말해서 나는 내담자의 내적 속성, 자질, 그리고 가치들을 인식하고 인정하는 것을 선호하며 칭찬(외적인 평가들)과 응원(cheerleading)을 피하라고 권한다. 우리는 "나는 당신이 정직한 사람이라고 생각합니다."(즉, 칭찬)라는 진술보다는 "당신은 정직을 가치 있게 여기는 사람이군요."라는 진술을 들을 때 우리는 훨씬 더 좋은 대우를 받는 것처럼 보인다.

6. F 현재 이 관점에 대한 경험적인 지지가 없다. 이것은 나의 경험과 관찰에 기초한 관점이다. 이것은 내담자가 인정하기에 부정적으로 반응하는 것을 피해 가는 데 도움이 되는 지침으로써 간주되어야 한다. 이 지침은 많은 연구가 이루어지게 되면 변화되어야 할 필요가 있을 것이다.

7. F OARS+I 기술들 중에서 인정하기는 가장 적게 사용되는 경향이 있다. 상담자들은 다른 기술에 더 초점을 두는 것처럼 보이며, 인정하기는 잊혀지거나 무시된다. 반면에 상담자들은 전체 MI 과정을 인정하기로 볼 수 있으며, 인정하기를 드러내 놓고 할 필요가 없다고 느낄 수 있다. 이런 경우일지라도 앞에서 설명한 다른 문제들 때문에 내담자의 강점들을 외현적으로 인식해 주고 강점들의 가치를 인정해 주는 것은 중요해 보인다. 또한 인정하기는 긍정적 정서를 형성하는 데 다양한 이점을 제공할 것이다.

8. F 비록 우리 모두는 접속사 '그러나'를 사용하는 것에 익숙하게 성장했지만, 접속사는 '그러나'를 그 이전까지 진술된 말의 가치를 감소시키는 부작용을 초래한다. 한편, 접속사 '그리고'는 전후로 연결되는 두 요소 중 어느 한쪽에 치우치지 않는 동등한 입장을 나타

내 준다. 다음의 두 진술이 당신에게 어떻게 들리는지 생각해 보라.

"머리를 멋지게 잘랐다. 그러나 머리가 매우 짧다."

"머리를 멋지게 잘랐다. 그리고 머리가 매우 짧다."

어떠한 차이를 발견했는가?

9. F 인정하기는 듣기에 즐거울 뿐만 아니라 변화대화의 증가와 유지대화의 감소에 대한 예측 요인으로 밝혀졌다.

10. T 우리가 단순히 거울을 들고 있기만 하는 것은 내담자가 곤경에서 벗어나는 데 도움이 되지 않는다. 내담자가 우리에게 했던 말들을 내담자가 다시 듣도록 돕는 것에 더해서, 우리는 선택적으로 특정 요소에 주목하고 다른 요소에는 주목하지 않으며, 그 후 내담자들이 자신의 상황을 더 깊이 이해할 수 있도록 돕는 방식으로 그 정보를 되돌려 준다.

4. 연습하기

Barbara 사례로 되돌아가서 대화가 중단된 곳을 찾아보아라.

	진술	설명
상담자:	성공하는 것이 목표이고, 대학이 성공을 위한 길이라 느끼는군요. 또한 스스로 준비가 되었고 그것을 할 수 있다고 느끼시는군요.	심층반영(deeper reflection).
내담자:	맞아요. 저도 성숙했고, 머리도 좀 괜찮아지고 있어요.	추가 정보 제공.
상담자:	음, 여기서부터 시작해 보면 좋을 것 같네요. 변화와 성장에 대해서 여러 번 언급하셨어요. 당신이 경험한 변화와 성장에 대해 좀 더 이야기해 주신다면…….	표면반영(surface reflection)에 이은 열린 질문.
내담자:	그동안 제 뇌가 어떻게 작동하는지 그리고 작동하지 않는지에 대해 많이 배웠어요. 어떤 것을 이해하는 데 다른 사람들보다 오	많은 정보와 이해를 제공.

	진술	설명
	래 걸린다는 점을 알고 있어요. 공부나 일을 다른 사람들보다 천천히 하죠.	
상담자:	당신의 뇌가 어떻게 작동하는지에 관한 것들을 제대로 알게 되었고, 또 받아들이게 되셨군요.	인정하기.
내담자:	네. 항상 그럴 수 있었던 것은 아니었어요. 예전과 똑같은 척을 하기도 했고, 주위 사람들이 이제 다르게 살아야 한다고 말하는 것에 화가 나서 싸우기도 했고요. 부모님과도 많이 다투었어요. 달라지고 싶지 않았던 것 같아요.	내담자가 깊이를 더함.
상담자:	자신의 변화를 허용하는 것이 인생에서 정말 원하는 뭔가를 포기해야 한다는 것으로 느껴졌던 것 같아요.	심층반영.
내담자:	네 그런 것 같아요. 지금도 그게 걱정이에요.	그녀는 그것을 자신의 걱정과 다시 연결시킴.
상담자:	스스로에 대해 잘 알고 계신 것 같아요. 자신의 상황에 대해서도 솔직하게 인정하고 계신 것 같고요. 동시에 아직 성취하고 싶은 것들이 많고, 그래서 이전에 학교에서 겪으셨던 어려움과 현재의 어려움들을 어떻게 헤쳐나갈 것인가에 대해 고민이 많으신 것 같아요.	연결 요약의 한 부분으로 인정하기.
내담자:	그런 것 같아요. 오늘도 상담을 잘 할 수 있을지 모르겠어요. 잘 할 수 있을것 같기도 한데, 저도 얼마나 잘 할 수 있을지 궁금하네요. 할 수 있을 것이라 생각하면서도 확	약간의 의문을 인지함.

진술		설명
	신은 없어요.	
상담자:	한편으로는 상담에 대해서 걱정도 되고 한편으로는 혹시나 뭔가 도움이 되는 해답을 발견할 수 있지 않을까 하는 기대감도 있으신것 같네요.	관계 형성하기 과정에 협동적 요소를 추가하는 심층반영.
내담자:	맞아요.	정확하다는 점을 확인.
상담자:	궁극적인 목표는 성공하는 것인데, 만약에 이 모든 과정을 극복하고 성공하는 삶을 살게 된다면 (대학에 진학하든 진학하지 않든), 앞으로 어떤 인생을 살게 될지 생각해 보신 것을 조금 더 말씀해 주시겠어요.	맥락을 이어 가면서 열린 질문을 통해 새로운 대화 방향으로 움직이게 만들고 논의의 틀을 잡음.
내담자:	제가 좋아하는 직업을 가지게 되고, 생계를 유지하기에 충분한 돈을 받게 되겠죠.	약간의 정보를 제공함.
상담자:	당신이 좋아하는 것은…… .	표면반영.
내담자:	그러니까…… 직업이요. 직업을 가지게 되면 제가 좋아하지 않는 부분도 있을 것이라고 생각해요. 그리도 제가 아침에 일어나는 것을 두려워 하지 않게 될 것이고 뭔가 생산적인 일을 하고 있는 것처럼 느껴질 것 같아요.	추가 정보 제공.
상담자:	취업이 완벽한 해결책은 아니겠지만 당신에게 가치 있는 일이 되겠군요.	표면 아래 부분 반영.
내담자:	저는 완벽을 기대하지 않아요.	길을 넓힘.
상담자:	그리고 직업은 빚 안 지고 살아갈 수 있을 정도의 충분한 수입을 가져다줄 수 있어야 하겠군요. 이 과정이 성공적이었다고 말할	반영을 통해 이전 정보를 연결함. 추가 정보를 요구하는 열린 질문.

	진술	설명
	수 있으려면 그밖에 어떤 것이 이루어져야 할까요?	
내담자:	제가 무언가에 기여하는 것처럼 생산적인 사람이라는 것을 느끼고 싶어요. 그리고 저는 행복해지고 싶어요.	더 많은 정보 제공.
상담자:	지금 당장은, 그러한 느낌이 들지 않으시군요.	반영을 통해 빙산 아래 더 깊은 곳으로 들어감.
내담자:	가끔은 그러한 느낌이 들어요. 다시 말하자면, 저는 엄마인 것이 행복해요. 제 남편과도 사이가 좋은 편이에요. 가끔 돈이 문제가 되기도 하지만, 저는 상당히 만족해요. 수입이 조금 더 생긴다면 도움이 될 것 같아요.	자신의 삶에 대한 중요한 정보를 보다 포괄적으로 제공.
상담자:	더 많이 가지길 원하지만, 어떤 점에서 보면, 원하는 것에서 멀리 있지 않군요.	정보를 정리하는 표면반영.
내담자:	그런 것 같아요.	내담자가 동의함. 자신의 상황과 목표에 대한 생각의 틀이 이동하므로 더 큰 초점에 맞추어지고 있는 것 같음.
상담자:	그 밖에는요?	열린 질문.
내담자:	저의 일을 통해서 지역사회에 기여하고 싶어요.	내담자가 조금 더 추가함.
상담자:	당신이 살고 있는 사회를 좀 더 좋은 지역으로 만드는 것이 당신에게 중요하군요.	인정하기.
내담자:	많은 사람들이 수년간 저를 도와주었으니, 저도 무언가를 돌려주고 싶어요.	추가 정보 제공.
상담자:	제가 Barbara 님의 이야기를 모두 이해하 이해하고 있는지 점검해 봅시다. 많은 면	대학에 대한 질문으로 다시 되돌아가기 위한 전환요약.

	진술	설명
	에서 당신은 당신 인생에서 가지고 싶은 것들을 이미 가지고 있습니다. 당신은 아이들의 엄마이고 당신은 남편과 사랑하는 관계를 유지하고 있습니다. 당신이 가지고 싶은 것들도 몇 가지 있고요. 예를 들면, 약간 더 많은 돈, 당신이 가치를 느껴서 아침에 일하러 가는 것이 전혀 싫지 않는 직업을 갖는 것과 같은 거죠. 또 당신은 자신의 지역사회에 기여하고 싶어 하세요. 이것을 직업을 갖는 것보다 더 가치 있게 여기시는 것처럼 들립니다. 그래서 제가 궁금한 것은 당신이 원하는 성공의 정의에 대학 진학이 어떻게 맞아 들어가는지예요.	
내담자:	저는 늘 성공을 원한다면 하였을 것이 대학 진학이라고 생각했던 것 같아요.	자신의 생각에 대한 통찰을 표현함.
상담자:	아마도 대학 진학을 해야만 하는 것으로 생각했지만, 지금은 의구심이 드시는군요.	심층반영.
내담자:	제가 좀 지나치게 대학 진학에 집착했다는 생각이 들어요. 그것을 반드시 해야만 하는 것은 아닐 거예요. 어떤 것은 더 쉬울 것이란 생각이 들어요.	그녀는 탐색하면서 새로운 정보를 제공하고 있음.
상담자:	그것이 유일한 방법은 아닐 거예요.	방향이 있는 표면반영.
내담자:	지금 즐거워요. 왜냐하면 지금은 조금 덜 긴장되거든요.	그녀는 자신의 내적 반응에 주목함.
상담자:	여러 개의 문이 열려 있는 것 같군요. 갈 수 있는 방향이 더 많아졌고, 숨 쉴 수 있는 공간이 더 넓어졌어요.	심층반영.

	진술	설명
내담자:	예…… 이 검사에 대해 더 이상 크게 걱정되지 않아요.	내담자가 변화된 관점을 제공.
상담자:	어떠하든지 선택할 수 있는 것이 있을 겁니다.	문단 이어 가기.

이번 만남에 모든 핵심 기술들이 드러나고 있다. 주의 깊은 경청을 통해 인정하기가 시작된다. 질문은 정보를 이끌어 내어 초점을 이동시키기 위해 사용된다. 요약은 내담자가 자신의 경험을 정리하고, 진전 동력을 유지하며, 표현된 생각들을 연결하도록 돕는다. 다시 말해서, 첫 목표는 관계 형성이다. 그러나 관계 형성 동안에도 상담자는 내담자가 가고 싶어 하는 모든 곳을 따라다니기만 하는 것은 아니다. 반영을 통해 빙산 아래로 더 깊이 들어가서 보다 명료한 정보를 찾고자 한다. 이 과정에서 전환요약은 상담 시작시점의 내담자의 걱정과 다시 연결시키고, 인정하기는 내담자의 역량들의 가치를 확인하고, 내담자는 자신의 신체 상태와 감정에서의 변화에 주목한다. 이러한 관계 형성 과정 동안에도 상담사는 동력을 만들어 내어 특정 방향으로 나아가도록 하기 위한 노력을 한다.

이것은 또한 내담자와 상담자가 한 회기를 시작하는데 2개의 서로 다른 계획을 갖는 한 예이다. 내담자의 계획은 그녀의 관심사를 지키는 것(예를 들어, 대학에 다닌다.)인 반면에 상담자의 계획은 기관이 기금을 지혜롭게 사용하도록 돕는 것이다. 상담자와 내담자는 관계 형성 과정 동안에 각자의 목표에 일치하면서, 서로 동의할 수 있는 더 폭넓은 계획을 찾기 시작할 수 있었다. 상담자는 이러한 협동적인 관계를 성취하기 위해서 OARS를 사용했다. 제7장에서는 이러한 계획 수립이라는 주제를 더 깊이 다룰 것이다.

5. 시도해 보기

〈연습 5-1〉 닫힌 질문 변경하기

우리는 내담자에게 닫힌 질문을 자주 한다. 이 연습은 당신에게 당신 기관의 일부분일지 모르는 보통의 닫힌 질문을 다르게 바꾸어 보도록 요구한다. 이러한 질문들을 완성한 후, 당신이 실무에서 사용하는 다른 닫힌 질문들을 기억해 보라. 떠오른 닫힌 질문들을 기록하고 다른 질문으로 바꾸어 보아라. 사용하는 부가적인 것들을 생각해 보라.

〈연습 5-2〉 표적 질문: 관계 형성하기

내담자들이 4개 과정(관계 형성하기, 초점 맞추기, 유발하기, 계획하기) 중에서 현재 있는 곳을 표적으로 좋은 질문을 만드는 연습을 하는 것도 유용하다. 이 활동에서 당신은 내담자의 진술을 읽은 후, 관계 형성하기를 촉진시킬 수 있는 두 가지 서로 다른 질문을 만들 것이다. 우리는 다른 종류의 질문을 만들기 위해 다른 과정들(초점 맞추기, 유발하기, 계획하기)에 대해 논의할 때 여기서 만든 질문들을 이용할 것이다.

〈연습 5-3〉 인정하기를 위한 자료 찾기

이 활동에서는 당신이 내담자에 관한 자료를 읽고 그 상황을 검토해서, 당신이 관찰한 강점들을 기록한 후 이러한 강점들에 근거해서 인정하기 진술을 만든다. '당신' 단어를 사용해 보도록 하라.

〈연습 5-4〉 내담자의 내적 강점

이 활동에서는 당신이 자신의 작업 맥락 내에서 자신의 내담자들에 대해 생각해 볼 것이다. 당신은 이 맥락에서 내담자가 직면하는 도전들과 내담자가 가지고 있는 자원들을 생각해 보도록 요청받을 것이다. 이 연습은 도전이 될 수 있다. 왜냐하면 우리는 흔히 강점보다는 결점에 더 초점을 두기 때문이다. 이 작업에서 당신을 안내해 주는 데 도움이 되는 몇 가지 예들이 제공될 것이다.

〈연습 5-5〉 요약 만들기

연습 대본을 읽고 상담자가 사용한 기술들에 타당한 기술명을 붙여라. 그 후 스스로 상담자의 입장이 되어 보아라. 도움이 될 것이라고 생각하는 요약 진술문을 작성하라.

〈연습 5-6〉 실시간 운전 중 요약

제4장에서 우리는 토크 라디오/TV 토크쇼에 대한 반응으로서 반영하기를 훈련하였다. 이 연습은 요약을 만드는 훈련까지 확대된다. 만약 당신이 운전을 하지 않는다면 당신은 똑같은 기술을 토크쇼 또는 상담 칼럼을 가지고 연습할 수 있다.

6. 파트너 활동

'시도해 보기'에 기술되어 있는 모든 연습들은 두 사람씩 짝을 이루어 진행될 수 있다. 〈연습 5-6〉을 수정한 연습 형태는 지역 신문에서 칼럼 기사를 찾는 것이다. 짝을 이룬 두 사람 중 어느 한 사람이 처음 두세 문단을 크게 읽고 멈춘다. 청자는 열린 질문 1개, 요약 진술문 1개, 인정하기 1개를 만들기 위해 노력해야 한다. 그 후 낭독자는 각 유형들 각각에 맞는 진술을 만들려고 노력해야 한다. 그다음 역할을 바꾸라.

이러한 기술들을 연습할 수 있는 다른 형식이 있다. 이 형식은 'Virginia Reel'이라 불리는 연습에 사용된 질문에 기초해서 만들어진 것이다. 청자와 낭독자를 선택하라(역할을 교대로 바꿀 수 있다). 질문을 하고 이 질문에 대한 상대방의 대답에 당신이 반응할 동안 OARS의 4개 기법 각각을 적어도 한 번씩 사용하도록 집중하라. 당신이 4개 기법을 충분히 숙달할 때까지 계속한 다음에 서로 역할을 바꾸어서 반복하라.

"당신 이름에 얽힌 숨은 이야기는 무엇입니까?"
"당신이(연습 없이) 처음 자전거를 탔을 때를 이야기해 보세요."
"당신의 첫 데이트는 어땠나요?"
"휴가나 휴일에 무엇을 하고 싶습니까?"
"만약 직업을 위해 다른 어떤 것을 할 수 있다면, 그것은 무슨 일이 될까요?"
"은퇴하면 당신은 무엇을 하고 싶습니까?"
"당신의 인생에서 당신의 건강과 안녕에 가장 도움이 되는 다음 단계는 무엇일까요?"

또 다른 연습방법은 VASE-R DVD를 구입해서 보는 것이다(이 DVD를 주문하려면 부록의 OARS 부분을 참고하세요). VASE-R에는 세명의 물질사용 내담자들이 진술하고 있고, 시청자가 각 진술을 듣고 자신의 반응을 기록하도록 되어 있다. 먼저 DVD를 함께 시청하라. DVD에서 각 내담자가 진술한 후에 DVD를 정지하고 각 진술에 대한 반영적 경청 반응, 인정하기, 열린 질문을 기록하라. 그 후 그다음의 내담자 진술로 진행되기 전에 당신의 반응들에 대해 이야기를 나누어라. 요약하기 연습으로 넘어가면, 세 가지 요약 유형 중 두 사람이 서로 다른 요약 유형을 각자 하나씩 선택해서 기록해 보라. 그다음에 하나 남은 요약 유형에 대해서는 두 사람이 함께 기록해 보라.

마지막으로, 당신은 내담자와 작업하면서 한 회기 동안 단 하나의 기법에 초점을 두는 선택을 할 수도 있다. 이 제안은 그 기법만 사용하라는 의미라기보다는 의식적으로 특정한 기법을 연습하는 기회를 가지라는 것이다. 예를 들면, 당신은 한 회기 동안에 내담자에게 적어도 세 번 이상 인정하기 기법을 시도하고 싶다는 결정을 할 수도 있다. 당신의 시도에 대해 내담자가 어떻게 반응하는지 주의를 기울인 후, 당신이 관찰한 것에 대해 당신의 파트너와 상의하라.

7. 그 밖의 고려 사항

Leffingwell, Neumann, Babitske, Leedy와 Walters(2006)는 사회심리학 원리들이 MI의 효과를 증진시키는 데 사용될 수 있다고 생각한다. 그들은 방어적 편향(defensive bias) 및 자기 가치 확인 이론(self-affirmation theory)의 중요성에 주목하였다.

방어적 편향이란 "사람들이 개인적으로 위협이 되는 정보의 영향을 최소화시키려는 경향성"(Leffingwell et al., 2006, p. 2)을 일컫는다. Leffingwell과 동료들이 지적하기를, 위험한 행동을 하는 내담자들은 그 위험을 경시하는 경향이 있고 위험 평가의 정확성에 의문을 제기하면서 다른 대안적 설명을 만드는 경향이 있다. 이러한 경향성은 수많은 문제행동에서 나타나는 것으로 밝혀지고 있다.

Leffingwell과 동료들(2006)은 **자기 가치 확인 이론**이 이러한 경향을 이해하는 하나의 방법일 수 있음을 지적하였다. 특히, 내담자는 자기 가치에 대해 긍정적인 관점을 유지하려는 경향성이 있다(Steele, 1988). 자기 가치에 대한 긍정적 관점은 자신들을 유능하고 책임감 있고 적응적이라고 보는 것을 통해 만들어진다. 내담자가 이러한 경향성과는 조화되지 않는 행동을 하게 되면 일종의 인지 부조화를 경험하게 되고, 결국 이렇게 경험하는 심리적인 불편감을 줄이려는 반응을 해야만 한다. 특히, 그들은 인지적 부조화 메시지를 무시한다. MI는 내담자가 어려운 현실에 스스로 직면하게 만드는 방향으로 작동하기 때문에 이러한 방어적 편향은 자기 가치에 대한 도전을 의미한다.

또한 Leffingwell 등은 내담자가 자기가치에 대한 이러한 도전을 받기 전에 자기 가치를 확인해 주는 활동들에 참여하면 이러한 방어적 편향을 줄일 수 있다고 주장하였다. 예를 들면, 내담자에게 자신의 중요한 개인적 가치들을 탐색해 보도록 하는 작업이 이런 보호 효과를 제공하는 것 같다. 또한 이러한 결론은 내담자에게 덜 긍정적인 측면들을 묻기 전에 문제 영역의 긍정적 측면들을 탐색해 보도록 하는 작업이 문제 영역에 대한 탐색 행동을 자아에 위협적이지 않는 것으로 인식되게 함으로써 방어적 편향을 줄이는 데 도움이 된다는 것을 시사해 준다.

연습 5-1 닫힌 질문 변경하기

우리는 내담자에게 종종 닫힌 질문을 한다. 이 연습은 당신 기관에서 일상적으로 사용될 수도 있는 닫힌 질문들을 다르게 바꾸어 보도록 요구한다. 이러한 질문들을 완성한 후, 당신이 실무에서 사용하는 다른 닫힌 질문들을 기억해 보라. 떠오른 닫힌 질문들을 기록하고 다른 질문으로 바꾸어 보라. 각 질문에 대해 두 개의 대안적인 질문을 찾아보라.

오늘 괜찮습니까?

1.

2.

결혼하셨나요?

1.

2.

당신의 통상적인 1회 음주량은 어느 정도입니까?

1.

2.

오늘 학교에서 좋은 시간을 보냈습니까?

1.

2.

연습 5-1의 반응 예

오늘 괜찮습니까?

1. 오늘 하루 어떤 것이 좋았습니까?
2. 오늘은 무엇부터 시작하고 싶습니까?

결혼 하셨나요?

1. 당신의 인생에서 중요한 인간관계들은 무엇인지 궁금합니다.
2. 가족 구성은 어떻게 되나요?

당신의 통상적인 1회 음주량은 어느 정도입니까?

1. 당신의 술자리는 보통 어떻습니까?
2. 저녁 회식은 보통 어떤지 궁금합니다.

오늘 학교에서 좋은 시간을 보냈습니까?

1. 오늘 점심시간에 어떤 얘기를 했습니까?
2. 오늘 일어난 일들 중에서 흥미롭거나 재미있던 것은 어떤 것들이 있습니까?

연습 5-2　표적 질문: 관계 형성하기

4개 과정(관계 형성하기, 초점 맞추기, 유발하기, 계획하기)을 가지고 내담자가 현재 있는 곳을 표적으로 하는 좋은 질문을 만드는 연습을 하는 것도 유용하다. 이 활동에서 당신은 내담자의 진술을 읽은 후, 관계 형성하기를 촉진시킬 수 있는 두 가지 서로 다른 질문을 만들 것이다. 우리는 다른 종류의 질문을 만들기 위해 다른 과정들(초점 맞추기, 유발하기, 계획하기)에 대해 논의할 때 여기서 만든 질문들을 이용할 것이다.

1. **저는 자녀들이 부모를 이해하고 존중해야 한다는 점을 알고 있어야 한다고 생각해요. 요즘 아이들이 불량한 행동을 하는 것을 너무 자주 보는데 무례한 행동은 절대 참지 않을 거예요.**

   질문 A:

   질문 B:

2. **저는 우리가 여기서 뭘 해야 할지 모르겠어요.**

   질문 A:

   질문 B:

3. **물론 저는 제 아이들을 사랑하지만, 가끔 아이들은 저를 벼랑으로 몰아가요. 그렇게 되면 저는 해선 안 될 일들을 하곤 해요.**

   질문 A:

   질문 B:

(다음 쪽에 계속)

4. 이제 이 모든 바보 같은 일들을 처리하는 것에 정말 지쳐요. 더 이상 아무것도 못하겠어요. 무언가 바뀔 필요가 있어요.

질문 A:

질문 B:

5. 제가 가진 문제가 뭐냐고 물으신다면, 아내가 끊임없이 불평한다는 게 문제이죠.

질문 A:

질문 B:

6. 또 시작이네요. 매일 반복되는 일들…….

질문 A:

질문 B:

연습 5-2의 반응 예

1. **저는 자녀들이 부모를 이해하고 존중해야 한다는 점을 알고 있어야 한다고 생각해요. 요즘 아이들이 불량한 행동을 하는 것을 너무 자주 보는데 무례한 행동은 절대 참지 않을 거예요.**

   질문 A: 부모가 된다는 것이 당신에게 어떤 의미인지 조금 더 말해 주세요.

   질문 B: 당신 삶의 큰 그림에서 양육이 어떤 위치를 차지하고 있나요?

2. **저는 우리가 여기서 뭘 해야 할지 모르겠어요.**

   질문 A: 여기에 계신 이유에 대해 이해한 바가 있으시다면 말해 주세요.

   질문 B: 어떤 정보가 유용할까요?

3. **물론 저는 제 아이들을 사랑하지만, 가끔 아이들은 저를 벼랑으로 몰아가요. 그렇게 되면 저는 해선 안 될 일들을 하곤 해요.**

   질문 A: 말씀하신 것과 같은 일이 있으셔서 구석으로 몰리는 느낌에 자녀에게 원하지 않는 방식으로 반응하셨을 때, 느낀 점이 있다면 무엇인가요?

   질문 B: 당신이 끝까지 몰리는 느낌이 들지 않을 때는 언제인가요?

4. **이제 이 모든 바보 같은 일들을 처리하는 것에 정말 지쳐요. 더 이상 아무것도 못하겠어요. 무언가 바뀔 필요가 있어요.**

   질문 A: 어떤 바보 같은 일들을 다루셨나요?

   질문 B: 삶의 큰 그림을 말해 주세요. 그리고 바보 같은 일들은 그 계획 안에 어떻게 들어 있는지 말해 주세요.

5. **제가 가진 문제가 뭐냐고 물으신다면, 아내가 끊임없이 불평한다는 게 문제이죠.**

   질문 A: 부인의 불평을 멈추려면 어떤 일이 일어나야 할까요?

   질문 B: 당신의 아내는 몇 가지에 불만을 가지고 있는데, 이에 대해 어떻게 생각하세요?

6. **또 시작이네요. 매일 반복되는 일들…….**

   질문 A: 이 반복적인 패턴이 어떻게 느껴지시나요?

   질문 B: 당신 삶에서 좋아하지 않는 부분이신가 봐요. 이번에는 삶에서 좋아하시는 부분에 대해서 말씀해 주시겠어요?

연습 5-3 인정하기를 위한 자료 찾기

이 활동에서는 당신이 내담자에 관한 자료를 읽고 그 상황을 검토해서, 당신이 관찰한 강점들을 기록한 후, 이러한 강점들에 근거해서 인정하기 진술을 만든다. '당신' 단어를 사용해 보도록 하라.

당뇨병이 있는 사람이 최근에 인슐린 펌프를 사용하게 되었는데 고혈당과 저혈당이 번갈아 나타나고 있다. 그녀는 혈내 포도당 수치를 적어도 하루에 8번씩 체크하고 있고, 필요할 때마다 여분의 인슐린을 공급하기 위해서 펌프를 사용하고 있다. 그러나 그녀가 문제점들을 바로잡으려고 노력할 때 하는 행동이 고혈당과 저혈당을 야기하는 것일 수도 있다. 그녀는 한밤중에 저혈당으로 깨어나기 시작했다. 그녀의 당뇨 교육자는 이 패턴에 대해 대화를 시도했고, 그녀는 자신이 펌프를 사용하는 것은 오히려 그 교육자의 생각이었다고 주장하는 반응(즉, 문제의 책임을 교육자에게 돌림)을 보였다.

1. 강점:

2. 인정하기:

이 젊은 남자는 1년도 안 되어서 세 번째로 청소년 법정에 섰다. 그는 대마를 소지한 죄로 체포되었다. 그가 다른 젊은 노숙자들과 함께 길거리에서 어울려 다니고 있을 때, 몇몇 젊은 대학생들이 그들을 괴롭히기 시작했다. 그가 불쑥 끼어들었고 싸움이 시작되었다. 이 젊은이는 대학생들 무리에 뛰어들었고 말다툼이 일어났다. 경찰이 도착하여 싸움을 종결시켰을 때 대마 씨앗이 든 봉지가 그의 주머니에서 떨어진 것이다. 그는 매번 법정에서 거만한 태도를 취한다.

1. 강점:

2. 인정하기:

(다음 쪽에 계속)

인정하기를 위한 자료 찾기

곤경에 처한 한 행정관은 평생 많은 일들을 힘들게 해 나가고 있다고 불평한다. 그녀는 늘 피로감에 시달리고 있고, 오전 5시에 자명종이 울리면 잠자리에서 힘들게 일어나곤 한다. 그녀는 아이들이 잠들고나서 그 날의 마지막 이메일을 보내고 난 후 늦은 밤이 되어서야 피로를 풀기 위해 술을 마시곤 했는데, 그 음주량이 몇 년 전에 비해 많이 늘었다는 사실을 알게 되었다. 남편은 그녀의 스트레스에 대해 걱정하고 있다. 그러나 가정에서 그녀가 바지를 입어야 한다는 식의 남편의 말은 그녀를 으르렁거리게 만들 뿐이다.

1. 강점:

2. 인정하기:

Elmer는 95세이다. 그는 혼자 살지만 지금은 돌보미가 있는 편의시설에 거주하고 있다. 그는 가끔 운동 모임에 참여하고 있고 이웃과의 만남도 즐긴다. 그는 가족 모임에도 참여하지만 집단 상황에서는 잘 듣지를 못하기 때문에 고립되는 것을 자주 느낀다. 요즘 건망증이 심해지면서 설명을 반복적으로 요구한다. 그의 아들은 이러한 반복적 요구와 잦은 불평을 들으면 조종당하는 느낌을 받는다고 한다.

1. 강점:

2. 인정하기:

표적 질문: 관계 형성하기

Trudy는 흡연자이다. 그녀는 흡연이 자신에게 좋지 않다는 사실을 알고 있지만, 그 사실을 상기시켜 주는 사람들에게 넌더리가 나 있다. 시간이 지나면서 그녀는 자신의 사회적 습관이 거의 중독으로 옮겨 가고 있다는 것을 깨달았다. 그녀는 언젠가 금연할 것이지만 아직은 아니라고 한다. 정말 자신의 인생에 수많은 일들이 발생하였지만 흡연은 스스로 결정하여 빠져들었다. 그녀는 흡연에 대해 죄책감을 느끼면서 다른 사람에게 이를 숨기려고 한다.

1. 강점:

2. 인정하기:

Amos는 '남자 중의 남자'이다. 그는 "나는 살기 위해 일한다."라고 말했다. 그는 고층 빌딩에 강철을 매다는 일을 한다. 그는 한 발자국만 잘못 내딛어도 떨어져서 사망할 수 있는 환경에서 일하고 있다. 그는 상관을 포함해서 사람들의 쓸데없는 조언은 듣지 않는다. 그리고 이 때문에 그는 대가를 치르기도 한다. 그의 아내는 그의 소원한 태도에 대해 불평하는데, 그는 그러한 불평의 의미를 알아차리지 못했다. 그는 아내를 사랑하고 사랑한다는 말을 아내에게 잘하면서도, 아내의 끊임없는 투덜거리거나 더 많은 대화를 요구할 때 아내에게 화를 낸다. 그는 아내에게 꽃을 사주고, 가끔씩 아내가 좋아하는 TV 프로그램도 함께 시청하며, '가정에서 해야 할 남편의 일들'을 충실하게 한다. 그는 아내가 상담 받으러 가서 더 잘 대화하는 방법을 배울 것을 요구했을 때, 자신이 점점 심술궂게 된다는 것을 발견했다. 지난밤에도 아내가 상담 이야기를 꺼냈을때 그는 아내에게 욕을 했다. 지금은 죄책감을 느끼고 있지만 굴복하고 싶은 것은 아니다.

1. 강점:

2. 인정하기:

연습 5-3 반응 예

당뇨병 환자 여성이 A1C(혈당)을 조절하는 데 어려움을 겪고 있다.

1. 강점:
   - 당뇨를 스스로 조절하려는 노력을 시작하였다(혈당을 하루에 8번씩 확인하고, 혈당을 조절하려고 여분의 인슐린을 가지고 다닌다.)
   - 자신의 혈당 수준을 지속적으로 점검한다.

2. 인정하기:
   - 어떠한 어려움에도 불구하고 당신은 혈당을 조절하려고 굳게 결심하셨네요.

한 젊은이가 1년도 안 되어서 세 번째로 청소년 법정에 섰다.

1. 강점:
   - 친구들을 보호해 준다.
   - 손해가 있음에도 불구하고 변호사를 쓰지 않고 스스로 변호하려고 한다.

2. 인정하기:
   - 당신은 의리 있는 친구이며 손해가 있음에도 불구하고 다른 친구를 기꺼이 지켜 주었네요.

곤경에 처한 한 행정관이 너무 많은 일을 힘들게 해 나가는 것에 대해 불평한다.

1. 강점:
   - 기꺼이 가족을 위해 열심히 일한다.
   - 점점 어려워짐에도 불구하고 끈기 있게 잘 대처한다.
   - 다른 사람들(아이들, 이메일 발송자)의 욕구가 충족될 때까지 자신의 욕구를 미룰 수 있다.

2. 인정하기:
   - 당신은 도움이 필요하다고 느끼면 당신의 욕구를 미루면서까지 매우 열심히 일할 수 있는 사람이세요.

(다음 쪽에 계속)

연습 5-3 반응 예 (계속)

Elmer는 95세이다.

1. 강점:
   - 그는 독립적이고 사교적이다.
   - 활동적이며 건강해지기 위한 방법을 계속 찾고 있다.
   - 그는 가족과 어울리고 싶은 마음에 가족들에게 질문을 한다.
2. 인정하기:
   - 당신은 사람들, 특히 당신의 가족들과 정말로 어울리고 싶어 하는 사람이군요.

Trudy는 흡연자이다.

1. 강점:
   - 독립적으로 생각한다.
   - 그녀는 행동의 변화를 자각하고,신경 쓰고 있다.
   - 더욱 건강해지고 싶어 한다.
2. 인정하기:
   - 당신은 스스로 결심하는 사람이네요. 당신은 다른 사람의 욕구에 단순히 굴복하지는 않으며, 사실 일단 결심하고 한번 결정하면 매우 단호하시군요.

Amos는 '남자 중의 남자'이다.

1. 장점:
   - 그는 아내를 사랑하고 자신의 방식으로 아내에게 사랑을 표현하려고 시도한다.
   - 그는 비평과 불일치에 기꺼이 직면한다.
   - 그는 자신이 언제 지나친 행동을 하는지를 인식하고 있다.
2. 인정하기:
   - 당신은 아내를 깊히 사랑하는 사람이고, 자신이 아는 방식으로 기꺼이 사랑을 표현하시네요.

연습 5-4 내담자의 내적 강점

내담자와 당신의 작업 맥락에 대해 생각해 보라. 이 맥락에서 내담자들이 직면하는 도전들은 무엇인가? 내담자들은 상담 회기에 어떠한 내적 자원을 가지고 오는가? 예를 들어, 복지시설에서 내담자들은 더 큰 이익을 얻게 될 것이고, 자신의 상황을 곧바로 설명할 준비가 되어 있지 않아도 된다는 지각이 있다. 이 맥락에서 찾아볼 수 있는 내담자의 강점들은 다음과 같을 수 있다.

- 복지기관이 기능하는 방식을 관찰하는 능력
- 기회를 지각하는 능력
- 강점들에 대한 알아차림, 그리고 자신의 욕구를 충족시킬 수 있도록 그 강점들을 이용하는 방법에 대한 알아차림
- 자신이 원하고 필요로 하는 것을 복지기관이 제공하도록 만드는 창의성
- 자신의 이익을 위해 능동적으로 결정하는 능력
- 결심, 인내, 그리고 대담성

지금 당신의 내담자들에 대해 생각해 보라. 명백한 부정적 평가를 중단하는 것에 그치지 말고(예를 들어, "나의 내담자는 거짓말을 잘한다."), 그 행동의 저변에 있을 수 있는 강점을 찾아라. 가능한 모든 강점 목록을 만들었다면 이러한 강점들이 어떻게 표현되고, 내담자에게 어떤 도움이 되는지에 대해 생각해 보고, 긍정적 변화 동력이 만들어질 수 있는 형태로 이러한 자각을 의사전달하는 방법에 대해 숙고해 보라. 여기에 그 단계들이 있다.

1. 내담자 강점 목록을 만들고 이 강점에 관한 각 질문에 대답하라.

2. 내담자가 이 강점을 어떻게 표현하는가?

3. 이 강점은 내담자에게 어떻게 도움이 되는가?

4. '당신' 진술을 사용해서 인정하기를 기록해 보라.

연습 5-4의 내담자 강점에 대한 연습 문제

예: 최근에 심장마비를 겪은 환자가 계속 고지방 음식을 먹는다.
강점: 스스로 결정한다는 점.

이 강점의 표현방식은? 의사가 그에게 그의 식습관이 변화되어야만 하고 변화되지 않는다면 또 다른 심장마비를 겪게 될 것이라고 말할 때 행동을 변화시키는 것에 저항한다.

어떻게 도움이 되는가? 스스로 통제할 수 없다고 느낄 수 있는 상황에서도 그가 통제력을 유지할 수 있도록 돕는다. 성실감을 제공하라. 가치들과 일치되는가?

인정하기를 한다면? 당신은 당신이 해야 한다고 다른 사람이 말한다고 해서 그 일을 하는 그런 사람이 아니군요. 그 일이 자신에게 맞는지를 당신 스스로 결정합니다. 그리고 때로는 그것은 어마어마한 압박에 맞서는 것을 의미합니다.

(필요에 따라 복사하여 사용하세요.)

당신 내담자의 상황:

강점:

이 강점의 표현방식은?

어떻게 도움이 되는가?

인정하기?

강점:

이 강점의 표현방식은?

어떻게 도움이 되는가?

인정하기?

연습 5-5 요약 만들기

다음의 원고를 읽고 상담자가 사용하는 상담기술들이 무엇인지를 기록하라. 그다음, 상담자의 입장에서 생각해 보라. 당신이 생각하기에 유용한 요약문을 작성하라. 먼저 하나의 요약 유형(수집요약, 연결요약, 전환요약)을 선택하라. 하나의 요약문을 끝 마쳤다면, 다른 요약 유형을 선택해서 다른 요약문을 작성하라.

상담자/내담자 진술	반응 유형
상담자: 여기 직업재활기관에 지금 오시게 된 이유를 들을 수 있을까요?	
내담자: 무슨 말씀인지?	
상담자: 이 기관에 오기에 지금이 적기라고 느끼도록 만든 것은 무엇인가요?	
내담자: 저는 가족을 부양하기 위해 다시 일해야 해요. 이제는 괴로움이 많이 사라졌기 때문에 무언가를 해야 합니다.	
상담자: 기분이 나아졌고 그래서 다시 일하고 싶은 생각이 들었군요.	
내담자: 네. 무슨 말인가 하면, 두 달 전에도 저는 돈 문제에 대해 걱정하고 있었어요. 하지만 무언가를 하기엔 마음이 너무 불편했죠.	
상담자: 지금은 더 편안해지셨군요. 그래서 당신이 걱정했던 이런 일까지도 할 수 있게 되신거고요.	
내담자: 전 제 아내가 너무 많은 시간 동안 일하지는 않았으면 해요. 아내가 추가로 일을 하면서 건강에도 문제가 생겼어요. 저는 집에서 나뒹구는 대신에 제 가족들을 돌보고 싶을 뿐입니다.	
상담자: 당신은 게으른 것을 좋아하는 사람이 아니군요. 당신은 가족 부양자예요. 당신이 가족을 부양할 수 없다는 것이 당신을 정말로 괴롭게 하겠어요. 그리고 아내가 희생하는 것을 볼 때 가슴이 더 아프시고요.	
내담자: 정확합니다. 전 일생 동안 일해 왔는데 등을 다쳤어요. 그리고 갑자기 아무것도 할 수 없게 되었죠. 이제 전 무언가를 하고 싶어요. 그동안은 할 수 있는 능력이 없었을 뿐이에요. 그래서 너무 괴로웠어요.	
상담자: (요약문을 작성해 보세요.)	

연습 5-5의 답

상담자/내담자 진술		반응 유형
상담자:	여기 직업재활기관에 지금 오시게 된 이유를 들을 수 있을까요?	열린 질문
내담자:	무슨 말씀인지?	
상담자:	이 기관에 오기에 지금이 적기라고 느끼도록 만든 것은 무엇인가요?	열린 질문
내담자:	저는 가족을 부양하기 위해 다시 일해야 해요. 이제는 괴로움이 많이 사라졌기 때문에 무언가를 해야 합니다.	
상담자:	기분이 더 나아진 것이 다시 일하고 싶은 생각을 하게 만들었군요.	반영
내담자:	네. 무슨 말인가 하면, 두 달 전에도 저는 돈 문제에 대해 걱정하고 있었어요. 하지만 무언가를 하기엔 마음이 너무 불편했죠.	
상담자:	지금은 더 편안해지셨군요. 그래서 당신이 걱정했던 이런 일까지도 할 수 있게 되신 거고요.	반영
내담자:	전 제 아내가 너무 많은 시간 동안 일하지는 않았으면 해요. 아내가 추가로 일을 하면서 건강에도 문제가 생겼어요. 저는 집에서 나뒹구는 대신에 제 가족들을 돌보고 싶을 뿐입니다.	
상담자:	당신은 게으른 것을 좋아하는 사람이 아니군요. 당신은 가족 부양자예요. 당신이 가족을 부양할 수 없다는 것이 당신을 정말로 괴롭게 하겠어요. 그리고 아내가 희생하는 것을 볼 때 가슴이 더 아프시고요.	인정하기. 간략한 수집요약.
내담자:	정확합니다. 전 일생 동안 일해 왔는데 등을 다쳤어요. 그리고 갑자기 아무것도 할 수 없게 되었죠. 이제 전 무언가를 하고 싶어요. 그동안은 할 수 있는 능력이 없었을 뿐이에요. 그래서 너무 괴로웠어요.	
상담자:	당신이 지금 여기에 있는 이유는 당신이 여기에 올 결심을 할 수 있기 때문이에요. 두 달 전에만 해도 당신은 할 수 없었죠. 그러나 지금은 할 수 있게 되었어요. 일을 해서 다시 가족과 아내를 보살피는	

(다음 쪽에 계속)

활동 4의 답 (계속)

상담자/내담자 진술	반응 유형
것은 당신에게 정말 중요한 일이며, 당신은 현재 그렇게 하고 있어요. (혹은) 연결요약은 동기를 확고히 하는 데 도움이 된다.	
상담자: 지금까지 이야기를 제가 이해하고 있는지 검토해 봅시다. 당신은 신체적으로 더 좋아졌고, 그래서 여기에 올 결심을 하셨어요. 일을 하지 않고 있을 때 괴로우셨고요. 하지만 이제 당신은 가족을 부양할 수 있게 되었고, 그렇게 할 준비도 되어 있습니다. 이제 무슨 일을 할 생각을 하시는지요?	새로운 탐색 영역을 여는 전환요약

연습 5-6 실시간 운전 중 요약

제2장에서 우리는 토크 라디오와 TV 토크쇼에 대한 반응으로 반영을 만들어 보는 연습을 했다. 이 연습 방법은 요약 만들기에도 적용된다. 대화를 듣고서 충분한 정보를 수집했을 때 라디오나 TV를 끄고 당신이 들은 대화를 요약을 해 보라. 간결하게 작성하고, 양가감정을 포함시키고, 변화대화를 강화하라. 만약에 당신이 운전하지 않는다면(또는 운전하는 동안에 이 연습하는 것을 원하지 않는다면) 당신은 토크쇼를 보거나 신문 칼럼을 읽으면서도 요약 연습을 할 수 있다.

내가 이것을 '실시간 운전 중 요약'이라고 부르는 이유는 무엇일까? 당신이 만약 출퇴근 동안 교통체증으로 차에 갇힌다면 그때가 바로 이 기술을 연습할 기회이기 때문이다. 그리고 자동차 라디오에는 녹음기능이 없기 때문에 운전 중에 요약하기는 실시간으로 발생한다.

가치 및 목표 탐색하기

6

1. 도입

중간 광고가 끝나 가면서 스포츠 라디오 진행자는 토론 중인 주제를 다시 소개하였다.

"우리는 지금 오늘 청소년 스포츠 행사에 계셨던 부모님들에 대해 이야기를 나누고 있는데요. 공동 진행자인 Michael이 게임 진행 중에 화가 많이 났었죠. 궁금해서 그러는데요, Michael, 정확히 무슨 말을 하고 싶었던 건가요?"

"심판에게 그냥 아이들이 게임 하게 놔두라고 말했죠. 도대체 게임을 왜 그렇게 진행했는지 모르겠어요."

"코치나 아이들에게 소리치고 있는 것 아닙니까?"

"아니에요. 전 코치나 아이들에게 절대 소리치지 않아요."

"진짜 그런가요? 한 게임에 무료로 혹은 3달러를 받는 심판에게 소리치고 있는 것 아닙니까?"

"아닙니다. 한 게임에 10달러를 받고 있고, 그 사람들이 아이는 아니지요. 대부분 중년 남성들인데요."

"그래도 그렇죠. 스스로 부끄럽지 않으세요?"

"적어도 게을러선 안 되는 거 아닌가요. 좀 더 뛰라고 했을 뿐이에요!"

"아이 선생님에게 소리치는 거와 같은 거잖아요? 그 사람들이 당신 아이 선생님이었어도 그렇게 하셨을 건가요?"

"아뇨, 아뇨, 안 그러겠죠. 이분들은 제 아이의 선생님이 아니잖아요."

"그래서 체육관에서 쫓겨날 위험을 감수하고 소리치시는 건가요. 계속 그러면 딸이 게임하는 것을 볼 수 없을 것 같은데요. 그런 일이 일어난다면 마음이 힘들지 않겠어요?"

"네, 소리치는 게 자랑스런 일은 아니지만, 제가 그러는 것 때문에 딸에게 불이익이 생긴 적은 한 번도 없어요. 경쟁심이 생기는 걸 어쩔 수 없잖아요. 사실 딸아이에게 창피한 일을 만들고 싶지 않고 스스로 다짐을 한다고 하는데, 잘 안 되기도 하고요. 저도 잘 이해가 안 돼요."

"여기서 함께 생각해 봐야 하는 게 있는 것 같아요. 이 스포츠 행사는 누구를 위한 건가요? 당신이 즐기기 위한 시간인가요, 아니면 딸이 즐기기 위한 시간인가요? 사실, Michael, 다른 사람의 입장에서 생각하는 것 잘하시잖아요. 스포츠 행사에서 소리치는 행동은 당신의 원래 모습과 달라서 의외였어요. 마치 딸이 즐기는 시간을 빼앗는 것 같았거든요. 고등학교와 대학 다닐 때 유능한 운동선수셨다는 걸 알고 있어요. 프로 선수생활을 하셨죠. 그런 배경을 떠나서, 이제는 부모로서 자신에게 필요한 것이 아닌 아이들이 필요로 하는 것에 더 집중하고자 노력하고 계시잖아요. 그런 의미에서 다시 한번 생각해 보셨으면 좋겠어요. 과연 이 스포츠 행사는 누구를 위한 것인가요?"

"아……" 잠시 멈추고 좀 더 작은 목소리로 말했다. "처음으로 기록하네요. 좋아요, 좋아요. 이 스포츠 행사는 누구를 위한 것인가?"

마지막 대화에서 Michael에게 어떤 깨달음이 왔는데 그게 무엇일까? 전에도 이러한 내용에 대해 반영과 질문이 있었기 때문에 대화 내용이 새로운 것은 아니다. 그러나 마지막 대화가 Michael에게는 새로운 깨달음으로 다가왔다. 비록 다른 논점의 내용들도 타당했지만 Michael이 자신의 상황에 대해 생각하는 방식에 영향을 미칠 정도로 설득력이 있지는 않았다. 반면 마지막 대화에서 공동 진행자의 "이 스포츠 행사는 누구를 위한 것인가요?"라는 질문과 함께, 양육에 관한 Michael의 신념을 상기시켜 줌으로써 Michael에게 중요한 가치가 떠오른 것처럼 보인다. 심판들에게 불평하지 않는 것에 있어서 Michael의 가치관이 다른 이유들보다 더 중요하게 작용한 이유는 무엇일까?

2. 심층 탐구

한 동료가 훈련생들에게 MI를 설명하기를, 많은 치료자들은 변화에 대해 '무엇'과 '어떻게'에 초점을 맞추지만 MI는 '왜'를 다룬다고 하였다.[1] 가치는 새로운 개념이 아니다. 1970년대 Rokeach는 사람들의 삶에서 가치의 역할을 탐색하였다. 그에게 가치는 항상 그렇지는 않을지라도 결정과 행

[1] 많은 사람들이 이러한 표제를 사용하고 있지만 이 표제를 처음 사용한 사람은 Chris Dunn으로 알려져 있다.

동을 안내하는 것처럼 보였다. Rokeach는 개인에게 핵심적인 가치와 보다 지엽적인 가치를 구별할 수 있다는 점을 발견하였다. 그것은 그렇게 놀랄 일은 아니다. 우리에게 모든 가치들이 동일한 것은 아니다. 그러나 그는 사람들에게 가치들 간의 관계를 검토하게 함으로써 이 가치들의 우선순위의 이동을 이끌어 내고, 오랫동안 지속되었던 행동의 변화를 이끌어 낼 수 있음을 입증하였다(Rokeach, 1973). 그러나 우리는 초점 맞추기와 유발하기 과정으로 나아가고 있고, 지금은 관계 형성하기 과정을 다룰 것이다.

우리의 목적이 안전한 환경을 제공하고 이 사람이 누구인지를 이해하려고 노력하는 것이라면 가치와 목표에 대한 탐색은 간단한 과제이다. 이러한 탐색을 통해 우리는 내담자들이 바로 지금 어떤 사람인지 그리고 그들은 앞으로 가고 싶은 곳에 대해 훨씬 더 깊은 수준까지 이해할 수 있을 것이다.

가치

가치(values) 탐색에는 공식적 방법과 비공식적 방법이 있다. 비공식적 방법은 같은 가치가 표현되는 때를 관찰하고 반영하는 것이다. 앞에서 라디오 진행자는 다음과 같은 말을 하였다. "사실, Michael, 다른 사람의 입장에서 생각하는 것을 잘하잖아요. 스포츠 행사에서 소리치는 행동은, 당신의 원래의 모습과 달라서 의외였어요." 그 후 덧붙인다. "부모로서 이제는 자신에게 필요한 것이 아닌 아이들이 필요로 하는 것에 더 집중하고자 노력하잖아요." 이 두 질문 모두 진행자가 Michael에게서 관찰한 가치들을 반영하고 있다.

또 다른 비공식적 방법은 가치를 이끌어 내는 질문을 하는 것이다. 여기 몇 가지 예가 있다.

"당신 인생에서 가장 중요한 것 3~4가지는 무엇입니까?"

"당신 인생을 생각해 볼 때 당신의 핵심을 나타내 주는 것은 무엇입니까?"

"당신이 최선을 다할 때 당신은 한 인간으로서 어떤 모습으로 비춰집니까?"

"제가 당신 친구에게 질문한다면, 그 친구는 당신을 한 인간으로서 잘 나타내 주는 것이 무엇이라고 할까요?"

"만약 당신이 리얼러티 TV 쇼의 스타가 되었고 카메라가 당신의 하루 생활을 따라 다녔다면, 시청자들은 무엇을 보게 되겠습니까?"[2]

[2] Michelle Stephen과 PRI의 접근법에 감사한다.

이러한 비공식적인 접근 외에도 가치 분류 카드와 같은 더욱 공식적인 접근법도 사용될 수 있다. 가치 분류 카드 작업에서는 한 벌의 카드를 이용하는데, 서로 다른 가치들이 인쇄되어 있고 서로 다른 덩어리로 분류될 수 있다. 이 카드는 인터넷에서 'values card printable'이라고 검색하면 찾을 수 있고, MINT 웹 사이트(*www.motivationalinterviewing.org*)에서도 구할 수 있다. 가치 연습을 하는 방법은 다양하다. 다음은 내가 사용하는 방법이다.

먼저 내담자들에게 카드를 '중요하지 않은' 덩어리와 '중요한' 덩어리로 분류할 것을 요청한다. 많은 카드들이 필연적으로 결국 '중요한' 덩어리로 분류되었으면, 잠깐 동안 많은 것들이 내담자에게 중요하다는 점을 확인시켜 주고, 사실 우리 대부분은 많은 가치들을 가슴에 품고 있다는 점을 언급하라.

그 후 내담자에게 '중요한' 덩어리에서 덜 중요한 카드들을 따로 떼어 내면서 가장 중요한 5개 정도의 카드를 '가장 중요한' 카드 아래에 분류할 것을 요청하라. 순서는 상관없이 '가장 중요한' 카드 각각에 있는 말들이 내담자들에게 무슨 의미가 있는 것인지에 말해 줄 것을 요청하라. 내담자에게 각 가치의 기저에 있는 주제들, 그리고 주제들 간의 관련성과 충돌하는 부분에 대해 귀 기울이고, 각 가치가 지니는 고유한 의미들을 이해하려고 노력하면서 공감적으로 경청하라. 이 과정에서는 OARS 사용과 함께 비판단적인 태도가 매우 중요하다.

관계 형성하기의 목적을 위한 가치 분류 활동은 여기서 끝날 것이다. 즉, 우리는 이제 이 사람이 누구인지 그리고 이 일들이 이 사람에게 중요한 이유가 무엇인지에 대해 더 깊은 인식을 갖게 되었다. 전통적으로 MI 치료자들은 이러한 가치들에 관하여 추가적인 질문을 하고 이러한 가치들이 내담자의 생활에서 어떻게 표현되고 있는지에 대하여 질문을 하는 초점 맞추기와 유발하기로 이동하게 된다. 우리는 제10장에서 이러한 부분을 다시 다룰 것이다.

가치들을 이끌어 내는 것이 회고적 속성(우리가 가치의 원천을 찾아낼 때)을 가질지라도 그 목적은 현재를 이해하고 그 사람이 미래를 향하게 하는 것이다. 이것은 중요한 개념이다. MI는 과거를 무시하지 않는다. 그러나 우리는 또한 과거를 여기저기 뒤지는 데 많은 시간을 보내진 않는다. 그대신 내담자를 현재 순간으로 데려 오거나 과거로부터 데려오려고 노력하고, 그 사람들이 미래가 어떻게 되기를 바라는지에 대해 초점 맞추기를 시작하라. 그 후 우리는 가치들을 고려하면서 이러한 가치들이 바로 지금의 그 개인에게 어떤 의미일지에 대해 이해하려고 노력한다. Ingersoll과 Wagner(2013)는 이렇게 초점을 과거에서 현재와 미래로 이동시킴으로써 문제에 초점 맞추는 것에서 벗어나서 개인과 집단의 시각을 넓혀 주는 이점을 갖는다고 하였다. 그 후 이렇게 넓혀진 시각은 내담자들에게 새로운 기회 가능성을 열어 주는 잠재력을 가지고 있다.

또한 사람들이 문제에 초점을 맞추는 것(problem focus)에서 가치에 초점을 맞추는 것(value

focus)으로 이동하면서 정서적 분위기에서도 괄목할 만한 변화가 있다. 자신들이 가치 있게 여기는 것이 무엇인지에 대해 말해 줄 것을 요청하는 작업은 수강 명령으로 강제 치료를 받으러 온 집단의 까칠한 분위기를 부드럽게 만드는 효과를 가져다준다. 즉, 사람들은 현재의 자신(실제 자아) 및 그들이 되고 싶은 자신(이상적 자아)과 다시 연결된다. 그러나 이러한 이동이 항상 성공적인 것은 아니다.

희망과 목표

가치는 주로 현재에 초점을 맞추는 것이고, 목표는 미래에 초점을 맞추는 것이다. 목표는 내가 성취하고 싶은 것들이다. 이것을 다룰려면 희망/꿈과 목표를 구별할 필요가 있다. 희망과 꿈이란 "나는 더 좋은 남편이 되고 싶다."와 같이 우리가 바라는 일반적인 것이다. 대조적으로 목표란 "나는 매일 15분을 할애하여 아내의 말이나 조언을 방해하지 않고 아내의 마음에 있는 것들을 듣기만 할 것이다."와 같이 희망을 달성하기 위해 내가 할 수 있는 구체적인 것들을 말한다. 두 요소—희망과 목표—모두 중요하다. 희망은 우리의 현재 상황을 극복하기 위해 노력할 수 있도록 영감을 주고, 목표는 그러한 희망에 '다리'가 되어 준다.

관계 형성 과정의 초기에 희망에서 목표로 넘어가고자 하는 유혹에 빠질 수 있다. 그러나 이러한 전환은 우리를 관계 형성하기에서 계획하기 과정으로 너무 성급하게 넘어가게 만든다. 즉, 한 회기의 초기나 변화과정의 초기에 의지가 확실히 보이지 않는데도 변화에 대한 관심이 담긴 몇몇 단어만 듣고 성급하게 변화계획을 세우려고 한다. 우리는 내담자의 이동을 도울 기회를 보게 되면 구체적인 목표 설정을 시도하고 싶은 유혹에 빠진다. 그러나 이때 우리는 변화의 이유(why)보다 방법(how)과 대상(what)이 더 중요하다고 믿는 함정에 빠진다. 여기서 필요한 것은 목표 달성을 위한 문제 해결 방법으로 바로 이동하지 않고 변화의 이유에 대해 더 구체적으로 파악하고자 하는 자세이다.

비공식적 방법은 반영 및 열린 질문을 이용한다. 여기 열린 질문의 예가 있다.

"당신이 인생에서 이루고 싶은 것은 무엇입니까?"

"미래를 생각해 볼 때 당신이 하고 싶은 것은 무엇입니까?"

"과거를 잠시 제쳐두고, 당신이 하고 싶은 것들을 성취할 수 있다고 가정한다면 그것은 무엇입니까?"

"앞으로 3~6개월 안에 이루고 싶은 것이 무엇입니까? 5년 내에 이루고 싶은 것은 무엇입니까?"

"아내가 당신을 어떤 배우자로 봐 주기를 원합니까?"

"만약 우리가 하는 작업이 성공한다면 그것은 어떤 모습일까요?"

이 질문들에는 가설적 속성이 담겨 있다. 이 질문들은 청자(listener)에게 그가 선호하는 미래가 어떤 것일지를 생각해 보도록 요구하고 있다. 가치에 대해서와 마찬가지로 주의 깊은 경청을 통해 그 사람의 희망과 목표를 찾아낼 수 있을 것이다. 그 후 우리는 반영하기, 인정하기 및 요약하기를 사용하여 이 논의들을 강조하고 인정하고 심화시킬 것이다.

또한 우리는 더욱 공식적인 방법을 사용하여 이러한 목표들을 이끌어 낼 것이다. 예를 들어, 내담자들이 마음속에 그려 보는 과정에 참여하도록 한다. 즉, 내담자들이 눈을 감거나 혹은 방에 있는 어떤 한 지점에 주의를 집중하도록 만든다. 그리고 내담자들에게 가장 편안한 방법을 선택하게 한다. 다른 방법들도 인터넷에서 쉽게 찾아볼 수 있다. 목적은 주의를 집중하고 이완 상태에 머무는 것이다. 내가 선호하는 방법은 숨을 코로 깊이 들이마시고 잠시 숨을 멈춘 후 입으로 내쉬는 것이다. 나는 이러한 호흡을 내담자와 함께 5~6번 한 후 정상적 호흡으로 전환하고 "당신은 이완되어 있지만 깨어 있습니다."와 같은 진술문을 사용하면서 신체 자각(bodily awareness)에 초점을 맞춘다. 내담자가 이완된 상태일 때 지금부터 6개월 후의 미래를 상상해 볼 것을 요청하라. 개인마다 상황이 다르겠지만 대부분의 내담자들에게 자신이 희망하는 미래를 '보거나', '느끼거나', '감지'해 볼 것을 요청할 수 있다. 현재 발생하고 있는 것을 관찰할 때 다른 감각들을 사용하게 하라. 이러한 미래를 만드는 데 성공적이었다고 보는 근거에 주목하게 하고, 이러한 감정의 옆에 앉아서 그 감정을 즐기도록 요구하라. 그 후 눈을 감고 초읽기를 이용해서 시점을 현재로 전환하고, 전환이 되면 눈을 뜰 것을 요청하라. 다음에는 이러한 내적 경험에 관한 정보를 이끌어 내기 위한 일련의 질문으로 이어진다. 여기에 몇 가지 질문이 있다.

"무슨 일이 발생하고 있습니까?"

"그곳에 누가 있습니까?"

"당신이 성공적이었다고 말할 수 있는 근거는 무엇입니까?"

"기분은 어땠습니까?"

"당신이 6개월 후의 상황에서 하고 있었던 것들 중에 지금 이미 일어나고 있는 것들은 무엇입니까?"

위의 마지막 질문은 분명 초점 맞추기와 유발하기 과정으로 이동하는 다리 역할을 하기 때문에 우리는 이 다리의 어디까지 이동할 것인지에 대해 신중할 필요가 있다. 또한 이 기법은 MI 전략은 아니지만 안전을 느끼고, 긍정적 감정을 이끌어 내고, 희망을 만드는 등의 관계 형성하기의 중요한 목적들을 달성하게 해 준다.

희망과 목표를 탐색하는 또 다른 방법은 미래 시간표를 만드는 것이다. 이러한 접근을 할 때 한 장의 종이를 사용하고, 종지의 한쪽 끝에는 현재를 표시하고 다른 한쪽 끝에는 함께 동의한 시점의 우리 미래를 표시한다. 이러한 시간의 간격은 연령과 문제 영역에 따라 달라질 것이다. 성인들의 경우 이 시간표는 더 길어질 수 있고(연 단위로), 반면에 청소년들의 경우에는 더 짧아질(개월 단위로) 필요가 있다. 약물 사용자와 같은 어떤 집단들은 장기적인 미래를 상상하는 능력이 부족할 수 있으므로 그 시간표도 더 짧아질 필요가 있다. 우리가 MI의 전반에 걸쳐서 하고 있는 것처럼, 상담자가 아이디어를 제안하지만 정확한 시점에 대한 결정은 내담자들이 하게 한다. 우리는 내담자들에게 과정 중에 어떤 지점을 채워 넣을 것을 요청한다. 이러한 연속선은 내담자가 계획하기를 시작할 준비가 되었을 때 우리가 다시 참고할 수 있는 일종의 지도를 제공한다. 현재 우리의 목적은 이러한 지점들을 유발하고, 이 시점들이 내담자들에게 왜 중요한지에 대해 내담자들과 의논하는 것이다.

이와 동일한 종류의 과업을 수행할 수 있는 창의적 방법들은 많다. 예를 들어, 우리는 내담자들에게 장래에 되고 싶은 사람을 대표하는 그림이나 콜라주(잡지에서 사진들을 오려 붙임)를 만들거나, 자기 인생의 사명을 쓰거나, 죽었을 때 자신들이 원하는 사망 기사를 작성해 보도록 요청할 수 있다. 이 과업의 가장 중요한 요소는 이 과업이 내담자에게 호감을 주고 긍정적 정서를 발생시키며(아래에도 지적한 것처럼 비록 몇몇 부정적 감정들도 발생할 수도 있지만), 내담자가 희망과 목표를 찾아내도록 돕는다는 점이다. 그 후 우리는 OARS를 사용하여 내담자와 함께 희망과 목표들을 탐색한다. Miller와 Rollnick(2013)의 은유로 표현해 보면 다음과 같다. 우리가 내담자와 긴 의자에 앉아서 함께 사진 앨범을 보고 있는 것을 상상해 보라. 내담자가 우리에게 엘범 속의 사진이 나타내 주는 것이 무엇인지를 설명할 때 우리는 OARS를 사용하여 이해를 더 심화시킨다.

Miller와 Rollnick(2013)은 가치와 행동의 조화나 일치로 정의되는 진실성(integrity)은 우리가 원하는 목표이지만 달성되지 못하는 경우가 많다고 하였다. 진실성은 인간 삶의 본질적 부분이며, 늘 변동한다. 또한 이러한 가치-행동 불일치에 대한 우리의 자각도 흔들릴 것이다. 우리는 초점 맞추기 및 유발하기 과정으로 이동함에 따라 내담자들이 이러한 불일치에 주목하도록 유도한다. 그러나 의도적 행동이 없더라도 가치와 목표에 대해 질문을 하는 행위는 내담자들의 눈을 그러한 가치와 목표로 돌리게끔 유도할 것이다. 가치와 목표에 대한 관심 유도는 라디오 쇼 동안의 Michael에게도 있었던 것이다. 그의 공동 진행자가 "과연 이 스포츠 행사는 누구를 위한 것인가요?"라고 질문하였는데 그 질문은 Michael의 공감적인 부모로서의 핵심 가치를 활성화시켰다. 즉, 낮은 우선순위인 공정과 노력의 가치에 있던 그의 관심이 부모로서의 열망과 현재 행동 사이의 불일치로 이동한 것이다.

3. 개념 정리 문제—자가 진단하기

진실 혹은 거짓

1. T F 반영과 질문은 반론을 야기시킬 수 있다.
2. T F MI는 대부분 변화의 대상(what)과 방법(how)에 관한 것이다.
3. T F 사람들에게 가치들 간의 관계를 조사해 보도록 요청하는 작업은 그들이 가지고 있는 가치들의 우선순위에 있어서의 변화를 가져올 수 있다.
4. T F 가치 탐색은 우리가 내담자들을 안전한 환경에서 깊은 수준까지 이해하는 방법이다.
5. T F 가치 탐색은 내담자들에게 인정하기를 할 수 있는 기회를 제공한다.
6. T F 관계 형성하기 과정 동안 가치를 탐색할 때 불일치를 유발시키려는 노력을 해야만 한다.
7. T F 가치 탐색은 내담자들(특히, 비자발적 방문 내담자)과의 상호작용에서 정서적 분위기 변화로 이어질 수 있다.
8. T F 희망과 목표는 동의어이다.
9. T F 관계 형성하기 과정 동안 사람들이 목표를 제시한다면 우리는 이러한 목표를 구체적 조치들로 쪼개는 작업을 해야만 한다.
10. T F Miller와 Rollnick는 가치와 행동간의 일관성을 성취하는 것은 우리가 자주 실패하는 목표라고 하였다.

정답 및 해설

1. T 실제로 이 장의 첫 부분에서 본 바와 같이, 반영과 질문은 반론을 야기할 수 있다. 이것이 바로 다음 장에서 더 깊이 다루게 될 주제이다. 반영과 질문을 통해 MI는 지향적 혹은 지시적 특성을 나타낸다. 즉, MI에서는 의도적으로 어떤 부분에는 주의를 기울이면서 다른 영역에는 주의를 기울이지 않는다. 왜냐하면 특정 방향의 것들이 내담자에게 생산적일 가능성이 더 높을 수 있기 때문이다.
2. F MI는 대부분 변화의 이유(why)에 관한 접근이다. 변화의 대상(what)과 방법(how)은 4개 과정(관계 형성하기, 초점 맞추기, 유발하기, 계획하기)의 후반부에서 다루어지는 논의

의 일부이다. 또한 변화의 대상과 방법은 상담자보다는 내담자가 더 많이 해야 할 영역이고 다른 상담(예를 들어, 인지행동치료)에서 더 많이 다루는 영역이다.

3. T Rokeach의 연구에서는 사람들에게 자신들이 가지고 있는 가치들 간의 관계에 대해 검토하도록 요청하는 단순한 행위가 가치 우선순위의 변화로 이어질 수 있고, 이는 다시 행동 변화로 이어질 수 있음을 입증하였다.

4. T 가치 탐색은 우리가 내담자들을 안전한 환경에서 더 깊은 수준까지 이해할 수 있는 한 방법이다. 내담자들은 이러한 가치 탐색 작업을 통해 상담자와 얼마나 많이 공유할지를 결정할 수 있게 되고, 또한 가치 탐색은 상담자와의 공유 작업이 이루어질 수 있는 수단을 제공한다.

5. T 내담자들이 가치 있게 여기는 것이 무엇인지를 배움으로써 우리는 내담자들의 현재 상태뿐만 아니라 그들이 어떤 사람이 되고 싶은지(이 두 가지가 인정하기의 큰 자원)에 대해 파악할 수 있게 된다.

6. F 이 진술에서 핵심 요소는 '관계 형성하기 과정 동안 가치를 탐색할 때'이다. 불일치를 만드는 작업은 유발하기 과정에서 이루어질 것이다. 현재 우리 목표는 이 내담자에게 중요한 것이 무엇이고 그것이 왜 중요한지를 이해하는 것이다. 비록 이런 이해 과정이 종종 어떤 내적 반영을 유발시키기 시작할 것이라는 점을 알면서도 말이다. 그럼에도 불구하고 그러한 유발 효과는 이 시점의 가치탐색 활동의 목적이 아니다.

7. T 내 경험에 비추어 볼 때, 대부분의 내담자들이 비슷한 변화를 경험하겠지만 부정적 정서가 고조되고 있는 수강명령 상황에서 특히 그러한 변화를 경험하게 된다.

8. F 희망과 목표는 동의어가 아니다. 희망은 광범위한 경향이 있고 우리가 원하는 것을 말한다. 목표는 보다 구체적인 경향이 있고 희망을 달성하기 위한 방법을 제공한다.

9. F 비록 유혹은 매우 크겠지만 우리는 관계 형성하기 과정 동안에는 문제 해결 단계로 들어가지 않고, 대신에 목표가 중요한 이유가 무엇인지 그리고 그 목표가 그들의 더 큰 열망과 어떻게 일치하는지를 이해하려고 시도한다. 그 이후 계획하기 과정 동안 실천 의도와 같은 것들에 주목함으로써 그 목표들에 대한 조작적 정의를 할것이다.

10. T 이것은 중요하다. 가치-행동 불일치는 내담자들에게만 일어나는 일이 아니다. 우리도 경험한다. 가치-행동의 불일치는 인간의 한 부분이다.

4. 연습하기

Michael의 사례로 되돌아가서 우리가 그의 공동 진행자였다고 상상해 보라. '라디오의 정신과 의사' 처럼 들리지 않으려고 노력하면서 대화가 중단된 지점을 찾아서 상담기술을 사용할 것이다. 우리의 진술문을 'P'라고 명명하였다.

	진술	**설명**
M:	아! (잠시 멈추고 좀 더 조용히) 처음으로 기록하네요. 좋아요, 좋아요. "과연 이 스포츠 행사는 누구를 위한 것인가요?" 이 질문이요!	
P:	그 질문이 맘에 드셨군요.	표면반영.
M:	네, 딸을 위한 행사인데 제가 방해하고 있었네요.	그는 그 아이디어를 직접 적용함.
P:	그 행사가 딸이 즐기는 행사가 되게 하는 것은 당신이 가치 있게 여기는 부분인 것 같아요. 이유가 무엇인가요? 딸이 즐기는 행사가 되게 하는 것이 당신에게 중요한 이유는 무엇인가요?	표면 아래로 내려감. 열린 질문이 불일치를 표적으로 하는 것이 아니라 오히려 가치의 본질을 표적으로 하고 있음.
M:	우리는 부모로서 몇 가지 중요한 직무를 가지고 있다고 생각합니다. 한 가지는 우리의 필요가 아닌 아이들의 필요에 근거해서 아이들에게 공급해 주는 것입니다. 제가 스포츠를 보는 것을 즐긴다 해도 이러한 스포츠 행사는 내가 필요로 하는 것이 아니라 딸이 필요로 하는 것이고, 따라서 딸을 위한 행사이죠. 그리고 제가 심판에게 아이들 놀이에 간섭한다고 욕할 때, 그건 사실 제 자신을 욕하는 것이기도 하죠.	많은 정보와 통찰을 보여 주고 있음.
P:	맞아요, 그것이 부모인 당신에게 딸이 필요로 하는 것입니다. 그것은 전직 축구선수인 당신에게 있어서 당신이 부모로서 어	반영 그리고 유쾌한 인정하기.

	진술	설명
	떤 사람이고 싶은지에 대해 꽤 깊은 통찰을 보여 주신 것 같아요.	
M:	네, 맞아요, 맞아요. 사실, 저의 어머니와 아버지가 좋은 롤 모델이죠.	내담자가 정보를 추가함.
P:	그래요, 당신은 그게 무엇인지를 알고 계시는군요.	심층반영.
M:	물론이죠.	Michael은 지금까지 제공된 정보에서 조금도 추가한 것이 없음. 그러나 그는 자신의 행동과 자신의 내적 롤 모델을 비교하고 있을 가능성이 높음.
P:	궁금한 점이 있습니다. 다른 사람의 입장에서 생각하는 것을 잘할 뿐만 아니라 중요하게 여기는 것 같아 보여요. 그게 당신에게 중요한 이유는 무엇일까요?	이러한 두 번째 가치에 대한 진술에 인정하기가 포함되어 있음. 그다음에 탐색 질문이 이어짐.

위의 예는 아니지만 우리가 친구들과 평소에 나누는 좋은 대화와 같다. 이 대화 속에서 우리는 핵심 기술들은 물론이고, Michael에 초점을 맞추면서 그에 대한 우리의 이해를 심화시키려는 의도적 노력을 살펴볼 수 있다. 또한 이 대화에는 불일치를 만들기 위한 듣기 부분과 변화대화를 이끌어 내기 위한 듣기 부분이 포함되어 있고, 또한 이 시점에서 관계를 형성하고자 하는 목적도 내포하고 있다. 이러한 부분들을 모두 살펴보는 것은 생산적인 것으로 평가받을 수도 있고 섣부른 행위로 판명될 수 있다. 여기서 섣부른 행위라 함은 내담자가 원하는 내용이나 이유를 온전히 이해하지 못한 채 초점 맞추기 과정으로 들어가는 것을 의미한다. 물론, 그 후 우리가 이 다음 과정으로 전진해야 하는 때는 언제입니까? 적기임을 나타내 주는 단서는 무엇입니까?와 같은 자연스러운 질문이 이어질 수 있다. 이러한 질문에 대해서는 초점 맞추기 부분(제3부)에서 다룰 것이지만 지금 말할 수 있는 결정의 기준은 내담자 자신, 우리가 사용하는 치료적 개입 환경, 내담자와의 관계 형성 정도, 내담자의 준비도, 그리고 무엇보다 중요하게도 내담자의 속도가 될 것이다. 이 모든 요인들과 비교해 보아야 하는 것은 변화로 빨리 이동하고 싶은 성향에 대한 상담자의 자기 인식이다.

5. 시도해 보기

<연습 6-1> 일상적 가치들 찾아내기

사람들이 표현하는 가치들에 귀 기울이는 것은 당신에게 도움이 될 것이다. 사람들은 "이것이 내 가치다."라고 말하지 않고 대부분 행동으로 표현하고, 밖으로 표현한 말의 표면 아래에 숨겨둘 것이다. 누군가의 가치를 나타내는 말을 당신이 '들을' 수 있는지를 알아보기 위해 이야기의 한 부분을 읽는 것으로 연습을 시작해 보라. 웹 사이트 Humans of New York(*www.humansofnewyork.com*)에는 다양한 사람들의 사진과 인용글이 실려 있다. 추측에 옳고 그름은 없다. 귀 기울이는 연습을 해 보아라. 기사 내용들을 읽고 각각의 내용과 관련된 이야기 또는 사진을 설명하고, 그 기저의 가치들을 추측하고, 당신이 제공할 수 있는 반영들을 머릿속에 그려 보고, 그리고 마지막 단계에서 당신이 하고 싶은 열린 질문을 생각해 보라. 만약 이 웹 사이트를 이용할 수 없거나 당신의 필요에 맞지 않다면, Google로 가서 "people's story"를 검색해 보라. 이 검색에서는 당신이 선택할 수 있는 많은 옵션들을 제공할 것이다. 주어진 양식을 사용하라.

<연습 6-2> 일상생활에서 가치 듣기

이제는 실시간으로 듣는 연습을 해 보자. 사람들이 자신의 개인적인 이야기를 하는 팟캐스트를 들어 보라. 미국의 StoryCorps 프로그램이 바로 그런 것인데, 사랑하는 사람에게 자신의 얘기를 하는 것이다. National Public Radio(NPR) 방송에서 사람들에게 자신의 말로 자신들의 얘기를 하도록 요구한다. 또한 당신은 가치 진술이 좀 더 직접적으로 표현되는 'This I Believe'라는 NPR 프로그램을 들을 수 있다. 여기서 사람들(유명한 사람도 있고 그렇지 않은 사람도 있음)은 자신의 믿음에 관하여 쓴 수필을 읽고 우리는 그것을 듣는다. 이야기들이 약간 길기 때문에 이야기가 끝났을 때 당신이 어떻게 요약해 줄 것인지를 생각해 보라. 이야기에 대한 요약을 소리 내어 말하는 연습도 해 보아라. 그 후 그 사람을 관계 형성에 참여하게 하기 위해 당신이 묻고 싶은 질문을 명확히 표현해 보라. Strangers(*www.kcrw.com/newsculture/shows/strangers*)와 같은 다른 팟캐스트도 이러한 작업을 할 수 있는 흥미로운 이야기들을 제공한다. 주어진 양식을 사용하라.

<연습 6-3> 희망과 목표 찾기

이 연습은 누군가에겐 훨씬 더 쉬울 수도 있고 또 다른 누군가에겐 훨씬 더 어려울 수 있다. 많은 경우 사람들은 질문을 받았을 때 자신들의 희망과 목표가 무엇인지 직접적으로 표현한다. 그러나 직접적으로 질문을 받지 않은 경우 자신들의 희망과 목표를 식별하는 것은 더욱 어려운 일이 된다. 그것은 본질적인 측면에서 보물찾기와 같다. 다시 Humans of New York(*www.humansofnewyork.com*) 웹 사이트로 돌아가서 희망과 목표에 대한 이야기들을 읽어 보라. 또한 희망과 목표에 관한 이야기들을 들려 주는 StoryCorps 팟캐스트를 들을 수도 있다. 그러나 모든 이야기들이 희망과 목표라는 요소들을 명료하게 나타내 주고 있는 것은 아니다. 사실 대부분의 이야기들에서 이러한 요소들이 명료하게 나타나지는 않다. 그래서 많은 사람들이 간접적인 형태로 소망을 언급할 것이기 때문에 희망과 목표를 가리키는 말에 집중하여 귀를 기울여야 한다. "나는 ……를 원한다", "나는 ……하고 싶다", "내가 할 수 있기만 하다면", "하기만 하다면"과 같이 변화대화의 열망(desire) 형태를 나타내는 언어에 귀 기울여 들어라. 이 과정을 시작하기 위해 MINT 훈련가인 Alan Lyme의 MI 시연을 유튜브를 통해 시청할 수 있다. 유튜브에서 "Screening, Brief Intervention, and Referral for Treatment. Alan Lyme"라고 검색하면 찾을 수 있을 것이다. 앞에서 했던 것처럼, 그 상황을 설명하고, 희망이나 목표들을 찾아내고, 그 후 궁금한 질문을 할 수도 있고, 반영하기를 이용하여 반응하라. 주어진 양식을 사용하라.

〈연습 6-4〉 내담자들의 희망과 목표

물론 이 기술을 당신의 내담자들에게 적용하는 것이 우리가 추구해 왔던 목표이다. 당신이 현재 만나고 있는 사람들에 대해 생각해 보라. 그들의 희망과 목표가 무엇인지에 대해 어떠한 단서를 가지고 있는가? 시간을 조금 들여서 그 단서를 유추해 보라. 그 후 그 단서들을 하나로 요약하라. 당신이 다시 만날 때 그들을 이 분야에 관한 추가 토론에 참여하게 유도하는 후속 질문들을 만들어 보라. 그 후 그 질문을 직접 하는 것을 상상해 보라. 당신의 내담자들이 직장에서 퇴근한 후에 그들이 무엇을 하고 있는지를 당신이 생각하고 있고, 특히 그들의 희망과 목표가 무엇일지에 대해 당신이 생각하고 있었다는 점을 그들에게 말했을 때 그들이 보이는 기쁨과 놀라움을 상상해 보라. 만약 현재 내담자들이 없다면, 당신이 잘 아는 다른 사람들에 대해 생각하면서 이와 동일한 연습을 해 보라.

〈연습 6-5〉 나의 가치

앞에서 당신은 내담자들과 함께 하는 작업에 대한 당신의 가치들을 스스로 분류해 보았다. 그러나 이러한 작업이 당신에게 중요한 것이 무엇인지에 대한 전체 이야기들을 이끌어 낼 가능성을 주는 것은 아니다. 앞선 연습과 마찬가지로 이 연습을 제대로 하기 위해서는 온라인 자료를 활용할 필요가 있다. 특히, 가치카드를 찾아서 프린트하라. 이 연습 방법에 대한 지시 사항을 따라라. 이 작업을 내담자들과 함께 할 때를 대비할 수 있는 중요한 준비 작업이다.

〈연습 6-6〉 시각 넓히기

앞에서 지적한 것처럼 내담자들은 문제 영역에만 좁게 초점을 맞추고 치료기관을 찾아오는 경우가 많다. 비록 이것이 모든 신규 내담자들에게 해당되지는 않겠지만, 방문하는 내담자들에 대한 큰 그림을 파악하는 데 도움이 될 수 있다. 이 연습에서 당신에게 요구하는 것은 내담자들이 어떤 사람인지, 그들이 가치 있게 여기는 것은 무엇인지, 그리고 그들의 목표는 무엇인지에 대해 알아내기 위해 당신이 그들 삶의 다른 영역에 대해 물을 만한 질문들을 찾아내는 것이다.

6. 파트너 활동

'시도해 보기'에 기술되어 있는 모든 연습들은 두 사람씩 짝지어 진행될 수 있다. 예를 들어, 〈연습 6-6〉에서 당신은 질문을 만들어서 자신의 짝에게 시도해 볼 수 있다. 그 사람의 대답들에 대해 반영적 태도로 탐색하고, 그들의 강점에 대한 이야기를 들었을 때에는 그 강점들에 대한 인정하기를 잊지 말라. 또 다른 연습에서 짝을 이룬 두 사람이 어떤 이야기를 함께 읽거나 들은 후 각자 연습지를 작성할 수도 있다. 당신의 반영과 요약들을 소리 내어 말하는 연습을 하라. 이 연습은 무엇이 어떻게 작동하는지 또는 어떻게 작동하지 않는지를 들을 수 있도록 돕는다. 〈연습 6-5〉가 파트너 연습에 가장 적합할 것이다. 왜냐하면 〈연습 6-5〉에서는 정말 중요한 일에 대한 파트너의 이야기를 듣는 작업이 포함되어 있기 때문이다. 이 연습은 대화의 범위를 넓혀 주고, OARS를 사용하여 빙산의 더 깊은 곳까지 들어갈 수 있는 기회를 제공한다.

7. 그 밖의 고려 사항

이것은 당신의 임상 회기들을 기록하는 것에 대해 생각해 볼 수 있는 좋은 시간이다. 우리가 잘하고 있는 것이 무엇인지 찾아내기 위해서는 아직 주의가 필요한 부분을 찾는 것과 같이 우리 자신이 하고 있는 것을 직접 물어보는 것이 가장 좋다. 디지털 녹음기는 구입 비용이 적게 들고 이 연습에 적합하다. 먼저 내담자에게 당신의 기술을 연마하고 내담자에게 도움을 주기 위해 녹음을 할 것이라고 설명하고 내담자의 동의를 구하라. (또한 사전에 회기 기록에 관한 기관의 규정과 정책을 확인해야 한다.) 이 녹음본을 파트너와 공유하는 것은 추가적인 피드백과 코칭을 받는 좋은 방법이 될 수 있다. 당신이 관계 형성하기 과정에 머물러 있는지 아니면 계획하기(그리고 문재해결) 과정으로 너무 빨리 뛰어들고 있는 것은 아닌지에 대해 특별히 주의를 기울여라. 만약 계획하기 과정으로 뛰어 드는 듯한 말이 들린다면 그것은 당신이 내담자와 함께 진행 속도를 늦출 필요가 있음을 나타내 주는 단서일 것이다.

다음은 당신이 주목할 수 있는 추가 사항들이다.

"나는 얼마나 많은 반영을 하고 있는가?"

"나는 얼마나 많은 질문을 하는가?"

"내가 던진 모든 질문에 대해 나는 얼마나 많은 반영을 하고 있는가?"

"나는 내담자와 얼마나 협력하고 있는가?"

이 마지막 질문에 대해 당신은 아래의 1에서 5까지의 눈금이 있는 측정자를 통해 생각해 볼 수 있다.

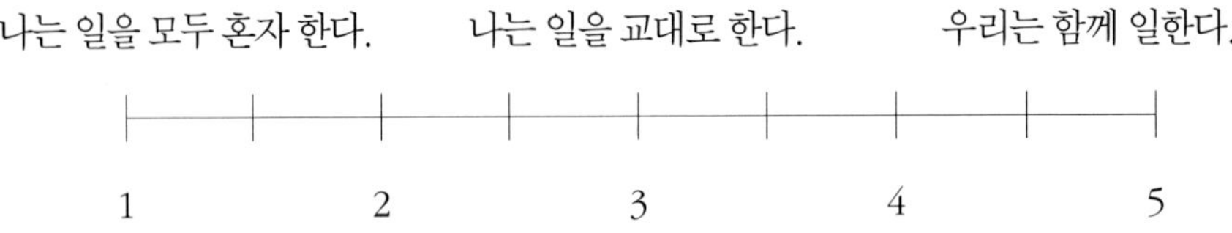

기억해 두어야 할 몇 가지 요점이 있다. 첫째, 완벽보다는 개선에 초점을 맞추어라. 즉, 목표는 시간에 따른 여러 기록들을 검토하여 당신이 원하는 방향으로 변화해 가고 있는지를 파악하는 것이다. 둘째, 내담자의 변화처럼 한번에 모든 것을 변화시키려는 것은 어려울 수 있다. 하나의 영역에 초점을 맞추어 부분적 성공을 달성하는 것이 전체 변화과정을 더 다루기 쉽게 만드는 것 같다. 마지막으로, 좋은 시작 지점은 반영 대 질문 비율을 매 질문마다 하나의 반영을 하는 비율로 변화시키는 것이다. 즉, 반영 대 질문 비율을 1:1로 만드는 것이다. 우선 이 목표가 달성된 다음에 그 비율을 2:1로 변화시킬 수 있을지 살펴보아라.

연습 6-1 일상적 가치들 찾아내기

사람들이 표현하는 가치들에 귀 기울이는 것은 유용할 수 있다. 대부분의 사람들은 "이것이 나의 가치이다"라고 말하는 대신에 행동을 통해 가치를 표현할 것이고, 겉으로 언급되는 말의 표면 아래에 숨겨서 표현할 것이다. 사람들의 이야기를 '들으며' 그들의 가치가 무엇인지 파악하는 연습을 시작해 보라. 이야기 또는 사진을 설명하고, 그 속에서 가치들을 찾아내고, 반영 진술문을 만들고, 그리고 당신의 목표는 관계 형성하기임을 염두에 두고 열린 질문을 하라.

웹 사이트 www.humansofnewyork.com에는 사람들의 사진과 말들을 모여 있다. 당신의 추측에 오답은 없고, 사진과 이야기는 자주 바뀐다. 만약 이 웹 사이트를 사용할 수 없거나 당신의 취향과 맞지 않다면 구글로 가서 'people's stories'라고 검색해 보아라.

예

이야기 또는 사진을 설명하라: **사진에는 대학 졸업 가운과 모자를 쓰고 웃고 있는 남성과 부인, 그리고 네 살 이하로 보이는 두 딸이 있다. "나는 2년 동안 새벽 1시 이전에 집에 들어온 적이 없었다. 이제 난 다시 좋은 아버지가 될 것이다."라고 써 놓았다.**

가치: **근면, 배움, 가족, 성취, 그리고 아마 가장 중요한 가치로서 아빠 되기**

반영: **배우는 것이 아무리 중요하다 해도 당신에게 가족보다 더 중요한 것은 없으시군요. 당신은 근면, 희생, 그리고 성장을 가치 있게 여기고 그것을 자녀에게 전하고 싶어 하시는군요.**

열린 질문하기: **이러한 희생을 하는 이유는 무엇인가요?**

1. 이야기 또는 사진을 설명하라.

가치:

반영:

열린 질문하기:

(다음 쪽에 계속)

일상적 가치들 찾아내기

2. 이야기 또는 사진을 설명하라.

가치:

반영:

열린 질문하기:

3. 이야기 또는 사진을 설명하라.

가치:

반영:

열린 질문하기:

4. 이야기 또는 사진을 설명하라.

가치:

반영:

열린 질문하기:

연습 6-2 일상생활에서 가치 듣기

이제는 이러한 경청 과정을 실시간으로 진행해 보자. 사람들이 자기 자신에 관한 이야기를 하는 팟캐스트의 대화를 들어 보라. 미국에서 StoryCorps 프로그램이 그러한 방송 중의 하나이다(*www.storycorps.org*). National Public Radio(NPR) 방송에서는 사람들에게 자신들의 이야기를 꾸밈없이 얘기하도록 요청한다. 당신은 또한 더욱 직접적인 가치 진술이 표출되는 "This I Believe……"란 NPR 에세이 프로그램을 청취할 수 있다. 여기서 우리는 사람들—유명한 사람도 있고 그렇지 않은 사람도 있음—이 자신의 믿음에 관하여 스스로 작성한 수필 낭독을 들을 수 있다. 이 수필들은 조금 길기 때문에 수필 낭독이 종료되었을 때 그동안 들은 얘기를 어떻게 요약할 것인지를 구상해야 한다. 이렇게 구상한 요약을 소리 내어 표현하는 연습을 하라. 그 후 관계 형성 과정에 더 참여하기 위해 당신이 묻고 싶은 질문을 만들어라. Strangers(*www.kcrw.com/ news-culture/shows/strangers*)와 같은 다른 팟캐스트들도 이 작업에 사용할 수 있는 흥미로운 이야기들을 제공한다. 당신의 반응에 대한 지침서로서 아래의 양식을 사용하라.

1. 이 이야기에서 당신이 관찰한 가치는 무엇인가?

    이러한 가치들을 정확하게 담아내는 요약하기는 무엇인가? 요약하기 내용을 말로 표현하고 기록하라.

    가치에 관한 더 많은 논의를 이끌어 내면서도 관계 형성 과정을 벗어나지 않게 하는 열린 질문은 무엇인가?

    그 가치에 집중하게 된 계기는 무엇인가?

2. 이 이야기에서 당신이 발견한 가치는 무엇인가?

    이러한 가치들을 정확하게 담아내는 요약하기는 무엇인가? 요약하기 내용을 말로 표현하고 기록하라.

(다음 쪽에 계속)

가치에 관한 더 많은 논의를 이끌어 내면서도 관계 형성 과정을 벗어나지 않게 하는 열린 질문은 무엇인가?

그 가치에 집중하게 된 계기는 무엇인가?

3. 이 이야기에서 당신이 발견한 가치는 무엇인가?

이러한 가치들을 정확하게 담아내는 요약하기는 무엇인가? 요약하기 내용을 말로 표현하고 기록하라.

가치에 관한 더 많은 논의를 이끌어 내면서도 관계 형성 과정을 벗어나지 않게 하는 열린 질문은 무엇인가?

그 가치에 집중하게 된 계기는 무엇인가?

4. 이 이야기에서 당신이 발견한 가치는 무엇인가?

이러한 가치들을 정확하게 담아내는 요약하기는 무엇인가? 요약하기 내용을 말로 표현하고 기록하라.

가치에 관한 더 많은 논의를 이끌어 내면서도 관계 형성 과정을 벗어나지 않게 하는 열린 질문은 무엇인가?

그 가치에 집중하게 된 계기는 무엇인가?

연습 6-3 희망과 목표 찾기

희망과 목표는 직접적인 질문을 통해 드러나기는 하지만 대부분은 다른 추가 질문과 반영에 대한 반응으로 드러나게 된다. 이처럼 암시적인 표현들을 듣고 반응하는 것은 훨씬 더 도전적 과제가 될 것이다. 내담자의 희망과 목표에 귀 기울이는 것에 대한 도움을 받기 위해 MINT 훈련가인 Alan Lyme가 시연하는 유튜브 영상을 볼 것을 권장한다. 이 영상은 선별, 단기개입 및 치료의뢰(Screening, Brief Intervention and Referral for Treatment: SBIRT) 프로그램을 소개하는 내용이 담겨 있다. 당신의 반응을 기록한 후 아래에 제공되는 것에 맞는지를 점검하라.

일단 점검을 하였다면 여러 가지 선택을 할 수 있다. 유튜브에 더 많은 MI 사례들이 있다. 이것은 하나의 선택지일 뿐이다. 문제는 이러한 많은 예들이 매우 직접적이어서 당신의 듣기 훈련에 도움이 되지 않을 수고 있다는 것이다. 그러나 당신이 더 많은 연습이 필요하다고 느낀다면 이것도 배움의 좋은 시작이 될 것이다.

당신은 Humans of New York 웹 사이트로 다시 돌아가 희망 및 목표 찾기를 위해 여기에서 이야기들을 읽을 수도 있고, StoryCorps 프로그램(*www.storycorps.com*)을 청취할 수도 있다. 모든 이야기들이 희망이나 목표라는 요소를 담고 있지는 않을 것이다. 실제로 대부분은 그러한 요소가 없다. 사람들은 주로 목표나 열망을 간접적인 형태로 언급하기 때문에 당신은 귀 기울여서 주의 깊게 들을 필요가 있을 것이다. 변화대화의 열망(desire) 형태로 표현되는 언어들, 즉 '나는 ……하고 싶다', '나는 ……을 원한다', '내가 ……할 수만 있다면', '……하기만 한다면'과 같은 말들을 주의 깊게 관찰하라. 앞에서와 같이 상황을 설명하고, 희망이나 목표를 찾고, 질문과 반영으로 반응하라. 아래의 양식을 사용하라.

예

상황을 설명하라: 의사에게 약물처방을 받고 사회복지사 Alan Lyme에게 의뢰된 한 여성은 알코올 사용과 스트레스에 대해 의논한다. 만남은 짧았다.

희망/목표: **그녀는 처방을 기다리고 있었다(목표). 그러나 더 큰 희망은 자신의 스트레스를 더 효과적으로 다루는 것에 있었다. 그녀는 일하러 가기, '이것'을 통제하기 및 대화할 사람을 두기와 같은 몇 가지 목표들을 찾았다.**

반영: **Alan은 당신이 사용할 만한 훌륭한 반영들을 여럿 하고 있다. 여기에 짧은 요약하기가 제시되어 있다.**

"당신은 처음에 약물처방을 받으려는 마음으로 내원한 이래로 자신의 스트레스를 관리하는 방법들을 찾고 싶은 희망을 가지게 되셨네요. 당신이 지금껏 스트레스 관리 방법에 대해 생각해

(다음 쪽에 계속)

왔던 것처럼, 누군가와 대화하기, 음주 관리하기와 같은 방법들도 상황을 통제하고 일하는 것과 같은 당신 목표를 달성하는 데 도움이 될 것입니다."

열린 질문하기: **"당신이 상황을 더욱 잘 통제하고 있다고 느끼려면 당신의 생활이 어떻게 되어야 할까요?"** (**이 질문이 관계 형성하기를 표적으로 하면서도 변화대화도 이끌어 내고 있다는 점에 주목하라. 물론 희망과 목표는 열망(desire) 언어와 겹치기 때문에 이러한 점은 전혀 놀랍지 않다.**)

이제 당신의 차례이다. 다시 뒤돌아 가서 희망과 목표로 분류하고, 그와 같이 선택한 범주로 분류한 이유에 대해 생각해 보아라.

1. 상황을 설명하라.

   희망/목표:

   반영:

   열린 질문하기:

2. 상황을 설명하라.

   희망/목표:

   반영:

   열린 질문하기:

3. 상황을 설명하라.

희망/목표:

반영:

열린 질문하기:

4. 상황을 설명하라.

희망/목표:

반영:

열린 질문하기:

연습 6-4 내담자의 희망과 목표

당신이 현재 만나고 있는 사람에 관하여 생각해 보라. 그들의 희망과 목표가 무엇인지에 관하여 당신이 가지고 있는 단서는 무엇인가? 잠시 시간을 가지고 그러한 단서들을 찾아보라. 그 후 발견된 단서들을 묶어 요약해 보아라. 다음에 만날 때 그 영역에 관한 의논에 그 사람들이 참여하도록 할 수 있는 추적 질문을 만들어 보아라. 그다음 그 추적 질문을 해 보라. 당신이 퇴근 후에 내담자들에 대해 생각하고 있었다는 사실, 특히 그들의 희망과 목표가 무엇일지에 대해 고민하고 있었다는 점을 내담자들에게 말해 줄 때 그들이 보이는 기쁨과 놀라움을 상상해 보라.

현재 상담하고 있는 내담자가 없다면 당신이 잘 알고 있는 다른 사람들에 관하여 생각하면서 동일한 연습을 해 보라. 내담자들의 희망이나 목표가 무엇인지 모르겠다면 이 정보를 이끌어 내기 위해 그들에게 던질 수 있는 몇 가지 질문을 만들어 보아라.

1. 내담자(이름의 이니셜이나 가명):

   희망/목표:

   반영/요약하기:

   열린 질문하기:

2. 내담자(이름의 이니셜이나 가명):

   희망/목표:

   반영/요약하기:

(다음 쪽에 계속)

내담자의 희망과 목표

열린 질문하기:

3. 내담자(이름의 이니셜이나 가명):
   희망/목표:

   반영/요약하기:

   열린 질문하기:

4. 내담자(이름의 이니셜이나 가명):
   희망/목표:

   반영/요약하기:

   열린 질문하기:

희망과 목표에 관하여 내담자들에게 던지는 질문:

예: "앞으로 몇 년 동안 생활이 잘 풀린다고 했을 때, 그려지는 모습이 어떻습니까?"

연습 6-4 반응 예

희망과 목표에 관하여 내담자들에게 던지는 질문:

예: "앞으로 몇 년 동안 생활이 잘 풀린다고 했을 때, 그려지는 모습이 어떻습니까??"

"앞으로 6개월 동안 당신이 달성하고 싶은 일들은 무엇입니까?"

"인생에 대한 큰 생각들을 고민해 볼 때, 마음에 무엇이 떠오릅니까?"

"당신 인생에서 일어날 수 있는 것들에 대해 생각해 볼 때, 당신을 흥분시키는 것은 무엇입니까?"

"인생의 끝에 가서 인생을 되돌아볼 때, 당신이 돌이키기를 희망하는 일들이 있다면 구체적으로 어떤 것입니까?"

"앞으로 2년 동안 당신의 인생(직업, 가정, 관계, 여가)에서 발생했으면 하는 일이 있다면 무엇입니까?"

연습 6-5 나의 가치

가치분류카드(Values Card Sort: VCS)는 각 카드마다 하나의 가치가 프린트 되어 있고 여러 범주로 분류되어 있다. 이 카드들은 인터넷에서 'values card printable'을 검색하면 찾을 수 있고 MINT 웹 사이트(*www.motivationalinterviewing.org*)에서도 구할 수 있다. 가치분류카드를 사용하는 다양한 방법과 접근들이 있다. 당신은 여기에 제시된 방법을 선호할 수 있을 것이다.

카드들을 '중요하지 않은' 범주와 '중요한' 범주로 분류하는 작업으로 시작한다. 많은 카드들이 '중요한' 범주로 분류되지 않을까 걱정할 필요 없다. 그것은 일반적인 현상이다. 일단 카드가 두 범주로 분류되고 나면 '중요하지 않은' 범주로 분류된 카드들은 일단 옆으로 제쳐 두어라. 그 후 '중요한' 범주로 분류된 카드들 중 5개 정도의 카드를 뽑아서 '가장 중요한 가치'란 명칭 아래에 두어라. 그 후 각 가치 아래에 있는 표에 다음 질문에 대한 대답을 기록하라.

- 이 가치는 나에게 어떤 의미가 있는가?
- 이 가치가 나에게 중요한 이유는 무엇인가?
- 이 가치는 내 인생에서 어떻게 표현되고 있는가?

다음은 하나의 예이다.

이 가치는 나에게 어떤 의미가 있는가?	이 가치가 나에게 중요한 이유는 무엇인가?	이 가치는 내 인생에서 어떻게 표현되고 있는가?
예: 낙관주의 나는 문제점들보다는 가능성들을 찾아보려고 노력한다.	내 인생에서 발생하는 일에 있어서 내 태도가 중요하다고 믿는다. 이것은 모든 것에 항상 목적을 가지고 있거나 잘될 것이라는 지나치게 낙관적인 믿음과는 다르다. 이 세상에는 끔찍하고 무분별한 일들이 발생한다. 긍정적이고 희망적인 것을 찾는 것은 다른 사람들에게 도움이 될 것이고 나에겐 훨씬 더 많은 도움이 될 것이라는 확고한 믿음이 있다.	부정적 시각에 빠져들기 쉽기 때문에 나는 지금 현재 잘 진행되고 있는 것에 대한 감사에 초점을 맞추고, 현재 발생하고 있는 일에서 무언가 가치 있는 것을 어떻게 발견할 것인지에 대해 생각하려고 노력한다. 나는 좋지 않은 일이 일어날 때 그 일에 대해 곱씹으려고 하지 않는 대신 그 일의 교훈을 인식하고 전진하려고 노력한다. 나는 그러한 낙관주의를 충족시킬 수 있는 방법들을 적극적으로 찾는다.

(다음 쪽에 계속)

나의 가치

나의 최고 가치 5개

이 가치는 나에게 어떤 의미가 있는가?	이 가치가 나에게 중요한 이유는 무엇인가?	이 가치는 내 인생에서 어떻게 표현되고 있는가?

이 표에 있는 답변을 보고 당신을 놀라게 하고 호기심을 자극하는 것이 있다면 무엇인가? 당신이 가치를 인정받거나 지지받는다는 것을 어디서 느꼈는가?

이러한 가치들이 다음 해에도 당신의 삶에 가득하다면 어떻겠는가?

연습 6-6 시각 넓히기

내담자들은 종종 기관을 찾을 때 문제 영역에 좁게 초점을 맞춘다. 물론 모든 상황이 다 그런 것은 아니지만 이 사람이 현재 어떤 사람인지에 대한 더 큰 그림을 이끌어 내는 것이 유용할 수 있다. 이 연습에서는 당신이 내담자들에 관하여 더 많은 것(즉, 내담자들이 누구인지, 무엇을 가치 있게 생각하는 지, 희망과 목표는 무엇인지)을 찾아내기 위해 다른 영역에서 던질 수 있는 질문들을 만들어 내야 한다. 아래에 열거된 영역들은 당신이 효과적으로 탐색의 목표로 잡을 수 있는 것들이다. 아래에 열거되어 있지는 않지만 당신이 중요하다고 느끼는 영역들도 있을 수 있다. 예를 들어, 교육은 여기에 포함되지 않지만, 매우 중요할 수 있다. 기타 영역에 자유롭게 추가하여 사용하라.

배우자/파트너/중요 지인:

가정:

직장(학업):

여가활동:

건강:

영성(영적 활동):

영양관리:

모험/짜릿한 재미:

성취/포부:

희망/꿈:

기타 영역:

연습 6-6의 반응 예

배우자/파트너/중요 지인

- 전부는 아니지만 많은 사람들이 자신의 삶에서 중요한 다른 사람과 관계를 맺고 있습니다. 당신의 인생에서 중요 지인과의 관계는 어떻습니까?
- 두 분이 어떻게 만나 서로에게 관심을 갖게 되었는지에 대한 이야기를 해 줄 수 있습니까?
- 현재 그 관계가 당신에겐 어떻습니까?
- 그 관계가 어떻게 되길 바랍니까?

가정

- 현재의 가족 상황에 대해 이야기해 주세요.
- 당신의 가족관계에 어떤 즐거움이 있습니까?
- 저녁 식사 시간의 대화는 어떻습니까?
- 당신의 자녀들에게 어떤 희망을 가지고 있습니까?

직장(학업)

- 의미 있는 활동은 인생에서 중요합니다. 당신의 삶에서 의미 있는 활동은 무엇입니까?
- 당신에게 삶의 에너지와 흥미를 제공해 주는 것은 무엇입니까?
- 그 일은 어떻습니까?
- 당신이 일을 하는 목표는 무엇입니까?

여가활동

- 인생에서 의미 있는 활동이 중요하다면 여가활동이나 취미생활도 마찬가지입니다. 당신은 무슨 취미활동을 하고 있습니까?
- 온전하게 이완되고 편안함을 느끼는 때는 언제입니까?
- 가족들은 그러한 편안한 활동/시간에 어떻게 적응하고 있습니까?
- 당신에게 재미있는 '버킷 리스트(죽기 전에 하고 싶은 일)'는 무엇입니까?

건강

- 당신의 건강에 대해 말씀해 주시겠습니까?
- 현재 건강은 과거의 건강 상태와 어떻게 비교될 수 있습니까?

(다음 쪽에 계속)

연습 6-6의 반응 예 (계속)

- 건강을 돌보기 위해 어떤 일을 하고 계십니까?
- 앞으로 1년 정도 동안 자신의 건강에 대한 희망이나 목표는 무엇입니까?

영성(영적 활동)

- 영적 활동은 많은 사람들의 삶에 중요한 부분이 될 수 있습니다. 당신 인생에서 영역 활동으로 무엇을 하고 있습니까?
- 종교는 영적 활동에 어떤 도움이 됩니까?
- 이러한 일들이 당신의 미래에 어떤 영향을 미칠 것으로 생각합니까?
- 어떤 변화가 일어날 것으로 보십니까?

영양관리

- 당신의 식단은 어떻습니까?
- 전형적으로 아침, 점심, 저녁은 무엇을 먹습니까?
- 규칙적인 식습관이 건강이나 가족에 대한 당신의 바람에 어떤 도움이 됩니까?
- 당신의 삶에서 영양관리는 어떻습니까?

모험/짜릿한 재미

- 당신은 모험이나 짜릿한 재미를 위해 무엇을 합니까?
- 사람들은 새로운 자극을 느끼기 위해 다양한 강도의 모험을 즐기는 경향이 있습니다. 어떤 사람들은 고도로 자극적인 경험을 좋아하고 다른 사람들은 그렇지 않습니다. 당신은 어느 정도의 모험을 즐깁니까?
- 당신이 자랑스러워할 수 있는 몇 가지 모험 기회는 무엇이 있습니까?
- 당신 인생에 적합한 모험이나 짜릿한 활동을 다음 몇 달 동안 어떻게 찾을 수 있습니까?

성취/포부

- 당신에게 중요한 성취는 무엇입니까?
- 사람들은 욕망 연속선상의 어느 지점에 있습니다. 어떤 사람들은 그들이 필요로 하는 것을 얻고 단순한 삶을 살고 싶어 하고, 다른 한편으로 세상에 자신의 흔적을 남기고자 하는 사람들도 있습니다. 당신은 어느 지점에 있다고 생각합니까?
- 만일 당신이 인생의 끝에 서서 인생을 뒤돌아보면서 "그건 좋은 삶이었어."라고 말한다면, 당신은 그 삶에서 무엇을 보고 있었겠습니까?
- 만약 친구가 당신의 명예를 기리는 기념 만찬을 주최한다면, 그 친구는 뭐라고 말하겠습니까?

연습 6-6의 반응 예 (계속)

희망/꿈

- 당신을 자극하는 희망이나 꿈은 무엇입니까?
- 당신이 지금보다 더 되고 싶거나 하고 싶은 영감을 주는 것은 무엇입니까?
- 당신이 어렸을 때, 이루고 싶은 꿈이 무엇이었습니까? 지금은 어떻습니까?
- 당신이 밤에 침대에 누워 다음 1년을 생각해 보면 당신은 무엇을 희망하게 됩니까?

기타 영역

- 토요일 오후 한가할 때 하고 싶은 것을 당신이 선택할 수 있다면 당신은 무엇을 하겠습니까?
- 어떻게 하면 가장 잘 배울 수 있습니까? 미래에 무엇을 배우고 싶습니까?
- 음악은 당신의 삶에 어떻게 어울립니까?
- 어떤 종류의 스포츠를 즐기십니까? 어떤 종류의 스포츠를 시청합니까?
- 내가 알아야 한다고 생각하는 부분은 무엇입니까?

초점 맞추기: 전략적 방향

*Merriam-Webster*에 따른 '초점 맞추기'의 사전적 정의는 다음과 같다.

- 집중하게 되다
- 주목할 수 있게 되다
- (어둠 등에) 눈이 익숙해지다
- (카메라 등의) 포커스를 맞추다
- 주의나 노력을 집중적으로 기울이다

기초적인 MI의 원리 및 관계적 기초를 습득한 후, 어떻게 실제적으로 MI 상담을 진행할 수 있는가는 쉬운 질문인 것 같지만 실제로 답하기는 쉽지 않다. 상담가들은 흔히 "OARS 기술을 쓰기는 하는데, 상담을 어떻게 진행해야 할지 모르겠다"는 어려움을 호소한다. 만약 누군가 이 질문에 쉽게 대답할 수 있다면 그는 이미 변화과정 자체의 중요한 특성을 이해하고 있을 것이다.

상담과정은 급류가 흐르는 강에서 래프팅을 하는 것으로 비유할 수 있다. 지금 자신이 래프팅의 출발선상에 떠 있고 래프팅 여정이 어떻게 진행될지 거의 모르고 있다고 가정해 보자. 아직 정확하게 어디를 가게 되며, 언제 어디에 도착하게 될지, 어떤 경로로 진행될지 모르는 상태이다.

이 경로에서 많은 부분은 우리가 마주하는 내담자, 상담 환경, 우리의 전문 분야에 따라 달라진다. 여정의 방향을 결정하지 않고는 상담자가 집중해야 할 부분이 계속 바뀌게 되고 내담자는 목적 없이 주제를 바꾸어 이야기하거나 원래 희망했던 목표를 이루지 못하게 된다. 이는 한쪽 강변에서 다른 강변 사이를 목적 없이 방황하며 옮겨 다니는 것과 같다.

그러므로 **초점 맞추기**는 여행의 여정을 설정하는 것이다. 내담자와 상담자가 삶의 요소들 중 어떤 부분을 주목하여 집중적으로 다룰지 선택해야 한다. 동기강화 접근에서 초점 맞추기는 다음과 같은 세 가지 요소를 가진다.

1. 구체적인 의제를 발전시키고 유지하기
2. 내담자에게 중요한 것이 무엇인지 발견하기
3. 의제 선정이 개방적이고 발전하는 과정임을 인식하기

이 세 가지 요소는 서로 밀접하게 연결되어 있는데 다음 몇 장을 읽어 보면 더욱 명확하게 이해될 것이다. 첫 번째 요소와 관련하여서 상담자들이 자주 접하게 되는 구체적 의제들이 있는데, 예를 들어, 정신장애를 발견하고 치료하기, 읽고 쓰는 능력을 향상시키기, 범죄율 감소를 위해 범죄자들의 사회 적응을 돕기, 아이들의 보호와 성장을 돕기, 음주나 마약 사용과 관련한 문제 줄이기 등이다.

내담자들은 상담 초기에 다음과 같은 의제들을 가지고 온다. 설명되지 않는 장애의 원인 찾기, 문맹에서 벗어나기, 배우자, 판사, 또는 상사에게 더 이상 시달리지 않기, 또는 자신에게 무슨 일이 일어나고 있는지 이해하기 등이 있다. 초기에 이러한 의제들을 가지고 상담을 시작한다고 하더라도 동일한 의제들로 끝나지 않을 수 있다. 내담자에게 무엇이 중요한지 발견할수록 중요하게 다루어야 할 새로운 영역이 부각되므로 그 부분의 탐색이 시작된다. 물론 상담자로서 상담과정에서 좀 더 논의되어야 할 의제들을 내담자에게 제안할 수 있다. 그러한 과정에 대해서는 다음 몇 장에서 더욱 자세히 이야기할 것이다. 상담과정에서 상담자는 솔직하고 투명해야 하며 위의 세 가지 요소를 적절히 조합해야 한다는 사실이 중요하다.

초점 맞추기는 내담자와 상담 모두에게 열려 있는 발전의 과정이다. 상담 초기에 내담자는 자신의 문제가 한 영역에만 국한되어 있다고 느낄지 모르지만 지속적으로 탐색할수록 다른 영역이 드러나게 된다. 예를 들어, 상담 초기에 자녀 양육에 있어 부모로서의 어려움이 의제였지만 상담이 진행될수록 내담자 자신의 외로움과 삶의 즐거움을 찾지 못하는 것이 상담의 초점이 될 수 있다.

이처럼 상담은 열려 있는 과정이기 때문에 상담자가 치료의 목표를 잃어버리고 상담자와 내담자 모두 복잡한 삶의 과정 속에서 목적 없이 헤매기 쉽다. 목적 없이 헤매는 것은 회기에 제한이 없는 상담에서는 가능할지 모르나 대부분의 상담 환경이나 보험 조건에서는 불가능하다. Terri Moyers 박사는 상담자와 내담자의 작업을 결승선 초점(finish-line focus) 작업이라고 이름 붙였다. 결승선 초점이라는 것은 하나의 목표만 설정해야 한다거나 상담자가 정할 결승선에 도달한다는 의미가 아니라, 내담자로 하여금 자신의 결승선에 도달할 수 있도록 돕는 것을 의미한다. 이는 상담의 핵심 기술 및 내담자와의 관계의 큰 그림을 결정한다. 상담에서 방향성을 잘 유지하면 재미만 있고 효과가 없는 종류의 대화를 피할 수 있다. 지금 눈앞에 당장 일어나는 일을 해결하고 있는 순간에도, 앞으로 일어날 법한 중요한 문제에서 눈을 떼지 않는다는 것이다.

래프팅 비유로 돌아가 보자. 우리는 이제 막 출발선상을 떠나서 물살을 타고 내려가기 시작했다. 선택해야 하는 사항들에 대해 이야기하기 시작했지만 아직 아무것도 결정하지 않았다. 강에 나뭇가지 때문에 래프팅의 방향이 달라질 여지가 있다. 이 여정이 방향성을 가지기 원한다면 차차 선택 사항들을 줄여 나가야 하며, 무엇보다 내담자가 가고 싶은 방향을 먼저 이해해야 한다. 상담자는 핵심 기술들을 사용하고 강에 대한 정보를 미리 제공함으로써 내담자가 원하는 방향을 정할 수 있도록 도울 수 있다. 이러한 안내 방식을 가지기 위해서 상담자는 정보 공유하기, 열린 질문하기, 내담자가 여정을 그리는 방식을 심층반영을 통해 이끌어 내기 등이 필요하다. 또한 가능성들을 체계화하여 요약하기, 내담자의 역량을 강화하기 위한 인정하기를 사용해야 한다.

초점 맞추기 과정을 더 잘 이해하기 위해 Russell의 사례로 다시 돌아가 보자. 여기서는 초점 맞추기 과정의 초기 단계에 집중하여 설명할 것이다.

활동 3　Russell과 초점 맞추기

여섯 살, 여덟 살 두 여자아이의 아버지이자 현재 이혼한 상태인 28세의 Russell을 기억하는가. Russell은 주말에는 아이들과 함께 지내지만 주중에는 혼자 지내고 있다. 국제화물 회사에서 물품을 배달하는 운전기사 일을 하고 있으며 매우 바쁘다. 일하고 아이들을 돌보는 것만으로도 시간이 부족해서 사람들과 어울릴 수 있는 시간을 거의 보내지 못하고 있다. 그는 최근 회사에서 실시한 대마초 소변검사에서 양성 판정을 받아 실직할 위기에 처해 있고 이러한 사유로 회사는 그에게 상담을 권했다.

초점 맞추기에서 중요한 세 가지 요소는 다음과 같다.

1. 구체적인 의제를 발전시키고 유지하기
2. 내담자에게 중요한 것이 무엇인지 발견하기
3. 의제 선정 과정이 열려 있는 발전의 과정임을 인식하기

Russell과의 상담에서 이와 같은 요소들이 어떻게 나타나는지 살펴보자. 첫 번째 단계는 상담자인 우리의 의제를 파악하는 것이다. 이 상황에서 상담가는 어떤 요소들에 주목해야 하는가?

파트 II 활동에서 우리는 Russell이 상담에서 얻고자 하는 것과 내담자가 우선순위로 두고 있는 것, 장기적으로 희망하는 것이 무엇인지 파악해 보았다. 의제가 개방적이고 변화하는 특성을 가지고 있다는 것을 감안해 볼 때 좀 더 구체적인 의제를 발전시키는 데 도움이 될 것이다. Russell과의 마지막 대화에서 내담자가 초점을 맞추고 싶어 하는 영역을 발견하였는데, 그 내용은 다음과 같다.

상담가: 본인이 원하는 것을 이루기 위해서는 어떤 도움이 필요할까요?

내담자: 글쎄요. 정확하게는 모르겠어요.

상담가: 그런 부분을 생각해 본 적이 없으시군요.

내담자: 네, 그렇죠. 그런데…… 혼자서 쉴 수 있는 시간이 있으면 좋을 것 같긴 해요.

상담가: 일에 너무 치여서 살기 때문에 문제를 일으키지 않는 선에서 쉬면서 즐길 수 있는 시간이 있기를

(다음 쪽에 계속)

바라시는군요.

내담자: (웃음) 네, 스스로에게 문제를 일으키지 않는 선에서요.

상담가: (웃음) 좋아요. 그 부분에 도움이 필요한 것 같네요. 또 다른 것들이 있나요?

내담자: 글쎄요. 아이들이 너무 사랑스럽긴 한데 훈육하는 것이 힘겨울 때가 많아요.

상담가: 아이들을 훈육하는 방법이나 활동에 대해서 좀 배울 수 있으면 도움이 되겠네요.

내담자: 배우면 너무 좋을 것 같아요.

상담가: 정말 배우고 싶으시군요.

내담자: 네, 그러면 정말 도움이 될 것 같네요.

상담가: 좋아요. 다른 것들도 있겠지만, 많은 부분들을 세세히 이야기하기 전에 우선 한 발짝 뒤로 물러서서 인생의 큰 그림을 생각해 보았으면 좋겠어요. 그다음, 우리가 앞으로 이야기할 구체적인 부분들이 그 큰 그림에 어떻게 들어맞을지 논의해 보면 좋겠어요. 일 말고 본인의 삶에 대해 간단하게 말해 주세요.

Russell이 스트레스에 대처하는 방법과 아이들을 돌보는 데 도움이 필요하다는 것을 들었다. 이럴 때 보통 의제를 발견했다고 생각하고 문제 해결로 바로 뛰어드는 경향이 있다. 다시 한번 생각해 보자. 스트레스 관리, 아이 양육 훈련이 모두 마약 사용을 해결하는 것에 영향을 줄 수는 있겠지만, 아직 이 부분들이 서로 어떻게 연결되어 있는지, 특별히 내담자의 중요한 가치와 어떻게 연결되어 있는지에 대한 이해가 부족하다.

내담자의 전체 삶의 영역에 대한 대화를 이끌어 나가고자 한다면 어떤 질문을 하는 것이 좋을까? 적어도 세 가지 이상의 질문을 생각해 적어 보자.

그 이후, Russell이 생각하는 부모의 역할을 탐색해 보는 상담을 진행한다고 가정해 보자. 우리의 목표는 내담자의 목표를 함께 발견하는 것이므로, 내담자가 스스로 부모로서의 가치관을 탐색할 수 있도록 몇 가지 아이디어를 제공해 줄 수 있다. 또한 큰 그림에서 세부적인 부분으로 옮겨 가는 과정에서 내담자가 대화의 흐름이 갑자기 변하는 것처럼 느끼지 않도록 해야 한다. 초점 맞추기로 들어가기 위해 할 수 있는 질문들은 어떤 것들이 있을까? 적어도 다섯 가지 이상의 질문을 생각해 적어 보자.

활동 3의 반응의 예

이 상황에서 상담가가 주목해야 할 요소들은 어떤 것이 있는가?

1. 마약 사용이 내담자에게 문제가 되는 영역인지 판단하기
2. 마약 사용이 내담자의 일상에 어떻게 나타나고 있는지 평가하기
3. 내담자의 단기적, 장기적 목표가 무엇인지 이해하기
4. 내담자에게 중요한 것이 무엇인지 발견하기
5. 내담자가 가지고 있는 내적, 외적 강점과 자원을 파악하기

3, 4, 5번 항목은 관계 형성 과정에서 시작하는 것이므로 지금은 1, 2번 항목에 집중하여 내담자의 삶을 탐색할 필요가 있다. 내담자의 인생의 큰 그림을 발견하기 위해 할 수 있는 질문은 어떤 것이 있을까? 많은 질문들이 가능하다.

- 현재 자신의 인생에 있어 잘되어 가고 있다고 생각하는 부분에 대해 말해 주세요.
- 스스로가 잘한다고 생각하는 영역에 대해 말해 주세요.
- 내담자분이 이곳에 온 이유와 직업에 대해서만 대략적으로 알고 있을 뿐 내담자분에 대해 자세히는 모릅니다. 자신에 대해서 그리고 본인의 일상에 대해 말해 주세요.
- 쉴 때는 무엇을 하고 싶은가요? 어떻게 하면 취미생활이 가능할 것 같은가요?
- 이혼하신 것으로 알고 있는데, 현재 만나고 있는 이성이 있나요? 아니면 어떤 계획이 있나요 〈
- 영성이나 종교가 본인에게 어떤 의미가 있나요?
- 내담자가 즐기기 위해 하는 것에는 어떤 것들이 있나요?
- 만약 모든 일들이 잘 진행된다면, 5년 후에 어떤 모습으로 살고 싶나요? 어디에 있고 싶나요?

아래 항목들은 Russell 과 부모의 역할에 대해 초점 맞추기를 할 수 있도록 돕는 질문들의 예이다. 다음을 순서대로 질문만 하는 것이 아니라 잦은 반영 및 인정하기와 요약을 함께 사용해야 한다. 일부 질문으로 내담자가 관심 있는 부분이 잘 드러난다면 아래 질문을 모두 할 필요는 없다.

- 본인은 어떤 부모라고 생각하나요? 아이들을 양육하는 데 있어 어떤 것이 중요하다고 생각하나요?
- 좋은 부모가 되기 위해 본인이 가지고 있는 원칙은 무엇인가요?
- 아이들과 함께 즐기는 활동에는 어떤 것들이 있나요?
- 어떨 때 아이들을 다루기가 가장 힘든가요?
- 아이들을 다루기 힘들 때 보통 어떻게 행동하나요?
- 어떤 방법이 아이들에게 효과가 있었나요?
- 어떤 방법이 아이들에게 효과가 없었나요?
- 어떤 훈계방식을 가지고 있나요? 그 효과는 어떤가요?

수평선 찾기

1. 도입

"오늘 기분은 어떠세요?"

"괜찮은 것 같기도 하고요". 나이가 지긋한 한 환자가 재활시설 휠체어에 조용히 앉아 있다. 6개월 전까지만 해도 활기차고 활동적이었으나, 지금은 척추에 생긴 종양 때문에 다리를 움직이기 힘들다.

"괜찮은 것 같기도 한데……." 간호사는 움직임을 멈추고 환자 쪽으로 고개를 돌렸다.

"잘 모르겠어요." 환자는 평소보다 좀 더 가라앉은 목소리로 대답했다.

간호사는 "평소와 뭔가 다른데요."라고 말했다.

"이제 무엇을 어떻게 해야 할지 잘 모르겠어요. 항상 잘 알고 살았는데." 한숨이 새어 나왔다. "이제 진짜 모르겠어요."

간호사는 "환자분이 수술 직후 병원에 있을 때는 다시 걸어야 하고 빨리 건강을 회복해야 한다는 명확한 목표가 있었는데, 여기 들어와서는 명확한 목표가 없어진 것처럼 느껴져요."라고 말했다.

환자는 고개를 돌려 깊은 한숨을 쉬었다. "화학 요법의 결과가 좋지 않아서 앞으로 어떻게 해야 할지 모르겠어요. 가족들에게 짐이 되는 것 같아서 그게 너무 싫어요." 환자는 불안해하며 서성였다.

상담가는 아니지만 MI 기술훈련을 받은 이 간호사는 고민에 빠졌다. 환자가 힘들어한다는 것을 눈치채고 동기강화 기술을 사용하여 내용 없이 위로하는 교정반사를 피하는 대신 마음을 열 수 있도록 반영을 시도했다. 그러나 자신에게 맡겨진 다른 환자들의 일도 많다. 이 환자가 도움을 받을 수 있도록 다른 사람들(성직자, 의사, 사회복지사들)에게 보내는 것도 하나의 방법이 될 수 있겠다는 생각이 든다. 동시에 환자가 자신에게 마음을 열고 힘든 부분을 털어놓았기 때문에 자신이 직접 대화를 하는 것도 도움이 될 것이라는 생각도 든다. 간호사로서 단순히 사람들의 신체적인 부분만을 보살피는 것이 아니라 감정적인 보살핌을 제공하는 것도 간호에 중요한 부분임을 알고 있다. 잠시 자신이 가용할 수 있는 시간을 계산해 보니 짧지만 목표 지향적인 대화를 해 볼 수 있을 것이라는 판단이 든다. 그러기 위해서는 잠시 간호사실을 비워야 한다. 이럴 경우, 의제에 초점 맞추기를 사용하면 짧은 시간 안에 대화가 가능할 뿐만 아니라, 환자가 겪고 있는 많은 내면적 갈등 중에서 집중해야 할 부분을 선택할 수 있다.

"Ben, 당신이 힘들어 하는 부분에 대해 이야기를 나누었으면 좋겠는데 다른 간호사들에게 이야기를 하고 나와야 해서 대화를 나눌 수 있는 시간이 길지는 않아요. 간호사들에게 다른 환자를 부탁하고 올 동안 다음 세 가지 부분 중에 어떤 것을 집중적으로 이야기해 보면 좋을지 생각해 보면 좋을 것 같아요. 첫째, 지금 치료받는 것과 관련해서 앞으로의 본인이 원하는 치료 방향에 대해 이야기해 볼 수 있어요. 둘째, 본인이 겪고 있는 것에 대해 가족들은 어떻게 생각하는지 이야기해 볼 수 있어요. 마지막으로, 시간이 좀 더 걸릴지도 모르지만, 지금 어떤 부분에서 삶의 의미를 느끼고 있는지, 그리고 이후의 시간을 어떻게 보내고 싶은지 이야기해 볼 수 있어요. 지금 잠시 생각해 보고 계세요. 곧 돌아올게요. 알겠죠?

2. 심층 탐구

우리는 일터에서 이런 식의 대화를 많이 경험한다. 다양한 일을 맡고 있어 항상 시간의 제약이 존재하기 때문이다. 내담자와의 교류가 우리가 정해 놓은 일의 범위를 벗어날 때도 있다. 많은 상담가들이 맡겨진 일에 비해 시간이 부족해 어려움을 겪는다. 일정한 시간 안에 행해져야 하는 일을 완수하기 위해서는 우선순위를 정해서 집중하는 것이 필요하다.

물론 우리는 앞의 예와 같은 상황에서 환자의 고민을 자신과 관련 없는 일이라고 생각해 버릴 수도 있다. 그러나 그런 행동은 환자의 삶과 복지에 영향을 끼칠 수 있는 기회를 놓치게 만들 수 있다. 물론 모든 환자들을 보는 것은 불가능하지만 MI의 관점에서는 이러한 짧은 순간들도 내담자와 상담자 모두에게 강렬한 기회로 만들 것을 권장한다. 모든 사건을 두서없이 다룰 수는 없기 때문에, 효과적으로 접근하기 위해 내담자로 하여금 광활한 수평선에서 집중해서 다루어야 할 점을 찾을 수 있도록 하는 것이 중요하다. 이를 위해서 의제를 선정하는 과정이 필요한 것이다.

의제의 종류

실제 상담을 할 때는 앞의 예보다 더 다양한 의제가 있을 수 있다. 상담을 시작할 때 내담자들은 자신이 상담에 오게 된 결정적 이유를 의제로 제시한다. 예를 들어, 상담 현장에 자신의 의지로 오지 않은 내담자들은 상담과정에서 추가적으로 연루될 수 있는 문제를 피하는 것을 의제로 제시할 수 있다. 혹은 자신과 갈등을 빚고 있는 사람들과의 문제를 해결하는 것도 의제가 될 수 있다. 어떤 사람들에게는 의료진이 제공하는 약이나 숙식을 위한 돈 등의 구체적 도움이 필요할 수도 있다. 치아 미백, 섭식장애 치료 같은 특정 서비스를 제공받는 것, 또는 보건서비스에 대한 정보를 얻는 것이 중요할 수 있다. 물론 자신이 원하는 것이 무엇인지 정확히 모르면서 무언가 변화가 필요하다는 생각 때문에 상담에 임하는 경우도 있다. 우리 상담자들의 의제도 존재한다. 앞에서 언급했던 것처럼, 우리 상담자들의 의제는 내담자의 구체적인 걱정이나 문제에 대해 이해하는 것, 변화과정을 개념화하도록 하는 것, 그리고 상담기술을 적용하는 것 등이다. 마지막으로, 상담자가 일하는 기관, 내담자를 추천한 기관, 내담자의 보호자 등의 변수가 있을 수 있다. 예를 들어, 학교에서 행동문제 때문에 청소년을 상담 센터에 의뢰한 경우, 의제를 정하는 것이 더 복잡할 수 있다. 이런 경우 학생, 상담사, 상담 서비스 센터, 교사, 부모, 학교의 변수가 존재하며 모두가 이해 당사자이다. 이때 의제 선정이 어디서부터 시작되어야 하는지에 대한 의문이 생길 수 있는데, 이에 대한 MI의 관점의 대답은 명백하다. 내담자로부터 시작되어야 한다.

다른 의제를 무시해도 된다는 의미가 아니다. 단지 내담자가 정말로 변화하기 위해서는 자신의 관심에 기초하여 스스로 결정하도록 할 수밖에 없다는 사실을 인정하는 것이다. 내담자가 변화에 관심을 가지는 단계에 이르기 위해서는 내담자에게 무엇이 중요한지, 그리고 내담자의 가치가 무엇인지 궁금해하는 태도가 중요하다. 이것이 쉽게 들릴지는 모르지만, 내담자를 돕고자 하는 상담자의 열망이 오히려 내담자가 원하는 것을 파악하는 데 방해가 될 수 있다. 상대방의 문제를 고쳐 주고자 하는 교정반사는 훌륭한 상담가에게서도 나타난다. 나의 막내딸이 친구에게 "너랑 이야기하는 게 좋아. 너는 우리 아빠처럼 문제를 고쳐 주려고 하지 않잖아."라고 말하는 것을 들었다. 나 또한 여전히 교정반사의 함정에 빠지고 있다. 정답을 알고 있다고 생각하는 것은 경청하는 것, 깊이 탐색하는 것, 무엇이 내담자에게 중요한지 알아가는 것을 방해한다. 예를 들어, 간호사가 Ben을 안심하게 만들고자 성급한 위로를 시도했다면 그런 태도는 그 순간에 필요한 의미 있고 깊은 대화를 방해했을 것이다.

초점 맞추기의 궁극적인 목표는 상담자와 내담자의 상담 목표를 일치시키므로 구체적인 의제 생성을 촉진하는 것이다. 이러한 일치는 한 번의 대화로 이루어지지 않는다. 내담자의 목표와 동기는 시간이 지날수록 차차 드러나며 변화한다. 제5장 첫부분에 Barbara의 사례를 생각해 보라. 상담 초기에는 대학을 가는 의제로 시작하였으나, 대화와 탐색이 진행될수록 학교를 가는 것 이상의 목표가 드러났다.

상담이 지속될수록 의제는 진화할 것이다. 많은 경우 내담자가 상담실에 처음 오게 되었던 이유는 상담을 지속하는 이유나 궁극적인 상담의 목표가 아니다. 내가 지난 몇 년 동안 상담했던 청소년 내담자를 포함해서 자신의 의지로 오지 않은 내담자들은 대개 다시는 상담자를 만나고 싶지 않다는 것을 목표로 삼고 상담을 시작했다. 그들의 초기 의제는 상담실에 다시 오지 않기 위해서는 무엇을 해야 하는가였다. 시간이 지나면서 다른 목표로 변해 갈테지만 이러한 초기 의제에 개방적으로 반응할 필요가 있다. 그 후에 초점 맞추기 과정을 통해 의제를 지속적으로 탐색해야 한다.

덧붙여 장기간 상담이 지속되면 상담에 대한 전반적인 목표뿐만 아니라 각 회기마다의 구체적인 목표가 생긴다. 예를 들어, 알코올 및 마약중독 상담 현장에서 위험성이 큰 술과 마약 문제를 해결하는 것이 궁극적인 목표이지만 구체적인 회기의 목표는 술과 마약을 제안받았을 때 거절하는 기술을 배우는 것이 될 수 있다. 어떤 의제는 우리에게는 굉장히 중요한 것처럼 보이나(예: 효과적으로 술과 마약을 거절하는 기술을 배우는 것), 내담자에게는 그다지 중요하지 않은 것일 수 있다(예: "술은 문제지만 대마초를 피는 것은 별 문제가 안 된다"). 치과에서 궁극적인 목표는 구강 건강을 유지하는 것이지만 썩어 가는 치아 진찰 일정을 정하듯이 구체적인 부위에 집중한다. 이처럼 내담자와 얼마나 자주 만나는지 상관없이 재초점 맞추기는 모든 회기에서 필요할 수 있다.

우리와 다른 이해관계자의 의제에 관련해서는 언제, 어떻게, 어떤 수준으로 할지 어려움이 존재하지만 투명성을 유지하는 것이 중요하다. 예를 들어, 한 아이가 중이염을 앓고 있는 상황에서, 의료진의 의제는 아이의 아픈 귀를 치료하는 것과 과도한 항생제 처방을 줄이는 것이다. 이 상황에서 의료진의 의제를 다음과 같이 전달할 수 있다.

> "가장 중요한 것은 아이가 아픈 것이니 그것부터 시작합시다. 저희는 질병의 원인이 무엇인지 밝히고 그 원인을 성공적으로 치료하는 것을 목표로 합니다. 의료 현장에서 이 질병을 치료할 때 항생제를 너무 자주 처방하는 것이 문제가 되고 있는데, 이는 약에 대한 미생물의 저항력을 오히려 높일 수 있기 때문입니다. 그래서 저는 항생제가 효과가 있다고 판단되는 상황에서만 약을 처방합니다. 먼저 항생제가 아이의 증상이 호전되는 데 도움이 되는지 지켜보고, 만약 그렇지 않다면 다른 방법을 이야기해 보도록 합시다."

의료진은 환자의 걱정과 목표를 다루면서도 자신의 의제 또한 전달하고 있다. 대화의 처음과 끝은 환자로 끝나지만 과잉처방을 피하고자 하는 의료진의 의제 또한 명백하게 드러난다. 제7장에서 정보 공유에 대한 부분을 다룰 때 초점 맞추기의 다양한 형식들을 통해 어떻게 이런 방식으로 이야기할 수 있는지 설명하겠다.

의제의 연속적 단계 작업하기

의제들은 연속적인 관계를 가지고 있지만, Miller와 Rollnick(2013)은 의제의 종류는 범주화될 수 있다고 말한다. 연속선의 한쪽 끝에는 명백하고 잘 알려진 의제가, 중간 영역에는 상담자와 내담자가 선택할 수 있는 의제들이, 반대쪽 끝에는 상담가나 내담자에게 명확하지 않은 의제들이 존재한다. 경계가 명확하지 않은 경우도 있겠지만 세 영역 모두 일반적인 주제에서 구체적인 주제로 넘어가는 과정이 분명 존재한다. 이는 상담가의 안내방식에 의해 달라질 수 있으며, MI의 핵심 기술을 세 영역 모두에서 자유롭게 쓸 수 있다. 각각의 영역을 차례로 살펴보자.

연속성의 한쪽 끝에 위치한 명백한 의제는 앞서 언급한 아이의 중이염 문제처럼 명확히 드러나기 때문에 보통 그 문제를 어떻게 해결할 것인가에 대한 대화가 곧 진행된다. 이러한 대화는 쉬워 보일지 모르지만 상담자가 MI의 정신의 핵심인 협동정신 및 자율성을 바탕으로 진행하고자 한다면 생각보다 쉬운 일은 아니다. 앞서 아동의 사례에서처럼 비견할 만한 의제들을 나열하고 관계성을 엮어 가는 것도 상당한 기술이 요구된다. 이러한 의제를 다룰 때 정보 제공하기가 사용된다.

중간 영역은 앞서 Ben의 사례에서 알 수 있듯이 여러 가능한 의제가 존재한다. 이때 의제도를 작성(agenda mapping)할 필요가 있다. 상담자와 내담자가 논의할 수 있는 주제가 풍부한 영역이기 때문에 어떤 주제에 더욱 집중할지를 결정하는 것이 중요하다. 시간이 지날수록 여러 방향이 나타나는데 상담 초기에도 각기 다른 방향의 의제들이 보일 수 있다.

반대쪽 끝에는 상담가나 내담자에게 명확하지 않은 의제들이 존재하는데, 이때는 방향 잡기(orienting)가 필요하다. 상담가와 내담자가 협력하여 의제의 대안들을 탐색하면서 그 여정의 방향을 찾아야 한다. 이 과정은 상담할 때도 빈번히 나타나지만 교도소, 의료기관에서도 종종 일어난다. 상담을 고려 중인 Pascal의 대화를 살펴보자.

> "뭐가 필요한지는 모르겠지만 제가 어떤 식의 상담을 원하지 않는지는 알 것 같습니다. 무엇을 하라고 시키거나, 연습할 것들을 많이 내 주거나, 노트에 잔뜩 뭘 적어 오라고 하는 것은 싫어요. 스스로를 이해할 수 있도록 내 상황에 대해 이야기를 들어줄 사람이 필요합니다. 몇 년 동안 힘든 일이 많아서 무엇을 어떻게 해야 할지 모르겠습니다. 제 이야기를 듣고 간단한 조언 정도만 해 줄 사람이 필요합니다."

앞에서 언급한 대화에서 발견되는 의제들 중 내담자에게 가장 도움이 될 만한 점을 찾아서 지속적으로 집중해야 한다. 명백한 방향이 있는 상담은 상대적으로 쉽다. 정보 공유를 포함한 여러 핵심 기술들을 조합하여 사용할 수 있다. 여기서 '정보 공유를 포함한'이라는 표현을 명심하라. 명백한 방향이 있어 보이는 경우 우리는 너무 단도직입적으로 성급하게 충고하는 경향이 있다. 비록 그런 태도가 적합하다고 생각한다 하더라도 내담자의 현실을 충분히 고려하지 않은 상태에서 상담자 자신의 생각에 의존해서 충고하는 경우가 많다. 이 장 후반부에서 정보를 제공하는 상황에서 OARS를 사용하여 협동 관계를 유지하는 방법에 대해 살펴볼 것이다.

여정에 다양한 방향이 존재하는 경우 Gobat과 그의 동료들이 제안한 의제도 작성법(agenda mapping)을 사용할 수 있다(Gobat, Kinnersley, Gregory, & Robling, 2015). 이 과정에는 환자의 대화 주제를 파악하기, 상담자의 대화주제 파악하기, 공동적으로 가지고 있는 우선순위에 동의하기, 상담의 초점을 세우기, 협력하기, 관계 형성하기의 여섯 가지의 핵심 내용이 포함된다. 의제도 작성 시 상담가와 내담자는 해당 주제가 지금 진행되는 상담 회기에서 다룰 주제인지 앞으로의 상담 과정 중에서 다룰 주제인지를 파악한다. 이 과정은 전체 상담과정 동안 계속해서 나타난다.

의제도 작성에는 다음의 세 가지 방법이 있으며 혼합해서 사용 가능하다. 첫째, 우리가 무엇을 하고 있으며 왜 그렇게 하는지에 대한 부분을 내담자가 이해할 수 있도록 설명하는 구조화된 진술을 준비한다. 이러한 진술은 이해관계자가 많은 상황에서 상담자의 역할을 명확히 하는 용도로도 사용될 수 있다. 예를 들어, 상담자가 외부 기관에 위험성을 보고해야 하는 의무를 가지고 있을 때 이를 미리 내담자에게 이야기할 수 있다. 둘째, 시각적인 도구를 사용할 수 있다. 마지막으로, 내담자가 동의한다면 Miller와 Rollnick이 제시했던 '카메라로 확대하듯이 보는 방법'도 사용해 볼 수 있다. 지금부터 각각의 방법을 차례로 살펴볼 것이다.

진술을 구조화할 수 있는 방법은 다양하다. 그중 하나는 문제를 직접적으로 언급하는 것이다. 예를 들어,

> "지금 대화를 나눌 시간이 15분밖에 없네요. 제가 생각한 주제가 몇 가지 있긴 하지만 내담자 분의 고민을 우선순위로 다루었으면 합니다. 지금 본인에게 가장 중요한 문제는 무엇인가요?"

시간이 제한적일 때는 회기에서 핵심적으로 다룰 주제를 하나 또는 2개 설정한다. 이때 내담자의 문제가 너무 많고 복잡하게 얽혀 있어서 내담자가 시간제한 내에 말하기 곤란하다고 할 수 있다. 이럴 경우 상담자는 이에 어떻게 반응할 것인지 미리 준비해야 하는데, 오히려 재구조화 및 정보 교환의 좋은 기회가 될 수 있다. 예를 들어,

"맞습니다. 시간이 많이 없기 때문에 효율적으로 이야기하기 위해서는 대화주제를 선택해서 집중할 필요가 있습니다. 문제들이 얽혀 있기 때문에 하나의 영역에서 변화가 일어나면 다른 영역에도 영향을 끼칠 수 있습니다. 지금 직면한 문제들 중에 어떤 부분을 먼저 이야기하면 좋을까요?"

내담자들은 대부분 이러한 설명에 동의하고 하나의 문제를 선택한다. 그렇지 않은 경우에도 상담자는 자신의 논리로 내담자와 논쟁을 하는 것을 피하고, 이후에 내담자의 대화 흐름이 막힌다는 느낌이 들 경우 다시 이 주제로 돌아오도록 한다. 이 과정에서 내담자가 대화 도중 다른 주제를 이야기하는 것은 흔한 일이다. 이럴 경우 상담자는 내담자에게 새로운 주제가 중요한 주제이지만 원래 이야기하고자 했던 주제와 다르다는 것을 언급해야 한다. 내담자에게 주제를 바꾸고 싶은지 물어보되 짧은 시간이 주어진 상황에서는 같은 주제를 이야기하는 것이 더욱 도움이 된다고 언급해야 한다. 예를 들어,

"주제가 대마초에서 부모님에 대한 이야기로 넘어갔네요. 이 부분도 중요한 주제 같습니다. 이 주제로 바꾸어 이야기를 진행해 나갈지 아니면, 원래 주제로 돌아가서 이야기할지 궁금합니다. 본인의 선택에 달려 있습니다. 이렇게 물어보는 이유는 내담자 분들이 대부분 한 주제로 이야기를 할 때 더 도움이 된다고 말하기 때문입니다."

상담가는 이 대화 중 자신의 의제를 첨가할 수 있다. 다음은 대마초 사용을 의심받아 학교 상담사에게 맡겨진 Laurie와의 대화이다. 전체 대화 중 초점 맞추기 부분은 다음과 같다.

"학교생활이 어떤지 먼저 듣고 싶고 그 이후에 마약 사용에 대한 부분이 학교생활과 어떤 관련이 있는지 물어보고 싶어요. 그렇지만 무엇보다 먼저 본인의 의견을 듣고 싶은데 우리가 오늘 어떤 주제로 이야기하면 도움이 될 것 같나요?"

시각적인 자료나 도구를 사용하는 것도 가능하다. 오랜 기간 동안 Rollnick은 의제도 작성 시 '메뉴' 도구를 사용해 왔다(예: Rollnick, Mason, & Butler, 1999). 기본적인 아이디어는 동그라미가 그려져 있는 종이를 사용하여 내담자들이 흔히 토로하는 고민과 주제를 시각적으로 제시하는 것이다. 보호관찰 기관에서는 여가시간을 어떻게 보낼지, 옛날 친구들, 동네 환경, 구직, 오명이나 수치심, 돈, 가족, 주거 환경, 마약 사용 등이 메뉴에 포함될 수 있다. 심장병 병원에서는 복약 관리, 다이어트, 체중감소, 흡연, 운동, 음주, 대마초 사용이 메뉴에 포함될 수 있다. 이 메뉴에는 내용이 비어 있는 원을 포함시켜 메뉴에는 없으나 내담자에게 중요한 주제들을 추가적으로 넣을 수 있도록 한

다. 보호관찰 기관에서는 의제도 작성을 다음과 같이 소개할 수 있다.

> "다양한 방식으로 주어진 시간을 활용할 수 있습니다. 여기 메뉴처럼 생긴 이 종이에는 '오래된 주거지, 낙인(stigma)이나 수치심, 구직' 등 우리가 이야기를 나눌 수 있는 주제들이 있습니다. 비어 있는 원도 있습니다. 여기 적힌 주제 들 중 본인이 생각하는 중요한 주제가 없다면 비어 있는 원에 적으면 됩니다. 이 중에 오늘 대화를 나누었으면 하는 주제를 하나 선택한다면 무엇을 고르고 싶은가요?"

내담자가 선택한 의제부터 시작하고 그 이후에 상담자가 본인의 의제를 추가할 수 있다.

> "'낙인'에 대해서 이야기하는 것과 더불어 구직과 주거환경을 잠깐 이야기하기 위해 마지막에 몇 분 남겨두도록 합시다. 오명부터 먼저 이야기해 봅시다."

의제도 작성에 해당하는 다양한 방법들이 있다. 내담자가 도착하기 전이나 대기실에서 기다리는 사이에 의제도 작성을 시작할 수 있다(McNamara et al., 2010; Robling et al., 2010). 이러한 의제도 작성은 상담 주제를 선정하는 것을 어려워하는 내담자에게 적합한 방법이다. 예를 들어, 마약중독 상담자의 의제는 최근 내담자의 소변검사 결과 마약 사용 양성이 나온 것이라고 가정해 보자. 이때 이 주제를 상담 전에 정해서 내담자에게 미리 알려 준다. 내담자가 대답을 준비해 오라는 의미가 아니라, 이 주제로 대화가 진행될 것에 대해 내담자가 마음의 준비를 하도록 돕는 것이다.

검사의 필요성을 의논할 때 활용할 수 있는 방법도 있다. 오랜 시간이 소요되는 검사는 구조화되지 않은 대화 사이에 검사를 끼워 넣을 수 있다. 이 방식은 무언가를 지탱하기(세워 놓기) 위해 양쪽 끝을 책으로 받치는 것과 같다. 여러 권의 책을 세워 놓는 것은 쓰러지지 않게 양쪽 끝을 책으로 받치는 것과 같다. 이 대화를 할 때 다음과 같이 내담자에게 시간의 한계를 알려 주는 구조화된 진술을 하는 것이 중요하다. 예를 들어,

> "오늘 우리에게 주어진 시간은 90분이며 그 시간 안에 설문지 하나를 작성해야 합니다. 설문지 전에, 먼저 10분정도 본인에 대해 이야기하는 시간을 가지고 그 후 대부분의 시간은 설문지를 작성하는 데 할애할 것입니다. 마지막 5~10분 동안에는 앞으로의 일정 및 계획에 대해 이야기하는 시간을 가질 것입니다. 어떠신가요?

처음 10분을 어떻게 쓸 것인지는 검사의 목적 및 상담자와 내담자의 관계에 따라서 달라질 수 있다. 그리고 긍정적 감정에 대한 이전의 논의처럼 상담을 시작할 때 긍정적인 느낌을 가진 질문을 하는 것이 도움이 된다. 이에 관한 예들은 다음과 같다.

"지금 삶의 어떤 부분들이 잘 진행되어 가고 있나요?"

"자신의 강점이 무엇이라 생각하나요?"

"친구들은 본인의 강점에 대해 어떤 이야기를 하나요?"

상담이 잘 진행되지 않을 때는 의제도 절충을 사용할 수 있다. 이 방식은 상담 현장에도 적용이 되지만 대상자를 정기적으로 만나는 다양한 현장에도 적용된다(예를 들어, 당뇨환자를 3개월에 한 번씩 만나는 내분비과 전공의, 개인화된 학습 계획이 필요한 학생을 정기적으로 만나는 교사, 환자와 1년에 두 번 만나는 치위생사의 경우 등). 이 경우 의제도 작성의 핵심은 의제 절충이다.

마지막으로, 상담가나 내담자에게 명확하지 않은 의제들은 방향 잡기(orienting) 작업이 필요하다. 대부분 상황이 복잡하거나 명확한 우선순위가 없을 때 방향 잡기가 필요하다. 명확하지 않은 의제를 다룰 때는 내담자와의 협동정신이 더욱 중요해진다. 상담가와 내담자는 각각 자신이 이해하는 바를 이야기하며 이 퍼즐을 함께 풀어 나가야 한다. 내담자는 자신이 경험하는 상황에 대해 정보를 제공해야 하며, 상담자는 변화의 과정에 대한 정보 및 자신의 전문영역에 대한 지식을 나누고 호기심을 가지고 탐색하는 역할을 맡아야 한다. 이 과정을 통해 상담가와 내담자 모두가 동의할 수 있는 의제도를 작성해야 한다. 새롭게 작성된 의제가 있다면 탐색이 진행되면서 수정 및 정교화가 이루어질 것이다. 상담자는 내담자의 말을 주의 깊게 경청하고 의제도를 작성하는 데 도움이 될 만한 아이디어를 제공하고 진행될 방향을 확인해야 한다.

상담가의 따라가기 방식(following style) 또는 앞서 인도하는 방식(directing style)은 여기서 문제가 될 수 있다. 상담가가 따라가기 방식을 취할 때 따라가야 할 방향이 명확하지 않기 때문에 미지의 영역을 목표 없이 헤맬 가능성이 높다. 또한 앞서 인도하는 방식은 제대로 된 이해 없이 성급한 행동으로 이어질 수 있다. 반면에 안내하는 방식(guiding style)은 영역의 지도를 만들어 주면서도 여정의 방향을 함께 정하는 것이 가능하다. 안내하기 방식은 전통적인 상담 상황에 더욱 적합하기는 하지만, 명확한 지도가 그려지기 전에 검사나 치료를 실시해야 하는 복잡한 의료 상황에도 적용될 수 있다. 의료 환경에서는 시간제한 또는 의료비 지급 등이 문제가 될 수도 있지만, 방향이 명확하지 않은 상태에서 움직이는 것보다 환자와 충분히 대화를 나눈 다음 결정하는 것이 더욱 효과적인 결과를 가져올 수 있음을 기억해야 한다. 다음의 예를 살펴보자.

"해결점을 찾지 못한 상태에서 여기에 왔습니다. 너무 지쳤습니다. 만성통증을 겪고 있으며 잠도 못 자고 힘도 없습니다. 만성 신장병도 있습니다. 점점 몸이 약해져 가고 있습니다. 이런 문제들 때문에 여러 의사들을 찾아가 보았지만 아무도 병을 해결하지 못하고 국소적인 부분들만 치료했습니다. 몸의 아픈 부분들이 다 연결되어 있는 것 같은데 이런 제 생각을 이야기하면 의사들은 무시합니다. 이전의 몸 상태로 돌아가지 못할 것 같은 생각이 들지만 포기하고 싶지도 않습니다. 이런 상태가 지속되는 것이 너무 힘듭니다."

이러한 복잡한 상황에서는 교정반사가 작동하여 조급하게 환자를 여러 방향으로 끌고 가기 쉽다. 그런 행동이 긍정적인 결과를 이끌 수도 있겠지만 원하는 목표를 얻지 못할 가능성이 더 크다. 결국은 의료인도 낙담하고 환자도 절망하는 결과가 나타난다. 이런 상황에서 경청하는 자세는 환자의 의료적 상황에 대해 더욱 명확히 이해하고 환자에게 가장 효과적인 행동을 취할 수 있게 한다.

까다로운 주제 언급하기

여정의 방향을 결정하는 것과 더불어 상담자들은 내담자가 원치 않는 주제를 논의해야 하는 경우가 있다. 당신도 그런 상황 때문에 MI에 관심을 가지게 되었는지 모르겠다. 핵심 문제는 상담자가 우려하는 상황을 내담자는 문제로 인식하지 않는 것이다. 내담자와 불협화음을 일으키지 않으면서 어떻게 이런 문제를 언급할 수 있을까?

내담자가 불편을 느끼지 않도록 하는 마술같은 정답은 없지만, 내담자를 지속적으로 앞으로 전진할 수 있게 하는 전략과 기술은 존재한다. 이러한 기술들을 배우고 연습하여 정교하게 만들어야 하는데, 이때 주의해야 하는 사항들이 있다.

먼저 내담자에 대해 궁금해하는 태도와 내담자를 더욱 이해하고자 하는 노력이 필요하나, 상담자의 목표는 내담자의 자백이나 문제 인정을 받아내는 것이 아니라 어떻게 이 문제가 내담자의 상황 및 관점과 연결되어 있는가를 이해하는 것이다. 문제가 있다고 미리 속단하지 말라. 이때 상담자의 단어 선택이 중요한데 상담자의 투명성이 신중한 단어 선택에 영향을 끼친다. 전달하는 방법이 중요함을 기억하면서 상담자 본인의 의도와 의제를 이야기하라.

앞서 언급한 것과 같이 지극히 직면적인 접근은 불협화음을 일으킬 가능성이 높다. 내담자는 자신의 성격과 판단, 행동이 의심받는다고 느껴지면 문제를 축소시키려고 할 것이다. 내담자가 까다로운 주제를 상담자와 이야기하는 데 있어 안전한 환경이 조성될 수 있도록 대화에 앞서 관계 형성하기(engaging)가 선행되어야 한다.

마지막으로, 내담자에게 자신의 의견을 피력하기 위한 증거를 수집하지 말라. 가장 중요한 것은 내담자가 스스로 변화대화를 시작하며 변화의 중요성을 인식하는 것이다. 내담자의 문제에 대해 심각하게 우려되는 부분이 있다면 직접적으로 자신의 우려를 공유하는 것이 좋다. 제8장과 제10장에 이 부분의 제안 사항을 설명하였다.

이러한 부분을 염두에 두고 까다로운 주제를 언급할 때의 네 가지 전략을 살펴보자. 첫째, 내담자가 자신의 상황을 이해하는 관점을 이야기할 수 있도록 유도함으로써, 삶의 큰 맥락에서 행동, 문제, 걱정을 볼 수 있도록 돕는다. 내담자에게 자신의 행동이 본인의 가치와 어떻게 연결되어 있는지 물어봄으로써 자신의 배경과 가치를 이해하도록 돕는다.

이를 위해 전형적으로 내담자에게 하루를 어떻게 보내는지 물어볼 수 있다. 아침식사로 시작해서 잠자리에 드는 것으로 끝나겠지만 호기심 있는 자세로 물어보라(그러나 너무 오랜 시간 머물지는 말라). 예를 들면 다음과 같이 말할 수 있다.

> "이미 내담자 분의 일과가 어떤지 일부 알고 있습니다. 그러나 아직 전체적으로 하루 일과가 어떤지 모릅니다. 그 부분이 저희가 대화를 진행하는 데 꽤 중요할 것 같습니다. 아침에 일어나면 무엇을 하는지부터 시작해서 이야기해 보면 좋을 것 같습니다. 보통 아침 일과는 어떤가요?"

몇 시에 일어나는지, 일어나자마자 무슨 일을 하는지, 아침으로 보통 무엇을 먹는지 자세한 질문을 이어 가라. 내담자가 일과 속에서 문제행동을 보이지 않고 있다면 직접적으로 물어보라.

> "아이들이 말을 잘 듣지 않고 본인도 자제력을 잃는 것 같은 날은 평소와 어떻게 다른가요?"

둘째, 내담자와의 불필요한 갈등을 일으키지 않기 위해서 문제라는 단어를 내담자가 먼저 사용하기까지 말하지 말라. 이를 위해 문제없이 일이 잘 풀리는 날들에 대한 질문으로 시작하는 것도 하나의 방법이다. 예외적으로 긍정적인 것을 이야기하는 방법은 긍정심리 및 해결 중심 치료를 포함한 여러 상담법에서 쓰이고 있다.

셋째, 행동을 정상화하라. 이 접근에 포함되는 한 가지 방법은 자연스럽게 진행되는 질문 속에 문제행동에 대한 질문을 심어 놓아서 덜 불편하게 느끼도록 하는 것이다. 예를 들어, 내담자 평가를 진행할 때, 나는 항상 초등학교 및 중학교 교육에 대해 묻고 나서 처음 물질을 사용한 시기에 대한 질문을 한다.

> "많은 사람들이 고등학교때 처음 술을 마십니다. 본인은 어떤가요? 처음 술을 마신 때를 이야기해 주세요."

이러한 정상화의 과정은 내담자에게 대답의 범위나 범주를 제공해 주는 것까지 연결될 수 있다. 특별히 민감한 주제에 관련해서 내담자로 하여금 제한된 범위 안에서 대답하도록 하는 것은 내담자가 그 주제에 대해 함으로서 축소해서 보고하지 않도록 한다. 정상화가 그 행동을 수용하겠다는 것을 의미하는 것은 아니다. 대신에 그 행동이 다른 사람들도 하는 행동 중 하나이며 그런 일이 있다 하더라도 충격적인 일이 아니라는 것을 전달하는 것이다. 예를 들면 다음과 같이 말할 수 있다.

"다투는 방법은 부부마다 다릅니다. 대화로 푸는 사람들도 있지만 소리를 지르며 싸우는 사람들도 있습니다. 서로 이야기를 하지 않는 부부도 있고 물건을 던지면서 싸우는 부부도 있습니다. 따귀를 때리거나 주먹으로 치거나 차고 머리를 잡아당기면서 몸싸움을 하기도 합니다. 두 분은 어떻게 다투시나요?"

간단하게 이렇게 말할 수도 있다.

"술을 마실 때, 어떤 사람들은 맥주 한 캔을 마시기도 하고 어떤 사람들은 24캔을 마시기도 합니다. 본인의 음주습관은 어떤가요?"

이 과정에서 상담자가 모든 대답에 대해 평정심을 가지고 듣는 것이 중요하다. 내담자는 자신이 판단 받는다고 느끼면 대화를 멈출 것이다. 상담 초반에는 내담자의 이야기를 단순히 수용하는 태도를 취한 후, 이후 문제가 있을 수 있는 영역으로 다시 돌아가 이야기할 수 있다. 이때 내담자는 자신에게 부정적인 꼬리표를 붙이는 것처럼 느낄 수 있으므로 OARS 기술을 사용하는 것이 바람직하다.

넷째, 상담자는 내담자의 결정과 의견에 우려가 되는 부분을 이야기할 수 있지만 이를 어떻게 전달할지에 대해 심사숙고할 필요가 있다. MI 상담자는 내담자에게 직접적으로 문제가 있다고 말하는 대신에 다양한 관점을 제시한다. 상담자의 진술의 정확성과 의미를 판단하는 것은 내담자의 몫으로 남는 것이다.

다루어야 할 주제가 있는데 그 주제에 다가갈 방법이 딱히 없는 경우, 우려 표현하기가 유용하다. 또한 그 과정에서 불협화음이 있을 수 있기 때문에, 다시 관계를 회복할 수 있도록 OARS를 사용할 수 있는 준비가 되어야 한다. 예를 들어, 상담자는 가석방된 내담자가 마약 사용자인 옛 친구들과 어울리며 위험할 수 있는 장소에 가는 것이 우려될 수 있다.

"이 부분에 대한 대화가 도움이 될지는 모르겠지만 옛날 친구들과 이전 아지트에서 어울리는 것에 대해 우려가 됩니다. 이전에 마약 때문에 감옥에 가게 되어서 앞으로 그런 일로 감옥에 가고 싶지 않다고 말한 것을 기억합니다. 그래서 혹시 친구들과 어울리는 것이 마약을 사용하는 이전의 습관으로 돌아갈 수 있는 위험을 키우는 것은 아닌지 우려가 됩니다. 물론 어떻게 할지에 대한 선택은 본인이 하는 것이지요. 제가 우려하는 부분에 대해 어떻게 생각하시나요?"

이 대화는 세 가지 요소를 포함하고 있다. 우선 상담자는 자신의 우려를 직접적으로 표현하고 있다. 내담자가 판단 받는다고 느낄 수 있는 표현이 없으며, 내담자가 이전에 언급했던 진술을 사용하고 있다. 마지막으로, 내담자의 생각을 이야기할 수 있도록 요청하고 있다.

상담자는 자신이 말한 관점을 관철시키고자 하는 유혹에 빠지기 쉽다. 동의를 구하지 않는 설득은 피해야 하며, 아주 미묘한 상담자의 태도가 불협화음으로 이어질 수 있음을 기억하자. 내담자의 관점을 이해하기 위해 OARS를 사용하는 것이 훨씬 유용하다. 우려 표현하기 및 설득 사용하기는 제8장에서 좀 더 자세히 설명할 것이다.

3. 개념 정리 문제—자가 진단하기

진실 혹은 거짓

1. T F 많은 의제가 있을 때 가장 중요한 것은 상담자의 의제이므로 그것부터 시작해야 한다.
2. T F 내담자가 자신이 무엇을 원하는지 모르는 상태에서 상담에 왔다면 상담 받을 준비가 안 된 것이다.
3. T F 시간적 압박 때문에 조급하면 비효율적인 상담을 하기 쉽다.
4. T F 내담자의 필요를 안다고 확신하는 것은 대화와 변화에 걸림돌이 된다.
5. T F 한번 상담자가 자신의 교정반사에 대해 알고 난 후에는 다시는 교정반사가 일어나지 않는다.
6. T F 초점 맞추기의 궁극적인 목표는 내담자와 상담자 각자의 목표가 공동의 목표가 되는 것이다.
7. T F 의제는 상담이 진행되면서 진화한다.
8. T F 까다로운 주제를 언급할 때 상담자는 그 주제가 내담자의 삶과 어떻게 연결되는지에 대해 궁금한 태도를 가져야 한다.
9. T F 서로에게 불편한 주제는 피하는 것이 MI의 특징이다.
10. T F 시각적인 도구를 사용하는 것은 까다로운 주제를 소개하고 대화를 준비하는 데 도움이 된다.

정답 및 해설

1. F 다양한 의제가 있을 때, 상담자는 내담자의 의제에 우선순위를 두어야 하며 거기서부터 시작해야 한다.
2. F 상담에 오는 내담자들 중 많은 사람들이 자신이 원하는 것, 필요한 것을 모르는 상태로 온다. 이러한 내담자가 준비가 안 되었다고 돌려보내는 것은 내담자의 현재 상태(변화단계가 낮은 상태)를 존중하는 MI의 정신에 어긋난다. 또한 MI는 내담자가 변화에 준비가 되기 위해 '바닥을 치는' 경험이 필요하다고 생각하지 않는다.
3. T 아쉽게도, 상담자들이 시간적 압박을 경험하면서 조급하게 상담을 진행시키는 경우가 많다. 이러한 태도는 상담자와 내담자 모두에게 좌절을 가져다주기 쉽다.
4. T 우리가 정답이라고 생각하는 것이 내담자의 이야기를 경청하는 데 방해가 될 수 있다. 내담자의 관점을 수용하고 이해하는 데 최선을 다하면서도 상황의 다른 관점을 제공하는 균형을 유지하는 것이 필요하다.
5. F 사실이었으면 좋겠으나 교정반사에 대한 저항은 지속적인 노력이 필요하다.
6. T 상담가들에게는 중립적인 의제들(예를 들어, 내담자가 아이를 입양할지 또는 신장을 기증할지)도 있지만 위험한 성행위로 인한 부정적인 결과 또는 배우자나 파트너로 인한 폭력의 대상이 되는 것을 피하는 것과 같은 명확한 방향성을 가진 의제들도 있다. 어떤 경우든 상관없이 초점 맞추기의 목표는 현재 어디에 에너지와 노력을 기울일지 상담자와 내담자 모두가 합의하는 상태에 도달하는 것이다.
7. T 변화의 대상이 아주 명확해 보인다 하더라도 보통 의제는 내담자와 상담자가 상황에 대한 이해가 깊어짐에 따라 변한다. 초기에 의무적으로 상담에 임하게 된 경우 이런 경우가 빈번하다.
8. T 이것은 중요한 부분이다. 상담자의 호기심 있는 태도는 자신의 우려가 내담자를 위한 것임을 전달하는 데 효과적이다. 또한 상담자가 내담자를 직면하도록 자료를 모으는 것이 아니라 함께 발견하고 측정하는 태도를 유지할 수 있도록 돕는다. 즉, 덫을 설치하는 게 아니라 내담자를 이해하기 위해 노력하는 것이다. 이러한 태도는 내담자가 나눈 정보가 내담자 본인의 필요와 열망에 맞는 아이디어를 제공하는 데 사용되도록 돕는다.
9. F 당연히 사실이 아니다. 비록 MI가 불협화음의 수준이 올라가는 것을 지향하지 않기 때문에 때때로 갈등을 일으키는 주제로부터 초점을 옮기기도 하지만, MI 또한 내담자에게 불편한 주제를 직접적으로 다룬다. 내담자가 안전하게 느끼는 환경에서 솔직한 대화를 권장한다.
10. T 시각적 도구 사용은 의제도 작성에 대한 논의를 구조화할 수 있도록 도울 뿐만 아니라, 까다로운 주제를 소개하는 것을 돕는다. 시각적 도구사용이 의무적인 것은 아니지만, 내담자가 불편할 수 있는 주제에 대해 심적 준비를 할 수 있도록 돕기 때문에 권장한다. 내담자로 하여금 대답을 준비해 오라는 의미가 아니라 대화가 진행될 방향을 알려 주고 마

음의 준비를 할 수 있도록 하는 것이다.

4. 연습하기

나는 최근에 안과의사에게서 점안액을 처방받았다. 심각한 합병증을 줄이기 위한 방법이었다. 의사는 "매일 자러 가기 전에 오른쪽 눈에 한 방울 떨어뜨리세요."라는 상식적인 지시를 했다. 간단히 말해서 "쉽죠, 그렇죠? 눈을 보호해야 하는 명백한 의제가 있으니 가장 기본적인 치료법인 점안액을 사용하는 것은 당연하죠."라는 의미이다. 의제가 명백하니 지시하는 방식을 택한 것이다.

그 당시 의사의 조언에 완벽히 동의하였지만, 이후 점안액을 넣는 것을 3번 중 2번은 잊어버렸다. 나는 의사에게 약의 부작용에 대해 물어봤고 만족할 만한 답을 얻었기 때문에, 점안액을 넣는 것에 대한 양가감정이 없었다. 점안액을 잘 넣는 방법에 대해서도 물어보았고 의사는 어떻게 하면 눈을 깜박거리지 않고 넣을 수 있는지 직접 보여 주기까지 했다. 그 후 약을 잘 확인할 수 있도록 싱크대 옆에 두었다. 그럼에도 불구하고 도대체 왜 행동으로 옮겨지지 않은 걸까? 상황을 되돌려 의사가 지시하는 방식이 아닌 안내하는 방식을 사용했으면 어떠했을지 상상해 보자.

	진술	설명
의사:	자기 직전에 점안액을 넣으면 넣은 후 눈을 감고 있으니 흡수가 잘되는 장점이 있습니다. 다른 환자들도 잠들기 직전이 편하다고 하지만 본인에게는 그게 최선의 방법이 아닐 수도 있지요. 본인에게는 언제가 가장 좋을 것 같나요?	정보 제공하기. 내담자가 스스로에 대한 전문가가 될 수 있도록 자율성을 지지함. 의견을 물어봄.
David:	저도 잠들기 직전이 좋을 것 같습니다. 싱크대 위에 놔두면 잊어버리지 않을 것 같아요.	저항적이지 않음. 나도 이것을 원함.
의사:	그럼 약을 넣는 데 방해가 될 만한 것은 전혀 없는 거네요.	확대반영.
David:	글쎄요, 아마도요.	좀 더 생각해 보게 됨.
의사:	뭔가 있는 것처럼 들리는데요.	환자의 불확성을 집어냄.

	진술	설명
David:	일찍 잤으면 좋겠는데 그렇지 못할 때가 많아서 피곤해요. 전체 불을 켜지 않고 서랍장 아래의 불만 켜고 잘 때도 많아요.	어떻게 하면 약을 꾸준히 넣을 수 있을지 생각해 보기 시작함.
의사:	불을 켜지 않으면 점안액 병을 보지 못하고 넣는 것을 잊어버리기 쉽겠네요.	환자가 한 말에 대해 좀 더 깊은 반영을 시도.
David:	그럴 것 같기도 하네요.	반영의 정확성을 인정.
의사:	그렇다면 본인에게 어떤 방법이 더 좋을까요?	대답을 제공하는 대신 내담자의 의견을 물어봄.
David:	자기 전에 불을 켜면 되는데 기억을 못할 것 같아요. 아침에 좀 더 여유롭기도 하고 싱크대 가까이 있을 가능성이 커서 그때 약을 넣는 게 나을 수도 있을 것 같아요. 그러면 문제가 될까요?	자신에게 장애물이 될 수 있는 것을 인식. 대안을 제시.
의사:	가장 중요한 것은 어떻게 하면 매일 꾸준히 약을 넣을 수 있을까 하는 거예요. 들어보니 아침이 더 좋을 것 같은데요.	의사는 환자의 자율성을 강조하고 변화할 수 있는 능력을 강화함.
David:	네, 그게 더 현실적일 것 같아요. 기억하기도 더 쉬울 것 같네요.	어떤 방법이 적절할지에 대한 동의 단계에 도달.
의사:	다른 방법이 또 있을까요?	논의에 빠진 부분이 없는지 확인.
David:	스티커를 붙여 놓거나 알람을 맞춰 놓으면 기억하기 더 쉬울 것 같긴 한데 지금은 그렇게까지 할 필요는 없을 것 같아요. 아침에 하는 것으로 하고 우선 지켜보면 될 것 같아요.	필요할 경우 다른 방법들도 있음을 인지. 그러나 자신이 효과적이라고 생각하는 방법을 우선 시작하기 원함.

이 대화에서 초점 맞추기와 계획하기 모두가 나타나는 것을 볼 수 있다. 의제가 명확하고 동기가 확실하며 양가감정이 없고 해결방법이 단순하기 때문에 이 두 가지가 동시에 나타나는 것은 당

연하다. 초점 맞추기 과정과 더불어 핵심 기술을 사용하여 환자로 하여금 좀 더 성공적으로 실행할 수 있는 방법을 생각하도록 대화를 이끌어 가고 있다. 일상 스케줄을 살펴보는 것도 이런 딜레마를 해결할 수 있는 방법이 될 수 있다.

실제로 이런 대화는 2분도 걸리지 않는다. 이런 대화를 하는 것은 바쁜 의사에게 당장 약간의 시간을 더 요구하지만 약을 왜 넣지 않았는지, 약을 사용하는 게 얼마나 중요한지에 대화는 불필요해질지 모른다. 이런 식의 대화가 치료 전반으로 볼 때 오히려 시간을 절약할 뿐만 환자가 약을 사용하지 않음으로 느끼는 절망감을 줄일 수 있다.

5. 시도해 보기

이 부분에 대한 연습은 이전 장에 비해 좀 더 직접적이다. 의제를 설정하거나 전형적인 하루에 대해 물어볼 때 쓰는 문구들을 가지고 연습 상대와 리허설을 해 보거나 실제 내담자에게 직접 시도해 볼 수 있다. 다음의 연습 항목들을 통해 이 장에서 이야기한 네 가지 전략(의제 설정, 전형적인 하루에 대해 묻기, 행동을 정상화하기, 우려 표현하기)을 내담자에게 언제 어떻게 사용할 것인지 배우게 될 것이다.

〈연습 7-1〉 어떤 길로 갈 것인가?

앞서 세 가지 의제 종류, 즉 명확한 의제, 방향이 다양한 의제, 명확하지 않은 의제에 따라 초점 맞추기의 방법이 달라질 수 있음을 언급하였다. 지금 자신의 내담자와 처한 상황을 어떤 의제의 종류로 정의할 수 있는지 생각해 보자. 이러한 의제들은 연속성을 가지고 있으므로 명확하게 분류되지 않을 수도 있음을 기억하자.

〈연습 7-2〉 의제도 작성

내담자들이 흔하게 겪는 문제들을 가지고 메뉴를 만들어 보자. 비록 간단한 시각 자료이지만, 내담자들의 흥미를 유발할 수 있을 것이다. 〈연습 7-2〉에 있는 그림이 하나의 예이다. MS오피스로 만든 것이며 필요에 따라 수정될 수 있다. 당신의 상담 환경에 적절한 메뉴를 제작했다면 이를 어떻게 소개할 것인지에 대해 계획을 짜서 시도해 보라.

〈연습 7-3〉 전형적인 하루

내담자에게 전형적인 하루 일과가 어떠한지 물어보는 것을 시작으로 까다로운 주제로 대화하는 것을 연습해 보자. 내담자에게 이 활동을 어떻게 설명할 것인지 생각해 보고 친구와 연습을 하면서 수정하라. 예를 들어, 친구에게 회사 일과에 대해 물어볼 수 있다. 상담 현장이 아닌 곳에서 연습하였으면 이후 내담자에게 시도해 보라.

〈연습 7-4〉 행동을 정상화하기

분노, 식습관, 운동 습관, 술, 마약 사용, 성생활, 범죄 내역, 양육, 돈, 치료 약, 자기 관리, 성 정체성 등 내담자에게 질문하기 어려운 영역들이 많다. 행동을 정상화하는 방법에는 내담자가 대답할 수 있는 범위나 범주를 제공해 주는 방법과 자연스럽게 진행되는 질문 속에 그 행동에 대한 질문을 심어 놓는 방법이 있다. 민감한 영역에 대한 대화를 이끌어 가면서 이러한 기술을 연습해 보라.

〈연습 7-5〉 내담자의 행동을 정상화하기

내담자에게 꼭 물어봐야 하는 민감한 주제들에 대해 생각해 보라. 그러한 주제가 5개 이상이라면, 당신이 일하는 곳에서 가장 자주 물어봐야 하는 5개 영역을 선택하라. 대답의 범위를 제공하는 방법과 여러 질문들 속에 그 영역에 대한 질문을 심는 방법을 사용해 보라. 당신이 처한 환경과 특성을 고려하여 그에 맞는 질문들을 만들어 각 환자마다 하나씩 연습해 보라. 시도하는 과정에서 질문을 수정해 보라. 처음부터 완벽할 수 없기 때문에 당연히 수정해야 할 부분은 있을 것이다.

〈연습 7-6〉 우려 표현하기

내담자에게 어떻게 우려를 표현할지 생각해 보라. 그리고 내담자가 어떻게 반응할지 예상해 보고, 이에 어떤 식으로 대화를 이어 나갈지 적어 보라. 이 연습이 끝나면 내담자 중 1명에게 우려 표현하기를 시도해 보라.

6. 파트너 활동

당신의 파트너가 내담자라 가정하고 앞에서 언급한 활동들을 함께 연습해 보라. 이러한 연습이 대화를 정교화하는 데 도움이 될 것이다. 처음부터 끝까지 연습해 본 후 내담자의 관점에서 어떤 점이 좋고 좋지 않았는지 들어 보라. 역할을 바꾸어서 다시 연습해 보라.

〈연습 7-7〉 스피드 퀴즈

이 게임은 즉각적으로 생각하기를 목표로 하기 때문에 유쾌하게 진행할 수 있다. 문제 목록별로 접어서 모자 안에 넣으라. 당신이나 파트너가 차례로 종이를 뽑은 후 30초 안에 그 영역에 관해 앞에서 배운 의제 설정, 전형적인 하루에 대해 묻기, 행동을 정상화하기, 우려를 표현하기 중 하나를 사용하여 질문하라. 질문은 짧을 수도 있고 길 수도 있다. 게임을 할 때 먼저 종이에 어떤 문제가 적혀 있는지, 어떤 방법을 써서 질문할 것인지 말하라. 그리고 재밌게 진행하라.

7. 그 밖의 고려 사항

변화과정을 거치는 과정에서 변화의 불확실성을 견디며 내담자와 힘을 공유하는 것이 필요하다. 불확실성이 존재하는 상태에서 힘을 공유한다는 것은 지시적인 방식이 익숙한 우리에게는 꽤 불안한 일이다. 나는 이런 불안한 상황에서 "통제를 하는 것이 아니라 영향을 주는 것이다."라는 말을 되새긴다. 우리는 내담자에게 영향을 줄 수 있지만 통제할 수 없고 그래서도 안 된다. 이 과정에서 내가 취해야 하는 태도를 명심하는 것은 도움이 된다.

관계 형성하기와 초점 맞추기가 성공적일 경우, 변화의 강점 및 가능성을 보고 들을 수 있는 기회가 더 많이 드러날 것이다. 처음에는 새로운 기술을 사용할 때 시행착오를 겪기 때문에 그 기술 사용 자체가 더 많은 고민거리를 만들어 낼지도 모른다. 기술이 익숙해지면 이전보다 노력이 덜 들 것이며 더 많은 가능성들이 열릴 것이다.

연습활동을 하다 보면 관계 형성하기와 초점 맞추기를 구분하는 영역이 모호하게 느껴질 수 있다. 사실 명확히 구분되는 경계는 존재하지 않는다. 많은 사람들이 비슷한 고민을 한다. 앞에서 설명했던 네 가지 과정은 연속적이라는 것을 기억하라.

연습 7-1 어떤 길로 갈 것인가?

명백한 의제, 방향성이 다양한 의제, 명확하지 않은 의제, 이 세 가지 종류에 따라 초점 맞추기의 방법이 달라질 수 있다. 지금의 내담자와 처한 상황은 어떤 의제의 종류에 적합한지 생각해 보자. 의제들은 연속성을 가지고 있으므로 명확하게 분류되지 않을 수도 있음을 기억하자. 다음 중 관계 형성하기를 거친 내담자에게 어떤 접근이 가장 좋을지 생각해 보라. 초점 맞추기 과정을 내담자에게 소개할 수 있는 문구를 구상해 보라.

예시 상황: 알코올중독 치료센터—상담자와 첫 회기

내담자: 저는 음주운전 단속에 걸려서 여기 오게 되었는데 그때 당시 혈중 알코올 농도(.15)가 법적 기준치의 두 배를 넘는 수준이었어요. 처음에는 스스로 술 문제가 있다고 생각하지 않았고 운이 나빠서 경찰한테 걸린 것이라고만 생각했어요. 그런데 여기 상담 프로그램에 참가하면서 혈중 알코올 농도가 그렇게 높았는데도 취했다고 느끼지 못했던 것은 내성이 생겨서라는 것을 알게 되었어요. 지금은 술을 완전히 끊어야 하나 고민하고 있어요. 음주운전 때문에 여기 오는 시간에 남편이 아이들을 더 오래 돌봐야 해서 불만이 많아요.

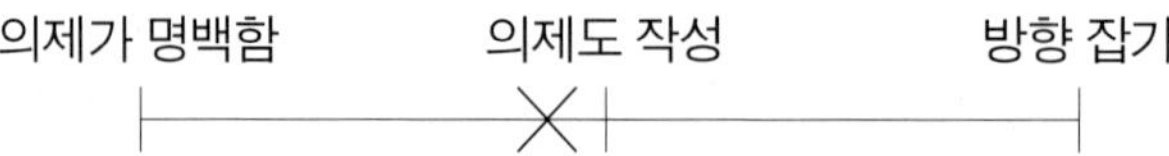

왜 내담자의 위치가 여기인가: 이 내담자의 마음에는 세 가지 꽤 분명한 주제가 있다. 알코올중독 센터라는 목적이 분명해 보이는 환경이지만, 그 의제 중에서 내담자 본인에게 어떤 것이 우선적인 의제인지는 분명하지 않다. 그래서 내담자가 위치가 중간에서 약간 왼쪽에 있는 것이다. 가장 우선순위가 아닌 나머지 두 주제에 관해서는 이후에 돌아가서 다룰 것이다.

소개하기: 오늘 많은 생각이 드는 것 같네요. 프로그램 참여를 통해 배운 것이 있고, 금주를 해야 하는지 아니면 다른 방법이 있을지, 또 음주운전의 결과로 가족에게 불편을 주고 있다는 생각들이 드네요. 이 세 가지 모두 중요한 주제인 것 같은데 오늘 어떤 부분을 먼저 이야기해 보면 좋을까요?

첫 번째 상황. 행동건강 전문가—내담자가 상의하는 상황

내담자: 한번 심장마비가 왔었는데 의사가 앞으로 그런 일이 없도록 하기 위해서는 생활습관을 모두 바꿔야 한다고 말했어요. 전적으로 동의하지만 사실 어디서부터 시작해야 할지 모르겠어요. 담배를 끊고 식습관도 바꾸고 술도 마시지 말고 살도 20kg를 빼라고 해서 너무 막막해요. 해야 하는 걸 아는데 그냥 누워서 쉬고만 싶고 지금 제 상태가 뭘 시작할 수 있는 상태가 아닌 것 같습니다.

(다음 쪽에 계속)

어떤 길로 갈 것인가?

의제가 명백함 — 의제도 작성 — 방향 잡기

왜 내담자의 위치가 여기인가:

소개하기:

두 번째 상황. 치아 관리를 위해 치위생사와의 만남

환자: 치아가 깨끗해서 다행이네요. 엑스레이를 찍고 치아 사이 상태를 점검하신 후에 나쁜 소식이 있다고 하셨는데 어떤 것을 말씀하시는 건가요? 치실을 정기적으로 사용하지는 못했지만 양치는 아침저녁으로 매일 했거든요. 이가 시린 부분이 있어서 좀 더 관리에 신경 써야 할 것 같긴 합니다.

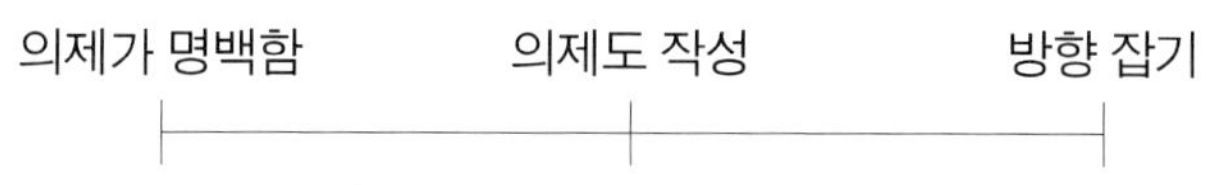

왜 내담자의 위치가 여기인가:

소개하기:

세 번째 상황. 초등학교 3학년 아이의 학업 및 행동 문제를 의논하기 위한 부모와 학교상담사와의 만남

학부모: 무슨 말씀인지 알겠습니다. 집에서도 힘든 부분이 많은데 아이와 매일 밤 숙제하는 것 때문에 싸웁니다. 제가 도와주려고 할수록 화를 내면서 더 저항적이 되거든요. 아이는 짜증을 내다가 끝내 울어버립니다. 그럼 저도 너무 화가 나서 어떻게 해야 할지 모르겠습니다. 남편은 아이 문제에 관심을 끊고 있어서 제가 다 감

당해야 합니다. 할 수 있는 방법을 다 해 봤는데도 그러네요.

의제가 명백함 의제도 작성 방향 잡기

왜 내담자의 위치가 여기인가:

소개하기:

네 번째 상황. 상담사와 45세 내담자와의 만남

내담자: 어디서부터 시작을 해야 할지 모르겠고 안개 속을 걷는 것 같은 느낌입니다. 직장에서도, 집에서도 뭔가 잘되고 있다고 느껴지는 것이 없습니다. 운동을 하려고 시도해 보고 좋은 아빠가 되려고 노력도 하지만 점점 힘들게 느껴지네요. 앞으로 치러야 할 중요한 일들이 있는데 준비를 전혀 하지 못하고 있어서 여기 오게 되었습니다. 제가 어떻게 하면 좋을까요.

의제가 명백함 의제도 작성 방향 잡기

왜 내담자의 위치가 여기인가:

소개하기:

연습 7-1의 반응 예

첫 번째 상황. 행동건강 전문가—내담자가 상의하는 상황

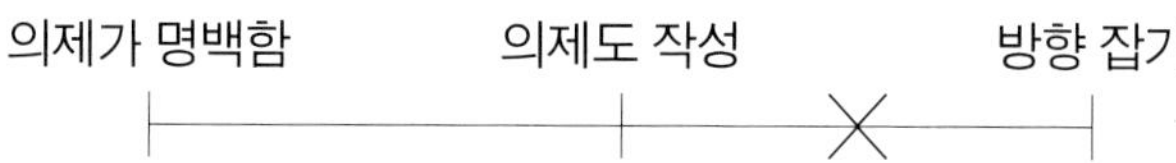

왜 내담자의 위치가 여기인가: 함께 다룰 주제들이 여러 가지이다. 내담자가 길을 잃은 것 같아 보이기 때문에 상담자는 교정반사가 작동하여 내담자가 해야 할 일을 결정해 주고자 하는 유혹에 빠지기 쉽다. 내담자에게 중요한 것이 무엇인지 모른 채로 성급하게 초점을 맞추려고 할 수 있다. 이런 경우, 초점 맞추기로 뛰어들기 전에 어떤 것이 내담자에게 중요한지 살피는 데 시간을 투자할 필요가 있다. 즉, 방향 잡기와 의제도 작성 두 부분의 모두에 대한 반영이 필요하다.

소개하기: 여러 생각이 드시네요. 지금 바로 목표를 선택해서 구체적인 방법을 이야기해 볼 수도 있지만, 그 전에 본인의 삶에서 어떤 부분이 중요한지에 대해 정리해 볼 수 있는 시간을 가지는 것이 도움이 될 것 같습니다. 본인의 삶을 들여다보고 자신에게 중요한 것들에 대한 이해를 키워 나가면 어떤 방향으로 가야 할지 선택하는 것이 쉬워질 수 있습니다. 어떻게 생각하시나요?

두 번째 상황. 치아 관리를 위한 치위생사와의 만남

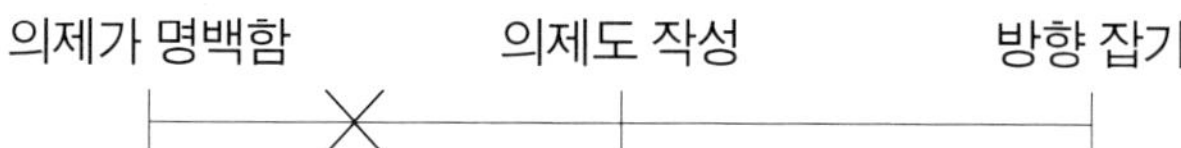

왜 내담자의 위치가 여기인가: 이 경우에는 환자와 치위생사가 초점을 맞추어야 할 목표가 꽤 분명하다. 환자의 구강건강을 증진시키는 데 목표가 있고 치실을 정기적으로 사용하는 것이 그 목표를 이루는 효과적인 방법이 될 수 있다. 그러나 치실 사용이 유일한 방법은 아니며 다양한 다른 방법들이 있다. 그래서 내담자의 위치가 이제도 작성 쪽으로 조금 옮겨져 있는 것이다.

소개하기: 치아를 어떻게 관리하면 좋을지 잘 알고 있고 양치도 꾸준히 하고 있네요. 너무 중요한 부분이죠. 치실 사용이 중요한 것을 알고 있는데 필요한 만큼 만큼 정기적으로 못하고 있으시네요. 치아의 일부분에 문제가 있어서 오늘 함께 해결 방법을 찾아보려고 합니다. 먼저 어떻게 하면 치실을 정기적으로 사용할 수 있을지에 대한 본인의 생각을 들어 보고 싶습니다. 그 이후에 또 어떤 방법들이 있을지 이야기해 봅시다.

(다음 쪽에 계속)

연습 7-1의 반응 예 (계속)

세 번째 상황. 초등학교 3학년 아이의 학업 및 행동 문제를 의논하기 위한 부모와 학교상담사와의 만남

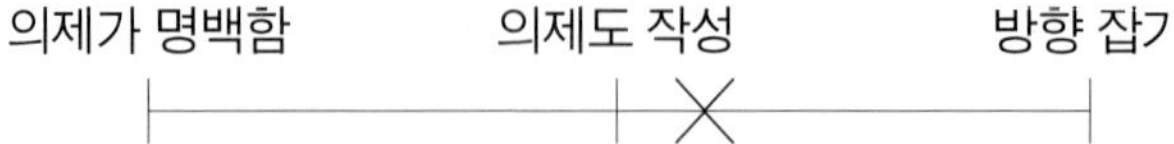

왜 내담자의 위치가 여기인가: 방향 잡기에 가깝게 보이는 상황이다. 학부모를 지지하는 것은 중요하지만, 이 상황은 학부모 본인을 상담하기 위한 자리가 아니다. 학부모가 아이를 위해 자신의 상황을 잘 통제할 수 있도록 좀 더 목표 지향적으로 접근하는 것이 학교상담사의 역할에 더 적합하며, 그 과정에서 필요한 지지를 제공해야 한다.

소개하기: 혼자 이런 상황을 감당하기에는 많이 힘드실 것 같습니다. 이야기한 것들 중에서 한 부분을 선택하여 살펴보는 것이 효율적일 것 같아서 먼저 다루어 보면 좋을 주제를 제안할까 합니다. 그러나 본인이 더 중요하게 생각하는 부분이 있으면 그것부터 시작하는 것도 좋습니다. 저는 숙제에 대한 부분을 먼저 집중적으로 이야기를 해 보면 어떨까 합니다. 이런 경우 다른 부모들은 그 상황에서 어떤 시도를 하는지 들어보는 것이 도움이 될 때가 있습니다. 이 주제가 본인에게 도움이 될까요? 어떻게 생각하시나요?

어떤 부모들은 숙제를 언제 어떻게 해야 하는지에 대한 기준을 다시 잡습니다. 어떤 부모들은 숙제에 대해서 아이와 이야기하는 방식과 숙제를 마친 후 보상에 대해서 다시 생각해 보기도 합니다. 외부 전문가에서 도움을 구하는 것이 필요하다고 결정하시는 분들도 있습니다. 이 중 어떤 것을 집중해서 이야기하고 싶은가요?

네 번째 상황. 상담사와 45세 내담자와의 만남

왜 내담자의 위치가 여기인가: 얼핏 보면 의제도 작성이 적절해 보이고 내담자도 그것을 원하는 것 같이 느껴지는 상황이다. 그러나 아직 내담자도 우리도 무엇이 내담자에게 가장 중요한지에 대해 잘 모르는 상태이다. 내담자가 자신이 생각하는 중요한 영역과 그 이유에 대해 충분히 이야기하는 시간을 가지고 난 후에 의제도 작성으로 들어가는 것이 필요하다.

소개하기: 지금 짙은 안개가 드리워진 들판을 걷고 있는 것 같네요. 제가 이야기할 주제를 선택할 수도 있지만, 제 경험상 본인이 스스로 선택하는 것이 훨씬 더 효율적입니다. 본인에게 지금 무엇이 가장 중요한지를 이야기를 해 보면 안개를 걷어내고 방향을 설정하는 데 더 도움이 될 것입니다. 본인의 생각은 어떤가요?

연습 7-2 의제도 작성하기

아래 예로 제시된 메뉴를 활용하여 본인의 상담 환경에 맞는 메뉴를 디자인해 보라. 가장 빈번히 나타나는 문제들을 적고 몇 개는 내담자가 스스로 적을 수 있도록 비워 두라. 메뉴는 직접 만들 수도 있고 컴퓨터 프로그램을 이용해서 만들 수도 있다. 뒷장에는 뒷면에는 아무것도 적혀 있지 않은 메뉴들이 있는데 각자 자신에게 맞는 항목과 양식으로 채우길 권한다. 컴퓨터로 작성해 놓으면 앞으로도 수정이 가능하고 다른 기능도 추가하기 쉬울 것이다.

적절한 메뉴를 만든 후에는 내담자에게 이를 어떻게 소개할지 소개글을 만들어 보자. 자신의 생각을 먼저 한번 적어 보고 그 후 내용을 다듬어 보자. 소개글은 간단하지만 충분한 내용을 담고 있어야 내담자가 이 활동에 대해 이해하기 쉬어야 한다.

그 이후에는 내담자가 주제를 선택하는 것을 망설이는 상황을 가정해 보고 어떤 설명을 덧붙일 것인지 적거나 말로 연습해 보자. 우리의 목표는 내담자를 설득하는 것이 아닌 내담자가 이 활동이 왜 자신에게 도움이 되는지 이해하는 데 있음을 기억하자.

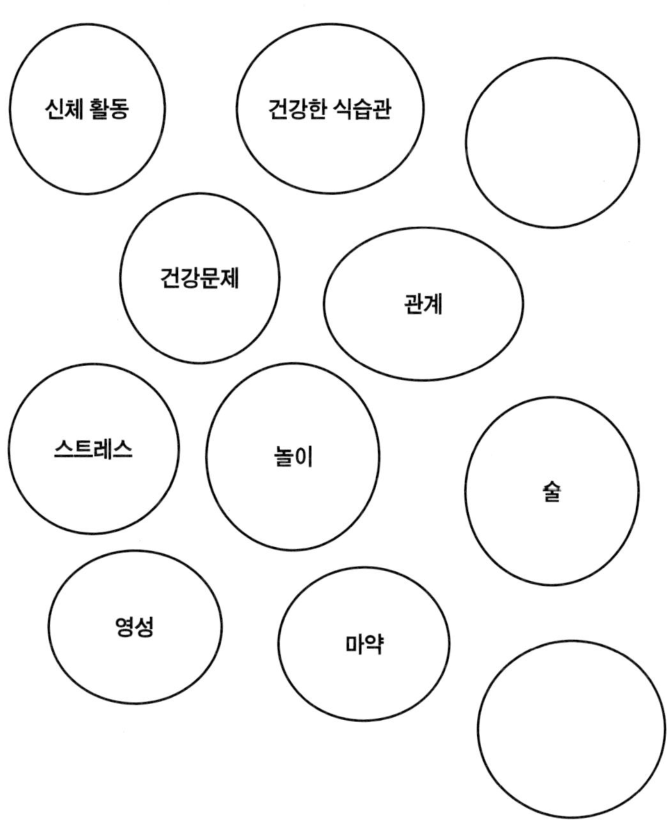

연습 7-2의 워크시트

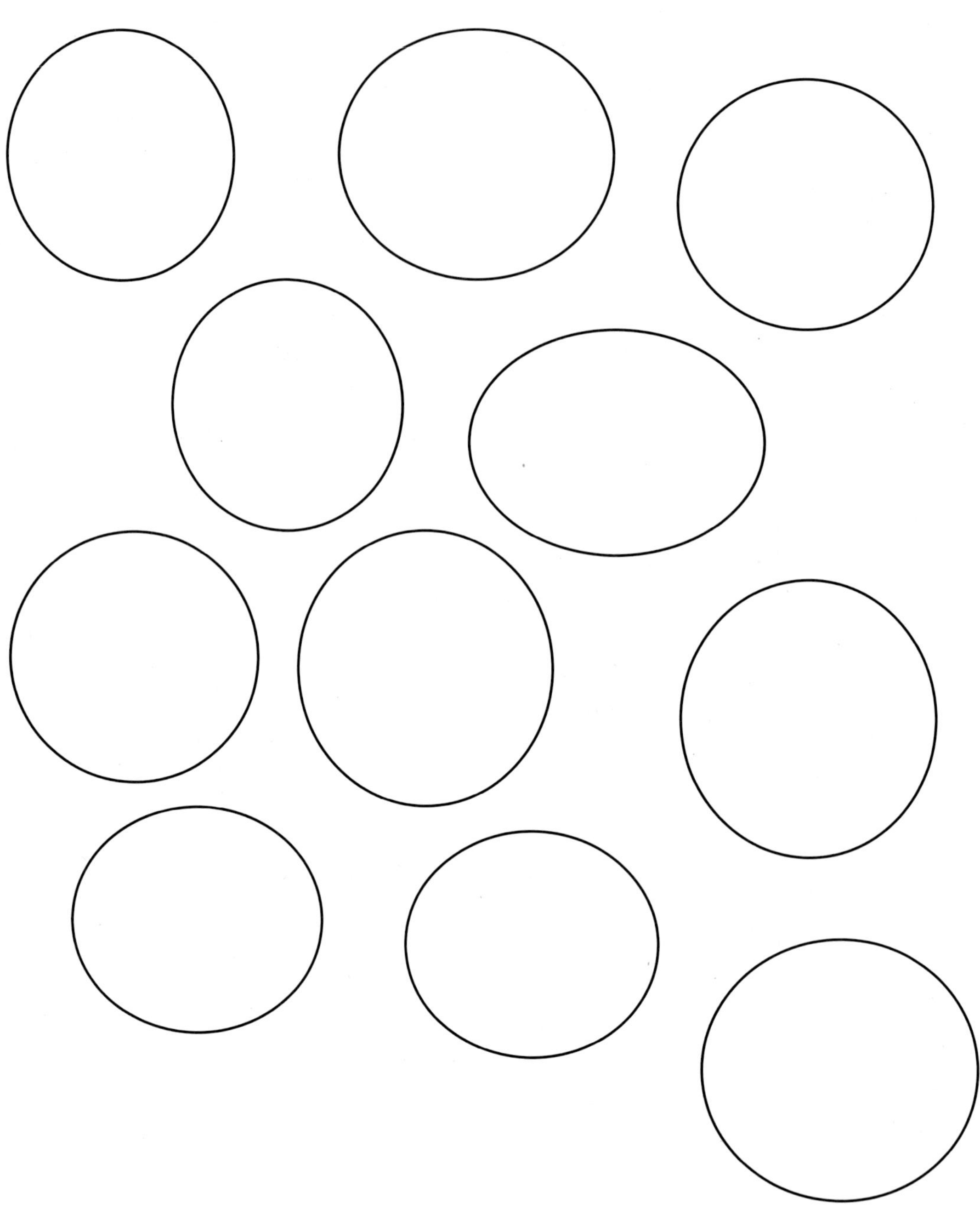

연습 7-3 전형적인 하루

이 활동은 아침에 일어나 밤에 잠들기 전까지 하루 동안 어떤 일을 하는지를 기술할 수 있도록 한다. 이 활동의 목표는 내담자의 삶을 더 잘 이해하고 어떤 부분이 문제행동과 연결되어 있는지 살피는 것이다.

이 활동을 시작하기 전에 소개할 수 있는 도입부를 적어 보자. 예를 들어,

> "본인의 삶에 대해 많은 이야기를 나누었지만 여전히 제가 아직 알지 못하는 부분도 있습니다. 하루 일과가 보통 어떤지 아직 모릅니다. 괜찮다면 하루 일과에 대해 몇 분 정도 이야기를 해 보았으면 좋겠습니다."

아래 자신이 사용할 수 있는 소개글을 써 보자. 길 필요는 없지만 내담자가 무엇을 왜 하는지에 대해 충분히 이해할 수 있도록 해야 한다. 언어는 상담자의 스타일에도 맞아야 하고 내담자에 대한 호기심 있는 태도를 담고 있어야 한다.

소개:

소개글을 다듬고 난 후에 친구 또는 파트너, 주위 사람들을 대상으로 활동을 소개하는 연습을 해 보라. 친구들의 일상에 대해 자세히 이야기할 필요는 없지만 소개글 중 수정이 필요한 부분에 대해서 의논하라(나는 아내와 연습하면서 아내의 일상 중 알지 못했던 부분을 알게 되어 흥미로웠다.). 충분히 수정을 했다면 내담자에게 시도해 보라.

연습 7-4 행동을 정상화하기

아래는 언급하기 곤란할 수 있는 주제들이 제시되어 있다. 어떤 식으로 아래 영역들에 대한 질문을 할 것인지, 자연스러운 대화 중 어떻게 다음의 질문들로 넘어갈 것인지 생각해 보자. 아래의 두 예시는 음주에 대한 것이다.

1. 내담자가 대답할 수 있는 범위나 범주를 제공해 주는 것—"사람들의 음주습관은 다양합니다. 전혀 술을 마시지 않는 사람, 하루에 맥주 한 캔 정도만 마시는 사람이 있는 반면 어떤 사람들은 맥주 24캔을 한번에 마시기도 합니다. 본인의 음주습관은 어떤가요?
2. 자연스럽게 진행되는 질문 속에 그 행동에 대한 질문을 심어 놓는 것—"당신은 고등학생 때 어떤 학생이었나요?", "어떤 과목을 잘했나요?", "어떤 과목을 어려워했나요〈", "많은 사람들은 보통 중학생, 고등학생 때 술을 마시기 시작하는데, 언제 술을 처음 마셨나요?", "마지막으로 술을 마신 적이 언제이며 어땠는지 이야기해 주세요."

아래 각 주제에 대해 대답의 범주를 제공해 주거나 자연스러운 질문 속에 원하는 질문을 심어 놓는 방법으로 행동을 정상화해 보라. 원하면 두 가지 방법을 다 사용해도 좋다. 시간을 들여서 진지하게 질문과 순서를 작성해 보라.

분노 조절:

식습관:

운동:

음주:

마약 사용:

성생활:

범죄 활동:

양육:

연습 7-4의 반응 예

분노 조절

사람들은 다양한 방식으로 분노를 표현합니다. 어떤 사람들은 다른 사람을 냉대하고, 어떤 사람들은 소리를 지르거나 협박을 하기도 합니다. 물건을 부수거나 벽을 치는 사람도 있고, 다른 사람들을 때리거나 머리를 잡아당기는 사람도 있습니다. 화가 나면 어떻게 행동하나요?

살다 보면 일이 뜻대로 되지 않아 화가 나는 순간들이 있습니다. 어떤 것들이 본인을 화나게 하며 그럴 때 어떻게 반응하나요? 다른 사람들은 아무렇지 않게 반응하지만 유독 나를 화나게 하는 일들이 있을 수 있습니다. 유독 화나는 부분은 어떤 것들인가요? 그럴 때 어떻게 반응하나요? 너무 화가 나서 주체할 수 없는 순간들도 있을 수 있습니다. 정말 화가 날 때 어떤 식으로 대처하나요? 어떤 사람들은 과도한 행동으로 나중에 후회할지도 모르는 일을 저지르기도 합니다. 본인은 어떤가요?

식습관

사람들의 식습관은 다양합니다. 어떤 사람들은 식욕을 참지 못해 먹고 싶은 대로 먹고, 어떤 사람들은 참고 먹지 않습니다. 자신의 식습관은 어떤가요?

사람들은 아침에 청소하기, 집안일하기, 밥 차리기 등 여러 가지 일을 합니다. 아침에 일어나면 무엇을 제일 먼저 하나요? 아침식사는 어떻게 하나요? 아침으로 보통 무엇을 드시나요? 아침식사 후에는 어떤 일을 하나요? 점심이나 저녁은 보통 어떻게 먹나요? 보통보다 과식한 경우 어떻게 하나요? 먹는 것을 제한할 때가 있나요? 살이 쪘다는 것을 느꼈을 때는 어떻게 하나요?"

운동

각 사람들마다 운동량이 다릅니다. TV 리모컨을 누르는 게 유일한 운동인 사람, 쉬지 않고 마라톤을 뛰는 사람, 그 사이에 있는 사람들도 있습니다. 본인의 운동량은 어느 정도인가요?

사람들은 다양한 방식으로 자기관리를 합니다. 잠을 충분히 자는 것도 하나의 방법이지요. 본인의 수면습관은 어떤 가요? 어떤 사람들은 충분히 휴식하고 쉬는 것을 중요하게 여깁니다. 본인은 어떤 방법으로 휴식하나요? 흥미 있는 일을 하는 것도 중요합니다. 어떤 취미생활을 하나요? 운동도 취미생활의 하나가 될 수 있지요. 어떤 운동을 하나요?

음주

(아래 마약 사용의 예를 참조)

(다음 쪽에 계속)

연습 7-4의 반응 예 (계속)

마약 사용

사람들마다 마약을 사용한 경험이 다릅니다. 몇 번 시도해 보았지만 흥미를 느끼지 못하는 사람도 있고 별 생각 없이 많은 종류의 마약을 사용하는 사람도 있습니다. 일정 기간 동안만 사용했다가 더 이상 사용하지 않는 사람도 있고 차차 사용량을 늘려 가는 사람도 있습니다. 자신의 마약 사용 경험은 어떤가요?

많은 사람들이 보통 중학생 또는 고등학생 때 술을 처음 마십니다. 처음 술을 어떻게 마시게 되었나요? 맥주, 와인, 소주 종류에 상관없이 마지막으로, 술을 마셨을 때 어땠는지 이야기해 주세요. 대마초는 언제 시작했나요? 마지막으로, 대마초를 사용한 때에 대해 이야기해 주세요. 다른 사람들이 종종 사용하는 마약들, 예를 들어, 아편, 헤로인, 메타돈, 옥시토신을 사용한 적이 있으면 어땠는지 말해 주세요.

성생활

사람들의 성생활은 성행위를 전혀 하지 않는 것부터 여러 파트너와 동시에 관계를 맺는 것까지 그 스펙트럼이 다양합니다. 최음제를 사용하거나 포르노를 즐겨 보는 사람도 있고, 자신의 성 정체성을 찾아가는 중인 사람들도 있습니다. 자신의 성적 성향을 표현하는 방식 또한 다양하지요. 본인의 성적 성향 및 성생활은 어떤가요?

빠른 사람도 있고 느린 사람도 있겠지만, 많은 사람들이 10대 초반의 시기에 성에 대해 탐색하기 시작합니다. 어떤 사람은 성에 대한 호기심을 반기기도 하고 어떤 사람들은 불쾌감을 느끼기도 합니다. 본인이 처음 성에 대해 인식하기 시작했을 때의 상황은 어땠나요? 처음 성생활을 시작했을 때는 어땠나요? 원하지 않는 방식으로 성 경험을 하거나 추행 경험이 있는 사람들도 있습니다. 본인의 경험은 어떤가요?

범죄 활동

사람들이 경찰과 대면하거나 범죄경력을 가지게 되는 이유는 다양합니다. 경찰과 한 번도 말을 해 본 적이 없는 사람이 있는가 하면, 벌금 고지서 한두 개가 고작인 사람, 항상 경찰이 집으로 찾으러 오는 사람 등 다양하지요. 때로는 어떤 순간에 문제가 생겨 그 결과 경찰과 대면하기도 합니다. 본인의 경험은 어떤 가요? 범죄에 연루된 경험이 있다면 어떤 상황 때문이었나요?

바르게 사는 사람들조차 문제에 얽히는 경우가 있습니다. 어떤 아이들은 수업을 빼먹거나 술이나 마약을 하고 등교하는 등 학교에서 문제를 일으키기도 합니다. 본인의 경우는 어떤가요? 학교에서 싸움에 말려든 경험이 있다면 어떤 상황 때문이었나요? 법 문제에 휘말리기도 하는데, 지금까지 경찰에 체포

(다음 쪽에 계속)

연습 7-4의 반응 예 (계속)

된 적이 있나요? (마지막은 일부러 닫힌 질문을 함)

양육

자녀를 양육하는 방법은 사람들마다 다릅니다. 어떤 부모는 아이의 긍정적인 행동에만 초점을 맞추고 부정적인 결과를 가져오는 행동은 무시합니다. 어떤 부모들은 매를 들지 않으면 아이를 망친다고 생각합니다. 아이들에게 벌을 줄 때 잠시 벽을 쳐다보고 서 있도록 하는 부모도 있고, 아이의 등이나 뒤통수를 때리는 부모도 있습니다. 어떨 때는 화를 내야 하는 정도보다 과도하게 분노하면서 소리를 지르거나, 때리거나, 발로 차는 경우도 있습니다. 아이를 양육하는 방식은 어떤가요?

아이를 키운다는 것은 힘든 일입니다. 말을 잘 듣는 아이들도 문제를 일으킬 때가 있지요. 아이들이 문제를 일으킬 때 본인은 어떤 식으로 아이들을 훈육하나요?

연습 7-5 내담자의 행동을 정상화하기

당신의 상담 장면에서 내담자에게 꼭 물어봐야 하는 민감한 부분들에 대해 생각해 보라. 아래 리스트를 만들어 보자.

1.	1.
2.	2.
3.	3.
4.	4.
5.	5.

이것들이 5개 영역 이상이라면, 가장 자주 물어봐야 하는 5개 영역을 선택하라. 대답의 범위나 범주를 제공하는 방법 또는 여러 질문들 속에 그 영역에 대한 질문을 심는 방법을 사용하여 아래 빈칸을 채워 보자. 본인의 상담 환경과 특성을 명확히 이해하고 그에 맞는 질문들을 만들라.

아래를 작성한 이후 각 환자에 한 질문씩 시도해 보고 이를 바탕으로 아래 내용을 수정해 보자. 처음부터 완벽한 경우는 없기 때문에 당연히 수정어되야 할 부분이 있을 것이다.

1. 행동: ______________________________

   전략: ______________________________

   어떻게 할 것인지:

2. 행동: ______________________________

   전략: ______________________________

   어떻게 할 것인지:

(다음 쪽에 계속)

3. 행동: ____________________

   전략: ____________________

   어떻게 할 것인지:

4. 행동: ____________________

   전략: ____________________

   어떻게 할 것인지:

5. 행동: ____________________

   전략: ____________________

   어떻게 할 것인지:

연습 7-6 우려를 표현하기

내담자에게 어떻게 본인의 우려를 표현할지에 대해 생각해 보자. 아래에 짧은 시나리오들이 제시되어 있다(전체 맥락이 언급되어 있지 않고, 당신의 직업 상황과도 맞지 않을 수 있음을 감안하자.). 먼저 단순하게, 자신을 친구를 도와주는 사람이나 걱정하는 사람으로 가정해 보라. 우려를 표현하는 문장들을 적어 보고, 상대방이 어떻게 반응할지에 대해 적어 보라. 마지막으로, 상대방의 반응에 어떻게 대화를 이어 갈지 적어 보라. 이 활동이 끝나면 내담자 중 1명에게 우려 표현하기를 시도해 보라(OARS를 사용해야 되는 것을 기억하라.). 아직 준비가 안 되었다고 느낀다면 주위 사람들과 다른 문제에 대하여 우려 표현하기를 연습해 보자.

문제: **내담자는 혈중 알코올 농도가 법적 기준치의 두 배가 넘어서 음주운전으로 붙잡혔지만 스스로 음주 문제가 있다고 생각하지 않는다. 법원은 내담자에게 상담 치료를 명령했지만 본인은 단지 운이 없어서 걸렸을 뿐이라고 생각한다. 상담에 임하지 않는다면 12개월 동안의 감옥살이와 함께 운전면허가 정지된다.**

우려 표현하기:

내담자의 반응:

상담자의 대처:

문제: **내담자는 얼마 전에 심장마비를 겪었다. 하지만 여전히 흡연을 하고, 고기를 먹고, 밤에 술을 3잔 이상 마신다. 적정 몸무게보다 20kg 가 더 나가고 고혈압과 콜레스테롤 수치가 높다.**

우려 표현하기:

내담자의 반응:

상담자의 대처:

(다음 쪽에 계속)

우려를 표현하기

문제: 내담자는 아들이 자신을 존중하지 않는다고 느낀다. 아이가 잘못한 경우 회초리로 아이를 심하게 때리는 등 과도한 벌을 내린다. 열세 살인 아들은 지난번 내담자의 처벌에 대항하여 내담자를 때렸다. 내담자는 아들을 사랑하지만 아이 양육을 매우 힘겨워한다.

우려 표현하기:

내담자의 반응:

상담자의 대처:

문제: 환자는 양치는 꼭 하지만 정기적으로 치실을 사용하지 않는다. 치위생사는 치실을 사용하지 않으면 치아가 썩을 수 있다고 판단한다. 아직 치아가 썩지는 않았지만 민감한 영역이라 위험성은 커지고 있다.

우려 표현하기:

내담자의 반응:

상담자의 대처:

연습 7-6의 반응 예

MI 정신과의 일치와 상담자의 유능함에 따라 아래의 반응은 얼마든지 달라질 수 있다. 아래는 내담자가 상담자의 우려에 동의하지 않을 경우, 상담자가 어떤 식으로 반응할 수 있는지에 대한 예이다.

문제: **내담자는 혈중 알코올 농도가 법적 기준치의 두 배가 넘어서 음주운전으로 붙잡혔으나 자신은 음주 문제가 있다고 생각하지 않는다.**

우려 표현하기: **제가 우려되는 부분을 나눠도 괜찮을까요? 음주운전으로 붙잡힌 것은 운이 나빠서라고 말했고, 그때 당시 혈중 알코올 농도가 법적 기준치의 두 배 이상이었다고 말했어요. 저는 혈중 알코올 농도가 그렇게 높았는데도 취했다고 느끼지 못했던 것은 술에 대한 내성이 생겨서는 아닌지 우려가 됩니다. 이에 대해 어떻게 생각하나요?**

내담자의 반응: **제가 술을 먹고 누구를 때린 것도 길거리를 배회하고 다닌 것도 아니지 않습니까. 그냥 덫에 걸린 거예요. 왜 작은 문제를 크게 만드는 건지 모르겠네요.**

상담자의 대처: **어떻게 보면 단순히 운이 나빠서이고 어떻게 보면 작은 문제가 있기 때문이라고 볼 수 있겠네요.**

문제: **내담자는 얼마 전에 심장마비를 겪었다.**

우려 표현하기: **괜찮다면 제가 우려되는 부분을 나눠도 될까요. 내담자분이 자신의 의지대로 살아가는 것을 중요하게 여긴다는 것을 알고 있습니다. 그래서 다른 사람이 시키는 대로 하기 싫다는 것을 보여 주기 위해 위험한 선택을 하는 것은 아닌지 우려가 됩니다. 어떻게 생각하나요?**

내담자의 반응: **제가 뭘 증명해 보이려고 이러는 게 아닙니다. 그냥 말도 안 되게 많은 것들을 지키라고 시키니 이게 말이 됩니까.**

상담자의 대처: **통제감에 대한 것이 아라 해결해야 할 것이 너무 많다고 느끼는군요.**

문제: **내담자는 아들이 자신을 존중하지 않는다고 느낀다. 아이가 잘못한 경우 회초리로 아이를 심하게 때리는 등 과도한 벌을 내린다.**

우려 표현하기: **당연히 아들을 사랑하지만 본인의 훈육방법에 아들이 반발하기 시작했군요. 이런 훈육방식이 계속되면 문제가 더 커지지 않을까 우려가 됩니다. 어떻게 생각하나요?**

내담자의 반응: **경계를 지키는 것을 아이가 배워야 합니다. 그래서 훈육이 필요해요.**

(다음 쪽에 계속)

연습 7-6의 반응 예 (계속)

상담자의 대처: 본인이 이렇게 훈육하지 않으면 아이가 잘못된 메시지를 받아들일까 봐 걱정되시는군요. 그럼 이것을 어떻게 하면 효과적인 훈육을 할 것인가에 대한 문제네요.

문제: 정기적으로 치실을 사용하지 못했다.

우려 표현하기: 우려되는 것이 한 가지 있는데 나눠도 될까요? 환자분이 치아관리를 중요하게 생각하신다고 알고 있습니다. 여기 오신 것도 그 이유 때문이지요. 이가 시리기 시작했다고 하니 문제가 더 커지고 있는 것은 아닌가 하는 우려가 됩니다.

내담자의 반응: 글쎄요. 잇몸 질병이 있는 것도 아니고 이빨이 썩은 것도 아니라서…….

상담자의 대처: 혹시 이빨이 썩으면 그런 것이 경고 사인이 되겠네요. 그런 사인이 보이면 뭔가 대책이 필요할 때가 된 거겠군요.

연습 7-7 스피드 퀴즈

이 게임은 즉각적으로 생각하는 것을 연습하기 때문에 웃음을 유발할 것이다. 다음 페이지에 적힌 문제를 찢어서 목록별로 오려 한 종이에 하나의 문제가 있도록 하라. 그다음, 종이를 접어 모자나 용기에 넣으라. 한 사람은 게임 참가자이고 다른 사람은 내담자이다. 참가자는 눈을 감고 종이를 뽑은 후 혼자 조용히 읽으라. 참가자는 30초 안에 그 부분에 대해 앞에서 배운 의제 설정, 전형적인 하루에 대해 묻기, 행동을 정상화하기, 우려를 표현하기 중 하나를 사용하여 질문하고 내담자는 시간을 재라.

이 게임의 하나의 방법은 참가자가 내담자에게 종이에 무엇이 쓰여 있는지 말하는 것이다. 목표는 참가자가 앞에서 언급한 방법을 사용하여 각 영역에 대해 자연스럽게 대화가 흘러갈 수 있도록 30초 안에 질문을 하는 것이다. 그다음 역할을 바꾸라.

다른 방법은 참가자가 내담자에게 종이에 쓰여 있는 것을 말해 주지 않는 것이다. 대신에 내담자가 어떤 문제인지 알 수 있도록 행동으로 표현한 후, 참가자는 그에 대해 위의 언급한 방식으로 질문을 하는 것이다. 파트너가 정확한 행동을 추측할 때까지 게임이 지속된다. 어떤 질문은 아주 짧을 수 있고 어떤 질문은 길 수도 있다. 파트너에게 끝날 때까지 어떤 문제인지 말하지 말라. 모자에 종이가 더 이상 남아 있지 않을 때까지 진행하거나 시간제한이 끝날 때까지 진행할 수 있다(개인적으로 나는 이 모든 문제를 실제 상담 현장에서 겪었다.).

연습 7-7을 위한 내담자의 문제

아래 선을 따라 자르시오.

야뇨증	몸 냄새
성적으로 부적절한 이야기	유머 부족
코털이 많음	몸에 문신이 많음
몸에 피어싱을 많이 함	상담 중에 헤드폰을 착용함
유행이 지난 옷을 입음	노출이 심한 옷을 입음
항상 늦음	말을 길고 장황하게 함
입 냄새가 심함	뱀파이어처럼 생긴 이빨
술 냄새가 남	마약을 한 것 같음
눈 오는 날 여름 신발을 신음	여름에 여러 옷을 껴 입음
심한 습진이나 여드름	내담자가 상담 중 잠이 듦

정보 교환하기

1. 도입

"의사 선생님은 제가 이곳에 와서 저의 당뇨병에 대해서 이야기를 해야 한다고 생각하시던데, 제 생각엔 의사 선생님이 너무 심각하게 생각하시는 것 같아요."

Walt는 카우치에 누워서 말했다. 정상 체중보다 23kg이 더 나가고 그 덩치만큼 기분이 쉽게 상하는 29세의 청년으로, 챙이 평평한 모자를 쓰고 있었다. 그를 소개해 준 의사는 글루코미터(역주: 혈당량 측정기기) 측정 수치가 너무 높게 나와서(80~120정도가 정상 수치이지만 600 이상이 나왔다.) 지난 4개월 동안 두 번이나 응급실에 왔었다고 했다. 그의 마지막 A1C(90일에 걸쳐 '평균적인' 혈당치를 제공하는 검사, 역주: 당화혈색소 검사라 함) 수치는 14로 나왔는데 정상 수치는 7이나 그 이하가 되어야만 했다. 의사는 Walt가 여섯 살이었을 때 당뇨병 진단을 내렸다. Walt의 홀어머니는 그가 스스로를 잘 돌볼 수 있도록 최선을 다해 격려했지만, 시간이 가면 갈수록 점점 더 날카로워졌다. 학교생활은 언제나 힘들었고 고3 과정을 낙제하기 전에는 특별 교육도 받았다. 10년 동안 방황하던 Walt는 현재 지방의 직업훈련학교에서 용접 프로그램을 수강하고 있다. 다음의 대화는 그가 첫 번째 상담에서 상담자와 한 이야기 중 일부를 발췌한 것이다.

"너무 심각하게라……."

"네. 의사 선생님은 저의 혈당을 더 자주 재려고 하시고, 제 식단에 대해 간섭하시면서 항상 운동하라고 귀찮게 하세요."

"의사 선생님의 말씀이 잔소리처럼 들리는가 보군요."

"네, 우리 엄마처럼요."

"어머니도 그렇게 말씀하시나 보죠?"

"네. 엄마는 늘 잔소리를 하세요. 제가 굼벵이 같다고 하면서, 당뇨병에 신경 쓰지 않는다면 장님이 되어 버리거나 제 신장에 문제가 생긴다든가, 발을 잘라 버려야만 할지도 모른다는 말까지 합니다. 하여튼 엄마는, 젠장…… 최악이에요. 아, 죄송해요."

"뭐 괜찮습니다. 맞춤법이 맞는다면야……"

Walt가 웃는다.

"제 시력이나 몸에 이상한 점은 전혀 없어요. 전 당뇨병에 충분히 신경 쓰고 있습니다. 엄마는 그냥 절 겁주려고 그러는 거예요."

"그리고 의사 선생님도 똑같이 그러시는군요."

"음, 엄마처럼 하지는 않으시는데, 좀 더 신경 쓰고 관리해야 할 필요가 있다고 하면서 안 그러면 큰일이 일어날 거라고 계속 얘기하세요."

"그렇군요. 지금까지 무슨 일이 일어난 적이 없다면 그 말을 믿기는 좀처럼 힘들겠군요."

"음, 진짜 큰일은 일어나지 않았어요."

"하지만 몇 가지 걱정되는 부분들이 있는가 보네요."

"혹시 의사 선생님이 제가 여기 왜 왔는지 선생님한테 얘기하셨어요?"

"무슨 일이 있었는지 저한테 간단히 얘기해 주셨어요. 의사 선생님은 당신의 A1C 수치가 정상 범위로 떨어지지 않고 있고, 지난 몇 달 동안 응급실에도 몇 번 왔었다는 얘기를 해 주셨어요."

"네, 한동안 상태가 좀 안 좋았어요. 전 그냥 감기에 걸린 줄 알았죠. 계속 토하고 속이 거북했거든요. 혈액검사도 계속 하긴 했는데, 아무 일도 없었어요."

"아무 일도 없었군요……"

"글루코미터로 재 보니까 제 혈당 수치가 너무 높게 나와서 측정조차 할 수 없더라고요. 이미 인슐린을 맞았는데도……. 젠장! 그래서 뭔가 문제가 생겼구나라고 생각했어요. 엄마를 불렀고 엄마는 911(역주: 미국의 긴급 전화번호)에 전화를 하더라고요."

"많이 놀랐겠어요."

"놀랐다기보다는……. 단지 도움이 좀 필요했을 뿐이에요."

"아이처럼 취급받고 싶지 않았을 텐데 곤란했겠네요. 스스로 결정을 내리고 싶었을 텐데 말이에요."

"무슨 말씀이신지……"

"아마 제가 잘못 이해했을 수도 있어요. 주변 사람들이 당신에게 잔소리를 하거나 무언가 하라고 지시하는 걸 좋아하지 않는다고 말하신다고 생각했어요. 사실 당신은 스스로 선택하기를 원하는 데 말이지요."

"네, 맞아요. 그래요."

"그리고 이번에는 혼자서는 어떻게 할 수 없는 상황이었고요."

"네, 그래서 지금 모두가 절 못살게 굴고 상황을 큰일처럼 만들어 놓고는 선생님까지 만나게 했고요."

"그렇게 화가 나는데도 여기에 오셨군요. 그 이유가 궁금한데요."

"사실 조금 걱정이 되기도 해요. 제가 장님이 되는 건 아니겠죠?"

상담자는 Walt와 신뢰 관계를 형성하려 노력하고 있다. 이러한 과정을 통하여 (상담자는 대체로 경청하며) Walt는 조금씩 마음을 열고(변화대화뿐만 아니라) 그에게 중요한 것이 무엇인지에 대한 생각을 나누기 시작했다. 이제는 내담자가 상담자의 의견을 물어보고 있다.

이 시점이 바로 초점 맞추기에 진입할 기회이다. 제7장에서 논의했듯이 그가 말하고 싶은 부분이 있는지 묻는 것은 도움이 되지 않을 수 있는데, 그가 말할 화제가 필요한지조차 결정을 내리지 못한 상황에서는 더욱 그렇다. 이런 경우에 어느 정도의 정보를 제공하는 것은 내담자가 더 이야기하고 싶은 중요한 부분이 있는지의 여부를 판단하는 데 도움이 될 수 있다.

당뇨병이나 의료 분야에서 일해 본 경험이 없다면 내담자에게 줄 수 있는 정보가 별로 없다고 느낄 수도 있다. 상담과 관련된 생각에서 벗어나서 의사가 이 상담자에게 알려 준 정보들을 생각해 보기 바란다. ① 내담자는 심하게 높은 혈당 수치 때문에 응급실에 두 번 실려간 적이 있다. ② Walt가 A1C 검사를 했을 때 매우 높은 수치(7 이하가 정상이지만 14)가 나왔다. ③ 의사는 상담실에 Walt를 보낼 정도로 우려하고 있다. 이러한 사실들을 바탕으로 상담자는 무슨 말을 해 줄 수 있는가? 그리고 그것을 어떻게 말해 줄 것인가?

2. 심층 탐구

이 단원의 도입부에서 우리는 한 가지 전제를 가지고 시작했다. '초점 맞추기'는 일관된 방향을 찾는 여정이라는 것이다. 그리고 이 과정에 우리는 내담자 삶의 중요한 부분에 우리의 노력과 관심을 집중하는 일이 수반된다는 것도 살펴보았다. 우리의 관심과 주의를 집중하는 것은 계획을 수립하는 것뿐만 아니라 특정한 주요 요소들에도 주의를 집중하는 것을 포함한다. 우리는 우리의 경험과 전문성, 그리고 외부의 객관적 관점을 통해서 내담자가 인식하지 못하거나 알지 못하는 것을 짚어 낼 수 있다. 이러한 정보를 단순히 전달하는 것에만 그치지 말고 공유할 수 있어야 한다. 사실상 우리의 목표는 조언하는 데 있지 않고 변화를 촉진시키는 데 있기 때문이다.

정보 공유는 일방통행식으로 이루어지는 것이 아니다. 내담자는 이미 자신과 자신의 상황, 그리고 과거에 어떤 것이 효과적이었고 혹은 아니었는지에 대한 상당한 지혜를 가지고 있다. 우리의 목표는 내담자가 선택한 방향으로 변화할 수 있도록 이러한 정보를 탐색하고, 이해하고, 활용하는 것이다. 따라서 우리는 이 과정을 단순하게 정보 공유라고 하지 않고 정보 교환이라고 부르며, 이를 동기강화 상담자가 사용하는 다섯 가지 핵심 기술 중 하나로 간주한다.

정보 교환하기가 초점 맞추기 과정에서 특별히 중요하지만, 이것이 초점 맞추기 과정에서만 특별하게 사용되는 것은 아니라는 점을 기억해야 한다. 예를 들어, 정보 교환은 내담자가 우리의 상호작용에 대한 적절한 기대치를 높여야 할 필요가 있다는 점을 인식하는 데 도움을 주기 위해 관계 형성하기 과정 초기에 구별된 기술 중 하나였다. 이것은 또한 변화대화를 유발하고, 자신의 기술, 경향 및 목표에 맞는 접근법을 발전시킬 만한 계획을 세우는 데 다시 사용된다. 정보 교환하기는 동기강화상담의 과정 전반에 걸쳐 여러 방법들을 통해 사용될 수 있으며, 여기에서 제시한 것들은 부분적인 예시일 뿐이다.

나의 가정들을 이해하기

Miller와 Rollnick(2013)은 상담자인 우리에게 도움이 될 수도 있는 가정과 곤경에 빠뜨릴 수 있는 가정들을 명료하게 정리했다. 하나씩 살펴보자.

	함정	조언
나(상담자)의 역할은 무엇인가?	나는 전문가다.	나는 전문적인 지식이 있으며, 내담자는 그들 자신에 관한 한 전문가다.
어떤 종류의 정보를 알아낼 것인가?	나는 문제에 관한 정보를 수집한다.	내담자가 원하고 필요한 정보가 무엇인지 알아낸다.
정보를 어떻게 이용할 것인가?	나는 지식의 틈을 채운다.	나는 내담자의 강점과 욕구에 대한 정보를 조합한다.
무엇이 유용한 정보인가?	충격적인 정보가 유용하다.	내담자는 어떤 정보가 유용한지를 나에게 알려 줄 수 있다.

나의 과제는 무엇인가?	나는 내담자에게 무엇을 해야 할지 알려 주어야 한다.	나는 내담자의 강점과 욕구를 강화하는 정보를 제시한다.

이러한 각각의 가정은 MI 정신 각각의 차원들과 관련이 있다. 이 과정에서 가장 많이 사용하는 요소는 협동정신, 수용(특히 자율성) 및 유발성이다. 상단 표에 있는 가정은 이러한 차원들을 지지하거나 혹은 약화시키는 경향이 있다.

나(상담자)의 역할은 무엇인가?

상담자가 스스로를 전문가라고 생각하는 것은 자신이 발전시킨 강점을 잘 반영하는 데 도움이 될 수는 있지만, 내담자의 변화 역량을 키우는 데 필요한 중요한 요인들을 약화시킬 수도 있다. 우리의 행동이 내담자를 적극적인 참여자로 만들까? 혹은 수동적 수용자로 머물게 할까?

어떤 종류의 정보를 알아낼 것인가?

우리가 어디에 집중하는가에 따라 상담의 성격과 질이 영향을 받는다. 우리가 한계점에 집중한다면, 우리는 내담자가 변화할 수 있는 역량을 저해할 수 있다. 반대로, 만약 우리가 내담자가 집중하고자 하는 것이 무엇인지, 상담과정에서 내담자가 가진 자원이 무엇인지 그리고 이러한 방향을 선택하는 이유가 무엇인지를 이끌어 낼 수 있다면, 우리는 이러한 변화의 동력에 더 가깝게 다가갈 수 있다.

정보를 어떻게 이용할 것인가?

이 가정은 앞의 설명과 중복된다. 나는 내담자가 상담 중 수동적인 수용자가 아닌 능동적인 참여자가 되도록 어느 정도까지 역량을 강화해 줄 수 있는가? 그들이 상담 장면을 떠나서 이와 같은 변화를 경험할 수 있도록 돕는 데 가장 유용한 접근 방법은 무엇일까?

무엇이 유용한 정보인가?

충격적인 정보가 도움이 되는 상황이 있을 수도 있으며, 비록 그것이 좋은 소식이 아니라 해도 그것이 중요하다면 우리는 망설이지 않고 내담자에게 그 정보를 전달한다. 여기서의 핵심은 누가 이 변화과정을 통제할 수 있고 통제해야 하는지, 그리고 어떤 정보가 그 과정에 유용한지에 대한 신념이다. 충격적인 정보는 내담자가 문제를 제대로 이해하지 못하며, 우리가 내담자들에게 문제를 이해할 수 있도록 압박해야 한다는 신념에서 비롯되는 경향이 있다. 즉, 그 힘이 우리에게 있다는 것이다. 다른 관점에서 보면, 이것은 내담자의 상황을 파악하고 이해하며, 내담자가 그들 자신의 신념에 따라 행동하는 능력이 있음을 존중하는 공유된 힘이다.

나의 과제는 무엇인가?

이 질문은 변화하는 힘이 어디에 있는지에 대해 묻는 이전 질문과 중복된다. 만일 우리가 단순히 사람들에게 무엇을 할지에 대해 알려 주고 그들이 그것을 하기만 한다면, 우리의 일은 훨씬 수월할 것이다. 그렇다면 이런 글도 직업도 필요하지 않을 것이다. 단순히 교관이나 권위적인 부모가 필요할 것이다. 이러한 경우 교정반사(righting reflex)가 나타나는데 이는 적절한 과정을 거치는 것처럼 보일 수도 있고 때때로 효과적일 수도 있다. 하지만 우리의 경험과 연구 자료를 종합해 보면, 그렇지 않다는 것을 알 수 있다. '조언'의 관점에서 보면, 우리의 책임은 내담자가 정보를 제공받고 선택을 하도록 돕는 데 있으며, 이것은 내담자가 충실한 결정을 내리는 데 이용할 수 있도록 정보를 공유하는 것이다.

기본 개념

내담자에게 새로운 정보나 기존에 알고 있는 것과는 다른 정보를 전달할 때는 몇 가지 개념들을 기억해야 한다. 이러한 개념들은 서로 동시에 유기적으로 고려되어야 한다.

❦ 정보를 제공하되, 그것을 강요하지 마라. 내담자들이 정보를 전체적으로 부정확하게 지각한다고 생각되더라도, 당신이 제공하는 정보의 정확성(또는 내담자의 부정확성)에 대해 논쟁하는 것은 불협화음을 낳을 수 있다. 우리의 의도가 상대를 레슬링 시합에서와 같이 꼼짝 못하게 하려는 것이 아님을 기억하라.

❦ 정보를 제공하기 전에 내담자가 그 정보를 원하는지 알아보라. 내담자가 당신의 의견을 물으면 응답하기 전에 먼저 내담자에게 그 정보를 원하는지 확인할 필요가 있다. 많은 경우, 사람들은 자신이 어떻게 생각하는지 이야기하기 위해서 상대에게 어떻게 생각하는지 묻는다. Walt의 예를 다시 생각해 보면, "Walt 씨에게 대답을 해 줄 수 있어서 기쁘지만, 먼저 당신이 어떻게 생각하는지 궁금하네요."라고 말할 수 있을 것이다.

❦ 내담자가 정보를 요청하지 않는다면 (정보를 제공해도 될지 내담자의) 허락을 구하라. 가끔 내담자가 처하게 되는 다양한 상황에서 내담자에게 정말 도움이 될 것이라고 생각되는 정보가 있다. 그러나 그러한 정보는 내담자가 그 정보를 원할 때만 도움이 된다. Walt에게 정보를 제공하기 전에 "도움이 될 것 같은 정보가 있는데 한번 들어 보겠습니까?"라고 허락을 요청할 수

있다. 대부분의 내담자는 들어 보겠다고 대답하겠지만, "아니요"라고 말한다면 그 생각을 존중해야 한다. 자율성이 존중받지 못할 때 내담자는 저항을 보일 수 있다. 정보를 제공하는 과정에서 내담자의 동의를 구하지 않고 정보를 제공하는 경우가 있는데, 예를 들어, 내담자가 타인 혹은 자신의 눈앞에 닥친 위험한 상황에서는 내담자의 허락 없이 정보를 제공할 수 있다. 또한 내담자가 이미 동의한 상태라면 매번 허락을 받을 필요는 없다. 실제로 이 과정이 반복되면 내담자가 오히려 귀찮아할 수도 있다. 하지만 그럼에도 불구하고 경우에 따라서 "좀 더 이야기를 해도 괜찮을까요?"라고 다시 허락을 구할 필요가 있다.

허락은 여러 시점에서 다양한 형태로 이루어질 수 있다. 우리가 위에서 설명한 것처럼 분명한 방식으로 허락을 표현한다고 생각하는 경향이 있지만, 동기강화 상담자들과 MI 코더들은 좀 더 광범위한 정의를 사용한다. 그러므로 MI에서 허락을 구한다는 것은 내담자가 받아들이거나 거부할 수 있는 권리를 지지하는 것을 포함한다. 결과적으로, 허락을 구하는 것은 시작할 때에만 해당되는 것이 아니라 소통의 중간이나 끝부분에서도 나타날 수 있다. "이것들이 당신에게 도움이 될지 아닐지 잘 모르겠네요. 어떻게 생각하세요?"라고 물어보는 의사소통 방식은 말의 끝부분에 허락을 구하는 한 가지 예시이다. 또한 내담자가 우리의 아이디어가 무엇인지 묻는 것은 허락을 구하는 암묵적인 모양새를 나타낸다. 어떤 경우에라도 우리는 정보를 효과적으로 공유하는 방법에 대한 동일한 기본 개념을 유지해야 한다.

당신의 의견에 동의하지 않아도 된다는 것을 내담자가 알 수 있도록 암묵적으로 또는 분명하게 이야기하라. 이는 앞의 내용을 더 심층적으로 설명한 것이다. 의견에 동의하지 않아도 된다는 권한을 부여해 줄 때 내담자는 우리가 염려하는 바에 대해 더 잘 경청하게 된다. 이것은 "이 부분이 당신에게도 걱정이 될 수도 있고 그렇지 않을 수도 있습니다만……"라는 단순한 문장들을 서두에 사용하여 표현할 수 있다. 혹은 "제가 드리는 말씀이 당신에게도 해당되는지는 모르겠습니다만"과 같은 말로 마무리할 수도 있다. 이미 언급했듯이, 말의 중반에 "당신이 이 생각에 동의하지 않을 수도 있겠지만……" 이라는 표현을 사용할 수도 있다. 이러한 모든 표현들은 '내담자가 상담자에게 동의하지 않을 수도 있는 권한을 준다'는 공통 요인을 공유하게 하며, 이는 MI의 요인 중 협동정신을 강화시킨다.

해당 정보가 내담자에게 의미하는 것이 무엇인지 명확하게 하도록 권하라. 사람들은 정보가 암시하는 바에 따라 결론을 내리려는 경향이 있다. 하지만 기억할 것은 내담자가 그 정보가 지닌 의미를 그들 스스로 결정하고 명료화할 때 더욱 강력한 영향력이 발휘되고 불협화음이 생길 여지도 줄어든다는 것이다. 우리는 Walt에게 "일반적으로 연간 기준으로 볼 때 당뇨병으로 응급실을 찾는 환자는 한 명도 없는데, 당신은 지난 4개월 동안 응급실에 두 번이나 갔었습니다. 이 사실이 당신에게 어떤 의미가 있습니까?"라고 질문할 수 있다.

❦ **다른 내담자들의 사례를 활용하여 정보를 제공하라.** 우리는 종종 상담자로서의 풍부한 경험을 상담에 활용한다. 의견이나 해결 방법을 제공하는 과정에서 이 정보들을 사용하라. "제가 예전에 Walt 씨처럼 상담했던 내담자들은……."이라고 말할 수 있다. 내담자들은 자신과 비슷한 사람들이 비슷한 상황에서 어떠한 노력을 했는지에 대한 정보에 잘 반응하는 경향이 있다. 또한 이러한 접근법은 제안이 적합하지 않다고 여길 때 나타날 수 있는 상담자에 대한 저항을 예방한다.

❦ **다양한 대안을 활용하라.** 일반적으로 문제를 해결하는 데는 한 가지 방법만 있는 것은 아니다. 우리가 경험한 다양한 것들이 도움이 될 수도 있다. 문제 해결을 위한 방안을 한 가지 이상 제안하라. 그리고 내담자에게 어떤 방법이 가장 적합한지를 질문하라. 이 접근은 앞에서 언급했던 개념들과 함께 사용할 수도 있고, 성공에 이르는 길이 다양함을 입증하기 위해 내담자가 가진 방법들을 활용할 수도 있다. 예를 들자면, "당뇨 문제를 더 잘 관리하기 위한 방법이 한 가지만 있는 것은 아닙니다. 어떤 사람들은 혈당을 계속해서 측정하는 방법을 택하기도 합니다. 또 어떤 사람들은 일정한 식사량을 유지하는 것에 집중을 합니다. 예를 들면, 식사 횟수라든지, 음식의 종류, 음식의 양 등에 신경을 쓰기도 합니다. 어떤 사람들은 혈당 수치를 더 자주 체크하면서 운동하는 시간을 늘리려고 노력하기도 합니다. 어떤 방법이 당신에게 가장 잘 맞을 것 같습니까?"라고 말할 수 있다. 이러한 접근법은 마치 사격수가 날아가는 모형 표적을 하나씩 쏘아서 떨어뜨리는 것처럼 당신이 대안을 제안하는 족족 내담자가 다 거부해 버리는 상황을 피하는 데 도움이 된다.

❦ **내담자의 진술을 활용하라.** MI에서 상담자는 내담자에게 마치 거울과 같은 역할을 하는데, 내담자는 자신이 어떤 얘기를 했는지 살펴보게 된다. 그러나 이것은 그 이상이다. 상담자는 내담자가 언급한 여러 가지 요소들을 조직화하고 의미를 이해시켜 준다. 내담자가 했던 말들을 반영해 주면, 내담자는 자신이 그 상황을 어떻게 인식하고 있었는가에 대해서 돌이켜 생각해 보게 된다. [다음 장에서 Bem(1967)의 자기-지각 이론과 내담자의 변화대화를 표현하는 것이 가진 설득력에 대해 배울 것이다.] Walt의 예에서 상담자는 Walt가 했던 말을 이용해서 다음과 같이 이야기할 수 있다. "다른 사람들이 당신의 문제를 과장하고 있다고는 하지만, 당신도 최근에

는 글루코스 때문에 기분이 엉망이 되기도 하고, 당신이 그다지 좋아하지 않더라도 다른 사람의 도움을 받아야만 했다는 것을 알고 계시는 것 같습니다."

의견을 제시하지 말고, 사실이나 이미 검증된 지식을 바탕으로 정보를 제공하라. 우리가 제시하는 정보와 자료는 내담자가 고려할 만한 것이어야 한다. 많은 경우 일반적인 정보는 큰 도움이 되지 않기 때문에 각각의 상황이나 행동에 맞게 정보를 제공해야 한다. 당뇨병의 경우에 다음의 진술은 광범위하게 사용될 수 있다. "혈당 관리를 소홀히 하는 경우에 다음과 같은 위험들이 따를 수 있습니다. 1990년대 초에 DCCT 연구팀에 의해서 이루어진『당뇨병와 합병증』에 대한 연구에 의하면, 혈당 관리가 불규칙하거나 소홀할 경우에 연구 대상자의 80%에게서 실명, 신부전증, 신체 절단, 사망과 같은 심각한 부작용이 보고되었습니다." 또는 다음의 예에서와 같이 구체적인 검사 결과를 내담자에게 맞춤형 정보로 알려 줄 수 있다. "시야검사 결과 1년 전에 비해서 4분면 중 2개의 영역에서 눈의 민감성이 떨어졌습니다." 또는 "지난해에는 A1C검사 결과가 7.0이었는데 지금은 14.0이군요." 물론 이 두 가지 정보는 함께 제시될 수 있다. "당뇨병 환자에게 나타나는 일반적인 위험 요소들이 여기 있습니다……. 그리고 이건 우리가 당신의 상황을 관찰한 것입니다."

내담자는 정보를 보관하는 그릇이 아니라 사람이라는 것을 기억하라. Rollnick과 동료들(2008)은 이를 기억하는 것이 매우 중요하다고 말한다. 우리는 때때로 내담자가 꼭 알아야 하는 중요한 정보가 있다고 생각하기 쉽다. 그럴 때면 그 정보를 내담자에게 모두 한번에 제공해야 할 것 같은 압박감을 경험하곤 한다. 이러한 상황에서 우리의 전문성이 방해물이 될 수 있다. 내담자가 모든 정보를 알아야 할 필요가 있다고 배워 왔다면, 자칫 그들을 산더미 같은 자료 아래에 파묻게 될 수 있다. 이러한 문제는 정보를 주는 것이 우리가 하는 일의 일부가 될 때 더욱 두드러지게 나타날 수 있다. 그렇게 되면 이 책의 내용을 체득하는 데도 오랜 시간이 걸리게 될 것이다. 따라서 내담자가 모든 정보를 수분 내에 이해할 것이라는 기대는 비현실적인 것이다.

정보 교환의 방법

많은 동기강화 상담자들은 이끌어 내기-제공하기-이끌어 내기(elicit-provide-elicit: E-P-E)를 정보 교환의 유일한 방법으로 생각한다. 각 요소를 개별적으로 학습해 보자. 앞에서 언급한 원칙들을 염두에 두고, 정보 교환 시 고려해야 할 두 가지 방법을 살펴보자.

이끌어 내기-제공하기-이끌어 내기

이 방법은 때로 질문하기-제공하기-질문하기(ask-provide-ask)라고 불리는 것으로, 내담자에게 정보를 제공해도 되는지에 관한 허락을 구하거나 혹은 내담자가 자신의 관심 영역에 대해 이미 알고 있는 것(또는 알기를 원하는 것)이 무엇인지에 대해 질문하는 것으로부터 시작된다(이끌어 내기). 내담자가 허락해 주거나 자신이 알고 있는 것을 설명해 주면, 상담자는 그것을 바탕으로 정보를 제공해 줄 수 있다(제공하기). 이 방법을 통해서 상담자는 내담자가 이미 알고 있는 것을 말하지 않을 수 있고, 내담자의 기술과 지식을 존중하여 내담자들이 정보를 원하는지 확인할 뿐만 아니라 내담자가 필요로 하는 정보만을 제공할 수 있다. 또한 상담자는 제공받은 정보에 대한 내담자의 생각이 어떠한지에 대해 어떻게 생각하는지 다시 이끌어 낼 수 있다(이끌어 내기). 다음은 시험 불안이 있는 한 학생의 사례이다.

"시험 불안을 줄이는 방법에 대해 어떤 것을 알고 있나요?"

"제가 시험 불안을 줄일 수 있다면 정말 좋을 것이라는 것을 압니다."

"네, 저도 그렇게 생각해요. 그래도 제 생각엔 이미 뭔가를 시도해 보셨을 것 같은데요."

"…… 제 자신에게 너무 걱정하지 말라고 얘기해 보았어요."

"그런데 그렇게 잘되지 않았나 보군요."

"네."

"본인과 같은 상황에 있었던 다른 사람들이 어떤 방법을 사용해서 이 문제를 극복했는지에 대해 혹시 관심이 있으신지 궁금하네요."

"저도 그게 궁금해서 여기 오게 되었어요."

"다른 내담자들이 시도했던 방법 중에 하나는 간단한 호흡법을 연습하는 것이에요. 어떤 사람들은 바이오피드백 기계를 사용하기도 했는데, 그 기계는 사람들이 자신이 원할 때 몸의 긴장을 풀 수 있는 방법을 배우도록 도와줍니다. 또 어떤 사람들은 새로운 학습법을 사용해 보기도 했고요. 뿐만 아니라 다른 사람들로부터 떨어진 조용한 환경이나 추가 시간을 제공받는 것과 같이 보다 공식적으로 편의를 봐 줄 수 있는 환경에서 시험을 보기도 해요. 이런 의견들에 대해서 어떻게 생각하나요?"

OARS와 이끌어 내기-제공하기-이끌어 내기(E-P-E)가 어떻게 연관되는지 주목하라. 이것은 위의 절차와 마찬가지로 내담자에게 정보를 제공할 때 흔히 나타나는 방식이다. 보통 E-P-E처럼 단순한 반복보다는 반영이 많이 가미되긴 하지만 E-P-E-P-E…식으로 진행된다. 이 절차는 이러한 정보 공유하기 과정 중 계속 진행되는 정보 교환의 측면을 반영한다. 우리는 상호작용을 명료화하고, 나아가려는 방향과 의미를 심화시키기 위해 지속적으로 타인으로부터 배우는 과정을 이어간다.

정보 묶음 제공하기－확인하기－정보 묶음 제공하기

이 접근법은 E-P-E의 변화된 형태로, 내담자의 관심을 유지하면서 많은 양의 정보를 전달해야 하는 상황에서 유용하다. 상담자는 '정보 묶음(chunk)'을 제공함으로써 이야기를 시작한다. 이때 '정보 묶음'은 결합시킬 수 있는 정보들을 모아놓은 것의 단위로서, 자기수용적인 방식으로 전달된다. 다음의 예는 한 해에 속도 위반 벌점을 네 차례 받은 운전자에게 제공한 '정보 묶음'이다.

> "워싱턴주에서 운전하고 있는 운전자들은 평균적으로 속도 위반을 포함해서 주행 중에 교통 위반을 하는 경우가 거의 없습니다. 실제로 워싱턴에서 운전면허가 있는 운전자의 85%가 그렇습니다. 1회 위반한 사람들의 수까지 다 포함한다면 95%를 차지하고요. 사실상 1년에 4회 이상 또는 2년에 5회 이상의 교통법규를 위반하는 운전자는 100명 중 1명이 채 되지 않습니다. 이 사실에 대해서 어떻게 생각하십니까?"

정보 묶음을 전달한 후에 상담자는 더 이상 그 정보에 대해 내담자와 논의하지 않는다. 대화는 또 다른 정보의 묶음을 제공하는 과정으로 이어진다. 다음은 평가를 실시할 때 전형적으로 나누는 긴 대화 내용의 예이다.

"오늘 우리가 무엇을 할지에 대해서 간략하게 말씀드릴게요. 직업재활부(The Division of Vocational Rehabilitation: DVR)에서 몇 가지 이유로 제게 진단을 요청했습니다. 먼저 그쪽에서는 당신에게 어떤 서비스가 적절한지 결정하기 위해서 진단이 필요하다고 합니다. 우울이나 불인, 약물남용이나 학습장애 같은 것들이 그 예가 되겠죠. 당신이 우울 때문에 힘들어하고 있으며 학습에 어려움을 겪고 계시다는 것을 알았어요. 지금부터 이러한 영역에 대해 보다 구체적인 정보를 모아 보는 시간을 지켜보려고 해요. 지금까지 들은 것에 대해 어떻게 생각하시나요?"

"이해가 돼요. 그 사람들이 오리엔테이션 할 때 여러 장애들에 대해서 이야기해 주었거든요."

"아, 이러한 것이 새로운 얘기는 아니군요."

"네, 그렇습니다."

"이뿐만 아니라 어떻게 지내오셨는지, 그리고 어디에 관심을 가지고 계시는지에 대해서도 조금 더 알아보는 시간을 가져 보려고 해요. 그리고 이 모든 것들이 당신의 삶에 어떤 영향을 주고 있는지에 대해서도 이해할 수 있으면 좋겠어요. 또 가족과 학교, 병력 같은 것들에 대한 질문도 몇 가지 더 할게요. 이 정보들을 통해서 당신의 다른 부분에 대해서도 보다 균형 잡힌 관점으로 바라볼 수 있으리라 생각해요. 그 점에 대해서 어떻게 생각하세요?"

"선생님이 그런 부분들을 더 아셔야 할 필요가 있을 것 같아요."

"당신을 이해하는 데 도움이 될 거예요."

"맞아요."

"마지막으로, DVR의 기술과 능력이 당신에게 적합할지, 그리고 만일 교육훈련이 필요하다면 어떤 훈련이 당신에게 가장 적합할지를 판단하기 위해 정보를 요청했어요. 이를 위해서 당신이 자신의 문제에 대해서 어떻게 생각하고 있는지, 또한 문제들을 어떻게 해결해 나가고 있는지를 알아보기 위해 검사를 실시하려고 합니다. 어떤 것들은 이해가 되겠지만 어떤 것들은 좀 엉뚱한 질문일 수 있어요. 하지만 이 모든 질문들은 스스로 자신의 생각하는 방식에 대해 이해하는 데 도움이 되는 것들입니다. 그러고 나서 읽기, 쓰기, 수학 능력이 어느 정도 인지 알아보기 위해 학업과 관련된 질문을 할 거예요. 이러한 것들은 배워서 할 수 있는 게 아니니까 그냥 최선을 다하시면 됩니다. 어떻습니까?"

"전 수학을 정말 싫어합니다만, 선생님에게는 꼭 필요한 것 같네요."

"수학을 좋아하지 않으시고 서비스를 제공하는 것과 관련해서 이 모든 검사들을 진행하는 이유를 이해하고 계시네요."

"네. 시작합시다."

주기적인 확인을 통해 더 많은 정보를 얻을 수 있다. 대답이 짧을 수 있지만 내담자는 곰곰이 생각해 본 후 대답한다. 이렇게 대화를 주고받는 마지막 상황에서 내담자는 상담자와 그가 제시한 방향으로 일치되면서 시작할 준비가 된다. 다른 MI 기술도 이러한 방법들에 적용된다는 것은 분명한 사실이다.

우려 표현하기

이 책의 전반에서 다루는 것처럼, 상담자들은 내담자가 상황을 바라보는 관점에 따라 표현하는 진술들을 수용함으로써 안전한 환경을 만들어 내지만, 이것이 내담자의 관점에 (전적으로) 동의한다는 뜻은 아니다. 상담자는 위험하거나 유해한 내담자의 결정이나 입장에 대해서는 우려를 전달해야 한다. 그러나 보다 중요한 것은 그것을 전달하는 상담자의 태도이다. 상담자들은 내담자와 논쟁하는 것이나 내담자가 잘못되었다고 말하는 상황을 피하면서, 내담자가 자신의 견해를 바꿀 만한 부가적인 정보를 제공하거나 내담자가 고려할 만한 대안을 제시한다. 이때 상담자는 지금이 바로 내담자를 설득하기 위해 '압도적인' 증거를 제시할 때라는 유혹을 받을 수 있다. 그러나 이런 류의 설득은 수동적인 방식이든 개방된 방식이든 불협화음을 일으키는 경향이 있다. 다시 한번 강조하지만, 상담자 진술의 의미와 정확성에 대해서 최종적으로 결정하는 사람은 내담자이다.

Walt의 예에서, 상담자는 '당뇨병에 신경 쓰고 있다'는 Walt의 말을 들었지만, (A1C 검사와 응급실에 두 번 실려간 적이 있었다는 사실을 바탕으로) Walt가 당뇨병을 이겨내는 데 어려움을 겪고 있다는 사실을 알고 있다. 이러한 상황에서 상담자는 당뇨병에 대한 전문가가 되는 대신, 다음과 같은 태도로 우려를 전달할 수 있다.

"그렇군요. 당신이 말한 대로 본다면 당신은 자신의 당뇨 문제에 대해서 충분히 신경을 쓰고 계신 것으로 생각됩니다. 그러나 동시에 무언가 충분히 만족스럽지 않은 부분도 있는 것 같습니다. 그 상황들을 볼 때, 몇 가지 우려되는 부분이 있어서 그것들에 대해서 당신과 이야기를 하고 싶은데 괜찮겠습니까?" [허락 요청하기]

"당신의 A1C 기록을 보면 당뇨에 대해 계속 신경 쓰고 관리하고 있지만 의사가 중요하게 생각하는 목표에 도달하는 데에는 어려움을 겪고 계시는 것으로 보입니다. 그리고 최근에 몇 번 응급실에 실려 간 적이 있으셨는데 기분이 좋지 않았을 것 같네요. 특히, 다른 사람들이 그러한 결정을 내린 점이 더욱 불쾌했을 것 같습니다. 우리는 그동안 당신이 상황을 스스로 통제하기 위해 노력하고 있지만 실제로 바라는 만큼 효과가 나타나지 않는 것은 아닌가 하고 염려가 됩니다." [다양한 우려 전달하기]

"저는 이렇게 생각하는데요. 이 부분에 대해서 어떻게 생각하시나요?" [내담자의 의견을 물어보기]

제7장에서 언급한 대로, 우려 전달하기는 특정 주제에 대해서 이야기할 필요가 있지만 당장 어떤 방법이 없는 상황에서 유용하게 사용할 수 있다. 다음은 건강 문제로 고통을 받고 있는 것이 분명하지만 보호관찰관과 만나는 동안 이러한 사실에 대해 이야기하지 않는 사람의 사례이다.

"Janine 씨, 지금까지 우리는 많은 이야기를 해 왔는데요. 한 가지 더 얘기해 보고 싶은 주제가 있는데, 괜찮을까요? 지난 몇 번의 상담에서 Janine 씨가 예전보다 더 피곤해하는 것 같아 보였어요. 계단을 걸어 올라오는 때 보니, 마지막 계단을 올라올 때는 굉장히 숨차 보이던데…… 그리고 얼굴도 조금 더 어둡고 노랗게 된 것 같았어요. 제가 의사는 아니지만, 이런 증상들이 단순히 감기나 독감은 아닌 것 같아서 당신의 건강 상태가 우려됩니다.

무슨 일인가요?"

이미 언급했듯이, 이 과정이 잘 진행되었더라도 이러한 접근 방법은 관계에서 다소간의 '불협화음'을 일으킬 수도 있다. 그리고 그런 상황이 발생하면 관계를 다시 회복하기 위해 함께 조율을 한다. 때에 따라서 내담자의 결정이나 행동에 직접적으로 동의할 수 없는 경우도 있을 수 있다. 다음은 18개의 대학교 1학년 여학생과 나눈 대화이다.

> "4학년 남학생들이 사교 동아리에 가서 시간을 보내기로 한 결정에 대해서 사실 좀 우려가 돼요. 당신이 말했듯이 당신은 그런 상황에서 알코올이나 대마초, 엑스터시와 같은 약물을 사용하는 경향이 있고, 이런 약물들로 인해서 자칫 위험한 성(性)적 행위를 결정하게 될 수도 있을 거란 생각이 들어요. 그 순간에는 다른 사람들의 관심과 성관계를 갖는 것이 즐거울 수도 있지만, 그 후에는 당황스럽고 불편했었다고도 이야기하셨고요. 또한 다시 그렇게까지 하고 싶지는 않다고 말씀하셨어요. 물론 당신에게 옳은 일이 무엇일지는 본인 스스로 선택하셔야 합니다. 이에 대해서 어떻게 생각하나요?"

제7장에서 다루었던 것처럼 위 진술에는 세 가지 요소가 포함되어 있다. 첫 번째는 상담자의 우려가 직접적으로 표현되고 있다. 또한 상담자는 평가하지 않는 태도로 이야기를 하면서 가능한 한 내담자가 이전에 했던 말을 사용하였다. 그리고는 선택과 변화에 대한 책임이 내담자에게 있음을 진술에 포함하였다. 마지막으로, 내담자의 의견을 물어보았다.

위험한 상황에서는?

몇몇 상담자들은 내담자들이 자해를 하거나 다른 사람들에게 위험한 행동을 하는 상담 장면에서 일한다. 예를 들어, 섭식장애 치료 병동에서 일하는 사람들은 자기파괴적인 행동을 하는 내담자들을 만나게 된다. 때때로 이러한 행동은 내담자의 목숨을 위협하기도 한다. 이 상담자들은 (내담자가) 변화하지 못하면 죽을 수도 있다는 경고를 하고 싶은 유혹을 강하게 가질 수 있다. 이때 사실 중요한 것은 경고를 해야 하느냐 마느냐 그 자체보다는 어떻게 그 경고의 효과를 극대화할 수 있는가이다.

상담자는 내담자의 행동이 스스로의 목숨을 위험하게 할 뿐만 아니라 다른 사람들, 특히 아이들을 위협하는 경우에 개입해야 할 필요가 있다고 더욱 강하게 느낀다. 그래서 학대받은 여성이 가정폭력센터에서 나와 폭력을 휘두르는 남편이 있는 불안정한 상황으로 아이들을 데리고 다시 돌아가겠다고 했을 때, 상담자는 가끔 내담자 중심의 접근 방식을 취하기가 굉장히 힘들 때가 있다. 이러한 상황은 매우 위험할 수 있으므로 아이들을 보호하기 위해서는 가능한 한 가장 강력한 방법으로 그 여성을 '직면'시켜 주어야 할 것처럼 느낀다.

그렇다면 이 내담자를 어떻게 '직면'시켜야 하는가? 우선, 만약 상담의 목표가 단순히 조언하기에 있지 않고 행동을 변화시키는 것에 있다면, 우리는 정보를 전달하는 방식이 중요하다는 것을 알고 있다. 우리는 또한 스스로의 영향력의 한계와 씨름해야 한다. 우리는 내담자가 겪는 모든 삶의 측면을 통제할 능력이 있지 않으므로 변화를 증진시키는 능력에는 한계가 있다. 그러므로 변화를 일으키기 위해서는 내담자의 참여가 필요하다. 어떤 경우에는 불행한 상황에 대한 냉정한 비판으로 이미 충분할 수도 있다. 그렇지 않다면 (한 아이가 차도로 뛰어드는 것과 같은 다른 상황에서는) 강력한 방법으로 메시지를 전달할 필요가 있다. 두 번째로, 상담자는 자신이 불행한 결과를 예고하는 것은 아닌지 인식할 필요가 있다. 특히, 상담자의 말이 다른 사람들의 경고와 유사하고 예측한 문제가 일어나지 않았다면 내담자는 상담자의 메시지를 그냥 흘려들을 수도 있다. 마지막으로, 내담자의 상황을 이해해야만 한다. 내담자에게는 그가 선택한 방법이 유일한 방법인 것처럼 느껴질 수도 있다. 반대로, 상담자가 제시한 방법이 내담자의 우선순위 목록에서 낮은 위치를 차지하고 있고 다른 대안들이 더 우위에 있을 수도 있다. 폭력적인 남편에게 다시 돌아가겠다고 하는 여성의 사례에서 위에서 언급한 상황적 요소들을 신중하게 고려하면서 다음의 두 가지 접근에 대해서 생각해 보자. 하나는 MI와 일치하는 접근이고, 다른 하나는 일치하지 않는 접근이다. 먼저 후자의 예이다.

> "그렇게 하면 안 됩니다. 그것은 자신의 인생을 스스로 위험에 빠지게 할 뿐만 아니라, 자녀들의 인생까지 위험에 처하게 하는 일입니다. 당신의 남편은 아이들이 당신을 못 알아볼 정도로 당신을 때렸다구요. 그 남자는 당신이 기절할 때까지 목을 졸랐어요. 미안하다고 사과했다고는 하지만, 그건 한 폭력 주기의 일부일 뿐이에요. 그 남자는 약속을 어겼다고요! 예전에도 이런 일이 있었고 또다시 일어날 거예요. 폭력이 날이 갈수록 더 심해진다는 걸 생각해 보면 그 남자가 언젠가 당신을 죽일 거라는 건 안 봐도 뻔해요. 아니면 아이들까지도 죽일지 몰라요. 저한테 아이들을 사랑하고, 그 아이들이 안전하기를 바란다고 얘기한 적이 있어요. 그렇죠? 그렇다면 어떻게 그럴 수가 있어요?"

이러한 말은 강력한 처방이 된다. 몇몇 상황에서 이러한 접근법으로 충격을 받은 여성 내담자는 자신의 상황에 대해 더 정확한 평가를 내릴 수 있게 된다. 그러나 다른 때에는 적극적으로든 수동적으로든 더 큰 불협화음을 일으킬 수도 있다. 이에 대한 대안으로서 MI와 일치하는 방법으로 직면시키는 방법이 있다. 다음은 그 예이다.

"이쯤에서 제가 무언가 말해야 될 것 같네요. 당신이 다시 남편에게 돌아가겠다는 결정에 저는 겁이 납니다. 폭력이 점점 더 심해지면서 온갖 종류의 위험 신호가 보여요. 자신도 시간이 지나면서 이 폭력이 얼마나 심각해져 왔는지 얘기한 적이 있었어요. 지난번에는 당신이 기절할 때까지 목을 조른 적도 있었고요. 그때 본인 얼굴이 너무 심하게 멍들어서 아이들이 알아보지도 못할 정도였어요. 남편에게 다시 돌아가야겠다는 결정을 한 데에는 여러 가지 이유가 있다는 것을 저도 알아요. 그리고 남편이 다시는 그러지 않겠다고 약속한 적이 있었다는 것도 알고 있고요. 그 약속을 정말 간절히 믿고 싶겠죠. 과거에 있었던 경험과 비교하고 있다는 거 알아요. 그리고 아이들을 사랑하고 있다는 것도 알고 있고요. 이러한 상황이 아이들을 위험하게 할 수 있다는 생각만큼이나 아이들에게 안 좋은 영향을 미칠 것이라는 생각에 많이 힘들겠지요. 제가 당신의 결정을 간섭할 수는 없습니다. 선택하는 건 오로지 본인에게 달려 있지만, 한 가지 강력하게 이야기하고 싶은 것은 다시 한번 깊이 생각해 보고 다른 결정을 내렸으면 하는 것입니다."

두 가지 경우 모두 강력한 경고를 하고 있으며, 또한 내담자가 다른 선택을 고려하도록 압력을 가하고 있다. 첫 번째에서는 내담자에게 이렇게 하면 안 된다고 얘기하고 있는 반면에, 두 번째에서는 내담자에게 진행 방향에 대한 선택권이 있음을 인정하고 있다. 두 경우 모두 정보를 제공하고 있지만 첫 번째 경우에는 엄마가 변해야만 한다는 논쟁을 지지하는 형태로 나타나는 반면, 두 번째 경우는 상담자가 겁이 난다는 진술을 지지하는 형태로 나타나고 있다. 두 경우 모두 내담자가 학대를 받아 온 경험들과 아이들에 대한 그녀의 염려를 집중적으로 다루고 있다. 그러나 정보를 전달하는 태도는 다르게 나타난다. 즉, 두 번째 경우는 내담자의 경험과 관점을 고려하여 표현하는 반면, 첫 번째 경우에는 이미 존재하는 논쟁을 강화하고 있다. 결국 두 경우 모두 다시 생각하라는 요청으로 마치고 있지만, 첫 번째 경우는 자신의 의견을 포기하고 상담자의 제안을 받아들이라고 요구하는 반면, 두 번째 경우는 두 가지 선택권과 함께 내담자가 자신의 결정을 재고할 수 있는 방법을 제공한다. 여러 문헌들에서 가정폭력을 경험하고 있는 여성들이 폭력적인 배우자에게 대부분 다시 돌아간다는 일관된 연구 결과가 제시되고 있다. 두 번째 접근은 피해자들이 집으로 돌아갔다가 다시 배우자를 피해서 와야 하는 상황이 생겼을 때 다시 상담자에게 돌아오는 것을 보다 쉽게 선택하게 한다. 그런 상황이 다시 발생할 경우 내담자가 다시 쉽게 돌아올 수 있도록 항상 문을 열어 놓는 것이 좋다.

언급했던 바와 같이 어떤 내담자들에게는 첫 번째 접근이 효과가 있을 수도 있고 이 접근이 더 잘 맞을 수도 있다. 이러한 방법이 일관적으로 효과적인 결과를 낳는다면 계속해서 그 방법을 사용하라고 권하고 싶다. 효과적인 방식을 바꿀 필요는 없다. 그러나 이러한 방법이 상황에 따라서 그 효과가 다르게 나타난다면 대안으로서 두 번째 방법을 고려하는 것이 좋다.

정보 제공하기, 설득하기, 허락하에 영향 주기

우리는 상담자로서 정보를 교환할 때 다양한 상황을 염두에 두어야 한다. 이전 장에 제시된 가정폭력 상황에서 알 수 있듯이, 우리는 때때로 '내담자가 어떤 방향으로 행동했으면 좋겠다'는 개인적인 생각을 하게 될 때가 있다. 이러한 상황은 건강 관리(예: 체중 조절하기), 중독(예: 마리화나 흡연하지 않기), 형사사법 장면(예: 위험한 장소 피하기), 양육 기술 훈련(예: 일관된 행동 양식 취하기) 등에서도 생긴다. 이 상황에서 우리는 영향력을 행사하고자 한다. 이는 윤리적으로 교정을 해 주고 싶은 상담자의 욕구이다. Miller와 Rollnick(2013)의 책 제10장('목표가 서로 다를 때')은 이러한 우려들을 다룬 좋은 참고 자료이다. 상담의 목표를 위해서 우리는 동기강화 작업의 핵심 요소를 내담자의 자율성 지지와 협동정신 형성이라는 기본 전제에 두고 상담을 진행한다.

Moyers와 동료들(2014)은 정보 교환을 크게 세 가지 범주로 분리할 수 있다고 말한다. 정보 제공하기는 문제와 직접적으로 관련된 정보를 제공한다. 그러나 이 정보는 특정한 내담자만을 대상으로 할 필요는 없다. 예를 들어, 알코올 및 약물중독의 위험성에 관해 이야기할 때, 내담자에게 "일반적으로 알코올 또는 약물중독 병력이 있는 생물학적인 직계 가족을 둔 사람은 알코올 혹은 약물중독에 빠질 위험이 더 큽니다."라고 말할 수 있다. 이런 경우 구체적인 행동 지침을 이야기하지 않은 상태로 정보가 공유된다.

반면에 설득하기는 내담자의 태도, 의견 또는 행동을 변화시키려는 구체적인 시도를 포함한다. 이러한 시도는 다양한 수단—상담자의 편향된 의견에서 강력한 논리에 이르기까지—을 통해 이루어질 수 있지만, 그 수단이 무엇이든 내담자의 자율성을 지지하거나 협동정신을 형성하기 위한 진정한 노력은 없다. 이 스타일은 MI 방식으로 진행되지 않은 가정폭력의 사례에서 분명히 나타난다. 우리는 상담자들이 이런 종류의 설득하기를 상담 장면에서 피하도록 권유한다.

반대로, 허락하에 영향 주기는 내담자의 태도, 의견 또는 행동에 영향을 미치려는 시도를 하면서도, 내담자의 자율성을 지지하고 협동정신을 형성하려는 구체적이고 진정한 노력을 의미한다. 이전 여러 장에서 살펴보았듯이, 허락은 내담자의 정보 요청, 상담자의 직접적인 허락 요청 또는 상담자의 자율적이고 지지적인 언어 사용과 같은 형태로 다양하게 나타날 수 있다. 여기에는 겁주는 듯한 전술을 사용하거나 편견을 마치 사실인 양 제시하는 것과 같은 행동은 포함되지 않는다. 그러나 상담자의 의견을 제공하는 것이 배제되지는 않는다. 위의 MI에 일치하는 방식으로 진행된 가정

폭력 사례는 허락하에 영향력 행사하기 과정의 긍정적인 유형을 보여 준다.

흥미롭게도, Moyers와 동료들(2014)은 이 마지막 범주를 '허락 하에 영향 주기'라 부른다. 비록 이 용어가 내담자의 변화과정에 중심을 둔다 할지라도, 이 범주의 목표는 내담자의 자율성을 지지하고 협동정신을 형성하는 데 있다. 허락하에 영향 주기라는 용어가 상담 장면에서의 이러한 중요한 측면과 더 잘 일치하므로 이 용어가 사용되었다

MI에서는 정보 제공하기 또는 허락하에 영향 주기를 명확히 선호하곤 한다. 실제로, 위에서 논의된 방법들은 상담자의 행동을 이 두 유형과 일치시키고 설득하기를 피하는 방식이다.

요약하기

이번 장에서 우리는 많은 개념들에 대해서 생각해 보았다. '조언하기'에 유용한 몇 가지 명확한 지침들이 다음에 기술하였다. 첫 글자만 모으면 'FOCUS'로 적을 수 있는 이 지침들은 일반적으로 조언하기의 중요 개념을 포함하고 있다.

- 먼저 허락을 구하라(First ask permission). 당신이 이야기하려는 주제에 대해 내담자가 관심이 있는지 확실히 점검하라.
- 아이디어를 제공하라(Offer ideas). 허락 없이 설득하려고 하지 말라.
- 간결하게 말하라(Concise). 두서없이 말하지 말라. 솔직하고 간명하게 말하라. 너무 과도하게 우려를 전달하면 내담자가 자신의 상황을 정리하고 효과적으로 반응하도록 하는 데 도움이 되지 않는다.
- 선택할 수 있는 다양한 대안을 제공하라(Use a menu). 다시 말해, 내담자가 상황을 해결하는 데 사용할 수 있는 다양한 해결책이나 생각을 제공하라는 것이다. 내담자들이 문제를 해결하는 데 있어서 한 가지 방식이나 다양한 해결책을 선택할 수 있는 선택적 맥락에서 대안을 제공하라.
- 내담자의 생각을 이끌어 내라(Solicit what the client thinks). 항상 내담자와 함께 시작해서 내담자와 함께 마쳐야 한다.

3. 개념 정리 문제—자가 진단하기

진실 혹은 거짓

1. T F 만약 내담자가 위험한 행동에 연루된다면, 이러한 MI 원칙들은 적용되지 않는다.
2. T F 정보 교환은 초점 맞추기 단계에서만 일어난다.
3. T F 이끌어 내기-제공하기-이끌어 내기(E-P-E)는 다른 MI 저술자들이 정보 교환하기로 통합한 유형이다.
4. T F 상담자의 진술 끝부분에서 (내담자에게) 허락을 구할 수 있다.
5. T F 내담자가 정확하지 않게 인지하고 있다면, 내담자의 잘못된 인식을 교정하는것도 MI에서 허용된다.
6. T F MI에서는 정보를 제공하기 전에 항상 허락을 구해야만 한다.
7. T F 대체적으로 내담자는 피드백을 받을 때 행동에 대한 일반적인 정보보다는 개인적인 정보와 관련되어 있는 경우에 더 많은 도움을 받는다.
8. T F 내담자는 일반적으로 자신과 비슷한 어려움을 가진 사람들이 자신의 문제를 해결하고 유사한 문제를 극복해 나가는 데 어떤 방법을 사용했는지 관심이 없다.
9. T F 정보를 제공할 때 내담자가 이전에 했던 말을 인용해서 사용하면 많은 경우에 효과적이다.
10. T F 내담자에게 자신의 상황을 해결하는 최선의 방법을 설득시키는 것이 우리가 할 일이다.

정답 및 해설

1. F 비록 다른 방법이 더 효과적일 수 있는 시간이나 시기가 당신에게 있다 할지라도, 자료에서는 내담자는, 매우 어려운 상황에서조차도, 그들이 변화를 결정하고 실천할 수 있는 역량이 있음을 수용하고 지지해 주는 스타일에 제일 잘 반응할 것이라고 제안한다. 그러나 MI 방식은 교정반사로 인해 수용하기가 매우 어려울 수 있으며, 다른 누군가가 내담자의 선택으로 인해 위험에 처한 경우 특히 그렇다.
2. F 우리가 참여시키기에서 살펴보았듯이, 사람들이 초기 상담 회기에 참여할 때 종종 정보를 교환한다. 유발하기와 계획하기에서도 정보 교환이 일어나는 것을 볼 것이다.
3. T 맞다. 지금은 학습을 목적으로 분리해 놓았지만, 다른 많은 작가들은 단순히 이끌어 내기-제공하기-이끌어 내기(E-P-E)를 이 큰 범주 안에 넣는다.
4. T 진술문의 시작, 중간 또는 끝부분에 있을 수 있다. 그러나 형식은 '언제 묻느냐'에 따라 바뀐다.

5. T 우리는 내담자의 잘못된 인식을 수정해 주어야 하지만, 어떠한 방법으로 수정할지에 대해서는 깊이 생각해 보아야 한다. 상반되는 정보를 제공하는 것은 따지기 좋아하는 내담자에게는 절대적으로 불협화음을 내기 쉽다. 내담자가 잘못 인식하고 있는 부분이 사소한 것이라면 수정하기를 나중으로 미루거나, 그 주제를 집중적으로 다루지 않는 것이 적절한 방법일 것이다. 그러나 일시적으로 의견 차이가 심해지거나 불화가 심해지는 상황이라 하더라도 대안적인 정보를 제공하는 것이 중요할 수도 있다. 한 청소년이 "대마초는 자연성분이기 때문에 위험하지 않아요."라고 말하는 경우, "사람들이 그런 생각을 갖고 있다는 게 참 흥미롭군요. 일반적으로 그렇게 알고 있는데, 아마도 당국이 대마초에 대해 너무나 많은 잘못된 정보를 퍼뜨리는 바람에 사람들이 다른 정보들은 무시하기 시작한 것 같아요. 사실은 대마초가 청소년에게 부정적인 영향을 끼칠 수 있다는 연구가 많이 있어요. 그 연구에 대해서 혹시 들어볼 생각이 있나 궁금하네요."라고 대답할 수 있다.

6. F 허락을 구하는 것은 대체로 매우 유용하지만 먼저 허락을 구하지 않고 정보를 제공하는 경우도 있을 수 있다. 앞서 언급한 대로 윤리상 내담자나 다른 사람들의 안전에 심각한 위협이 되는 경우에는 정보를 제공해야 한다. 이와는 달리, 상당량의 중요한 정보를 제공할 때에 반복적으로 허락을 구하는 것은 내담자를 귀찮게 할 수 있다. 이러한 상황에서는 반복해서 허락을 받기보다는 내담자에게 괜찮은지 가끔씩만 확인하는 것이 적절하다.

7. T 일반적인 정보가 큰 도움이 될 수 있다 하더라도 내담자의 개인적 상황에 그 정보들이 적용될 때 내담자는 이 정보를 가장 유용하게 받아들이게 된다. 사람들은 자신에게 의미 있는 것을 알고자 한다. 예를 들어, 흡연하는 사람들이 폐암에 걸릴 위험이 높다는 일반적인 정보보다는, 내담자의 집안 내력에서 암과 흡연의 관련성을 찾음으로써 유전적으로 위험하다고 언급하는 것이 내담자가 변화에 대해서 숙고하도록 자극할 가능성이 높다.

8. F 내담자들은 다른 사람들이 비슷한 문제를 어떻게 극복해 나갔는지에 대해 듣는 것이 많은 도움이 된다는 것을 알고 있다. 이러한 이야기는 내담자가 고려할 수 있는 다양한 선택 사항을 제공할 뿐만 아니라, 문제를 극복할 수 있는 다양한 방법이 있다는 희망의 메시지를 명확하게 제공해 준다. 이러한 정보들을 제공하는 것은 힘든 상황일지라도 변화가 가능하다는 것을 상담자에게 상기시키고, 그러므로 내담자에 대해서 변화할 수 있다는 우리의 긍정적인 기대를 높여 주는 유익한 효과를 나타내기도 한다. 제2장에서 언급한 바와 같이, 우리의 기대는 궁극적으로 내담자가 성공하는 데 중요한 결정 요소이다.

9. T 내담자의 진술을 반복하는 것을 통한 '거울 역할하기'는 내담자가 자신의 상황에 대해 이야기했던 것을 다시 떠올릴 수 있도록 하고 내담자가 자신의 경험을 정리하도록 하는 도구로 작용한다. 그러나 불협화음을 낼 수도 있기 때문에 '내담자에게 의견에 반대하기 위해서 내담자가 사용한 단어를 사용하는 일'은 피해야 한다. 내담자가 때때로 모순되게 말하는 것, 그 자체는 내담자가 표현하고 있는 모자이크의 일부분이다.

10. F 우리는 내담자에게 영향을 미치기 원하지만, 그들의 자율성을 지지하고 그들과 협동정신을 형성하기를 동시에 원한다. 이런 이유로 우리는 설득하기를 자제하고, 그 대신 허락을 구하거나 자율적이고 지지적 언어를 사용한다.

4. 연습하기

치과 의사와 치실 사용에 대해 이야기하는 것 같이 친숙한 사례가 아래에 소개되어 있다. 다음의 예는 실제 상담 현장에서 정보를 공유하는 것에 관한 내용이다. 이 예는 정보 전달 기술에 대해서만 설명하고 있지만, 의도적으로 만들어진 이야기이므로 완벽한 예는 아니다. 본 예시는 상담자의 말로 시작된다.

"치실을 사용하는 것이 얼마나 중요한지 알고 계시죠. 그렇다면 치실 사용이 왜 중요한지에 대해 알고 계신지 궁금하네요."

"글쎄요, 치실을 사용하지 않으면 충치로 이어질 수 있다는 건 알고 있어요."

"네 맞아요. 충치가 생길 수 있고 잇몸 질환이 일어날 수도 있어요."

"그게 그렇게 큰일인가요? 제 말은 잇몸 질환 말이에요. 그게 정말로 그렇게 중요한 건가요?"

"네, 치실을 사용하지 않으면 발생할 수 있는 문제들이 몇 가지 있어요. 먼저 이를 썩게 하는 병균이 생길 수 있는데, 그다음에는 어떤 일이 일어날지 알고 계시겠죠. 그리고 잇몸이 상할 수도 있는데, 그러면 신경뿌리가 겉으로 드러날 위험이 있어요. 그렇게 되면 결국엔 신경치료를 하거나 이를 뽑아야 하는 상황이 생길 수도 있어요."

"하지만 지금 저는 이가 전혀 아프지 않아요!"

"그렇다면 정말 다행이에요. 처음에 잇몸이 약해졌을 때는 취할 수 있는 조치가 몇 가지 있지만, 시간이 지날수록 점점 더 어려워져요. 그래서 그런 일이 발생하기 전에 미리 예방하라고 말씀드리는 거고요. 물론 어떻게 할지는 본인이 정해야 하는 문제예요."

"음, 가끔 치실을 사용하긴 해요. 그냥 아침에 좀 늦었거나 바쁠 때 안 하고 넘어갈 때가 있을 뿐이에요. 그러고 나면 나중에 해야지 하고 생각을 하죠. 가끔은 그런 생각을 하고서도 다시 치실을 사용하는 데 며칠이 걸리기도 하는데, 그러고 나면 치실을 사용할 때 피가 나죠."

"그래서 치실을 사용하는 것이 중요한 거예요. 규칙적으로 하기가 힘들 뿐이에요. 언제는 지속적으로 치실을 사용하셨을 것이고 그보다는 덜 사용했던 때도 있었을 거라고 생각해요. 규칙적으로 치실을 했을 때는 어떻게 그렇게 할 수 있었나요?"

"사람들을 만나고 난 후에 그랬던 것 같아요. 그러고 나면 좀 더 신경 써야겠다는 생각을 하죠."

"그러니까 외부의 누군가나 어떤 것이 치실을 사용해야겠다는 생각이 들게 했다는 거군요."

"그러고 나면 칫솔이나 치실을 여러 곳에 가져다 놓아요. 가령 화장실에도 몇 개 갖다 놓고요, 회사에도 갖다 놓아요. 그게 도움이 되죠."

"시간에 쫓긴다고 느껴질 때면 어떤가요? 그런 상황들이 힘들어 보이는군요."

"굉장히 힘들죠."

"혹시 다른 사람들은 바쁜 와중에도 어떻게 치실 사용을 하고 있는지 들어 보겠습니까?"

"네, 좋습니다."

"사람들이 저에게 정말 다양한 방법들을 이야기해 주었어요. 어떤 사람들은 아침에 3분 일찍 자명종을 맞춰 놓는다고 해요. 겨우 3분이기 때문에 그렇게 중요한 것처럼 느껴지지는 않지만, 사람들은 그 3분 동안 치실을 사용해요. 다른 사람들은 저녁을 먹고 난 후나 자기 전에 치실을 사용하는데, 그렇게 하면 시간에 쫓기는 느낌이 거의 들지 않는다고 하더라고요. 또 어떤 사람들은 치실 도구를 그릇에 담아서 거실에 갖다 놓고 뉴스를 보거나 TV를 보면서 사용할 수 있게 만들어 놓았대요. 그러다 보니 습관이 되었다고 하더군요. 어떤 사람들은 치실을 사용하는 것을 좋아하지 않아서 이쑤시개 같은 것들을 TV를 보거나 책을 읽는 곳처럼 금방 가져다 쓸 수 있는 곳에 놓는대요. 이러한 방법들 중에 정답이 있는 것은 아닙니다. 본인이 사용하기에 어느 것이 가장 괜찮다고 생각되나요?"

"제가 치실을 사용해야 하는 것을 자주 잊어버리고 챙기지 못하니까, 커피 선반에 이쑤시개를 놓는다면 좀 낫지 않을까요?"

"아, 그 방법이 아침마다 치실을 사용하는 것을 대신할 수 있겠다는 말씀이군요."

"아니요, 좋은 방법이라고는 할 수 없지만 임시방편으로는 사용할 수 있을 거라 생각해요."

"아침에 치실을 사용하는 것을 잊어버리지 않기 위함이군요."

"네, 맞아요."

"이쑤시개를 사용하는 것에 대해 얼마나 잘 알고 있어요?"

"솔직하게 말해서 잘 몰라요."

"그럼 제가 이쑤시개를 어떻게 사용하는지 몇 분 정도 보여 주고 당신이 연습을 해 보는 시간을 가지면 좀 도움이 될 것 같네요. 제대로 사용할 때의 느낌을 아는 것은 때때로 도움이 됩니다. 물론 결정은 본인에게 달려 있어요."

"연습하는 데 얼마나 걸릴까요?"

"5분보다 적게 걸릴 거예요."

"그럼 해 볼게요, 그런데 그러고 나서는 저도 가 봐야 해요."

"좋아요, 그럼 이쑤시개를 가지고 올게요. 그런데 먼저 물어보고 싶은 것이 있어요. 치실을 사용하는 것에 대해서 꽤 적극적으로 임하려 하신다는 느낌이 들어요."

"네, 그런 것 같아요. 정말 중요한 일이라는 생각이 드네요. 물론 가끔씩은 실행으로 옮길 수 있는 계기도 필요하고요."

"그 계기가 오늘 있었다는 거군요."

"네."

"좋습니다."

위의 예에서, 치과의사는 일상적인 문제에 대해 의논하면서 먼저 환자가 무엇을 알고 있는지에 대해 질문을 던지며 대화를 시작한다. 의사는 목표가 되는 정보에 대해 알려 주면서 내담자가 이전에 했던 노력에 대해 인식하고, 그 노력을 더욱 강화하고 있다. 그러므로 이러한 환자들의 노력은 어떻게 하면 문제를 더 효과적으로 해결할 수 있을지에 대한 다른 방안과 생각들을 발전시켜 나갈 수 있는 자원이 된다. 일단 환자가 계획을 세우면 의사는 환자가 하고자 하는 노력을 더욱 강화한다.

5. 시도해 보기

초점 맞추기에 해당하는 질문과 반영을 연습해 보기 위해 본 연습을 시작해 볼 것이다. 이러한 기술을 제대로 연습한 다음, 정보 교환에 더욱 특화된 기술에 집중할 것이다.

〈연습 8-1〉 표적 질문: 초점 맞추기

〈연습 5-2〉에서, 내담자가 참여시키기 단계에서 좋은 질문을 만드는 연습을 해 볼 기회가 있었다. 이제 초점 맞추기로 옮겨 간다. 다시 한번 내담자의 진술문을 읽은 다음 두 가지 다른 질문을 만든다. 단, 이번에는 초점 맞추기에 집중하라. 이번 장에서 배운 모든 유형의 질문과 이전 두 장(가치 및 목표 탐색하기, 지평선 찾기)을 활용할 수 있다. 해당 장을 다시 보고 기억을 떠올려 보라. 또한 질문의 초반에 반영을 하는 것이 도움이 될 수 있다.

나중에 다른 과정(유발하기와 계획하기)에서 질문하기 연습을 다룰 때 이 지시문으로 되돌아올 것이다.

〈연습 8-2〉 표적 반영: 초점 맞추기

제4장에서와 같이, 우리는 이제 우리의 초점을 반영하기 연습으로 돌릴 것이다. 단, 이번에는 초점

맞추기 과정에 있는 내담자를 목표로 하는 것이다. 당신은 다시 한번 내담자의 진술문을 읽고 두 가지의 반영반응을 해 볼 것이다. 단, 이번에는 초점 맞추기 과정에서 반영하는 데 집중하라. 해당 장을 다시 보고 기억을 떠올려 보라.

〈연습 8-3〉 일이 다 끝난 후에 뒤늦게 이야기하는 사람

스포츠 팬들이 말하는 것처럼, 스포츠 경기 관람의 묘미 중 하나는 경기 중에 일어난 일에 대해 다시 이야기하면서 그 상황에서 무엇을 했어야 했는지에 대해 얘기하는 것이다. 본 연습도 이와 같이 진행된다. 상담자와 내담자가 나누는 대화를 보게 될 것이다. 이 상황에서 상담자가 사용하고 있는 반응의 종류가 무엇인지 정한 후에 대안을 제시하게 된다. 일이 다 끝난 후에야 뒤늦게 이야기하는 사람처럼 이 문제에 대한 전문적인 지식이 없다는 사실 때문에 자신의 생각을 말하지 않는 상황이 있어서는 안 된다!

〈연습 8-4〉 고민 상담자

이번 연습에서는 가상의 고민 편지를 읽어 보고 나서 그 편지에 대한 응답을 작성해 볼 것이다. 이 연습이 도움이 된다면 지역 신문에 나온 고민 상담란이나 인터넷(예: 『런던 타임스』의 'Aunt Sally'나 『시카고 트리뷴』의 'Ask Amy'), 또는 특정한 개인(예: "Dear Abby")의 사례를 보면서 추가적인 연습을 해 봐도 좋을 것 같다. 도움이 필요한 누군가에게 조언을 할 때 지속적으로 MI의 방식을 따라야 한다는 것을 기억하라.

〈연습 8-5〉 "제가 고칠 수 있어요!"

이 연습에는 재활치료가 필요한 몇 가지 사례가 제시되어 있다. 대부분이 직면시키는 방식으로 되어 있다. 각각의 반응들을 어떻게 수정할 수 있을지 적어 보라.

〈연습 8-6〉 "제가 가르쳐 줄 수 있어요!"

이번에는 몇 가지 시나리오를 읽으면서 각자 자신의 방식으로 조언을 해 보는 연습을 하게 된다. FOCUS 지침을 사용하여 MI에 일치하는 방식으로 조언해 보자.

〈연습 8-7〉 일상생활에서 연습해 보기

이번 연습은 더욱 실질적이다. 우리는 일상 속에서 삶의 어려움에 대해 이야기하는 사람들을 많이 접하게 된다. 그 상황을 듣고 나서 조언을 제공하되, 지금까지 논의하였던 방식과 일치하는 태도로 조언을 제공해 보라. 실제 내담자에게 시도해 볼 수도 있을 것이다.

6. 파트너 활동

이 장에 제시된 처음 여섯 가지의 연습은 모두 파트너와 함께 실습해 볼 수 있다. 적절한 응답에 대해서 생각하면 그대로 연습하라. 실제와 같이 연습을 하고 싶은 경우에는 파트너가 〈연습 8-4〉에 제시된 상황에서 내담자 역할을 맡도록 한 후에 파트너에게 제시된 상황을 설명하도록 한 다음 조언에 대한 허락을 구하라. 이러한 상황들에 대한 추가적인 실습을 〈연습 8-8〉을 통해 해 볼 수 있으니 고려해 보라.

〈연습 8-8〉 "저의 딜레마는……"

이번 연습에서는 내담자의 생각을 더 잘 이해하고 공유할 정보가 있는지 알아볼 수 있도록 떠오르는 생각을 말로 표현해 볼 것이다. 이렇게 해 보자.

당신의 파트너에게 현재 힘들어 하는 문제, 고민 또는 걱정거리에 대해 물어보라. 그것은 과거에 있었던 일일 수 있다. 그러나 그 내용이 당신 파트너의 가장 내면에 있는 어두운 비밀이어서는 안 된다. 파트너가 최소한 10분 이상 이야기할 수 있는 내용이어야 한다. 즉, 이야기할 거리가 있는 화제여야 한다.

시작하면서 타이머를 1분에 맞춰라. 타이머가 꺼지면 당신의 생각을 말로 표현하라. 내담자가 말하는 것에 집중하지 말고 본인에게 집중하라. 당신이 무엇을 생각하고 느끼고 있는지 그것을 소리 내어 말해 보자. 그것을 30초 내로 말로 표현한 다음, 타이머를 다시 1분에 맞추고 계속하라. 최소 10분 정도 반복하라. 도중에 정보를 제공할 수 있는지의 여부를 확인하라.

웃음이 새어 나오는 일일지는 모르겠지만 본 연습에 진지하게 임하길 권장한다. 이는 조력자로서의 자신의 내적 과정을 더 많이 알 수 있는 방법이다. 그리고 그 내적 과정이 당신이 정보를 공유할 때 어떤 영향을 미치는지, 그리고 교정반사가 어떻게 나타나는지까지도 볼 수 있다.

7. 그 밖의 고려 사항

항상 맥락을 고려하라. 당신이 제공하는 정보나 조언이 특정 상담 회기에서는 내담자가 꼭 기억하고 있어야 하는 가장 중요한 것처럼 생각될 수도 있지만, 내담자가 자신의 상황에서 다양한 해결 방안을 직접 탐색해 나가야 한다는 것을 기억해야 한다. 어떤 상황에서는 굉장히 부적절하다고 여겨지는 행동이라 하더라도 다른 상황에서는 굉장히 중요한 목적이 있는 행동이 될 수도 있다. 마찬가지로 당신이 우려하는 것보다 더 크고 더 중요한 다른 문제들이 있을 수도 있다.

Walt의 예를 생각해 보자. 우리 생각에는 Walt가 혈당량을 조절하는 것이 가장 중요한 문제일지 몰라도, 더 잘 먹으려면 얼마나 많은 돈이 더 필요하며 당뇨병을 위해 준비해야 하는 여러 가지 기구들을 사는 데 얼마만큼의 비용이 필요할지와 같은 재정적인 이유를 걱정할 수도 있다. 서른 살을 갓 넘긴 젊은 나이이기 때문에 자신의 정체성과 삶의 방향성을 확립하는 문제로 힘들어할 수도 있고, 그러한 이유로 당뇨가 우선적으로 고려해야 할 문제로 여겨지지 않을 수도 있다. Walt는 자신에게 만성적인 건강 문제가 있다는 것을 선생님들이 알게 되면, 그를 능력 없는 사람으로 생각해서 좋은 직장에 들어가는 데 필요한 설득력 있는 추천서를 써 주지 않을까 봐 염려할 수도 있다. 이러한 것이 모두 사실일 수도 있고 그렇지 않을 수도 있지만, Walt가 정보를 받아들이는데 영향을 미칠 수 있다. 이러한 정보를 알아낼 수 있는 단 한 가지 방법은 Walt에게 얘기해 달라고 하는 것이다. 내담자의 대답에서 다른 맥락의 요소들이 나타날 수도 있으므로 주어진 정보에 대한 내담자의 의견을 물어보는 과정은 매우 중요하다.

연습 8-1 표적 질문: 초점 맞추기

〈연습 5-2〉에서 관계 형성하기 단계에서 좋은 질문을 만드는 연습을 해 볼 기회가 있었다. 이제 초점 맞추기로 옮겨 왔다. 다시 한번 내담자의 진술문을 읽은 다음 두 가지의 질문을 만들어 보라. 단, 이번에는 초점 맞추기에 집중하라. 이번 장에서 배운 모든 유형의 질문과 이전 두 장(가치 및 목표 탐색하기, 지평선 찾기)을 활용할 수 있다. 해당 장을 다시 보고 기억을 떠올려 보라. 또한 질문 초반에 반영하기를 하는 것이 도움이 될 수 있다.

나중에, 다른 과정(유발하기와 계획하기)에서 질문을 개발하는 연습을 할 때, 다시 이 지시문으로 되돌아올 것이다.

1. **저는 자녀들이 부모를 이해하고 존중해야 한다는 점을 알고 있어야 한다고 생각해요. 요즘 아이들이 불량한 행동을 하는 것을 너무 자주 보는데 무례한 행동은 절대 참지 않을 거예요.**

   질문 A:

   질문 B:

2. **저는 우리가 여기서 뭘 해야 할지 모르겠어요.**

   질문 A:

   질문 B

3. **물론 저는 제 아이들을 사랑하지만, 가끔 아이들은 저를 벼랑으로 몰아가요. 그렇게 되면 저는 해서 안 될 일들을 하곤 해요.**

   질문 A:

   질문 B:

(다음 쪽에 계속)

4. 이제 이 모든 바보 같은 일들을 처리하는 것에 정말 지쳐요. 더 이상 아무것도 못하겠어요. 무언가 바뀔 필요가 있어요.

   질문 A:

   질문 B:

5. 제가 가진 문제가 뭐냐고 물으신다면, 아내가 끊임없이 불평한다는 게 문제이죠.

   질문 A:

   질문 B:

〈보너스〉

6. 또 시작이네요. 매일 반복되는 일들…….

   질문 A:

   질문 B:

연습 8-1의 반응 예

여러분이 느끼다시피 이 중 몇 가지 상황은 질문 이전에 반영을 하는 것이 적절한 것으로 보인다.

1. **저는 자녀들이 부모를 이해하고 존중해야 한다는 점을 알고 있어야 한다고 생각해요. 요즘 아이들이 불량한 행동을 하는 것을 너무 자주 보는데 무례한 행동은 절대 참지 않을 거예요.**

   관계 형성하기

   질문 예시 A: 부모가 된다는 것이 당신에게 어떤 의미인지 조금 더 말해 주세요.

   질문 예시 B: 당신 삶의 큰 그림에서 양육이 어떤 위치를 차지하고 있나요?

   초점 맞추기

   질문 예시 A: 부모라는 역할에 최선을 다한다면 당신은 어떤 모습일까요?

   질문 예시 B: 자녀와의 관계에서 더 바라시는 게 있다면 무엇인가요?

2. **저는 우리가 여기서 뭘 해야 할지 모르겠어요.**

   관계 형성하기

   질문 예시 A: 여기에 계신 이유에 대해 이해한 바가 있으시다면 말해 주세요.

   질문 예시 B: 어떤 정보가 유용할까요?

   초점 맞추기

   질문 예시 A: 당신에겐 혼란스러운 상황이군요. 저희가 함께 시간을 보낼 수 있는 좋은 방법은 무엇일까요?

   질문 예시 B: 우선순위가 불분명하신 것 같아요. 인생의 큰 그림을 그릴 때, 가장 중점에 두는 것은 무엇일까요?

3. **물론 저는 제 아이들을 사랑하지만, 가끔 아이들은 저를 벼랑으로 몰아가요. 그렇게 되면 저는 해선 안 될 일들을 하곤 해요.**

   관계 형성하기

   질문 예시 A: 말씀하신 것과 같은 일이 있으셔서 구석으로 몰리는 느낌에 자녀에게 원하지 않는 방식으로 반응하셨을 때, 느낀 점이 있다면 무엇인가요?

   질문 예시 B: 당신이 끝까지 몰리는 느낌이 들지 않을 때는 언제인가요?

   초점 맞추기

   질문 예시 A: 아이들과의 일상(보통 때)은 어떻습니까?

   질문 예시 B: 부모들이 끝까지 몰리는 기분이 들 때 우려스럽지요. 그 우려에 대해서 함께 이야기하면서 어떤 생각을 하시는지 듣고 싶은데, 괜찮을까요?

(다음 쪽에 계속)

연습 8-1의 반응 예 (계속)

4. **이제 이 모든 바보 같은 일들을 처리하는 것에 정말 지쳐요. 더 이상 아무것도 못하겠어요. 무언가 바뀔 필요가 있어요.**

관계 형성하기

질문 예시 A: 어떤 바보 같은 일들을 다루셨나요?

질문 예시 B: 삶의 큰 그림을 말해 주세요. 그리고 바보 같은 일들은 그 계획 안에 어떻게 들어 있는지 말해 주세요.

초점 맞추기

질문 예시 A: 이 모든 바보 같은 일을 둘러보면서, 당신이 이 시점에서 가장 중요하게 생각하는 것은 무엇입니까?

질문 예시 B: 추측컨대, 당신은 이미 이런 상황을 변화시키려고 시도한 것 같네요. 당신이 깨달은 것이 당신에게 효과적이었는지에 대해 더 말해 주세요.

5. **제가 가진 문제가 뭐냐고 물으신다면, 아내가 끊임없이 불평한다는 게 문제이죠.**

관계 형성하기

질문 예시 A: 부인의 불평을 멈추려면 어떤 일이 일어나야 할까요?

질문 예시 B: 당신의 아내는 몇 가지에 불만을 가지고 있는데, 이에 대해 어떻게 생각하세요?

초점 맞추기

질문 예시 A: 그 끊이지 않는 대화에서 가장 중요하다고 생각되는 부분은 무엇인가요?

질문 예시 B: 아내와 상호작용하는 방식에 만족하지 않으시는군요. 가장 문제가 되는 부분은 무엇인가요?

6. **또 시작이네요. 매일 반복되는 일들…….**

관계 형성하기

질문 예시 A: 이 반복적인 패턴이 어떻게 느껴지시나요?

질문 예시 B: 당신 삶에서 좋아하지 않는 부분이신가 봐요. 이번에는 삶에서 좋아하시는 부분에 대해서 말씀해 주시겠어요?

초점 맞추기

질문 예시 A: 오늘 함께 시간을 보내며 이야기할 만한 부분이 많이 있으신가 봐요. 가장 생산적이라고 느껴질 만한 부분이 있을까요? 아니면 조금 더 이야기하고 싶은 부분이 있을까요?

질문 예시 B: 당신이 에너지를 쏟고 싶은 다른 부분이 있다는 말로 들리네요. 그게 무엇일까요?

연습 8-2　표적 반영: 초점 맞추기

이번에는 제4장에서 했던 것처럼 우리의 관심을 반영 형성하기 연습에 돌리고자 한다. 단, 이번에는 초점 맞추기 과정에 있는 내담자를 목표로 할 것이다. 다시 한번, 내담자의 진술문을 읽고 두 가지의 반영하기를 해 보아라. 단, 이번에는 초점 맞추기 과정에서 반영한다는 점에 집중하라. 해당 장을 다시 보고 기억을 떠올려 보라.

1. **저는 제 딸이 좀 더 건강한 식습관을 가지길 바라요. 상황이 바뀌지 않으면 그녀의 건강이 위험에 처할 것 같아 걱정이 돼요. 짐작하시다시피 아이는 거슬려 하는데 저는 일관성 있게 보이기가 쉽지 않네요.**

   반영 A:

   반영 B:

2. **요즘은 마리화나가 많은 곳에서 합법화되어서 아직까지도 옛날의 논쟁이 이어지고 있다는 게 이해가 안 돼요. 물론 너무 많이 피운다면 문제가 될 수 있습니다만, 그렇다고 해서 마리화나를 피우고 음주하는 것이 더 나쁜 문제를 야기한다고 할 순 없어요. 제 아내가 그것에 대해 행복해하지 않고, 자녀들이 눈치챌까 염려하고 있기는 하지만, 저는 직장에도 가고 있고, 집안일도 돕고 있어요.**

   반영 A:

   반영 B:

(다음 쪽에 계속)

3. 가족들은 제가 일을 너무 많이 한다고 생각하고, 때론 저를 힘들게 해요. 제 생각에는 가족들이 제 입장을 몰라서 그런 것 같아요. 저는 제가 하는 일을 사랑하고, 그 일이 사람들에게 변화를 가져다준다고 생각해요. 그들은 저와 같은 방식으로 일을 해 보지 않았기 때문에, 이러한 일들이 저한테 짐이 된다고 생각하는 것 같아요. 다른 한편으로, 저는 그 일들이 때때로 저를 혹사시킨다는 것도 알고, 가족과의 시간을 줄어들게 한다는 것도 알아요. 그게 싫고요.

   반영 A:

   반영 B:

4. 저는 신앙을 갖고 영적인 것을 느끼고 싶어요. 하지만 종교 행사에 참석하는 사람들이 보이는 일부 위선적 모습들이 저를 거슬리게 해요. 그들의 말과 행동이 다른 것을 보면 정말로 미치겠어요. 그리고 저는 어떤 종교가 주장하는 정형화된 것들을 믿는 것을 어려워하는데, 이런 게 저한테는 어리석은 것처럼 느껴져요.

   반영 A:

   반영 B:

연습 8-2의 반응 예

1. 저는 제 딸이 좀 더 건강한 식습관을 가지길 바라요. 상황이 바뀌지 않으면 그녀의 건강이 위험에 처할 것같아 걱정이 돼요. 짐작하시다시피 아이는 거슬려 하는데 저는 일관성 있게 보이기가 쉽지 않네요.

   관계 형성하기

   반영 예시 A: 딸을 도와주고 싶은 마음이 간절하시군요.
   반영 예시 B: 딸의 건강이 염려되시는군요.

   초점 맞추기

   반영 예시 A: 이 문제에서 그녀와 함께 할 수 있는 방법을 찾는 것이 당신에게 중요하군요.
   반영 예시 B: 당신이 이 문제를 접근하는 방법과 좀 더 일치하는 방식을 찾고 있는 거군요.

2. 요즘은 마리화나가 많은 곳에서 합법화되어서 아직까지도 옛날의 논쟁이 이어지고 있다는 게 이해가 안 돼요. 물론 너무 많이 피운다면 문제가 될 수 있습니다만, 그렇다고 해서 마리화나를 피우고 음주하는 것이 더 나쁜 문제를 야기한다고 할 순 없어요. 제 아내가 그것에 대해 행복해하지 않고, 자녀들이 눈치챌까 염려하고 있기는 하지만, 저는 직장에도 가고 있고, 집안일도 돕고 있어요.

   관계 형성하기

   반영 예시 A: 마리화나의 해악이 과장되게 여겨진다고 생각하시는 것 같네요.
   반영 예시 B: 마리화나 때문에 집 분위기가 어수선해요.

   초점 맞추기

   반영 예시 A: 마리화나가 당신에게 매우 중요한 것이군요.
   반영 예시 B: 부인과의 관계가 당신에게 매우 중요한 것이군요.

3. 가족들은 제가 일을 너무 많이 한다고 생각하고, 때론 저를 힘들게 해요. 제 생각에는 가족들이 제 입장을 몰라서 그런 것 같아요. 저는 제가 하는 일을 사랑하고, 그 일이 사람들에게 변화를 가져다준다고 생각해요. 그들은 저와 같은 방식으로 일을 해 보지 않았기 때문에, 이러한 일들이 저한테 짐이 된다고 생각하는 것 같아요. 다른 한편으로, 저는 그 일들이 때때로 저를 혹사시킨다는 것도 알고, 가족과의 시간을 줄어들게 한다는 것도 알아요. 그게 싫고요.

   관계 형성하기

   반영 예시 A: 지금 하고 계시는 일을 사랑하시는군요.
   반영 예시 B: 가족들이 당신을 많이 염려하시나 봐요.

(다음 쪽에 계속)

연습 8-2의 반응 예 (계속)

초점 맞추기

반영 예시 A: 직장과 가정 사이의 균형을 원하시는군요.

반영 예시 B: 가정과 일, 이 두 가지 모두가 우선순위군요.

4. 저는 신앙을 갖고 영적인 것을 느끼고 싶어요. 하지만 종교 행사에 참석하는 사람들이 보이는 일부 위선적 모습들이 저를 거슬리게 해요. 그들의 말과 행동이 다른 것을 보면 정말로 미치겠어요. 그리고 저는 어떤 종교가 주장하는 정형화된 것들을 믿는 것을 어려워하는데, 이런 게 저한테는 어리석은 것처럼 느껴져요.

관계 형성하기

반영 예시 A: 영적인 것을 느끼시는군요.

반영 예시 B: 종교를 받아들이려고 계속 노력하고 계시는군요.

초점 맞추기

반영 예시 A: 당신에게 신앙을 찾는 것이 중요한 일이군요.

반영 예시 B: 어떻게 하면 종교 활동을 할 수 있는지 탐색하는 것을 통해 활력을 느끼시는 것 같아요. 쉽게 관둘 수 있는 고민이 아니네요.

연습 8-3 뒷북치는 사람

스포츠 팬들이 얘기하는 것처럼 스포츠 경기 관람의 묘미 중 하나는 경기 중에 무슨 일이 일어났었는지 다시 이야기하면서 그 상황에서 당신이 대신 어떻게 했어야 하는지 얘기하는 것이다. 본 연습은 다음과 같이 진행된다. 아래에 치과 의사와 환자가 이야기를 나누는 상황이 제시되어 있다. 음영 처리되어 있는 영역이 치과 의사의 반응이다. 이 연습을 하는 사람들의 대부분은 치과 의사가 아니겠지만, 치과에 가서 의사와 치실 사용에 대해 이야기를 나누어 본 적은 있을 것이다. 어떤 반응(예: 반영하기, 허락 구하기, E-P-E 기법)이 적용되어야 할지 판단하고, 과거 경험을 토대로 그 대화에서 사용할 수 있는 다른 반응이 있을지 생각해 보고 적용하면 된다. 이것은 완벽한 상호작용이 아니므로 이야기를 나누는 상황에서 나온 반응이 '나쁘거나' 혹은 '문제가 있다'고 생각하지 않아도 된다. 언제나 그에 대한 대안이 있을 수 있다. 환자의 진술도 읽게 되겠지만 당신이 작성해야 할 것은 치과 의사의 반응이다. 일이 다 끝난 후에 뒷북치는 사람(Monday Morning Quarterbacking)처럼 어떤 문제에 대한 전문지식이 없다고 하더라도 자신이 생각하는 바를 얘기하지 못할 이유는 없다. 그리고 치과 의사라면 더 좋은 일이다. 그러니 전문가가 되어 보자!

진술	응답 유형 및 대안적인 반응
"치실을 사용하는 것이 얼마나 중요한지 알고 계시죠. 치실 사용이 왜 중요한지에 대해 알고 계신 바가 있다면 무엇인지 궁금하네요."	
"글쎄요, 치실을 하지 않으면 충치가 생길 수 있다는 건 알고 있어요."	
"네, 맞아요. 충치가 생길 수도 있고, 잇몸 질환도 생길 수 있어요."	
"그게 그렇게 큰일인가요? 잇몸 질환 말이에요. 그게 정말로 그렇게 중요한 건가요?"	
"네, 치실을 사용하지 않으면 발생할 수 있는 몇 가지 문제들이 있어요. 먼저 이를 썩게 하는 병균이 생길 수 있는데, 그다음에는 어떤 일이 일어날지는 이미 알고 계시겠죠. 그리고 잇몸이 상할 수도 있는데, 그러면 신경뿌리가 겉으로 드러날 위험이 있어요. 그렇게 되면 결국엔 신경 치료를 하거나 이를 뽑아야 하는 상황이 생길 수 있어요."	

(다음 쪽에 계속)

뒷북치는 사람

진술	응답 유형 및 대안적인 반응
"그런데 지금 저는 이가 전혀 아프지 않아요!"	
"그렇다면 정말 다행이에요. 잇몸이 약해지는 초기에는 취할 수 있는 조치가 몇 가지 있지만, 시간이 지날수록 점점 더 어려워져요. 그래서 사람들에게 그런 일이 발생하기 전에 미리 예방하라고 말을 하는 거고요. 물론 어떻게 할 지는 본인이 정해야 하는 문제에요."	
"음, 가끔 치실을 하긴 해요. 그냥 아침에 좀 늦었거나 바쁠 때 안 하고 넘어갈 때가 있을 뿐이죠. 그러고 나면 나중에 해야지 생각을 하는데, 가끔은 다시 치실을 사용하는 데 며칠이 걸기도 하는데 그러고 나면 치실을 사용할 때 피가 나죠."	
"그래서 치실이 중요한 거예요. 그냥 규칙적으로 하기가 힘들 뿐이에요. 언젠가 더 지속적으로 치실을 사용했던 때가 있었을 것이고 그보다는 덜 치실을 사용했을 때도 있었을 것이라고 생각해요. 규칙적으로 치실을 사용했을 때 어떻게 그렇게 할 수 있었나요?"	
"사람들을 만나고 난 후에는 그랬던 것 같아요. 그러고 나면 좀 더 신경 써야겠다는 생각을 하죠."	
"그러니까 사람이나 외부의 어떤 자극이 치실을 사용해야겠다는 생각이 나게 했다는 거군요."	
"그러고 나면 치간 칫솔이나 치실을 여러 곳에 가져다 놓아요. 화장실에도 몇 개 갖다 놓고, 회사에도 갖다 놓아요. 그게 도움이 되죠."	
"시간에 쫓긴다고 느껴질 때 어떠세요? 그런 상황들을 힘겨워 하시는 것 같아 보여요."	
"굉장히 힘들죠."	
"혹시 다른 사람들은 바쁜 와중에도 어떻게 치실 사용을 하고 있는지 들어 보시겠어요?"	
"네, 좋습니다."	

뒷북치는 사람

진술	응답 유형 및 대안적인 반응
"사람들이 저에게 정말 다양한 방법들을 이야기해 주었어요. 어떤 사람들은 아침에 3분 일찍 자명종을 맞춰 놓는다고 해요. 겨우 3분이기 때문에 그렇게 중요한 것처럼 느껴지지는 않을 수 있는데, 그 사람들은 그 3분 동안 치실을 사용해요. 다른 사람들은 저녁을 먹고 난 후나 자기 전에 치실을 사용한다고 해요. 그렇게 하면 시간에 쫓기는 느낌이 거의 들지 않는다고 하더라고요. 또 어떤 사람들은 치실 도구를 그릇에 담아서 거실에 갖다 놓고 뉴스를 보면서 사용할 수 있게 만들어 놓았대요. 그러다 보니 습관이 되었다고 하더군요. 어떤 사람들은 치실을 사용하는 것을 좋아하지 않아서 이쑤시개 같은 것들을 TV를 보거나 책을 읽는 곳처럼 금방 가져다 쓸 수 있는 곳에 놓는대요. 이러한 방법들 중에 정답이 있는 것은 아니지만, 본인이 사용하기에 가장 괜찮다고 생각되는 게 있으신가요?"	
"제가 치실을 사용해야 하는 것을 자주 잊어버리고 챙기지 못하니까, 커피 선반에 이쑤시개를 놓는다면 좀 낫지 않을까요?"	
"아, 그 방법이 아침마다 치실을 사용하는 것을 대신할 수 있겠다는 말씀이군요."	
"아니요, 좋은 방법이라고는 할 수 없지만 임시 방안으로는 사용할 수 있을 거라 생각해요."	
"아침에 치실을 사용하는 것을 잊어버리지 않기 위함이군요."	
"네, 맞아요."	
"이쑤시개를 사용하는 것에 대해 얼마나 잘 알고 계세요?"	
"솔직하게 말해서 잘 몰라요."	

뒷북치는 사람

진술	응답 유형 및 대안적인 반응
"그럼 제가 이쑤시개를 어떻게 사용하는지 몇 분 정도 보여주고 연습을 해 보는 시간을 가지면 좀 도움이 될 것 같아요. 제대로 사용할 때의 느낌을 아는 게 때때로 도움이 되거든요. 물론 결정은 본인에게 달려 있어요."	
"연습하는 데 얼마나 걸릴까요?"	
"5분보다는 적게 걸릴 거예요."	
"그럼 해 볼게요. 그런데 끝나고 나면 가 봐야 할 것 같아요."	
"좋아요, 그럼 이쑤시개를 가지고 올게요. 그런데 먼저 물어보고 싶은 것이 있어요. 치실을 사용하는 것에 대해 꽤 적극적으로 임하려고 하시는 것 같다는 느낌이 들어요."	
"네, 그런 것 같아요. 정말 중요한 일이라는 생각이 드네요. 물론 가끔씩은 실행으로 옮길 수 있는 계기가 필요하지만요."	
"오늘이 그 계기였다는 말씀이시군요."	
"네."	
"좋습니다."	

연습 8-3의 반응 예

아래의 응답 역시 완벽하지는 않으며, 내담자의 대답에 근거한 대안들이다.

진술	응답 유형 및 대안적인 반응
"치실을 사용하는 것이 얼마나 중요한지 알고 계시죠. 치실 사용이 왜 중요한지에 대해 알고 계신 바가 있다면 무엇인지 궁금하네요."	열린 질문 치실 사용이 잇몸 질환에 어떤 도움이 되는지에 대해 무엇을 알고 계신가요?
"글쎄요, 치실을 하지 않으면 충치가 생길 수 있다는 건 알고 있어요."	
"네, 맞아요. 충치가 생길 수도 있고, 잇몸 질환도 생길 수 있어요."	표면반영 그리고 이것은 당신이 회피하고자 하는 거군요.
"그게 그렇게 큰일인가요? 잇몸 질환 말이에요. 그게 정말로 그렇게 중요한 건가요?"	
"네, 치실을 사용하지 않으면 발생할 수 있는 몇 가지 문제들이 있어요. 먼저 이를 썩게 하는 병균이 생길 수 있는데, 그다음에는 어떤 일이 일어날지는 이미 알고 계시겠죠. 그리고 잇몸이 상할 수도 있는데, 그러면 신경뿌리가 겉으로 드러날 위험이 있어요. 그렇게 되면 결국엔 신경 치료를 하거나 이를 뽑아야 하는 상황이 생길 수 있어요."	설득하기 그것이 당신의 치아에 변화를 가져올 지 궁금하시군요.
"그런데 지금 저는 이가 전혀 아프지 않아요!"	
"그렇다면 정말 다행이에요. 잇몸이 약해지는 초기에는 취할 수 있는 조치가 몇 가지 있지만, 시간이 지날수록 점점 더 어려워져요. 그래서 사람들에게 그런 일이 발생하기 전에 미리 예방하라고 말을 하는 거구요. 물론 어떻게 할 지는 본인이 정해야 하는 문제에요."	허락 하에 영향 주기(끝부분) 이제는 건너 뛰어도 괜찮아요. 과정이 어떻게 진행되는지에 대한 정보를 공유해도 될까요?
"음, 가끔 치실을 하긴 해요. 그냥 아침에 좀 늦었거나 바쁠 때 안하고 넘어갈 때가 있을 뿐이죠. 그러고 나면 나중에 해야지 생각을 하는데, 가끔은 다시 치실을 사용하는 데 며칠이 걸기도 하는데 그러고 나면 치실을 사용할 때 피가 나죠."	
"그래서 치실이 중요한 거예요. 그냥 규칙적으로 하기가 힘들 뿐이에요. 언젠가 더 지속적으로 치실을 사용했던 때가 있었을 것이고 그보다는 덜 치실을 사용했을 때도 있었을 것이라고 생각해요. 규칙적으로 치실을 사용했을 때 어떻게 그렇게 할 수 있었나요?"	변화대화를 목표로 한 반영, 표적 질문 치실 사용이 당신에게 중요하기 때문에, 그것을 더 하고 싶으시군요.
"사람들을 만나고 난 후에는 그랬던 것 같아요. 그러고 나면 좀 더 신경 써야겠다는 생각을 하죠."	

(다음 쪽에 계속)

연습 8-3의 반응 예 (계속)

<table>
<tr><th>진술</th><th>응답 유형 및 대안적인 반응</th></tr>
<tr><td rowspan="2">“그러니까 사람이나 외부의 어떤 자극이 치실을 사용해야겠다는 생각이 나게 했다는 거군요.”</td><td>심층반영</td></tr>
<tr><td>기억을 상기시키는 것이 당신에게 도움이 됐군요.</td></tr>
<tr><td colspan="2">“그러고 나면 치간 칫솔이나 치실을 여러 곳에 가져다 놓아요. 화장실에도 몇 개 갖다 놓고, 회사에도 갖다 놓아요. 그게 도움이 되죠.”</td></tr>
<tr><td rowspan="2">“시간에 쫓긴다고 느껴질 때 어떠세요? 그런 상황들을 힘겨워 하시는 것 같아 보여요.”</td><td>질문</td></tr>
<tr><td>당신은 이미 이것을 다른 식으로 해결하기 시작했군요.</td></tr>
<tr><td colspan="2">“굉장히 힘들죠.”</td></tr>
<tr><td rowspan="2">“혹시 다른 사람들은 바쁜 와중에도 어떻게 치실 사용을 하고 있는지 들어 보시겠어요?”</td><td>허락 구하기(이끌어 내기)</td></tr>
<tr><td>이미 그 상황에서 여러 방법을 시도해 보신 것 같아요. 그 과정에서 발견한 것이 있다면 말해 주겠어요?</td></tr>
<tr><td>“네, 좋습니다.”</td><td></td></tr>
<tr><td rowspan="2">“사람들이 저에게 정말 다양한 방법들을 이야기해 주었어요. 어떤 사람들은 아침에 3분 일찍 자명종을 맞춰 놓는다고 해요. 겨우 3분이기 때문에 그렇게 중요한 것처럼 느껴지지는 않을 수 있는데, 그 사람들은 그 3분 동안 치실을 사용해요. 다른 사람들은 저녁을 먹고 난 후나 자기 전에 치실을 사용한다고 해요. 그렇게 하면 시간에 쫓기는 느낌이 거의 들지 않는다고 하더라고요. 또 어떤 사람들은 치실 도구를 그릇에 담아서 거실에 갖다 놓고 뉴스를 보면서 사용할 수 있게 만들어 놓았대요. 그러다 보니 습관이 되었다고 하더군요. 어떤 사람들은 치실을 사용하는 것을 좋아하지 않아서 이쑤시개 같은 것들을 TV를 보거나 책을 읽는 곳처럼 금방 가져다 쓸 수 있는 곳에 놓는대요. 이러한 방법들 중에 정답이 있는 것은 아니지만, 본인이 사용하기에 가장 괜찮다고 생각되는 게 있으신가요?”</td><td>제공하기-이끌어 내기(허락 하에 영향 주기)</td></tr>
<tr><td></td></tr>
<tr><td colspan="2">“제가 치실을 사용해야 하는 것을 자주 잊어버리고 챙기지 못하니까, 커피 선반에 이쑤시개를 놓는다면 좀 낫지 않을까요?”</td></tr>
</table>

(다음 쪽에 계속)

연습 8-3의 반응 예 (계속)

진술	응답 유형 및 대안적인 반응
"아, 그 방법이 아침마다 치실을 사용하는 것을 대신할 수 있겠다는 말씀이군요."	심층반영 이게 당신에게 맞는 방법일지 생각 중이시네요.
"아니요, 좋은 방법이라고는 할 수 없지만 임시 방안으로는 사용할 수 있을 거라 생각해요."	
"아침에 치실을 사용하는 것을 잊어버리지 않기 위함이군요."	말 이어 가기 그 방안에 관해 몇 가지 아이디어가 있으시군요.
"네, 맞아요."	
"이쑤시개를 사용하는 것에 대해 얼마나 잘 알고 계세요?"	이끌어 내기 이쑤시개에 대해 이야기하면서 어느 정도 시간을 보내는 것이 유익하게 느껴질지 궁금하네요.
"솔직하게 말해서 잘 몰라요."	
"그럼 제가 이쑤시개를 어떻게 사용하는지 몇 분 정도 보여 주고 연습을 해 보는 시간을 가지면 좀 도움이 될 것 같아요. 제대로 사용할 때의 느낌을 아는 게 때때로 도움이 되거든요. 물론 결정은 본인에게 달려 있어요."	협업-내담자의 욕구 파악하기 우리가 이것을 할 수 있는 두 가지 방법이 있어요. 당신이 하는 모습을 제게 보여 주시면 제가 코칭을 조금 해 드릴 수 있어요. 혹은 어떻게 하는지 말씀드리거나요. 당신은 어떤 방식이 좋은가요?
"연습하는 데 얼마나 걸릴까요?"	
"5분보다는 적게 걸릴 거예요."	질문에 답하기 얼마나 걸릴지 신경 쓰이시는군요.
"그럼 해 볼게요. 그런데 끝나고 나면 가 봐야 할 것 같아요."	
"좋아요, 그럼 이쑤시개를 가지고 올게요. 그런데 먼저 물어보고 싶은 것이 있어요. 치실을 사용하는 것에 대해 꽤 적극적으로 임하려고 하시는 것 같다는 느낌이 들어요."	결심공약의 반영 계속 하시겠어요?
"네, 그런 것 같아요. 정말 중요한 일이라는 생각이 드네요. 물론 가끔씩은 실행으로 옮길 수 있는 계기가 필요하지만요."	
"오늘이 그 계기였다는 말씀이시군요."	심층반영 도움이 되었네요.
"네."	
"좋습니다."	대답에 동조 적절했다고 느끼네요.

연습 8-4 고민 상담자

인터넷의 등장으로 인해 빠른 검색이 가능해지면서 전 세계적으로 정보를 공유할 수 있게 되었지만, 신문이나 잡지에 있는 고민 상담란은 미국 사회에서만 나타나는 독특한 현상이다. 사람들은 자신의 문제에 대해 글을 올리고 칼럼니스트는 조언을 한다. 이번 연습에서는 가상의 칼럼니스트인 'Todd 아저씨'가 받은 몇 개의 편지를 읽고 그 편지에 답장을 작성해 보게 될 것이다. 이 연습이 도움이 되어서 더 연습해 보고 싶다면 지역 신문에서 고민 상담자에게 쓴 편지를 찾아보아도 좋을 것이다. 지역 신문이 없다면, 전 세계적으로 읽을 수 있는 인터넷 신문(예: 『런던 타임스』의 'Aunt Sally'나 『시카고 트리뷴』의 'Ask Amy')이나 특정한 개인(예: 'Dear Abby')의 사례를 보면서 더 연습을 해 봐도 좋을 것 같다. 마치 유능한 칼럼니스트처럼 약간의 유머를 섞고 싶겠지만, 어떤 사례로 연습을 하든 MI의 방식과 일치하는 태도로 조언하는 것을 목표로 삼아야 한다.

Todd 아저씨께,

저에게는 'Hannah'라는 친구가 있는데 저랑 대학교 기숙사에서 같이 살고 있어요. 저희는 다른 친구들 둘과 함께 네 명이서 매우 친하게 지내고 있긴 한데, 1학년 신입생이었을 때부터 각자의 친구 관계를 갖길 원하고 있어요. 그런데 Hannah 같은 경우에는 우리에게만 모든 에너지를 쏟고 있어요. Hannah는 항상 제 방에 드나들면서 제가 뭘 하고 있는지 물어봐요. 그리고 친하게 지내고 있는 다른 2명의 친구들에게 똑같이 대해요. 요즘 저는 Hannah 없이 지내고 싶다는 생각이 들어서 죄책감이 들 때가 있어요. 다른 친구들이랑 너무 놀고 싶을 때에는 Hannah한테 도서관에 간다고 얘기하고 나가요. Hannah가 제 사생활까지 간섭하는 것 같은 기분이 들어서 문을 잠그기도 하는데, 물론 이렇게 하고 싶어서 그러는 건 아니에요. Todd 아저씨, 도와주세요.

Cling Wrap에서 '혼란스러운 아이' 드림

'혼란스러운 아이'님,

Todd 아저씨

(다음 쪽에 계속)

고민 상담자

Todd 아저씨께,

또다시 연휴가 찾아왔네요. 오해하지는 마세요. 전 제 가족들을 사랑해요. 하지만 언제나 긴장감을 느껴요. 저희 집에 친척들이 들어오는 바람에 일상이 바뀌어 버렸어요. 친척들은 잘 자지도 않고, 불평도 좀 많아요. 삼촌은 가끔 술을 너무 많이 마시기도 하는데, 그럴 때마다 굉장히 독단적으로 변해요. 저희 가족은 큰 행사가 있는 중요한 날에는 이것저것 준비하느라 많은 시간을 보내는데, 무슨 행사든지 너무 빨리 끝나 버려서 항상 실망하게 돼요. 저는 모든 일들을 생략해 버리고 싶은데 가족들이 원치 않는다는 걸 잘 알아요. 그런 행사들이 저에게 소중한 순간이 되기도 하는데, 다만 자주 그렇지는 않네요. 제가 이런 일에 좀 더 유연해질 수 있는 방법은 없을까요?

'연휴 우울증' 드림

'연휴 우울증'님,

Todd 아저씨

연습 8-4의 반응 예

'혼란스러운 아이'님,

굉장히 답답하겠어요. 친구의 감정을 상하게 하고 싶지는 않은데, 지금 내린 결정대로 행동하려니 진짜로 감정을 상하게 할 것 같은 위험성이 있고요. 그리고 친구가 '혼란스러운 아이'님을 화나게 만들고 있는 것처럼 보여요. 제가 생각해 본 몇 가지 해결책을 말씀드릴게요.

다른 신입생들이 했던 한 가지 방법은 자신이 가진 목표가 실제로 무엇이었는지 명확히 하는 것이에요. 그 목표는 새로운 사람들을 만나는 것이었지요. 그것이 기존의 친구들을 대신한다는 뜻은 아니었거든요. 두 번째 방법으로 여학생들이 사용했던 것은 의존적인 친구가 하는 행동 때문에 자신이 어떤 기분이 드는지 이야기하고, 그 친구가 다른 친구들을 사귈 수 있도록 그 친구를 돕는 방법이 있는지 살펴보는 것이었어요. 세 번째 방법은 RA(Resident Assistant)(역주: 미국 기숙사에서 3~4학년들의 학생 대표)에게 고민을 얘기하고, RA가 제시해 주는 해결책을 살펴보는 것이었어요. 마지막으로, 친구를 기숙사에서 하는 파티에 데려가서 그 친구가 다른 친구들과 함께 사귀면서 그 친구들과 잘 지낼 수 있는 시간을 만들어 주는 건 어떨까요? 그러면 그날 저녁에는 그 친구 없이 자신이 하고 싶은 일을 자유롭게 할 수 있을 것 같네요.

자, 그러면 '혼란스러운 아이'님, 어떤 것이 당신에게 가장 괜찮은 방법 같나요?

Todd 아저씨

[다음의 답변은 너무 길지만, 그럼에도 이러한 다양한 문제에 어떻게 대처할 수 있는지를 보여 준다. 연습 시 각각의 문제에 대해 한 번에 한 단락씩 집중해 보면 더 효과적일 것이다.]

'연휴 우울증'님,

이야기를 들어 보니 이러지도 저러지도 못하고 계신 것 같네요. 떠나는 게 좋은 방법일 수도 있겠지만 아마도 실행으로 옮길 준비는 아직 안 되신 것 같아요. 그렇다면 '연휴 우울증'님이 할 수 있는 최선은 그 상황을 관리하는 것이 아닐까 싶어요. 저에게 몇 가지 아이디어가 있어요.

물론 결정을 내리는 당사자는 제가 아니라 당신입니다. 이 모든 것을 해 내긴 어려울 것 같고, 이것들 중 하나를 선택하시는 것이 좋을 것 같습니다. 하지만 당연히 이건 당신이 결정할 수 있는 당신만의 멜로디입니다.

어떤 가족들이 했던 한 가지 방법은 연휴 계획을 조금 짧게 세우는 거였어요. 지나치게 많은 것을 하기보다는 가족들이 함께 시간을 보낼 수 있는 놀이 계획을 세워 보는 거예요. 가족들이 시간이 너무 많이 남아서 할 일 없이 멍하니 있지 않도록 할 수 있을 것 같네요. 어떤 사람들은 가족들과 소풍을 가

(다음 쪽에 계속)

연습 8-4의 반응 예 (계속)

기도 하고, 어떤 사람들은 퍼즐을 맞추기도 하겠죠. 또 다른 사람들은 과자를 굽거나 요리를 할 거예요. 이렇게 하면 가족들이 한 가지에 집중할 수 있을 거예요.

사람들이 가끔씩 사용하는 또 다른 방법으로는 책임을 분담하는 거예요. 모든 사람들이 식사 준비를 포함해서 한 명이 한 가지씩 책임을 지는 거지요. 한 사람이 너무 많은 일을 해야 한다 싶으면 가끔은 2명씩 함께 하면 돼요. 이러한 방법을 통해 가족 구성원 중 한두 사람이 과중한 부담을 지게 되는 일을 줄일 수 있어요.

명절 때 술을 마시는 것은 가끔 문제가 되기도 해요. 여러 사람들로부터 효과적인 다양한 방법들을 들었는데 어떤 사람들은 술을 마시게 될 때 안주를 준비해서 아무도 빈속에 술을 마시지 않게 한대요. 어떤 사람들은 자신이 마실 술의 양과 종류를 먼저 제한해 놓기도 하고요. 또 다른 사람들은 과음 문제로 고민하는 사람에게 (개인적으로) 조용히 접근해서, 자신이 가진 걱정에 대해 이야기해 보려 한대요. 어떤 사람들은 아예 술을 제공하지 않거나 알코올 도수가 낮은 술만 제공하기도 하고요.

저의 마지막 아이디어는 주어진 상황에 대한 본인의 반응을 살펴보는 거예요. 어떤 사람들은 자신의 기대가 문제를 야기한다고 얘기하면서 그런 기대를 바꾸는 것이 도움이 된다고 이야기를 해요. 어떤 사람들은 그 반응이 상황을 확대시킨다고 하면서 그렇게 하면 그 상황에 대해서 자신이 민감하게 반응하게 된다고도 해요. 마지막으로, 어떤 사람들은 자신이 어디에 초점을 맞추는가에 따라서 다르다고도 이야기해요. 자신이 좋아하고 원하는 것에 초점을 맞출 때는 아무리 일이 잘못되어 가더라도 부정적이거나 문제에 초점을 맞출 때보다 더 행복하다고 해요. 그리고 가족들이 모두 집에 있을 때 문제가 발생하게 되면 그것에 대해서 다 같이 이야기를 한다고 해요.

긴 답변이었네요, '연휴 우울증'님. 이 생각들 중에 본인에게 잘 맞는 게 있나요?

Todd 아저씨

연습 8-5 "제가 고칠 수 있어요!"

이번 연습에는 재활치료가 필요한 몇 가지 사례가 제시되어 있다. 대부분 직면시키는 방식으로 되어 있다. 이 장에서 배웠던 몇 가지 기술들을 사용하여 직면을 어떻게 하면 좀 더 부드럽게 바꿔 볼 수 있을지 알아보라. 아래에 제시된 사례에서 몇몇 요소들은 적절하게 사용되었으므로 마치 정비소 작업을 하는 것처럼 그대로 사용해도 될 부분과 교체 혹은 수정이 필요한 부분을 결정해 보라. 어떤 상황에서는 완전히 다 바꿔야 할 수도 있다. 문장들을 어떻게 매끄럽게 다듬고 어떻게 고쳐야 할지 적어 보라. 단어 자체에 너무 집중할 필요는 없지만 각 예문에서 전달하고자 하는 개념들을 표현하는 것에 집중하라.

1. "과일은 더 많이 먹고, 튀긴 음식은 먹지 않아야 해요. 그렇게 하지 않으면 또 한 번 심장마비가 올 수도 있어요. 실제로 두 번째 심장마비는 사망 위험이 더 높기 때문에 무슨 일이 있어도 이렇게 하셔야 해요."

2. "지금 먹고 있는 약에 부작용이 있다는 걸 알고 있어요. 당신이 필요하다고 느끼더라도 무분별하게 복용해서는 안 돼요. 그런 방식으로 항우울제를 복용하면 효과가 나타나지 않아요. 항우울제의 약효가 나타나기 위해서는 치료적으로 일정한 수준이 유지될 필요가 있어요. 그런데 며칠에 한 번씩 약을 복용한다면 치료적 수준이 유지되지 않아요. 즉, 치료적 효과는 얻지 못하면서 부작용만 겪게 될 수도 있어요."

(다음 쪽에 계속)

3. "다시 술을 마시기 시작한 것은 정말 잘못되었다고 생각해요. 특히 지금은 더 그렇고요. 예전에 있었던 문제들이 술 때문에 일어난 일이 아니었다 하더라도, 당신은 이미 술에 의존했던 적이 있고 술 대신에 다른 것들에 빠져 지내기도 했어요. 게다가 지금 우울한 상태이신데 술이 더 우울하게 만들 거예요. AA(알코올 중독자의 자조 모임) 모임의 후원자가 '술을 마시면 안 된다'고 말한 것을 이미 아신다고 생각해서 이 문제에 대해서 의논하지 않았는데, 이렇게 위험한 시도를 하시는 동안에는 아무런 지원을 받지 못하게 돼요. 지금 불장난을 하고 계신 거나 마찬가지라고요."

4. "지금 저도 딜레마에 빠졌어요. 전 당신의 아이들을 당신으로부터 떨어뜨려 놓고 싶지 않아요. 제 생각에 당신은 아이들을 정말 걱정하고 있는 것 같거든요. 하지만 이런 행동을 계속하게 되면 아이들을 떨어뜨려 놓을 수밖에 없어요. 지금 당신은 제가 그렇게 하도록 두고 싶지 않으실 거예요. 즉, 이 부모교육 수업에 꼭 참여하셔야 한다는 말이에요. 그렇지 않으면 저는 아이들을 당신과 떨어뜨려 놓을 겁니다. 그리고 그것은 당신의 잘못이지 제 잘못이 아니에요."

5. "당뇨병 관리에 신경을 더 쓰지 않으면 결과가 더 나빠져서 결국 죽게 될지도 몰라요. AIC 검사 결과가 14였는데 그건 정상보다 두 배는 더 높은 수치예요. 이미 발에 느껴지는 감각이 줄어들었잖아요. 그건 당뇨가 혈액순환과 신경에 손상을 주고 있다는 뜻이에요. 그렇게 되면 발이나 신장을 잃게 되는 수가 있어요. 가족력에 뇌졸중이 있는데 당뇨는 그런 문제와는 상관없이 혈액순환에 문제를 가져와요. 아버님도 심장마비로 돌아가셨잖아요. 계속해서 나빠지는 거예요. 이건 농담이 아니에요. 얼른 손을 쓰지 않으면 정말 큰일이 날 수 있어요!"

연습 8-5의 반응 예

1. "과일은 더 많이 먹고, 튀긴 음식은 먹지 않아야 해요."

   우려: 조언이 연속되고 있으며 전후 맥락에도 문제가 있다. 허락을 구하지도 않고 매우 안 좋은결과를 경고하고 있다. 이 반응은 E-P-E 기법을 사용하여 수정할 수 있다.

   반응: "심장마비를 예방하기 위한 올바른 식습관과 그 역할에 대해 알고 계신 바가 있으신가요?"

   "네. 심장을 건강하게 하기 위해서는 과일과 채소를 더 먹는 것이 기름진 음식을 먹는 것보다 중요해요."
   "심장마비 재발의 위험성에 대해서 무엇을 알고 계신가요?"
   "심장마비가 와서 일단 한번 손상되면 사망과 같은 더 심각한 결과의 위험성이 증가하게 돼요. 그 사실에 대해서 어떻게 생각하세요?"

   기술: E-P-E

2. "지금 먹고 있는 약에 부작용이 있다는 걸 알고 있어요. 당신이 필요하다고 느끼더라도 무분별하게 복용해서는 안 돼요."

   우려: 지난 사례에서와 같이 상담자는 내담자를 설득하려 하고 있다. 다시 말하지만 허락을 구하고 정보를 제공한 후에 내담자에게 도움이 되는 정보를 확인하는 것이 보다 효과적이다. 이 경우에 대안으로 정보 묶음 제공하기-확인하기-정보 묶음 제공하기 접근을 사용할 수 있다.

   반응: "항우울제의 작용 방식에 대해서 이야기해도 괜찮을까요? 이미 알고 있는 사실이면 알고 있다고 저에게 말해 주세요."

   "이런 종류의 약은 치료하는 과정에 적당한 복용량을 알아내는 데 시간이 좀 걸려요. 복용량을 정하고 나면 그 수준에 맞게 매일 약을 복용해야 해요. 이러한 사실이 이미 알고 계셨던 것과 얼마나 일치하나요?"
   "약을 매일 복용하지 않으면 약효가 지속될 수 있는 수준까지 이르지 못하게 돼요. 대신 부작용만 있을 뿐이죠. 가끔 가다 한 번씩 약을 복용하는 건 정말 도움이 안 돼요."
   "그 약이 당신에게 도움이 될 거라고 생각하지만, 약을 먹을지 안 먹을지는 본인이 정하는 거예요. 이런 사실들에 대해서 어떻게 생각하세요?"

   기술: 허락 구하기, 정보 묶음 제공하기-확인하기-정보 묶음 제공하기

(다음 쪽에 계속)

연습 8-5의 반응 예 (계속)

3. "다시 술을 마시기 시작한 것은 정말 잘못되었다고 생각해요. 특히 지금은 더 그렇고요."

우려: 이 사례에서 상담자는 좋은 정보를 많이 가지고 있지만 그 사람을 꾸짖으면서 이야기하여 중요한 핵심이 전달되지 못했다. 우려를 표현하는 경우에는 불협화음이 생기는 것을 피하기 위해서 중립적인 자세를 취하는 것이 좋다.

반응: "당신이 한 결정에 대해서 우려되는 부분이 있어요. 어떤 부분이 우려가 되는지 이야기해도 괜찮을까요?"

"몇 가지 이유가 있어요. 지금처럼 우울한 상태에서 술을 마시면 처음에는 조금 기분이 나아졌다고 느껴지더라도 나중에는 더 우울해지게 될 거예요. 그리고 그동안 뒤에서 지지해 주었던 사람들에게서 정말 많은 도움을 받으셨을 텐데, 후원자들은 이 사실을 모르고 있으니 알게 되면 지원과 조언도 잃고 말 거예요. 비록 과거의 중독 관련한 병력들이 이런 결정을 내리는 것을 막지는 못했다고 하더라도, 이 자료는 당신이 다른 물질과 관련되어 서로 높은 위험이 있다는 것을 보여 주고 있어요. 그것이 제가 걱정하는 부분이에요. 어떻게 생각하세요?"

기술: 우려 진술문, 허락 구하기. 정보 제공하기, 내담자의 관점 확인하기

4. "지금 저도 딜레마에 빠졌어요. 전 당신의 아이들을 당신으로부터 떨어뜨려 놓고 싶지 않아요."

우려: 이 사례에도 유용한 정보가 많이 있다. 그렇지만 상담자가 내담자에 대해 우려하고 있다는 메시지를 사라지게 할 수 있기 때문에 '그러나'와 같은 표현을 사용할 때는 주의가 필요하다. 또한 마지막에 책임감과 관련된 내용은 비난하는 것처럼 보이는데 이러한 방식은 내담자를 화나게 만들 수 있다.

반응: "저에게는 이런 딜레마가 있습니다. 법원에서는 아이들이 당신과 함께 지내려면 부모교육 수업을 들으면서 적극적으로 참여하는 것처럼 무언가를 해야 한다고 하고 있어요. 저는 법원에 사실 그대로를 말해야 하고, 뿐만 아니라 당신과 아이들에게도 진실된 태도를 보여야 할 필요가 있어요. 제 생각에 당신은 아이들을 진심으로 걱정하고 있는 것 같아요. 그리고 우리에게는 지켜야만 하는 법원의 명령도 있고요. 당신이 교육을 받으러 갔으면 하지만, 제가 당신과 아이들을 위해 대신 결정을 내릴 수는 없어요. 이 결정은 본인이 해야만 하는 거예요. 어떻게 생각하세요?"

기술: 정보 묶음 제공하기-확인하기-정보 묶음 제공하기 (이 예시에서는 다음의 '정보 묶음 제공하기'를 하지 못했는데, 가끔 이런 일이 생긴다.)

(다음 쪽에 계속)

연습 8-5의 반응 예 (계속)

5. "당뇨병 관리에 신경을 더 쓰지 않으면 결과가 더 나빠져서 결국 죽게 될지도 몰라요."

우려: 실제 문제에 관해 합리적인 우려를 표현해야 한다. 이 진술은 일방적으로 이루어지고 있다. 협동정신을 조금 더 발휘하는 것이 도움이 될 것이다.

반응: "당뇨의 위험성에 대해서 지금 본인이 알고 있는 것에는 어떤 게 있나요?" (내담자가 응답한 후)

"물론 알고 있을 수도 있지만 그 외에도 몇 가지가 더 있어요. 발에 감각이 없어지게 되는 건 마치 카나리아 새 한 마리가 탄광 안에 있는 것과 같아요. 이러한 증상은 또 다른 위험한 일이 일어날 수도 있다는 것을 암시하죠. 일반적으로 그 증상은 몸에서 혈액순환이 잘되지 않는다는 것을 말해요. 당뇨병 관리의 어려움은 당뇨 문제를 가진 사람들에게서 흔히 나타나는 일이에요. 그런데 유감스럽게도 이러한 증상이 생기기 시작하면 당뇨의 위험성이 점점 더 커지게 되죠. 더 위험해질 수 있는 상황에 대해서 또 알고 계신 다른 것이 있나요?

기술: E-P-E

연습 8-6 "제가 가르쳐 줄 수 있어요!"

이번에는 몇 가지 시나리오를 읽으면서 각자 자신의 방식으로 정보 교환하는 연습을 하게 된다. 다음의 상황들은 일상에서 마주할 만한 일들이다. 시나리오를 읽으면서 떠오르는 생각을 말로 표현해 보라. 이러한 상황을 마주할 때 어떤 생각과 반응이 떠오르는가?

그런 다음, 이 정보를 바탕으로 강조할 요소를 정해 보라. 그리고 어떤 정보가 이 내담자에게 가장 도움이 될 수 있는지 고려하라. 그다음에 해당 요소를 기반으로 한 정보를 제공하라. 예시를 살펴보자.

대학을 선택하는 것

친구의 열여덟 살 된 아들이 좋은 대학들 중에서 어떤 곳을 선택해야 할지 고민하고 있다고 이야기한다. 어떤 학교는 집 근처에 있지만 어떤 학교는 멀리 떨어져 있다. 또 어떤 학교는 공립학교이고 어떤 학교는 사립학교이며 등록금이 많이 비싸지는 않지만 선택할 수 있는 학과와 기회가 상대적으로 적다. 사립학교는 장학금을 받고 다닐 수 있는 장점이 있지만, 학교에 다니면서 일반적으로 드는 비용을 가정에서 담당해 주기가 힘든 상황이다. 그래서 아들과 이야기해서 학자금을 대출할 필요가 있겠다고 합의하였다. 사립학교에서는 공립학교보다 교수님들에게 개인적으로 연락을 하면서 주목을 받기가 더 쉽다. 그리고 어떤 대학을 선택할지를 정해야 하는 이 시점에 당신의 아들은 '너의 마음을 따르라'라는 제목의 연설(역주: 애플사의 CEO인 Steve Jobs가 스탠퍼드대학교 졸업식에서 한 연설)은 완전히 잊은 것처럼 지금 현재 양가적인 감정에 빠져 있다. 그는 자신이 신뢰하는 어른인 당신에게 조언을 구한다.

(다음 쪽에 계속)

"제가 가르쳐 줄 수 있어요!"

떠오르는 생각을 말로 표현해 보기:

그는 결정을 내리지 못한 채 답답해하고 있지만 결정하길 원한다. 이야기를 들으면서 처음에는 만약 정말 결정하지 못하겠다면 학비가 조금 더 저렴한 학교를 선택해야 할 것이라는 생각을 가지고 있었다. 하지만 그의 이야기를 더 들으면서 이게 그렇게 확실한 일이 아니라는 것을 느꼈다. 그는 이 '답답한 상황을 해결해 줄 무언가'가 필요한 것처럼 보였다. 지금까지 생각해 본 적 있는 선택지 이상의 것을 제시해 주는 것이 도움이 될 수 있다. 즉, 그가 무엇을 알고 있는지에 대해 알고 나서 그에게 선택지를 제시해 주어야 한다는 것이다.

정보 교환:

"저에게 몇 가지 아이디어가 있지만 그 아이디어를 공유하는 것이 괜찮으신지 알고 싶습니다. 그 전에 우선 당신이 고민 해결을 위한 몇 가지 전략을 시도해 본 것으로 보이는데, 이미 해 보신 것을 반복하고 싶지는 않아요. 무엇을 시도해 보셨습니까?"
(젊은이가 답했다.)

"제가 지금까지 만나왔던 다른 젊은이들이 생각한, 당신이 고려해 볼 만한 몇 가지 아이디어가 있습니다. 하나는 학기 중에 각각의 캠퍼스에 가보는 것입니다. 기숙사에서 잠을 자고, 수업을 듣고, 학교 식당에서 식사를 해 보세요. 또 다른 방법은 친구들의 형이나 누나들이 했던 선택과 그 결정을 내린 이유에 대해 들어보는 거예요. 그들이 학교를 선택했을 때, 그들에게 중요한 요소가 무엇이었는지, 그리고 그 선택이 어떤 영향을 미쳤는지를 듣는 것이 때로는 도움이 되죠. 다른 학생들은 또 다른 학생들에게 전화를 걸어 이야기하고 그들이 가진 학교에 대한 생각을 듣는다고 해요. 그들은 많이 받는 질문 목록을 가지고 있어서, 재학생들로부터 비슷한 정보를 얻는 데 도움이 된다고 해요. 학교에 갈 이유를 묻는 것도 도움이 될 수 있고요. 이런 생각들에 대해 어떻게 생각하시나요?"

"제가 가르쳐 줄 수 있어요!"

직업 바꾸기

당신의 친구가 직업을 바꾸려고 하고 있다. 당신이 그녀를 알아 온 이래로, 그녀는 빚을 지지 않고 적절하게살 수 있을 정도의 돈벌이가 되는 일을 몇 가지 하고 있다. 맞벌이 가족에서 편부모 가족이 되면서부터 이러한 경제적인 문제가 발생하기 시작했고, 그녀는 거의 15년 가까이 이러한 생활을 지속하고 있다. 그 시간 동안 새로운 사람을 만나서 좋은 관계를 맺게 되었지만, 그녀의 남자친구는 그녀보다 일하는 시간도 적고, 수입도 훨씬 적은 상황이다. 현재 그녀는 큰 계약 건의 독자적 컨설턴트로 일할 수 있는 기회를 얻게 되었다. 이 계약은 1년간 좋은 수입을 보장하고 있으며, 그 외 시간에 다른 컨설턴트 사업에서 일하는 것도 허용하고 있다. 하지만 그렇게 되면 재정적 안정이 보장되는 시간제 근무직을 그만두어야 하는 상황도 생긴다. 친구는 컨설팅의 가능성에 대해서 굉장히 즐거워하고 있지만, 또 한편으로는 점점 불경기가 되어 가고 있기 때문에 1년이 지난 후의 상황이 불확실하다는 것을 걱정하고 있다. 그녀는 자신이 어떻게 하면 좋을지 당신에게 물어보고 있다.

떠오르는 생각을 말로 표현해 보기:

정보 교환:

"제가 가르쳐 줄 수 있어요!"

연세가 있으신 부모님

같이 일하는 동료가 아주 어려운 결정을 앞두고 있다며 고민을 털어놓는다. 그의 연로하신 부모님은 최근까지 멀리 떨어져 있는 도시에서 살고 계셨다고 한다. 건강하셨던 아버지는 결국 지난해에 돌아가셨다. 그의 어머니는 아버지가 돌아가신 후에 가족들과 함께 사는 문제에 대해 급하게 결정하는 것을 원하시지 않았지만, 홀로 사시면서 힘들어하고 계신다는 것이 점점 명백해지고 있다. 어머니에게는 재택 건강 보조원이 있었지만 연금을 다 쓰는 바람에 지금은 실버타운이나 아들의 집에 들어와 사셔야 하는 상황에 놓여 있다. 동료의 아내는 지지적이고, 동료가 인정한 대로 동료의 어머니는 사소한 일들을 처리해 오고 있다지만, 이것은 오랜 시간 동안의 헌신이 필요한 일이기 때문에 걱정이 된다고 한다. 그리고 아이들 때문에 집안일을 할 것이 많기 때문에 어머니를 모시고 살게 되면 침실을 새로 배치하고 일상생활에 변화가 필요한 상황이다. 동료가 둘러본 실버타운은 형편없이 질이 낮은 수준부터 그럭저럭 괜찮은 수준까지 다양하게 있었는데, 어떤 실버타운도 그렇게 좋아 보이지 않는데다가 어머니를 그런 식의 보조시설에 맡긴다는 생각을 하는 것만으로도 굉장히 죄책감을 느끼고 있는 것처럼 보인다. 동료는 아버지가 돌아가실 때 어머니를 잘 돌봐 드리겠다는 약속을 했다고 한다. 그 동료는 지금 어떻게 하면 좋을지 조언을 구하고 있다.

떠오르는 생각을 말로 표현해 보기:

정보 교환:

"제가 가르쳐 줄 수 있어요!"

가장 친한 친구의 결혼

당신은 그녀를 어렸을 때부터 알고 지내고 있다. 당신은 그녀의 결혼 파티에 참석하였고 파혼했을 때도 곁에서 위로해 주었다. 그녀의 아버지가 치매 때문에 병상에 계시는 내내 당신은 그 친구의 말벗이 되어 주었고, 어머니가 암 투병을 하실 때에도 옆에서 격려해 줘서 결국 친구의 어머니가 암을 이겨 내실 수 있게 도와준 적도 있다. 당신이 알고 있는 바로, 그 친구는 인생의 동반자와 아이를 바라고 있었다. 친구는 자신의 짝을 만날 수 있었지만, 아이를 갖고 싶어 하지 않는다. 이러한 문제는 아이가 없어도 괜찮을지에 대해 고민하고 결심을 하는 과정에서 만남과 헤어짐을 반복하는 상황으로 이어졌다. 그녀가 그녀의 파트너와 헤어져 있을 때는 입양까지 고려했는데, 왜냐하면 그녀는 의학적인 이유로 임신이 쉽지 않았기 때문이었다. 지금 친구와 함께 식사하고 있는 상황에서 친구는 결혼 날짜가 정해졌다는 이야기를 한다. 친구는 아주 자신 있는 듯한 얼굴로, 다른 사람의 아이들에게 이모가 되기로 결정했다며, 그리고 그거면 충분할 거라고 말하고 있다. 당신은 친구에 대해 알고 있기 때문에 친구를 괴롭히는 그 끝없는 불확실함이 드디어 끝나는 것처럼 여겨지기도 하지만, 그 친구가 이 결정을 따르게 되면 행복하지 않을 거라는 사실도 알고 있다. 친구는 당신에게 어떻게 생각하는지 물어보고 있다.

떠오르는 생각을 말로 표현해 보기:

정보 교환:

연습 8-6의 반응 예

이 답변들 중 '떠오르는 생각을 말로 표현하기' 부분은 저자가 문항들에 대답할 때 가졌던 생각을 일부 반영한 것이다. 당신도 본인의 생각이 있기 때문에 물론 저자의 생각과 다르게 느껴질 것이다. 하지만 이것이 각 항목에 응답할 때, 각자의 마음가짐을 들여다볼 수 있는 기회가 될 것이다.

직업 바꾸기

당신의 친구가 직업을 바꾸려고 하고 있다. (이하 생략)

떠오르는 생각을 말로 표현해 보기: 이 정보를 들으니 두려움과 흥분을 느낀다. 또한 나는 그녀가 정말로 내 생각을 알기 원하는지 또는 그녀가 이미 어느 정도 그녀의 선택지를 알고 있고, 그저 이것을 입 밖으로 꺼내기 위한 기회가 필요한 것인지 궁금하다.

정보 교환: **"정말이야? 사람들은 가끔씩 자기가 정말 하고 싶은 일이 무엇인지 생각하는 걸 말해 보면 자신이 어떻게 생각하고 있는지 더 잘 알 수 있게 된다고들 하더라. 음…… 나도 네가 돈이랑 보험에 대해 많이 걱정하고 있다는 걸 알기 때문에 더 확실히 해 두기 위해 고민하는 게 이해가 돼. 그리고 네가 이번에 얻은 기회 때문에 얼마나 기분이 좋고 행복해하는지 느껴져. 마치 너에게 완전히 새로운 삶을 꿈꿀 수 있는 기회가 생긴 것 같아 보여. 어떤 면에서는 그 선택으로 네가 과연 행복할 수 있을지 의심이 가는 부분도 있지만, 모든 일들이 잘 진행되고 있는 것처럼 보이네. 아마도 이미 네가 원하는 것이 무엇인지 알고 있다고 생각하는데, 네가 원하는 것을 하는 것은 어떨까? 또는 너를 진심으로 생각해 주는 사람들에게 네 선택 이 옳다는 이야기를 들어 보는 것도 좋을 것 같고, 내 생각에는 정말 좋은 기회를 잡은 것 같은데, 내가 너에게 어떻게 하라고 왈가왈부할 일은 아닌 것 같아. 어떻게 생각해?"**

연세가 있으신 부모님

같이 일하는 동료가 아주 어려운 결정을 해야 하는 일이 있다며 고민을 털어놓는다. (이하 생략)

떠오르는 생각을 말로 표현해 보기: 이 결정에 대해서 고뇌를 느낀다. 이것은 여러 차례 선택을 해야 하는 결정이다. 단지 차선이 있을 뿐 옳은 결정은 없다. 이 상황에 대해 생각해 보니 몇몇 생각이 떠오른다. 그의 어머니가 원하는 것이 무얼까? 그의 아버지와 했던 약속도 그의 선택을 제한하고 있는 것처럼 보인다. 나는 여기서 모든 일이 일어날지도 모른다고 생각한다. 아마도 절충안이 있을 것이다.

정보 교환: **"굉장히 어려운 상황이네요. 이것저것 신경 써야 할 일이 많아서 힘들겠어요. 어머니에게는 지금보다 더 많이 도움이 필요한 상태이고, 또한 당신은 아버지와의 약속도 지키고자 하고요. 그런데 모두를 위한 최선의 방법을 찾기는 참 쉽지 않군요. 내가 보기에는 당신이 어떤 결정을 내리든지 좋지**

(다음 쪽에 계속)

연습 8-6의 반응 예 (계속)

만은 않을 것 같은데, 한편으로는 그 결정으로 모두가 행복해졌으면 하는군요. 고려해 보면 좋을 것 같은 몇 가지 아이디어가 있는데 들어 보시겠어요?"

"어머니께서 이 상황에 대해 어떻게 생각하시는지 언급한 적이 없었어요. 그게 꽤 중요한 문제인 것 같거든요. 어머니께서는 어떻게 생각하세요?"

"그리고 어머니를 돌봐 드린다는 것이 당신에게 어떤 의미인지도 궁금해요. 어머니를 돌봐 드린다는 말이 당신에게는 어머니를 모시고 산다는 것처럼 느껴지는 것 같은데, 전 다른 의미도 있을 수 있다고 생각하거든요. 그 의미를 좀 더 확장해서 생각해 보면 도움이 될 수 있을 것 같은데 어떻게 생각하세요?"

"마지막으로, 결정을 내리는 과정이 모두를 행복하지 않게 만들 수도 있을 것같이 느껴지는지 궁금해요. 그것보다 더 나아가서, 모두의 행복이 본인에게 달려 있다는 책임감이 느껴지는지도 알고 싶어요. 이런 생각들을 내려놓는다면 한결 쉬운 결정이 될 거라고 생각되네요. 어떻게 생각하세요?

가장 친한 친구의 결혼

당신은 이 친구를 어렸을 때부터 알고 지내고 있다. (이하 생략)

떠오르는 생각을 말로 표현해 보기: 그녀가 계속 불확실함 속에 있다고 느끼고 이를 끝내려고 결혼하는 것 같아 걱정된다. 그녀, 그리고 이 관계를 유지하려는 그녀의 결정을 지지하면서도 우려를 표현해야 할 필요를 느낀다.

정보 교환: "진심이야? 네가 그런 결정을 내렸다니 걱정스러워. 그 남자가 나빠서 그러는 게 아니야. 그 남자는 좋은 사람이고 네가 그 사람을 사랑하는 것도 알아. 그게 너를 지금 가장 힘들게 만들고 있는 부분이겠지. 나는 네가 얼마나 아이를 원해 왔는지, 그리고 이 불확실함 속에 있는 것이 너를 힘들게 하는지 알고 있어. 걱정되는 부분은 네가 이 불확실한 상황을 끝내려고 이런 결정을 내렸다는 거고, 그러면 나중에는 이 선택을 후회하면서 '강제로' 네가 이런 선택을 하게 했다는 데 대해서 그 사람에게 매우 화가 날 거라는 거야. 이게 지금 내가 생각하는 걱정스러운 부분이야. 내 얘기 들어 보니까 어떤 생각이 들어?"

연습 8-7 일상생활에서 연습해 보기

이번 연습은 더욱 실제적이다. 일상생활에서 우리는 인생의 힘든 점에 대해 이야기하는 사람들을 많이 접하게 된다. 이미 서로 자유롭게 생각을 나누었던 친구들의 경우에는 우리가 하는 제안에 대해 더 마음이 열려 있을지도 모른다. 다음의 상황에 대해 평소에 당신이 해 왔던 조언을 제안하라. 하지만 배웠던 기술들을 바탕으로 MI와 일치하는 태도로 조언해야 한다.

마찬가지로, 내담자에게 조언이 도움이 된다면 주의 깊게 조언을 해야 할 상황을 기다려라. 이 상황이 되었을 때 MI와 일치하는 태도와 방식으로 우려를 표현하고, 조언하기를 시도해 보라. 그리고 내담자가 어떻게 반응하는지 주의를 기울이도록 하라.

당신이 보통 조언을 잘하는 편이 아니라면 추가적인 안내 사항이 내담자에게 도움이 될 상황을 관찰하여 적절한 정보를 제공해 보라.

항상 OARS 미세기술을 자유롭게 사용하라!

연습 8-8 "저의 딜레마는…"

이번 연습에서 파트너는 본인을 당황스럽게 만드는 문제나 걱정거리를 제시한다. 이 내용은 현재나 과거의 어떤 고민일 수 있다. 이때 고민의 내용은 파트너의 마음 깊숙한 곳에 감추어 두었던 내용이나 가장 심각한 비밀일 필요는 없다. 사실 이런 내용이어서는 안 된다. 하지만 파트너가 적어도 10분 동안 이야기할 수 있을 정도의 내용은 들어 있어야 한다.

시작하면서 타이머를 1분에 맞춰라. 타이머가 꺼지면 당신이 생각하는 것을 말로 표현하라. 내담자가 말하는 것에 집중하지 말고 본인에게 집중하라. 당신이 무엇을 생각하고 느끼고 있는가? 이것을 소리 내어 말해 보자. 30초 내로 이것을 말로 표현한 다음, 타이머를 다시 1분에 맞추고 계속하라. 대화를 중단한 곳에서부터 시작하라. 최소 10분 정도 반복하라. 도중에 정보를 제공할 수 있는지 여부를 확인하라.

"그래서 당신이 겪고 있는 딜레마가 무엇인가요?"와 같이 대화를 이끌어 낼 수 있는 문장으로 대화를 시작하라. 이것이 우습다 여겨질 수 있지만 본 연습을 진지하게 받아들여야 한다. 이는 조력자로서의 자신의 내적 과정을 더 많이 알 수 있는 기회이다. 그러면서 이것이 당신이 공유한 정보에 미치는 영향과, 더불어 교정반사가 나타나는 반응까지 볼 수도 있다.

당신이 소리 내어 이야기한 것에 관해 이야기할 시간을 가져라. 그런 다음 역할을 바꿔 반복해 보라.

PART 4 유발하기: 변화를 위한 준비

*Merriam-Webster*에 따른 '유발하기'의 사전적 정의는 다음과 같다.

- (감정, 기억, 이미지 등을) 일깨우다
- 불러일으키다
- 동의나 지지를 제공하면서 언급하다
- 기억을 되살리다
- 상상으로 재현해 내다
- (특정한 반응을) 유도하다

내담자는 여행하고자 하는 방향을 정한다. 그것으로 끝이라면 아름답지 않겠는가? 자신에게 무엇이 필요한지 명확히 알고 여정을 떠난다. 우리에게 손을 흔들고 고마워하며 자신의 길을 떠난다. 그런 경우도 있지만 대부분의 과정은 훨씬 더 복잡하다. 왜 그럴까?

쉬운 해석부터 시작해 보자. 변화는 힘들다. 이 사실을 인지하는 것이 중요하다. 자신의 삶을 생각해 보면 변화의 이유를 알고, 어떻게 변화해야 하는지에 대한 생각도 있으나 실행하지 못하는 경우들이 있다. 소식하고, 건강한 음식을 먹으며, 더 운동하며, 일찍 자고, 사랑하는 사람과 더 많은 시간을 보내며, 휴대전화를 내려놓고 생산적인 것들을 하며, 자원봉사도 하고, 일기도 쓰는 등과 같은 변화의 필요성을 잘 알고 있음에도 변화를 행동으로 옮기는 것은 어렵다. 이러한 현실을 반영하는 문구 중 내가 가장 좋아하는 문구는 "변화는 힘들다. 그러니 당신이 먼저하세요."이다.

변화가 힘들지 않고 복잡하지 않은 예외적인 상황들도 있다. 변화의 방향이 명확하고 그 과정이 특별히 복잡하지 않을 때 추가적인 정보가 주어진다면 앞으로 나갈 동력이 생긴다. 이는 내담자들이 우리에게 급류의 정보를 받고 래프팅하는 것과 비슷하다. 조류가 완만할 때는 상대적으로 쉽게 물을 가르며 내려갈 수 있다. 강의 중간에서 노를 계속 저어 강변 숲에서 멀어져야 할 때 물살이 세지 않으면 큰 도움 없이도 노를 저을 수 있다. 그러나 복잡한 행동 변화를 시도할 때는 이러한 과정이 적용되지 않는다.

변화의 과정이 복잡할 때는 정보가 필요하지만 정보를 제공 받는 것만으로는 변화를 일으키지 못한다(Fisher, Fisher, & Harman, 2003). 상황이 복잡해질수록 정보 제공뿐만 아니라 동기를 유발하고 변화를 일으킬 수 있는 역량 모두가 필요하다. 여정의 과정에서 우리가 필요할 수도 필요하지 않을 수도 있으나 급류에서는 분명 정보 제공 이상의 것이 필요하다.

이 상황에서 무엇이 필요한지 이미 언급하였지만(즉, 동기와 기술), 이것만으로 내담자와 상담자가 무엇을 해야 하는지 정확히 알 수 없다. 정확한 이해를 위해서 우리는 여정의 동반자인 '양가감정'을 다시 상기할 필요가 있다.

제2장에서 양가감정을 변화과정에서 당연히 일어나는 것으로 설명했다. 왜 변화가 필요하고 동시에 왜 변화가 어려우며, 현재 상태를 유지할 수밖에 없는지에 대한 상반된 생각이 동시에 드는 것을 말한다. 동전의 양면과 같은 것이다.

양가감정이 행동으로 나타날 수도 있지만 그 전에 내적으로 발생하여 언어 속에서 표현된다. Terri Moyers와 동료의 연구에 의하면 이러한 양가감정이 반영된 언어에 내담자의 생각이 드러날 뿐만 아니라 행동으로 연결되기 때문에(Glynn & Moyers, 2010) 행동 예측이 가능하다(예: Apodaca et al., 2016). 그러므로 MI에서는 내담자의 언어에 특별한 주의를 기울이고 듣는 것을 분별하여 반응해야 한다. 언어에 주의를 기울이는 것과 분별하여 반응하는 것은 유발하기 과정의 필수적인 요소이다.

내담자의 언어는 다음의 세 가지 대화 중에 속할 수 있다. 변화에 대한 대화, (불협화음을 포함하여) 현재 상태를 유지하고자 하는 대화, 중립적인 대화이다. 변화대화(Change talk)는 변화가 가능하다고 생각하는 것을 의미한다. 양가감정의 한 면이다. 유지대화(Sustain talk)는 현재 상태가 변화하지 않는 상태로 유지될 가능성이 있음을 나타낸다. 불협화음(Discord)은 내담자가 변화가 가능하다고 생각하지 않고 있으나 변화에 대한 압력을 느껴 우리를 적극적으로 밀어내고 있는 유지대화의 한 형태이다. '우리'라는 단어에 주목하라. MI의 관점에서 볼 때, 불협화음은 상호 대인관계의 한 과정으로 일어나거나 강화되는 것이다. 이를 '저항'이라고 지칭하지 않는데, 이는 저항이 상호 관계의 과정이 아니라 한 사람이 일방적으로 상대방을 밀어내는 듯한 느낌을 주기 때문이다. MI는 불협화음을 압력을 느끼는 상태에서의 양가감정으로 본다. 즉, 유지대화와 불협화음은 양가감정의 다른 한 면이다. 중립대화(Neutral talk)는 변화를 원하지도 유지를 원하지도 않는 상태를 일컫는다. 이러한 대화들은 이미 흔하게 듣고 있다. 다음 흡연자들의 말을 소리 내어 읽어 보고 각각 어떤 대화에 속할지 생각해 보라.

1. "흡연이 큰 문제라고 생각하지 않아요."
2. "이해 못하실 거예요. 노력해 봤는데 안 되더라고요."
3. "글쎄요. 두 방향 다 생각해 본 적이 없어요."
4. "좋지 않다는 것을 알고 있기 때문에 언젠가는 끊을 거예요."

이 말들이 어떤 대화에 속하는지 구분할 수 있겠는가? 다음은 내가 구분한 것이다. 1-유지; 2-불협화음; 3-중립; 4-변화. 당신이 구분한 것과 다르다면 걱정하지 말라. 제9장과 제11장에서 이 대화들에 대해 추가적으로 설명할 것이다. 지금 단계에서는 이런 말들을 들어 보았지만 대화 유형을 구분한 적이 없었음을 인식하는 것만 해도 충분하다.

양가감정과 대화 유형을 기억하면서 다음의 네 가지 사실을 생각해 보자. 첫째, 우리가 선택하는 여정의 경로는 대화의 방향을 결정한다. 두 번째, 이런 대화는 서로에게 영향을 미친다. 세 번째, 이런 대화 자체가 내담자의 경험을 구조화하는 데 도움이 된다. 마지막으로, 이런 대화는 단순히 경험을 묘사할 뿐만 아니라 경험을 창조한다. 이 네 가지 사실들에 대해 차례로 살펴보자.

첫 번째 사실은 상식적인 이야기이다. 당신이 계획한 경로에 따라 어디에 다다르게 될지에 대한 목적지가 결정된다. 그러나 바쁜 상황 때문에 이런 상식이 길을 잃게 되기 쉽다. 정보의 특정 조각들을 모아서 문제를 풀어 가고자 하는 유혹에 빠지기 쉽다. 우리는 주의를 어디에 집중할지 의도적으로 선택하기보다는 일어나는 상황에 반응하는 수준으로 행동하기 쉽다. 내담자의 정보만 수집하거나, 내담자의 이야기를 경청하지 못하여 대화를 통해 드러나는 방향을 놓치기 쉽다. 유능한 MI 상담자가 되는 것은 대화의 방향을 의도적으로 선택하는 것을 의미한다.

두 번째 사실은 첫 번째 사실을 좀 더 확장한 것이다. 대화가 상호적이며 서로에게 영향을 끼친다는 것은 놀랍지 않다. 함께 여행을 하고 있기 때문에 서로에서 영향을 미치는 것은 당연하다. 여기서 덜 명확해 보이는 것은 예측하지 못하는 방법으로 내담자가 상담자의 MI 사용에 영향을 미칠 수 있다는 것이다. Zach Imel은 아주 흥미로운 연구를 했는데, 상담자의 MI 사용방법이 내담자에 따라 굉장히 다를 수 있음을 보여 주었다. 예를 들어, 상담자들은 덜 까다로운 내담자에게 MI를 덜 정교하게 사용하는 경향이 있다(Imel, Baer, Martino, Ball, & Carroll, 2011). 교정반사는 더 사용되고 유발하기는 덜 사용된다. 그러나 내담자가 변화에 가까이 갈수록 상담자는 MI 정신을 놓치지 않아야 하며, 변화 노력을 지지할 수 있도록 OARS+I를 지속적으로 사용해야 한다.

세 번째 사실은 이야기치료에서 배울 수 있는 부분인데, MI 대화는 내담자가 스스로의 경험을 구조화할 수 있게 돕는다. 이것은 상담자로서 이 일을 생각해 볼수록 더욱 중요한 부분이다. 만약 우리가 내담자가 이야기한 방식으로만 그대로 반영하여 돌려준다면 경험을 구조화하는 데 도움을 줄 수 없다. 이것이 표면반영이 유용하지만 한계가 있는 이유이다. 심층반영과 요약하기, 인정하기, 목표가 있는 정보와 질문들은 내담자가 자신의 상황을 새로운 방식으로 보고 이해하도록 돕는다. 가능성이 있는 앞으로의 방향을 내다보는 것이다.

네 번째, 상담자와 내담자 사이의 대화는 단순이 경험을 묘사할 뿐만 아니라 경험을 창조한다. 여기서 메타인지 또는 생각에 대한 생각의 개념이 적용된다. 다음은 이 개념을 이해하는 데 도움이 되는 예이다. 다음의 두 문장을 소리 내어 읽어 보라.

"문제가 있다."

"도전적인 일이 있다."

이 두 문장을 읽으면서 각 문장에 다르게 반응하는 것을 느꼈는가? 두 문장의 차이를 인식하는 것이 바로 메타인지이다. 즉, 생각하고 말하는 방식이 우리가 인식하는 경험을 만든다. 우리가 내담자의 무엇에 반응하며 어떻게 반응하는지가 변화의 경로에 영향을 줄 뿐만 아니라, 내담자의 경험을 만든다. 이것이 우리가 내담자의 언어에 주의를 기울이고 의도적으로 반응해야 하는 이유이다.

이런 점들을 명심하면서 래프팅의 비유로 다시 돌아가보자. 래프팅으로 강의 어느 쪽으로 갈 것인지에 대하여 내담자가 여행하고자 하는 방향을 정했다. 방향을 결정한 것은 상담자가 아니라 내담자라는 사실을 기억하자. 이는 초점 맞추기의 결과이고 또 다른 과정의 시작이다. 우리의 목표는 내담자가 지속적으로 초점을 맞추고 왜 이 방향을 선택했는지 기억하도록 돕는 것이다. 또한 어떤 방향으로 나가야 하는지에 대해 지속적으로 상기시키고, 이 변화에 대해 전념할 수 있도록 돕는 것이다. 이번 장에서는 변화대화를 유발하고 강화하는 기술, 유지대화를 약화시키고, 불협화음을 진정시키는 핵심 기술을 집중적으로 다룰 것이다. 다음의 Russell과의 대화에서 이런 부분들이 어떻게 적용되는지 살펴보자.

활동 4 유발하기

Russell과의 대화는 계속 진행되는 중이다. 다음 대화를 읽고 상담자가 어떤 기술을 쓰고 있는지 적어 보자. 'Russell 대화 유형'에는 내담자의 언어가 변화로 나가는 언어인지, 변화에서 멀어지는 언어인지 중간 영역에서 맴도는 언어인지 판단하여 적어 보라. '변화로 나감', '변화에서 멀어짐', '중간'의 이름을 붙여 써 보라. 이후에 변화대화에 대해 더욱 구체적으로 배우겠지만 지금은 내담자의 각 반응이 변화를 향하고 있는지에 대해서만 생각해 보자.

상담자 기술/
Russell 대화 유형

상담자: 오늘 우리가 나누었던 이야기를 정리해 보겠습니다. 대마초와 관련하여 이야기할 필요가 없다는 확신이 없으시고요. 가장 중요하게 변화가 필요한 부분은 딸들을 양육하는 데 유용한 방법을 찾는 것이네요. 맞나요?

Russell: 아니요. 확실히 대마초 핀 것은 큰 문제가 아니에요. 거기에 대해 이야기하는 것은 시간 낭비예요.

상담자: 아이에게 좋은 부모가 되는 것과 같은 다른 부분에 집중하기를 원하시네요.

Russell: 맞아요.

상담자: 좋은 부모가 되고 싶은 마음이 큰데, 그런 마음이 어디서 비롯된 것인지 이야기해 보면 좋을 것 같아요.

Russell: 당연한 거죠. 저의 부모님은 좋은 분이셨어요. 완벽하지는 않았지만 저를 이해하고 필요한 것을 주기 위해 최선을 다하셨죠. 동시에 저에 대한 기대도 크셨어요. 어렸을 때 3일 연속으로 휴일이 지속되면 굉장히 싫었어요. 시간이 많으면 집안일을 더 많이 해야 했거든요. 주중에도 늦게 자는 것은 허락해 주지 않으셨어요. 친구들은 다들 그렇게 하던데 저에게는 불가능한 일이었죠. (웃음) 항상 일찍 일어나서 아침 8시까지는 뭔가 할 준비가 되었어야 했죠. (머리를 절레절레 흔듦)

(다음 쪽에 계속)

상담자 기술/
Russell 대화 유형

상담자: (웃음) 힘든 부분이 있었는데도 부모님들이 본인을 이해하고자 노력하셨다고 느끼시네요.

Russell: 해야 할 일이 바뀌지는 않았지만, (코웃음) 저녁식사 자리에서 많은 대화를 했어요. 부모님은 질문을 많이 하시고 제가 하는 이야기를 들으려고 노력하셨죠. 제가 틀렸다거나 이해하지 못한다는 말을 하지 않으셨어요. 다른 친구들 부모처럼 "네가 크면 생각이 달라질 거야." 하는 말로 제가 하는 말을 폄하하거나 하지도 않으셨어요.

상담자: 경청하는 부모의 태도가 아이에게 어떤 긍정적인 영향을 주는지 잘 아시겠네요. 본인도 그런 아버지가 되고 싶으신 거네요.

Russell: 그렇죠. 제 딸들이 제가 자신들을 존중한다는 것을 알았으면 좋겠어요. 그렇지만 저의 부모님이 그러셨던 것처럼 아이들도 자신이 가족 구성원으로 해야만 하는 일이 분명히 있다는 것도 알았으면 좋겠어요.

상담자: 자녀들이 상대방을 생각하는 법을 배우기를 원하시는군요.

Russell: 맞아요.

상담자: 단순히 받을 뿐만 아니라 나눌 수 있는 사람으로 성장하기를 원하시군요.

Russell: 맞아요. 그런데 그것을 가르치는 게 쉬운 일이 아니더라고요. 아이들이 주말에 집에 올 때마다 똑같은 말을 계속 반복해야 해서 너무 힘들어요.

상담자: 매주…….

Russell: 네, 저와 전 부인은 성향이 달라요. 전 부인은 나쁜 사람이 되기를 싫어하죠. 이해는 가요.

상담자: 부인이 왜 그러시는지 이해가 되시네요.

유발하기

상담자 기술/
Russell 대화 유형

Russell: 그렇긴 한데 그것 때문에 화가 나요.

상담자: 힘들지만 이런 부분들은 자녀들이 꼭 배워야 한다고 생각하시네요. 아이들이 자신만 아는 사람으로 성장하지 않길 바라시고요.

Russell: 그것이 저희 부모님이 저에게 가르쳐 주신 중요한 부분이에요. 제가 중요한 사람이지만 세상이 저를 중심으로 돌아가는 것은 아니라는 깨달음이요. 균형적인 관점을 가져야지요.

상담자: 좋은 부모가 되고 싶은 생각이 강하시네요. 자녀들이 스스로를 소중히 여기고 존중하지만, 동시에 자신만 아는 사람으로 성장하지 않았으면 좋겠다. 아이들이 배우고 실천해야 할 중요한 가르침이네요.

Russell: 깊이 생각해 본 적이 없었는데 말하고 보니 좀 웃기기는 하지만 그런 것 같아요. 제가 그 역할을 맡아야죠.

상담자: 본인이 어떤 역할을 맡아야 하는지 알고 계시네요.

Russell: 그렇죠. 웃기네요. 이 부분이 저와 전 부인 사이에 항상 문제가 되던 것이었어요. 저는 아내가 항상 아이들을 방임한다고 생각했었거든요. 생각해 보니 이것이 제가 할 역할인 것 같네요. 아내가 해야 할 일이 아니라 제가 감당해야 하는 일이요.

상담자: 그 부분에 대한 본인의 관점이 바뀌고 있는 것 같네요.

Russell: 네, 제 행동을 바꿀 필요는 없을 것 같은데 제 시각은 바꿀 필요가 있을 것 같네요.

상담자: 그렇게 한다면 스트레스가 좀 줄어들 수 있겠네요.

Russell: 웃기지만 그럴 것 같네요.

상담자: 그게 맞다는 확신이 드시나 봐요.

Russell: 네.

유발하기

상담자 기술/
Russell 대화 유형

상담자: 뭔가 결심을 하신 것처럼 들리는데요.

Russell: 네. 제 행동은 맞는 방향이지만, 그것을 보는 시각은 좀 바꿔야겠다…….

상담자: 제가 우리가 나눈 이야기를 요약해 볼게요. 부모님이 좋은 양육의 본을 보이셨고 본인도 그것을 따르고 싶으신 거지요. 좋은 양육은 자녀들이 스스로 사랑받는다는 확신을 가지면서도 또한 자신 위주로만 생각하는 것이 아니라 가족에 기여할 수 있어야 한다고 생각하시나요. 이미 그렇게 하고 있고 심적인 부담이 많았는데, 지금 이야기해 보니 그게 좋은 부모가 되는 방법이 맞다는 확신이 드시는 것 같네요. 그래서 자신의 역할을 받아들이는 것이 필요하겠다 생각하시는 것 같아요.

Russell: 네, 그런 것 같아요.

상담자: 그렇다면 이제 무엇을 하면 될까요?

활동 4의 답

올바른 반영

		상담자 기술/ Russell 대화 유형
상담자:	오늘 우리가 나누었던 이야기를 정리해 보겠습니다. 대마초와 관련하여 이야기할 필요가 없다는 확신이 없으시고요. 가장 중요하게 변화가 필요한 부분은 딸들을 양육하는 데 유용한 방법을 찾는 것이네요. 맞나요?	요약하기.
Russell:	아니요. 확실히 대마초 핀 것은 큰 문제가 아니에요. 거기에 대해 이야기하는 것은 시간 낭비예요.	변화에서 멀어짐.
상담자:	아이에게 좋은 부모가 되는 것과 같은 다른 부분에 집중하기를 원하시네요.	심층반영.
Russell:	맞아요.	중간.
상담자:	좋은 부모가 되고 싶은 마음이 큰데, 그런 마음이 어디서 비롯된 것인지 이야기해 보면 좋을 것 같아요.	질문의 역할을 하는 진술.
Russell:	당연한 거죠. 저의 부모님은 좋은 분이셨어요. 완벽하지는 않았지만 저를 이해하고 필요한 것을 주기 위해 최선을 다하셨죠. 동시에 저에 대한 기대도 크셨어요. 어렸을 때 3일 연속으로 휴일이 지속되면 굉장히 싫었어요. 시간이 많으면 집안일을 더 많이 해야 했거든요. 주중에도 늦게 자는 것은 허락해 주지 않으셨어요. 친구들은 다들 그렇게 하던데 저에게는 불가능한 일이었죠. (웃음) 항상 일찍 일어나서 아침 8시까지는 뭔가 할 준비가 되었어야 했죠. (머리를 절레절레 흔듦)	중간.
상담자:	(웃음) 힘든 부분이 있었는데도 부모님들이 본인을 이해하고자 노력하셨다고 느끼시네요.	양면반영.
Russell:	해야 할 일이 바뀌지는 않았지만, (코웃음) 저녁식사 자리에서 많은 대화를 했어요. 부모님은 질문을 많이 하시고 제가 하는 이야기를 들으려고 노력하셨죠. 제가 틀렸다거나 이해하지 못한다는 말을 하지 않으셨어요. 다른 친구들 부모처럼	중간.

(다음 쪽에 계속)

활동 4의 답 (계속)

		상담자 기술/ Russell 대화 유형
	"네가 크면 생각이 달라질 거야." 하는 말로 제가 하는 말을 폄하하거나 하지도 않으셨어요.	
상담자:	경청하는 부모의 태도가 아이에게 어떤 긍정적인 영향을 주는지 잘 아시겠네요. 본인도 그런 아버지가 되고 싶으신 거네요.	심층반영.
Russell:	그렇죠. 제 딸들이 제가 자신들을 존중한다는 것을 알았으면 좋겠어요. 그렇지만 저의 부모님이 그러셨던 것처럼 아이들도 자신이 가족 구성원으로 해야만 하는 일이 분명히 있다는 것도 알았으면 좋겠어요.	변화로 나감.
상담자:	자녀들이 상대방을 생각하는 법을 배우기를 원하시는군요.	심층반영.
Russell:	맞아요.	변화로 나감.
상담자:	단순히 받을 뿐만 아니라 나눌 수 있는 사람으로 성장하기를 원하시군요.	뒤따르는 반영.
Russell:	맞아요. 그런데 그것을 가르치는 게 쉬운 일이 아니더라고요. 아이들이 주말에 집에 올 때마다 똑같은 말을 계속 반복해야 해서 너무 힘들어요.	변화로 나감, 변화에서 멀어짐.
상담자:	매주…….	표면반영.
Russell:	네, 저와 전 부인은 성향이 달라요. 전 부인은 나쁜 사람이 되기를 싫어하죠. 이해는 가요.	중간.
상담자:	부인이 왜 그러시는지 이해가 되시네요.	표면반영.
Russell:	그렇긴 한데 그것 때문에 화가 나요.	중간(비록 내담자가 전 부인에게 화가나지만).
상담자:	힘들지만 이런 부분들은 자녀들이 꼭 배워야 한다고 생각하시네요. 아이들이 자신만 아는 사람으로 성장하지 않길 바라	양면반영.

(다음 쪽에 계속)

활동 4의 답 (계속)

		상담자 기술/ Russell 대화 유형
	시고요.	
Russell:	그것이 저희 부모님이 저에게 가르쳐 주신 중요한 부분이에요. 제가 중요한 사람이지만 세상이 저를 중심으로 돌아가는 것은 아니라는 깨달음이요. 균형적인 관점을 가져야지요.	중간.
상담자:	좋은 부모가 되고 싶은 생각이 강하시네요. 자녀들이 스스로를 소중히 여기고 존중하지만, 동시에 자신만 아는 사람으로 성장하지 않았으면 좋겠네요. 아이들이 배우고 실천해야 할 중요한 가르침이네요.	반영 후 인정하기.
Russell:	깊이 생각해 본 적이 없었는데 말하고 보니 좀 웃기기는 하지만 그런 것 같아요. 제가 그 역할을 맡아야죠.	변화로 나감.
상담자:	본인이 어떤 역할을 맡아야 하는지 알고 계시네요.	인정하기를 포함하는 심층반영.
Russell:	그렇죠. 웃기네요. 이 부분이 저와 전 부인 사이에 항상 문제가 되던 것이었어요. 저는 아내가 항상 아이들을 방임한다고 생각했었거든요. 생각해 보니 이것이 제가 할 역할인 것 같네요. 아내가 해야 할 일이 아니라 제가 감당해야 하는 일이네요.	변화로 나가는 진술 같으나 중간 영역으로 돌아오는 것 같은 애매모호한 진술. 이 후의 장에서 더 자세히 다룸.
상담자:	그 부부에 대한 본인의 관점이 바뀌고 있는 것 같네요.	반영.
Russell:	네, 제 행동을 바꿀 필요는 없을 것 같은데 제 시각은 바꿀 필요가 있을 것 같네요.	앞으로 나감.
상담자:	그렇게 한다면 스트레스가 좀 줄어들 수 있겠네요.	반영.
Russell:	웃기지만 그럴 것 같네요.	앞으로 나감.
상담자:	그게 맞다는 확신이 드시나봐요.	반영.
Russell:	네.	앞으로 나감.

(다음 쪽에 계속)

활동 IV의 답 (계속)

		상담자 기술/ Russell 대화 유형
상담자:	뭔가 결심을 하신 것처럼 들리는데요.	반영.
Russell:	네. 제 행동은 맞는 방향이지만, 그것을 보는 시각은 좀 바꿔야겠다…….	앞으로 나감.
상담자:	제가 우리가 나눈 이야기를 요약해 볼게요. 부모님이 좋은 양육의 본을 보이셨고 본인도 그것을 따르고 싶으신 거지요. 좋은 양육은 자녀들이 스스로 사랑받는다는 확신을 가지면서도 또한 자신 위주로만 생각하는 것이 아니라 가족에 기여할 수 있어야 한다고 생각하시나요. 이미 그렇게 하고 있고 심적인 부담이 많았는데, 지금 이야기해 보니 그게 좋은 부모가 되는 방법이 맞다는 확신이 드시는 것 같네요. 그래서 자신의 역할을 받아들이는 것이 필요하겠다 생각하시는 것 같아요.	전환요약.
Russell:	네, 그런 것 같아요.	앞으로 나감.
상담자:	그렇다면 이제 무엇을 하면 될까요?	핵심 질문.

변화대화와 유지대화 확인하기

1. 도입

LaDonna는 팔짱을 끼고 앉아서 얼굴을 찡그린 채 깊게 숨을 들이마셨다. 숨을 내쉬더니 팔을 무릎 위에 내려놓고는 눈물을 글썽이며 말하기 시작했다.

"그 이후로는 나 자신을 해칠 생각은 해 보지 않았어요. 그렇다고 단약(단주)을 유지할 특별한 이유가 있는 건 아니에요. 단약(단주)하지 않으면 동생이 날 쫓아낼 거라는 것 외에는 말이죠." 상담자는 조용히 앉아 있었고, 그녀는 이야기를 이어 갔다. "전 거의 모든 것을 잃었어요. 그러니까 내가 왜 단약(단주)해야 하는지 모르겠어요."

"단지 단약(단주)을 유지하고 있을 뿐, 왜 지금 단약(단주)해야 하는지에 대해서는 확신이 없으시군요."

"정말 힘들어요. 제 말은 정말 힘들다고요. 하지만 계속 치료받으러 가고 있고 모임에도 계속 나가고 있어요. 기분이 전혀 나아지지 않지만요."

"당신은 정말 큰 결심을 하신 것 같네요. 제 말은 잃을 것이 많을 때는 그렇게 해야 하는 이유를 알기가 쉽지요. 그렇지만 지금처럼 더 이상 잃을 것도 없는, 아무 희망도 보이지 않는 상황에서도 당신은 여전히 단약(단주)을 계속 유지하고 있네요……. 심지어는 포기하고 싶을 때조차도 말이죠."

"그건 맞는 것 같네요. 사실 그렇게 생각해 본 적은 한 번도 없었지만요."

"당신은 자신이 지닌 강점과 결심을 전혀 모르고 계셨군요."

"네. 전혀요. 그렇지만……."

"그렇지만……."

"음…… 저는 지난 3년 동안 완전히 약을 끊고 살았어요."

"그러니까 당신은 어떻게 해야 단약(단주)을 유지할 수 있는지를 아는군요."

"네, 아는 것 같아요. 하지만 그 느낌은 지금 많이 소원해졌어요. 제 말 뜻을 아시겠어요?"

"당신은 그때 상태로 가고 싶지만, 지금 당장 그렇게 할 수 있을지 확신이 없군요."

"글쎄, 할 수는 있을 것 같지만, 저는 단지 기분이 나아지고 싶을 뿐인데 그렇지가 못하네요."

"어쨌든 아직은 아닌 거네요."

"네, 곧 그렇게 되기를 바라요."

"예, 곧 좋아지길 바랍니다. 제가 제대로 이해했는지 들어봐 주세요. 단약(단주)을 유지할 외부적인 이유를 찾기는 어렵지만, 어쩌면 당신의 내적인 어떤 이유가 단약(단주)을 계속하도록 이끌어 주는 것 같아요. 실제로 매우 힘듦에도 불구하고 단약(단주)을 유지하고 있으니까요. 당신은 기분이 나아지기를 바라고, 또 앞으로 그렇게 될 수 있음을 알고 있지만, 지금 당장은 어떻게 해야 나아질지에 대해서 모르고 있고요. 당신이 오르려고 하는 언덕은 너무 미끄럽지만 어쨌든 계속 올라가 보기로 결심하신 것이지요. 제 말이 맞나요?"

LaDonna는 고개를 끄덕였다. 45세인 그녀는 치료 프로그램에 다섯 번째 참여한다. 그녀는 약물(알코올)중독 이외에 관절염, 만성통증, 학습장애, 우울/불안 등의 복합적 장애에도 불구하고, 직장으로 복귀해서 일하기를 원했다. 그녀는 사회적으로도 고립되어 있었고, 다시 일을 하고는 싶어 했지만 직장에 복귀하는 것을 무척 두려워했으며, 다시 약을 하게 될까 봐 죽을 만큼 두려워했다. 비록 이 면담은 LaDonna의 장애를 평가하고 기록하기 위한 것이었지만, 이 면담 대화를 통해서 어떤 순간에도 동기강화 대화가 가능하고, 이러한 간단한 대화가 얼마나 내담자에게 강한 영향을 미쳤는지를 알 수 있다.

약 6개월 전에 있었던 자살 시도와 현재의 우울 증상에 대해서 함께 살펴보던 중, LaDonna는 자기 이야기를 시작했다. 처음 대화를 시작했을 때 LaDonna는 단약(단주)을 유지할 수 있다는 희망이나, 무엇이 그러한 희망을 유지시키는지에 대한 의식도 없는 듯 보였다. 앞 장에서도 언급했듯이, 만약 상담자가 그녀가 계속해서 힘겨움을 견뎌내야만 하는 이유를 설득하려고 시도했다면, "네, 그렇지만……" 반응을 이끌어 냈을 가능성이 높다. 그러나 앞에 소개한 대화에서는 보다 나은 삶을 위해 단약(단주)을 유지하려는 그녀의 강인한 결심과 결단만을 두드러지게 나타내고 있다. 상담자는 그녀로 하여금 단약(단주)을 유지할 수 있도록 하는 바로 그 의지의 힘이 무엇인지 발견해 내려고 시도했다. 내담자와 상담자 모두가 단약(단주)을 유지한다는 공통의 목표를 공유하고 있었던 것이다.

초기 대화는 상담자의 추측에서부터 시작되었다. 그러나 대화가 진행됨에 따라 LaDonna는 상담자의 추측을 확고하게 하고 이를 더욱 확장시켰다. 그녀는 점차 변화에 찬성하는 진술을 하기 시작했다. 마침내 대화의 끝 무렵에는 변화의 가능성과 변화할 수 있는 능력이 점점 더 명확해져 보였다. 그러나 여전히 의문으로 남아 있는 것은 과연 그녀가 변화를 결심한 것인가? 만약 그렇다면 무엇에 대해 결심한 것인가? 그리고 만약 결심한 것이 아니라면 상담자는 그녀가 결심할 수 있도록 어떻게 도울 것인가?이다.

2. 심층 탐구

내담자의 언어는 중요하다. 연구 결과에 따르면 내담자의 언어는 그들의 생각을 반영할 뿐만 아니라, 그들의 생각을 구성하기도 한다(예: Glynn & Moyers, 2010; Houck & Moyers, 2008). 실제로 내담자의 언어가 달라지면 다른 패턴의 신경반응이 유발된다(Houck et al., 2013). 동기강화상담에서는 이러한 언어의 유형을 변화대화(change talk), 유지대화(sustain talk), 중립대화(neutral talk)의 세 가지 종류로 구분한다.

변화대화

변화대화는 그 사람이 행동, 사고, 태도 또는 상황에 긍정적인 방향으로 변화하고 있음을 나타내는 것이다. 이와 반대로 유지대화는 언어가 현상을 유지하는 쪽을 향하고 있음을 나타낸다. 즉, 그들은 변화를 원하지 않는다. 세 번째 유형인 중립대화는 변화를 위한 것이나 현상유지를 위한 것 중 그 어느 것에도 찬성하거나 반대하지 않는다. 연구 결과는 내담자가 사용하는 언어가 내담자의 변화를 예측하고(Moyers et al., 2009), 상담자의 행동 유형이 내담자의 언어 유형에 영향을 미친다고 보고하고 있다(예: Apodaca et al., 2016; Barnett, Spruijt- Metz, et al., 2014; Bertholet, Faouzi, Gmel, Gaume, & Daeppen, 2010; Borsari et al., 2015; Glynn & Moyers, 2010). 만일 내담자의 언어가 중요하다면 우리는 이 세 가지 유형의 언어에 대해 명확하게 이해하고, 이 유형들을 알아채고 구별하며, 이러한 유형의 언어를 유발시키고 이에 반응하는 방법을 알아야 할 이유가 있다. 이 세 가지 영역에 대한 내용은 이 장과 그다음 두 장으로 구성되어 있다. 이 장에서는 변화대화가 무엇인지 좀 더 이해해 보자.

변화대화의 개념은 시간이 지남에 따라 진화해 왔다(Amrhein, Miller, Moyers, & Rollnick,

2005; Miller, Moyers, Amrhein, & Rollnick, 2006). 최근에 Miller와 Rollnick(2013)은 변화대화를 "변화를 논의하는 모든 자기-표현의 언어"(p. 159)라고 정의하였다. 일반적으로 진짜 변화대화인지 아닌지를 구분하는 기준이 되는 세 가지 요소들이 있다.

1. **변화대화는 변화에 대한 진술을 포함한다.** 즉, 내담자의 진술은 그들이 변화하려는 열망이나 변화할 수 있는 능력을 가지고 있고, 변화의 이득을 알며, 문제행동을 계속 유지했을 때의 곤란한 점을 깨닫고, 변화를 향해 활성화되거나 변화를 결심하고 변화를 실행함을 나타낸다.
2. **변화대화는 특정 변화나 일련의 변화와 관련이 있다.** 이 특이성 요소는 MI의 방향성 요소와 관련되어 있다. 각 회기는 특정한 변화(즉, 건강 증진, 친사회적 행동 참여, 약물사용 방지, 안전한 성행위, 대인 폭력 감소, 치과치료 강화)에 초점을 두고 있으며, 변화대화는 그 초점과 관련되어 발생한다.
3. **변화대화는 일반적으로 현재 시제로 표현된다.** 즉, 내담자들은 자신의 현재 상황을 반영하는 것에 관해 언급한다. 예를 들어, 만약 내담자가 "과거에 음주 때문에 문제가 있었어요." 라고 말한다면 이것은 변화대화일 수도 있고 아닐 수도 있다. 이것이 변화대화인지 아닌지 결정하는 것은 이 말 다음에 어떤 말이 오느냐에 달려 있다. 만약에 이 내담자가 "…… 하지만 그것은 더 이상 문제가 되지 않아요."라고 말한다면 변화대화라고 볼 수 없는 것이다. 반면에 내담자가 "…… 여전히 문제가 있는 것 같아요."라고 말한다면 변화대화라고 볼 수 있을 것이다. 또는 내담자가 먼저 한 진술을 상담자가 반영해서 "그것이 전에 문제를 일으켰고 여전히 그렇군요."라고 했을 때 내담자가 "맞아요."라고 반응했다면 내담자의 진술은 변화대화라고 볼 수 있다.

최신 견해에 따르면 변화대화는 내용, 특정한 목표행동, 현재 시제의 세 가지 요소를 가지고 있다. Moyers와 동료들(2007)의 연구에서는 변화대화가 MI에만 해당되는 것이 아니라, 치료 방식과 치료 조건 전반에 걸쳐서 음주 행동의 변화를 예측할 수 있음을 보고하였다. 이러한 연구 결과는 변화대화를 이끌어 내고 강화하는 것이 중요하다고 확인해 준다. 이제부터는 변화대화가 왜 중요한지에 대해서 구체적으로 논의하겠다. 이를 위해 먼저 Darryl Bem의 자기-지각 이론(self-perception theory)으로 돌아가 보자.

Bem(1967)은 때때로 사람들이 다른 사람의 행동을 관찰하는 것처럼 자기 자신의 행동을 관찰하여 자신의 태도를 결정한다고 말했다. 특히, 그는 이러한 과정은 자신의 믿음과 태도가 아직 확실하지 않거나, 외적인 보상이 어떤 행동을 하는 이유가 될 만큼 충분하지 못할 때 나타난다고 말했다. 예를 들면, 단약(단주)이 유일한 길이라고 확신하는 상담자에게 폐해 감소를 위해 주장하도록 요구한다고 해도, 그것이 상담자의 신념을 변화시키지는 않을 것이다. 즉, 확고한 신념을 지닌 사람에게 그 신념에 반대하는 입장을 취하도록 하는 것은 그 사람의 태도 변화를 가져오지는 않는다. 더구나 행동이 외부 권위의 요구에 부합되는 것처럼 보이는 경우(예를 들어, 수감자들에게 왜 다시 범죄를 저지르지 않을지에 대해서 가석방위원회에 말하도록 요구하는 것)에, 사람들은 자신의 태도를 반드시 바꾸지는 않는다. 하지만 사람들이 확신을 가지지 못하는 상황에서 특정한 입장에 유리한 방향으로 말을 하도록 만들면, 그들의 태도는 특정한 입장에 맞게 변화되어 가는 것을 볼 수 있다. 간단히 말해서, 우리는 자기 자신이 주장하는 말을 믿게 되는 것이다.

MI에 대한 자기-지각 이론의 적용은 비교적 직접적이다. DiClemente(2003)는 행동의 변화를 고려하는 사람들 중 2/3 이상이 변화에 대해 강한 양가감정을 느낀다고 보고하였다. 이러한 상황에 있는 대부분의 사람들은 자신들이 행동 변화에 대해 어떻게 느끼는지에 대해서도 불확실한 상태에 있다. 이러한 상황에서 상담자의 목표는 내담자로 하여금 변화의 이유를 확인하고 명료화할 수 있도록 돕는 것이다. 즉, 상담자가 변화를 위해 설득하고 내담자는 이에 반대하면서 변화가 필요하지 않음을 주장하는 상황을 피해야 한다.

비록 한동안 변화대화에 대한 이론적 토대가 마련되어 왔었지만, 이 이론을 뒷받침하는 경험적 연구 결과들은 이제서야 축적되고 있다. 현재까지 밝혀진 연구 결과가 제시하는 것은 ① 상담 중에 내담자가 자연스럽게 표현한 변화대화에 따라 이후 그의 행동을 예측할 수 있고(예: Amrhein, Miller, Yahne, Palmer, & Fulcher, 2003; Amrhein, Miller, Yahne, Knupsky, & Hochstein, 2004; Campbell, Adamson, & Carter, 2010; Gaume et al., 2014; Vader, Walters, Prabhu, Houck, & Field, 2010), ② 상담자의 행동에 따라 변화대화의 발현을 예측할 수 있으며(예: Barnett, Spruijt- Metz, et al., 2014; Bosari, et al., 2015; Gaume et al., 2010; Moyers, Miller, et al., 2005; Schoener, Madeja, Henderson, Ondersma, & Janisse, 2006), ③ 상담 중에 나타나는 변화대화는 이후 음주 결과를 예측할 수 있다(Houck & Moyers, 2015)는 것이다.

변화대화와 유지대화에 대한 신경생물학을 연구하는 연구자들은 내담자 언어의 중요성을 지지하는 추가적인 정보를 발견하였다. 특히, 이 두 가지 유형의 내담자 언어는 각각 서로 다른 신경층(neural substrata)과 그 신경층 구조를 서로 다른 방식으로 자극하는 것 같다는 것이다. 이를 구체적으로 살펴보면, 유지대화를 통해 사람들이 알코올 사용을 방어할 때는 보상 경로가 활성화되지만, 그들이 변화대화에 참여할 때는 보상경로가 활성화되지 않는다(Feldstein Ewing et al., 2011). 즉, 그들이 특정한 유형의 언어(유지대화)를 사용하는 것은 그들이 계속해서 음주할 가능성을 증가시키는 방식으로 그들의 뇌를 자극한다. 게다가 상담자와 내담자의 관계—협력 대 불협화음—또한 신경 활성화 패턴에 영향을 미치는 것으로 보인다. Houck 등(2013)의 연구에서는 변화대화 대 유지대화는 뇌의 감정적 활동의 중추인 인슐라(insula)(역주: 인슐라는 측두엽에서 전두엽과 두정엽이 분리되는 근 분열로, 측두엽 깊은 곳에 위치한 대뇌피질의 작은 영역이다.)에서 각각 다른 신경 패턴을 자극한다고 보고하였다. 비록 추가적 연구가 필요하지만, 이러한 발견은 내담자가 어떤 말을 하는가와 내담자가 하는 그 말과 관련하여 상담자가 어떻게 내담자와 상호작용하는지가 내담자의 뇌에 영향을 미쳐서, 현 상태를 유지하거나 변화 가능성을 높이는 방식으로 활성화되도록 하는 것을 의미한다.

내담자의 변화대화는 **변화준비언어**(preparatory language)와 **변화실행언어**(mobilizing language)의 두 가지 범주로 나눌 수 있다(Amrhein 외 2004). 변화준비언어에는 네 가지 구성 요소[**열망**(desire), **능력**(ability), **이유**(reason) 및 **필요**(need)]가 포함되며, 변화실행언어에는 세 가지 구성 요소[**결심공약**(commitment), **실행활성화**(activation) 및 **실천하기**(talking steps)]가 포함된다. 우리는 이 범주에 대해 이후의 자료를 통해 더 자세히 탐구하겠지만, 이 시점에서 중요한 것은 이러한 내담자 진술의 형태가 가장 중요한지에 대한 연구 결과가 일관되지 않다는 것이다. T.B. Moyers(개인적인 대화, 2016년 7월 10일)는 이용 가능한 자료를 바탕으로 몇 가지 일반적인 결론을 도출할 수 있다고 제안하였다. 일반적으로, 시간 경과에 따른 범주 간 이동(예를 들어, 변화준비언어에서 변화실행언어로 이동)보다는, 변화대화가 지닌 가치에 대한 지지가 더 많다. 특히, 유지대화와 관련하여 변화대화를 강화하는 것은 중요해 보인다. 따라서 우리의 목표는 변화대화가 어떤 범주인가에 대한 관심보다는, 변화대화를 유발하고 강화하며 유지대화를 줄이거나 완화시키는 것에 집중되어야 한다.

앞에서 언급한 것처럼, 변화대화는 특정한 목표를 가진 렌즈를 통해야 보이는 것이다. 즉, 변화대화는 특정한 유형의 변화에 관한 것이며(예: 운동 증가), 모든 일반적 행동을 바꾸는 것은 아니다. 사실 모든 행동(그리고 생각, 태도 또는 상황)이 서로 얽혀 있어서, 한 영역의 변화는 다른 영역의 변화를 촉발할 수 있기 때문에, 이러한 명확한 구분은 상담자에게는 연구자에게 중요한 만큼은 중요하지 않을 수도 있다. 따라서 비록 특정한 목표의 변화를 위한 것이 아닐지라도 변화에 대해 이야기하는 것은 여전히 중요하며, 이는 상담자가 내담자로 하여금 이 일반적인 변화대화를 보다 특정한 행동의 변화대화로 이동시키는 데 도움을 주기 위해 이용할 수 있는 시그널이 될 수 있다. 이와 같이 초점 맞추기에서 유발하기로 이동하는 것은 깔때기식 과정이 될 수 있는데, 궁극적인 목적은 특정한 목표와 관련한 변화대화를 이끌어 내고 강화하는 것이다.

이러한 점을 염두에 두고, 무엇이 변화대화이고 아닌지를 확인하는 것으로 넘어가자.

변화준비언어

앞에서 언급한 바와 같이 변화준비언어는 변화열망, 변화능력, 변화이유, 변화필요(DARN) 등을 반영하는 네 가지의 유형이 있다. 이것은 서로 다른 유형의 진술문으로 제시되지만, 대부분의 상담자(연구할 때는 변화언어를 구별하여 입력해야 하는 코더)가 볼 때에는 상당히 중첩되어 있다. 때로는 한 유형의 변화언어가 종료되는 지점과 다른 유형의 변화언어가 시작되는 지점을 구별하는 것이 불가능할 수도 있다.

변화열망

이 진술은 변화를 위한 분명한 열망을 나타내지만 결심공약에는 미치지 못하는 진술이다. 이러한 유형의 진술을 상담자들은 때때로 한가한 잡담으로 치부할 수 있지만, 이러한 형태의 진술이 나타나는 것은 변화를 위한 중요한 준비 단계가 된다. 변화하고자 하는 열망에 대해서 공개적으로 말하는 것은 결심공약언어로 가는 강력한 발판 역할을 할 수 있고, 변화하려는 계획에 대해 논의할 수 있는 장을 마련할 수도 있다.

변화열망을 나타내는 진술은 다음과 같다.

"상황이 달라졌으면 좋겠어요."

"상황이 바뀌기를 바랍니다."

"이건 내가 되고 싶은 내(내 모습)가 아니에요."

이러한 욕구 표현의 예는 LaDonna의 진술 중에서 찾을 수 있다. "글쎄, 할 수는 있을 것 같지만, 저는 단지 기분이 나아지고 싶을 뿐인데, 그렇지가 못해요." 이 진술에서도 변화대화의 유형을 명확히 구분하는 것이 쉽지 않다. 이 진술에는 변화열망뿐만 아니라 변화능력, 변화이유, 변화필요를 암시하는 부분도 함께 뒤섞여 있다.

변화능력(낙관주의)

변화능력에 관한 진술은 주로 자기 효능감('할 수 있다'는 태도)에 대한 진술이고, 이는 문제가 되는 영역을 바꿀 수 있다는 내담자의 믿음을 나타낸다. 이러한 진술은 만약 그렇게 하기로 결심한다면, 할 수 있다고 믿을 뿐만 아니라, 무엇을 어떻게 바꿀지를 알고 있다는 것을 포함할 수 있다. 종종 이런 진술은 결심공약언어가 시작되기 직전에 나타나기도 한다. 다음은 몇 가지 변화능력을 말하는 분명한 예이다.

"내가 뭘 해야 할지 알아요. 나는 그냥 하면 돼요."

"난 변화할 수 있어요. 나는 단지 그걸 실행하기만 하면 되죠."

"나는 모든 사람들이 틀렸다는 걸 증명해 보이겠어요."

특히 상담 초기에 나타나는 이러한 변화능력에 대한 말은 불확실한(잠정적인) 경우가 많다. 그러므로 LaDonna의 예에서와 같이, 상담자가 우선 인정하기를 이용하여 내담자의 희망을 북돋아 주는 것이 중요하다. 그러면 다음과 같은 변화대화가 뒤따를 수 있다. "글쎄, 할 수는 있을 것 같지만, 저는 단지 기분이 나아지고 싶을 뿐인데, 그렇지가 못해요." 다음은 상담자의 반응에 따라 내담자가 말한 두 차례 진술에서 변화능력의 잠정적인 특성이 명확히 나타나는 대화의 예이다.

"음…… 저는 지난 3년 동안 완전히 약(알코올)을 끊고 살았어요."

"그러니까 당신은 어떻게 해야 단약(단주)을 유지할 수 있는지를 아는군요."

"그래요, 할 줄 아는 것 같아요. 하지만 그 느낌은 지금 많이 소원해졌어요."

이러한 대화는 잠정적인 변화대화이다. 잠정적인 변화대화가 변화 노력이 되기에는 불충분할 수도 있지만, 그것은 시작일 뿐이다. 우리가 어디에서 시작했느냐가 아니라 어디에서 끝났는지가 중요하다는 것을 기억하라.

변화이유(변화이득)

변화이유 진술은 행동 변화가 가져올 수 있는 몇 가지 구체적인 이득이 있음을 나타내는 말이다. 내담자들은 주로 자신이 변화하기로 결정했더라면 삶이 좀 더 나아졌으리라는 식으로 이야기를 한다. 이런 종류의 진술에는 변화가 일어날 경우에 나타날 수 있는 좋은 것들에 대한 언급을 포함하고 있다. 예를 들면 다음과 같다.

"내가 그렇게 술을 많이 먹지 않았더라면 아내가 더 이상 잔소리하지 않았을 텐데."

"혈당에 좀 더 주의했더라면, 아마 좀 더 많이 힘을 낼 수 있었을 텐데."

"매번 콘돔을 사용하기로 결정했다면, 그런 것에 대해서 생각할 필요조차 없었을 텐데."

"그렇게까지 많이 걱정할 필요가 없었더라면 좋았을 텐데."

LaDonna의 예를 보면 상황과 기분이 더 나아질 수 있는 암시가 들어 있다. 그러나 어떻게 나아질 수 있는지 혹은 그것이 무엇인지에 대한 구체적인 언급은 없다. 그러므로 이것이 더 탐색해야 하는 방향이 될 것이다. 반영하기에 이어서 열린 형태의 직접적 질문을 사용한다면 도움이 될 수 있다. 그 질문의 예는 다음과 같다. "당신은 지금 현재 상황보다 좀 더 나아지기를 원하고 계시는군요. 그동안 약을 하지 않아서(술을 마시지 않아서) 어떤 점에서 더 나아지셨나요?"

변화필요(현상유지의 문제점)

변화필요 진술은 내담자의 현재 삶에 어려움이 있음을 나타내는 말이다. MI의 협동정신에서의 기본 원칙은 변화가 일어나기 위해서 누군가에게 ('무엇이 문제')라는 꼬리표를 달 필요는 없다는 것이다. 하지만 내담자가 자신의 현재 상황이 변화해야 한다고 인식하는 것은 필요하다. 변화필요 진술은 구체적인 이유는 분명히 언급되지 않았지만, 일반적인 변화의 요구를 나타내기도 한다. 문제 인식 진술의 예를 살펴보자.

"상황을 더 나아지게 만들어야 해요."

"나는 상황을 잘 처리해야 해요."

"혈당이 이 상태로 계속되어서는 안 돼요."

"내가 지금까지 행동하던 대로 계속 행동할 수는 없어요."

변화필요 진술은 종종 처음 나타나는 변화대화 방식인 것 같다. 상담자들이 변화대화의 출현에 항상 민감해야 하는데 그것은 매우 '약한' 용어로 표현되기 때문이다. LaDonna의 경우에는, 다음과 같은 진술이 약물(알코올) 사용으로 인해 겪은 어려움을 암시하였다. "전 거의 모든 것을 잃었어요." 명료화하는 반영하기가 이 진술을 확고하게 하는 데 도움이 될지도 모른다. "약물 사용의 대가로 모든 것을 내놓은 거네요." 이 경우에도 역시 반영적 경청이라는 기본 기술을 잘 사용하면, 특별히 질문을 하지 않고서도 LaDonna의 주의를 돌리고 정보를 명확히 하는 데 커다란 이점을 얻을 수 있다. 그녀 자신도 "글쎄, 할 수는 있을 것 같지만 저는 단지 기분이 나아지고 싶을 뿐인데 그렇지가 못해요."라는 자신의 진술에서 변화에 대한 필요를 표현하고 있다. 이 진술은 실제로 변화열망 범주에 가장 잘 들어맞지만, 변화필요도 포함하고 있다.

변화실행언어

변화준비언어가 변화의 길을 열어 놓았지만 그것만으로는 충분하지 않다. 실제로 Miller와 Rollnick(2013)은 'MI 언덕' 비유를 통해서 변화 노력에 포함된 과정을 포착하였다. 즉, 변화준비언어를 이끌어 내는 일은 동기강화의 언덕을 오르는 것과 같다. 이 오르막 길에서 우리는 양가감정으로 인해 미끄러져서 내려갈 수도 있다. 우리가 언덕의 정상에 오른 후 아래로 내려올 때, 우리는 내담자와 변화실행언어를 사용하게 된다. 언덕에서 내려오는 이 단계의 과정이 보다 쉽게 느껴질 수는 있으나 도전은 남아 있다.

결심공약(commitment)

이 내담자의 진술은 변화대화 진행에 있어서 핵심 요소가 될 것이다. 이러한 진술에는 어떤 행동을 하겠다는 의도를 전달하는 행동 단어(즉, 동사)가 포함되어 있다. 이 의도가 결심공약과 변화열망을 구별하는 기준이 된다. 변화열망은 변화에 대한 소망을 나타내는 잠정적인(소극적인) 언어를 포함하고 있지만, 결심공약 진술과 비교했을 때 내포된 의도성은 부족하다. 이 결심공약의 동사는 그 강도에 있어서 약한 것에서부터 강한 것에 이르기까지 다양하지만, 모두 다 행동목표를 포함하고 있다. Miller와 Rollnick(2013)은 결심공약언어에는 약속이 내재되어 있음에 주목한다. 다음은 결심공약언어의 예이다.

"나는 ……할 예정이다."

"나는 ……할 것이다."

"나는 ……할 계획이다."

"나는 ……하려고 한다."

실행활성화(activation)

이 범주의 내담자 대화는 명확하지는 않지만 변화를 예견할 수 있는 언어이다. 이러한 진술은 행동할 의지와 준비도를 보여 주지만, 결심공약과 같은 종류의 결정적인 진술이나 선언은 포함하지 않는다. 이 범주는 결심공약처럼 구속력 있는 약속은 없지만, 변화의 행동 방향으로 움직이는 신호이다. 두 가지 예가 있다.

"나는 한번 해 볼 준비가 되었다."

"나는 ……을 기꺼이 시도해 볼 의향이 있다."

실천하기(taking steps)

이 대화는 내담자가 특정 목표에 도달하기 위해 이미 행동을 실천하고 있는 단계를 말한다. 작고 심지어 시험적인 실천이라고 할지라도 올바른 방향을 향하고 있다면, 변화를 예측해 준다. 이런 종류의 대화의 예는 다음과 같다.

"나는 지난주에 두 번 체육관에 가서 운동을 했다."

"나는 가게에 가서 야채를 몇 개 사서 깨끗이 씻은 후 간식용으로 잘라서 냉장고에 넣어 두었다."

"나는 남자친구에게 계속 술을 마신다면 더 이상 함께 할 수 없다고 말했다."

LaDonna는 네 가지 유형의 변화준비언어 중에서 세 가지 형태(변화열망, 변화능력, 변화필요)을 보여 주었다. 그녀는 계속 치료를 받으러 가는 것을 이야기하였고(변화실행언어일 수도 있고 아닐 수도 있다), 그리고 상담자는 그 진술을 강조하고 이끌어 내려고 노력하였다. 그녀의 변화대화에는 분명한 상향 움직임이 있는데, 이것은 그녀가 변화를 일으킬 잠재력이 있음을 잘 나타내는 징조이다.

요약하면, Miller와 Rollnick(2013)은 변화준비언어를 양가감정에서 변화하는 측면을 향하는 것으로 보았고, 변화실행언어는 양가감정 해결을 향한 움직임으로 보았다. T. B. Moyers(개인적인 대화, 2016년 7월 10일)는 우리가 한 가지 유형의 변화대화에 대해 다른 유형의 변화대화보다 더 중요성을 부여할 것인지에 대해서는 주의해야만 한다고 지적하였다. 예를 들어, 우리는 변화실행언어가 더 강력하게 변화를 예측한다고 말할 수 있는 충분한 근거 자료를 가지고 있지 않다. 상담자로서 우리의 목표는 이러한 변화대화를 계속 강화시켜 나가는 것이다.

유지대화

이제 우리의 관심을 변화가 일어나지 않을 것임을 나타내는 내담자의 언어로 옮겨가 보자. 초기에는 이러한 내담자의 언어를 지칭하기 위해 저항이라는 용어를 사용했지만, 시간이 지나면서 상담자와 내담자 사이의 현저한 불협화음을 나타내는 진술과 현상유지의 수용이나 이점을 표현하는 진술 간에는 차이가 있음이 드러났다. 후자에 속하는 언어가 바로 유지대화인데, 이제까지 논의한 변화대화의 형태와 바로 대치되는 언어이다. 구체적으로 보면, 내담자는 ① 현상유지를 지속하고자 하는 열망, ② 현상유지 상태에서 기능하는 능력, ③ 현상유지된 상황에서의 이익, ④ 현상유지의 필요나 변화했을 때의 문제점을 표현할 것이다. 내담자는 현상유지를 위한 결심공약과 현상유지를 방어하기 위한 준비와 이미 그렇게 하기 위해 취하고 있는 조치에 주목할 것이다.

같은 상태에 머물고 싶은 열망은 아주 흔한 경험이다. 자녀들이 매년 학년을 졸업하는 것은 이들이 성장하여 세상을 향해 나아가고 있음을 말해 주는 일이다. 그런데 우리가 부모로서 성장, 발

달 및 독립을 격려하는 만큼 우리 중에는 자녀들을 몹시 그리워하기 때문에, 한편으로는 이러한 변화가 일어나지 않기를 바라기도 한다. 이처럼 다른 사람이나 환경에 의해 내담자에게 변화가 강요될 때, 그들은 현 상태를 잃을 가능성에 대해 한탄할 수도 있다. 비록 이렇지 않은 경우에서도 내담자는 어떤 특정한 행동의 모든 측면을 포기하지 않기를 바랄 수도 있다. 중독의 영역에서 이러한 생각은 내담자가 중독은 포기하고 싶지 않고, 단지 중독의 결과만 포기하고 싶은 것으로 표현된다. 현상유지에 관한 이러한 관계는 양가감정의 반대 측면이 표현된 것이다.

내담자가 현재 상황을 포기하고 싶지 않은 데에는 많은 이유가 있다. 그들은 아마도 그들의 강점, 기술, 그리고 능력이 현재의 영역에만 존재한다고 믿을 수 있다. 예를 들어, 그들은 약물남용의 세계에서는 어떻게 기능해야 하는지 알고 있다. 그들은 어떻게 돈을 버는지, 어떻게 마약을 구하는지, 그렇게 하는 동안 어떻게 안전을 확보하는지에 대해 잘 알고 있다. 대조적으로, 세상의 다른 영역에서나 또는 약물이 없는 곳에서는 어떻게 기능해야 하는지에 대해서 거의 알지 못할 것이다. 비록 약물남용이 그들에게 도움이 되지 않는다는 것을 이해했다 하더라도, 그들의 지식과 기술은 그들이 알고 있는 세계 안에 속해 있다.

내담자에게 개선할 수 있는 희망이 거의 없을 수도 있다. 변화가 가능하지 않거나 만약 가능하더라도, 변화한 결과로 상황이 더 나아질 것 같이 여겨지지 않는다. 영업사원의 경우를 예를 들어 보면, 그들은 위압적인 상사의 곁을 떠나지 않는데, 왜냐하면 그들이 경험한 보스는 항상 그런 식이었기 때문이다. 직업을 바꾸는 것이 더 나은 상황을 만들어 줄 것이라고 기대할 근거가 없는 것이다. 구관이 명관인 것이다.

현재의 상태를 유지하면서 내담자가 받는 이득이 있을 수 있다. 예를 들면, 광장공포증이 있는 은둔형 외톨이는 그들이 집에 머무는 한, 두려움-유발 상황에 직면할 필요가 없다. 집에 머무르면서 얻는 즉각적인 이득이, 더 큰 자유와 선택이 주는 장기적인 이득보다 훨씬 중요하다.

내담자는 변화의 불이익 역시 경험했을 것이다. 즉, 리스크는 변화와 연결되어 있다. 만일 직업이 없는 내담자가 다시 일하기로 결정했다면, 그들은 상당한 자유 시간과 금전적인 혜택을 저임금과 많은 노력, 그리고 존중받지 못하는 직업과 교환해야 할 수도 있다. 또한, 리스크는 본질적으로 개인 내적인 것이 될 수도 있다. 시도와 실패로 인해 받게 되는 영향은 현재 상황에서 수반되는 자기폄하보다 내담자의 자기역량에 대한 자신감과 자존감에 훨씬 나쁜 영향을 미칠 수도 있다.

이러한 관점은 내담자가 현재 있는 상태에 대해 생각하거나 전념하고 있다는 것을 말해 준다. 그들이 변화를 고려할 수는 있지만, 이러한 현상유지 상태가 변화의 이익이나 필요를 능가하는 한, 실제 변화는 일어나기 어렵다. 이러한 내담자의 진술은 양가감정 저울의 한 면인 '변화 저항'의 측면 쪽으로 무게가 실린다.

불협화음

유지대화와 대조적으로 불협화음은 비록 겉보기에는 수동적인 형태일지라도, 개인적으로 상담자에게 적극적인 대항을 하는 것을 말한다. 예를 들면, 불완전한 준수 혹은 불이행은 불협화음의 한 형태일 수 있다. 여기에 나의 예를 소개한다.

우선 전제부터 하고 들어가자. 비록 불완전하지만, 나는 제1형 당뇨병을 적극적으로 관리하려 노력하며, 또한 상당히 잘하고 있는 편이다. 내 관리자는 나의 당뇨 관리에 대해서 때때로 매우 좌절했었던, 좋은 의도를 지닌 헌신적인 사람이다. 그녀는 내가 자기 관리에 대해 노력하는 것은 칭찬하지만, 개선이 필요한 분야에 대해서는 나를 꾸짖는다. 내 A1C(당화혈색소) 조절은 대체로 괜찮았고 또한 개선의 여지가 있었다. 처음에 나는 그녀의 제안을 실천하는 것이 왜 어려운지를 그녀에게 설명하려고 애썼다. 내 행동이 적극적인 저항으로 보였을 것이라고 확신한다. 내가 자주 대답하는 "예, 하지만 ……" 형식에 대해 그녀는 잘 알고 있었다. 이에 대한 그녀의 반응은 나의 장기적인 건강의 중요성을 다시 강조하고, 일어날 법한 일들의 끔찍한 결과(모든 것이 사실이고, 나는 그것에 대해 잘 알고 있었다)를 경고하는 것이었다. 시간이 흐르면서 나는 그녀가 정말로 내 상황을 이해하지 못한다는 것을 알게 되었고, 비록 그녀의 의도가 좋았다 할지라도 목표는 좋지 못했다고 생각한다. 나는 그녀의 계속되는 강의를 견디는 것보다는 그녀의 제안에 동의하고 노력하겠다고 말하는 것이 더 쉬웠다. 그래서 나는 그렇게 했다. 표면적으로 우리의 상호작용이 우호적이었고, 나는 그녀의 제안을 논쟁 없이 들었지만, 나는 그녀가 제안한 방식으로 가끔 실행했을 뿐이었다.

보다 적극적인 형태의 불협화음은 내담자가 상담자와 직접 논쟁할 때 발생한다. 내담자는 음주운전 판정 결과가 잘못됐다고 주장할 수도 있다. 부모 역할을 보여 주기 위해 내담자는 체벌이 필요한 자녀의 유형에 대해 상담자가 모른다고 주장할 수도 있다. 내담자는 비디오 게임과 문자 메시지를 하는 것이 자신의 공부습관에 직접적인 영향을 미치지 않는다고 믿을지도 모르며, 이것들의 연관성에 대한 상담자의 말에 분개할 수도 있다. 내담자는 해마다 가을에 대부분의 사람들이 더 짜증을 내고 우울해지는 것은 실내에서 시간을 보내기 때문이라고 믿으면서, 계절형 우울증에 대해 이야기하기를 거부할지도 모른다. 내담자는 상담자가 표현하는 우려를 무시하면서, 자신의 페이스와 부부만의 시간 부족에 대해 배우자가 불평하는데도 불구하고 3명의 자녀와 풀타임 일자리, 여러 개의 자원봉사 활동과 정기적인 친구들과의 만남을 잘 조율하기 때문에 모든 것이 괜찮다고 주장할 수도 있다. 이러한 예는 우리 상담자들이 들어 왔던 말이며, 우리가 해 왔던 말일 것이다.

유감스럽게도 우리는 내담자들의 이러한 행동들을 부정의 표현이라고 명명하곤 했다. 우리에게는 분명해 보이지만, 다른 사람은 그런 식으로 보지 않는다. 대조적으로, 이를 우리 자신의 '부정'

으로 보게 된다면, 우리는 우리의 행동에 영향을 미치는 환경적 압력의 실체를 쉽게 볼 수 있다. 사회심리학자는 이러한 현상을 '근본적 귀인 오류(fundamental attribution error)'[(혹은 '대응 편향(correspondence bias)' 또는 '과잉귀인 효과(over attribution effect)'; Jones & Harris, 1967, Ross, 1977)]라고 명명했다. 즉, 우리가 다른 사람들을 관찰할 때는 행동을 유도하는 내부적인 속성에 더 큰 비중을 두고 환경적 영향을 과소평가하는 경향이 있다. 반대로, 우리가 우리 자신의 행동을 관찰할 때는 환경적 영향에 훨씬 더 큰 비중을 두고, 우리의 개인적인 특성에 비중을 덜 둔다는 것이다.

그렇기에 내담자가 상담자들을 평가절하하거나 무시하는 것은 그리 놀랄 만한 일이 아니다. 우리는 단지 그들의 관점을 이해하지 못할 뿐이다. 나는 언젠가 치료 상황에 억지로(비자발적으로) 참석하게 된 젊은이가, 50분 내내 말을 하지 않고 의자에 앉아 빙빙 도는 것을 경험한 적이 있다. 그는 자신이 치료 상황에 어쩔 수 없이 있어야 하지만, 내가 그를 이야기하게 만들 수는 없다는 메시지를 분명히 나에게 전달하고 싶어 했다. 나는 약 10분 후에 그 메시지를 아주 분명하게 이해했지만, 그는 그 메시지를 분명하게 전달하기 위해 1시간 내내 나를 붙잡아 두었던 것이다. 다음 세션에서 우리는 치료실을 나와 인근 운동장에서 농구를 했다. 그러고 나서야 그는 기꺼이 이야기하고자 했다. 분명하게 기본 규칙을 설정했고 장소가 변경되자 그는 이야기할 준비가 되었다.

내담자는 또한 상담자가 말하는 것을 방해하거나 가로막을 수 있다. 이러한 상황은 교사들이 통제력을 유지하기 위해 고군분투하는 교실에서 종종 나타난다. 교사가 이런 종류의 행동을 단속하려고하면 할수록 반응은 점점 더 강해진다. 또 다른 예로는 상담자를 폄하하는 것이다. 내담자는 "당신이 뭘 알아요? 어떻게 나를 이해할 수 있어요?"라고 말할 수 있다. 한 청소년 내담자는 언젠가 나에게 "누구세요? 당신은 대여한 내 친구인가요?"라고 물은 적이 있다. 또한 불협화음은 상담 진행 방해(필리버스터)로도 나타날 수 있다. 이러한 내담자는 발언권을 독차지하고 양보하기를 거부한다. 이러한 양상은 1명의 집단원이 시간을 독점할 때 집단에서도 발생할 수 있는데, 이 경우에 다른 집단원은 그저 통제권을 포기하거나 아니면 동료에게 관심을 빼앗기 위해서 적극적으로 시선을 돌리려 한다.

3. 개념 정리 문제—자가 진단하기

진실 혹은 거짓

1. T F 자기-지각 이론에서는 내담자들로 하여금 어떤 입장을 주장하도록 하는 것은, 특히 그들이 자신이 믿고 있는 것에 확신이 없다면, 그 입장에 관한 태도를 변화시킬 것이라고

주장한다.

2. T F 변화대화에는 일곱 가지 형태가 있다.
3. T F 변화대화의 여러 형태 중 결심공약언어만이 내담자들의 변화를 예측한다.
4. T F 유지대화와 불협화음은 같은 말이다.
5. T F 변화대화와 유지대화는 상응하는 형태가 있다.
6. T F 유지대화는 변화대화보다 더 변화가 일어날 것 같지 않다는 것을 암시한다.
7. T F 불협화음은 저항을 칭하는 다른 말이다.
8. T F 비순응(nonadherence)은 더 수동적이긴 하지만 역시 불협화음의 한 형태이다.
9. T F 중립대화는 변화대화와 유지대화를 포함한 내담자의 언어이다.
10. T F 오직 MI만이 변화대화를 유도한다.

정답 및 해설

1. T 이 진술의 기본적 틀은 사실이다. 그렇지만 우리가 기억해야 할 요소가 하나 더 있는데, 그것은 내담자들이 자기주장의 근거로 내세울 수 있는 외부 요인이 부족한 경우도 고려해야 한다는 점이다. 즉, 내담자들이 어떤 한 입장을 강하게 믿고 있거나 혹은 자기 행동의 원인을 외부 요인으로 돌릴 수 있는 상황(예: "난 단지 판사의 마음에 들기 위해서 그렇게 했을 뿐")에서, 논쟁의 한쪽 측면을 명확하게 말하도록 요구한다면, 그의 기본 입장이 변화될 가능성이 낮아질 것이다. 그러나 일반적으로 볼 때, 이 진술에는 자기-지각 이론의 기본적 측면이 표현되어 있다.

2. T 변화대화에는 변화열망, 변화능력, 변화이유, 변화필요, 결심공약, 실행활성화언어, 실천하기의 일곱 가지 유형이 있다. 다시 말하지만, 변화준비언어의 유형을 구분 짓기는 어려울 수 있으며, 변화실행언어와 일반 범주 언어를 구분하는 것이 더 중요하다.

3. F 이것은 까다로운 질문이다. 결심공약언어가 변화를 예측하지만, 실행활성화언어와 실천하기도 변화를 예측한다. 게다가, DARN 또한 변화를 예측해 준다. 현시점에서 우리는 한 형태가 다른 형태의 언어보다 더 중요하다고 말할 수 없다. 또한, 때때로 변화는 결심공약언어가 없을 때 일어나기도 한다. 따라서 결심공약언어가 변화를 예측하는 데 중요하긴 하지만 다른 요소들(실행활성화, 실천하기, 그리고 DARN) 또한 변화를 예측한다.

4. F 이제 MI 전문가들은 이 두 가지 유형의 행동을 구분하고 있다. 훈련자로서 우리는 상담자들이 현상유지를 선호하는 내담자의 진술은 '유지대화'라는 용어로 칭하고, 임상적 관계 자체에서 충돌을 나타내는 내담자의 행동을 설명할 때에는 '불협화음'을 사용할 것을 권한다.

5. T 변화대화와 유지대화는 유사한 범주로 분류되는 것 같다. 훈련 시에 나는 전형적으로 이 유사성을 '동전의 양면'이라고 부른다.

6. T 이것은 일반적으로 맞다. 그러나 그것은 각각의 정확한 양의 문제가 아니라, 세션 과정에서의 그것들이 나타내는 궤적이다. 만약 초기에는 유지대화가 많고 변화대화가 거의 없지만, 그 후 변화대화가 증가하면서 유지대화가 줄어든다면, 변화가 일어날 가능성은 높다. 이러한 궤적을 명확히 확인하기 위한 후속연구가 필요하다. 그럼에도 불구하고, 일반적으로 유지대화가 변화대화보다 많다는 것은, 변화가 일어날 가능성이 낮다는 것을 의미한다.

7. F 비록 어떤 다른 이름으로 묘사한다 해도 장미는 여전히 장미라고 생각할지 모르지만, 연구자와 저자로서 우리는 어떤 상황을 정확하게 묘사할 단어와 용어를 선택할 필요가 있었다. 시간이 지나면서 MI 저자와 연구자들은 내담자들이 특정한 행동방식에 대해 동의하지 않을 때 발생하는 대인관계 요소가 있음을 인식하게 되었다. 실제로, 우리가 상담자로서 관여하는 행동에 의해서 이러한 불협화음이 증가하거나 감소할 수 있음이 연구결과 확인되었다. '저항'이라는 용어는 반발이 오직 내담자의 내면에 있다는 것을 의미하는 반면, '불협화음'은 반발이 대인관계 과정에서 발생한다는 것을 보다 명확하게 전달해 주는 용어이다.

8. T 비순응(nonadherence)은 불협화음에 내재된 적극적인 외적 반발을 포함하지 않을 수 있지만, 여기에는 제안되거나 요청된 것에 동의하지 않는 내담자의 전형적인 내적 반발이 존재한다. 행동 반응이 더 조용해 보일 수 있지만, 비순응이 자주 일어난다면 이는 불협화음이다. 그렇다고 해서 모든 비순응이 불협화음이 되는 것은 아니다. 삶이 우리에게 그러하듯 내담자에게서도 그러한데, 이는 좋은 의도가 항상 이전에 합의된 행동이나 과정으로 이어지지는 않는다는 것을 의미한다.

9. F 만일 내담자가 변화대화와 유지대화를 둘 다 포함하고 있다면, 그것은 두 범주 모두를 나타내는 것이다. 두 가지 언어가 동시에 일어나는 것이 매우 흔하며, 이것은 양가감정의 언어적 표현이다. 중립대화는 이 두 가지 요소 어느 것도 포함하지 않은 언어이다. 때때로 그것은 변화대화처럼 보인다. 예를 들면, "내 주치의가 그것에 대해 걱정하고 있다."라는 말은 변화대화처럼 보일 수도 있지만 사실 그것은 중립적이다. 이 진술은 내담자가 다음에 뭐라고 말하느냐에 따라 변화대화이거나 유지대화로 향할 수 있다. "…… 그래서 나는" (변화대화) 혹은 "그러나 나는 …… 않다(유지대화)."

10. F 다른 임상적 방법들도 변화대화를 이끌어 낸다. 그러나 MI는 변화대화 인식하기, 이끌어 내기 및 강화하기를 목표로 하는 유일한 임상적 방법이다.

4. 연습하기

LaDonna의 예로 돌아가 보자. 면담의 원래 이유는 그녀가 직업을 가질 준비가 되어 있는지와 관련하여 정신건강 문제를 평가하는 것이었으나, 만남을 통해 단주(단약)을 유지하기 위한 그녀의 노력이 구체적인 목표로 도출되었다. 그래서 상담자는 다음의 예에서 이러한 행동을 목표로 하고 있다. 여기서 우리는 이전의 대화가 끝났을 때에서 다시 대화를 시작하기로 하자. LaDonna의 언어와 그것이 변화대화, 유지대화, 또는 중립대화를 포함하는지 여부에 주의를 기울여라.

	진술	설명
상담자:	제가 제대로 이해했는지 한번 들어봐 주세요. 단약(단주)을 유지할 외부적인 이유를 찾기는 어렵지만, 어쩌면 당신의 내적인 어떤 이유가 단약(단주)을 계속하도록 이끌어 주는 것 같아요. 실제로 매우 힘듦에도 불구하고 단약(단주)을 유지하고 있으니까요. 당신은 기분이 나아지기를 바라고, 또 앞으로 그렇게 될 수 있음을 알고 있지만, 지금 당장은 어떻게 해야 나아질지에 대해서 모르고 있고요. 당신이 오르려고 하는 언덕은 너무 미끄럽지만 어쨌든 계속 올라가 보기로 결심하신 거지요. 제 말이 맞나요?	
내담자:	결심이 섰지만 제가 그걸 할 수 있을지 모르겠어요.	이 진술은 변화열망과 결심공약 사이에 있음. 그러나 내담자는 유지대화의 구성 요소인 염려를 추가했음.
상담자:	몇 개의 진짜 장애물이 있는데, 당신은 결심하셨군요. 그 문제에 대해 우리가 이야기하는 시간을 가지면 도움이 될지 궁금하네요.	
내담자:	네, 그럴 것 같아요.	내담자가 동의함. 비록 이것이 변화 요소에 대한 응답인지 아니면 그 문제에 대해 더 이야기하자는 제안에 대한 응답인지 명확하지 않지만.

진술	설명
상담자: 도움이 될 거라는 확신은 없군요.	
내담자: 단약(단주)을 해야 한다는 건 알아요. 하지만 전에 노력을 했었는데 그게 잘되지 않았어요.	다시, 변화대화와 뒤이어서 유지대화가 나타나지만.
상담자: 3년 동안의 단약(단주)이 성공이라고 느끼지 못하는군요.	
내담자: 성공이라고 느꼈었지만 그게 오래가지는 못했어요.	변화대화와 이어지는 후반부는 유지대화처럼 보이지만, 명확성의 결여로 인해 현재로서는 이 내담자의 진술은 중립대화의 범주에 남겨둠.
상담자: 당신은 상당한 시간 동안 성공적했다가 미끄러졌네요. 당신이 지금 단약(단주)하는 게 매우 중요해 보여요. 사실상 당신은 왜 단약(단주)해야 하는지 그 이유를 찾기 힘들지만 계속 단약(단주)하고 있잖아요. 자신감 면에서는 조금 덜 분명하지만요. 만약 당신의 자신감을 1~10등급으로 평가한다면, 1은 자신감이 전혀 없고 10은 매우 자신감에 차 있는 것이라면, 다음 30일 동안 단약할 수 있다는 것을 얼마나 자신할 수 있나요?	
내담자: 대략 4 정도요.	중립대화. 이것이 무엇을 의미하지는 우리는 모름.
상담자: 흥미롭군요. 그러니까 당신은 아래쪽 숫자인 1이나 2에 머물러 있다는 건 아니네요. 어째서죠?	

	진술	설명
내담자:	음……. 힘들더라도 다시 돌아가고 싶지 않아요. 저 자신에게 말했어요. 더 좋아지는 것 같지 않지만 계속 모임에 나갈 거라고. 특히 제가 약물(알코올)을 사용하고 싶어질 때에는요.	낮은 자신감 점수와 약간의 유지대화 요소에도 불구하고 강한 결심공약언어. 이것은 이러한 언어 요소들이 어떻게 자주 함께 일어나는지 보여 주는 좋은 예.
상담자:	약물(알코올)을 끊으려고 결심하고 실행하시는 중이시네요.	
내담자:	(웃음) 네, 그런 것 같아요. 하지만 가끔 정말 힘들어요.	변화대화에 동의하고 유지대화를 보이면서 장애물에 대한 추가적인 정보를 제공함.
상담자:	그래서 7 또는 8이 아닌 4점을 주었군요.	
내담자:	네, 그런데 이전에 정말 힘든 시간을 겪어내야 했어요.	이 진술은 그녀의 능력과 회복력을 암시하지만 결정적인 변화대화는 아니고 중립대화임.
상담자:	당신은 자신이 강하다는 걸 아네요.	
내담자:	우습네요. 왜냐하면 오늘 여기에 오면서는 제가 강하다는 걸 느끼지 못했거든요.	변화대화를 암시하지만 아직은 명확하지 않은 중립대화임.
상담자:	스스로 이미 이겨낸 것, 자신에 대해 잘 알고 있는 것, 결심하고 이루고자 노력한 것들을 보면 자신감 점수가 더 높아도 될 것 같아요. 그러니 아마도 당신의 자신감 점수는 5나 6점 정도로 좀 더 높아야 할 것 같네요.	
내담자:	아마도 6점에 가깝겠네요.	내담자는 더 큰 자신감에 동의함. 변화대화.
상담자:	한 가지 질문만 더 할게요. 아마도 다른 측면의 평가를 할 필요가 있겠네요. 지금 당신은 6점에 있죠. 어떻게 하면 7이나 8점으로 갈 수 있을까요?	

	진술	설명
내담자:	좀 더 희망을 느껴야 할 것 같아요.	내담자는 일반적인 반응을 보임. 중립대화.
상담자:	좀 더 희망적이라……. 희망적이 되었다는 것을 어떻게 알 수 있을까요?	
내담자:	좀 더 행복감을 더 느끼면요. 생계 면에서 제가 어디로 가야 할지에 대한 계획도 가지고 있고 직업도 가지고 있으면요.	내담자는 많은 목표를 제공함. 어떤 목표는 다른 목표보다 먼 것이긴 하지만, 모두 중립대화.
상담자:	우와! 1점을 높이려는 것치고 아주 많은 일들을 해야 하네요.	
내담자:	(웃음) 그런 것 같아요. 그게 바로 제가 너무 압도되는 이유인 것 같아요. 1점이 높아지려면……. 아마도 제 생계를 위한 계획을 가지면 될 것 같아요.	내담자는 이 과정에 대한 자각을 인정하는데, 비록 약할지라도 이는 능력의 한 형태임.
상담자:	그게 실행할 만하겠네요. 성취할 수 있을 것 같아요.	
내담자:	지금 그 계획을 세우기에 좋은 타이밍인것 같아요. 이상적이지는 않지만, 제가 단약(단주)하는 동안에는 동생과 함께 살 수 있잖아요. 만약 직업을 갖게 된다면 돈을 저축해서 살 집을 찾아볼 수도 있고요.	이 진술은 어려운 예임. 그녀는 초기 계획을 분명하게 묘사하고 있어서 이 진술에는 능력에 대한 정보가 포함되어 있음. 이것을 변화대화라고 부름. 왜냐하면 이렇게 의심스러울 때, 우리는 그 진술을 변화대화라고 보고 이를 강화함으로써, 이 진술을 거의 잃지 않기 때문임.
상담자:	당신은 이미 머릿속에 구체적인 계획이 있는 것 같군요. 그걸 밖으로 말하는 것뿐만 아니라 천천히 실행하는 일이 관건이겠네요. 생각만 앞서지 않게 말이죠. 제 생각에 계획을 적어 보면 도움이 될 것 같은데요.	

진술	설명
내담자: 저도 그럴 것 같아요. 모임에 가는 길에 버스 안에서 적을래요. 그리고 모임에서 그것에 대해 말해 보려고 해요. 그렇게 하면 제가 계속 거기에 신경 쓰도록 도와줄 테니까요.	결심공약(그리고 그것을 강화하기 위한 더 많은 계획).
상담자: 당신은 정말로 당신한테 무엇이 효과가 있고, 그걸 돕기 위해 무엇을 해야 하는지에 대해 많이 알고 있네요.	
내담자: (싱긋이 웃음) 네, 알아요. 단지 그걸 기억하도록 해야겠죠.	변화대화(능력).

LaDonna는 자신의 약물남용으로부터의 회복에 대한 계획을 의논하기 위해 상담자에게 찾아온 것은 아니었다. 하지만 만남의 과정에서 그녀가 약물남용으로부터의 회복이 취업 성공 여부에 매우 중요한 부분임이 분명해졌다. 내담자와 상담자 모두에게 면담의 의제가 어떻게 전개될 수 있는지에 대한 좋은 예이다. 단약(단주) 유지에 대한 집중적인 논의가 의제로서 공유되었다. 이 대화에서 LaDonna는 내담자 언어 중 변화대화, 유지대화, 중립대화의 세 가지의 형태를 모두 보여 주고 있다. 다음 장에서 상담자가 이 과정에 어떻게 영향을 주었는지를 살펴볼 것이다. 이번 장에서는 LaDonna가 10분 이내에 대화가 시작된 시점과는 다른 방식으로 변화에 대해 생각하고 있음을 관찰한 것만으로도 만족하기로 한다.

5. 시도해 보기

이 분야의 MI 기술 개발은 변화대화, 유지대화 및 중립대화를 인식하는 데서부터 출발한다.

〈연습 9-1〉 유지대화 인식하기

상담자로서, 우리는 종종 내담자가 변화하지 않는 이유를 듣고 인식하는 것에 익숙해진다. 이 첫 번째 연습은 우리들로 하여금 이미 잘 발달된 근육을 사용할 수 있게 해 줄 것이다. 우선, 상담자와 내담자 사이의 대화기록(녹취록)을 검토할 것이다. 그 대화기록을 읽으면서 모든 유지대화를 파악하라. 유지대화를 찾으면 색깔 펜을 사용하여 밑줄을 긋는다. 그 유지대화의 유형과 그렇게 판단한 근거를 메모한 다음, 그 답을 정답과 비교하라. 답을 조정하고 나서 〈연습 9-2〉로 이동하라.

〈연습 9-2〉 새롭게 보기

〈연습 9-1〉은 우리가 유지대화의 언어를 얼마나 익숙할 수 있는지에 대한 예이다. 이제 우리는 동일한 대화기록으로 돌아가서 그것을 새로운 관점에서 살펴보겠다. 이번에는 내담자가 변화하지 않는 이유에 초점을 두지 않고, 대신에 변화의 가능성을 고려하고 있음을 나타내는 진술을 찾아보기로 한다. 이처럼 자료를 새롭게 보았을 때 어떤 변화대화를 발견하였는지 살펴보라.

〈연습 9-3〉 완벽한 연습이 완벽함을 만든다

이것은 사회심리학자들과 숙련된 코치들이 즐겨 사용하는 말이다. 물론 연습이 중요하지만, 더 중요한 것은 우리가 하고 싶은 방식으로 연습한다는 것이다. 이 연습에서는 유지대화와 중립대화 속에 섞여 있는 변화대화를 알아차리기 위해 우리 자신을 훈련시키는 것이 초점이다. 다시 한번 녹취록을 검토하되 이번에는 한 단락씩을 읽고 나서 변화대화가 있을 경우에 즉시 밑줄을 긋는다. 돌아가서 다시 읽지 말고, '이것이다' 싶은 곳에 밑줄을 그어라. 그리고 다음 단락으로 넘어가라. 이러한 접근 방법은 우리가 실제 내담자와 대화할 때의 그 '게임 시간(game time)'에 가까이 다가갈 수 있게 한다.

〈연습 9-4〉 변화대화에 드럼 치기[1]

이것은 변화대화에 좀 더 익숙하도록 우리의 귀를 조율하여 우리가 내담자에게 도움을 주고자 하는 것에 더 가깝게 해 주는 훈련기법이다. 이 연습은 진술을 귀 기울여 듣고, 그 진술에 변화준비언어와 변화실행언어 또는 그 외 어떤 것이 포함되어 있는지 파악하는 것이다. 이 연습은 또한 다양한 대화형태에 대해 각각 드럼롤(역주: 시상식 등에서 시상하기 직전에 내는 '두구두구……' 소리)과 손으로 비비기의 움직임으로 반응하게 한다. 이 훈련에서 중요한 것은 노래 가사 속에서 우리가 귀 기울이려고 하는 '내담자들'의 말을 알아채는 것이다.

---

[1] 〈연습 9-4〉와 〈연습 9-6〉에 대해 Steve Berg-Smith에게 감사한다.

<연습 9-5> 철저하게 하기

이 연습의 목표는 어떤 변화대화, 유지대화, 중립대화가 들리는가를 철저하게 이해하고 느끼는 것이다. 우리 모두는 변화해야 할 것을 가지고 있기 때문에, 이러한 종류의 언어에 대한 경험이 있다. (언어를) 쓰는 과정을 통해 우리는 이러한 유형의 언어를 듣고, 각각 유형의 언어가 어디에서 오는지에 대한 감각을 갖도록 귀를 조율하는 작업을 더 진행할 것이다. 여기에는 다른 사람의 즉각적인 반응과 그것에 대한 우리의 내부 반응 및 이전 경험들을 알아차리는 훈련도 포함된다. 이 마지막 부분은 다음 장에서 이러한 다양한 유형의 언어에 대한 우리의 반응의 토대를 마련하는 데 도움이 될 것이다.

파트너 활동

앞에서 설명한 활동들 이외에도 파트너가 있을 때 활용할 수 있는 또 다른 활동들이 있다.

<연습 9-6> 변화대화에 드럼 치기-2명

이 연습에서는 내담자 진술문 목록이 첨부된다. 파트너에게 진술문 목록을 소리 내어 읽게 한다. 당신이 변화준비대화(DARN)를 들을 때마다 드럼을 친다. 이 유형의 변화대화에는 밑줄이 그어져 있다. **굵은 서체**로 쓰인 변화실행언어(결심공약, 실행활성화 그리고 실천하기)에 대해서는 손바닥을 문지르는 동작을 그려야 한다(예: 손을 기도하는 자세로 만들고 마치 진주를 광택 내듯이 손바닥을 둥글게 움직이며 비비는 동작). 변화준비언어도 변화실행언어도 아닌 중립대화에서는 유지대화와 불협화음처럼 침묵한다. 만약 동의하지 않는다면, 연습을 멈추고 파트너와 함께 이에 대해 이야기한다. 무엇 때문에 동의가 안 되었는지 찾아보고 다시 연습을 계속한다. 그런 다음 드럼 치는 역할과 진술 목록을 읽는 역할을 서로 바꾸어서 연습한다.

그 밖의 고려 사항

변화 준비와 치료 준비는 독립된 개념이다(Simpson & Joe, 1993). 이러한 구분은 우리의 연구에서도 명백하게 드러났다(Donovan, Rosengren, Downey, Cox, & Sloan, 2001; Downey, Rosengren,

& Donovan, 2000).

이 연구 결과에 일관되게 몇몇 훈련가들은 치료 순응에 대한 대화와 변화대화를 구별한다. 치료 대화는 변화를 위한 하나의 방법으로 치료에 참여하려는 의지인 반면, 변화대화는 문제가 되는 행동을 지향한다. 이런 구별은 일차적으로 ① 상담자들이 특정한 상담 접근법이 변화를 위한 유일한 방법이라는 생각을 고수하지 않도록 하고, ② 내담자 진술의 의미에 주의를 기울이도록 하는 데 유용하다. 이런 구별은 또한 모든 의도적인 변화는 자기 변화라는 DiClemente(2003)의 주장과도 일치한다. 즉, 내담자가 상담자와 만나기 전에 시작된 과정의 한 부분이 치료이며, 치료가 끝난 후에도 자기-변화는 잘 지속된다는 것이다.

한편, 때때로 혼란스러울 수 있는 영역은 표현되지 않은 변화대화를 상담자가 반영하고 내담자가 이에 대해 "예" 혹은 이와 유사한 말로 반응할 때이다. 이것이 변화대화인가? 이에 대한 가장 좋은 대답은 "예, 아마도"인 것 같다. 상담자인 우리에게 이 답은 충분치 않을 것이다. 상담자인 우리는 내담자가 이러한 생각을 분명히 표현하는 사람이 되기를 바라기 때문이다. 그렇다면 우리의 목표는 "예"에서 멈추는 것이 아니라, 이 대답을 탐색하고 더 강화하는 것이 될 것이다.

마지막으로, 나는 변화대화에 대한 생각을 위해 하나의 비유를 사용하고자 한다. 나는 미국 북서부에 살며 캠핑을 비롯한 야외 활동을 좋아한다(그리고 어린 시절에도 배낭여행을 좋아했다). 이 지역은 비가 많이 내린다. 이런 환경에서 캠프파이어를 하려면 몇 가지 사실을 알아야 한다. 우선, 약간의 원료가 필요할 것이다. 작은 잔가지와 말린 잎, 말린 솔잎 등이다. 둘째, 그 재료들을 어디서 찾아야 하는지를 알아야 한다. 셋째, 처음 불을 점화했을 때 불꽃의 시작은 작을 것이다. 그 불길이 성장하는 것을 돕기 위해서는 작은 입김과 작은 연료 조각(나뭇가지 등)을 더해야 한다. 큰 나무토막이나 너무 강한 입김은 불을 꺼뜨리기 때문에 인내심이 필요하다. 이 과정은 우리가 어떻게 변화대화를 마주할 것인지를 반영한다. 우리가 처음에 변화대화와 마주쳤을 때, 그것은 전형적으로 젖은 나무에서 난 작은 불꽃이지, 굉음을 내는 불길이 아니다(이미 불타고 있다면 불평하지는 않지만). 이 작은 불꽃은 우리로 하여금 인내심을 가지고 그 불꽃을 지탱할 재료를 어디서 찾아야 하는지 알도록 요구한다. 마지막으로, 우리는 그 불꽃을 키워야 한다. 아직 캠프파이어가 되지 않았다고 불꽃을 비난하는 것은 어리석은 일이다. 그럼에도 불구하고 우리는 가끔 우리의 내담자에게 그러곤 한다. 실제로 그 불꽃을 키우는 기술이 다음 두 장의 초점이다.

연습 9-1 유지대화 알아차리기

다음은 상담자와 내담자 사이의 대화이다. 이 녹취록을 읽고 유지대화라고 보이는 부분에 밑줄을 그어라. 밑줄을 다 그었으면 정답과 대조 확인해 보라.

내담자는 성인 초기 남성으로 암 진단에 대한 지원으로 치료를 받기 위해 내원하였다. 이 치료과정에서 부모의 요청에 의해 약물남용 가능성 우려로 면담하게 되었다. 이 사례에서 변화대화의 목표행동은 약물남용이다.

상담자: 우리가 지난 몇 달 동안 우리가 해 왔던 얘기들을 요약해 볼게요. 약 8개월 전에 당신은 아주 심각하게 암에 대한 공포를 겪었죠. 항암치료를 받는 데 시간을 보냈고, 잠시 동안 인생 계획이 보류되었죠. 하지만 그 선에서 상황이 바뀌어서 암이 호전되었고, 당신은 낙천적인 기분이 들었으며 다시 삶을 찾으려고 노력하고 있고요. 이 진단을 받기 전에 학교에 다녔고, 다소 엇갈린 결과를 보였지만 당신은 성공하기 위해 무엇이 필요한지를 알고 있었어요. 당신의 계획은 이번 가을학기에 학교로 돌아가는 거죠. 또한 당분간 돈이 덜 들도록 집에 있기로 결심했고요. 하지만 이것 또한 당신이 부모님의 규칙을 따라야만 한다는 것을 의미하기 때문에 어느 정도 마찰을 일으키고 있지요. 빠진 게 있나요?

내담자: 아니요.

상담자: 부모님의 걱정 중 하나가 마리화나를 피우는 것이라는 걸 알아요. 그것 때문에 부모님께서 당신이 지켜야 할 규칙을 정하셨고요. 그것에 대해 얘기해 보세요.

내담자: 음……. 그것에 대해 뭘 알고 싶은 거죠?

상담자: 마리화나를 피우면서 무슨 일이 일어났는지, 무슨 일로 부모님께서 걱정하시는지, 그런 것들…….

내담자: 음……. 저는 고등학교 3학년이 될 때까지 술을 마시거나 마리화나를 피우지 않았어요. 그러다 그해 중반쯤에 술을 마시기 시작했죠. 알다시피 주말에 외출해서 친구들과 파티를 하면서요. 그 후에 마리화나를 피우기 시작했어요. 처음엔 똑같은 방식으로 그냥 주말에만 했어요. 하지만 나중엔 거의 매일 피우기 시작했죠. 그건 술 마시고 운전하는 것보다는 안전했어요. 얼마 지나지 않아서 좀 줄이는 게 좋겠다고 결심하고 노력했어요. 그러다가 잠시 끊기로 결심했고, 한두 달 동안 두 번 정도 피웠어요. 그다음에는 그냥 사교적으로 피우려고 했는데 그게 잘 안 되더라고요. 그러다가 발병을 해서 한동안 아무것도 하지 않았는데 지금은 다시 피우기 시작했어요. 그래서 부모님

(다음 쪽에 계속)

께서 저한테 일주일에 한 번은 피울 수 있다고 말씀하셨을 때 약간 놀랐어요. 하지만 그것이 저에겐 효과가 없을 거라는 걸 저도 알아요. 사교적으로 피울 순 없어요. 아예 완전히 끊어야 하기 때문에 저는 그렇게 하고 있는 거죠. 약 일주일 정도 피우지 않았네요.

상담자: 당신은 이것은 변화시켜야 할 필요가 있다는 사실을 꽤 분명히 알고 있네요. 사실 당신은 이미 고등학교 시절에 이 문제를 잘 알고 있었어요.

내담자: 고등학교 졸업 직후죠.

상담자: 술 마시는 건 어때요? 지금 당신의 음주 습관에 대해서는 어떻게 생각하죠?

내담자: 술은 계속 마실 계획이에요. 하지만 마리화나를 피우면서 했던 고생을 다시 하진 않을 거예요. 술 마시는 건 마리화나를 피웠던 것과는 달라요. 나는 매일 마시지 않았어요. 가끔씩 외출할 때만 마셨죠. 전 식당에서 일해요. 가끔 일 끝나고 두 잔 정도 마시는데 그게 잘못됐다고 생각하진 않아요.

상담자: 알겠어요. 그러니까 당신이 마리화나를 피우는 것이 변화해야 한다는 것은 분명하네요. 난 여전히 당신이 왜 그런 결심을 하게 됐는지 더 듣고 싶어요. 그러나 당신은 술 마시는 것까지 변화해야 한다고 생각하진 않고요.

내담자: 네, 그건 별거 아니잖아요.

상담자: 대단한 건 아니군요.

내담자: 맞아요.

상담자: 지금까지 얘기한 걸 요약해 볼게요. 당신은…….

연습 9-1의 해설

상담자: 지난 몇 달 동안 우리가 해 왔던 얘기들을 정리해 볼게요. 약 8개월 전에 당신은 아주 심각하게 암에 대한 공포를 겪었죠. 항암치료를 받는 데 시간을 보냈고, 잠시 동안 당신의 인생 계획이 보류되었죠. 하지만 그 선에서 상황이 바뀌어서 암이 호전되었고, 당신은 낙천적인 기분이 들었으며 다시 삶을 찾으려고 노력하고 있고요. 이 진단을 받기 전에 당신은 학교에 다녔고, 다소 엇갈린 결과를 보였지만 당신은 성공하기 위해 무엇이 필요한지를 알고 있었어요. 당신의 계획은 이번 가을학기에 복학하는 거죠. 또한 당분간 돈이 덜 들도록 집에 있기로 결심했고요. 하지만 이것 또한 당신이 부모님의 규칙을 따라야만 한다는 것을 의미하기 때문에 어느 정도 마찰을 일으키고 있지요. 빠진 게 있나요?

내담자: 아니요.

해설: 몇 가지 문제가 상담자의 요약에서 다루어졌지만 이것이 유지대화는 아니다.

상담자: 부모님의 걱정 중 하나가 마리화나를 피우는 것이라는 걸 알아요. 그것 때문에 부모님께서 당신이 지켜야 할 규칙을 정하셨고요. 그것에 대해 얘기해 보세요.

내담자: 음……. 그것에 대해 뭘 알고 싶은 거죠?

해설: 우리가 약간의 도전을 느낄 수는 있지만 여기에도 유지대화는 없다.

상담자: 마리화나를 피우면서 무슨 일이 일어났는지, 무엇 때문에 부모님께서 걱정하시는지, 그런 것들…….

내담자: 음……. 저는 고등학교 3학년이 될 때까지 술을 마시거나 마리화나를 피우지 않았어요. 그러다 그 해 중반쯤에 술을 마시기 시작했죠. 아시다시피 주말에 외출해서 친구들과 파티를 하면서요. 그 후에 마리화나를 피우기 시작했어요. 처음엔 똑같은 방식으로 그냥 주말에만 했어요. 하지만 나중엔 거의 매일 피우기 시작했죠. 그건 술 마시고 운전하는 것보다는 안전했어요. 얼마 지나지 않아서 좀 줄이는 게 좋겠다고 결심하고 노력했어요. 그러다가 잠시 끊기로 결심했고, 한두 달 동안 두 번 정도 피웠어요. 그다음에는 그냥 사교적으로 피우려고 했는데 그게 잘 안 되더라고요. 그러다가 발병을 해서 한동안 아무것도 하지 않았는데 지금은 다시 피우기 시작했어요. 그래서 부모님께서 저한테 일주일에 한 번은 피울 수 있다고 말씀하셨을 때 약간 놀랐어요. 하지만 그것이 저에겐 효과가 없을 거라는 걸 저도 알아요. 사교적으로 피울 수는 없어요. 아예 완전히 끊어야 하기 때문에 저는 그렇게 하고 있는 거죠. 약 일주일 정도 피우지 않았네요.

해설: "술을 마시고 운전하는 것보다는 안전했어요."라는 내담자의 진술은 분명히 유지대화

(다음 쪽에 계속)

연습 9-1의 해설 (계속)

처럼 들린다. 그러나 이것은 과거 시제이기 때문에 변화대화처럼 보이지만 현재는 이것을 중립대화라고 할 것이다.

상담자: 당신은 이것을 변화시켜야 할 필요가 있다는 사실을 꽤 분명히 알고 있네요. 사실 당신은 이미 고등학교 시절에 이 문제를 잘 알고 있었어요.

내담자: 고등학교 졸업 직후죠.

해설: 이것은 유지대화가 아니다. 내담자가 사실에 관해 정정한다.

상담자: 술 마시는 건 어때요? 지금 당신의 음주 습관에 대해서는 어떻게 생각하죠?

내담자: 술은 계속 마실 계획이에요. 하지만 마리화나를 피우면서 했던 고생을 다시 하진 않을 거예요. 술 마시는 건 마리화나를 피웠던 것과는 달라요. 나는 매일 마시지 않았어요. 가끔씩 외출할 때만 마셨죠. 전 식당에서 일해요. 가끔 일 끝나고 두 잔 정도 마시는데 그게 잘못됐다고 생각하진 않아요.

해설: 그가 음주하는 건 문제가 없다고 생각하는 것은 매우 분명하다. 유지대화이다.

상담자: 알겠어요. 그러니까 당신에게서 마리화나를 피우는 것이 변화해야 한다는 것은 분명하네요. 난 여전히 당신이 왜 그런 결심을 하게 됐는지 더 듣고 싶어요. 그러나 당신은 술 마시는 것까지 변화해야 한다고 생각하진 않고요.

내담자: 네, 그건 별거 아니잖아요.

해설: 내담자는 그의 음주에서 유지대화를 지속한다.

상담자: 대단한 건 아니군요.

내담자: 맞아요.

해설: 그는 여전히 유지대화를 다시 주장한다.

연습 9-2 새롭게 보기

〈연습 9-1〉에서 사용한 녹취록으로 돌아가 보라. 다른 색깔의 펜을 사용하여 당신이 변화대화라고 생각한 대화에 밑줄을 그어라. 상담자의 진술에 대해 내담자가 인정하게 되는 경우에도 변화대화가 생성되지만, 일반적으로 내담자가 변화대화를 말한다는 것을 기억하라. 이 종이에 밑줄을 치고 난 후에는 정답과 당신의 답을 대조하라.

이 작업을 완료하면 아래 질문에 답하시오.

관심을 유지대화에서 변화대화로 옮겼을 때 발견한 것이 있다면 그것은 무엇인가?

____

____

____

____

어떠한 종류의 '경청'이 당신에게 더 자연스럽게 느껴졌는가?

____

____

____

____

변화를 위한 시작을 보고 들을 수 있는 역량을 강화하기 위한 다음 단계는 무엇인가?

____

____

____

____

마지막으로, 이 과제에서 무엇을 잘했는가?

____

____

____

____

연습 9-2의 해설

상담자: 지난 몇 달 동안 우리가 해 왔던 얘기들을 정리해 볼게요. 약 8개월 전에 당신은 아주 심각하게 암에 대한 공포를 겪었죠. 항암치료를 받는 데 시간을 보냈고, 잠시 동안 당신의 인생 계획이 보류되었죠. 하지만 그 선에서 상황이 바뀌어서 암이 호전되었고, 당신은 낙천적인 기분이 들었으며 다시 삶을 찾으려고 노력하고 있고요. 이 진단을 받기 전에 당신은 학교에 다녔고, 다소 엇갈린 결과를 보였지만 당신은 성공하기 위해 무엇이 필요한지를 알고 있었어요. 당신의 계획은 이번 가을학기에 복학하는 거죠. 또한 당분간 돈이 덜 들도록 집에 있기로 결심했고요. 하지만 이것 또한 당신이 부모님의 규칙을 따라야만 한다는 것을 의미하기 때문에 어느 정도 마찰을 일으키고 있지요. 빠진 게 있나요?

내담자: 아니요.

해설: 몇 가지 문제가 상담자의 요약에 나와 있긴 하지만 이것이 변화대화는 아니다.

상담자: 부모님의 걱정 중 하나가 마리화나를 피우는 것이라는 걸 알아요. 그것 때문에 부모님께서 당신이 지켜야 할 규칙을 정하셨고요. 그것에 대해 얘기해 보세요.

내담자: 음……. 그것에 대해 뭘 알고 싶은 거죠?

해설: 여기에는 변화대화가 없다.

상담자: 마리화나를 피우면서 무슨 일이 일어났는지, 무엇 때문에 부모님께서 걱정하시는지, 그런 것들…….

내담자: 음……. 저는 고등학교 3학년이 될 때까지 술을 마시거나 마리화나를 피우지 않았어요. 그러다 그 해 중반쯤에 술을 마시기 시작했죠. 아시다시피 주말에 외출해서 친구들과 파티를 하면서요. 그 후에 마리화나를 피우기 시작했어요. 처음엔 똑같은 방식으로 그냥 주말에만 했어요. 하지만 나중엔 거의 매일 피우기 시작했죠. 그건 술 마시고 운전하는 것보다는 안전했어요. 얼마 지나지 않아서 좀 줄이는 게 좋겠다고 결심하고 노력했어요. 그러다가 잠시 끊기로 결심했고, 한두 달 동안 두 번 정도 피웠어요. 그다음에는 그냥 사교적으로 피우려고 했는데 그게 잘 안 되더라고요. 그러다가 발병을 해서 한동안 아무것도 하지 않았는데 지금은 다시 피우기 시작했어요. <u>그래서 부모님께서 저한테 일주일에 한 번은 피울 수 있다고 말씀하셨을 때 약간 놀랐어요. 하지만 그것이 저에겐 효과가 없을 거라는 걸 저도 알아요. 사교적으로 피울 수는 없어요. 아예 완전히 끊어야 하기 때문에 저는 그렇게 하고 있는 거죠. 약 일주일 정도 피우지 않았네요.</u>

해설: 내담자는 여기에서 변화를 과거 시제로 이야기하고 있지만, 현재 문제가 있다는 명확

(다음 쪽에 계속)

연습 9-2의 해설 (계속)

한 인식을 전달하고 있고, 그는 무엇을 해야 할지를 알고 있으며, 그것을 실천하고 있다. 이것은 변화의 필요(변화준비언어)와 결심공약대화 그리고 실천하기(변화실행언어)이다.

상담자: 당신은 이것을 변화시켜야 할 필요가 있다는 사실을 꽤 분명히 알고 있네요. 사실 당신은 이미 고등학교 시절에 이 문제를 잘 알고 있었어요.

내담자: 고등학교 졸업 직후죠.

해설: 변화대화는 없다. 내담자가 사실에 관해 정정한다.

상담자: 술 마시는 건 어때요? 지금 음주에 대해서는 어떻게 생각하죠?

내담자: 술은 계속 마실 계획이에요. 하지만 마리화나를 피우면서 했던 고생을 다시 하진 않을 거예요. 술 마시는 건 마리화나를 피웠던 것과는 달라요. 나는 매일 마시지 않았어요. 가끔씩 외출할 때만 마셨죠. 전 식당에서 일해요. 가끔 일 끝나고 두 잔 정도 마시는데 나는 그게 잘못됐다고 생각하진 않아요.

해설: 그가 음주에는 문제가 없다고 생각하는 것이 매우 분명하다. 여기에는 변화대화는 없으며 오히려 현상유지 지지발언은 있다.

상담자: 알겠어요. 그러니까 당신에게서 마리화나를 피우는 것이 변화해야 한다는 것은 분명하네요. 난 여전히 당신이 왜 그런 결심을 하게 됐는지 더 듣고 싶어요. 그러나 당신은 술 마시는 것까지 변화해야 한다고 생각하진 않고요.

내담자: 네, 그건 별거 아니잖아요.

해설: 내담자가 좀 더 생각해 봐야 할 것이 있다는 듯한 말투로 바뀌지만 변화대화라고 하기에는 충분하지 않다.

상담자: 대단한 건 아니군요.

내담자: 맞아요.

해설: 여전히 변화대화는 없으나, 문은 열려 있다(가능성은 있다).

연습 9-3 완벽한 연습이 완벽함을 만든다

"완벽한 연습은 완벽함을 만든다"는 사회심리학자들과 숙련된 코치들이 즐겨 사용하는 말이다. 물론 연습만이 중요하지만, 더 중요한 것은 우리가 하고 싶은 방식으로 연습한다는 것이다. 이 연습에서, 우리는 유지대화와 중립대화 속에 섞여 있는 변화대화를 알아차리는 것을—매우 빠르게 그리고 한 번만 통과하면서—연습할 것이다. 한 단락을 읽은 다음, 존재하는 변화대화에 밑줄을 긋는다. 읽을 때는 밑줄을 긋지 말고, 돌아가서 다시 읽지 마라. 단락을 다 읽고 나서 각 단락에서 생각나는 변화대화에 밑줄을 긋는 것이다. 그런 다음 다음으로 넘어간다. 다 끝나고 나면 정답과 비교해 보라. 이러한 접근 방법은 우리가 실제 내담자에게 경청할 때, 변화대화임을 알아채지만 반드시 그것에 즉각적으로 반응하지 않는, 그 '게임 시간'에 가까이 다가갈 수 있게 한다.

내담자의 배경은 다음과 같다. 이 중년의 남자는 이웃이 아동보호서비스에 신고를 한 후에 아동복지 전문가에 의해 의뢰되었다. 집안에서 말다툼이 벌어졌고, 그는 자기 아들뿐만 아니라 여자친구도 때렸다. 학교 측은 이전에 타박상 사건을 신고했지만, 지금까지 공식적인 개입은 없었다. 그는 치료 명령을 받았고, 아동복지 전문가가 두 아이들(8세와 5세)이 그와 있어도 안전하다고 인정해 줄 때까지는 그의 감독하에 자신의 아이들과 만날 수 있다. 목표행동은 여자친구 및 아이들과의 충돌을 관리하는 방법을 변화하는 것이다.

상담자: 당신이 오늘 여기에 온 것이 별로 유쾌하지 않다는 걸 알아요.

내담자: 제길, 맞아요. 이웃들이 신고를 했을 때 경찰은 내 이야기는 듣질 않았어요. 나를 그냥 감옥으로 데려갔고, 내가 사회복지사 없이 내 아이들을 보고 싶으면 당신한테 와서 이야기해야만 한다고 말했어요.

상담자: 정말 아무도 당신이 그 상황을 어떻게 보는지 알아보기 위해 시간을 내지 않았네요. 우리가 그런 시간을 가지면 어떨까요?

내담자: 좋을 대로 하세요.

상담자: 지금 당신이 여자친구와 아이들과의 상황에 대해 걱정하는 것은 무엇인가요?

내담자: 누군가 동행하지 않으면 난 애들을 볼 수가 없어요. 내 아이들은 그걸 이해하지 못해요. 애들이 "왜 집에 같이 있을 수 없죠, 아빠?"라고 말해요. 난 평소에 아들의 수학 숙제를 봐 주는데, 지금 그럴 수가 없어요. 애 엄마는 그런 걸 잘하지 못하는데 말이죠. 짜증 나요."

상담자: 아이들과 함께 생활하는 것이 당신한텐 중요하군요. 당신은 그걸 원하는데 지금은 그럴 수가 없군요.

(다음 쪽에 계속)

내담자: 네, 때때로 아이들이 좀 성가시기도 하지만 대부분은 좋아요.

상담자: 당신의 여자친구는 어떤가요?

내담자: 나한테 화를 냈어요. 내가 그녀를 때렸다고 말하지만 그녀도 저를 때렸어요. 그녀는 내가 자기와 아이들한테 신경 안 쓴다고 말하지만 그건 사실이 아니에요. 그녀는 때때로 뒤로 물러설 줄을 몰라요. 그날 밤에도 그랬어요. 나를 좀 혼자 내버려 두라고 말하고 방을 나왔는데 그녀가 쫓아왔어요. 차고로 나갔더니 거기까지 따라 나오더라고요. 정말 당혹스러웠어요. 이웃 사람들도 들었을 거예요. 결국 내가 다시 안으로 들어가서 잠자코 있으라고 말했죠. 그랬더니 내 빰을 쳤어요. 참는 데 한계가 있다고 생각했어요. 그녀가 가까이 오지 못하도록 그냥 손등을 휘둘렀는데 균형을 잃었는지 넘어졌어요. 나는 Danny를 때릴 의도가 전혀 없었어요. 그녀가 나를 다시 공격하려고 할 때 아들이 들어왔던 거죠. 내가 잘못했다고 말하려고 했는데 그녀는 할퀴고 때리고, 무슨 일이 일어난 건지 잘 모르겠어요.

상담자: 거기서 어떤 일이 있었는지에 대해 말하면서 기분이 안 좋아 보이네요. 그건 당신이 여자친구와의 갈등을 그런 식으로 다루고 싶지 않았던 거죠. 당신은 그것보단 더 나은 통제력을 갖고 싶은 거죠.

내담자: 네. 난 그 사람들이 생각하는 그런 괴물이 아니에요. 나는 정말 거기서 문제가 생기지 않게 피하려고 노력했단 말이에요. 그냥 그녀가 물러설 줄은 몰랐죠!

상담자: 그건 당신은 그런 사람이 아니고, 다른 사람들이 당신이라고 봐 주기를 바라는 모습도 아니군요.

내담자: 난 그냥 털어놓고 이야기했으면 좋겠는데, 서로에게 너무 화를 잘 내요. 뭔가 다른 방법을 찾아야 해요.

상담자: 제가 다 이해했는지 봅시다. 당신은 여기 오는 게 유쾌하지 않고, 동시에 그날 밤 일어났던 일에 대해서도 기분이 좋지 않아요. 당신은 여자친구와 뭔가 이야기할 수 있길 바라는데, 때로 그럴 수 없을 것 같다는 생각이 들어요. 여자친구와 이야기를 하면 당신은 후회하는 일을 하게 되고요. 당신이 이렇게 하는 방식에 뭔가 변화가 있어야 한다는 것은 분명하네요.

내담자: 꽤 잘 요약하셨네요. 뭔가 변화가 필요해요.

연습 9-3의 해설

상담자: 당신이 오늘 여기에 온 것이 별로 유쾌하지 않다는 걸 알아요.

내담자: 제길, 맞아요. 이웃들이 신고를 했을 때 경찰은 내 이야기는 듣질 않았어요. 나를 그냥 감옥으로 데려갔고, 내가 사회복지사 없이 내 아이들을 보고 싶으면 당신한테 와서 이야기 해야만 한다고 말했어요.

해설: 여기에 변화대화는 없다.

상담자: 정말 아무도 당신이 그 상황을 어떻게 보는지 알아보기 위해 시간을 내지 않았네요. 우리가 그런 시간을 가지면 어떨까요?

내담자: 좋을 대로 하세요.

해설: 상담자는 내담자에게 진입할 곳을 찾고 있다. 변화대화는 없으며 분명한 불만족이 있다.

상담자: 지금 당신이 여자친구와 아이들과의 상황에 대해 걱정하는 것은 무엇인가요?

내담자: 누군가 동행하지 않으면 난 애들을 볼 수가 없어요. 내 아이들은 그걸 이해하지 못해요. 애들이 "왜 집에 같이 있을 수 없죠, 아빠?"라고 말해요. 난 평소에 아들의 수학 숙제를 봐 주는데, 지금 그럴 수가 없어요. 애 엄마는 그런 걸 잘하지 못하는데 말이죠. 짜증 나요.

해설: 유발 질문은 변화대화를 끌어내기 위해 고안된 것이다. 비록 그가 이 상황에서 불만을 분명히 이야기하고 있지만, 이것은 분명히 목표행동과 관련이 있는 것은 아니다. 변화대화가 시작되는 '냄새'라고 할 수는 있지만, 이것은 일반적인 불만족 상태이다.

상담자: 아이들과 함께 생활하는 것이 당신한텐 중요하군요. 당신은 그걸 원하는데 지금은 그럴 수가 없군요.

내담자: 네, 대부분. 때때로 아이들이 좀 성가실 수도 있지만, 하지만 대부분의 경우에는 좋아요.

해설: 이것은 여전히 완전한 변화대화가 아니다. 상담자는 현상유지 문제를 분명하게 확인하고 내담자는 이를 인정하지만, 상황이 돌아가는 것에 대한 개인의 불만족이 개인의 변화에 대한 필요성을 암시하지는 않는다. 그럼에도 불구하고 상담자는 진전을 하고 있다.

상담자: 당신의 여자친구는 어떤가요?

내담자: 나한테 화를 냈어요. 내가 그녀를 때렸다고 말하지만 그녀도 저를 때렸어요. 그녀는 내가 자기와 아이들한테 신경 안 쓴다고 말하지만 그건 사실이 아니에요. 그녀는 때때로 뒤로

(다음 쪽에 계속)

연습 9-3의 해설 (계속)

물러설 줄을 몰라요. 그날 밤에도 그랬어요. 나를 좀 혼자 내버려 두라고 말하고 방을 나왔는데 그녀가 쫓아왔어요. 차고로 나갔더니 거기까지 따라 나오더라고요. 정말 당혹스러웠어요. 이웃 사람들도 들었을 거예요. 결국 내가 다시 안으로 들어가서 잠자코 있으라고 말했죠. 그랬더니 내 뺨을 쳤는데, 참는 데 한계가 있다고 생각했어요. 그녀가 가까이 오지 못하도록 그냥 손등을 휘둘렀는데 균형을 잃었는지 넘어졌어요. 나는 Danny를 때릴 의도가 전혀 없었어요. Danny가 나를 다시 공격하려고 할 때 아들이 들어왔던 거죠. 내가 잘못했다고 말하려고 했는데 그녀는 할퀴고 때리고, 무슨 일이 일어났는지 잘 모르겠어요.

해설: 다시 여기에는 이 상황에 대한 그의 불만족과 그 일이 어떻게 불거졌는지에 대한 분명한 증거가 있다. 그의 말은 변화의 필요성 쪽으로 더 기울고 있지만(예: 그의 사과) 아직은 DARN이 아니다.

상담자: 어떻게 일이 일어났었는지에 대해 말하면서 기분이 안 좋아 보이네요. 그건 당신이 여자친구와의 갈등을 그런 식으로 다루고 싶지 않았던 거죠. 당신은 그것보단 더 나은 통제력을 갖고 싶군요.

내담자: <u>네</u>. 난 그 사람들이 생각하는 그런 괴물이 아니에요. 나는 정말 거기서 문제가 생기지 않게 피하려고 노력했단 말이에요. 그냥 그녀가 물러서지 않았던 거예요.

해설: 처음으로, 상담자는 변화를 암시하는 반영을 제공하였고(열망 – 그는 더 나은 통제력을 갖고 싶어 한다) 그는 이것을 인정한다.

상담자: 그건 당신은 그런 사람이 아니고, 다른 사람들이 당신이라고 봐 주기를 바라는 모습도 아니군요.

내담자: <u>난 우리가 그냥 털어놓고 이야기했으면 좋겠는데</u>, 우린 서로 너무 화를 잘 내요. <u>뭔가 다른 방법을 찾아야 해요.</u>

해설: 빙고. 첫 줄에는 변화열망언어가 있고, 마지막 줄에 분명한 변화필요언어가 있다.

상담자: 제가 다 이해했는지 봅시다. 당신은 여기 오는 게 유쾌하지 않았고, 동시에 그날 밤 일어났던 일에 대해서도 기분이 좋지 않아요. 당신은 여자친구와 뭔가 이야기할 수 있길 바라는데, 때로 그럴 수 없을 것 같다는 생각이 들어요. 여자친구와 이야기를 하면 당신은 후회하는 일을 하게 되고요. 당신이 이렇게 하는 방식에 뭔가 변화가 있어야 한다는 것은 확실하네요.

내담자: 꽤 잘 요약하셨네요. 뭔가 변화가 필요해요.

(다음 쪽에 계속)

연습 9-3의 해설 (계속)

해설: 상담자는 처한 상황에 대한 내담자의 불만에서 시작하여, 그의 변화열망과 변화필요를 강조하는 확고한 MI 요약을 제공했다. 상담자가 어떻게 변화를 내담자에게 다시 연결하는지를 주목하라. 비록 내담자가 상담자의 진술을 지지하지만, 그의 언어는 무엇을 변화하고 싶은지가 모호하게 삽입되어 있다. 변화가 필요한 것이 그인지, 그의 파트너인지 분명하지가 않다. 그러므로 상담자가 언급한 "당신은 이야기할 수 있기를 원한다."는 변화열망대화이고, 마지막 진술은 '변화필요'이거나 아닐 수도 있다. 만약 당신 자신이 이 마지막 진술이 변화대화인지 아닌지에 대해 고민한다면 당신은 목표에 다다른 것이다. 상담자는 그것이 변화대화인지 아닌지를 알게 될 것이다. 여기에서 중요한 것은 진술 속에서 변화대화의 가능성을 인식하고 적절하다면, 이를 다시 언급하는 것이다.

연습 9-4　변화대화에 드럼 치기

이 훈련은 변화대화에 주목할 수 있도록 당신의 귀를 조율하는 연습이다. 이 훈련은 진술에 귀 기울이고, 그 진술에 변화준비언어, 변화실행언어 또는 그 외의 어떤 것이 들어 있는지를 파악하는 것이다. 다음과 같은 순서로 훈련한다.

1. 당신이 이해할 수 있는 가사가 있는 노래를 선택한다(보통은 밸러드가 가장 효과적이다). 만약 선택한 노래가 효과가 없다면, 다른 노래로 연습하라(10대 노래를 추천한다).
2. 만약 노래 가사에 변화준비언어(DARN—변화열망, 변화능력, 변화이유, 변화필요)가 있다면, 탁자 위나 무릎, 아니면 아무것이나 이용 가능한 물건의 표면을 드럼연주처럼 두드려라.
3. 만일 변화실행언어(결심공약, 실행활성화 혹은 실천하기)가 있다면, 손을 모으고(마치 기도하는 것처럼) 진주알을 닦듯이 원을 그리며 손바닥을 비벼라.
4. 만일 진술이 변화준비언어도 변화실행언어도 아니라면(중립대화), 조용히 앉아 있어라.
5. 일단 노래를 경청하고 난 뒤에, 온라인 노래 가사 서비스 앱(응용 프로그램)을 이용하여 노래 가사를 확보한 후 그 가사가 말하는 내용과 처음 드럼 연주와 비교하라. 여전히 변화대화로 들리는가?

만약 사용할 노래가 없으면, 몇 가지 다른 대안이 있다.

- 당신이 사는 지역에서 방송되는 라디오의 자문 상담자의 멘트에 귀를 기울여라.
- 인간관계 갈등을 다루는 TV 미니 시리즈(또는 드라마)를 녹화하거나 시청하라.
- 만약 당신이 좀 더 용감하다면 대중교통수단(버스나 기차)에서 들리는 대화를 듣고, 변화준비언어와 변하실행언어를 구별해서 작은 움직임의 손가락 두드리기나 문지르기로 표현해 보라.

이 연습을 혼자 하는 데 어려움이 있다면 MI 친구 / 파트너를 찾고 함께한다.

연습 9-5 철저하게 하기

이 연습의 목표는 어떤 변화대화, 유지대화, 중립대화가 들리는가에 대해 철저하게 이해하고 느끼는 것이다. 우리 모두는 변화해야 할 것을 가지고 있기 때문에, 이러한 종류의 언어에 대한 경험이 있다. 그러므로 녹취록을 읽으면서 다양한 종류의 언어가 상담자에게서 나올 수도 있지만, 부모나 파트너 혹은 다른 사람에게서 나올 수도 있음에 주목하라. 여기에서 'P'는 이러한 모든 가능성 있는 사람을 의미한다. 그런 다음, 그 진술에 대한 반응으로 변화대화(C), 유지대화(S), 중립대화(N)를 작성하라. 끝으로 당신의 반응을 정답과 비교하라.

파트너의 요구

P: 당신은 좀 다른 일을 하라고 요구받은 것에 대해 별로 행복하지 않군요.

C: 네, 하지만 그건 나도 걱정해 왔던 것이기도 해요.

S: 네. 강요하지 마세요. 나는 뭔가 변화가 필요하다면 결정할 것이고, 지금 당장은 그럴 필요가 없다고 생각해요.

N: 그것에 대해 내 기분이 어떤지 잘 모르겠어요.

원치않은 체중 증가

P: 당신은 체중이 늘었나요?

C:

S:

N:

공공 도서관

P: 죄송합니다만, 오늘은 책을 대출하실 수 없습니다. 3개월 연체된 대출 도서가 1권이 있습니다.

C:

S:

N:

(다음 쪽에 계속)

철저하게 하기

약

P: 약이 필요하다고 느끼면서도 한편으로는 부작용이 염려되는군요.

C:

S:

N:

기타 연주

P: 연습으로 인해 정말 변화가 있지만, 그것을 완성하는 것은 분명히 끊임없는 투쟁입니다.

C:

S:

N:

영적 실천

P: 당신은 당신의 삶에서 초월적이고 당신에게 의미와 평화의 느낌을 주는 무언가 더 많은 것을 갖고 싶어할 거예요.

C:

S:

N:

추가 운동

P: 그건 당신이 하고 싶은 것이지만, 그렇다고 당신이 일찍 일어나기를 원하는 것은 아니군요.

C:

S:

N:

연습 9-5의 해설

원치 않은 체중 증가

P: 당신은 체중이 늘었나요?

C: 불행히도 늘었어요. 나는 무언가를 해야 해요.

S: 네. 그리고 난 이제 포기하려고 하는 단계예요.

N: (냉소적으로) 알아봐 줘서 고마워요.

공공 도서관

P: 죄송합니다만, 오늘은 책을 대출하실 수 없습니다. 3개월 연체된 대출 도서가 한 권이 있습니다.

C: 이런! 나는 그걸 처리했는 줄 알았는데. 해결하도록 하겠습니다. 오늘이 아니면 내일.

S: 확실해요? 나는 분명히 반납했는데요. 다시 살펴보세요. 내 생각엔 당신네 기록이 잘못됐어요.

N: 흠. 어떻게 된 건지 잘 모르겠네요.

약

P: 약이 필요하다고 느끼면서도 한편으로는 부작용이 염려되는군요.

C: <u>나는 뭔가 다른 게 필요하지만,</u> 약이 내게 어떤 영향을 미칠지 걱정이 돼요.

S: 나는 뭔가 다른 게 필요하지만, <u>약이 내게 어떤 영향을 미칠지 걱정이 돼요.</u>

N: 솔직히, 난 더 이상 내가 원하는 게 뭔지 모르겠어요. 모든 게 혼란스럽군요.

참고: C와 S가 둘 다 같은 반응으로 기록된 것은 교정 오류가 아니다. 변화대화와 유지대화는 같은 진술에서 나타날 수 있다.

(다음 쪽에 계속)

연습 9-5의 해설 (계속)

기타 연주

P: 연습으로 인해 정말 변화가 있지만, 그것을 완성하는 것은 분명히 끊임없는 투쟁입니다.

C: 그렇지만 나는 정말 배우고 싶고 더 나아지고 싶어요. 나는 단지 나에게 도움이 될 시스템을 찾기만 하면 되요.

S: 가끔은 정말 기타 연습은 고통일 뿐이고, 난 괴롭고 싶지 않아요.

N: 어머, 있었어요? 오, 어쩌지.

영적 실천

P: 당신은 당신의 삶에서 초월적이고 당신에게 의미와 평화의 느낌을 주는 무언가 더 많은 것을 갖고 싶어 할 거예요.

C: 나는 바로 그 공허함을 느끼고 있고 그걸 채우고 싶어요.

S: 하지만 나는 조직화된 종교는 좋아하지 않아요. 나는 거기에 너무 많은 위선이 있다고 느껴져요.

N: 나는 '초월'이 정말 옳은 건지 모르겠어요.

추가 운동

P: 그건 당신이 하고 싶은 것이지만, 그렇다고 당신이 일찍 일어나기를 원하는 것은 아니군요.

C: 운동은 내가 단지 원하는 것이 아니라, 내가 해야만 한다고 느끼는 것이에요. 내 말은 당신이 내가 살이 쪘다고 했잖아요.

S: 맞아요. 이른 아침에 운동을 하는 게 가장 좋겠지만, 나는 지금보다 더 일찍 일어나고 싶지 않아요.

N: 그건 언제나 내가 해야 하는 목록 중에 하나이지만, 절대로 일어나지 않는 일이지요.

연습 9-6 변화대화에 드럼 치기

이 활동은 파트너가 필요하다. 다음의 목록은 당뇨병 관리와 관련된 행동에 대한 내담자의 진술이다. 건강을 증진시키는 대부분의 행동(예: 체중 감량, 건강 식이 및 조절 식이, 운동, 금연, 조절 음주 혹은 금주)은 혈당 조절(특정한 건강 범위 내에 혈당 유지)에도 도움이 된다. 파트너에게 진술 목록을 크게 읽도록 요청하라. 건강에 변화를 줄 수 있는 준비대화(DARN)를 들을 때마다, 드럼 두드리기 동작을 하라. 변화대화에는 밑줄이 쳐져 있다. **이 서체**로 되어 있는 변화실행언어(결심공약, 실행활성화, 및 실천하기)에는 손바닥을 문지르는 동작을 해야 한다(기도하는 것처럼 손을 모으고 진주를 광택 내듯이 손바닥을 둥글게 움직이며 비빈다). 변화준비언어도, 변화실행언어도 아닌 진술에는 반응하지 않는다. 만약 동의하지 않는다면 연습을 멈추고 파트너와 그것에 대해 이야기하라. 어디서 혼란이 생겼는지 알아낸 후 연습을 계속하라. 그런 다음 드럼치는 역할과 진술 목록을 읽는 역할을 서로 바꾸어서 연습한다.

난 피 뽑는 게 너무 싫어.

난 다른 사람들처럼 되고 싶어.

어떤 사람들은 내가 먹는 것에 대해 걱정하지만, 난 그것이 큰 문제는 아니라고 생각해.

<u>난 혈당이 높아서 일어나는 모든 문제들에 지쳤어.</u>

내 파트너가 잔소리만 하지 않으면 더 잘 먹을 거야.

노 젓는 운동기구를 가져다가 TV 보는 동안 운동을 했어.

난 최선을 다하고 있어.

난 이번 주에 1.1kg 빠졌어.

<u>내가 4.5kg 대에 도달하면, 축하해야겠어.</u>

<u>난 과일과 야채를 좀 더 먹어야 해.</u>

난 잘 지내고 있어.

나는 매 식사 전에 혈당 검사를 시작할 준비가 됐어.

<u>나는 담배를 끊고 싶어.</u>

난 아이스크림을 포기하지 않을 거야.

난 음식점 화장실에서 나에게 주사를 놓는 게 너무 싫어.

의사가 내 눈에 녹내장이 있는지 검사하고 있어.

(다음 쪽에 계속)

변화대화에 드럼 치기

발이 얼얼해지는 게 더 심해졌어, 오른발 부분의 감각을 잃어버렸어.

내일부터 아침 5시에 일어나서 걸을 거야.

난 더 잘 먹을 수 있다고 생각해. 그건 내가 마음먹기에 달려 있어.

시작하기가 힘들지, 일단 시작하면 괜찮아.

나는 아이들에게 건강한 역할 모델이 되고 싶어.

나는 조금 참았다가 디저트로 과일을 먹을 용의가 있어.

난 동시에 간단히 식사하는 계획도 하길 원해.

체중이 많이 줄었지만 나에게 필요한 거였어.

나는 좋은 상태야.

내 A1C는 7.9예요. 7.0 아래로 유지하고 싶어요.

난 좀 더 좋은 식사로 바꾸고 싶지만, 어떨 때는 그럴 생각조차 할 여유가 없어.

가끔씩 간식을 먹는 건 대수롭지 않은 거야.

나는 약 먹는 것을 좋아하지 않아.

정말 싫지만, 운동을 하려면 아침 일찍 일어나야 한다는 걸 알아.

난 식사량을 줄이려고 식사 접시 대신에 샐러드 접시를 쓰기 시작했어.

나는 아침과 점심에 과일과 야채 간식을 먹는 걸 시도했어.

현재로서는 흡연이 내가 가진 전부야.

금주해야 한다는 것을 알아. 왜냐하면 금주해야 혈당이 조절되거든. 하지만 힘든 하루를 보낸 후에 시원한 맥주를 마시는 걸 좋아해.

저녁에 개를 데리고 좀 더 오래 산책을 할 수 있을 거야.

남편이 도와줄 것 같아.

어제 혈당을 네 번 검사했어.

어젯밤 맥주 5병을 마시고 영화를 봤어.

인생 딱 한 번 사는 거야.

나는 기꺼이 내 주치의에게 진료받을 용의가 있다.

난 그냥 TV 보는 걸 좋아하는 것 같아.

난 진짜 치즈를 좋아해.

나는 지난주에 체육관에 세 번 갔어.

난 친구들에게 내가 얼마나 많이 먹었는지 그들이 상관할 바가 아니라고 말했어.

난 다시 달리기를 시작할 준비가 되었어.

난 집이 더 깨끗했으면 좋겠어.

지금 변화하려고 노력하는 것이 나는 단지 의미 없다고 느낄 뿐이야.

난 아이들이 빨리 자라기를 간절히 기다리고 있어. 그래야 내가 좀 더 건강해지는 데 집중할 수 있어.

내 파트너가 그렇게 하지 않더라도, 나는 음식을 조금씩 덜어내고 담을 거야.

난 어떻게 체중을 빼야 하는지 알아. 그냥 유지하기가 어렵지.

그래서 식사 계획표를 만들었더니 올바른 식생활을 하기가 훨씬 쉬워졌어.

가끔 불가능하다고 생각하지만, 그때마다 잠시 멈춰서 나는 올바른 식생활을 할 수 있다고 내 자신에게 상기시켜.

내일은 내가 달리기를 시작하는 날이야.

도와주세요!

1. 도입

우리가 살펴본 제9장의 LaDonna 상담으로 돌아가서 이번에는 상담자가 무엇을 했는지 주의를 기울여 보자. LaDonna는 팔짱을 끼고 앉아서 얼굴을 찡그린 채 깊게 숨을 들이마셨다. 숨을 내쉬더니 팔을 무릎 위에 내려놓고는 눈물을 글썽이며 말하기 시작했다.

"그 이후로는 나 자신을 해칠 생각은 해 보지 않았어요. 그렇지만 단약(단주)을 유지할 특별한 이유도 제게는 없어요. 단약(단주)하지 않으면 동생이 날 쫓아낼 거라는 것 외에는 말이죠." 상담자는 조용히 앉아 있었고, 그녀는 이야기를 이어 갔다. "전 거의 모든 것을 잃었어요. 그런데 제가 왜 단약(단주)해야 하는지 모르겠어요."

"단지 단약(단주)을 유지하고 있을 뿐, 왜 지금 단약(단주)해야 하는지에 대해서는 확신이 없으시군요."

"정말 힘들어요. 정말 힘들다고요. 하지만 계속 치료받으러 가고 있고 모임에도 계속 나가고 있어요. 기분이 전혀 나아지지 않지만요."

"정말 큰 결심을 하신 것 같네요. 제 말은 잃을 것이 많을 때는 그렇게 해야 하는 이유를 알기가 쉽지요. 그렇지만 지금처럼 더 이상 잃을 것도 없는, 아무 희망도 보이지 않는 상황에서 당신은 여전히 단약(단주)을 계속 유지하고 계시네요……. 심지어는 포기하고 싶을 때조차도 말이죠."

"그건 맞는 것 같네요. 사실 그렇게 생각해 본 적은 한 번도 없었지만요."

"당신은 자신이 지닌 강점과 결심을 전혀 모르고 계셨군요."

"네. 전혀요. 그렇지만……."

"그렇지만……."

"음……. 저는 지난 3년 동안 완전히 약을 끊고 살았어요."

"그러니까 당신은 어떻게 해야 단약(단주)을 유지할 수 있는지를 알고 계시는군요."

"네, 아는 것 같아요. 하지만 그 느낌은 지금 많이 소원해졌어요. 제 말 뜻을 아시겠어요?"

"그때 상태로 가고 싶지만, 지금 당장 그렇게 할 수 있는지 확신이 없군요."

"글쎄, 할 수는 있을 것 같지만, 저는 단지 기분이 나아지고 싶을 뿐인데, 그렇지가 못하네요."

"어쨌든 아직은 아닌 거네요."

"네, 곧 그렇게 되기를 바라요."

"예, 곧 좋아지시길 바랍니다. 제가 제대로 이해했는지 들어봐 주세요. 단약(단주)을 유지할 외부적인 이유를 찾기는 어렵지만, 어쩌면 당신의 내적인 어떤 이유가 단약(단주)을 계속하도록 이끌어 주고 있는 것 같아요. 실제로 매우 힘듦에도 불구하고 단약(단주)을 유지하고 있으니까요. 당신은 기분이 나아지기를 바라고 있고, 또 앞으로 그렇게 될 수 있음을 알고 있지만, 지금 당장은 어떻게 해야 나아질지에 대해서 모르고 계시고요. 오르려고 하는 언덕이 너무 미끄럽지만 어쨌든 계속 올라가 보기로 결심하신 것이지요. 제 말이 맞나요?"

LaDonna는 고개를 끄덕였다.

앞 장의 내용을 기억하겠지만, LaDonna는 다시 일을 시작하고 싶어 한다. 그러나 물질남용 과거력 외에도 여러 가지 심각한 장애물이 있다. 상담의 목적은 그녀의 장애를 평가하고 기록하기 위한 것이었지만, 이러한 대화 중에 그녀의 동기 측면의 문제가 드러났다. 그렇다면 그런 것들이 어떻게 표면화되었는가 하는 것이다. 그 답은 상담자가 한 일에서 찾을 수 있다.

2. 심층 탐구

제9장에서는 서로 다른 형태의 내담자 언어를 인식하고 그것들이 어떻게 서로 다른 결과를 이끌어 낼 수 있는지 주목하는 데 초점을 두었다. MI가 지닌 방향성과 의도성은 이러한 차이와 그에 뒤따르는 상담자의 반응에서 그 뿌리를 찾을 수 있다.

LaDonna의 예에서 우리는 MI의 방향성을 확인할 수 있다. 상담자의 반응은 무엇이 그녀가 단약(단주)을 지속하고자 하는 의지가 되었는지 알아내기 위한 시도였다. 내담자와 상담자 모두 그녀가 단약(단주)을 유지하는 공통된 목표를 공유했다. 대화가 시작될 때 상담자의 추측은 변화의 특징을 결정했다. 그러나 대화가 계속되면서 그녀가 이러한 추측을 확인하고 확장하였다. 점차 그녀는 변화에 찬성하는 발언을 하기 시작했다. 대화의 마지막에는 변화의 가능성과 변화에 대한 그녀의 능력이 더욱 분명해 보였다.

변화대화 유발하기

OARS는 이 대화에서 중요한 역할을 했다. LaDonna의 예에서 분명히 알 수 있듯이, 이 과정에는 내담자가 말하거나 행동한 것 아래에 깔려 있는 의미를 추측하는 것이 포함되지만, 이는 여전히 내담자의 내면에 주목하는 과정이다. 즉, 상담자들이 동기를 부여하는 것이 아니라 오히려 내담자가 말하고 행한 것에서부터 동기를 이끌어 내는 것이고, 그런 다음 내담자가 그것을 관찰할 수 있도록 유지해 주는 것이다. 이 과정은 상담자들이 내담자가 말하고 말하지 않는 것에 세심한 주의를 기울이고, 내담자에게 가장 중요한 것에 대한 단서를 찾고, 어떤 것에는 반응하고 그 밖에 다른 것들에는 반응하지 않는 것이 요구된다. 이는 장작에서 작은 불꽃을 찾고 그것을 키우는 것과 같다. 또는 래프팅으로 비유하자면 이것은 급류를 파악하면서 우리가 안전하게 강 아래로 내려가는 데 도움이 될 가능성이 가장 큰 경로를 선택하는 안내자와 같은 것이다.

상담자들이 단지 안전하고 지지적인 환경을 만들었기 때문에, 변화대화가 유발되었다는 점에 주목하는 것이 중요하다. 어떤 경우는 이미 내담자의 내면에서 타오르고 있는 불꽃을 꺼내도록 하는 것만으로 충분하다. 대개 그것은 상담자 측의 의도적인 노력이 필요하다.

MI를 교육할 때, 훈련가는 이러한 의도적 노력을 표현하기 위해 사용하는 언어를 변경한다. 이러한 언어변경은 특히 내담자의 언어에 많은 주의를 요함과 상담자 반응의 방향성에 주목한 것이다. 훈련가들은 동기유발 과정을 훈련할 때에는 OARS 약어를 EARS로 바꿔쓰기로 한다. 여기에서 열린 질문하기는 좀 더 변화대화를 유발하는(evoking) 방향을 목표로 삼으며, 변화 요소를 상세하게 설명할 수 있는 예를 요청하게 된다. 이런 이유로 EARS 의 'E'이다. 이러한 변경의 하나로, 훈련가들은 인정하기가 일반적으로 강점과 능력에 초점을 맞추었던 것에 비해서, 동기유발 과정에서는 내담자가 고려하고 있는 특정한 변화와 관련된 것에 초점을 맞추는 식으로 바뀐다. 마찬가지로, 반영하기는 파악한 변화 요소나 내담자 진술에서 드러난 변화 가능성에 초점을 맞추게 된다. 요약하기는 내담자가 원하는 변화에 도움이 되는 요소에 주의를 기울이면서, 예리하게 그리고 보다 조심해서 선택적으로 적용한다.

우리가 EARS를 가지고 일할 때, 변화대화가 저절로 나타날 수도 있다. 사실 그것은 때때로 매우 빨리 나타날 수도 있다. 그러나 때때로 EARS는 변화대화를 유발시키기에 충분하지 못할 수도 있다. 그럴 때 우리는 변화대화를 유발시키기 위한 몇 가지 추가적인 전략을 사용한다. 우선, 유발 질문과 정교화하기 전략에 대해서 살펴보자.

유발 질문

유발 질문이란 내담자에게 변화대화를 위해 내담자에게 직접적으로 물어보는 것이다. 여기에 몇 가지 유발 질문의 예를 제시한다.

"당신은 이 문제를 어떤 점에서 염려하시나요?"

"만약 변화하기로 결심했다면, 무엇을 할 수 있다고 생각하나요?"

"상황이 어떻게 달라졌으면 하나요?"

"만약 당신이 변화한다면 상황이 어떻게 나아질까요?"

이 질문의 본질은 내담자에게 특정한 형태의 변화대화를 말하도록 유도한다. 추측했겠지만 특정 형태의 유발 질문은 바로 핵심 질문(key question)이다. 이 질문은 직접적으로 결심공약언어를 요청한다.

"그래서 모든 것을 고려해 볼 때, 당신은 이 다음에 무엇을 해야 한다고 생각하나요?"

"다음 단계는 무엇인가요?"

"만약 행동할 것이 있다면, 지금 무엇을 할 건가요?"

이러한 핵심 질문에 대한 아이디어는 진화해 왔다. 상담자들은 1회에 핵심 질문 1개로 보는 것이 아니라, 시간이 지남에 따라 자주 제기되는 일련의 질문으로 간주한다. 사실 결심공약은 한번 이야기된 후에 더 이상의 노력 없이 꾸준히 유지되는 것이 아니라, 반복하고 강화될 필요가 있는 것이다. 다이어트를 해 본 사람이라면 이 본질적인 진실을 알고 있다. 우리는 지속적으로 우리의 결심공약을 재확인하는 것이 필요하다.

정교화하기

정교화하기는 상담자가 내담자에게 그들의 변화대화를 보여 주는 상황의 예를 물어보는 것이다. 즉, 내담자가 이미 변화진술을 하면, 상담자는 내담자에게 그러한 상황의 예를 설명하도록 요청하는 것이다.

"다른 곳에 필요한 돈을 도박에 썼던 최근의 일에 대해 얘기해 주세요."

"아이들에게 너무 화가 나면 어떻게 되나요? 그런 일이 일어났을 때를 묘사해 주세요."

"그때는 상황이 나아졌다고 했는데요. 그 남자와 당신이 잘 지냈던 때를 이야기해 주세요. 특별히 무슨 일이 일어났던 건가요?"

정교화하기의 목적은 내담자가 특정 상황이 발생했을 때 그 상황이 어떠했는지를 더욱 확실하게 다시 보도록 하기 위함이다. 이런 상황의 예는 현재 상황이나 내담자가 원하는 상황이 지닌 기본적인 가치와 대조를 보인다. 때때로 이런 연결관계를 상담자가 설명할 필요가 있겠지만, 내담자 스스로가 이러한 관계를 명확히 하는 것이 더 좋다.

극단적 질문하기

이 접근은 내담자의 행동이 계속 변하지 않는다면 그들이 ① 추측할 수 있는 최악의 결과와, ② 만약 변화가 일어난다면 얻게 될 가장 바라던 이득을 확인하는 것이다. 최악의 가능성에 대해 이야기하는 것은 다른 부정적인 결과에 대해 이야기하는 것을 쉽게 만들 수 있다.

"무엇이 가장 걱정되십니까?"

"일어날 수 있는 최악의 일은 무엇입니까?"

반대 상황에서도 마찬가지이다.

"가장 바라는 것은 무엇입니까?"

"기대하는 완벽한 결과는 어떤 모습입니까?"

극단적 질문하기의 목표는 내담자의 상황을 극단의 한계까지 펼쳐 보게 한 후에, 덜 극단적인 요소를 탐색하는 방향으로 되돌아오게 하는 것이다. 그것은 마치 최악의 상황을 생각하게 한 후, 그런 상황이 발생하지 않는다는 점을 인식하게 함으로써, 내담자가 발생할 가능성이 높고 좀 더 시급하게 걱정할 필요가 있는 상황들을 확인할 수 있게 하는 것과 같다. 한편 궁극적인 이득은 너무 멀게 느껴질 수도 있는 반면에, 실현 가능성이 높은 보상은 성취 가능하다고 느껴질 수 있다.

과거 회상하기

이 기술은 문제가 발생하기 전에 상황이 어떠했는지를 내담자에게 회상하도록 요구하는 것이다. 그런 다음에 상담자(내담자가 하면 더욱 좋다)가 그 진술들과 지금의 상황을 비교한다.

"과거에 잘 지냈던 때를 기억하시나요? 무엇이 변했나요?"

"10년 전 혹은 20년 전의 LaDonna와 지금의 LaDonna와는 무엇이 다른가요?"

"당신은 고등학교를 졸업했을 때 어떤 사람이 되고 싶었고 무엇을 하고 싶었나요?"

"어렸을 때 당신은 어떤 삶을 구상했나요?"

어떤 내담자도 어렸을 때 마약중독자나 노숙자가 되거나, 감옥에 있거나 직업을 구하지 못하거나 비만이거나 불안하거나 건강이 좋지 않기를 바라지 않았을 것이다. 그들에게도 꿈과 야망이 있었을 것이다. 이것들을 일깨우는 것은 그들의 가치를 재확립하고 미래에 대한 희망을 강화시키며 목표를 재정의하는 데 도움이 될 수 있다. 과거 회상하기는 변화준비언어의 네 가지 모든 형태를 이끌어 낼 수 있다.

미래 예상해 보기

과거 회상하기와 반대로 이 기법은 내담자에게 미래의 상황이 어떻게 펼쳐질지에 대해 질문하는 것이다. 아무런 변화가 일어나지 않는다면 상황이 어떻게 될지, 또는 변화가 일어난 후에는 상황이 어떻게 달라질지에 초점을 맞춘다.

"만약 아무것도 변하지 않는다면 5년 뒤에 어떤 일이 생길까요? 만약 당신이 변화하기로 결정했다면 과연 미래는 어떤 모습일까요?"

"가까운 미래에 당신이 희망하는 바는 무엇인가요?"

"상황이 어떻게 전개되길 바라나요?"

"상황이 어떻게 달라지길 바라나요?"

미래를 예상해 보는 대화는, 내담자가 어느 정도 우려하고 있지만 그것을 그다지 심각하게 생각하고 있지 않는 상황에서 사용할 때 유용하다. 이런 종류의 질문에서는 어조가 매우 중요하다. 즉, 상담자는 내담자에게 무슨 일이 일어날지 알고 있다고 가정하지는 못하지만, 대신에 내담자가 어떻게 상황을 예측하는지에 대해 궁금해하는 어조로 묻는다. 물론 질문은 앞에서 열거했던 유발 질문과 중복된다.

이 책의 앞부분에서 우리는 이 미래 예상하기 전략을 기반으로 하는 '미래 타임라인'이라는 활동에 대해 논의한 적이 있다. 이 활동은 내담자에게 상상한 변화와 어떤 요소들이 언제 일어날 것인지를 포함하는 미래 비전을 수립하는 것으로 시작한다. 이는 변화과정 속에 특정 표식을 삽입함으로써, 내담자로 하여금 미래가 어떻게 보일 수 있는지에 대한 비전을 더 완전하게 실감할 수 있도록 돕는다. 저자가 생각할 때, 이 활동은 다양한 결과에 대한 꿈을 보다 구체적인 목표들로 바꾸어 놓는다. 이러한 구체적인 목표들은 오래전에 다른 사람들이 성공적인 결과를 달성하는 데 중요하다고 지적해 왔던 것들이다(Doran, 1981).

목표 탐색하기

목표행동이 내담자가 가장 소중히 여기는 가치, 목표와 어떻게 부합되는지 탐색하는 것이다. 예를 들면 다음과 같이 질문할 수 있다.

> "당신이 가장 중요하다고 생각하는 것은 무엇입니까? 당신의 음주는 그것과 어떻게 연관되나요?"
>
> "당신은 어떤 사람, 어떤 부모가 되고 싶습니까?"
>
> "당신은 인생에서 무엇을 성취하고 싶습니까?"

제6장에서 언급한 바와 같이 Miller는 Rokeach(1973, 1979)의 가치분류 연습에 근거하여 카드분류 활동을 발전시켰는데, 이는 MINT 웹 사이트(*www.motivationalinterview.org*)에서 이용할 수 있다. 이 활동은 내담자들에게 가치가 적혀 있는 일련의 카드들을 검토하게 한 뒤, 이 가치 카드를 우선순위로 분류해서 정리하도록 하는 것이다. 내담자 각자가 가장 중요한 가치를 3~5개 정한 다음, 상담자는 질문을 통해 이러한 가치들이 그들의 삶과 부합하는지, 그리고 문제가 된 그들의 행동과 부합하는지를 탐색하도록 한다. 워싱턴대학교의 한 연구 프로젝트에서 우리는 아편대체 치료 예정인 아편중독자들과 코카인중독 노숙자들을 위한 봉사활동으로 이 카드분류 활동을 변형시켜 사용해 왔다. 이 과정에서도 내담자들로 하여금 평소에 잘 드러내지 않던 영역을 탐색할 수 있게 만드는 데 내담자의 가치를 궁금해하는 상담자의 태도가 역시 중요하였다. 예를 들면, 코카인 사용자 프로젝트에서 상당수의 사람들이 상위 다섯 번째 가치로 '신과 함께하기(Getting right with God)'를 꼽았다. 그러므로 이 사람들에게는 영성 탐색이 변화대화를 이끌어 내는 매우 강력한 방법임을 알 수 있었다.

평가 피드백하기

MI와 관련된 많은 연구 프로젝트에는 개별화된 피드백이 포함되었다. 즉, 규준 자료나 내담자의 목표, 가치, 인식 등에 기초하여 수집된 평가 자료에 대한 피드백을 참여자에게 제공하는 것이다. 목표는 집단의 정보가 아닌 개별화된 정보를 제공하여 개인이 그 의미를 해석하게끔 하는 것이다. 예를 들면, 규준 자료는 동료들의 음주 사용과 비교한 자신의 음주 수준을 알려 주는 데 사용될 수 있다. 다음에 몇 가지 다른 예가 있다.

"당신의 피임기구 사용 행동을 토대로 볼 때 성행위로 인한 HIV 감염 가능성은 매우 높네요. 어떻게 생각하시나요?"

"검사 결과는 뇌가 정보를 효율적으로 처리하는 데 어려움을 겪고 있는 것으로 나타났습니다. 생각하는 방식을 변경하는 게 쉽지 않고, 그래서 멀티태스킹(동시에 여러 가지 일을 처리하는 것)이 매우 어려울 수도 있습니다. 이 검사 결과가 당신 자신이 느끼는 것과 비교할 때 어떤가요? 잘 들어맞나요?"

"당신은 의사결정에 있어서 독립성도 중요하고 또한 사회적 관계도 중요하다고 말합니다. 그 두 가지가 어떻게 당신의 삶에서 잘 조화를 이루는지 제게 말씀해 주시겠어요?"

대부분의 기관들은 피드백 자료를 만드는 데 매우 유용한 자원이 될 수 있는 몇 가지 형태의 접수면담 자료를 가지고 있다. 내담자들이 집으로 가져가는 시트나 양식에 정보를 넣는 것은 도움이 될 수 있지만, 피드백을 제공하는 과정에서 이 시트나 양식이 꼭 필요한 것은 아니다. 규준 자료도 도움이 될 수 있지만, 이 규준 자료 정보 역시 이 내담자의 특정 상황과 연계되어 제공될 필요가 있다. 예를 들어, "평균적으로, 당신은 일주일에 술을 28잔 마십니다. 이 수치는 우리 프로그램에 참여한 전형적인 여성 내담자가 마시는 23잔보다 약간 많은 것입니다." 이러한 종류의 규준 정보는 당신이 소속되어 있는 기관에서 이용 가능한 것이다. 또한 이러한 행동을 주정부나 연방정부의 규준 자료와 대조할 수도 있다(예: 워싱턴주 운전자들의 96%는 주행 중 교통 위반이 1년에 1회 또는 전혀 없다). 약물과 알코올에 관한 규준 자료는 약물남용 및 정신건강관리국(SAMHSA), 국립약물남용연구소(NIDA), 국립알코올남용 및 알코올중독 연구소(NIAAA)와 같은 국가정보센터조사를 통해 얻을 수 있다.

피드백의 목적은 중요하고 때로 불일치하는 정보를 내담자에게 제공하여 이를 심사숙고하도록 만드는 것이다. 이 상황에서 불협화음이 증가하는 것은 흔한 일인데, 그것은 Leffingwell과 동료들(2006)이 확인했던 방어적 성향 문제와 일치하는 것이다(제5장 참조). Miller, Yahne과 Tonigan (2003)도 이를 지지하는 자료를 보고하였다. 내담자가 정보가 틀렸다고 주장할 때, 상담자는 그 정보가 왜 정확한지에 대해 논쟁을 하고 싶은 유혹이 생긴다. 그러나 이 상황에서 최선의 반응은 반영적 경청이다. 반영적 경청으로 반응하는 이유는 내담자 스스로 의미와 관계성을 끌어내게 하는 것이다. 다시 한번 말하지만, 상담자가 아닌 내담자가 변화에 대해 주장하는 것이 중요하다. 이는 제공된 자료의 중요성과 의미를 궁극적으로 내담자가 결정한다는 것을 의미한다.

마지막으로, 피드백은 변화대화를 이끌어 내기 위한 도구라는 점을 명심해야 한다. 피드백이 곧 MI가 아닐 뿐만 아니라, 피드백이 MI 방식의 상담에 꼭 필요한 것도 아니다. 피드백은 MI 상담자가 사용할 수 있는 도구들 중 하나일 뿐이다.

준비도 척도 사용하기

준비도 척도는 변화대화를 이끌어 내기 위한 기법과 준비도 평가를 결합시킨 방법이다. 10점 척도의 점수로 답을 요구하는 척도화 질문(아래 예)에 따라 내담자가 대답을 하면 상담자는 그 대답의 이유를 조사하고, 왜 그보다 더 낮은 숫자를 선택하지 않았는지 묻는다. 이때 질문은 중요성, 자신감 및 준비도에 관한 것들이다. 저자는 대개 앞의 2개 질문만을 사용하는데, 왜냐하면 그 2개의 질문에 대한 대답이 준비도에 관한 중요한 정보를 제공할 때 마지막의 준비도 질문과 중복되기 때문이다. 준비도 척도를 사용할 때는 질문의 형식이 중요하다.

> "만약 당신이 변화하기로 결정했다면 당신이 변화할 수 있다는 확신은 어느 정도인지 1부터 10점까지 점수로 표시하세요. 1은 전혀 확신 없음을, 10은 가장 확신함을 나타냅니다."
>
> "무엇 때문에 3이 아니라 6을 선택했나요?"
>
> "6에서 7점으로 높이려면, 무엇이 필요할까요?"

척도 질문 사용법을 배울 때 후속 질문을 빨리 해치우려는 상담자들이 너무 많다. 사실상 이 과정에서 중요한 요소는 후속하는 탐색 질문이지 처음 질문에서 나온 대답, 즉 숫자가 아니다. 이 질문에서 각각의 숫자들의 관계에 대해서도 주목하라. "왜 3이 아니라 6인가요?"라는 질문은 적당한 수준의 불일치를 사용해서 변화대화를 이끌어 내기 위한 것이다. 연구 자료에 근거한 것은 아니지만, 저자의 경험상 더 큰 차이(예: 왜 1이 아니라 6인가요?)는 내담자에게 반감을 일으킬 수 있다. 더 중요한 것은 그다음 탐사질문에서 "6에서 7로 이동하려면 무엇이 필요할까요?"라고, 한 걸음 앞으로 나아가는 측면일 것이다. 이 질문을 통해 내담자는 작고 감당할 수 있는 다음 단계의 실천 조치를 찾을 수 있게 된다. 상담자들은 그 대답을 잘 듣고 반영하며 탐색할 준비가 되어 있어야 한다. 이 두 가지 질문 모두가 변화대화를 이끌어 낼 수 있다.

가치와 행동 탐색하기

관계 형성하기에서 초점 맞추기로 이동하는 동안, 가치에 대한 정보를 이끌어 내는 것은 내담자에게 중요한 것이 무엇인지를 알아내는 데 상당한 도움이 될 수 있다. 이 과정은 강력한 동기를 불러일으킬 수 있으므로 변화대화의 중요한 원천이 된다. 관계 형성하기 과정 초기에는 이러한 목표유발 질문을 하는 것이 권장되지 않거나 필요하지 않을 수 있는 반면에, 이 시기에는 의도적으로 이러한 질문을 하도록 한다. 우리가 이미 설명했던 단계는 다음과 같다.

1. 가장 중요한 가치를 파악한다.
2. 내담자에게 각각의 가치에 대한 의미를 묻는다.

그다음 단계는 내담자에게 이러한 가치들을 실현하는 데 있어 현재 어떤 방법으로 성공하고 있는지를 물어보는 것이다. 내담자들의 대답을 공감적으로 경청하고 정교화하면서 구체적인 예를 요청한다(이 단계는 내담자 스스로 자기 인정의 진술을 이끌어 내게 되고, 치료자에게는 내담자에게 인정하기를 제공할 기회가 된다.). 다음으로, 내담자에게 그들이 어떻게 하여 현재 원하는 만큼 충분히 이러한 가치를 충족시키지 못하며 살고 있는지 물어본다. 이러한 질문에 대한 대답은 일반적으로 불일치를 이끌어 내며, 대체로 내담자의 변화대화를 유도한다. 불일치를 용인하기 위해서는 내담자 측의 높은 신뢰를 필요로 하며, 적게나마 일시적으로 내담자의 기분이 더 나빠질 가능성이 있다. 그렇기 때문에 초점 맞추기의 과정에 이를 때까지 이 부분의 논의를 미루어 둔 것이다.

마지막으로, 어떻게 목표행동이 이러한 가치와 어떻게 일치하는지 또는 목표행동이 그 가치를 실현하는 그들의 능력에 어떤 영향을 미치는지 질문한다. 만일 내담자가 자발적으로 가치와 목표행동 사이의 충돌에 대해서 이야기하지 않는다면, 명시적으로 충돌이나 긴장에 대해 질문하라. 내담자에게 그들의 가치를 완전하게 실현하기 위해 무엇을 시도해야 하는지 또는 무엇을 변화해야 하는지를 질문하라.

이 활동은 내담자로 하여금 현재의 행동들이 중요한 가치와 어떻게 부합하는지 여부를 탐색할 수 있도록 한다. 항상 그렇듯이, 상담자는 내담자가 행동의 의미와 영향을 탐색할 때 비판단적인 태도를 유지한다. 때때로, 이러한 연습을 통해 '문제'행동이 내담자의 가치 중요성 목록에서 매우 낮은 위치에 있어, 변화가 있을 것 같지 않다는 분명한 예측을 하게 한다. 이것은 분명히 다른 가치만큼 중요하지 않은 것이다. 이와 반대로 수치심을 느낄 가능성은 분명 존재한다. 이러한 수치심이 초점을 둔다면 그 내담자는 행동을 변화하기 어렵게 된다. 다시 말하지만, 목표는 변화이므로 상담자는 변화에 초점을 맞추어야 한다.

끝으로, Wagner과 Ingersoll(개인적인 대화, 2016년 6월 3일)은 매우 도움이 될 만한 이 기법의 변형을 제안하였다. 이 기법은 이 가치가 그들이 스스로 세운 목표를 달성하는 데 어떻게 도움이 될 수 있는지 묻는 것이다. 이렇게 가치와 목표를 명시적으로 연결시키는 것은 후속하는 변화를 위한 노력 속에 가치를 주입하는 데 도움이 될 수 있다. 예를 들어, 양육행동을 변화시키는 것은 단지 보다 효과적인 행동을 하는 것이 아니라, 아이들에게 좋은 부모가 되는 것에 대한 자신의 가치를 표현하는 것이다. 이러한 유형의 가치-주도적 행동 변화는 단순한 비용과 이득 평가에 비중을 두는 것보다 변화 노력을 지속하는 데 더 많은 힘을 가질 수 있다.

요컨대, 변화대화를 이끌어 내는 데에는 많은 기법들이 있다. 현재까지 어떤 한 방법이 다른 방법들보다 더 효과적임을 입증한 자료는 없다. 그러나 변화대화를 유발시키기 위해서 상담자가 노력하는 것은, 이러한 유형의 언어가 나타나게 하는 데 중요하다고 밝힌 자료가 있다(Barnett, Spruijt-Metz et al., 2014; Glynn & Moyers, 2010). 이 기법들을 여러분의 실무에 통합하기 위한 한 가지 접근 방식은 사용할 수 있는 여러 가지 기법을 개발한 다음에, 특정 내담자의 상황에 가장 적합한 기법을 선택 적용하는 것이다. 이와 반대로, 전형적으로 변화대화를 유발시키는 요소들(예: 가치카드 분류와 접수면접 피드백)을 통합하여 여러분의 실무 세팅에서 사용할 표준화된 기법을 개발하는 접근 방식도 있다. 중요한 것은 그 과정들을 염두에 두는 것이다. 즉, 피드백 제공과 가치카드 분류 활동을 치료적 과정 초기에 수행할 때에는 이 활동을 통해서 관계 형성하기와 초점 맞추기에 좀 더 집중하고 유발하기는 그다음에 집중해야 할 것이다. 즉, 변화대화는 이러한 개입의 부산물이 되며, 더 많은 변화대화를 예측하기 때문에 여전히 중요하지만(Houck et al., 2015), 치료적 과정 초기 개입의 주요한 목표는 변화대화 유발이 아니다. 어느 쪽이든, 여러분의 내담자가 어떻게 반응하는지에 주의를 기울이고, 높은 수준의 OARS를 사용하는 것이 중요하다.

3. 개념 정리 문제—자가 진단하기

진실 혹은 거짓

1. T F 변화대화가 나타나는 데 상담자의 반응이 중요하다.
2. T F 상담자는 동기를 주입하기 위해 노력해야 한다.
3. T F 변화대화를 들었을 때, 항상 강하게 그리고 즉시 반영함으로써 그것을 이용하는 것이 중요하다.
4. T F 안전하고 지지적인 환경을 조성하는 것은 내담자가 변화에 대해 이야기하도록 유도하기에 충분할 것이다.
5. T F 이 장에 따르면, 변화대화를 유발하는 방법 중 하나는 왜 내담자가 변화할 수 없는지에 대해 논쟁하는 것이다.

6. T F 만약 변화에 대한 열망, 능력, 필요성을 가리키는 말을 듣는다면, 여러분은 변화과정을 진행하기 전 변화의 이유를 이끌어 내도록 노력해야 한다.

7. T F EARS는 더 많은 변화대화를 강화하고 유발하는 좋은 방법이 될 수 있다.

8. T F 유용한 피드백을 주기 위해서 규준 자료를 가지고 있어야 한다.

9. T F 내담자는 그 피드백이 그들에게 어떤 의미인지 이해하려면 상담자가 가지고 있는 전문적 지식이 필요하다.

10. T F 척도/준비도 질문을 하는 경우에는 후속 탐사 질문과 반영적 경청이 중요한 요소이다.

정답 및 해설

1. T 맞다. 이것이 이 장의 기본 프레임이다. 우리가 상담자로서 하는 일은 변화대화가 나타나는 데 영향을 미친다. 이것은 연구를 통해 증명된 사실이다.

2. F 이 점은 알아야 할 중요한 사항이기 때문에, 만약 이것이 분명하지 않다면 뒤로 되돌아가서 변화대화 전략의 소개 부분을 다시 읽어야 할 것이다. 동기는 이미 내담자 안에 있다. 우리는 그것을 주입하는 것이 아니라 내담자에게 이미 존재하고 있는 것을 이끌어 내는 것을 돕는다.

3. F 이것은 까다로운 질문이다. 우리는 변화언어에 주의를 기울이고, 내담자의 관심을 이 변화언어에 끌어들이기를 정말로 원한다. 동시에 이에 대한 반응도 중요하다. 변화진술에 경청을 포함한 다른 반응으로 대응하지만, 즉각적으로 반영되지 않을 수 있다. 네 가지 과정 중에 우리가 어디에 있는지 염두에 두는 것은 우리가 어떻게 언제 반응할지에 영향을 줄 것이다. 또한 우리가 반응할 때에는, 변화진술의 강도와 일치하는 방식으로 대응하는 것이 중요하다. 이것은 작은 불꽃을 부드럽게 불어서 키우는 것과 유사하다. 만약 우리가 만약 세게 불게 되면 그 불꽃을 꺼트릴지도 모른다. 이런 경우 임상적 맥락에서 볼 때 내담자들은 변화진술에서 멀찍이 물러나거나 심지어는 유지대화를 말할 수도 있다.

4. T 때때로 단지 내담자들이 스스로를 방어할 필요가 없는 환경을 만들어 주는 것만으로도 자발적으로 동전의 다른 면을 탐색하도록 그들을 격려해 주는 효과가 있다. 이런 점에서 경청은 변화대화를 이끌어 낼 수 있다. 이 장 초반에 LaDonna의 예가 이 점을 잘 보여주고 있다.

5. F 제11장에서 우리는 부정적인 입장에 서는 것이 어떻게 변화대화를 이끌어 낼 수 있는지에 주목하겠지만, 이는 내담자가 변화할 수 없다고 주장하는 것과는 다르다. 상담자가 취하는 논쟁의 방향과는 상관없이, 논쟁 그 자체는 MI에 부합되는 행동은 아니다. 그것은 여러분이 원하는 어떤 것을 내담자가 하도록 만들기 위해 '역심리학(reverse psychology)'을 이용하는 것과 같이, 조종(manipulation)이 될 우려가 있기 때문이다. 다음 장에서 살펴보겠지만 부정적인 입장 취하기에서 상담자는 지금이 변화가 일어날 수 있는 적절한 시간, 장소, 방법이 아니라고 말하는 것이다. 이는 조종이 아니라 개방적이고 호기

심 많은 태도인 것이다.

6. F 모든 혹은 대부분의 준비언어가 변화를 향해 나아가기 전에 먼저 나타난다는 근거 자료는 없다. 분명한 것은 증가하고 강화되는 변화대화가 변화를 예측한다는 것이다. 다음에 무엇을 할 것인가의 선택은 내담자의 상황에 의해 결정되는 것이지, 고정된 순서로 진행되는 것이 아니다. 즉, 핵심 질문을 할 적당한 시간이 오면 면 바로 그때가 다음 단계로 나아가기에 적당한 때이다. 너무 오래 기다리게 되면, 상담자는 내담자의 준비도보다 뒤처질 수 있다.

7. T EARS는 변화대화를 유발하는 데 매우 효과적으로 작용한다. 하지만 다른 기술을 가지는 것도 중요하다.

8. F 규준 자료 피드백은 도움이 될 수 있지만 필수적인 것은 아니다. 나는 규준 자료가 전혀 없는 피드백 형식을 사용한 연구 프로젝트를 진행해 왔다. 그 대신에 그 연구에서 제공된 정보는 위험 범주, 위험 행동, 가치에 관한 자료였다.

9. F 우리의 전문지식이 매우 도움이 될 수 있지만 그것은 또한 방해가 될 수도 있다. 물론 상담자가 피드백을 줄 때에는 내담자에게 그것을 이해할 수 있는 충분한 정보를 제공해야 한다. 그러나 정보를 제공한 후 그 정보가 그들에게 무엇을 의미하는지를 내담자가 결정하도록 요청하고 허용해야 한다.

10. T 척도/준비도 질문은 유용한 정보를 제공하지만, 변화 준비도에 관한 정보를 끌어내는 것은 탐사 질문이며, 이 주제를 더 깊이 탐색할 수 있도록 해 주는 것은 반영적 경청이다. 그러므로 주제를 시작하기 위해서 척도 질문이 중요하지만, 탐사 질문 또한 중요하다.

4. 연습하기

마지막으로 한 번, LaDonna의 예로 돌아가 보자. 제9장에서 우리는 그녀가 무엇을 말했는지에 집중했다. 지금 우리는 변화대화가 나타나도록 하기 위해 상담자가 무엇을 했는지에 초점을 맞추어 보자. 그녀는 단약 상태를 유지하는 첫 번째 목표에 대해 몸부림치고 있고, 상담자는 변화대화를 강화하고 이끌어 내려 하고 있다. 우리는 다시 이전 대화의 끝부분을 살펴보자.

	진술	설명
상담자:	제가 제대로 이해했는지 한번 들어봐 주세요. 단약(단주)을 유지할 외부적인 이유를 찾기는 어렵지만, 어쩌면 당신의 내적인 어떤 이유가 단약(단주)을 계속하도록 이	그녀의 염려와 변화대화에 초점을 맞춘 요약임. 요약의 순서는 특정한 방식으로 정리되고, 변화실행언어로 끝맺음.

	진술	설명
	끌어 주는 것 같아요. 실제로 매우 힘듦에도 불구하고 단약(단주)을 유지하고 있으니까요. 당신은 기분이 나아지기를 바라고, 또 앞으로 그렇게 될 수 있음을 알고 있지만, 지금 당장은 어떻게 해야 나아질지에 대해서 모르고 있고요. 당신이 오르려고 하는 언덕은 너무 미끄럽지만 어쨌든 계속 올라가 보기로 결심하신 거지요. 제 말이 맞나요?	
내담자:	결심이 섰지만 제가 그걸 할 수 있을지 모르겠어요.	그녀의 진술은 상담자 요약의 마지막 내용에 반응하고 있으나 역시 양가감정을 포함하고 있음.
상담자:	몇 개의 진짜 장애물이 있는데, 당신은 결심하셨군요. 그 문제에 대해 우리가 이야기하는 시간을 가지면 도움이 될지 궁금하네요.	양가감정을 인정하고 그녀의 변화대화로 끝맺은 단순반영. 그런 다음 함께 이야기할 주제를 정하고, 그럼으로써 MI를 위한 목표를 정하려는 열린 질문.
내담자:	네, 그럴 것 같아요.	내담자는 확신하지 못함.
상담자:	도움이 될 거라는 확신은 없군요.	깊은 반영(예: 단락 이어 가기)을 사용하면서 그녀의 두려움을 직접적으로 인정함.
내담자:	단약(단주)을 해야 한다는 건 알아요. 하지만 전에도 노력을 했었는데 그게 잘되지 않았어요.	또다시, 그녀의 두려움에 뒤이어 변화대화가 나옴.
상담자:	3년 동안의 단약(단주)이 성공이라고 느끼지 못하는군요.	이전의 정보를 이용한 확대반영.
내담자:	성공이라고 느꼈었지만 그게 오래가지는 못했어요.	확고함에서 후퇴함.

	진술	설명
상담자:	당신은 상당한 시간 동안 성공적했다가 미끄러졌네요. 당신이 지금 단약(단주)하는 게 매우 중요해 보여요. 사실상 당신은 왜 단약(단주)해야 하는지 그 이유를 찾기 힘들지만 계속 단약(단주)하고 있잖아요. 자신감 면에서는 조금 덜 분명하지만요. 만약 당신의 자신감을 1~10등급으로 평가한다면, 1은 자신감이 전혀 없고 10은 매우 자신감에 차 있는 것이라면, 다음 30일 동안 단약할 수 있다는 것을 얼마나 자신할 수 있나요?	의도적으로 언어를 선택한 전환요약에 이어 뒤따르는 준비도 척도. 준비도 척도는 자신감 수준을 평가하는 데뿐만 아니라, 분명한 염려에서 변화대화를 이끌어 내는 데에도 쓰임.
내담자:	대략 4 정도요.	중간 번호를 택했는데 그녀의 앞선 진술을 토대로 예측해 봤던 숫자보다 높음.
상담자:	흥미롭군요. 그러니까 당신은 아래쪽 숫자인 1이나 2에 머물러 있다는 건 아니네요. 어째서죠?	상담자는 앞의 반응과 일치하는 방식으로 추가 탐사를 질문으로 함. 그 질문이 변화대화를 요청하는 것에 주목하라.
내담자:	음……. 힘들더라도 다시 돌아가고 싶지 않아요. 저 자신에게 말했어요. 더 좋아지는 것 같지 않지만 계속 모임에 나갈 거라고. 특히 제가 약물(알코올)을 사용하고 싶어질 때에는요.	내담자의 반응에 강한 결심공약언어가 있음.
상담자:	약물(알코올) 사용을 거부하는군요.	가볍게 결심공약을 강화시킴.
내담자:	(웃음) 네, 사실인 것 같아요. 하지만 가끔 정말 힘들어요.	장애물에 대한 새로운 추가 정보를 제시하고 인정함. 이 유지대화가 "나는 할 수 없어요."라고 말하는 것과 어떻게 다른지 주목하라.

	진술	설명
상담자:	그래서 당신은 7 또는 8이 아닌 4점을 주었군요.	깊은 반영.
내담자:	네, 하지만 저는 이전에 정말 힘든 시간을 겪었어요.	내담자는 반영을 받아들이고 내적 자원에 대한 정보를 제공함.
상담자:	당신은 자신이 강하다는 걸 아네요.	인정하기.
내담자:	우습네요. 왜냐하면 오늘 여기에 오면서는 제가 강하다는 걸 느끼지 못했거든요.	태도에서의 변화를 인정함. 비록 단어로 '들리지' 않았어도, 감정적인 어조 변화에 주목하라.
상담자:	당신이 이미 성취한 것, 당신이 자신에 대해 알고 있는 것, 그리고 스스로에 대한 결심공약 등을 인식한 것이 당신이 좀 더 자신감을 갖도록 도와줬을 거예요. 그러니 아마도 당신의 자신감 점수는 5나 6점 정도로 좀 더 높아야 할 것 같네요.	목표를 겨냥한 의도적인 수집 요약. 이 요약에서는 양가감정에 초점을 두지는 않음.
내담자:	아마도 6점에 가깝겠네요.	내담자는 더욱 자신감에 차서 동의함.
상담자:	한 가지 질문만 더 할게요. 우리는 아마도 다른 측면의 평가를 할 필요가 있겠네요. 지금 당신은 6점에 있죠. 어떻게 하면 7이나 8점으로 갈 수 있을까요?	내담자가 자신의 목표를 향해 계속해서 나아가도록 요구하는 MI의 지시적인 요소.
내담자:	좀 더 희망을 느껴야 할 것 같아요.	긍정적이지만 일반적인 대답을 함.
상담자:	좀 더 희망적이라……. 희망적이 되었다는 것을 어떻게 알 수 있을까요?	유발 질문 뒤에 오는 단순반영. 이는 원하는 감정(희망)을 경험한 적이 있는지 여부를 알 수 있도록 고안된 단순반영.
내담자:	좀 더 행복할 것 같아요. 생계 면에서 제가 어디로 가야 할지에 대한 계획을 가지고 있겠죠. 직업도 갖고 있고요.	내담자는 많은 목표를 제시함. 이 중 어떤 목표는 다른 것들보다 장기적 목표임.

진술	설명
상담자: 우와! 1점을 높이는 것치고 아주 많은 일들을 해야 하네요.	상담자는 그에 일치하는 반응을 보임. 하지만 내담자가 초점을 좁히는 것을 돕도록 고안된 반응임.
내담자: (웃음) 그런 것 같아요. 그게 바로 제 자신이 너무 압도되는 이유예요. 좋아요. 1점……. 아마도 제 생계를 위한 계획을 갖는 거겠죠.	내담자가 목표를 좀 더 다루기 쉬운 과제로 나눌 수 있고, 이런 과정에 대한 자기-인식을 인지함.
상담자: 그게 아마 더 실행할 만하겠네요. 당신은 그걸 성취할 수 있을 거예요.	변화대화를 강화함.
내담자: 사실 지금 그것을 이루기에 딱 적당해요. 제 말은 그게 이상적인 건 아니지만요. 제가 단약(단주)하는 동안에는 동생과 함께 살 수 있잖아요. 만약 직업을 갖게 된다면 돈을 저축해서 살 집을 찾아볼 수도 있고요.	그녀는 초기 계획을 설명함.
상담자: 당신은 이미 머릿속에 구체적인 계획이 있는 것 같군요. 그걸 밖으로 말하는 것뿐만 아니라 천천히 실행하는 일이 관건이겠네요. 생각만 앞서지 않게 말이죠. 제 생각에 계획을 적어 보면 도움이 될 것 같은데요.	이 수집요약 역시 의도적임. 즉, 무엇을 하고 무엇을 하지 않았는지를 포함하고 있음. 뒤이은 열린 질문은 내담자가 결심공약과 구체적 계획으로 나아갈 수 있도록 돕기 위한 것임.
내담자: 저도 그럴 것 같아요. 모임에 가는 길에 버스 안에서 적을래요. 그리고 모임에서 그것에 대해 말해 보려고 해요. 그렇게 하면 제가 계속 거기에 신경 쓰도록 도와줄 테니까요.	결심공약과 그것을 강화시키는 더 많은 계획.
상담자: 당신은 정말로 당신한테 무엇이 효과가 있고, 그걸 돕기 위해 무엇을 해야 하는지에 대해 많이 알고 있네요.	이러한 구체적인 변화를 계획하는 그녀의 능력을 인정함.

진술	설명
내담자: (싱긋이 웃음) 네, 알아요. 단지 그걸 기억하도록 해야겠죠.	내담자가 힘이 있다고 느끼고, 분위기가 눈에 띄게 밝아짐.

이 대화에서 우리는 상담자와 LaDonna 사이에서 마치 함께 춤을 추는 것과 같은 상호작용을 분명히 볼 수 있다. 상담 세션이 아니라 평가 세션이었음에도 그 평가 과정에서 동기강화의 기회가 나타났고, LaDonna가 직업적인 목표를 달성하도록 돕기 위해서는 동기강화가 필수적이라는 것을 인식한 상담자가 그 점에 주목한 것이다. 이러한 기회의 유형은 의료 환경, 치과 진료실, 학교 상담실, 가정방문, 교도소의 복도, 보호관찰, 길거리 상담, 지역 치안 등에서도 나타날 수 있다. 이러한 기회는 단지 치료자의 상담실에서 일어나거나 장기적인 치료 맥락에서만 일어나는 것이 아니다. 이 기회를 알아차리고 그것에 반응할 준비를 하는 것이 관건이다.

이 논의에서 볼 수 있듯이, EARS는 그러한 준비의 필수적인 요소이다. 잘 짜여진 전략은 역시 대화를 진전시키는 데 도움이 될 수 있다. 이제 그러한 기술을 훈련하는 일을 해 보도록 하자.

5. 시도해 보기

변화대화에서의 기술개발은 상담자의 반응을 형성하는 데 도움이 되는 내담자의 반응이 필요하기 때문에 다소 더 큰 도전이다. 이런 연습을 하면서 여러분은 아마도 이런 기술을 업무에서뿐 아니라 업무와 관련 없는 경우에도 기회가 된 순간에 시도해 볼 수 있는 가능성에 대해 생각할 수 있다. 앞의 장들에서와 마찬가지로 우리는 직접적인 것에서부터 좀 더 복잡한 연습으로 옮겨 갈 것이다. 이번 연습은 변화대화를 인식하고 강화하는 연습에서 시작하여 변화대화를 이끌어 내는 것으로 끝난다.

〈연습 10-1〉 변화대화 강화하기: 변화를 위한 보물찾기

내담자 진술을 읽고 거기에 변화대화가 있는지 판단하라. 만약 변화대화가 있다면 그것을 강화시킬 반영반응을 적어라. 만약 없다면 이 상황에서 변화대화를 이끌어 낼 만한 유발 질문을 기록해 보라. 보너스 점수를 위해서는 추가적인 다른 내용의 유발 질문을 더 기록해 보라.

〈연습 10-2〉 변화대화 이끌어 내기: 두 번째 검토하기

이 연습에서는 제9장에서 사용했던 녹취록으로 돌아가서 이번에는 상담자의 행동에 초점을 맞추게 된다. 상담자 활동 순서를 잘 검토한 후, 각각의 상호작용 대화에 따르는 질문에 대답한다. 마지막으로, 상담자의 이론적 근거에 초점을 맞춘 해설을 검토한다.

〈연습 10-3〉 목표 질문: 유발하기

제5장과 제8장에서와 마찬가지로, 이것은 좋은 질문을 만드는 연습을 할 수 있는 기회이다. 그러나 이번에는 내담자 유발하기를 목표로 좋은 질문을 만든다. 다시 한번 당신은 내담자의 진술문을 읽고 두 가지의 다른 질문을 하게 될 것이다. 변화대화는 특별한 목표행동을 요구하기 때문에, 그리고 이러한 정보는 내담자의 진술문에는 제시되지 않기 때문에, 여러분은 추론할 수밖에 없을 것이다. 여러분은 질문을 하기 위해 반영을 사용해야 할 수도 있다. 반영은 항상 좋은 습관이므로 기꺼이 그렇게 하라. 여러분은 이 장과 이전 장에서 배운 모든 유형의 질문을 사용할 수 있다('변화대화와 유지대화 인식하기').

〈연습 10-4〉 목표 반영: 유발하기

다시 한번 우리는 반영하는 연습으로 관심을 돌린다. 그러나 이번에는 내담자 유발하기를 목표로 반영하는 연습을 한다. 다시 한번 여러분은 내담자의 진술을 읽고 서로 다른 두 가지의 반영을 해 보아라. 그러나 우리는 유발하기 목적을 위한 구체적인 목표행동이 필요하다. 그 목표행동은 이번 연습에서 명확하게 표현되지 않기 때문에, 우리가 가지고 있는 제한된 정보를 바탕으로 추론할 필요가 있다. 여러분의 기억을 되살리기 위해서 이전 장으로 가서 다시 복습해 보라.

〈연습 10-5〉 경로 따라 가기

우리는 Russell과의 대화로 돌아가지만, 이제 좀 더 깊게 들어갈 것이다. 이번에는 사용된 도구뿐 아니라, 상담자가 그 도구를 사용하여 무엇을 시도하는지 그리고/또는 이러한 노력의 효과가 무엇인지 알아채고자 한다. 즉, 의도는 무엇이고, 그것은 상호작용에 어떤 영향을 미치는가를 확인하는 것이다. 그런 다음 이 도구가 변화대화를 이끄는지 아니면 유지대화나 불협화음 혹은 중립대화를 이끄는지 관찰한다.

<연습 10-6> 분기 스크립트 작성하기

매우 흥미로운 한 연구(Villaume, Berger, & Barker, 2006)에서는 분기 컴퓨터 프로그램(branching computer program)에 대본을 작성하는 과제에 학생들을 참여시켰다. 이 연구의 과제에서는 대본이 MI를 준수하면서 하나의 대화가 이동할 수 있는 다양한 여러 경로를 반영하도록 요구하였다. 학생들은 소프트웨어가 제대로 작동하는 데 어려움을 경험했지만, 대본을 쓰는 과정은 그들이 MI를 더 효과적으로 사용하는 데 도움을 주었다. 이 연습은 이 연구 결과를 기반으로 한 것이다.

여기에 이 연습을 위한 기본 구조를 제공하였지만, 당신은 여기에 상담자와 내담자의 반응을 채워야 할 것이다. 이 연습의 목적은 원하는 대답을 이끌어 낼 수 있는 상호작용을 만드는 것이다. 극작가나 영화작가와 같은 솜씨를 내지 못함을 걱정하지 말라. 내담자의 반응을 상상하고 그들이 여러분을 어디로 데려가는지를 알아보라. 그다음 인터체인지의 분기점으로 되돌아가서 다른 반응으로 상호작용의 대본을 작성하라. 여러분이 기대했던 첫 번째 반응을 얻지 못했다 할지라도, 우리의 목표는 변화대화를 이끌어 내는 것임을 기억하라. EARS+I가 여러분의 상호작용을 도울 것이다.

이 워크북의 양식은 흑백이다. PRI 웹 사이트에는 컬러 형식이 있는데(*www.primeforlife.org/resources/forms*), 많은 사람들이 이것을 사용하면 좀 더 쉽게 대본을 작성할 수 있다고 생각한다. 여러분은 그 양식을 인쇄하여 이 워크북에서 하는 것처럼 대본을 작성할 수 있다.

<연습 10-7> 네 모퉁이

이 연습은 훈련 활동에 기초한 것이다. 시나리오를 받아서 변화대화를 이끌기 위한 다양한 방법을 연습하는 것이다. 여러분은 시나리오를 읽고, 그다음 내담자의 진술을 하고, 그러고 나서 여러분이 변화대화를 이끌어 낼 수 있는 네 가지 방법을 찾아내는 것이다. 마지막으로, 내담자에게 이 전략을 어떻게 소개할 것인지를 쓴다. 여러분이 내담자에게 실제로 할 말을 쓰도록 한다.

6. 파트너 활동

이 장에 소개된 모든 활동은 파트너 작업과 잘 맞는다. 기억하라. 답변을 적은 후에는 토론을 하는데, 이것이 여러분의 지식을 깊이 있게 해 줄 것이므로 이 장을 그냥 건너뛰지 말라. 앞에서 설명한 활동 외에도 여기에는 여러분이 파트너가 있다면 해 볼 수 있는 다른 옵션이 있다.

〈연습 10-8〉 나의 가치—다시 실습하기

제6장에서 여러분에게 파트너와 VCS를 해 보도록 권장했었다(〈연습 6-5〉 참조). 우리는 여러분이 이 연습으로 돌아가서 변화대화를 유발하도록 고안된 몇 개의 후속 질문을 함으로써 그 연습을 심화시켜 볼 것을 권한다.

7. 그 밖의 고려 사항

네 가지 과정을 구별되는 단계라고 생각한다면, VCS는 이 네 가지 과정을 사용하는 데 어려움이 있음을 보여 준다. 사실 네 가지 과정이 완전히 독립적인 것은 아니다. 우리는 MI를 사용할 때 각 과정을 들락날락할 것이다. 그러나 목표는 같다. 우리가 변화과정의 어디에 있는지, 그리고 지금 당장 이 개인에게 무슨 일이 일어나야 하는지를 생각하는 것이다.

우리가 그 과정을 거치면서 변화대화가 자연스럽게 나타날 가능성이 매우 높다. 변화대화가 나타났을 때 그것을 무시하지 않아야 한다. OARS는 변화대화를 알아차리는 주요한 전략이다. 그러나 관계 형성하기를 통해 내담자와의 긴밀한 협력 관계를 구축한 후 초점 맞추기를 통해 내담자가 중요하게 생각하는 영역을 확인하기 전에는, 이 장에서 설명한 전략을 일반적으로 사용하지 않는다. 마지막으로, 이 장에서 우리는 정보를 제공하는 것에 대해 조금 이야기했다. 우려를 전달하는 것이나 정보를 제공하는 것도 역시 변화대화를 유발하는 방법이지만, 이것은 조금 까다로울 수 있다. 이 경우에는 E-P-E를 사용해야 함을 기억하는 것과 변화를 위한 논쟁을 피하는 것이 매우 중요하다. 이 부분이 저자가 MI 훈련을 받은 사람들이 문제를 일으키는 것을 자주 보게 되는 영역이다. 교정반사는 굉장히 강력한 것이다. 우리는 사람들이 진짜로 자신의 문제를 알게 된다면 변화하게 될 것처럼 느낀다. 다음 장에서 보겠지만, 실제로 이러한 입장은 좀처럼 원하는 결과에 다다르지 못한다. 정보를 제공하는 것은 변화대화를 이끌어 낼 수 있다. 만약 여러분이 변화해야 한다고 주장하고 있는 것을 발견한다면, 이것을 기억하라. 변화를 주장할 사람은 당신이 아니라는 것을.

연습 10-1 변화대화 강화하기: 변화를 위한 보물찾기

이 젊은 여성은 불안 때문에 당신을 찾아왔다. 그녀는 룸메이트와 살고 있는데, 집 밖으로 나가는 것을 두려워한다. 그녀의 세계가 점점 더 축소되어 갔기 때문에 룸메이트는 당신을 만나 볼 것을 권유했다. 집에 있을 때 그녀는 안정감을 느낀다. 두려움을 극복하기 위해 노출치료를 한다는 생각 자체가 그녀를 매우 위협한다. 행동 변화의 목표는 집을 떠나는 것에 대한 그녀의 불안이다.

내담자: **약 8개월 전에 전 아주 심각한 교통사고를 당했고, 이렇게 살아 있는 것 자체가 행운이라 생각해요. 머리를 크게 다쳐서 의사들이 약간 변화가 있을 수도 있다고 했지만 전반적으론 괜찮은 것 같아요. 그 이후로는 집에서 멀리 가는 것을 좋아하지 않아요.**

변화대화가 있습니까? 예 ____ 아니요 ____

있다면, 어떤 종류입니까?
열망 ____ 능력 ____ 이유 ____ 필요성 ____ 결심공약 ____ 또는 실행하기 ____

있다면, 변화대화를 강화시킬 반영적 반응을 만들어 보세요.

없다면, 변화대화를 이끌어 낼 만한 유발 질문을 적어 보세요.

내담자: **퇴원한 이후에 조금씩 회복되고 있어요. 외출해야만 하는 상황을 제외하고 대부분의 시간을 집에서 보내요. 때때로 룸메이트가 모퉁이의 식료품점에 데려가기도 합니다. 물론 혼자서 갈 수도 있지만 그게 쉽지가 않네요. 정말 바보 같다고 느끼지만, 집에 돌아와서 문을 잠그고 나서야 비로소 안심이 돼요.**

변화대화가 있습니까? 예 ____ 아니요 ____

있다면, 어떤 종류입니까?
열망 ____ 능력 ____ 이유 ____ 필요성 ____ 결심공약 ____ 또는 실행하기 ___

(다음 쪽에 계속)

있다면, 변화대화를 강화시킬 반영적 반응을 만들어 보세요.

없다면, 변화대화를 이끌어 낼 만한 유발 질문을 적어 보세요.

내담자: 다음 주에 병가가 끝나면 다시 직장에 복귀해야 해요. 그걸 피하기만 해 왔어요. 제가 사고 났던 그 버스 노선을 이용해야 하는데 그게 너무 두렵네요. 할 수 있을지 모르겠어요.

변화대화가 있습니까? 예 ____ 아니요 ____

있다면, 어떤 종류입니까?
열망 ____ 능력 ____ 이유 ____ 필요성 ____ 결심공약 ____ 또는 실행하기 ____

있다면, 변화대화를 강화시킬 반영적 반응을 만들어 보세요.

없다면, 변화대화를 이끌어 낼 만한 유발 질문을 적어 보세요.

내담자: 그렇게 하지 않고는 전 방세도 감당할 수 없어요. 일하지 않는 동안에 저축해 놓은 돈도 다 써버려서 꼭 일을 해야만 하거든요. 그게 제가 여기에 온 이유예요. 대처할 방법을 찾고 싶어요.

변화대화가 있습니까? 예 ____ 아니요 ____

있다면, 어떤 종류입니까?
열망 ____ 능력 ____ 이유 ____ 필요성 ____ 결심공약 ____ 또는 실행하기 ____

있다면, 변화대화를 강화시킬 반영적 반응을 만들어 보세요.

없다면, 변화대화를 이끌어 낼 만한 유발 질문을 적어 보세요.

내담자: 제가 원하는 건 이런 불안감을 멈추는 거예요. 제 인생을 다시 찾고 싶어요. 악몽 없이 잠자고 싶어요.

변화대화가 있습니까? 예 ____ 아니요 ____

있다면, 어떤 종류입니까?
열망 ____ 능력 ____ 이유 ____ 필요성 ____ 결심공약 ____ 또는 실행하기 ____

있다면, 변화대화를 강화시킬 반영적 반응을 만들어 보세요.

없다면, 변화대화를 이끌어 낼 만한 유발 질문을 적어 보세요.

연습 10-1의 핵심

내담자: 약 8개월 전에 전 아주 심각한 교통사고를 당했고, 이렇게 살아 있는 것 자체가 행운이라 생각해요. 머리를 크게 다쳐서 의사들이 약간 변화가 있을 수도 있다고 했지만 전반적으론 괜찮은 것 같아요. 그 이후로는 집에서 멀리 가는 것을 좋아하지 않아요.

해설: 이것은 무엇이 그녀의 삶을 더욱 제약시켰는지에 대한 그녀의 설명이다. 이것은 변화대화가 전혀 없는, 사실에 입각한 다시 말하기이다. 다음과 같이 반영을 한 후에 뒤따라 유발 질문을 할 수 있겠다. "집에 얽매여 있는 기분인 것 같네요. 그게 당신한테는 어떤 기분인가요?"

내담자: 퇴원한 이후에 조금씩 회복되고 있어요. 외출해야만 하는 상황을 제외하고 대부분의 시간을 집에서 보내요. 때때로 룸메이트가 모퉁이의 식료품점에 데려가기도 합니다. 물론 혼자서 갈 수도 있지만 그게 쉽지가 않네요. 정말 바보 같다고 느끼지만, 집에 돌아와서 문을 잠그고 나서야 비로소 안심이 돼요.

해설: 이 진술의 취지는 일이 잘 진행되지 않는 많은 분야를 말하고 있지만, 분명하게 말하지는 않았다. 그녀는 변화의 가장자리에 서서 "정말 바보 같다고 느끼지만"과 같이 말한다. 당신은 이런 질문을 해 볼 수 있다. "사고가 난 이후, 집 밖으로 나가려는 열망과 능력이 어떻게 변했나요?"

내담자: 다음 주에 병가가 끝나면 <u>다시 직장에 복귀해야 해요.</u> 나는 그걸 피하기만 해 왔어요. 제가 <u>사고 났던 그 버스 노선을 이용해야 하는데 그게 너무 두렵네요.</u> 할 수 있을지 모르겠어요.

해설: 그녀는 필요성에 대한 분명한 진술을 하지만 그 필요성을 충족할 능력에 대한 자신감은 낮다. 다음과 같은 반영을 할 수 있겠다. "당신은 그렇게 할 방법을 찾아야만 하기에, 그래서 오늘 여기 온 거죠." 또는 "당신은 걱정하고 있지만, 그렇게 하기 위한 방법을 찾아야만 한다는 것을 알고 있어요."

내담자: <u>그렇게 하지 않고는</u> 전 방세도 감당할 수 없어요. 일하지 않는 동안에 저축해 놓은 돈도 다 써 버려서 <u>꼭 일을 해야만 하거든요. 그게 제가 여기에 온 이유예요. 대처할 방법을 찾고 싶어요.</u>

해설: 마지막 진술에서 더 많은 필요성과 열망의 언어가 드러난다. 상담하기 위해 온 것도 실행하기라고 간주될 수 있지만, 이 시점에서는 그녀가 어떤 대처기술을 원하고, 그 기술을 찾기 위해 도움을 요청하는 영역에 있다는 것이 가장 정확해 보인다. 다음과 같은 반영이 할 수 있다. "도움을 얻기 위해 당신은 여기에 왔어요. 왜냐하면 당신은 현재 상황이 뭔가 다른 시도를 해야 한다는 것을 알고 있기 때문이죠."

내담자: <u>제가 원하는 건 이런 불안감을 멈추는 거예요. 제 인생을 다시 찾고 싶어요. 악몽 없이 잠자고 싶어요.</u>

해설: 이 진술에는 더 많은 변화열망이 있지만 아직 결심공약언어는 나타나지 않았다. 다음과 같은 반영이 이 변화대화를 강화시키고, 뭔가 할 수 있도록 다짐하는 데 도움이 될 것이다. "당신은 상황이 이렇게 진행될 수 없다는 것을 매우 분명하게 알고 있네요. 이제 뭔가 해야 할 때입니다."

연습 10-2 변화대화 이끌어 내기: 두 번째 검토하기

이것은 제9장에서 사용했던 것과 같은 대화이다. 이번에는 상담자의 행동에 초점을 맞춘다. 상담자의 진술 뒤에 있는 질문에 답을 하라. 그 후 여러분이 사용할 만한 또 다른 반응을 적어 보라. 마지막에 정답을 확인해 본다.

시나리오 1(마리화나)

이 사람은 부모의 요청으로 약물남용 문제를 치료하기 위해 온 젊은 남자이다.

상담자: 우리가 지난 몇 달 동안 우리가 해 왔던 얘기들을 요약해 볼게요. 약 8개월 전에 당신은 아주 심각하게 암에 대한 공포를 겪었죠. 항암치료를 받는 데 시간을 보냈고, 잠시 동안 인생 계획이 보류되었죠. 하지만 그 선에서 상황이 바뀌어서 암이 호전되었고, 당신은 낙천적인 기분이 들었으며 다시 삶을 찾으려고 노력하고 있고요. 이 진단을 받기 전에 학교에 다녔고, 다소 엇갈린 결과를 보였지만 당신은 성공하기 위해 무엇이 필요한지를 알고 있었어요. 당신의 계획은 이번 가을학기에 학교로 돌아가는 거죠. 또한 당분간 돈이 덜 들도록 집에 있기로 결심했고요. 하지만 이것 또한 당신이 부모님의 규칙을 따라야만 한다는 것을 의미하기 때문에 어느 정도 마찰을 일으키고 있지요. 빠진 게 있나요?

요약을 통해서 어떻게 다음에 탐색할 주제를 시작할 수 있는가? 이 요약을 다시 해 본다면 당신은 어떻게 할 것인가? 어떤 다른 접근을 사용할 수 있을까?

예시: 집에서의 마찰뿐만 아니라 학교에서 문제를 일으켰던 것들에 관한 이야기를 시작할 수 있다. 또 다른 가능성 있는 접근은 암에 대한 공포를 탐색하고, 마리화나 피우는 것과 건강유지하는 것이 어떤 관계가 있는지 탐색하는 것이다. 아래에 하나의 접근이 있다.

"힘든 몇 달을 보냈네요. 특히, 당신 부모님과 사이에서 말이에요. 마리화나 흡연과 그렇게 힘들게 보낸 시간은 어떤 연관이 있나요?"

(다음 쪽에 계속)

출처: *Building Motivational Interviewing Skills: A Practitioner Workbook*, Second Edition, by David B. Rosengren, 구매자는 이 자료의 버전을 다운로드할 수 있다(차례 마지막에 있는 내용 참조).

변화대화 이끌어 내기: 두 번째 검토하기

내담자: 아니요.

상담자: 부모님의 걱정 중 하나가 마리화나를 피우는 것이라는 걸 알아요. 그것 때문에 부모님께서 당신이 지켜야 할 규칙을 정하셨고요. 그것에 대해 얘기해 보세요.

상담자는 무엇을 하였는가? 무엇이 저항의 가능성을 줄이는 역할을 했는가? 이 부분에서 접근할 수 있는 또 다른 방법은?

내담자: 음……. 그것에 대해 뭘 알고 싶은 거죠?

상담자: 마리화나를 피우면서 무슨 일이 일어났는지, 무엇 때문에 부모님께서 걱정하시는지, 그런 것들…….

내담자에게 무슨 일이 일어났는가? 이에 반응해서 상담자는 무엇을 하였는가? 이를 대체할 수 있는 접근은?

내담자: 음……. 저는 고등학교 3학년이 될 때까지 술을 마시거나 마리화나를 피우지 않았어요. 그러다 그 해 중반쯤에 술을 마시기 시작했죠. 알다시피 주말에 외출해서 친구들과 파티를 하면서요. 그 후에 마리화나를 피우기 시작했어요. 처음엔 똑같은 방식으로 그냥 주말에만 했어요. 하지만 나중엔 거의 매일 피우기 시작했죠. 그건 술 마시고 운전하는 것보다는 안전했어요. 얼마 지나지 않아서 좀 줄이는 게 좋겠다고 결심하고 노력했어요. 그러다가 잠시 끊기로 결심했고, 한두 달 동안 두 번 정도 피웠어요. 그다음에는 그냥 사교적으로 피우려고 했는데 그게 잘 안 되더라고요. 그러다가 발병을 해서 한동안 아무것도 하지 않았는데 지금은 다시 피우기 시작했어요. 그래서 부모님께서 저한테 일주일에 한 번은 피울 수 있다고 말씀하셨을 때 약간 놀랐어요. 하지만 그것이 저에겐 효과가 없을 거라는 걸 저도 알아요. 사교적으로 피울 순 없어요. 아예 완전히 끊어야 하기 때문에 저는 그렇게 하고 있는 거죠. 약 일주일 정도 피우지 않았네요.

상담자: 당신은 이것은 변화시켜야 할 필요가 있다는 사실을 꽤 분명히 알고 있네요. 사실 당신은 이미 고등학교 시절에 이 문제를 잘 알고 있었어요.

변화대화 이끌어 내기: 두 번째 검토하기

상담자는 반영적 반응을 선택했다. 왜 그런 것일까? 또 다른 반영적 경청 반응은?

내담자: 고등학교 졸업 직후죠.

상담자: 술 마시는 건 어때요? 지금 당신의 음주 습관에 대해서는 어떻게 생각하죠?

상담자는 여기에서 무엇을 하였는가? 이것이(술마시는 것) 문제인가? 왜 문제인가 또는 왜 문제가 아닌가? 만약 당신이 변화대화를 끌어내는 다른 전략들 중에 하나를 선택해야 한다면 무엇을 선택할 것이고, 그 이유는 무엇인가? 그것을 어떻게 할 것인가?

내담자: 술은 계속 마실 계획이에요. 하지만 마리화나를 피우면서 했던 고생을 다시 하진 않을 거예요. 술 마시는 건 마리화나를 피웠던 것과는 달라요. 나는 매일 마시지 않았어요. 가끔씩 외출할 때만 마셨죠. 전 식당에서 일해요. 가끔 일 끝나고 두 잔 정도 마시는데 그게 잘못됐다고 생각하진 않아요.

상담자: 알겠어요. 그러니까 당신에게서 마리화나를 피우는 것이 변화해야 한다는 것은 분명하네요. 난 여전히 당신이 왜 그런 결심을 하게 됐는지 더 듣고 싶어요. 그러나 당신은 술 마시는 것까지 변화해야 한다고 생각하진 않고요.

이것은 복합반영이다. 당신은 이러한 상황에서 변화대화를 이끌어 내기 위해 어떤 다른 전략을 사용할 것인가? 당신이 어떻게 말할지 예를 들어 본다.

변화대화 이끌어 내기: 두 번째 검토하기

내담자: 네, 그건 별거 아니잖아요.

상담자: 대단한 건 아니군요.

상담자는 이러한 반영을 가지고 무엇을 하고 있는가? 여러분이라면 어떻게 이와 같은 일을 다른 말로 해 보겠는가?

내담자: 맞아요.

상담자: 지금까지 얘기한 걸 요약해 볼게요. 당신은…….

여러분이 강조하고 싶은 내담자의 변화에 초점을 두어 요약을 해 본다.

연습 10-2의 핵심, 시나리오 1(마리화나)

상담자: 우리가 지난 몇 달 동안 우리가 해 왔던 얘기들을 요약해 볼게요. 약 8개월 전에 당신은 아주 심각하게 암에 대한 공포를 겪었죠. 항암치료를 받는 데 시간을 보냈고, 잠시 동안 인생 계획이 보류되었죠. 하지만 그 선에서 상황이 바뀌어서 암이 호전되었고, 당신은 낙천적인 기분이 들었으며 다시 삶을 찾으려고 노력하고 있고요. 이 진단을 받기 전에 학교에 다녔고, 다소 엇갈린 결과를 보였지만 당신은 성공하기 위해 무엇이 필요한지를 알고 있었어요. 당신의 계획은 이번 가을학기에 학교로 돌아가는 거죠. 또한 당분간 돈이 덜 들도록 집에 있기로 결심했고요. 하지만 이것 또한 당신이 부모님의 규칙을 따라야만 한다는 것을 의미하기 때문에 어느 정도 마찰을 일으키고 있지요. 빠진 게 있나요?

논평: 요약은 상담자가 이 시점에서 알게 된 것에 대한 전체적인 개요를 제공한다. 요약은 암 발병, 학교에서의 성과, 학교생활에서 그의 행동이 바뀐 요인과 집으로 들어와 살게 된 것을 포함하여 몇 가지 가능한 탐색의 실마리를 제공한다. 여러분은 전에 언급된 단순반영이나 열린 질문으로 시작할 수 있다. 즉, "당신은 마리화나를 조금 덜 피우기로 결정했어요. 당신의 지금 생활에 잘 만족하나요?" 과거를 돌아보게 질문할 수도 있다. "지난 몇 년 동안 당신이 마리화나를 피우는 행동은 많이 바뀐 것 같아요. 학교에서 문제가 생기기 전, 몇 년 전에는 어땠나요?" 아니면 미래에 대한 몇 가지 질문을 할 수 있다. "5년 후에 당신이 어디에 있으면 좋겠어요? 마리화나가 거기에 어울리나요?"

내담자: 아니요.

상담자: 부모님의 걱정 중 하나가 마리화나를 피우는 것이라는 걸 알아요. 그것 때문에 부모님께서 당신이 지켜야 할 규칙을 정하셨고요. 그것에 대해 얘기해 보세요.

논평: 상담자는 내담자가 치료받게 된 사실 부분에 초점을 맞추도록 하고 있다. 문제가 있을 거라는 가정 없이 사실 자체를 진술하고 있다. 상담자는 내담자에게 그 상황에 대해 좀 더 자세히 말하도록 요청한다. 상담자는 상황에 대한 짧은 진술과 함께, 문제가 있는지 없는지를 결정하는 것은 내담자의 책임이라는 이야기로 상담을 시작할 수 있다. 예를 들어, "당신 부모님이 당신의 마리화나를 피우는 행동에 너무 염려가 되어서 전화했어요. 그러나 난 부모님의 말씀에 기초해서 가정을 세우지 않아요. 문제가 있는지, 당신이 뭔가를 하기 원하는지 결정하는 것은 당신에게 달려 있기 때문이에요. 자, 이 상황에서 당신은 무엇을 할 건가요?"

내담자: 음……. 그것에 대해 뭘 알고 싶은 거죠?

상담자: 마리화나를 피우면서 무슨 일이 일어났는지, 무엇 때문에 부모님께서 걱정하시는지, 그런 것들…….

(다음 쪽에 계속)

연습 10-2의 핵심, 시나리오 1(마리화나) (계속)

논평: 내담자가 조금 마음 내켜 하지 않는다. 반영하기가 타당함에도 불구하고 내담자는 명료화와 직접적인 반응을 보여 주기를 원한다(즉, 더 상세한 질문이 적절하다). 이것은 내담자가 좀 더 정확한 지시를 요구하는 단순한 문제일 수도 있으므로, 상담자는 요구를 직접적으로 표현한다. "내가 혼란스럽게 했군요." 혹은 좀 더 직접적으로 "내가 당신을 곤란하게 하는 것처럼 느낄 수 있겠네요."와 같이 말할 수 있다.

내담자: 음……. 저는 고등학교 3학년이 될 때까지 술을 마시거나 마리화나를 피우지 않았어요. 그러다 그 해 중반쯤에 술을 마시기 시작했죠. 알다시피 주말에 외출해서 친구들과 파티를 하면서요. 그 후에 마리화나를 피우기 시작했어요. 처음엔 똑같은 방식으로 그냥 주말에만 했어요. 하지만 나중엔 거의 매일 피우기 시작했죠. 그건 술 마시고 운전하는 것보다는 안전했어요. 얼마 지나지 않아서 좀 줄이는 게 좋겠다고 결심하고 노력했어요. 그러다가 잠시 끊기로 결심했고, 한두 달 동안 두 번 정도 피웠어요. 그다음에는 그냥 사교적으로 피우려고 했는데 그게 잘 안 되더라고요. 그러다가 발병을 해서 한동안 아무것도 하지 않았는데 지금은 다시 피우기 시작했어요. 그래서 부모님께서 저한테 일주일에 한 번은 피울 수 있다고 말씀하셨을 때 약간 놀랐어요. 하지만 그것이 저에겐 효과가 없을 거라는 걸 저도 알아요. 사교적으로 피울 순 없어요. 아예 완전히 끊어야 하기 때문에 저는 그렇게 하고 있는 거죠. 약 일주일 정도 피우지 않았네요.

상담자: 당신은 이것은 변화시켜야 할 필요가 있다는 사실을 꽤 분명히 알고 있네요. 사실 당신은 이미 고등학교 시절에 이 문제를 잘 알고 있었어요.

논평: 내담자가 변화대화를 하였기에 상담자는 그 진술에 관심을 보이는 대응을 하고, 고등학교 시절로 돌아가면서 그것의 중요성을 강조한다. 또는 상담자는 "그러니까, 당신은 무엇을 해야 하는지 알고 있고, 또 그것을 실행하고 있네요."라고 언급함으로써 결심공약언어로 강화할 수도 있다.

내담자: 고등학교 졸업 직후죠.

상담자: 술 마시는 건 어때요? 지금 당신의 음주 습관에 대해서는 어떻게 생각하죠?

논평: 내담자는 사실을 수정하고 있다. 상담자는 이에 관심을 보이기보다는 음주 문제를 사정하는 것으로 옮겨 갔다. 상담자의 접근은 직면적이지 않기 때문에 불협화음을 유도할 가능성은 낮다. 하지만 변화대화에서 다른 영역으로 초점을 옮기기 때문에, 추진력을 잃을 위험이 있다. 다른 접근으로는 그의 음주에 대한 부모님의 견해를 물어볼 수 있다. "당신 부모님이 전화했을 때 마리화나 사용에 대해 염려를 표하고, 음주에 대해서도 언급하셨어요. 부모님이 음주에 대해 걱정하시는 이유는 무엇인 것 같아요?"

(다음 쪽에 계속)

연습 10-2의 핵심, 시나리오 1(마리화나) (계속)

내담자: 술은 계속 마실 계획이에요. 하지만 마리화나를 피우면서 했던 고생을 다시 하진 않을 거예요. 술 마시는 건 마리화나를 피웠던 것과는 달라요. 나는 매일 마시지 않았어요. 가끔씩 외출할 때만 마셨죠. 전 식당에서 일해요. 가끔 일 끝나고 두 잔 정도 마시는데 그게 잘못됐다고 생각하진 않아요.

상담자: 알겠어요. 그러니까 당신에게서 마리화나를 피우는 것이 변화해야 한다는 것은 분명하네요. 난 여전히 당신이 왜 그런 결심을 하게 됐는지 더 듣고 싶어요. 그러나 당신은 술 마시는 것까지 변화해야 한다고 생각하진 않고요.

논평: 상담자는 변화대화를 이끌어 내기 위해서 음주에 대한 논의를 미묘하게 바꾸려고 다시 말했다. 확대반영을 시도할 수 있다. "당신이 보는 한, 문제가 없네요." 또는 반영을 사용한 후에 뒤이어 유발 질문을 할 수도 있다. "일반적으로 당신은 음주에 대해서는 꽤 편안하게 느끼네요. 혹시 덜 편안하게 느끼는 요소가 있나요?"

내담자: 네, 그건 별거 아니잖아요.

상담자: 대단한 건 아니군요.

논평: 상담자는 이해할 것이 더 있을 수 있음을 암시하는 내담자의 진술에 다시 주의를 기울이고 있다. 아니면 그의 염려에 대해 직접 물어볼 수 있다. "별거 아니라는 건 무슨 의미죠?" 혹은 확대반영을 사용할 수도 있다. "당신은 아마도 이런 식으로 평생 술을 마시게 되겠군요."

내담자: 맞아요.

상담자: 지금까지 얘기한 걸 요약해 볼게요. 당신은…….

논평: 요약은 다음과 같을 것이다.

올해는 당신의 일생에 있어서 참으로 중대한 한 해였어요. 암치료 중심이었던 기간에도 당신의 인생에 대한 몇 가지 결론에 도달했어요. 그중 하나가 마리화나를 피우는 것은 꼭 바뀌어야만 한다는 것이었어요. 그래서 당신은 바꾸고자 결심했고, 다른 사람들(부모)이 당신에게 여지를 좀 주었을 때조차도 흔들리지 않고 실행해 왔어요. 한편 당신은 음주가 마리화나를 대신할 수 없다는 것을 확신하면서도 음주는 괜찮다고 여겨 왔어요. 음주가 큰 문제가 되지 않도록 주의할 계획이라는 것처럼 들리네요. 당신이 결심했다면 어떻게 음주를 주의할지 궁금합니다.

연습 10-2 시나리오 2(대인관계 폭력)

이웃의 신고로 아동보호서비스가 개입된 후에 중년의 남자는 아동복지전문가에게 의뢰되었다. 집안에서 말다툼이 있었고, 그는 자기 아들뿐만 아니라 여자친구도 때렸다. 학교 측이 예전에 아이들의 타박상 사건을 신고하긴 했지만 지금까지 공식적인 개입은 없었다. 그는 강제로 치료를 받게 되었고, 아동복지전문가가 두 아이들(8세와 5세)이 그와 있어도 안전하다고 인정해 줄 때까지 자신의 아이들을 기관의 감시하에만 만날 수 있다. 이런 경우에 목표행동은 여자친구와 아이들과의 갈등을 관리하는 방법에서 변화하는 것이다. 이번에도 이 대화를 읽으면서 여러분들은 상담자에 초점을 맞추고 다른 대안을 제시해 보라.

상담자: 당신이 오늘 여기에 나온 것이 별로 유쾌하지 않다는 걸 알아요.

해설: 대인 폭력에 관한 이런 대화를 시작할 수 있는 또 다른 방법은 무엇인가?

내담자: 제길, 맞아요. 이웃들이 신고를 했을 때 경찰은 내 이야기는 듣질 않았어요. 나를 그냥 감옥으로 데려갔고, 내가 사회복지사 없이 내 아이들을 보고 싶으면 당신한테 와서 이야기해야만 한다고 말했어요.

상담자: 정말 아무도 당신이 그 상황을 어떻게 보는지 알아보기 위해 시간을 내지 않았네요. 우리가 그런 시간을 가지면 어떨까요?

해설: 당신이 이 진술의 다른 부분에 주의를 기울인다면 당신은 어떤 문제에 수복하겠는가? 왜 그런가? 뭐라고 말하겠는가?

(다음 쪽에 계속)

시나리오 2(대인관계 폭력)

내담자: 좋을 대로 하세요.

상담자: 지금 당신이 여자친구와 아이들과의 상황에 대해 걱정하는 것은 무엇인가요?

해설: 내담자가 상담자와 잘 해 나가고 있는가? 왜 그런가? 혹은 왜 그렇지 않은가? 이 관계가 좀 더 파트너십 관계로 발전하도록 돕기 위해 당신은 뭐라고 말하겠는가?

내담자: 누군가 동행하지 않으면 난 애들을 볼 수가 없어요. 내 아이들은 그걸 이해하지 못해요. 애들이 "왜 집에 같이 있을 수 없죠, 아빠?"라고 말해요. 난 평소에 아들의 수학 숙제를 봐 주는데, 지금 그럴 수가 없어요. 애 엄마는 그런 걸 잘하지 못하는데 말이죠. 짜증 나요."

상담자: 아이들과 함께 생활하는 것이 당신한텐 중요하군요. 당신은 그걸 원하는데 지금은 그럴 수가 없군요.

해설: 상담자는 내담자의 진술 중 한 문제를 택했다. 논의해 볼 만한 다른 문제가 있는가? 당신은 뭐라고 말하겠는가? 혹은 당신은 같은 문제에 대해 어떻게 다르게 말하겠는가?

내담자: 네, 때때로 아이들이 좀 성가시기도 하지만 대부분은 좋아요.

상담자: 당신의 여자친구는 어떤가요?

시나리오 2(대인관계 폭력)

해설: 상담자는 여자친구에게로 초점을 옮겨 갔다. 내담자의 말에 반응한다면 당신은 뭐라고 하겠는가?

내담자: 나한테 화를 냈어요. 내가 그녀를 때렸다고 말하지만 그녀도 저를 때려요. 그녀는 내가 자기와 아이들한테 신경 안 쓴다고 말하지만 그건 사실이 아니에요. 그녀는 뒤로 물러설 줄을 몰라요. 그날 밤에도 그랬어요. 나를 좀 혼자 내버려 두라고 말하고 방을 나왔는데 그녀가 쫓아왔어요. 차고로 나갔더니 거기로 따라 나오더라고요. 정말 당혹스러웠어요. 이웃들도 들었을 거예요. 결국 내가 다시 안으로 들어가서 잠자코 있으라고 말했죠. 그랬더니 그녀가 내 뺨을 쳤어요. 참는 데 한계가 있다고 생각했어요. 그녀가 가까이 오지 못하도록 그냥 손등을 휘둘렀는데 균형을 잃었는지 넘어졌어요. 나는 Danny를 때릴 의도가 전혀 없었어요. 그녀가 나를 다시 공격하려고 할 때 아이들이 들어왔던 거죠. 내가 잘못했다고 말하려고 했는데 그녀는 할퀴고 때리고, 무슨 일이 일어난 건지 모르겠어요.

상담자: 거기서 어떤 일이 있었는지에 대해 말하면서 기분이 안 좋아 보이네요. 그건 당신이 여자친구와의 갈등을 그런 식으로 다루고 싶지 않았던 거죠. 당신은 그것보단 더 나은 통제력을 갖고 싶은 거죠.

해설: 상담자는 꽤 큰 추측을 하고 있다. 이것이 당신에게도 적합한가? 이것이 도움이 되는 방향인가? 만약 그렇지 않다면, 대신에 당신은 무엇을 하겠는가?

시나리오 2(대인관계 폭력)

내담자: 네. 난 그 사람들이 생각하는 그런 괴물이 아니에요. 나는 정말 거기서 문제가 생기지 않게 피하려고 노력했단 말이에요. 그냥 그녀가 물러설 줄을 몰랐던 거예요.

상담자: 그건 당신은 그런 사람이 아니고, 다른 사람들이 당신이라고 봐 주기를 바라는 모습도 아니군요.

해설: 상담자는 내담자가 오해받고 있음을 강조한다고 인식한다. 당신은 어떻게 다르게 말하겠는가?

내담자: 난 우리가 그냥 털어놓고 이야기했으면 좋겠는데, 우린 서로에게 너무 화를 잘 내요. 우린 뭔가 다른 방법을 찾아야 해요.

상담자: 제가 다 이해했는지 봅시다. 당신은 여기 오는 게 유쾌하지 않고, 동시에 그날 밤 일어났던 일에 대해서도 기분이 좋지 않아요. 당신은 여자친구와 뭔가 이야기할 수 있길 바라는데, 때로 그럴 수 없을 것 같다는 생각이 들어요. 여자친구와 이야기를 하면 당신은 후회하는 일을 하게 되고요. 당신이 이렇게 하는 방식에 뭔가 변화가 있어야 한다는 것은 분명하네요.

해설: 당신이 요약을 한다면 어떻게 하겠는가?

연습 10-2의 핵심, 시나리오 2(대인관계 폭력)

상담자: 당신이 오늘 여기에 나온 것이 별로 유쾌하지 않다는 걸 알아요.

논평: "당신에게 무슨 일이 있었는지 당신이 이해하는 대로 말씀해 주세요."라고 할 수 있다.

내담자: 제길, 맞아요. 이웃들이 신고를 했을 때 경찰은 내 이야기는 듣질 않았어요. 나를 그냥 감옥으로 데려갔고, 내가 사회복지사 없이 내 아이들을 보고 싶으면 당신한테 와서 이야기해야만 한다고 말했어요.

상담자: 정말 아무도 당신이 그 상황을 어떻게 보는지 알아보기 위해 시간을 내지 않았네요. 우리가 그런 시간을 가지면 어떨까요?

논평: 몇 가지 대안이 있다. "감옥에 가는 건 당신이 반복하고 싶지 않은 거죠.", "당신을 아이 취급한다는 느낌이시네요." 또는 "당신은 좌절한 것 같네요."

내담자: 좋을 대로 하세요.

상담자: 지금 당신이 여자친구와 아이들과의 상황에 대해 걱정하는 것은 무엇인가요?

논평: 내담자와 상담자가 파트너십으로 협력하고 있는 것 같지 않다. 내담자는 그 과정에 대한 무관심을 전달하고 있고, 상담자가 그로 하여금 어떤 것도 하게 만들 수 없다고 주장한다. 이 불협화음을 직접적으로 다루는 것이 유용할 수 있지만, 만약 여러분이 불협화음으로 멀어지는 전략을 사용하지 않는다면, 불협화음 요소에 집중하게 될 것이다(이 주제는 제11장에서 좀 더 논의한다). 여러분은 불협화음을 당연한 것으로 인정하고 초점을 바꾸는 질문을 할 수도 있다. "난 이 상담 회기에서 무슨 일이 일어날지는 온전히 당신에게 달려 있다는 것을 분명히 하고 싶어요. 나는 당신에게 아무것도 강요하지 않을 거예요. 당신에게 이 회기가 유용하다고 생각되려면 어떻게 해야 할까요?"

내담자: 누군가 동행하지 않으면 난 애들을 볼 수가 없어요. 내 아이들은 그걸 이해하지 못해요. 애들이 "왜 집에 같이 있을 수 없죠, 아빠?"라고 말해요. 난 평소에 아들의 수학 숙제를 봐 주는데, 지금 그럴 수가 없어요. 애 엄마는 그런 걸 잘하지 못하는데 말이죠. 짜증 나요."

상담자: 그들과 함께 생활하는 것이 당신한텐 중요하군요. 당신은 그걸 원하는데 지금은 그럴 수가 없군요.

논평: 여러분은 "당신 아이들이 그런 어려운 질문을 할 때, 당신은 어떠세요?"라고 질문함으로써 그가 아이들의 질문에 어떻게 답하는지에 초점을 맞출 수도 있을 것이다. 또한 여러분은

(다음 쪽에 계속)

연습 10-2의 핵심, 시나리오 2(대인관계 폭력) (계속)

그가 아이들과 함께 원하는 것을 할 수 있다면 무엇을 하고 있을지 물어볼 수도 있다. "지금은 할 수 없지만, 아이들과 함께 무엇을 하고 싶나요?" 여러분은 그가 원하는 방식으로 아이들과 함께하기 위해서 변화하는 것이 얼마나 중요한지 확인하기 위해, 준비도 척도를 사용할 수도 있다.

내담자: 네, 때때로 아이들이 좀 성가시기도 하지만 대부분은 좋아요.

상담자: 당신의 여자친구는 어떤가요?

논평: "완전하진 않지만 당신은 정말 그곳으로 돌아가고 싶군요."라고 말할 수 있다.

내담자: 나한테 화를 냈어요. 내가 그녀를 때렸다고 말하지만 그녀도 저를 때려요. 그녀는 내가 자기와 아이들한테 신경 안 쓴다고 말하지만 그건 사실이 아니에요. 그녀는 뒤로 물러설 줄을 몰라요. 그날 밤에도 그랬어요. 나를 좀 혼자 내버려 두라고 말하고 방을 나왔는데 그녀가 쫓아왔어요. 차고로 나갔더니 거기로 따라 나오더라고요. 정말 당혹스러웠어요. 이웃들도 들었을 거예요. 결국 내가 다시 안으로 들어가서 잠자코 있으라고 말했죠. 그랬더니 그녀가 내 뺨을 쳤어요. 참는 데 한계가 있다고 생각했어요. 그녀가 가까이 오지 못하도록 그냥 손등을 휘둘렀는데 균형을 잃었는지 넘어졌어요. 나는 Danny를 때릴 의도가 전혀 없었어요. 그녀가 나를 다시 공격하려고 할 때 아이들이 들어왔던 거죠. 내가 잘못했다고 말하려고 했는데 그녀는 할퀴고 때리고, 무슨 일이 일어난 건지 모르겠어요.

상담자: 거기서 무슨 일이 있었는지에 대해 말하면서 기분이 안 좋아 보이네요. 그건 당신이 여자친구와의 갈등을 그런 식으로 다루고 싶지 않았던 거죠. 당신은 그것보단 더 나은 통제력을 갖고 싶은 거죠.

논평: 상담자의 반응은 정확했고 도움이 된 것 같다. 또한 "당신은 자신의 반응하는 방식에 당황했었고, 그러다가 Danny가 맞았을 때 상황은 더 나빠졌군요. 당신은 다시는 그렇게 끝내고 싶지 않은 것 같군요."라고 말하고 난 후, 나중에 그의 느낌에 초점을 맞추는 것도 효과적일 수 있다.

내담자: 네. 난 그 사람들이 생각하는 그런 괴물이 아니에요. 나는 정말 거기서 문제가 생기지 않게 피하려고 노력했단 말이에요. 그냥 그녀가 물러설 줄을 몰랐던 거예요.

상담자: 그건 당신은 그런 사람이 아니고, 다른 사람들이 당신이라고 봐 주기를 바라는 모습도 아니군요.

(다음 쪽에 계속)

연습 10-2의 핵심, 시나리오 2(대인관계 폭력) (계속)

논평: 양면반영을 쓰는 것이 효과적일 것이다. "당신은 괴물도 아니고, 또한 당신이 반응했던 방식도 좋아하지 않아요. 아무도 당신에게 그걸 말할 필요가 없어요." 혹은 미래 예상기법을 사용할 수 있다. "아무것도 바뀌지 않은 채 5년 후가 된다면, 당신 가족에게 무슨 일이 일어나 있을까요?" 혹은 "만약 당신이 변화한다면 5년 후 당신 가족의 모습은 어떨까요?"

내담자: 난 우리가 그냥 털어놓고 이야기했으면 좋겠는데, 우린 서로에게 너무 화를 잘 내요. 우린 뭔가 다른 방법을 찾아야 해요.

상담자: 제가 다 이해했는지 봅시다. 당신은 여기 오는 게 유쾌하지 않고, 동시에 그날 밤 일어났던 일에 대해서도 기분이 좋지 않아요. 당신은 여자친구와 뭔가 이야기할 수 있길 바라는데, 때로 그럴 수 없을 것 같다는 생각이 들어요. 여자친구와 이야기를 하면 당신은 후회하는 일을 하게 되고요. 당신이 이렇게 하는 방식에 뭔가 변화가 있어야 한다는 것은 분명하네요.

논평: 다음은 대안이다: "당신은 상황이 달라지길 원해요. 단지 어떻게 거기에 도달할지 잘 모를 뿐이에요. 당신은 정말 문제가 안 생기도록 노력했고, 그리고 이 모든 일에 당신이 관여하였다는 것을 알고 있어요. 당신은 여전히 여기에 와야 하는 것에 약간 짜증이 나 있지만, 다시는 이런 일이 일어나지 않게 할 방법을 원합니다. 그럼 다음 단계는 무엇일까요?"

연습 10-3 목표 질문: 유발하기

제5장과 제8장에서와 마찬가지로 이것은 좋은 질문을 만드는 연습을 할 수 있는 기회이다. 그러나 이번에는 내담자를 동기유발시키는 것을 목표로 삼는다. 여러분은 내담자의 진술문을 읽고 두 가지의 질문을 만들 것이다. 변화대화는 특별한 목표행동을 요구하지만, 이러한 정보는 이 진술문에는 제시되지 않기 때문에 여러분이 추론할 수 밖에 없을 것이다. 여러분은 또한 여러분의 질문에 들어가기 위해 반영을 사용해야 할 수도 있다. 반영하기는 언제나 좋은 연습이니 자유롭게 사용하라. 여러분은 이 장과 이전 장에서 배운 모든 유형의 질문을 사용할 수 있다('변화대화와 유지대화 인식하기'). 여러분의 기억을 되살리기 위해 자유롭게 이전 장을 훑어보기 바란다.

나중에 계획 단계를 위한 다른 질문을 개발할 때 이 시나리오를 다시 사용할 것이다.

1. **저는 자녀들이 부모를 이해하고 존중해야 한다는 점을 알고 있어야 한다고 생각해요. 요즘 아이들이 불량한 행동을 하는 것을 너무 자주 보는데 무례한 행동은 절대 참지 않을 거예요.**

   질문 A:

   질문 B:

2. **저는 우리가 여기서 뭘 해야 할지 모르겠어요.**

   질문 A:

   질문 B:

3. **물론 저는 제 아이들을 사랑하지만, 가끔 아이들은 저를 벼랑으로 몰아가요. 그렇게 되면 저는 해선 안 될 일들을 하곤 해요.**

(다음 쪽에 계속)

질문 A:

질문 B:

4. 이제 이 모든 바보 같은 일들을 처리하는 것에 정말 지쳐요. 더 이상 아무것도 못하겠어요. 무언가 바뀔 필요가 있어요.

질문 A:

질문 B:

5. 제가 가진 문제가 뭐냐고 물으신다면, 아내가 끊임없이 불평한다는 게 문제이죠.

질문 A:

질문 B:

** 보너스**

6. 또 시작이네요. 매일 반복되는 일들…….

질문 A:

질문 B:

연습 10-3의 반응 예시

여러분이 느끼다시피 이 중 몇 가지 상황은 질문 이전에 반영을 하는 것이 적절한 것으로 보인다. 변화대화의 경우에는 우리는 특정한 목표행동이 필요하다. 이 연습 예에서는 우리는 목표행동을 명확하게 서술하지 않았기 때문에, 우리가 가지고 있는 제한된 정보에 근거하여 추론할 필요가 있다. 동기강화상담자들은 이런 경우에 종종 열린 형태의 질문 범주에 속하는 "……에 대해서 말해 주세요." 라는 말로 시작한다.

1. **저는 자녀들이 부모를 이해하고 존중해야 한다는 점을 알고 있어야 한다고 생각해요. 요즘 아이들이 불량한 행동을 하는 것을 너무 자주 보는데 무례한 행동은 절대 참지 않을 거예요.**

   관계 형성하기:

   질문 예시 A: 부모가 된다는 것이 당신에게 어떤 의미인지 조금 더 말해 주세요.
   질문 예시 B: 당신 삶의 큰 그림에서 양육이 어떤 위치를 차지하고 있나요?

   초점 맞추기:

   질문 예시 A: 부모라는 역할에 최선을 다한다면 당신은 어떤 모습일까요?
   질문 예시 B: 자녀와의 관계에서 더 바라시는 게 있다면 무엇인가요?

   유발하기:

   질문 예시 A: 아이들과의 관계에서 염려되는 것은 무엇입니까?
   질문 예시 B: 아무것도 변화하지 않는다면, 당신과 아이들은 어떻게 될 것 같습니까?

2. **저는 우리가 여기서 뭘 해야 할지 모르겠어요.**

   관계 형성하기:

   질문 예시 A: 여기에 계신 이유에 대해 이해한 바가 있으시다면 말해 주세요.
   질문 예시 B: 어떤 정보가 유용할까요?

   초점 맞추기:

   질문 예시 A: 당신에겐 혼란스러운 상황이군요. 저희가 함께 시간을 보낼 수 있는 좋은 방법은 무엇일까요?
   질문 예시 B: 우선순위가 불분명하신 것 같아요. 인생의 큰 그림을 그릴 때, 가장 중점에 두는 것은 무엇일까요?

   유발하기:

   질문 예시 A: 그게 당신에게 혼란스럽군요. 여기가 시작 지점이라면, 당신 입장에서 무엇이 달라지기를 원하나요?

(다음 쪽에 계속)

연습 10-3의 반응 예시 (계속)

질문 예시 B: 이것이 생산적으로 느껴지지 않는군요. 다르게 변화하고 싶다면 당신의 에너지를 어디에 쏟고 싶은가요?

3. **물론 저는 제 아이들을 사랑하지만, 가끔 아이들은 저를 벼랑으로 몰아가요. 그렇게 되면 저는 해선 안 될 일들을 하곤 해요.**

관계 형성하기:

질문 예시 A: 말씀하신 것과 같은 일이 있으셔서 구석으로 몰리는 느낌에 자녀에게 원하지 않는 방식으로 반응하셨을 때, 느낀 점이 있다면 무엇인가요?

질문 예시 B: 당신이 끝까지 몰리는 느낌이 들지 않을 때는 언제인가요?

초점 맞추기:

질문 예시 A: 아이들과의 일상(보통 때)은 어떻습니까?

질문 예시 B: 부모들이 끝까지 몰리는 기분이 들 때 우려스럽지요. 그 우려에 대해서 함께 이야기하면서 어떤 생각을 하시는지 듣고 싶은데, 괜찮을까요?

유발하기:

질문 예시 A: 무엇을 다르게 했었다면 좋았겠습니까?

질문 예시 B: 무엇이 당신을 다르게 할 수 있다고 느끼게 하나요?

4. **이제 이 모든 바보 같은 일들을 처리하는 것에 정말 지쳐요. 더 이상 아무것도 못하겠어요. 무언가 바뀔 필요가 있어요.**

관계 형성하기:

질문 예시 A: 어떤 바보 같은 일들을 다루셨나요?

질문 예시 B: 삶의 큰 그림을 말해 주세요. 그리고 바보 같은 일들은 그 계획 안에 어떻게 들어 있는지 말해 주세요.

초점 맞추기:

질문 예시 A: 이 모든 바보 같은 일을 둘러보면서, 당신이 이 시점에서 가장 중요하게 생각하는 것은 무엇입니까?

질문 예시 B: 추측컨대, 당신은 이미 이런 상황을 변화시키려고 시도한 것 같네요. 당신이 깨달은 것이 당신에게 효과적이었는지에 대해 더 말해 주세요.

유발하기:

질문 예시 A: 무엇이 바뀌었나요?

질문 예시 B: 그것이 어떻게 바뀌기를 원하나요?

(다음 쪽에 계속)

연습 10-3의 반응 예시 (계속)

5. **제가 가진 문제가 뭐냐고 물으신다면, 아내가 끊임없이 불평한다는 게 문제이죠.**

관계 형성하기:

질문 예시 A: 부인의 불평을 멈추려면 어떤 일이 일어나야 할까요?

질문 예시 B: 당신의 아내는 몇 가지에 불만을 가지고 있는데, 이에 대해 어떻게 생각하세요?

초점 맞추기:

질문 예시 A: 그 끊이지 않는 대화에서 가장 중요하다고 생각되는 부분은 무엇인가요?

질문 예시 B: 아내와 상호작용하는 방식에 만족하지 않으시는군요. 가장 문제가 되는 부분은 무엇인가요?

유발하기:

질문 예시 A: 어떤 면에서 그녀와의 관계가 더 나아지길 원하시나요?

질문 예시 B: 그것이 좀 더 나아지게 하기 위해서, 당신 쪽에서는 무엇이 바뀌어야 할 것 같으신가요?

** 보너스**

6. **또 시작이네요. 매일 반복되는 일들…….**

관계 형성하기

질문 예시 A: 이 반복적인 패턴이 어떻게 느껴지시나요?

질문 예시 B: 당신 삶에서 좋아하지 않는 부분이신가 봐요. 이번에는 삶에서 좋아하시는 부분에 대해서 말씀해 주시겠어요?

초점 맞추기:

질문 예시 A: 오늘 함께 시간을 보내며 이야기할 만한 부분이 많이 있으신가 봐요. 가장 생산적이라고 느껴질 만한 부분이 있을까요? 아니면 조금 더 이야기하고 싶은 부분이 있을까요?

질문 예시 B: 당신이 에너지를 쏟고 싶은 다른 부분이 있다는 말로 들리네요. 그게 무엇일까요?

유발하기:

질문 예시 A: 6개월 후에 당신의 상태가 더 나아진다면, 그 삶은 어떤 형태일까요?

질문 예시 B: 1점부터 10점까지의 척도에서, 1점은 전혀 중요하지 않은 것이고 10점은 매우 중요한 것입니다. 새롭고 변화된 다른 어떤 일이 일어나는 것이 당신에게 얼마나 (몇 점으로) 중요할까요?

연습 10-4 목표 반영하기: 유발하기

우리의 관심을 다시 반영하기 연습으로 돌리되 이번 연습의 목표는 내담자의 유발하기이다. 다시 한번, 내담자의 진술문을 읽고 서로 다른 두 가지의 반영을 해 보자. 유발하기를 위해 두 가지의 목표행동이 필요하다. 목표행동이 명확하게 표현되지 있지 않기 때문에, 우리가 가지고 있는 제한된 정보를 바탕으로 추론할 필요가 있다. 여러분의 기억을 되살리기 위해 자유롭게 앞의 내용을 돌아보아도 된다.

1. 저는 제 딸이 좀 더 건강한 식습관을 가지길 바라요. 상황이 바뀌지 않으면 그녀의 건강이 위험에 처할 것 같아 걱정이 돼요. 짐작하시다시피 아이는 거슬려 하는데 저는 일관성 있게 보이기가 쉽지 않네요.

   반영 A:

   반영 B:

2. 요즘은 마리화나가 많은 곳에서 합법화되어서 아직까지도 옛날의 논쟁이 이어지고 있다는 게 이해가 안 돼요. 물론 너무 많이 피운다면 문제가 될 수 있습니다만, 그렇다고 해서 마리화나를 피우고 음주하는 것이 더 나쁜 문제를 야기한다고 할 순 없어요. 제 아내가 그것에 대해 행복해하지 않고, 자녀들이 눈치챌까 염려하고 있기는 하지만, 저는 직장에도 가고 있고, 집안일도 돕고 있어요.

   반영 A:

   반영 B:

(다음 쪽에 계속)

목표 반영하기: 유발하기

3. 가족들은 제가 일을 너무 많이 한다고 생각하고, 때론 저를 힘들게 해요. 제 생각에는 가족들이 제 입장을 몰라서 그런 것 같아요. 저는 제가 하는 일을 사랑하고, 그 일이 사람들에게 변화를 가져다준다고 생각해요. 그들은 저와 같은 방식으로 일을 해 보지 않았기 때문에, 이러한 일들이 저한테 짐이 된다고 생각하는 것 같아요. 다른 한편으로, 저는 그 일들이 때때로 저를 혹사시킨다는 것도 알고, 가족과의 시간을 줄어들게 한다는 것도 알아요. 그게 싫고요.

반영 A:

반영 B:

4. 저는 신앙을 갖고 영적인 것을 느끼고 싶어요. 하지만 종교 행사에 참석하는 사람들이 보이는 일부 위선적 모습들이 저를 거슬리게 해요. 그들의 말과 행동이 다른 것을 보면 정말로 미치겠어요. 그리고 저는 어떤 종교가 주장하는 정형화된 것들을 믿는 것을 어려워하는데, 이런 게 저한테는 어리석은 것처럼 느껴져요.

반영 A:

반영 B:

연습 10-4를 위한 반응 예시

변화대화를 위한 유발하기 목적을 위해서는 구체적인 목표행동이 필요한다. 그러나 목표행동이 명확하게 표현되지 있지 않기 때문에, 우리가 가지고 있는 제한된 정보를 바탕으로 추론할 필요가 있다.

1. **저는 제 딸이 좀 더 건강한 식습관을 가지길 바라요. 상황이 바뀌지 않으면 그녀의 건강이 위험에 처할 것같아 걱정이 돼요. 짐작하시다시피 아이는 거슬려 하는데 저는 일관성 있게 보이기가 쉽지 않네요.**

   관계 형성하기:

   반영 예시 A: 딸을 도와주고 싶은 마음이 간절하시군요.

   반영 예시 B: 딸의 건강이 염려되시는군요.

   초점 맞추기:

   반영 예시 A: 이 문제에서 그녀와 함께 할 수 있는 방법을 찾는 것이 당신에게 중요하군요.

   반영 예시 B: 당신이 이 문제를 접근하는 방법과 좀 더 일치하는 방식을 찾고 있는 거군요.

   유발하기

   반영 예시 A: 이 문제와 관련해서 딸과 당신이 어떻게 되어 가고 있는지가 염려되는군요.

   반영 예시 B: 당신의 목표는 당신의 딸이 동기유발하는 데 도움이 되는 방식으로 대화를 하고 싶은 거군요.

2. **요즘은 마리화나가 많은 곳에서 합법화되어서 아직까지도 옛날의 논쟁이 이어지고 있다는 게 이해가 안 돼요. 물론 너무 많이 피운다면 문제가 될 수 있습니다만, 그렇다고 해서 마리화나를 피우고 음주하는 것이 더 나쁜 문제를 야기한다고 할 순 없어요. 제 아내가 그것에 대해 행복해하지 않고, 자녀들이 눈치챌까 염려하고 있기는 하지만, 저는 직장에도 가고 있고, 집안일도 돕고 있어요.**

   관계 형성하기:

   반영 예시 A: 마리화나의 해악이 과장되게 여겨진다고 생각하시는 것 같네요.

   반영 예시 B: 마리화나 때문에 집 분위기가 어수선해요.

   초점 맞추기:

   반영 예시 A: 마리화나가 당신에게 매우 중요한 것이군요.

   반영 예시 B: 부인과의 관계가 당신에게 매우 중요한 것이군요.

(다음 쪽에 계속)

연습 10-4를 위한 반응 예시 (계속)

유발하기:

반영 예시 A: 당신은 마리화나가 어떤 문제도 일으키지 않는다고 꽤 확신하는군요. (이때 태도가 중요하다.)

반영 예시 B: 마리화나는 아내의 걱정과 아이들이 알게 될 위험을 감수할 가치가 있다고 느낄 만큼 당신에게 중요하군요.

3. 가족들은 제가 일을 너무 많이 한다고 생각하고, 때론 저를 힘들게 해요. 제 생각에는 가족들이 제 입장을 몰라서 그런 것 같아요. 저는 제가 하는 일을 사랑하고, 그 일이 사람들에게 변화를 가져다준다고 생각해요. 그들은 저와 같은 방식으로 일을 해 보지 않았기 때문에, 이러한 일들이 저한테 짐이 된다고 생각하는 것 같아요. 다른 한편으로, 저는 그 일들이 때때로 저를 혹사시킨다는 것도 알고, 가족과의 시간을 줄어들게 한다는 것도 알아요. 그게 싫고요.

관계 형성하기:

반영 예시 A: 지금 하고 계시는 일을 사랑하시는군요.

반영 예시 B: 가족들이 당신을 많이 염려하시나 봐요.

초점 맞추기:

반영 예시 A: 직장과 가정 사이의 균형을 원하시는군요.

반영 예시 B: 가정과 일, 이 두 가지 모두가 우선순위군요.

유발하기:

반영 예시 A: 당신은 일과 가정의 균형을 원하는데, 본인이 그러한지에 대해서는 확신이 없군요.

반영 예시 B: 당신은 일과 가정의 균형 사이에 있다고는 느끼지만, 그래도 뭔가 변화가 필요하다는 것을 알고 있어요.

4. 저는 신앙을 갖고 영적인 것을 느끼고 싶어요. 하지만 종교 행사에 참석하는 사람들이 보이는 일부 위선적 모습들이 저를 거슬리게 해요. 그들의 말과 행동이 다른 것을 보면 정말로 미치겠어요. 그리고 저는 어떤 종교가 주장하는 정형화된 것들을 믿는 것을 어려워하는데, 이런 게 저한테는 어리석은 것처럼 느껴져요.

관계 형성하기:

반영 예시 A: 직장과 가정 사이의 균형을 원하시는군요.

반영 예시 B: 가정과 일, 이 두 가지 모두가 우선순위군요.

(다음 쪽에 계속)

연습 10-4를 위한 반응 예시 (계속)

초점 맞추기:

반영 예시 A: 당신에게 신앙을 찾는 것이 중요한 일이군요.

반영 예시 B: 어떻게 하면 종교 활동을 할 수 있는지 탐색하는 것을 통해 활력을 느끼시는 것 같아요. 쉽게 관둘 수 있는 고민이 아니네요.

유발하기:

반영 예시 A: 무언가가 빠졌군요.

반영 예시 B: 당신은 자신을 초월하여 다른 사람과 연결해 주는 어떤 것에 다가가고 싶으신 거군요.

연습 10-5 경로 따르기

Russell과의 대화로 돌아가서 이번에는 좀 더 깊이 들어가 보자. 이번 연습에서는 사용된 도구뿐만 아니라, 상담사가 그 도구를 사용하여 무엇을 시도하는지를 파악하라. 즉, 의도가 무엇인지를 파악하고 그런 다음 이것이 변화대화를 이끄는지 아니면 유지대화/불협화음 혹은 중립적인 대화를 이끌어 내는지 여부를 Russell의 진술문 옆에 있는 칸에 표시하라.

	상담자의 기술 범주/ 내담자의 의사소통 유형	상담자의 의도
C: 자, 이제 한 걸음 물러서서 우리가 지금까지 이야기 한 것을 요약해 봅시다. 당신은 마리화나가 이야기 할 가치가 있는 것인지 확신하지 못하지만, 지금 여기에 와 있어요. 당신은 변화하고 싶은 것이 몇 가지 있고, 아마도 당신에게 가장 중요한 것은 당신의 딸들과의 일을 다룰 수 있는 도구를 찾는 것일 겁니다. 요약이 잘되었나요?	요약.	
R: 아니요. 난 확신하는데요. 마리화나는 나에겐 문제가 되지 않습니다. 그래서 그것에 대해 이야기하는 건 시간 낭비라고 생각합니다.		
C: 당신은 다른 것에 초점을 맞추고 싶은 거네요. 예컨대, 당신 아이들이나 좋은 부모 되기 같은 걸로요.	심층반영.	
R: 바로 그거예요.		
C: 제가 도움이 될 것이라 생각하는 것 중의 하나는 좋은 부모가 되겠다는 공약이 어디에서 오는 것인지 이해하는 거예요.	질문으로 작용하는 진술문.	
R: 네, 맞아요. 왜 아니겠어요……. 내겐 훌륭한 부모님이 계셨어요. 그들은 완벽하지는 않았지만, 나를 이해하고 내가 필요로 하는 걸 제공하기 위해 정말 열심히 노력했어요. 그것이 항상 쉬웠다는 뜻은 아		

(다음 쪽에 계속)

	상담자의 기술 범주/ 내담자의 의사소통 유형	상담자의 의도
니에요. 나에 대한 기대도 있었어요. 내 말은 나는 아마도 3일간의 주말을 싫어하는 유일한 아이였을 겁니다. 왜냐하면 그 주말 동안 집에서 많은 일을 해야 했었으니까요. 주말에는 늦잠을 잘 수가 없었어요. 내 친구들은 그랬지만 난 안 됐죠. (웃음) 우리는 일어나서 아침 8시에는 일할 준비가 되어 있었죠. (고개를 가로저으며)		
C: (웃음) 당신이 좋아하지 않는 부분이 있었지만, 그럼에도 불구하고 당신은 당신의 부모님도 당신의 관점에서 사물을 보려고 노력했다는 것을 알고 있었군요.	양면반영.	
R: 그것이 집안일 하는 것을 바꾸지는 않았지만. (웃음) 우리는 항상 저녁 식사시간에 이야기를 했죠. 부모님은 질문을 했고 내가 하려는 말을 진심으로 경청하곤 했어요. 그들은 내가 틀렸다거나 내가 이해하지 못했다고 말하지 않았어요. 그들은 내가 말하는 걸 무시하지 않았죠, 내 친구의 부모들처럼 "너도 나이가 들면 다르게 보게 될 거야."라고.		
C: 그리고 당신은 사람들이 단지 듣고 있다고 말하는 것이 아니라, 실제로 듣는 사람들의 장점을 알고 있네요. 그리고 그게 바로 당신이 딸들이 갖기를 바라는 것이네요.	심층반영.	
R: 네. 딸들의 생각에 내가 정말 관심을 갖고 있다는 걸 딸들이 알았으면 좋겠어요. 하지만 우리 부모님과 마찬가지로 나 역시 내 딸들이 가족의 일원이라면 반드시 해야 할 일들이 있다는 것도 알았으면 좋겠어요.		
C: 당신은 딸들이 그것이 그들에게만 해당되는 이야기가 아니라는 것을 이해하기를 원하는군요.	심층반영.	

경로 따르기

	상담자의 기술 범주/ 내담자의 의사소통 유형	상담자의 의도
R: 맞아요.		
C: 그들은 단지 받으려고만 하지 말고 기여해야 할 필요가 있죠.	후속반영.	
R: 정확해요. 그러나 그것이 항상 쉽지는 않아요. 사실, 그건 어려워요. 난 딸들이 집에 오면 매번 다시 시작해야 할 것 같아요.		
C: 매주요.	표면반영.	
R: 네. 애들 엄마와 나는 스타일이 달라요. 아내는 나쁜 사람이 되고 싶지 않아 해요. 이해해요.		
C: 당신은 아내가 왜 그렇게 하는지 이해하는군요.	표면반영.	
R: 네, 그렇지만 동시에 그건 날 화나게 해요.		
C: 실망스럽지만 그래도 딸들에게 그것이 중요하다는 걸 알기에, 그러한 기대를 다시 설정해 놓게 되는군요. 그러니까 이건 당신을 위한 게 아니라 그들을 위한 것이네요.	양면반영.	
R: 그게 내 부모가 내게 물려주신 것 중 하나예요. 나는 내가 중요하다는 걸 알지만, 세상은 나를 중심으로 돌아가지 않아요. 그건 까다로운 균형이죠.		
C: 그렇지만 당신이 이해한 것은 좋은 부모가 되는 것이죠. 딸들은 사랑을 받고 있다는 것을 알 필요가 있고요. 가족의 구성원이 된다는 것은 기여할 부분도 있다는 것을 의미하죠. 이 교훈을 당신이 배웠고 또 앞으로 이어 갈 매우 중요한 것이네요.	반영, 뒤따르는 인정하기.	
R: 예. 재밌네요. 왜냐하면 나는 거기까지는 생각하지 못했어요. 하지만 그건 사실이에요. 나는 이렇게 해야 한다는 걸 알아요.		

경로 따르기

		상담자의 기술 범주/ 내담자의 의사소통 유형	상담자의 의도
C:	당신은 무엇을 해야 할지 알고 있네요.	인정하는 심층반영.	
R:	그래요. 우습네요. 이 일이 항상 전처와 나 사이에 마찰의 원인이 되어 왔기 때문이에요. 마치 아내가 방만하기 때문에 아내의 문제인 것처럼 생각했었죠. 하지만 이건 정말 그녀의 일이 아니라 내 일이었어요.		
C:	그것은 당신을 위한 것으로 바뀌었고, 앞으로 나아갈 길을 제공해 주는군요.	반영.	
R:	네. 내가 하고 있는 일을 굳이 바꿀 필요는 없지만, 내가 그것을 바라보는 방식은 바꿀 필요가 있어요.		
C:	그렇게 하면 스트레스가 좀 줄어들 거예요.	반영.	
R:	우습지만, 그게 맞는 것 같아요.		
C:	마치 당신의 몸이 그것이 진실이라는 걸 아는 것처럼요.	반영.	
R:	네.		
C:	당신은 결정을 내린 것처럼 보이는군요.	반영.	
R:	그래요. 나는 내가 하는 일을 바꿀 필요는 없어요. 그게 옳거든요. 하지만 그것을 어떻게 볼 것인지는 바꿀 필요가 있어요.		
C:	제가 이 모든 걸 이해했는지 봅시다. 당신의 부모는 좋은 부모를 위한 로드맵을 만들어 주셨고 당신은 그걸 따라왔습니다. 당신이 뼛속 깊이 알고 있는 그것은, 당신들의 두 딸들이 사랑받는다고 느끼도록 하는 것이 중요하다는 것과 더불어 가족 구성원으로서 기여에 대한 기대도 포함하고 있어요. 그래서 딸들이 가족이 자신들만을 위한 것이 아니란 걸 알아야 하지요. 당신은 이미 이러한 것들을 해 왔지만,	전환요약.	

	상담자의 기술 범주/ 내담자의 의사소통 유형	상담자의 의도
지금까지는 이것이 좋은 부모가 되는 것이라기보다는 부담으로 느껴졌다는 것을 알게 되었어요. 당신은 이제 이것을 끌어안을 필요가 있다는 걸 깨닫게 되었고요.		
R: 잘 이해하셨네요.		
C: 그렇다면 이제 어떻게 할까요?	핵심 질문.	

연습 10-5의 핵심

이것은 완벽하지 않은 연습용 예이다. 상담자가 몇 차례에 걸쳐 트랙을 벗어나는 것을 주목해 보라. 그리고 상담자가 또 어떻게 그 길로 되돌아갈 수 있었는지도 주목하라. 이처럼 우리가 목표에서 벗어났다는 것을 알아차리고 다시 목표로 되돌아오는 것은 우리가 함양해야 할 중요한 기술이다.

	상담자의 기술 범주/ 내담자의 의사소통 유형	상담자의 의도
C: 자, 이제 한 걸음 물러서서 우리가 지금까지 이야기한 것을 요약해 봅시다. 당신은 마리화나가 이야기할 가치가 있는 것인지 확신하지 못하지만, 지금 여기에 와 있어요. 당신은 변화하고 싶은 것이 몇 가지 있고, 아마도 당신에게 가장 중요한 것은 당신의 딸들과의 일을 다룰 수 있는 도구를 찾는 것일 겁니다. 요약이 잘되었나요?	요약.	초점 맞추기 과정에서 표면으로 올라온 면담 주제를 의뢰 사유에 끼워 넣음 .
R: 아니요. 난 확신하는데요. 마리화나는 나에겐 문제가 되지 않습니다. 그래서 그것에 대해 이야기하는 건 시간 낭비라고 생각합니다.	불협화음.	
C: 당신은 다른 것에 초점을 맞추고 싶은 거네요. 예컨대, 당신 아이들이나 좋은 부모 되기 같은 걸로요.	심층반영.	불협화음에서 멀어짐. Russell의 목표에 다시 초점을 맞춤.
R: 바로 그거예요.	중립대화.	
C: 제가 도움이 될 것이라 생각하는 것 중의 하나는 좋은 부모가 되겠다는 공약이 어디에서 오는 것인지 이해하는 거예요.	질문으로 작용하는 진술문.	강점을 이끌어 낼 수 있는 경로를 선택하여 Russell의 목표를 겨냥함.
R: 네, 맞아요. 왜 아니겠어요……. 내겐 훌륭한 부모님이 계셨어요. 그들은 완벽하지는 않았지만, 나를 이해하고 내가 필요로 하는 걸 제	중립대화. 변화대화나 유지대화는 없음. 그러나 그가 좋은 부모가 무엇인지에 대한 정보를 제공하기 시작함.	

(다음 쪽에 계속)

연습 10-5의 핵심 (계속)

	상담자의 기술 범주/ 내담자의 의사소통 유형	상담자의 의도
공하기 위해 정말 열심히 노력했어요. 그것이 항상 쉬웠다는 뜻은 아니에요. 나에 대한 기대도 있었어요. 내 말은 나는 아마도 3일간의 주말을 싫어하는 유일한 아이였을 겁니다. 왜냐하면 그 주말 동안 집에서 많은 일을 해야 했었으니까요. 주말에는 늦잠을 잘 수가 없었어요. 내 친구들은 그랬지만 난 안 됐죠. (웃음) 우리는 일어나서 아침 8시에는 일할 준비가 되어 있었죠(고개를 가로저으며).		
C: (웃음) 당신이 좋아하지 않는 부분이 있었지만, 그럼에도 불구하고 당신은 당신의 부모님도 당신의 관점에서 사물을 보려고 노력했다는 것을 알고 있었군요.	양면반영.	불만족을 인정하지만, 긍정적인 부모 역할 경로에 머물러 있음.
R: 그것이 집안일 하는 것을 바꾸지는 않았지만, (웃음) 우리는 항상 저녁 식사시간에 이야기를 했죠. 부모님은 질문을 했고 내가 하려는 말을 진심으로 경청하곤 했어요. 그들은 내가 틀렸다거나 내가 이해하지 못했다고 말하지 않았어요. 그들은 내가 말하는 걸 무시하지 않았죠, 내 친구의 부모들처럼 "너도 나이가 들면 다르게 보게 될 거야."라고.	중립대화. 경로는 여전히 좋은 부모가 되기 위해서는 어때야 하는지에 초점을 맞추고 있음.	
C: 그리고 당신은 사람들이 단지 듣고 있다고 말하는 것이 아니라 실제로 듣는 사람들의 장점을 알고 있네요. 그리고 그게 바로 당신이 딸들이 갖기를 바라는 것이네요.	심층반영.	그의 지식을 인정해 주고, 그가 언급하지 않은 하나의 목표에 주의집중함.
R: 네. 딸들의 생각에 내가 정말 관심을 갖고 있다는 걸 딸들이 알았으면 좋겠어요. 하지만	변화대화. 부모됨의 철학에 관한 것이지만, 딸들이 알기를 바라는 열망도 표현하고 있다.	

(다음 쪽에 계속)

연습 10-5의 핵심 (계속)

	상담자의 기술 범주/ 내담자의 의사소통 유형	상담자의 의도
우리 부모님과 마찬가지로 나 역시 내 딸들이 가족의 일원이라면 반드시 해야 할 일들이 있다는 것도 알았으면 좋겠어요.		
C: 당신은 딸들이 그것이 그들에게만 해당되는 이야기가 아니라는 것을 이해하기를 원하는군요.	심층반영.	변화열망을 강화함.
R: 맞아요.	확인함. 이것은 우리가 이전 장에서 본 정의에 따르면, 변화된 대화를 나타냄.	
C: 그들은 단지 받으려고만 하지 말고 기여해야 할 필요가 있죠.	후속반영.	대화를 재개함.
R: 정확해요. 그러나 그것이 항상 쉽지는 않아요. 사실, 그건 어려워요. 난 딸들이 집에 오면 매번 다시 시작해야 할 것 같아요.	변화대화와 유지대화, 그는 자신의 목표를 인정하는 것으로 시작해서 좋은 부모됨의 도전으로 전환함.	
C: 매주요.	표면반영.	새로운 경로로 벗어남.
R: 네. 애들 엄마와 나는 스타일이 달라요. 아내는 나쁜 사람이 되고 싶지 않아 해요. 이해해요.	중립대화. 전처에게 초점이 옮겨 감.	
C: 당신은 아내가 왜 그렇게 하는지 이해하는군요.	표면반영.	전처에 대한 새로운 경로로 계속 나아감.
R: 네, 그렇지만 동시에 그건 날 화나게 해요.	목표 측면에서 보면 중립대화이지만, 부정적인 감정을 표출함.	
C: 실망스럽지만 그래도 딸들에게 그것이 중요하다는 걸 알기에, 그러한 기대를 다시 설정	양면반영.	전처에 대한 감정을 인정하면서 부

(다음 쪽에 계속)

연습 10-5의 핵심 (계속)

	상담자의 기술 범주/ 내담자의 의사소통 유형	상담자의 의도
해 놓게 되는군요. 그러니까 이건 당신을 위한 게 아니라 그들을 위한 것이네요.		모됨의 경로로 되돌아옴.
R: 그게 내 부모가 내게 물려주신 것 중 하나예요. 나는 내가 중요하다는 걸 알지만, 세상은 나를 중심으로 돌아가지 않아요. 그건 까다로운 균형이죠.	변화에 대해서는 중립대화지만, 좋은 부모됨에 무엇이 필요한지에 대한 이해를 분명히 함.	
C: 그렇지만 당신이 이해한 것은 좋은 부모가 되는 것이죠. 딸들은 사랑을 받고 있다는 것을 알 필요가 있고요. 가족의 구성원이 된다는 것은 기여할 부분도 있다는 것을 의미하죠. 이 교훈은 당신이 배웠고 또 앞으로 이어갈 매우 중요한 것이네요.	반영, 뒤따르는 인정하기.	좋은 부모가 되기 위해 필요한 것에 대한 그의 지식을 강조함.
R: 예. 재밌네요. 왜냐하면 나는 거기까지는 생각하지 못했어요. 하지만 그건 사실이에요. 나는 이렇게 해야 한다는 걸 알아요.	변화대화. 변화능력과 공약을 향해 나아가는 요소들을 지님.	
C: 당신은 무엇을 해야 할지 알고 있네요.	인정해 주는 심층반영.	변화경로에 모멘텀을 계속 축적하면서, 미묘하게 초점을 바꿈.
R: 그래요. 우습네요. 이 일이 항상 전처와 나 사이에 마찰의 원인이 되어 왔기 때문이에요. 마치 아내가 방만하기 때문에 아내의 문제인 것처럼 생각했었죠. 하지만 이건 정말 그녀의 일이 아니라 내 일이었어요.	아마도 기술적인 측면에서는 중립대화겠지만, 변화의 모멘텀이 형성되고 있는 것은 분명하다. 그는 지식을 받아들이고 앞으로 나아갈 길을 확인함.	
C: 그것은 당신을 위한 것으로 바뀌었고, 앞으로 나아갈 길을 제공해 주는군요.	반영.	요점을 명확히 하고, 앞에 있는 길에 계속 빛을 비춤.

(다음 쪽에 계속)

연습 10-5의 핵심 (계속)

	상담자의 기술 범주/ 내담자의 의사소통 유형	상담자의 의도
R: 네. 내가 하고 있는 일을 굳이 바꿀 필요는 없지만, 내가 그것을 바라보는 방식은 바꿀 필요가 있어요.	명확한 변화대화.	
C: 그렇게 하면 스트레스가 좀 줄어들 거예요.	반영.	경로를 약간 벗어났지만 Russell의 또 다른 목표와 연결됨.
R: 우습지만, 그게 맞는 것 같아요.	변화대화. 비록 대화가 맴도는 것처럼 느껴지지만, 변화의 이익을 인정함.	
C: 마치 당신의 몸이 그것이 진실이라는 걸 아는 것처럼요.	반영.	통찰을 견고히 하고 맴도는 대화속으로 좀 더 나아감.
R: 네.	변화대화, 그러나 모멘텀은 없어짐.	
C: 당신은 결정을 내린 것처럼 보이는군요.	반영.	맴도는 대화에서 벗어나서 부모 역할 경로를 다시 시작하려고 함.
R: 그래요. 나는 내가 하는 일을 바꿀 필요는 없어요. 그게 옳거든요. 하지만 그것을 어떻게 볼 것인지는 바꿀 필요가 있어요.	분명한 변화대화.	
C: 제가 이 모든 걸 이해했는지 봅시다. 당신의 부모는 좋은 부모를 위한 로드맵을 만들어 주셨고 당신은 그걸 따라왔습니다. 당신이 뼛속 깊이 알고 있는 그것은 당신들의 두 딸들이 사랑받는다고 느끼도록 하는 것이 중요하다는 것과 더불어 가족 구성원으로서 기여에 대한 기대도 포함하고 있어요. 그래서 딸들이	전환요약.	이 요약은 좀 길지만, Russell을 위한 새로운 계획(지도) 속으로 함께 대화를 끌어들이려는 시도임. 상담자의 언어가

(다음 쪽에 계속)

연습 10-5의 핵심 (계속)

	상담자의 기술 범주/ 내담자의 의사소통 유형	상담자의 의도
가족이 자신들만을 위한 것이 아니란 걸 알아야 하지요. 당신은 이미 이러한 것들을 해 왔지만, 지금까지는 이것이 좋은 부모가 되는 것이라기보다는 부담으로 느껴졌다는 것을 알게 되었어요. 당신은 이제 이것을 끌어안을 필요가 있다는 걸 깨닫게 되었고요.		어떻게 Russell과 그가 지닌 능력을 인정해 주면서 대화를 계속해서 형성해 가는지 주목함.
R: 잘 이해하셨네요.	변화대화. Russell은 변화대화를 포함하여 상담자의 진술의 정확성을 지지함.	
C: 그렇다면 이제 어떻게 할까요?	핵심 질문.	결심공약을 요청함.

연습 10-6 분기 대본 작성하기

이번 연습에서는 다양한 방향으로 분기(가지를 쳐 나가는) 대본을 써 볼 것이다. 각 방향에 대한 코드는 미리 정해져 있다. 여러분은 각 박스에 들어갈 상담자와 내담자의 진술을 결정해야 할 것이다.

다음의 예를 검토하면서, 상담자의 행동과 내담자의 진술이 어떻게 다른 경로로 이어지는지 살펴보는 것으로 연습을 시작하라. 흰색의 점박스는 상담자의 진술이다. 흰색 박스는 내담자가 상담자의 개입에 변화대화로 반응했음을 가리킨다. 회색 박스는 중립대화로 반응한 것이다. 빗금 박스는 유지대화나 불협화음을 가리킨다. 예에 나온 진술들이 각각 다른 내담자들의 코드에 따라 어떻게 일치하는지 확인하라.

여러분이 일단 코드를 정확히 파악했다면, 이 대화의 초점이 무엇이고 상황은 어떠한지를 결정하라. 박스 표에 상담자가 뭐라고 말할지를 적어라. 그런 다음 패턴을 사용해서 내담자가 어떤 유형으로 반응할지를 결정해라. 다시 설명하자면, 흰색 박스는 내담자가 변화대화로 반응했음을 가리킨다. 회색 박스는 중립대화로 반응한 것이다. 빗금 박스는 유지대화나 불협화음을 가리킨다. 그런 다음 이에 따라올 수 있는 상담자의 반응을 작성하라. 네 번째 수준까지 내담자의 반응 분기가 표시되므로, 각 반응 유형을 초래할 수 있는 상담자의 반응도 각각의 박스에 작성하라.

이 연습을 하는 것은 완벽한 각본을 만들기 위해서가 아니다. 그보다는 어떤 유형의 상담자 진술이 특정한 내담자의 진술로 이어질 수 있는지를 이해하기 위해서이다. 내담자의 박스가 내담자의 변화대화로 표시되면, 이런 유형의 반응을 이끌어 낼 수 있는 상담자의 응답 유형을 적었는지를 확인하라.

변화대화를 이끌어 내기 위한 전략들 중 몇 가지를 시도해 볼 수 있다. 물론 이러한 내담자의 진술/반응을 만드는 것이 무엇인지를 분명하게 파악하려면 몇 차례 반복할 필요가 있긴 하다. 변화대화를 이끌어 내는 다른 전략들을 시도해 볼 수 있다. 빈 종이에 사각형과 선만 그으면 당신은 언제라도 이 연습을 할 수 있다.

PRI 웹 사이트(*www.primeforlife.org/resources/MI_Materials*)에는 컬러 형식을 있는데 이를 이용하면 좀 더 쉽게 작성을 할 수 있다. 여러분은 이 양식을 출력하여 이 워크북에 있는 양식과 동일하게 작성할 수 있다.

연습 10-6 워크시트

관심 분야: ______________________________

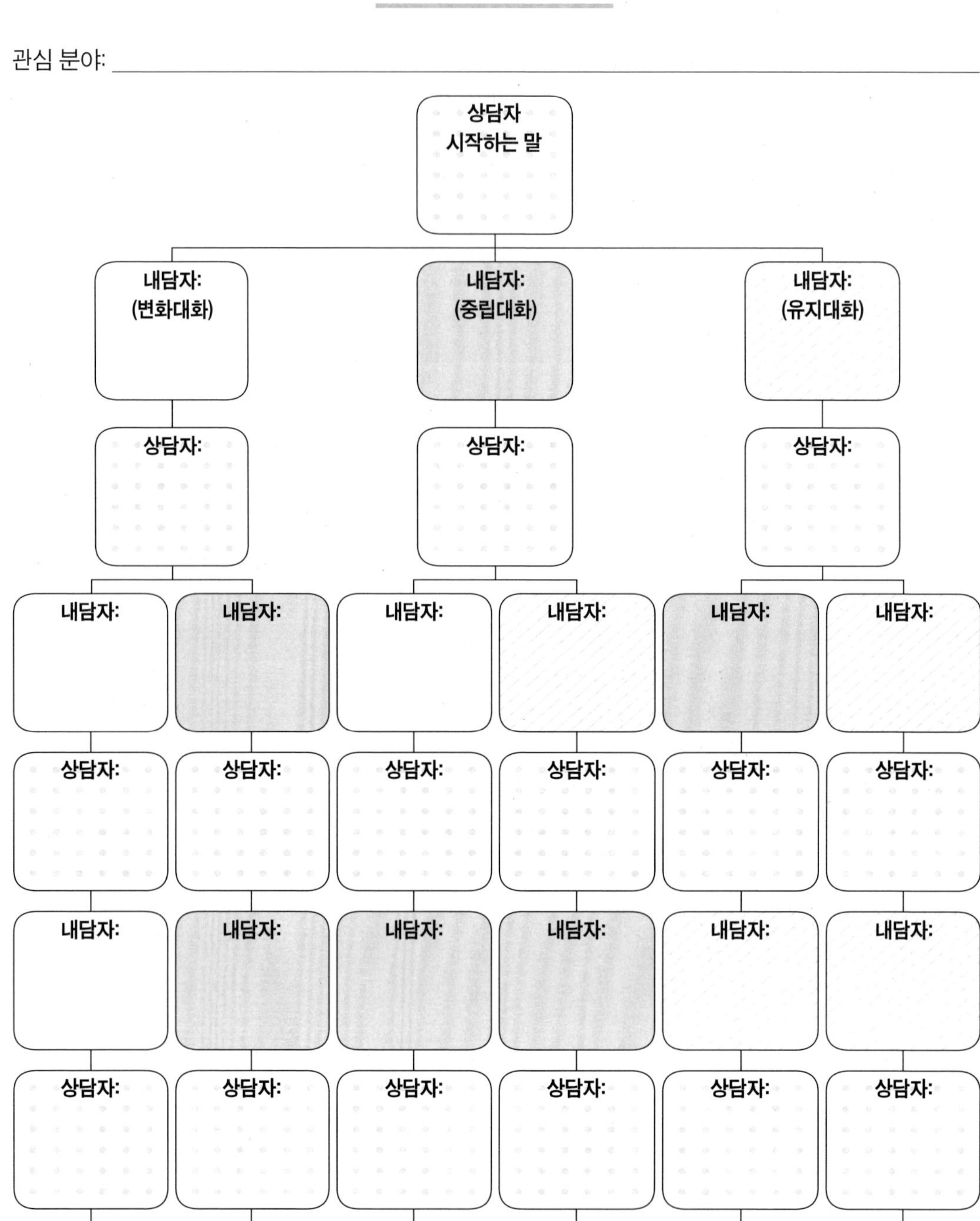

연습 10-6의 예

관심 분야: 당뇨병

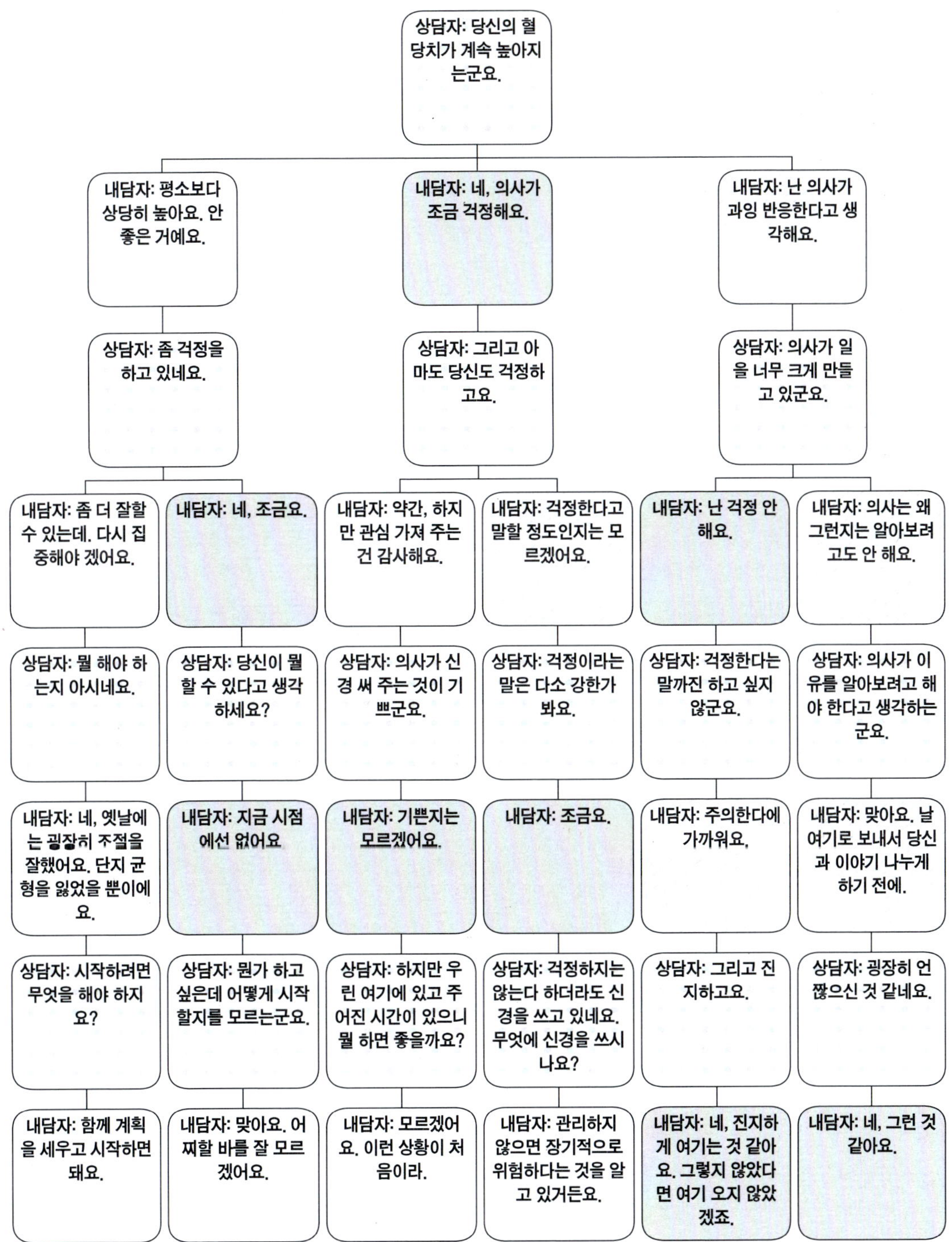

연습 10-7　4개의 코너

당신이 문제 해결 법원 세팅에서 일하는 치료 제공자라고 가정하자. 이 법원은 단순히 유죄 또는 무죄를 결정하고 치료 또는 수감을 명령하기보다는, 이 문제를 해결하기 위해 내담자와 협력한다. 목표는 지속적으로 접촉하면서 모든 당사자들이 협력적으로 일하는 것이다. 그러나 법원은 내담자가 만약 치료 권고 사항을 따르지 않으면 법적 제재를 시행할 수 있는 권한을 가지고 있다. 당신의 업무는 내담자의 동기가 유지되도록 돕고, 내담자와 당신과 법원이 함께 만든 계획을 내담자가 이행하도록 지원하는 것이다. 비록 이 법원 환경이 당신이 일하는 서비스 환경은 아닐 수 있지만, 이 연습은 변화에 대한 것이기 때문에 당신이 꽤 많이 알고 있는 내용에 대한 연습임을 주목하라. 당신이 배운 원리와 기술을 이용하여 이 내담자가 앞으로 나아갈 수 있도록 도와주라. 이 연습은 유발하기를 목표로 할 것이다. 아래의 배경 정보를 읽은 다음 내담자 진술로 옮겨 가도록 하라. 각각의 내담자의 진술 뒤에 하나의 방법을 선택하고 당신이 내담자에게 할 말을 작성해 보라.

Laga는 이웃의 민원제기에 따른 아동보호서비스(Child Protective Service: CPS) 후에 가족치료법원에 왔다. 전화를 건 이웃은 집에서 음악과 음주가 있었고, 늦은 밤에 오가는 사람도 있었으며, 아마도 마약 거래가 있었을 가능성이 있다고 말했다. 의뢰 보고서의 기록은 다음과 같다. 그날 밤 아기의 울음소리가 들렸고 그리고 큰 소리가 난 후에, 아기 아빠는 아파트를 뛰쳐 나갔다. 다음 날, 이웃은 지난밤의 소란 때문에 이 19세의 아기 엄마에게 갔는데, 크게 멍든 얼굴을 화장과 모자, 선글라스로 가리고 있는 모습을 보았다. 그리고 아침 9시 30분임에도 불구하고 그녀가 숨 쉬는데 술 냄새가 났다. CPS 사회복지사가 방문했을 때, 집 안에는 빈 술병이 있었고, 아기는 깨끗한 옷을 입고 있었지만, 더러운 기저귀에서는 냄새가 났으며 아기의 얼굴은 창백하고 영양실조처럼 보았다.

아기 아빠는 지금 동의하에 집을 나갔지만 돌아오고 싶어 했다. 그 부부는 결혼하지 않은 상태이다. 그는 건설 노동자이지만 현재 실직 상태이다. 그들은 현재 정부 보조금을 받고 있다. 이웃은 그들이 이 아파트에 이사 온 지 얼마되지 않았으나 3주 전에 이사 온 이래로 종종 싸웠다고 보고하였다.

예:

C: **저는 가족치료법원에 동의했지만, 이렇게 많은 시간이 걸릴 줄은 몰랐어요. 저는 부모 교실에 나가요. 집중외래치료(intensive outpatient treatment: IOP—보통 일주일에 3회, 몇 시간씩 술과 마약 치료를 하는 중재)를 받고 있어요. 저는 2주에 한번씩 여기에 와야 해요. 또 소변검사도 받아야 해요(술과 마약 사용 검사). 그러니까 제 말은 이건 해야 할 게 너무 많다는 겁니다. Jacob은 아기를 돌봐서는 안 되고, 그래서 저는 그를 어떻게 해야 할지 모르겠어요……. 이걸 해야만 할 것 같은데……. 제가 할 수 있을지 모르겠어요.**

(다음 쪽에 계속)

4개의 코너

방법 1: 심층반영하기

이건 정말로 당신을 힘들게 만드는 것이어서, 당신은 이걸 어떻게 할지를 알아낼 수 있는 도움을 원하는 거네요.

방법 2: 유발적 질문하기

추측컨대, 이 모든 것이 얼마나 힘들었는지를 고려한다면 당신은 포기하려고 생각했을 것 같아요. 무엇이 포기하지 못하게 했나요?

방법 3: 미래 예상해 보기

잠시, 당신이 "여기까지야, 나는 더 이상 이걸 할 수 없어."라고 말하고 이 모든 것을 중단했다고 상상해 봅시다. 6개월 후에 당신의 삶은 어떤 모습일까요? (나는 이렇게 예를 이끌어 내고 나서 그다음에 변화 요소를 반영할 것이다.) 이제 우리가 이 모든 것을 이겨 낼 수 있는 방법을 찾았다고 상상해 봅시다. 어떤 방법인지는 걱정하지 마세요. 6개월 후에 당신의 삶은 어떤 모습일까요? (나는 예를 이끌어 내고 그러고 나서 변화 요소를 반영할 것이다.)

방법 4: 정교화하기

이 모든 것들을 관리하는 것은 정말 힘들었지만, 어쨌든 당신은 이것을 해 오고 있습니다. 최근에 당신이 모든 것을 끝낼 수 없다고 생각했지만, 어떻게 해서든 그것을 해 냈던 일이 있으면 이야기해 주세요.

방법: EARS, 정교화하기, 극단적 질문하기, 과거 회상하기, 미래 예상해 보기, 목표 탐색하기, 평가 피드백 제공하기, 준비도 척도 사용하기, 가치와 행동 탐색하기

진술문 1.

C: 저는 Dmitri가 집에 돌아왔으면 좋겠어요. 그러면 정말 도움이 될 거예요. 그는 일자리를 구하지 못해서 좌절했었을 뿐이에요. 그는 노력했지만 경제능력이 너무 형편없었죠. 그래요, 저희는 다투었지만 여전히 서로 사랑해요. 저는 누가 전화를 했는지 알 것 같아요. 그녀는 제 얼굴을 봤어요. 그건 정말 바보 같은 짓이었어요. 저희는 술 몇 잔을 마셨고 그러자 저는 Dmitri와 싸움을 시작했어요. 그리고 그는 집에서 나가길 원했어요. 저는 바보 같이 그를 말리려 했어요. 그가 저를 밀어냈을 때, 저는 넘어져 탁자에 부딪혔어요. 그는 그럴 생각이 아니었어요. 그건 정말 제 잘못이에요.

4개의 코너

방법 1:

방법 2:

방법 3:

방법 4:

방법: EARS, 정교화하기, 극단적 질문하기, 과거 회상하기, 미래 예상해 보기, 목표 탐색하기, 평가 피드백 제공하기, 준비도 척도 사용하기, 가치와 행동 탐색하기

진술문 2

C: Jacob은 천식을 앓고 있어 약물이 필요하고 Dmitiri 조합에 있는 저희 보험의 보장은 그리 좋지가 않아요. 그렇지만 저희는 그를 돌보려 하고 있어요. 항상 먼지가 없게 청소하고 밖에서 담배를 피우죠. Jacob은 착한 아기이지만 많이 먹지를 않고, 가끔 저는 그 애가 무엇을 원하는지 모르겠어요. 그는 울기만 해요. 제 말은 아기를 먹이고, 옷을 갈아입히고, 흔들어 주지만 아이는 계속 울어요. 그러면 저는 정말 답답하고 술을 마시고 싶어져요.

방법 1:

방법 2:

방법 3:

방법 4:

4개의 코너

방법: EARS, 정교화하기, 극단적 질문하기, 과거 회상하기, 미래 예상해 보기, 목표 탐색하기, 평가 피드백 제공하기, 준비도 척도 사용하기, 가치와 행동 탐색하기

진술문 3

C: 저는 제가 할 수 있는 최선을 다했어요. 그래요, 저는 몇 번 미팅을 놓쳤지만 Jacob이 아팠어요. 제가 어떻게 했어야 하나요? 모든 상황이 때때로 너무 우울해지면, 단지 좀 느슨해지고 싶어져요. 그래서 잠깐 실수한 거예요. 그런데 큰일이 난 거죠. 제 말은, 열아홉 살이고 두 살 반짜리 아이가 있다는 거예요. 이건 제가 계획했던 삶은 아니에요.

방법 1:

방법 2:

방법 3:

방법 4:

방법: EARS, 정교화하기, 극단적 질문하기, 과거 회상하기, 미래 예상해 보기, 목표 탐색하기, 평가 피드백 제공하기, 준비도 척도 사용하기, 가치와 행동 탐색하기

연습 10-7을 위한 간단한 반응

방법: EARS, 정교화하기, 극단적 질문하기, 과거 회상하기, 미래 예상해 보기, 목표 탐색하기, 평가 피드백 제공하기, 준비도 척도 사용하기, 가치와 행동 탐색하기

진술문 1.

C: 저는 Dmitri가 집에 돌아왔으면 좋겠어요. 그러면 정말 도움이 될 거예요. 그는 일자리를 구하지 못해서 좌절했었을 뿐이에요. 그는 노력했지만 경제능력이 너무 형편없었죠. 그래요, 저희는 다투었지만 여전히 서로 사랑해요. 저는 누가 전화를 했는지 알 것 같아요. 그녀는 제 얼굴을 봤어요. 그건 정말 바보 같은 짓이었어요. 저희는 술 몇 잔을 마셨고 그러자 저는 Dmitri와 싸움을 시작했어요. 그리고 그는 집에서 나가길 원했어요. 저는 바보 같이 그를 말리려 했어요. 그가 저를 밀어냈을 때, 저는 넘어져 탁자에 부딪혔어요. 그는 그럴 생각이 아니었어요. 그건 정말 제 잘못이에요.

방법 1: 심층반영

당신들은 서로를 사랑하는데, 때때로 일이 걷잡을 수 없게 되고 그러면 두 사람 모두가 원하지 않는 일들이 일어나네요.

방법 2: 유발적 질문하기

당신과 Dmitri 사이에 일어났던 일 중에서 만약 걱정되는 게 있다면, 무엇이 걱정되나요?

방법 3: 인정하기

그러니까 당신은 정말로 뒤로 물러서서 큰 그림을 보고 어떤 일이 일어났었는지를 분석할 수 있는 그런 사람이네요. 당신은 어떤 것을 명확하게 보고 있을 때와 그렇지 못할 때를 알고 있네요.

방법 4: 극단적 질문하기

이런 상황에서 당신은 조금 싸우게 되었고 상황은 당신이 원하지 않는 방향으로 흘러갔네요. 만약 당신이 크게 싸우게 되어 정말로 엄청난 타격을 입고 일이 매우 나쁘게 전개되었다면 어떤 모습일까요? (예를 이끌어 내고, 반영하기) 그것은 최악의 시나리오고요. 일어날 가능성이 좀 높은 모습은 어떤 걸까요?

(다음 쪽에 계속)

연습 10-7을 위한 간단한 반응 (계속)

진술문 2

C: Jacob은 천식을 앓고 있어 약물이 필요하고 Dmitiri 조합에 있는 저희 보험의 보장은 그리 좋지 가 않아요. 그렇지만 저희는 그를 돌보려 하고 있어요. 항상 먼지가 없게 청소하고 밖에서 담배를 피우죠. Jacob은 착한 아기이지만 많이 먹지를 않고, 가끔 저는 그 애가 무엇을 원하는지 모르겠어요. 그는 울기만 해요. 제 말은 아기를 먹이고, 옷을 갈아입히고, 흔들어 주지만 아이는 계속 울어요. 그러면 저는 정말 답답하고 술을 마시고 싶어져요.

방법 1: 심층반영

당신은 Jacob을 열심히 돌보는군요.

방법 2: 가치와 행동 탐색

좋은 부모가 되는 것은 당신에게 중요한 가치가 있군요. 당신 삶에서 그 가치를 살아나게 만든다고 느껴지는 다른 방법에 어떤 것이 있나요? (예를 이끌어 내고, 반영하기) 그런 것들을 더 잘할 수 있을 것처럼 느껴지는 방법은 무엇인가요? (예를 이끌어 내고, 반영하기)

방법 3: 유발적 질문하기

술을 마시면 뭔가가 당신을 성가시게 하는 것 같군요. 그것에 대해 당신은 어떤 걱정거리가 있나요?

방법 4: 과거 회상하기 (변형)

제 생각엔 지난 2년 반 동안 Jacob을 돌보는 것에 대해 많은 것을 배웠을거 같아요. 당신이 임신했던 열일곱 살 때는 어땠는지 생각해 보세요. 그 이후 아이를 돌보는 방법에 대해 무엇을 배웠나요? (예를 이끌어 내고 반영하기) 부모교실에 참여하고 나서 무엇을 더 배웠나요? (예를 이끌어 내고 반영하기)

진술문 3

C: 저는 제가 할 수 있는 최선을 다했어요. 그래요, 저는 몇 번 미팅을 놓쳤지만 Jacob이 아팠어요. 제가 어떻게 했어야 하나요? 모든 상황이 때때로 너무 우울해지면, 저는 단지 좀 느슨해지고 싶어져요. 그래서 저는 잠깐 실수한 거예요. 그런데 큰일이 난 거죠. 제 말은, 저는 열아홉 살이고 두 살 반짜리 아이가 있다는 거예요. 이건 제가 계획했던 삶은 아니에요.

(다음 쪽에 계속)

연습 10-7을 위한 간단한 반응 (계속)

방법 1: 심층반영

당신의 한 부분은 정말로 긴장을 풀어 열아홉 살이 되고 싶어 하고, 또 다른 부분은 당신이 원하는 곳에 도달하지 못할 것을 알고 있군요.

방법 2: 요약하기

제가 전체적으로 이해했는지 봅시다. 지금 당장은 어려움에 처해 있지만, 당신은 Dmitiri와 Jacob과의 관계에 전념하고 있지요. 당신은 정말 힘들다고 느낄 때조차 버릴 수 있었어요. 당신은 우리가 이 힘든 것을 극복할 수 있는 방법을 찾아낼 수 있기를 희망합니다. 당신이 단지 술 마시면서 그럭저럭 지내는 것보다는 나은 삶을 원한다는 걸 당신은 알고 있죠.

방법 3: 목표 탐색하기

당신이 원하는 곳에 있는 것 같지 않군요. 당신이 원했던 삶의 계획은 어떤 것들이었나요? 법원이나 지금 당신이 하고 있는 일 이외에, 당신의 인생에서 어떤 일이 일어나길 바라나요?

방법 4: 준비도 척도 사용하기

자신이 가고 싶은 길에 머무르는 것이 점점 힘들어지고 있군요. 1에서 10까지의 점수 중에서, 1은 확신이 전혀 없고, 10은 완전히 확신한다고 할 때, 오늘 당신은 얼마나 당신의 계획을 고수할 수 있다고 확신합니까? (응답에 반영한다. 이 예에서 나는 그녀가 5라고 대답할 것으로 가정하겠다) 2가 아닌 5를 선택하게 된 이유는 무엇인가요? (반영하기) 5.5나 6으로 올라가려면 무엇이 필요할까요? (반영하기)

참고: 이것은 어려운 대화 세트이다. 비록 변화대화의 기회가 있었지만, 많은 변화대화의 기회는 유지대화 속에 들어 있다. 이것은 우리의 내담자에게서 흔히 일어나는 일이다. 이러한 도전에도 불구하고 여러 사례들을 통해서 우리는 변화대화 유발을 위해 한 가지 방법을 남겨 놓고 모든 방법을 사용하였다. 사용하지 않은 한 가지 방법은 평가 피드백 제공하기였는데, 그것은 이 예에 잘 맞지 않았기 때문이다. 이러한 반응들 중 일부는 의심할 여지없이 다른 것보다 더욱 잘 작동될 것이다. 늘 그렇듯이, 우리의 내담자는 어떤 접근방법이 효과가 있는지 없는지를 말하거나 보여 준다. 마지막으로, 심층반영하기는 거의 항상 변화대화를 이끌어 내는 일차적인 전략이다.

연습 10-8 나의 가치—다시 보기

〈연습 6-5〉에서, 당신의 가장 중요한 다섯 가지 가치를 정했다. 그때에 변화대화를 유발하기 위해 고안된 질문을 짧게 연습했다. 이제 우리는 그 연습으로 돌아갈 것이다. 당신의 응답을 살펴본 후 다음의 질문에 답하라.

만약 누군가가 일주일 동안 당신을 관찰한다면, 이러한 가치들이 전달될 수 있는 당신의 삶에서 그들은 가장 중요한 영역이 무엇이라고 생각하겠는가?

어떤 면에서 당신의 선택이 이러한 가치들을 지지할 수 있는가?

당신의 삶에서 이 가치들을 뒷받침하는 다른 것들은 무엇인가?

어떤 면에서 당신의 선택이 이러한 가치를 지지하지 않을 수 있는가?

당신의 삶에서 이러한 가치들을 지지하지 않을 수 있는 또 다른 것은 무엇인가?

지금으로부터 1년 후 이 가치들이 당신의 삶에서 살아 있고 번창하고 있는지를 어떻게 알수 있겠는가?

그런 일이 일어나려면 어떻게 해야 할까?

당신의 가치가 당신의 삶에서 원하는 것 중 몇 가지를 성취하는 데 어떻게 도움이 될 것인가? 그것이 당신에게 어떻게 작동하는지 예를 들어라.

유지대화에 반응하기 및 불협화음과 춤추기

1. 도입

Sean은 고개를 숙인 채 회의실에 앉아 있었다. 교장은 단도직입적으로 오늘 회의를 하는 이유에 대해 설명하였다. 얼마 전 일어난 사건에 대해 알아보고 앞으로 어떤 조치를 취해야 적절할지 모색하기 위해 이 자리를 마련하였다고 말했다. Sean은 어머니, 행정관, 2명의 형사, 교사, 상담자와 함께 참석하였다. Sean은 타고난 재능을 가진 운동선수로, 이 학교에서 자신의 꿈을 찾기 위해 노력해 왔지만, 지금은 캠퍼스에서 일어난 여러 범죄 행위에 연루되어 고소를 당하게 되었다. 그의 젊은 허세는 어머니의 시들어 가는 눈빛 앞에서 무너지고 있었다. 선택의 기로에 서 있는 그가 어떤 일이 일어났었는지 피상적으로 대충 중얼거리며 설명할 때만 해도 발전의 가능성이 조금 있는 듯했다. 이때 형사는 Sean의 명확하지 않은 진술 수준에 불만족스러워했다. 그래서 Sean의 얼굴에서 조금씩 보이기 시작하는 사건의 실마리를 털어놓게 만들기 위해 좀 더 강하게 밀어붙이기로 결심하였다. 형사는 Sean이 결격 사유가 있다면 앞으로 치르게 될 대가와 그에 따르는 사항을 열거하였다. 처음에는 분노와 실망으로 얼룩져 있던 어머니의 얼굴은 형사가 열거한 사항으로 인해 깊은 근심으로 바뀌었다. 아들의 석방 여부에 대해 염려하며 어머니는 변호사를 선임할 수 있는지를 물었고, 형사는 그렇게 할 수 있는 권리가 있음을 인정하며 다그쳤다.

바로 그때 거의 알아볼 수 없을 정도였지만 Sean이 턱 근육을 꽉 깨물었다. 형사가 심하게 압박할수록 입술을 더욱 꽉 다무는 것을 볼 수 있었다. 조금 전까지만 해도 아들에게 분노하던 어머니는 이제 분노를 학교와 형사들에게 돌리고 있었다. 학교의 안전과 학생을 위한 선도기회 제공 사이에서 고민하던 교장은, 어머니가 변호사와 상담하기 위해 휴회를 요구했을 때 말을 끊었다. 아마도 좀 더 좋은 역할을 하려고 기다렸던, 함께 온 다른 형사는 한마디도 하지 않았다.

상담자는 Sean과 어머니를 따라 복도로 들어가 잠시 이야기할 것을 청했다. Sean이 사건에 연루된 것은 거의 확실했다. 다른 학생들의 증언을 포함한 여러 증거가 그의 유죄를 말해 주고 있었다. 다른 학생들에 따르면 그것은 이전과 다른 새로운 행동이었다. 그는 편모 슬하에서 상처와 문제를 가지고 자란 젊은 청년이었고, 어머니는 혼자 모든 역할을 다하며 생계를 꾸려 나가느라 애쓰고 있었다. Sean과의 이전 대화에서 신뢰가 주요한 이슈라는 것이 분명했었다. 또한 지금이 상담자가 그와 이야기할 수 있는 마지막 기회인 것도 분명했다. 또 Sean이 17세라는 것은 그가 성인으로서 비난받을 행동을 하기 전 지금이, 그의 삶의 방향과 선택에 대해서 깊이 들여다볼 수 있는 마지막 기회라는 점을 말해 주었다.

지금 나누는 대화가 임상적 상황이기 때문에 회의실 안의 사람들에게 공개되지 않음을 알린 후, 상담자는 회의가 진행되어 간 방향에 대해서 사과했다. 회의가 이처럼 적대적으로 흐르게 된 것은 교장이 전혀 의도하지 않은 일이었다. 그리고 상담자는 Sean과 어머니에게 깊이 공감하며 말했다. "두 분 모두 앞으로 어떤 일이 일어날지 정말 두려우리라 생각합니다." 이렇게 말한 순간 변화가 일어났다. Sean의 턱이 이완되었고 어머니는 어깨의 긴장을 풀었다. 상담자는 조언의 말을 해도 되는지 허락을 받은 후에 한 가지 조언을 하였다. "Sean, 사람들은 누구나 실수를 한단다. 하지만 이런 실수가 그 사람이 누구이고, 앞으로 어떤 사람이 될 것인지를 결정하지는 않는단다. 따라서 네가 전에 나에게 말했듯이 지금 네 행동은 네가 되고자 하는 사람은 아닌 거야. 너는 나에게 더 큰 희망과 꿈에 대해서 말했었지. 어떤 일이 일어났든 상관없이 너는 앞으로 네가 어떤 사람이 될지 선택할 수 있는 기회를 가지고 있어. 그것에 대해 어떻게 생각하니?" Sean은 "잘 모르겠어요."라고 중얼거렸고, 대화는 끝이 났다. 상담자가 걸어 나올 때 어머니는 변호사에게 전화를 걸었고 Sean은 창문 밖을 보고 있었다. 교장은 회의가 끝났음을, 그리고 앞으로의 회의는 변호사가 참석한 가운데서만 이루어질 것임을 알렸다. 이미 정학 중이었던 Sean은 며칠 후에 학교에서 퇴학 처리되었다.

확실히 이 회의는 그 누구도 원하지 않았던 방향으로 흘러갔다. 무언가 다르게 진행될 방법이 있지는 않았을까?

2. 심층 탐구

이 질문에 답하기 위해서, 우리는 유지대화와 불협화음으로 검토해야 한다. 제9장에서 우리는 이 두 가지 형태의 내담자 언어는 모두 변화가 일어날 가능성이 없다는 점에 주목했다. 유지대화는 현재 상황의 이점이나 수용을 나타낸다. 우리는 앞의 대화 속에서 유지대화를 많이 듣지 못했다. 불협화음은 상담자에 대항하여 적극적으로 밀어내는 것을 말한다. 그것은 종종 우리가 내담자에게 변화를 강요함으로써 야기되거나 악화된다. 우리는 인터뷰가 진행되면서 Sean과 그의 어머니에게서 이 행동이 나타나는 것을 분명히 보았다. 턱 근육의 실룩거림은 어머니가 불협화음을 보이기 이전에 Sean에게서 나타난 분명한 신호였다. 형사는 자백을 얻으려는 의도로 압력을 가하며 적대적인 상호작용을 유도하였다. Sean은 자신이 행한 일을 인정하고 그로부터 교훈을 얻을 가능성은 줄어들었고, 대신에 변호사의 영역으로 옮겨져 행동을 강력히 변호하게 되었다. 형사는 가장 원치 않는 결과를 초래하는 조건을 만들어 냈다.

그 대안은 무엇인가? 이 질문에 답하기 위해 우리는 이 상황에서 무엇이 도움이 될 것인가를 명확히 할 필요가 있다. 첫 번째 요소는 불협화음과 유지대화가 나쁜 결과를 예측한다는 것을 인식하는 것이다(예: Apodaca et al., 2014). 그렇다면 우리의 목표는, 이미 불협화음이 존재한다면 이를 낮추거나 줄이는 데 도움을 주는 것이다. 제9장에서 다룬 것처럼 어떤 개입이든 먼저 그것을 인식하는 것이 필요하다. 두 번째 요소는 우리의 행동이 불협화음의 외양과 강도에 영향을 미친다는 것을 인식하는 것이다. 우리가 변화를 요구할수록, 내담자는 표면적으로든 내면적으로든 뒤로 물러날 가능성이 커진다. 세 번째 요소는 불협화음이 발생했을 때 불협화음를 줄이기 위해 노력할 뿐만 아니라, 불협화음을 유도하지 않도록 유지대화에 반응하는 방법을 아는 것이다. 그러한 기술을 위해서 우리는 춤 이야기를 해 보기로 하자. MI 트레이너는 불협화음에 대해 이야기할 때 사교춤 이미지를 사용하는 것을 좋아한다. 가볍고 의도적인 움직임으로 리드 댄서는 파트너를 새로운 방향으로 움직이도록 이끈다. 춤추기 위해서는 우리가 내담자와 관계를 형성하는 것이 필요하다. 관계 형성이 성공적으로 이루어지면 두 파트너 간의 유동적인 움직임이 이루어지는데, 각자 역할을 수행하지만 함께 움직이는 것이다. 잘못하면 발가락이 밟히고 누가 리드할 것인지에 대해 다투며 구석에서 논쟁을 벌이게 된다. 실제로 더 안 좋은 상황은 댄스보다는 레슬링처럼 보이는 것이다. 이러한 이유로 우리는 상담자와 내담자 사이의 상호작용 과정을 생각하는 방법으로 '불협화음과 함께 춤을'이라는 문구를 사용한다.

우리가 하고자 하는 것과 왜 하려고 하는지에 대한 이미지를 갖게 되었으므로 이제 몇 가지 기술을 살펴보겠다. 좋은 소식은 우리가 이런 맥락에서 사용하는 기술의 대부분을 이미 학습했고 연습했다는 것이다. 이 기술들에 다시 초점을 집중하는 것일 뿐이다.

훈련을 할 때 나는 세 가지 반영적 경청 기술에 초점을 맞춘다. 첫째는 직접적인 반영이다. 이는 일반적으로 우리가 다루는 요소들에 의해 좌우되는데, 대화를 가동시키고 우리가 대화를 이끌 수 있게 해 주는 표면반영부터 시작된다. 표면반영은 유지대화에 도움이 될 수 있으며, 특히 우리를 일시적으로 좌절시키거나 심지어 혼란시키는 강한 불협화음에 사용하면 유용하다. 내담자가 충격적인 진술로 우리를 가격할 때, 표면반영은 우리가 좀 더 효과적으로 진행하는 방법을 알아내는 동안 우리에게 얼마간의 시간을 벌어 준다. 예를 들어, "나는 죽을 때까지 마시겠다."고 말하는 내담자는 우리에게 어떻게 진행해야 할지 매우 불확실하게 만들 수 있다. 안전한 반응은 "당신은 죽을 때까지 마실 것이군요."이다. 이 반응은 의미를 바꾸지 않고 내담자의 말에 가까운 상태로 머문다. 단순반영에서는 초점이 조금만 바뀌어도 내담자의 관점이 바뀔 수 있다. "이 시점에서, 당신이 죽을 때까지 술을 마실 것이군요."에서 '이 시점에서'라는 문구는 다른 가능한 미래로의 문을 열어 준다.

그러나 우리가 표면반영을 계속한다면 내담자는 더 좌절하고 불협화음을 느끼기 시작할 것이다. 그러므로 이러한 직접적인 반영은 분노한 내담자에게는 사용될 수 있지만, 우리는 그 이상으로 나아갈 준비가 되어 있어야 한다. 그렇게 하기 위해 우리는 심층반영을 사용한다.

심층반영은 우리가 대화의 움직임을 바꾸기 시작할 수 있도록 해 주는 미묘한 댄스 프레스 중 하나를 제공한다. 심층반영을 통해 표면 아래로 내려감으로써, 우리와 내담자는 이 문제를 새로운 시각으로 보게 된다. 우리는 표면 아래에 있는 빙산에 대해 더 많이 이해하게 된다. 그러나 우리가 내담자로부터의 강한 압력을 느낄 때는 심층반영을 하기가 어려울 수 있다. 본질적으로 표면반영은 우리에게 심층반영에 도달하기 위한 시간과 공간을 벌어 준다. 이러한 것들은 종종 내담자를 불만족하게 만드는 것에서부터 내담자의 내면에서 일어나는 일로 초점을 전환시키는 역할을 할 것이다. 이 미묘한 변화는 불협화음 속에 있는 에너지를 소멸시기키거나 집중시키기 시작할 수 있다.

확대반영은 현상 유지를 지지하는 진술에 대해서 반응할 때 매우 유용하다. 이런 반영적 경청 기술을 통해 내담자의 의도를 탐색할 뿐 아니라 그 진술에 대한 결심공약의 정도를 확인할 수 있다. 내담자가 "나는 죽을 때까지 술을 마시겠다."라고 진술하는 경우에 확대반영으로 "당신은 삶에서 아무런 목적도 발견할 수 없군요."라고 반응할 수 있다. 이러한 반영은 내담자에게 정말 살아야 할 이유가 없는 것인지, 혹은 모든 것을 한 방향으로 귀속시키는 것은 아닌지 스스로 돌아보게 한다. 또한 이러한 반영은 내담자가 더 양가감정적으로 느끼는 측면을 지적할 수도 있다.

마지막 반영 기술은 양면반영인데, 현상유지 요소와 내담자가 말했거나 아마도 고려했거나 혹은 그들의 진술 속에 암시되었던 내용들을 대조시키는 것이다. 앞의 예에서 죽을 때까지 술을 마시고자 한 내담자에게 이렇게 말할 수 있을 것이다. "지금 이 시점에서 당신은 그런 기분이군요. 그리고 당신은 그동안 항상 그런 기분을 느낀 것은 아니겠네요." 또 다른 반응은 "지금 당신은 죽을 때까지 술을 마시기를 바라는군요. 하지만 반면에 당신은 당신의 마음이 바뀔 수 있다는 것도 알고 있군요."

다른 많은 전략적인 요소들이 유지대화와 불협화음 대화에 대한 반응에 사용될 수 있다. 나는 대체로 다음 두 가지를 가르치는데, ① 개인의 선택과 통제임을 인식하는 것과 ② 초점을 이동시키는 것이다. 두 가지 접근에서 모두 OARS를 사용할 수 있지만, 상호작용의 패턴을 바꾸는 전략적인 선택이 포함되어야 한다.

나는 분명한 것을 분명하게 만드는 것이 유용하다는 점을 발견해 왔다.[1] 다시 말하자면, 현재 일어나고 있거나 혹은 현재 상황에 영향을 미치고 있으나 인식되지 않아 왔던 것들을 명명함으로써, 그것이 직접적으로 언급되도록 할 수 있다. 이런 경우에 분명한 것을 분명하게 만드는 것은 내담자가 자신만이 행동 변화를 선택할 수 있음을 상기시켜 주는 역할을 한다. 결국은 어떤 변화가 필요하고, 또한 그 변화가 어떠한 방식으로 일어날 것인가 하는 것은 전적으로 각자 개인의 결정에 달려 있다는 것이다. 거의 선택의 여지가 없어 보이는 상황에 있는 사람들조차 비록 수동적일지라도 그들은 여전히 선택한다. 예를 들면, DUI 운전자는 치료를 받기보다는 오히려 감옥에 가는 것을 선택할 수도 있다. 어떤 내담자는 자신에게 선택의 여지가 없다고 불평할지도 모른다. 그러나 사실은 그렇게 하든지 아니면 그렇게 하지 않고서 원치 않는 결과가 일어나게 하는 것 중의 선택인 것이다. 그것이 과연 선택인가에 대해 논쟁하고 싶을 것이다(나는 분명히 논쟁했고, 후회했다.). 그러나 당신이 OARS를 사용한다면 좀 더 좋은 결과를 볼 것이다.

"당신에게 그것이 끔찍한 선택으로 느껴지는데, 그래도 그렇게 할 건가요?"

"제 생각엔 저는 그렇게 할 것 같아요."

"당신은 정말로 그렇게 하길 원하지는 않는군요."

"그건 당연한 거 아닌가요?"

"이런 상황에 처한 것이 당신은 정말 화나는군요."

"사람들이 나에게 이래라 저래라 할 때 정말 화가 나요."

"그래서 당신이 지금 느끼는 기분이 그렇군요. 당신만이 치료받을지 아닐지를 결정할 수 있는 유일한 사람이라는 것을 아는데도 말이죠."

이런 유형의 대화는 흔하다. 이러한 접근은 비록 내담자 자신이 선택하는 방향에 대해서 만족하지 못할지라도, 내담자가 이러한 원치 않는 결정에 직면하게 되었을 때, 상담자가 내담자 편에 함께할 수 있도록 해 준다. MI 관점에서 보면 이런 접근은, 상담자가 지속적으로 제한을 행사하는 적대적인 위치에 있을 때보다, 내담자가 한 단계 앞으로 나아가도록 돕기에는 훨씬 적절하다.

---

[1] 귀한 지혜를 가르쳐 준 Dennis Donovan에게 감사한다.

두 번째 전략은 초점을 이동시키는 것이다. 이런 접근은 생산적이지 않을 것 같은 주제로 대화가 진행되고 있음을 알아차렸을 때 사용되며, 그럼으로써 우리는 좀 더 내담자에게 유용하고 생산적인 영역으로 초점을 이동시킨다. 전형적인 초점 이동은, 질문을 하고 난 후 반영이나 요약을 하는 형태로 이루어진다. 앞에서 보았던 예의 대화를 계속 이어 간다면 초점 이동하기는 다음과 같이 이루어질 수 있다.

"그래서 당신이 지금 느끼는 기분이 그렇군요. 당신만이 치료받을지 말지를 결정할 수 있는 유일한 사람이라는 것을 아는데도 말이죠."

"맞아요. 그런 것 같아요."

"그러니까 당신은 그 선택을 그다지 기뻐하지 않는군요. 그렇지만 현재 당신은 그걸 선택하기로, 적어도 좀 더 그 선택에 머물기로 결정한 것처럼 보이네요. 저는 당신이 오늘 무엇을 하면서 시간을 보내는 것이 도움이 될지 궁금하네요. 오늘 하루 무슨 일이 일어나길 기대하고, 또 무엇을 느끼고 싶은지 말이에요."

Bill Miller는 MI를 사용한 상담 시연 비디오에서 담배와 술이 내담자의 삶에 어떤 영향을 미치는지에 대해 대화를 나누면서(예: 축구선수) 초점 이동을 위한 간단한 질문을 사용한다("어떻게 달라지기를 바라나요?"). Terri Moyers는 DUI(음주운전) 평가를 제출한 한 남자와의 상담 시연 비디오에서 "오늘 여기에서 무엇을 하고 싶으세요?"라고 질문한다. Steve Rollnick은 내담자가 초점 영역을 선택할 수 있도록 의제(안건) 메뉴를 사용한다. 제7장에서 보았듯이, 이 메뉴에는 빈칸이 있어서 내담자가 이야기하고 싶은 것을 스스로 써 넣을 수 있다. 이런 참여과정을 통해 내담자는 스스로 목표를 선택할 수 있고, 상담자는 자신이 필요로 하는 것을 스스로 결정하는 내담자의 능력을 존중할 수 있게 된다.

어떤 상담자는, 내담자가 자신의 '문제'를 다루는 것을 회피하기 위해 완전히 부적절한 안건을 취할 수 있다는 점을 걱정하기도 한다. 그래서 내담자가 문제에서 벗어난 방향을 선택하면 상담자는 상담의 방향을 다시 문제 중심으로 돌려야 하지 않을까 하는 부담을 느끼게 된다. 이 점이 걱정된다면 제7장으로 돌아가서 이 부분들을 다시 읽어 보기를 권한다. 물론 제8장에서 언급한 바와 같이 우리는 항상 우려를 표명할 수 있는 선택권을 가지고 있다. MI는 지금 내담자가 선택하는 것을 존중하며, 변화가 일어나려면 상담자의 것이 아니라 내담자 자신의 의제가 되어야 한다는 점만 말해 두기로 하자. 만약 우리가 회기의 주제나 특정한 변화에 대해 강요한다면 진정한 변화보다는 거의 대부분 일시적인 복종을 얻게 될 확률이 높다.

불협화음이나 유지대화에 대응하기 위한 다른 전략들(재구조화, 방향 틀어 동의하기, 부정적인 편들기)은 반영적 경청을 기술적으로 사용하는 것이다. 상담자가 필요할 때마다 공감과 함께 자연스럽게 사용할 수 있도록 반영적 경청에 능숙해야 한다. 이러한 접근의 목적은 내담자를 편안하게 만들기 위함이 아니라 더 이상의 불협화음을 일으키지 않으면서, 어려운 현실(그들의 입장과 충돌하는)과 직접 대면하도록 하는 것이다. 이런 기술들은 상당한 능숙함을 요구하므로 아주 높은 수준의 MI 훈련에서만 쓰인다. 실제로 이러한 전략들은 상담자가 내담자에게 심도 있고 침착하게 귀를 기울일 때 자연스럽게 나타나는 경향이 있다. 이러한 전략이 대화의 흐름 속에서 자연스럽게 나타나는 것이다.

첫 번째 전략은 재구조화이다. 재구조화는 내담자의 진술을 새로운 시각과 조망으로 바라보는 것으로서, 이 접근은 대체로 불협화음이나 유지대화의 내용을 가져다가 바꾸어 말한다. 예를 들어, 계속 술을 마시는 것을 인내심이 있다고 바꾸어 말함으로써, 이러한 상황과 관련 있는 위험 요소들이 드러나게 만든다. 또는 상담에 참석하는 것을 꺼리는 것은 우려에도 불구하고 앞으로 나아갈 수 있는 힘이라고 바꾸어 말하는 것이다. 또는 행동 변화에 계속적인 실패를 더 나은 삶을 만들기 위한 노력으로 재구조화하여 말하는 것이다. 이전의 대화의 맥락에서 재구조화의 예를 들어, 보면 다음과 같다.

"당신에게 그것이 끔찍한 선택으로 느껴지는데, 그래도 그렇게 할 건가요?"
"제 생각엔 저는 그렇게 할 것 같아요."
"당신은 정말로 그렇게 하길 원하지는 않는군요."
"그건 당연한 거 아닌가요?"
"당신은 해야 할 일을 결정하고 실행할 수 있는 그런 사람이군요. 당신이 정말로 그것을 하기 싫어할 때조차 말이에요. 아마 이것이 이제까지 당신의 삶을 잘 이끌어 준 진정한 힘인 것 같네요."

방향 틀어 동의하기는 전형적으로 단순반영과 함께 재구조화가 뒤따른다. 때때로 단순반영 대신에 복합반영을 사용할 수도 있고, 반영을 전혀 사용하지 않을 수도 있다. 혹은 단지 "나는 당신이 옳다고 생각한다."라는 식의 동의일 수도 있다. 사용하는 형태에 관계없이, 상호작용은 방금 전 내담자가 말했던 것과 매우 일치되는 진술에서 시작하여, 재구조화에 의해 내담자는 전혀 예상하지 못한 방향으로 착륙하는 순간에 상호작용이 시작된다. 재구조화는 내담자로 하여금 전혀 기대하지 않았던 새로운 방향에 있게 하는 효과가 있다. 기본적인 개념은 동일하다. 힘에 맞서지 말고 대신에 그 힘을 부드럽게 다른 생산적인 방향으로 돌려라. 방향 틀어 동의하기의 예는 이전의 대화에서 다음과 같이 나타날 수 있다.

"사람들이 나에게 이래라 저래라 할 때 나는 정말 화가 나요."

"그 말이 당신을 화나게 만드는군요. 특히, 당신 스스로 어떤 것이 좋은 선택인지 아닌지를 잘 알고 있을 때 말이죠. 어느 누구도 당신에게 그 말을 할 필요가 없어요."

이 문장의 첫 번째 부분은 단순반영인 반면에 두 번째 문장에는 직접적으로 표현되어 있지는 않으나 내담자의 진술에 암시적으로 내포된 요소를 삽입하고 있다. 그 결과 내담자의 에너지는 새로운 방향, 즉 좋은 선택을 하는 방향으로 초점을 맞추는 데 사용되었다.

앞의 반복된 대화에서 잘 보여 주듯이, 다양한 방법들이 유지대화나 불협화음에 반응하는 데 사용될 수 있다. 앞서 말했듯이, 불협화음이 매우 강하거나 상담자와 불균형을 이룰 때 단순반영으로 시작하는 것은 재도약할 수 있는 시간을 얻는 가장 쉬운 방법이다. 또한 한 번의 대화가 불협화음의 힘을 완전히 없애 버리는 것은 아니므로 몇 번의 대화가 오가는 것이 필요하다. 그러므로 첫 번째 반응을 완벽하게 하려고 하기보다는 시작으로 삼는 것이 좋다. 불협화음이 지속되기 위해서는 상당한 에너지가 필요하다는 것을 알아야 한다. 만약 상담자가 이 에너지를 직접 억누르지 않는다면 불협화음은 종종(때로는 비교적 빨리) 감소한다. 이는 마치 형과 내가 싸우고 나서 싸움에 대해 서로를 비난할 때 "탱고를 추려면 두 사람이 필요하단다."라고 하신 어머니의 말씀과 같다.

마지막으로, 부정적인 편들기가 있다. 이것은 역심리학(reverse psychology)이 아니다. 도리어 변화를 위한 올바른 시간, 장소, 또는 상황이 아닐 수도 있다는 것을 단순히 인정하는 것이다. 나는 이 기술을 상급 훈련자들에게만 가르치는데, 그 이유는 이 기술이 내담자와 상담자를 이러지도 저러지도 못하는 상황에 빠진 듯한 상태로 남겨둘 수 있기 때문이다. 때로는 그런 상태에 갇혀 버린 기분을 느끼는 것이 꽤 도움이 되지만—변화를 위한 내담자의 자원을 동원하기 위하여 현재 상황의 불안을 충분히 경험하게 하므로—초보 상담자들은 다음 단계에서 무엇을 해야 할지를 모르는 상태에 처하게 될 수 있다. 다음과 같은 대화를 예로 들 수 있다.

"정말 절망적이네요. 지금은 변화할 수 있는 것이 하나도 없는 것 같네요."

"그래요. 아마도 기차가 이미 역을 떠난 것 같네요."

이런 유형의 반영을 제공함으로써 내담자가 상황을 더욱 충분히 탐색하고 내린 결정이 옳은지 여부를 판단할 수 있게 되길 바라는 것이다. 이는 상담자가 내담자와 함께 불안한 상황에 머물 수 있어야 하기 때문에 상당한 도전이 될 수 있다. Edinburgh 인터뷰(*www.jeffallison.co.uk*)에서 우리는 이 전략의 놀라운 예를 볼 수 있다. MI 상담자이면서 훈련자인 Sue Crauford는 자신의 아버지가 그랬던 것처럼 자신도 술 마시다가 죽게 될 것이라는 내담자의 옆에 함께 앉아 있다. 이 인터뷰에서 우리는 상담자가 내담자의 입장을 수용한 다음 그것을 탐색해 나가는 전 과정을 통해, 좀 더 희망적인 위치로 이동하는 것을 관찰하였다. 동반된 논평을 통해, MI에 일치되는 자세를 계속 유지하였음에도 이러한 과정이 상담자인 Sue에게 얼마나 불편한 것인지를 알 수 있었다.

이러한 접근이 반드시 극적일 필요는 없다. 이제 익숙해진 우리의 대화로 돌아가서 보면 이 경우에 해당되는 대화는 다음과 같을 것이다.

"당신에게 그것은 끔찍한 선택으로 느껴지는데, 그래도 그렇게 할 건가요?"

"제 생각엔 저는 그렇게 할 것 같아요."

"네, 당신은 그렇게 할 수 있을 거예요. 반면에 당신은 기꺼이 그렇게 할 때의 대가를 치를 건지도 결정해야 할 거예요. 왜냐하면 선택을 강요당했다고 느끼지 않는 것이 당신에겐 중요하기 때문이지요."

다시 한번 말하지만 상담자의 태도가 매우 중요하다. 상담자가 빈정거리거나 상담 장면을 조종한다면 내담자는 이에 대해 아주 강하게 불협화음할 수 있다. 상담자는 반드시 진실해야 한다.

3. 개념 정리 문제—자가 진단하기

진실 혹은 거짓

1. T F 자기-지각 이론은 현재 위치에 대해 내담자와 논쟁하는 것이 내담자의 태도를 변화시킬 것이라고 주장한다. 만약 그들이 양가감정적이고 누군가에 의해서 이런 논쟁이 강요된다고 느끼지 않는다면 말이다.
2. T F 유지대화와 불협화음은 같은 것이다.
3. T F 유지대화에는 변화대화에 상응하는 몇 가지 형태가 있다.
4. T F 변화대화보다 유지대화가 많을수록 변화가 덜 일어날 것이다.
5. T F 충분한 시간이 있다면 안전하고 지지적인 환경을 만드는 것만으로도 내담자가 변화에 대해 말하기 시작하도록 격려하는 데 충분할 것이다. 그렇지만 내담자가 그 행동으로 인해 죽을지도 모르는 상황에서는 소용이 없다. 그런 경우 상담자는 내담자의 불협화음에 정면으로 맞서 내담자가 처한 현실을 말해야 한다.
6. T F 반영만으로 내담자의 불협화음을 충분히 감소시킬 수 있다.
7. T F 확대반영은 내담자가 분노할 때 특히 도움이 될 수 있다.

8. T F 단순반영은 종종 화가 난 내담자에게 매우 유용하다.

9. T F 개인의 선택임을 강조하는 것은 내담자가 진실—변화를 결정할 수 있는 사람은 내담자뿐이라는—에 대해 관심을 가지도록 안내하는 것을 포함한다.

10. T F 부정적인 편들기와 확대반영은 둘 다 내담자에게 완고한 입장에서 한 발 물러나게 할 수 있다.

정답 및 해설

1. T 이는 제9장에서 다루어진 이슈들의 연속이라고 할 수 있다. 이것은 우리가 불협화음을 강화시키기보다 '그것과 함께 춤추기'를 선택하는 이유이다. 내담자와 논쟁하기보다는 내담자 입장 이해하기와 같은 다른 접근을 찾는다.

2. F 점차 MI 전문가들은 이 두 가지 행동 양상을 차별화하고 있다. MI 훈련가들은 '유지대화'는 현상 유지를 선호하는 내담자의 진술이고, 불협화음은 임상적 관계 자체에 '불협화음'이 있음을 나타내는 신호가 되는 내담자의 행동으로 구별하여 사용한다.

3. T 현재를 동일하게 유지하려는 열망, 능력, 이유 및 필요성뿐만 아니라, 현재의 행동을 유지하려는 결심공약, 실행활성화, 실행하기는 모두 유지대화에 속하는 내담자의 진술이다.

4. T 이것은 대체적으로 맞는 말이다. 하지만 이는 각각의 분량 문제라기보다는 세션 진행 과정에 걸쳐 적용되는 말이라고 할 수 있다. 만약 초기에 유지대화가 많고 변화대화가 거의 없는 경우에도, 변화대화를 증가시키는 동안 유지대화를 감소시킨다면 변화가 일어날 가능성이 높다고 할 수 있다. 그러므로 일반적으로 변화대화보다 유지대화가 많다는 것은 변화가 일어날 가능성이 적다는 것을 말한다.

5. F 때때로 치료자들은 '상담' 상황에서는 MI의 이점을 볼 수 있지만, 큰 위험이 있을 때에는 MI가 충분하지 않다고 느끼기도 한다. 어떤 상황에서는 조언과 보다 지시적인 역할이 필요할 수 있지만, MI 훈련가들은 여전히 공격적인 부정 깨뜨리기 접근법을 용인하지는 않을 것이다. 그 대신에 우리는 조언이 다양한 방식으로 사용될 수 있다고 제안하겠다(예를 들어, 허락을 구하고 설득하는 것). 그중 어떤 것은 다른 것보다 더 효과적일 것이다. 반면에 부정 깨뜨리기는 불협화음을 유발시키기 쉽고, 불협화음은 더 악화된 결과를 초래할 수 있다. 이 장의 도입에서 다루었던 Sean의 예를 보면 이러한 접근의 위험성을 알 수 있다. Miller(개인적인 대화, 2008년 6월 25일)는 다음과 같이 기록하고 있다. "행동 변화를 유발시킬 시간이 없다면, 내담자의 말을 경청하라."

6. T 숙달된 반영은 불협화음을 감소시키는 효과를 가지고 있다. 누군가가 불협화음에 대항하여 압력을 가하지 않는다면 불협화음이 지속되는 것은 매우 어렵다는 것을 기억하라. 만약 상담자의 반영이 불협화음에 대해서 압력을 가하지 않는다면 에너지는 분산될 가능성이 높다.

7. T 확대반영은 내담자가 특히 강한 입장을 취할 때 매우 효과적이다. 이는 내담자의 진술 속에 있는 불협화음 요소를 '억제'한다. 항상 그런 것은 아니지만 많은 경우에 이 접근은 내담자로 하여금 완고한 자세에서 돌아서게 한다. 만약 내담자가 여전히 완고함을 유지한다면, 당신의 반영이 평이하고 정확하기만 했기 때문이다. 초점을 이동해야 하는 시점인 것이다.

8. T 단순반영은 화가 난 내담자와 대화를 시작할 때 도움이 된다. 일반적으로 상담자는 상담 과정이 진행됨에 따라서 다른 형태의 반영을 사용하게 되겠지만, 상담을 시작할 때에는 단순반영을 사용하는 것이 좋다. 기억해야 할 것은 '단순'이라는 단어가 쉬움을 의미하지는 않는다는 것이다. 왜냐하면 상담자에게 어느 부분을 반영할 것인지를 결정할 수 있는 능력이 요구되기 때문이다.

9. T 우리는 단지 분명한 것을 분명한 것으로 만드는 것이다. 물론 다양한 우연도 존재하겠지만, 행동을 지속시키는 강화 요인과 함께할 것인지, 아니면 부정적인 결과에 대항하여 인내할 것인지를 결정하는 것은 여전히 내담자의 몫이다.

10. T 확대반영은 완고한 입장에 있는 내담자를 변화시키려는 의도를 가지고 불협화음 또는 유지 요소에 압박을 가하는 것이다. 부정적인 편들기는 지금이 변화를 위한 올바른 시간, 장소, 방법이 아니라는 데 동의했을 때 일어나는데, 이는 내담자가 자신의 생각을 충분히 탐구할 수 있도록 자극하는 데 목적이 있다.

4. 연습하기

15세 사춘기 소년 Arthur는 최근에 여자친구와 헤어졌다. 그는 자신이 필요하거나 관심이 있어서가 아니라 부모의 걱정 때문에 이곳에 오게 되었다. 앞서 논의되었던 이슈와 기술의 관점에서 초기 면담 과정을 살펴보기로 하자.

	진술	설명
상담자:	아버지의 동의서를 검토하는 데에 시간을 내 주어 고맙다. 네 얼굴을 보니 여기에 계속 있기를 원치 않는 것 같구나.	간단한 인정으로 시작하여 얼굴 표정을 보고 감정반영을 함. 어떻게 감정을 절제하는지를 주의해서 봄.
내담자:	선생님 말이 맞아요. 부모님이 저를 여기로 보냈어요. 저는 여기에 올 필요가 없다고 생각해요.	내담자는 동의하고 약간의 정보를 덧붙임.

진술		설명
상담자:	너에게는 선택의 여지가 없었구나.	재구조화.
내담자:	선택의 여지가 없었어요. 부모님은 제가 여기 와야만 한다고 했거든요.	감정이 여전히 고조되어 있지만 내담자와 상담자가 관계 형성 시작함.
상담자:	그렇지 않는다면 ……?	그 단락을 계속 이어 감.
내담자:	저는 제 드럼을 잃게 될 거예요. 그렇게 된다면 정말 미쳐 버릴 것 같아요.	자신이 가치 있게 여기는 것을 드러냄.
상담자:	그러니까 너는 여기 오는 것이 기쁘지 않았고 드럼 또한 잃고 싶지 않았구나.	양면반영.
내담자:	맞아요.	내담자는 자신이 이해 받고 있다는 것을 느꼈음. 그의 감정이 조금씩 풀어지기 시작함. 이제까지 상담자가 아무 질문도 하지 않았음을 주의해서 봄.
상담자:	정신과 의사(shrink)와 이야기하기 위해 여기에 오는 게 어땠는지, 네 생각이 궁금하구나.	이것은 내담자가 말을 더 할 수 있도록 묻는 열린 진술인데 직접적인 질문을 사용하지는 않음. 'shrink'라는 단어는 10대 내담자와 눈높이를 맞추기 위해 자주 사용됨. 이는 내담자로 하여금 상담자가 지나치게 진지한 사람이 아니며, 또한 내담자가 생각하는 것을 상담자가 이해할 수 있다는 것을 알게 함.
내담자:	저는 상담에 대해 아는 게 없어요. 전에 해 본 적이 없어서요. 선생님이 저를 카우치에 눕힐 거라고 생각했어요.	정서적 초점 이동에 반응하고 전문가와 함께 참여하고 있음.
상담자:	상담에 대해서 잘 몰랐던 거구나.	재구조화.
내담자:	그래요.	내담자는 더 이상 상담자에게 도전하지 않음. 앞으로는 치료에 관한 정보에도 좀 더

	진술	설명
		수용적이 될 것임.
상담자:	여기에서 뭘 할 건지에 대해 너에게 몇 가지 알려 주고 싶은데, 괜찮겠니?	정보를 공유하는 것에 대한 허락 여부를 묻는 닫힌 질문을 함.
내담자:	네, 좋아요.	감정이 다시 올라올 수도 있지만 여전히 상담자를 따르고 있음.
상담자:	네가 보는 바와 같이 여기에 카우치가 있어. 네가 원한다면 그곳에 누워도 좋아. 하지만 그건 내가 평소에 즐겨 하는 방식은 아니야. 중요한 건, 내가 너에게 무엇인가를 하도록 강요하지 않는다는 사실을 알았으면 좋겠어. 이 상담이 너에게 도움이 될 수 있는지 여부는 전적으로 너에게 달려 있어.	정보의 교환이 있고 나서 내담자의 선택과 의무에 대해 초점을 맞춤.
내담자:	그럼, 제가 원하지 않는다면 여기에 올 필요가 없다는 말인가요?	많은 10대들이 그렇듯이 그가 걱정하는 문제로 그의 관심이 가고 있음.
상담자:	내 입장에서 보면 너는 여기 오지 않아도 돼. 그렇지만 너희 아버지의 진술과 네가 내게 얘기한 바를 토대로 보면, 너희 부모님은 너와 다르게 느끼는 것 같아. 그리고 바로 그것이 너를 딜레마에 빠지게 한 것 같구나.	내담자는 정보를 요구했고 상담자는 직접적이고 정직하게 대답함. 또한 이것은 관찰에 기초한 반영을 통해 제공됨.
내담자:	네, 저는 여기에 오는 것이 좋지 않아요. 그렇지만 드럼을 잃고 싶지도 않았어요. 부모님께 제가 여기에 올 필요가 없다고 얘기해 줄 수 있나요?	내담자는 역시 정직하고 직접적으로 자신이 원하는 것을 요구함.
상담자:	글쎄. 지금 시점에서는 그럴 수 없어. 네가 상담을 할지 안 할지 나는 모르거든. 네게	다시 직접적 질문에 대한 직접적인 대답을 함. 반영이 효과적일 수도 있으나 10대들은

	진술	설명
	한 가지만 질문할게. 너희 부모님께서 네가 여기에 더 이상 올 필요가 없다고 생각하게 하려면 어떤 방법이 있겠니?	은 반영이 상담자가 질문을 피하는 전략이라고 인식함. 그리고 이런 인식은 상담자와의 라포 형성을 방해함. 질문은 다시 내담자의 부담에 대한 것으로 옮겨 가고, 그 과정에서 상담의 초점이 이동함.
내담자:	난 정말 잘 모르겠어요. 아마 집 밖으로 돌아다니는 것을 좀 줄이는 것이 아닐까요?	내담자의 부모가 진정으로 원하는 것이 무엇인지 모른다는 것에 대해서 말함. 그러나 무언가 내담자가 원하지 않는 방향으로 흘러가고 있다는 것을 인정함. 이것은 변화대화의 미약한 형태임.
상담자:	여자친구와 헤어져서 슬퍼서 밖으로 돌아다녔던 거구나.	내담자가 불쾌함(부모들이 제공한 정보)을 느끼는 이유를 추측하여 감정반영을 한 후 변화대화에 초점을 두고 있음. 또한 내담자의 관심을 부모에게서 자신이 배워야 할 것으로 향하도록 돌릴 수도 있음.
내담자:	우리 부모님이 생각하는 것처럼 그렇게 심각한 일은 아닌데요. 그렇지만 우리는 상당히 오랫동안 만나 왔어요.	양가감정이 올라왔으나 상실감에 대해서 인정함.
상담자:	빈자리가 크게 느껴지겠구나.	재구조화.
내담자:	네. 학교에서의 모든 것이 불편할 따름이에요. 그 여자애와 많은 수업을 같이 듣거든요.	더 많은 정보가 노출됨. 내담자는 지금 상담자와 함께하고 있음.
상담자:	그런 상황에서 너는 그녀 주위에서 어떻게 해야 할지 모르겠구나.	단락을 이어 감.
내담자:	네, 정말 어색한 기분이에요…….	

다시 말하지만, 상담자의 행동과 내담자의 반응은 서로 영향을 주고받는 상호작용이다. 정서적 초점 이동과 상담자와 내담자가 함께하는 데 반영이 효과적으로 사용되고 있다. 과정적 측면에서 볼 때 이것은 내담자와의 관계 형성하기가 분명하지만, 동시에 상담자는 내담자의 반응에서 나타나는 미묘한 변화를 통해 조심스럽게 유발하기를 시도하고 있다. 불협화음과 함께 춤추고 있다. 여전히 양가감정이 나타나지만 불협화음은 상담자에게 직접적으로 향하지는 않는다. 이 대화의 끝부분에서는 내담자가 자신의 양가감정을 더 탐색해 나가는 것에 대해 무언의 승인을 하고 있다. 그러므로 이어지는 상담과정에서 더 많은 정보가 수집될 수 있을 것이며, 부모의 기대가 무엇인지도 명료화될 것이다.

초기 감정이 누그러졌을 때에도 내담자는 질문과 도전을 보이고 있고, 상담자는 내담자의 이러한 질문과 도전을 직접적으로 언급하였다. 내담자는 상담자를 시험하기 위해 이런 질문을 하는 경우가 많다. 특히, 10대를 상담할 때에는 이렇게 직접적인 반응을 사용하는 것이 가장 덜 복잡하고, 가장 쉬우며, 내담자를 가장 존중하는 방식이 된다.

5. 시도해 보기

연습하기는 항상 중요하지만, 화가 나 있는 내담자를 다룰 때 특히 중요하다. 여기에서는 그것을 우리의 방법대로 연습해 보고자 한다. 시리즈로 연습을 하게 되는데, 연습마다 똑같은 대사로 시작하지만 각 연습별로 다른 반응을 이끌어 내도록 구성되어 있다. 똑같은 대사를 사용하는 것이 중복되어 보일 수도 있겠지만 그렇게 하는 데는 이유가 있다. 연습을 하는 것뿐만 아니라 내담자의 진술에 대한 상담자의 반응이 얼마나 다양한가를 보여 주기 위함이다. 다양한 반응 유형을 자유자재로 쉽게 사용할 수 있는 능력이 있다면 내담자를 상담하는 능력도 증진될 것이다.

처음 세 가지 연습 후에 당신이 상담하는 현장에서 들을 수 있는 내담자들의 불협화음에 관한 목록을 작성하게 될 것이다. 그리고 그 불협화음들에 대해서 당신이 할 수 있는 한 많은 종류의 반응을 만들 것이다. 그다음 단계는 TV나 라디오 토크쇼에 나오는 사람들의 발언에 대한 반응을 만들어 내는 것이며, 마지막으로, 내담자의 불협화음과 현상유지 진술 안에서 변화 가능한 내용을 찾는 연습을 하게 될 것이다. 이런 연습들은 화가 나 있는 내담자와 만나게 되었을 때 매우 유용하며, 또한 이전에 당신을 자극시키는 여러 상황을 만났을 때에도 시도해 볼 만하다. 우리 모두는 인간이기 때문에 실수를 하지만 이 실수들은 어떤 규칙성을 가지고 나타난다. 그것을 포착하라.

〈연습 11-1〉 불협화음와 유지대화에 대한 단순반영

우리는 내담자의 진술에 대한 표면(혹은 단순)반영을 만들어 내는 것부터 시작할 것이다. 각각에 대해서 두 가지의 반응을 적어 보고 초점을 다양하게 해 보라.

〈연습 11-2〉 불협화음와 유지대화에 대한 심층반영, 양면반영과 확대반영

〈연습 11-1〉에서와 같은 대화를 사용하여 우리는 대화를 진전시키기 위해 수면 아래로 내려가도록 노력할 것이다. 각 대화에 대하여 심층반영과 양면반영 및 확대반영을 시도하라.

〈연습 11-3〉 불협화음과 유지대화에서의 다른 반응

동일한 대화를 세 번째 사용하여 개인적 선택과 초점 이동하기뿐 아니라 다른 종류의 반영 중에서 하나를 적용해 보라. 매번 중복되지 않게 두 범주를 사용하는 것이 불가능할 수도 있지만 최선을 다하라.

〈연습 11-4〉 내담자의 불협화음과 유지대화

내담자로부터 들었던 현상유지 진술이나 불협화음 진술의 목록을 작성하라. 그리고 제공된 지면을 다 채우도록 하라. 각 진술마다 적어도 3개 이상씩, 불협화음을 낮추는 반응을 가능한 한 최대한 많이 적어 보자.

〈연습 11-5〉 라디오 방송과 토크쇼

이 연습은 라디오 방송이나 토크쇼에서 게스트나 전화건 사람이 불협화음을 일으키는 예를 찾아야 하기 때문에 조금 어려울 수 있다. 당신이 사는 지역에서 정치적인 논쟁이 있다면, 연습을 목적으로 이런 논쟁을 보고 듣고 녹음할 수도 있다. 불협화음 진술에 대해 반응하기 위해, 앞의 연습에서 사용하였던 모든 종류의 반응 유형을 사용하도록 하자. 일단 연습이 잘되었다면, 당신의 관점과 다른 관점을 강하게 주장하는 사람들의 말을 경청하려고 노력하자. 정치 토크쇼는 이런 점에서 아주 풍부한 연습 재료가 될 수 있다. 한 가지 기억할 것은 빈정대는 것은 피해야 한다는 것이다.

〈연습 11-6〉 진주 찾기

때때로 분명한 불협화음 진술 안에 변화의 진주가 존재하거나, 확실히 존재하지 않을 수도 있지만, 암시적으로 변화의 진주가 내포되어 있곤 하다. 이 연습은 우리가 그러한 기회를 들을 수 있도록 도와주고, 우리가 그 변화의 기회를 표면화시키는 방식으로 반응할 수 있는지를 볼 수 있게 돕는다. 이것은 상급 기술이며, 우리가 반영기술에 능숙하면 그러한 기회를 잡을 수 있다. 여러분이 받아들이거나 무시하거나 그것은 자유이지만, 내가 하고 싶은 조언은 여러분이 쉽게 반영을 할 수 있다고 느낄 때까지 이 기술을 연습하라는 것이다. 이것은 마치 새로운 악기에서 음계를 연주하는 것을 배우는 것과 같다. 우리의 손가락이 음을 가로질러 쉽게 움직이고 새로운 노래를 다룰 수 있게 된다면, 우리는 음악을 들을 수 있고 우리의 손이 덜 의식적인 노력으로 움직이도록 할 수 있다. 이것은 우리의 반영에도 해당된다. 우리가 반영을 쉽고 자연스럽게 할 수 있을 때, 우리는 변화 요소를 듣는 것에 집중할 수 있고, 우리가 어떻게 반영을 할지에 대해 걱정하지 않을 수 있다. 우리의 뇌는 훨씬 더 적은 노력으로 그러한 반영를 만들어 낼 것이고, 우리가 말하고 있는 것을 깊이 느낄 수 있게 해 줄 것이다.

〈연습 11-7〉 내담자와 실제로 연습하기

우리 모두는 변화할 수 없다고 느끼는 내담자를 만나고 있다. 왜 그렇게 느끼는지 이해하기 위해서 반영을 사용하는 시간을 가져 보라. 먼저 이렇게 시작해 보자. "우리는 지금까지 함께 상담하는 시간을 가졌어요. 그리고 우리가 더 나아지기 위해서 무척 애를 쓰고 있는 것 같아요. 그래서 한 발짝 물러서서 당신의 현재 상황에 대한 큰 그림을 알아보기에 좋은 때인 것 같아요. 대부분의 경우 사람들이 어떤 일을 할 때는 이유가 있거든요. 당신이 지금 처해 있는 상황의 긍정적인 면은 무엇일까요?" 반영의 다양한 유형을 연습해 보자. 우리는 현상 유지쪽만 강화하고 싶지 않기 때문에, 덜 좋은 부분에 대해서도 물어봐야 한다. 덜 좋은 부분에 대해서는 정교화하기를 사용한다는 것을 기억하라.

6. 파트너 활동

여섯 번째 연습뿐만 아니라 처음 4개의 연습은 파트너와 함께 구두 연습으로 할 수 있다. 즉, 한 파트너가 대본을 말하고, 다른 파트너는 이에 대해 응답한다. 표면반영으로 시작하라. 한 파트너가 양식을 작성한 후에 역할을 바꾸어라. 두 번째와 세 번째에 설명된 기술들을 연습하면서 계속 양식을 작성하라. 네 번째 연습에서는 각각 독립적으로 양식을 완성한 다음, 교대로 서로의 질문에 답해야 한다. 각 대본에 3개의 반영을 만들어 보는 것을 잊지 마라. 이 모든 연습에서 화자는 각 반응 사이의 대본을 반복해야 한다.

〈연습 11-8〉 아마도 지옥에서 온 내담자

치료 현장에서 힘들었던 내담자를 선택해서 파트너와 함께 이 사람을 연기한다. 그러나 힘들게 하던 그 내담자와는 다르게, 당신의 파트너가 보상받을 자격이 있을 때 보상을 주어라. 다시 말해 파트너의 대화가 당신의 불협화음이나 현상유지를 해소시키기 시작한다면, 계속 진행할 수 있도록 하고 그런 형태로 반응한다. 물론 이것은 연습이기 때문에 때로 파트너의 시도가 완벽하지 않더라도 그에게 도움을 주려고 하라. 기억하라. 이것은 연습이다. 지금 당신은 무언가 증명하기 위해서가 아니라 배우고자 노력하는 것이다.

7. 그 밖의 고려 사항

유지대화를 초기 형태의 변화대화와 구별하는 것은 때때로 매우 어렵다. 즉, "나는 내 PO(보호경찰관)가 나를 여기에 오라고 하는 것을 참을 수 없다."와 같은 진술에는, "만약 내 PO(보호경찰관)가 나를 여기에 오라고 하지 않는다면, 내가 여기에 올 수도 있다."라는 변화대화의 시작이 있을 수 있다. 이것들은 우리가 〈연습 11-6〉에서 연습했던 변화대화의 진주들이다. 몇몇 MI 저자들이 지적했듯이 이러한 미묘한 것에 주의를 기울이는 것은 중요하다. 예를 들어, Barth(2006)는 유지대화는 올바른 방향으로 나아가는 발걸음이 될 수 있다고 하였다. 특히, 내담자가 그 행동을 단지 존재하고 있는 하나의 행동이라고 여기며, 그 행동을 문제를 일으키거나 어떤 선택의 여지가 있는 것으로 생각하지 않는 경우에 그렇다. 즉, 그것을 방어해야 하는 이유가 없는 것이다. 우리의 목적은 그들이 그 문제를 볼 수 있도록 돕는 것이다. Barth는 초기에 변화대화를 끌어내기가 쉽지 않을 수 있으므로, 대신에 상담자는 내담자가 양가감정에 대해서 마음을 열 수 있도록 도와주는 데 목적을 두어야 한다고 말한다. 그러므로 내담자가 "그것이 나에게 문제가 될 만한 일이라고 한 번도 생각해 보지 않았고 지금도 그것이 문제가 될 것 같지는 않아요."라고 말하는 경우에 이것은 변화과정의 시작을 알리는 신호일 수 있다.

여러 개념들(예: 불협화음, 유지대화, 변화대화)이 서로 얽혀 있는 것은 특정 변수의 효과에 대해서 설명하고자 하는 연구자들에게 매우 큰 어려움을 야기할 수도 있다. 그러나 상담자에게 있어서 이것은 오히려 도움이 된다. 이때 경청 기술을 사려 깊게 적용하는 것이 매우 중요하다는 것을 다시 한번 강조한다. 상담자는 반드시 이런 느낌을 잘 들을 수 있도록 훈련되어야 하며, 불협화음과 유지대화 안에 내포되어 있는 변화를 향한 요소들에 잘 반응할 수 있어야 한다. 예를 들어, 내담자가 "나는 이미 할 수 있는 모든 것을 다 해 보았어요. 그런데 아무것도 효과가 없었어요."라고 말하는 내담자의 진술에는 분명한 변화열망의 진술이 담겨 있다. 이 사람은 반복되는 실패에도 불구하고 변화를 위해서 계속 노력해 온 것이다. 또 이 내담자의 진술은 그가 비록 상담자의 말을 무시하더라도 이 사람에게 변화가 매우 중요하다는 것을 암시하고 있다.

게다가 Allison(2006)은 현상유지가 계속되도록 하기 위해서 하는 행동은 결과가 다르긴 하지만 그 노력의 측면에서 볼 때 변화를 위한 노력만큼 훌륭하다고 말한다. 그는 불협화음에 계속 머물고자 하는 사람들은, 유지할 수 없는 것을 유지하기 위한 노력과 시도를 계속한다고 말했다. 그들은 현재 처한 문제에서 반드시 변화되어야 한다는 것을 알고 있지만, 상식에서 벗어나 보이는 행동을 유지하기 위해 필사적으로 매달리고 있다는 것이다. 그러므로 내담자는 "흡연이 점점 나를 병들게 만든다는 걸 알아요. 그렇지만 담배에 불을 붙이고 한 모금 피울 때 나는 정말 평화와 안식을 맛보는 것 같아요."라고 말하는 것이다. Allison은 이런 종류의 노력은 우리가 보기에 아무리 잘못되었다 할지라도 존중할 가치가 있다고 설명한다. 어떤 것에 대해서 '나쁘다, 문제를 일으킨다, 부정하고 있다'고 규정하는 것은, 현상유지가 어렵다는 것을 내담자 스스로 알고 있다는 점을 존중하지 않는 것이다. Allison의 관점에서 보면 이것을 나쁜 것으로 규정하는 것은, 내담자 스스로 그것이 자신에게 해로우며 또 잠시의 평화와 안식을 얻기 위해서 이 행동을 계속 유지해 간다는 것이 얼마나 엄청난 노력을 요구하는지를 잘 알고 있다는 것을 간과하기 쉽다는 것이다. 또한 그렇게 규정하는 것은 우리가 당신보다 더 잘 알고 있으며, 우리의 직업은 당신이 자신의 어리석음을 보도록 도와주는 일을 하는 것이라고 말하는 것도 내포하고 있다고 생각한다. 그래서 Allison은 불협화음보다는 좀 더 중립적인 어휘(예: 유지대화)가 더 존중을 표시하며 또한 도움이 되는 언어라고 제안하였다. 그것은 내담자의 가능성과 능력을 인정하기 때문이다. 결국 다시 한번 언어가 중요하다는 결론에 이르게 된다.

마지막으로, 여기에 내가 가장 좋아하는 은유 중 하나가 있다. 주의집중은 어두운 숲에서 손전등을 비추는 것과 같다. 내담자와 나는 불빛이 비추는 곳을 볼 것이다. 만약 우리가 우리의 손전등을 유지대화에 향하게 하면 우리는 유지대화를 더 많이 들을 것이다. 우리는 이미 유지대화가 많을수록 더 나쁜 결과가 예측된다는 것에 주목했다. 이러한 이유로, 우리는 유지대화를 들을 때 항상 반영하지 않으며, 반영할 때는 그것을 지나치려는 것이다. 이 점이 당구대 위에 놓인 쿠션을 사용하여 공을 새로운 방향으로 쳐 보내는 것과 같은 소위 '뱅크샷' 반영으로 이끈다. Arthur로 돌아가면, 방향 바꾸기(redirection)는 다음과 같다.

"사람들이 나에게 무엇을 하라고 하면 나는 화가 납니다."
"그게 당신을 화나게 하는군요."(표면반영)
"그게 당신을 화나게 하는데, 당신은 항상 화내고 싶지 않군요."(뱅크샷 반영)

두 번째 상담자 반응에서 우리는 그 감정을 인정하면서도 또한 가능한 변화대화로 대화를 옮기기 시작했다. 만약 우리의 반영이 틀렸다면? 그렇다면 내담자들이 그들의 반응으로 우리에게 틀렸다고 말할 것이다.

유인물 불협화음과 춤추는 기술

앞으로 하게 될 연습에서는 이 유인물(아래의 기술들)을 사용하게 될 것이다.

표면반영은 내용은 동일하게 유지하지만 계속 대화가 진행되도록 해야 한다. 어떤 요소에 초점을 둘지 주의 깊게 고려해야 된다는 점을 기억하자.

심층반영은 표면 아래로 내려가서 우리와 내담자가 그 밑에 무엇이 있는지 이해하도록 도와준다.

양면반영은 양가감정의 양 측면을 모두 포함한다.

확대반영은 내담자의 진술에서 불협화음적인 부분을 좀 더 강조한다.

방향 틀어 동의하기는 동의하는 진술이나 반영을 하고 뒤이어 재구조화가 따라오는 것이다.

재구조화는 내담자의 진술을 새로운 관점이나 조망에서 보는 것이다. 이런 접근으로 불협화음이나 유지대화 요소를 바꾸어서 다르게 말하는 것이 해당된다.

나란히 가기(부정적인 편들기)는 지금이 변화에 좋은 시간이나 장소, 환경이 아닐 수 있다는 것을 인정하는 반응이다.

개인의 선택과 통제 강조하기는 분명한 것을 분명하게 만드는 상담자의 반응이다. 이 반응은 오직 내담자 자신만이 자신의 행동 변화를 선택할 수 있음을 상기시킨다. 즉, 변화의 필요성 여부와 그런 변화들이 어떻게 일어날 수 있는지는 전적으로 그들 자신에게 달려 있다는 것을 알게 한다.

초점 이동하기는 현재 대화의 주제가 생산적이지 않다는 것을 인정하고, 내담자에게 좀 더 도움이 되고 생산적인 주제 영역으로 이동하도록 만드는 상담자의 반응이다. 이런 초점 이동하기는 반영하기, 요약하기, 질문하기, 또는 이것들의 혼합을 통해서 이루어질 수 있다.

연습 11-1 불협화음와 유지대화에 대한 표면반영

내담자의 불협화음이나 현상 유지대화에 대해서 단순반영을 만들어 보자. 각각에 대해서 두 가지의 반응을 쓰고 다양한 초점을 두려고 노력하라. 만약 필요하면 제시된 유인물(불협화음 반응에 대한 기술들)을 참고하라.

나는 적포도주가 내 심장에 좋을 거라고 생각했어요. 그게 내가 매일 밤 적포도주를 마시게 된 이유예요.

1.

2.

운동을 규칙적으로 하는 것이 나에게 좋다는 걸 알아요. 그렇지만 나는 너무 바쁘기 때문에 규칙적으로 운동하기가 매우 어렵네요.

1.

2.

나는 모든 사람들이 지나치게 과장하고 있다고 생각해요. 휴일 파티 때 술을 조금 많이 마셨어요.

1.

2.

난 그것이 완벽하지 않다는 데에 동의합니다. 그렇지만 당신은 그것이 어떤 건지 이해하지 못하는군요. 이제는 달라졌어요.

1.

(다음 쪽에 계속)

2.

맞아요. 약간의 대가를 치르죠. 하지만 나는 남은 인생을 선을 넘지 않으려고 애쓰면서 보내고 싶진 않아요. 나도 즐기고 싶고 돈도 좀 쓰고 싶어요.

1.

2.

약물이 나에게 별로 도움이 되지 않았던 것 같아요. 사실 약물을 했을 때 드는 느낌이 좋지 않았어요.

1.

2.

들어 봐요. 상사가 화난 건 나도 알아요. 그래도 난 아무에게서나 험한 소리를 듣지 않을 거예요. 이 바닥에서는 약점을 보이면 산 채로 잡아먹혀요.

1.

2.

나는 모든 것을 시도해 봤지만, 그 어떤 것도 소용이 없었어요. 이해가 되나요?

1.

2.

내가 왜 여기 있어야 하죠? 완벽하지 않다는 건 알지만 나는 이전보다 더 잘하고 있어요. 우리 아이들에게는 아무 일도 없었는데 왜 아직도 나를 여기에 오게 하는 거죠?

1.

2.

연습 11-2 불협화음와 유지대화에 대한 심층반영, 양면반영과 확대반영

이제는 심층반영, 양면반영, 확대반영의 사용을 연습하도록 한다. 기억해야 할 것은 DS는 양가감정의 양면을 포함하는 반면에, A는 진술의 불협화음 부분을 약간 강조한다는 것이다. 각각 유형을 모두 쓰도록 노력하고 필요시에는 유인물을 참조하라.

나는 적포도주가 심장에 좋을 것이라고 생각했어요. 그게 내가 매일 밤 적포도주를 마시게 된 이유예요.

1. 심층반영:

2. 양면반영:

3. 확대반영:

운동을 규칙적으로 하는 것이 나에게 좋다는 걸 알아요. 그렇지만 나는 너무 바쁘기 때문에 규칙적으로 운동하기가 매우 어렵네요.

1. 심층반영:

2. 양면반영:

3. 확대반영:

나는 모든 사람들이 지나치게 과장하고 있다고 생각해요. 휴일 파티 때 술을 조금 많이 마셨어요.

1. 심층반영:

2. 양면반영:

3. 확대반영:

(다음 쪽에 계속)

불협화음와 유지대화에 대한 심층반영, 양면반영과 확대반영

난 그것이 완벽하지 않다는 데에 동의합니다. 그렇지만 당신은 그것이 어떤 건지 이해하지 못하는군요. 이제는 달라졌어요.

1. 심층반영:

2. 양면반영:

3. 확대반영:

맞아요. 약간의 대가는 있죠. 하지만 나는 남은 인생을 선을 넘지 않으려고 애쓰면서 보내고 싶진 않아요. 나도 즐기고 싶고 돈도 좀 쓰고 싶어요.

1. 심층반영:

2. 양면반영:

3. 확대반영:

약물이 나에게 별로 도움이 되지 않았던 것 같아요. 사실 약물을 했을 때 드는 느낌이 좋지는 않았어요.

1. 심층반영:

2. 양면반영:

3. 확대반영:

들어 봐요. 상사가 화난 건 나도 알아요. 그래도 난 아무에게서나 험한 소리를 듣지 않을 거예요. 이 바닥에서는 약점을 보이면 산 채로 잡아먹혀요.

1. 심층반영:

2. 양면반영:

3. 확대반영:

나는 모든 것을 시도해 봤지만, 그 어떤 것도 소용이 없었어요. 이해가 되나요?

1. 심층반영:

2. 양면반영:

3. 확대반영:

내가 왜 여기 있어야 하죠? 완벽하지 않다는 건 알지만 나는 이전보다 더 잘하고 있어요. 우리 아이들에게는 아무 일도 없었는데 왜 아직도 나를 여기에 오게 하는 거죠?

1. 심층반영:

2. 양면반영:

3. 확대반영:

연습 11-3 불협화음와 유지대화에서의 다른 반응

이제 세 번째로 똑같은 대사를 사용하여 다른 형태의 반응—즉, 재구조화, 방향 틀어 동의하기, 부정적인 편들기, 개인적 선택, 초점 이동하기—중에서 하나를 사용하도록 하라. 중복되는 것처럼 들리지 않게 매번 바꾸어 적용하는 것이 쉽지 않겠지만 최선을 다하라.

나는 적포도주가 심장에 좋을 거라고 생각했어요. 그게 내가 매일 밤 적포도주를 마시게 된 이유예요.

1.

2.

3.

운동을 규칙적으로 하는 것이 나에게 좋다는 걸 알아요. 그렇지만 나는 너무 바쁘기 때문에 규칙적으로 운동하기가 매우 어렵네요.

1.

2.

3.

나는 모든 사람들이 지나치게 과장하고 있다고 생각해요. 휴일 파티 때 술을 조금 많이 마셨어요.

1.

(다음 쪽에 계속)

불협화음와 유지대화에서의 다른 반응

2.

3.

난 그것이 완벽하지 않다는 데에 동의합니다. 그렇지만 당신은 그것이 어떤 건지 이해하지 못하는군요. 이제는 달라졌어요.

1.

2.

3.

맞아요. 약간의 대가를 치르죠. 하지만 나는 남은 인생을 선을 넘지 않으려고 애쓰면서 보내고 싶진 않아요. 나도 즐기고 싶고 돈도 좀 쓰고 싶어요.

1.

2.

3.

약물이 나에게 별로 도움이 되지 않았던 것 같아요. 사실 약물을 했을 때 드는 느낌이 좋지는 않았어요.

1.

2.

3.

들어 봐요. 상사가 화난 건 나도 알아요. 그래도 난 아무에게서나 험한 소리를 듣지 않을 거예요. 이 바닥에서는 약점을 보이면 산 채로 잡아먹혀요.

1.

2.

3.

나는 모든 것을 시도해 봤지만, 그 어떤 것도 소용이 없었어요. 이해가 되나요?

1.

2.

3.

내가 왜 여기 있어야 하죠? 완벽하지 않다는 건 알지만 나는 이전보다 더 잘하고 있어요. 우리 아이들에게는 아무 일도 없었는데 왜 아직도 나를 여기에 오게 하는 거죠?

1.

2.

3.

연습 11-1~연습 11-3에 대한 예시 반응

나는 적포도주가 심장에 좋을 거라고 생각했어요. 그게 내가 매일 밤 적포도주를 마시게 된 이유예요.

1. 그게 당신을 혼란스럽게 하는군요. 당신은 심장에 좋은 무언가를 당신이 하고 있다고 생각했군요. (단순반영)
2. 당신이 맞아요. 적포도주는 위험성이 있지만 건강에 유익함이 있는 것처럼 보이는군요. (방향 틀어 동의하기)
3. 당신은 건강을 유지하기 위해서 적포도주를 마시는군요. 건강을 위해서 할 수 있는 다른 것이 있을까요? (초점 이동하기)
4. 당신은 건강에 좋은 것을 중요하게 여기는 사람이군요. (심층반영)

운동을 규칙적으로 하는 것이 나에게 좋다는 걸 알아요. 그렇지만 나는 너무 바쁘기 때문에 규칙적으로 운동하기가 매우 어렵네요.

1. 당신은 정말 바쁘군요. (단순반영)
2. 당신에게 주어진 상황을 보니 정말 운동을 할 수 없었겠군요. (확대반영)
3. 상반된 요구들 사이에서 건강에 대한 초점을 어디에 맞추어야 하는지 알기는 쉽지 않아요. 하지만 당신은 운동이 중요하다는 것을 알고 있군요. (양면반영)
4. 당신은 당신의 가치를 자세히 살피고 어떤 것이 가장 우선순위가 높은지 알아내려 하고 있군요. (심층반영)

나는 모든 사람들이 지나치게 과장하고 있다고 생각해요. 휴일 파티 때 술을 조금 많이 마셨어요.

1. 당신은 좀 많이 마셨군요. (단순반영)
2. 당신은 한편으로는 사람들이 과민 반응을 보이는 것 같기도 하고, 또 한편으로는 당신이 원했던 것보다 좀 많이 마셨다는 것을 알고 있는 것 같기도 하네요. (양면반영)
3. 그래서 당신이 재미있을 것이라고 생각했던 일이 좀 다른 게 되었군요—이 모든 것이 약간의 술 때문이라고 생각하고요. (재구조화)
4. 이 사건 때문에 사람들이 당신을 다르게 생각할 수도 있다는 사실이 당신을 괴롭히네요. (심층반영).

(다음 쪽에 계속)

연습 11-1~연습 11-3에 대한 예시 반응 (계속)

난 그것이 완벽하지 않다는 데에 동의합니다. 그렇지만 당신은 그것이 어떤 건지 이해하지 못하는군요. 이제 상황이 달라졌어요.

1. 상황이 달라졌군요. (단순반영)
2. 이것은 아마 당신이 지금 당장 바꿀 수 있는 영역이 아닐 수도 있겠네요. (부정적인 편들기)
3. 나는 이해가 안 돼요. 만약 내가 이해했다면, 당신이 변화를 고려한다는 것이 얼마나 힘든지 알 수 있을 것 같아요. (방향 틀어 동의하기)
4. 당신은 한편으로 내가 당신의 눈을 통해 세상이 어떤 모습인지 진정으로 이해할 수 있기를 바라고 있을 거예요. (심층반영).

맞아요. 약간의 대가를 치르죠. 하지만 나는 남은 인생을 선을 넘지 않으려고 애쓰면서 보내고 싶진 않아요. 나는 즐기고 싶고 돈도 좀 쓰고 싶어요.

1. 당신은 인생을 즐기고 싶군요. (단순반영)
2. 당신은 인생을 즐기고 싶고, 그래서 그로 인해 요구되는 대가를 기꺼이 치르고자 하는군요. (양면반영)
3. 그것은 마치 양자택일의 선택과 같군요. 둘 다 가질 순 없으니까요. (재구조화)
4. 당신은 단지 그런 식으로만 보지 않기 때문에, 이것은 당신에게 골치 아픈 일이군요. (심층반영).

약물이 나에게 별로 도움이 되지 않았던 것 같아요. 사실 약물을 했을 때 드는 느낌이 좋지는 않았어요.

1. 약물이 크게 도움이 되지는 않았군요. (단순반영)
2. 그 약물은 당신에게 전혀 도움이 되지 않았네요. (확대반영)
3. 약물로 인한 문제가 너무 많았기 때문에, 당신은 그 느낌을 기꺼이 참았을 거예요. (부정적인 편들기)
4. 당신은 약물로부터 지금 받는 것보다 더 많은 도움을 원하고 있네요. (심층반영).

(다음 쪽에 계속)

연습 11-1~연습 11-3에 대한 예시 반응 (계속)

들어 봐요. 상사가 화난 건 나도 알아요. 그래도 난 아무에게서나 험한 소리를 듣지 않을 거예요. 이 바닥에서는 약점을 보이면 산 채로 잡아먹혀요.

1. 당신은 약점을 보이려고 하지 않는군요. (단순반영)
2. 당신이 그것을 감당하기에 충분히 강하다는 것을 알면서도, 그것 때문에 상사에게 어떤 대가를 치르게 될지 걱정하는군요. (양면반영)
3. 그래요. 그건 투쟁이죠. 그리고 당신이 싸움이라고 알기 때문에, 당신이 무엇을 할 것인지 결정할 수 있는 힘을 주네요. (방향 틀어 동의하기)
4. 당신은 사람이나 상황을 잘 읽어내고, 무엇이 도움이 되고 또 도움이 되지 않는 게 무엇인지를 알고 있군요. (심층반영)

나는 모든 것을 시도해 봤지만, 그 어떤 것도 소용이 없었어요. 이해가 되나요?

1. 내가 이해하지 못하는 것 같군요. (단순반영)
2. 그 어떤 것도 전혀 소용이 없었군요. 아주 조금이라도 말이에요. (확대반영)
3. 상황이 계속 좋아지지 않았지만 당신은 계속 노력하셨군요. (재구조화)
4. 상황을 다르게 하기 위해 헌신한 당신은 아직 변화하지 않는 것 때문에 좌절감을 느끼는군요. (심층반영)

내가 왜 여기 있어야 하죠? 완벽하지 않다는 건 알지만 나는 이전보다 더 잘하고 있어요. 우리 아이들에게는 아무 일도 없었는데 왜 아직도 나를 여기에 오게 하는 거죠?

1. 당신은 끝낼 준비가 되었군요. (단순반영)
2. 아직도 몇 가지 곤란한 문제가 있을 수 있지만 상황은 더 나아졌군요. (양면반영)
3. 당신이 선택해서라기보다는 내가 당신을 오게 만든 것처럼 느껴지는군요. 아직도 우리가 함께 해야 할 일들이 있다고 생각하지만, 그래도 여기에 올 만한 가치가 있는지를 결정하는 것은 오직 당신이에요. 법적인 문제가 있긴 하지만 당신을 위해 내가 결정할 수는 없어요. 그것은 온전히 당신의 결정이에요. (개인적 선택 강조하기)
4. 당신은 지금과 같은 상황을 좋아하고 단지 부모 역할로 돌아가고 싶어 해요. (심층반영).

연습 11-4 내담자의 불협화음와 유지대화

내담자에게 들었던 현상 유지진술이나 불협화음 진술의 목록을 작성하라. 그리고 준비된 칸을 채우라. 각 진술마다 불협화음을 줄이는 반응을 생각할 수 있을 만큼 최대한 많이, 적어도 3개 이상씩은 쓰도록 하라. 필요하다면 불협화음에 반응하는 기법에 대한 유인물을 참조하라.

내담자의 진술

1.

2.

3.

내담자의 진술

1.

2.

3.

(다음 쪽에 계속)

내담자의 불협화음와 유지대화

내담자의 진술

1.

2.

3.

내담자의 진술

1.

2.

3.

내담자의 진술

1.

2.

3.

연습 11-5 라디오 방송과 토크쇼

우리는 라디오와 TV 쇼를 자료 원천으로 계속 사용한다. 이 연습은 좀 어려울 수 있는데, 그 이유는 TV 쇼의 손님이나 전화 건 사람 중에서 불협화음적인 사람을 찾아야 하기 때문이다. 당신이 사는 지역에서 정치적인 논쟁이 있다면 연습을 목적으로 이런 논쟁을 보고 듣고 녹음할 수도 있다. 미국이라면 일요일 아침 정치 쇼가 좋은 연습 자료가 될 수 있다. 당신의 견해나 가치에 더 가까운 쇼로 연습을 시작하라.

이전과 같이 우선 한 문장을 들은 다음에 소리를 끄고 반응 목록 중에서 한 가지 반응 유형으로 반응해 본다. 반응 유형을 바꿔 가면서 해 보라. 훌륭한 골프선수가 연습공을 치는 것처럼, 여러분은 이미 잘하는 샷뿐만이 아니라 여러분이 필요로 하는 모든 샷을 연습해야 한다. 필요하다면 유인물—불협화음과 함께 춤추는 기법—을 참조해도 된다.

일단 연습이 잘되었다면, 당신과는 다른 관점을 강하게 주장하는 사람들의 말을 경청하려고 노력해 보라. 정치적인 토크쇼는 이런 점에서 아주 풍부한 연습 자료가 될 수 있다. 한 가지 기억할 것은 비꼬는 반응은 (대부분의 경우) 피해야 한다는 것이다.

연습 11-6 진주 발견하기

때때로 분명한 불협화음 진술 안에 변화의 진주가 존재하거나, 확실히 존재하지 않을 수도 있지만 암시적으로 변화의 진주가 내포되어 있곤 하다. 이 연습은 우리가 그러한 기회를 들을 수 있도록 도와주고, 우리가 그 변화의 기회를 표면화시키고 다듬는 방식으로 반응할 수 있는지를 알 수 있게 돕는다. 이것은 상급 기술이며, 우리는 내담자의 불협화음 진술 속에서 진주를 발견할 수 있어야 한다. 심층반영은 종종 우리가 진주를 발견했을 때 가장 직접적으로 반응할 수 있는 방법이다. 여러분이 이 문장을 읽을 때, 진주에 귀를 기울이고 심층반영을 하거나 다른 기술들 중 하나로 반응하라.

1. 이것은 돈벌이에요. 당신은 돈 때문에 이러는 거죠. 당신은 진정으로 관심을 가지고 있지 않아요.

2. 이건 단지 바보 같고 바쁜 일이에요. 내가 위성항법장치 숙제를 한다고 해서 내 인생이 어떻게 달라질지 모르겠어요.

3. 들어 보세요. 나는 시골에 살고 여기서 할 수 있는 거라곤 술이나 마약 뿐이에요. 내가 아는 사람들 모두 술과 마약을 둘 다 하거나 그중 하나를 해요. 그래서 이것이 모두 괜찮은 생각처럼 보이지만 내게는 잘 먹히질 않아요. 말 그대로 여긴 아무것도 할 게 없어요.

4. 마리화나는 술보다 훨씬 문제를 적게 일으켜요. 그건 정상적인 것이에요. 그건 단지 사람들이 우리를 겁주려고 하고, 해롭다고 말하려는 하나의 예일 뿐이에요. 사실은 그렇지 않아요.

5. 당신은 시간을 낭비하려 하고 있군요. 한번 해 보시죠. 난 신경 안 써요. 내가 이 일에서 해방되는 대로 난 여길 떠나서 다신 돌아오지 않을 거예요.

6. 나는 그를 믿지 않아요. 그건 벌써 2년이나 되었고 아무도 그것에 대해 아무런 조치를 취하지 않았아요. 사람들에게 말해 봤지만 아무 일도 일어나지 않았어요. 그래요. 맞아요, 나는 화가 났고 나는 이제 다 시도했어요. 그는 변화할 필요가 있어요.

연습 11-6에 대한 예시 반응

밑줄 친 부분은 진주가 놓일 수 있는 위치를 나타낸다. 아래의 답변은 우리가 목표로 하는 가능성들이다.

1. **이것은 돈벌이에요. 당신은 돈 때문에 이러는 거죠. 당신은 진정으로 관심을 가지고 있지 않아요.**
   당신은 내게서 보살핌 받고 있다는 느낌이, 심지어 무언가 변화가 필요한지를 고려하는 데에 있어서도 전제조건이 되는군요.

2. **이건 단지 바보 같고 바쁜 일이에요. 내가 위성항법장치 숙제를 한다고 해서 내 인생이 어떻게 달라질지 모르겠어요.**

   만약 당신이 그 연관성을 볼 수 있고 그것이 만들어 낼 차이를 느낄 수 있다면, 당신은 기꺼이 그 일을 할 거예요.

3. **들어보세요. 나는 시골에 살고 여기서 할 수 있는 거라곤 술이나 마약 뿐이에요. 내가 아는 사람들 모두 술과 마약을 둘 다 하거나 그중 하나를 해요. 그래서 이것이 모두 괜찮은 생각처럼 보이지만 내게는 잘 먹히질 않아요. 말 그대로 여긴 아무것도 할 게 없어요.**

   그것은 마치, "만약 내가 성공하기를 바란다면, 나는 몇 가지 표면의 변화를 넘어서야 해요. 나는 모든 새로운 방법과 나를 도와줄 모든 새로운 사람을 찾아야 할 거예요."라는 것 같네요. 그게 왜 힘드는지 알 것 같아요.

4. **마리화나는 술보다 문제를 적게 일으켜요. 그건 정상적인 것이에요. 그건 단지 사람들이 우리를 겁주려 하거나 해가 된다고 말하려는 하나의 예일 뿐이에요. 사실은 그렇지 않아요.**

   다른 사람이 말한 모든 것을 고려해 볼 때, 변화 가능한 문제에 대해 마음을 여는 것은 정말 어렵다고 느낄 뿐이에요. (이 점에 있어 태도가 정말 중요할 것이다. 만약 내담자가 비꼬는 말투로 느끼면 개방은 닫힐 것이다.)

5. **당신은 시간을 낭비하려 하고 있군요—한번 해 보시죠. 난 신경 안써요. 내가 이 일에서 해방되는 대로 난 여길 떠나서 다신 돌아오지 않을 거예요.**

   그래서 당신은 이미 변화에 대해서 생각해 보았군요. 나는 무엇이 당신을 움직이게 했는지 궁금하네요. 괜찮다면 이야기해 줄 수 있어요?

6. **나는 그를 믿지 않아요. 이건 벌써 2년이나 되었고 아무도 그것에 대해 아무런 조치를 하지 않았아요. 사람들에게 말해 봤지만 아무 일도 일어나지 않았어요. 그래서 맞아요. 나는 화가 났고 나는 이제 다 시도했어요. 그는 변화할 필요가 있어요.**

   당신이 그렇게 신경을 많이 쓰는 일에 다른 사람들은 관심을 갖지 않는다고 느껴지는 것은 매우 실망스러운 일이네요.

연습 11-7 내담자와 실제로 연습하기

이것은 실제 연습 기회를 말한다. 대부분의 상담자는 변화할 수 없다고 느끼는 내담자를 만나고 있다. 불편함이 느껴지는 예정된 약속을 파악하라. 만일 당신이 이 내담자가 안 왔으면 하고 바라고 있다면, 이 사람은 이 연습을 적용하는 데 적합한 사람일 것이다.

당신의 목표는 이 장에서 토론한 기술을 훈련하는 것뿐만 아니라 왜 그 내담자가 변화할 수 없는 것 같은지를 이해하기 위해 다른 핵심 기술(OARS+I) 훈련하는 것을 포함한다. 소개와 함께 시작한다. "우리는 지금까지 함께 상담하는 시간을 가졌어요. 그리고 우리가 더 나아지기 위해서 무척 애를 쓰고 있는 것 같아요. 그래서 한 발짝 물러서서 당신의 현재 상황에 대한 큰 그림을 알아보기에 좋은 때인 것 같아요. 대부분의 경우 사람들이 어떤 일을 할 때는 이유가 있거든요. 당신이 지금 처해 있는 상황의 긍정적인 면은 무엇일까요?" 반영의 다양한 유형을 연습해 보자. 우리는 현상 유지쪽만 강화하고 싶지 않기 때문에, 덜 좋은 부분에 대해서도 물어봐야 한다. 덜 좋은 부분에 대해서는 정교화하기를 사용할 것을 기억하라.

당신이 불협화음를 듣게 되면, 논의했던 다른 기술을 사용해 보자. 당신은 이 대상자와 만나기 전에, 당신이 무엇을 할 수 있는지를 상기시키는 원천으로 '불협화음와 함께 춤추기' 유인물을 당신 가까이에 두고 검토해 볼 수 있다.

연습 11-8 아마도 지옥에서 온 내담자

치료 현장에서 힘들었던 내담자를 선정하고 파트너와 함께 이 사람을 연기한다. 그러나 힘들게 하던 그 내담자와는 다르게, 당신의 파트너가 그럴 자격이 있을 때 보상을 주어라. 다시 말해 파트너의 대화가 당신의 불협화음이나 현상유지를 해소시키기 시작한다면, 계속 진행할 수 있도록 하고 그런 형태로 반응한다. 물론 이것은 연습이기 때문에 때로 파트너의 시도가 완벽하지 않더라도 그에게 도움을 주려고 하라. 기억하라. 이것은 연습이다. 지금 당신은 무언가 증명하기 위해서가 아니라 배우고자 노력하는 것이다.

다음은 반복학습을 위한 몇 가지 질문이다.

당신의 파트너(청자)는 무엇을 잘했나요?

어떤 기술이 당신의 불협화음을 줄여 주는 것 같았나요?

불협화음이나 유지에 대한 고수가 고조되었던 때가 있었나요?

그 불협화음이나 유지에 대한 고수를 감소시키도록 돕기 위해 파트너(청자)가 할 수 있는 일이 있었나요?

당신이 내담자 역할을 하면서 내담자에 대해 알게 된 것은 무엇인가요?

계획하기: 변화로 가는 다리

Merrian-Webster 에 따른 '계획하기'의 사전적 정의는 다음과 같다.

- 계획을 세우고 실행하기 위한 단계

계획하기로 옮겨 가면서 양가감정의 급류는 잔잔해지고 변화가 일어나는 시점이다. 어느 정도는 사실이지만 그것이 전부는 아니다. 물살이 잔잔해진다고 하더라도 양가감정은 여전히 존재한다. 오랜 기간에 걸쳐서 배운 것은 양가감정은 없어지지 않고 단지 변화 쪽으로 기우는 것뿐이라는 것이다. 양가감정이 다시 드러나는 것은 이상한 것이 아니며, 양가감정의 등장이 내담자가 변화에 대한 결심을 잃어버렸다는 것을 의미하는 것도 아니다. 변화가 끝난 것이 아니라, 변화계획 중 어떤 부분을 더 자세하게 다루어야 하고, 언제 어떻게 행동으로 옮겨져야 하며, 문제가 생기면 변화계획이 어떻게 수정되어야 하는지 고심해야 하는 단계라는 의미이다. 변화에 대한 결심은 한 번의 선택으로 일어나지 않는다. 생각하고 행동하고 말하는 것이 반복되는 중 여러 번의 결심으로 이루어진다.

계획하기는 변화의 가능성에 대한 논의를 실제 행동으로 옮기게 돕는다. Miller와 Rollnick (2013)은 이를 "변화대화의 엔진을 작동시키는 스위치"라고 표현했다(p. 30). 이런 은유는 아름답지만 그것으로 충분하지 않다. 단순히 엔진을 작동시킬 뿐만 아니라 여정의 일정표를 한눈에 볼 수 있도록 펼쳐 주는 것 또한 포함한다. 이러한 일정표 없이는 목적 없이 방황하기 쉽다. 우리가 어디로 가는지 알지 못하면, 우리가 향하는 곳과 우리가 도착한 곳이 맞는지 어떻게 알 수 있겠는가?

세 가지 영역—어디서, 무엇을, 어떻게—으로 돌아가서 우리는 급류의 가장 어려운 부분을 지나왔다. 양가감정은 줄어들고 물살은 한 방향으로 움직이고 있는 중이다. 가는 중에 급류가 있어서 뒤집힐 가능성도 있지만 이전보다 확실히 쉬울 것이다. '무엇을' 영역은 내담자와 협력하여 변화에 대한 계획을 수립하고 필요할 경우 계획을 재평가하여 수정 및 재결심하도록 하는 과정을 포함한다. 또한 '무엇'은 내담자를 변화의 주체자로 지지해야 함을 의미한다. '어떻게'는 모든 핵심 기술을 사용한다. 인도하기 방식을 사용하여 정보를 제공하기도 하지만, 열린 질문 및 다양한 반영이 핵심이 된다. 인정하기도 내담자가 항해를 해 가는 데 있어 자신의 강점을 상기할 수 있도록 하는 데 유용하다.

마지막으로, 어떤 사람에게는 이러한 과정이 해야 하는 것을 미루는 것처럼 보일 수 있다. 문제가 되는 영역을 직면하는 것을 피하는 것처럼 보일 수도 있다. Russell의 경우에도, 상담에 오게 되었던 이유—대마초 사용—에 대해서는 충분히 다루지 않았다. 이러한 지적은 사실일 수 있다.

그러나 우리는 급하게 문제를 해결하거나 계획하기로 바로 뛰어들지 않는다. 내담자가 문제 영역으로 뛰어들 준비가 되지 않았을 때 상담자는 이를 인식하고 그 표면을 지속적으로 예의 주시해야 한다. 표면에서 특정 문제 영역으로 초점을 맞추어 가는 것은 단순히 문제의 해결책을 제시하는 것보다 더 많은 대화가 필요하다. 내담자와 협력하여 문제를 해결하는 것이 내담자가 상담에 온 이유에 무게를 두는 것보다 효과는 크다. 내담자와의 협력이 결국은 문제 영역에 대한 효율적인 대화를 이끈다. Russell의 대마초 사용과 관련하여 이러한 요인들이 어떻게 드러나는지 살펴볼 것이다.

활동 5 Russell과 계획하기

지난번 대화에서 Russell은 무엇을 해야 할지 알겠다는 이야기를 했다. 그 부분으로 다시 돌아가서 이야기를 진행해 보자. 상담자가 어떻게 OARS+I 또는 다른 전략을 사용을 하는지 적어 보자. 계획하기 장을 끝까지 읽은 후 다시 다음의 표로 돌아와서 채워 보라.

	OARS+I 또는 다른 전략	계획하기
Russell: 네, 제 행동을 바꿀 필요는 없을 것 같은데 제 시각은 바꿀 필요가 있을 것 같네요.		
상담자: 그렇게 한다면 스트레스가 좀 줄어들 수 있겠네요.		
Russell: 웃기지만 그럴 것 같네요.		
상담자: 그게 맞다는 확신이 드시나 봐요.		
Russell: 네.		
상담자: 뭔가 결심을 하신 것처럼 들리는데요.		
Russell: 네, 저의 행동은 맞는 방향이지만, 그것을 보는 시각은 좀 바꿔야겠다…….		
상담자: 제가 우리가 나눈 이야기를 요약해 볼게요. 부모님이 좋은 양육의 본을 보이셨고 본인이 그것을 따르고 싶으시네요. 좋은 양육은 자녀들이 스스로 사랑받는다는 확신을 가지면서도 또한 자신 위주로만 생각하는 것이 아니라 가족에 기여할 수 있어야 하는 신념이 있으시네요. 이미 그렇게 하고 있지만 심적인 부담이 많았는데, 지금 이야기해 보니 그게 좋은 부모가 되는 방법이 맞다는 확신이 드시는 것 같네요. 그래서 자신의 역할을 받아들이는 것이 필요하겠다 생각이 드시는 것 같아요.		
Russell: 네, 그런 것 같아요.		

(다음 쪽에 계속)

Russell과 계획하기

	OARS+I 또는 다른 전략	계획하기

상담자: 그렇다면 이제 무엇을 하면 될까요?

Russell: 글쎄요 잘 모르겠어요. 아이들이 집에 있을 때 제가 어떻게 이야기해야 할지 좀 더 생각해 봐야겠지요.

상담자: 아이들을 어떻게 가르쳐야 할지에 대한 계획이 필요하네요.

Russell: 그렇죠! 계획이 없다면 어떻게 해야 할지 몰라서 가만히 있거나, 그냥 꾸짖기만 하거나, 전 부인한테 화가 나는 것으로 끝나겠죠. 진짜 그런 것은 도움이 안 돼요.

상담자: 그런 것을 원하진 않으시겠죠. 어떤 행동을 바꾸면 좋을지 생각해 본 적이 있으세요? 아니면 제 생각을 먼저 들어 보고 본인의 생각을 알려 주세요. 제 생각에는 자녀들에게 본인의 기대를 명확히 전달하는 것이 필요할 것 같은데 어떻게 생각하세요?

Russell: (웃음) 맞아요. 제가 뭘 기대하는지 정확하게 전달하지 않으면 이해하기가 힘들겠죠.

상담자: (웃음) 맞아요. 부모가 자신에게 어떤 기대를 하는지 모른다면 자녀들도 자신들이 잘하고 있는 건지 판단하기 어려워요. 자녀들에게 공손히 대답하기, 장난감 치우기, 저녁상 차리기나 돕기를 원하시는 건가요?

Russell: 그것도 모두 포함해서 (웃음) 다른 것들도 있어요.

상담자: 제가 말한 부분이 중요한 것들인가요?

Russell: 꼭 그런 건 아니에요.

상담자: 뭔가 더 중요한 게 있네요.

Russell: 태도죠.

상담자: 아이들에게 태도를 바꾸라고 이야기하는 것이 모호할 수 있어요. 본인의 경험으로도 그렇던가요?

Russell과 계획하기

	OARS+I 또는 다른 전략	계획하기

Russell: 맞아요. 좀 더 구체적으로 이야기해 줘야 할 것 같아요.

상담자: 떠오르는 생각이 있는데 한번 들어 보시겠어요?

Russell: 물론이죠.

상담자: 제 내담자 중 한 분이 작은 것부터 시작하는 것이 성공 확률이 높다라고 말한 적이 있어요. 앞에서 언급한 세 가지 행동 중에서 먼저 하나에 초점을 맞추고 난 후 다른 행동으로 옮겨 가면 좋을 것 같아요. 어떻게 생각하세요?

Russell: 전적으로 동의해요. 저도 항상 그렇게 행동했어요.

상담자: 이미 알고 그렇게 행동하셨군요.

Russell: (미소) 네, 그런것 같아요. 어쨌든 제 행동이 맞는 방향이라니 좋네요. (웃음) 아이들이 집안일을 하나씩 맡아서 하면 가장 좋을 것 같아요. 각자가 뭘 하고 싶은지 결정해야겠죠. 아이들이 주말에 올 때 집안일 리스트를 준비해서 선택하라고 해야 할 것 같아요. 규칙적인 일상을 만드는 거죠. 아이들이 집에 와서 식사할 때 결정하면 되겠네요.

상담자: 본인이 기본적인 틀은 제공해도 아이들이 스스로 선택하여 결정하기를 원하시네요. 부모님의 좋은 예를 경험해서인지 아이들과 어떻게 대화를 해야 할지 잘 알고 있는 것 같아요.

Russell: 아, 재밌네요. 제가 그렇게 하고 있다는 생각은 못했었는데 그런 것 같아요.

상담자: 다른 아이디어도 있을 것 같은데요.

Russell: 네. 냉장고 옆에 자신이 해야 할 일을 하고 난 후 스티커를 붙일 수 있을 것 같아요. 아이들이 스티커를 좋아하거든요.

상담자: 그러면 본인과 아이들 모두 적극적으로 행동할 수 있겠

	OARS+I 또는 다른 전략	계획하기

네요. 아이들이 자신이 맡은 일을 얼마나 자주 실천해야 성공적이라고 할 수 있을까요?

Russell: 흠, 그건 생각해 본 적이 없는데. 생각을 해 봐야겠죠, 그렇죠?

상담자: 글쎄요. 그건 본인에게 달려 있어요. 아이들과 본인에게 도움이 된다면 그렇죠. 어떻게 생각하시나요?

Russell: 도움이 되죠. 생각해 봐야 될 것 같아요.

상담자: 좋아요. 지금까지 이야기한 것을 제가 한번 정리해 볼게요. 자녀가 사랑받고 보호받기를 원하시지만 집안일을 하나씩 맡아서 하기를 원하세요. 그 과정을 통해서 아이들이 세상이 자기 중심으로 돌아가는 것이 아니라는 것을 배울 수 있기 때문이죠. 이것이 본인이 해야 할 역할이라고 확신을 하시는군요. 그래서 집안일 리스트를 만들어서 아이들이 스스로 맡을 일을 선택해서 일상에서 지속적으로 할 수 있도록 하고자 하고요. 냉장고 앞에 해야 할 항목을 적어 두어 일을 마치고 난 후 스티커를 붙이는 방법도 생각 중이시고요. 얼마나 자주 실천하는 것이 좋을지 생각해 볼 필요가 있다고 말씀하셨어요. 제가 놓친 부분이 있을까요?

Russell: 없는 것 같아요.

상담자: 궁금한 부분이 있는데 물어봐도 될까요?

Russell: 당연하죠.

상담자: 스티커로 충분할까요? 아니면 스티커가 다 모이면 다른 보상도 필요할까요? 확실한 보상이 아이들의 동기 부여에 도움이 되는 경우가 있거든요. 어떻게 생각하세요?

Russell: 아이들이 스티커를 좋아하기는 하지만 뭔가 다른 보상을 준비하는 것도 좋은 생각 같아요. 얼마나 자주 줄지도 생

OARS+I 또는 다른 전략 | 계획하기

각해 봐야겠네요.

상담자: 중요한 부분인 것 같아요. 지금 함께 생각해 볼까요?

Russell: 아니요, 제가 혼자 좀 생각해 볼게요. 한번 적어 봐야 할 것 같거든요.

상담자: 그 방법도 좋겠네요.

Russell: 네.

상담자: 언제 이런 것들을 시작할 수 있을까요?

Russell: 다음에 아이들이 집에 올 때요. 그러려면 빨리 스티커를 사고 리스트도 만들어야겠네요.

상담자: 준비해야 할 것이 있지만 그래도 이번주 금요일에는 시작해 볼 수 있겠네요. 자신 있어 보이는데요.

Russell: 그러게요. 상담에서 이런 이야기를 할 거라 생각은 못했는데 어쨌든 도움이 되네요.

상담자: 기분 좋게 놀라셨네요. 다음에 또 상담에 오실 것 같은데요.

Russell: 네, 좀 더 이야기해 봐야 하는 것들이 있으니까요.

상담자: 아직 이야기할 것들이 더 있지요. 우리가 오늘 이야기해 본 것들이 어떻게 진행되었는지 다음 시간에 이야기해 봅시다. 다음 시간에는 직장 문제를 포함해서 다른 부분들도 다룰 수 있으면 좋겠어요. 오늘은 여기까지 하겠습니다.

Russell: 네.

활동 5의 답

다음은 내담자와의 계획하기 과정의 예이다. 이후의 장들에서 상담자의 반응에 대해서 좀 더 자세하게 이야기할 것이다. 상담자가 계획하기 과정을 진행할 때 어떻게 안내하기 방식을 사용하는지 주목해서 보자. 아래에는 모든 핵심 기술이 들어가 있다. 이후 제12장과 제13장을 읽고 난 후, 다시 돌아와서 계획하기 열을 살펴보라.

	OARS+I 또는 다른 전략	계획하기
Russell: 네, 제 행동을 바꿀 필요는 없을 것 같은데 제 시각은 바꿀 필요가 있을 것 같네요.		
상담자: 그렇게 한다면 스트레스가 좀 줄어들 수 있겠네요.	심층반영.	준비도 단계 파악.
Russell: 웃기지만 그럴 것 같네요.		다짐하기.
상담자: 그게 맞다는 확신이 드시나 봐요.	심층반영.	준비도 단계 파악.
Russell: 네.		다짐하기.
상담자: 뭔가 결심을 하신 것처럼 들리는데요.	심층반영.	준비도 단계 파악.
Russell: 네, 저의 행동은 맞는 방향이지만, 그것을 보는 시각은 좀 바꿔야겠다…….		미래 상상하기.
상담자: 제가 우리가 나눈 이야기를 요약해 볼게요. 부모님이 좋은 양육의 본을 보이셨고 본인이 그것을 따르고 싶으시네요. 좋은 양육은 자녀들이 스스로 사랑받는다는 확신을 가지면서도 또한 자신 위주로만 생각하는 것이 아니라 가족에 기여할 수 있어야 하는 신념이 있으시네요. 이미 그렇게 하고 있지만 심적인 부담이 많았는데, 지금 이야기해 보니 그게 좋은 부모가 되는 방법이 맞다는 확신이 드시는 것 같네요. 그래서 자신의 역할을 받아들이는 것이 필요하겠다 생각이 드시는 것 같아요.	요약하기.	요점을 반복하면서 계획하기로 들어감. 변화대화를 명확히 하고 초기 결심으로 들어감.

(다음 쪽에 계속)

활동 5의 답 (계속)

	OARS+I 또는 다른 전략	계획하기
Russell: 네, 그런 것 같아요.		
상담자: 그렇다면 이제 무엇을 하면 될까요?	열린 질문.	계획하기로 들어가는 핵심 질문.
Russell: 글쎄요 잘 모르겠어요. 아이들이 집에 있을 때 제가 어떻게 이야기해야 할지 좀 더 생각해 봐야겠지요.		잠시 멈춤.
상담자: 아이들을 어떻게 가르쳐야 할지에 대한 계획이 필요하네요.	심층반영.	아이디어를 이끌어 내기.
Russell: 그렇죠! 계획이 없다면 어떻게 해야 할지 몰라서 가만히 있거나, 그냥 꾸짖기만 하거나 전 부인한테 화가 나는 것으로 끝나겠죠. 진짜 그런 것은 도움이 안 돼요.		목표에 대해 생각하기 시작.
상담자: 그런 것을 원하진 않으시겠죠. 어떤 행동을 바꾸면 좋을지 생각해 본 적이 있으세요? 아니면 제 생각을 먼저 들어 보고 본인의 생각을 알려 주세요. 제 생각에는 자녀들에게 본인의 기대를 명확히 전달하는 것이 필요할 것 같은데 어떻게 생각하세요?	반영. 이끌어 내기-제공하기-이끌어 내기.	목표의 초점 좁히기.
Russell: (웃음) 맞아요. 제가 뭘 기대하는지 정확하게 전달하지 않으면 이해하기가 힘들겠죠.		상담자와 함께 움직임.
상담자: (웃음) 맞아요. 부모가 자신에게 어떤 기대를 하는지 모른다면 자녀들도 자신들이 잘하고 있는 건지 판단하기 어려워요. 자녀들에게 공손히 대답하기, 장난감 치우기, 저녁상 차리기나 돕기를 원하시는 건가요?	반영. 열린 질문.	목표 설정하기.

(다음 쪽에 계속)

활동 5의 답 (계속)

	OARS+I 또는 다른 전략	계획하기
Russell: 그것도 모두 포함해서 (웃음) 다른 것들도 있어요.		목표의 초점 좁히기.
상담자: 제가 말한 부분이 중요한 것들인가요?	확대반영.	목표들 중 우선순위 정하기.
Russell: 꼭 그런 건 아니에요.		초점을 확대하기.
상담자: 뭔가 더 중요한 게 있네요.	심층반영.	다른 목표 탐색.
Russell: 태도죠.		최 우선순위 발견하기.
상담자: 아이들에게 태도를 바꾸라고 이야기하는 것이 모호할 수 있어요. 본인의 경험으로도 그렇던가요?	정보 제공하기. 반응을 물어보기.	목표 설정하기.
Russell: 맞아요. 좀 더 구체적으로 이야기해 줘야 할 것 같아요.		목표의 초점을 다듬기.
상담자: 떠오르는 생각이 있는데 한번 들어 보시겠어요?	정보 제공하기. 허락받기.	목표 설정하기.
Russell: 물론이죠.		허락하기.
상담자: 제 내담자 중 한 분이 작은 것부터 시작하는 것이 성공 확률이 높다라고 말한 적이 있어요. 앞에서 언급한 세 가지 행동 중에서 먼저 하나에 초점을 맞추고 난 후 다른 행동으로 옮겨 가면 좋을 것 같아요. 어떻게 생각하세요?	정보 제공하기. 반응을 물어보기.	목표 설정하기.
Russell: 전적으로 동의해요. 저도 항상 그렇게 행동했어요.		상담자와 함께 움직임.
상담자: 이미 알고 그렇게 행동하셨군요.	인정하기.	대화를 인도.

(다음 쪽에 계속)

활동 5의 답 (계속)

	OARS+I 또는 다른 전략	계획하기
Russell: (미소) 네, 그런것 같아요. 어쨌든 제 행동이 맞는 방향이라니 좋네요. (웃음) 아이들이 집안일을 하나씩 맡아서 하면 가장 좋을 것 같아요. 각자가 뭘 하고 싶은지 결정해야겠죠. 아이들이 주말에 올 때 집안일 리스트를 준비해서 선택하라고 해야 할 것 같아요. 규칙적인 일상을 만드는 거죠. 아이들이 집에 와서 식사할 때 결정하면 되겠네요.		선택 사항을 정리하기.
상담자: 본인이 기본적인 틀은 제공해도 아이들이 스스로 선택하여 결정하기를 원하시네요. 부모님의 좋은 예를 경험해서인지 아이들과 어떻게 대화를 해야 할지 잘 알고 있는 것 같아요.	인정하기	계획을 실행할 수 있는 자신감을 설립.
Russell: 아, 재밌네요. 제가 그렇게 하고 있다는 생각은 못했었는데 그런 것 같아요.		자신의 자원을 인지.
상담자: 다른 아이디어도 있을 것 같은데요.	심층반영	다른 선택 사항을 물음.
Russell: 네. 냉장고 옆에 자신이 해야 할 일을 하고 난 후 스티커를 붙일 수 있을 것 같아요. 아이들이 스티커를 좋아하거든요.		추가 아이디어 제공.
상담자: 그러면 본인과 아이들 모두 적극적으로 행동할 수 있겠네요. 아이들이 자신이 맡은 일을 얼마나 자주 실천해야 성공적이라고 할 수 있을까요?	심층반영. 열린 질문	선택 사항 정리 후 계획.
Russell: 흠, 그건 생각해 본 적이 없는데. 생각을 해 봐야겠죠, 그렇죠?		계획을 고려.

(다음 쪽에 계속)

활동 5의 답 (계속)

	OARS+I 또는 다른 전략	계획하기
상담자: 글쎄요. 그건 본인에게 달려 있어요. 아이들과 본인에게 도움이 된다면 그렇죠. 어떻게 생각하시나요?	내담자의 자율성 인정 및 정보 제공하기.	내담자가 계획을 정하고 실행할 수 있도록 자신감을 세워 주는 동시에 내담자의 초점을 좁힘.
Russell: 도움이 되죠. 생각해 봐야 될 것 같아요.		
상담자: 좋아요. 지금까지 이야기한 것을 제가 한번 정리해 볼게요. 자녀가 사랑받고 보호받기를 원하시지만 집안일을 하나씩 맡아서 하기를 원하세요. 그 과정을 통해서 아이들이 세상이 자기 중심으로 돌아가는 것이 아니라는 것을 배울 수 있기 때문이죠. 이것이 본인이 해야 할 역할이라고 확신을 하시는군요. 그래서 집안일 리스트를 만들어서 아이들이 스스로 맡을 일을 선택해서 일상에서 지속적으로 할 수 있도록 하고자 하고요. 냉장고 앞에 해야 할 항목을 적어 두어 일을 마치고 난 후 스티커를 붙이는 방법도 생각 중이시고요. 얼마나 자주 실천하는 것이 좋을지 생각해 볼 필요가 있다고 말씀하셨어요. 제가 놓친 부분이 있을까요?	요약하기.	변화이유의 요점을 정리하고 실행할 수 있는 계획을 설립.
Russell: 없는 것 같아요.		계획과 함께 움직임.
상담자: 궁금한 부분이 있는데 물어봐도 될까요?	정보 제공하기 전 허락을 구하기.	계획을 구체화하는 질문.
Russell: 당연하죠.		상담자와 함께 움직임.

(다음 쪽에 계속)

활동 5의 답 (계속)

		OARS+I 또는 다른 전략	계획하기
상담자:	스티커로 충분할까요? 아니면 스티커가 다 모이면 다른 보상도 필요할까요? 확실한 보상이 아이들의 동기 부여에 도움이 되는 경우가 있거든요. 어떻게 생각하세요?	허락을 구하는 동시에 영향을 주기.	추가적인 아이디어 제공
Russell:	아이들이 스티커를 좋아하기는 하지만 뭔가 다른 보상을 준비하는 것도 좋은 생각 같아요. 얼마나 자주 줄지도 생각해 봐야겠네요.		자신의 계획을 살펴봄.
상담자:	중요한 부분인 것 같아요. 지금 함께 생각해 볼까요?	반영. 도움을 제공하기.	계획하기 과정을 강화시킴.
Russell:	아니요, 제가 혼자 좀 생각해 볼게요. 한번 적어 봐야 할 것 같거든요.		계획 실행 능력을 확인하기.
상담자:	그 방법도 좋겠네요.	반영하기.	인정하기는 아니나 자율성 고취.
Russell:	네.		상담자의 반응을 받아들임.
상담자:	언제 이런 것들을 시작할 수 있을까요?	열린 질문.	결심 재확인 및 강화하기.
Russell:	다음에 아이들이 집에 올 때요. 그러려면 빨리 스티커를 사고 리스트도 만들어야겠네요.		구체적인 시작 날짜 정하기.
상담자:	준비해야 할 것이 있지만 그래도 이번주 금요일에는 시작해 볼 수 있겠네요. 자신 있어 보이는데요.	반영. 인정하기.	결심 재확인 및 강화하기.
Russell:	그러게요. 상담에서 이런 이야기를 할 거라 생각은 못했는데 어쨌든 도움이 되네요.		상담자와 협력하기.

(다음 쪽에 계속)

활동 5의 답 (계속)

		OARS+I 또는 다른 전략	계획하기
상담자:	기분 좋게 놀라셨네요. 다음에 또 상담에 오실 것 같은데요.	반영하기.	상담의 이점을 강조.
Russell:	네, 좀 더 이야기해 봐야 하는 것들이 있으니까요.		상담자를 더 이상 적으로 여기지 않음.
상담자:	아직 이야기할 것들이 더 있지요. 우리가 오늘 이야기해 본 것들이 어떻게 진행되었는지 다음 시간에 이야기해 봅시다. 다음 시간에는 직장 문제를 포함해서 다른 부분들도 다룰 수 있으면 좋겠어요. 오늘은 여기까지 하겠습니다.	요약하기.	현재 계획에 대한 결심을 재확인하고 강화함. 대마초 문제에 대한 논의 시점을 제안하기.
Russell:	네.		상담자 및 상담 과정을 편안하고 안전하게 느낌.

이 과정에서, 상담자는 내담자에게 신뢰와 안정감을 제공하고 있다. 또한 대화의 마지막에 앞으로 다른 주제도 다룰 것을 제안하고 있다. 물론 내담자도 대마초 문제를 잊은 것은 아니며, 이 문제를 어떻게 다루어 나가는지 지켜보고 있다. 상담자는 Russell이 자신에게 중요한 부분을 먼저 다룰 수 있도록 돕고 있는데, 이는 MI에 능숙한 상담자가 까다로운 상담 의제를 어떻게 의도적이고 전략적으로 접근해 가는지 보여 준다. 상담은 대화를 나누는 것이 전부가 아니다. 상담은 내담자가 변화에 대해 진심으로 고려하도록 돕는 것임을 기억해야 한다.

계획하기로의 전환

1. 도입

Tanya가 전화 자동응답 서비스에 다음의 메시지를 남겼다.

"저는 정말 최선을 다했지만 더 이상 할 수 있는 게 없어요. 지옥에 있는 것만 같은 시간이 지속되고 나아지는 게 하나도 없어요. 평소 같으면 상담 같은 건 믿지 않았겠지만 이제는 정말 뭔가 해야 될 것 같아요. 여러 사람들에게 메시지를 남겼는데 조만간 누군가를 만날 수 있었으면 좋겠어요. 가능하면 빨리 저에게 전화 좀 주세요."

상담자들에게 여러 번 전화를 했다는 것은 Tanya가 변화할 준비가 되어 있다는 것을 의미한다. 우리는 이러한 Tanya의 노력에서 절박함을 느낄 수 있고, 아직 Tanya의 문제가 무엇이고 Tanya가 어떤 노력을 하고 있는지 모른다. 그럼에도 불구하고, Tanya가 확실히 변화할 준비가 되어 있다고 말할 수 있다. 이러한 평가에 입각하여 어떤 일이 계속해서 일어났었고, 본인이 그 상황을 어떻게 바꾸기를 원하며, 변화를 이미 생각해 보았거나 무엇을 시도해 보았는지에 대해 묻게 된다. 다음의 대화는 도입 부분을 완전히 생략하고 상담자의 말로 시작된다.

"메시지가 '저는 정말 최선을 다했지만 더 이상 할 수 있는 게 없어요.'로 시작되었어요. 무슨 일이 있었던 건가요?"

"제가 일터에서 등을 다친 이후부터 이렇게 되었어요. 회사에서 뭘 좀 줍다가 선반에서 떨어진 거예요. 원래 올라갈 생각이 없었는데 먹고살려면 어쩔 수 없잖아요. 왜 사다리를 사용하지 않았냐고 하실 수도 있지만 그런 식으로 매번 하면 속도를 따라가기가 힘들어요. 회사에서도 그 사실을 알지만, 무슨 일이 일어나기 전까지는 그냥 무시할 뿐이에요. 그리고 그렇게 하고 나면 그게 당신 잘못이라고 말하죠. 어쨌든 저는 떨어지면서 등을 다쳤는데 계속 통증이 있어서 일을 못하게 되었어요. 대체로 저는 매우 활동적인 편이에요. 매주 축구팀 활동도 했고, 우리 아이들이 하는 모든 스포츠 경기는 다 보러 다녔고 배낭여행이나 하이킹 같은 것도 했어요. 그런데 이제 저는 몸이 불편해서 제대로 잠도 잘 못 자요. 아무것도 들어 올리지 못해요. 한 블록 이상 걷는 것도 힘들어요. 너무 절망적이어서 제 기분뿐만이 아니라 제 아이들, 남편에게도 영향을 끼치고 있어요. 아, 그 중간에, 남편과 저는 부엌을 리모델링하고 있어요. 집이 엉망이 되긴 하지만 우리는 이 작업을 함께하고 있어요. 남편한테 제가 이 얘기했다는 거 말하지 마세요. 사실은 제가 남편보다 공구 사용에 더 능숙해요. 이제는 남편 혼자서 이 일들을 전부 다 해야만 해요. 남편은 아이들이 학교 갈 준비를 도와주고 학교에 데려다 주고 음식을 만들어요. 그런데 이런 건 전부 제가 예전에 했던 일들이에요. 어떤 상황인지 좀 그려지세요?

변화를 어떻게 준비할지에 대한 목표가 이제 정해진 것 같다. Tanya는 기분이 더 나아지기를 원하는 동기가 매우 높은 상태이다. 그러나 우리는 Tanya의 이러한 바람이 바꾸고 싶은 구체적인 행동이나 상황, 그리고 이런 것들을 바꾸려는 계획을 확고하게 추진할 수 있는 방향으로 변화되도록 도와주어야 한다. 그렇게 하기 위해 가장 좋은 방법은 무엇일까? 당신이라면 그다음에 무엇을 할 것인가? 당신은 목표에 도달하기 위해 어떤 질문들을 할 것인가?

2. 심층 탐구

이전 장까지의 목표는 **관계 형성하기**, **초점 맞추기**, **유발하기**의 세 가지 과정을 통해 내담자를 변화시키는 기술을 향상시키고 인식을 제고하는 것이었다. 이제 우리는 **계획하기**의 길목 끝에 있다. 우리의 궁극적인 목표는 내담자가 변화계획을 수립하고 의도하는 대로 변화하기 위해 결심공약을 확고히 하도록 도와주는 것이며, 내담자가 적극적으로 변화의 과정으로 나아갈 때 지지해 주는 것이다. 그러나 유발하기와 계획하기 사이에는 시간의 간극이 있을 가능성이 있다. 내담자가 변화하기 직전에 있지만 아직 그 결정에 착수하지는 못하고 있는 상황이 그러하다. 이것은 마치 수영선수가 부두 끝에서 바다로 뛸지 안 뛸지 결정하려는 것과 같다.

치료과정의 핵심은 좋은 타이밍에 달려 있다. 상담자는 내담자가 준비가 되었거나 처음에 있었던 상태로 다시 되돌아가려는 위험을 감수하려고 할 때 반응을 보여야 한다. 모순점을 알아차리도록 동기를 부여하고 실행하는 데 실패하게 되는 경우에 심리적으로 매우 불편할 것이다. 이러한 상황에 너무 오랫동안 있었던 사람은 자신의 위험을 덜 인식하기 위해 계획한 것을 실천에 옮길 것이다. 그 수영선수는 바다가 너무 춥지는 않은지 너무 깊지는 않은지, 아니면 시기가 적절하지 않아서 다시 뭍으로 올라가야 할지 정할 것이다. 따라서 상담자는 내담자가 준비가 되었을 때 적절히 대응해야 하고, (변화에의) 첫 입수를 도와야 한다.

준비신호

내담자가 전환기에 들어선 것을 알 수 있는 신호가 있다. 이 신호 중 어느 것이 가장 핵심적인 신호인지 또는 특정 신호들이 반드시 합쳐져서 일어나야 하는지 여부는 분명하지 않다. 그러나 실전에서는 첫 두 가지가 가장 일반적인데, 특히 이 둘 사이의 추세선(trend lines)이 핵심이라고 생각한다(Miler & Rollnick, 2013). 다시 말하면, 변화대화가 증가하고, 유지대화가 감소해야 한다. 만약 유지대화가 더 높은 지점에서 시작된다면 변화대화는 유지대화를 넘어서 위쪽으로 움직이는 것이 이상적이다.

❦ 변화대화의 증가. 내담자가 변화의 가능성에 대해 이야기하는 상향 궤적이 나타난다. 이것이 주로 자연스레 나오는 준비언어에 머물지라도[예: (변화하고픈) 열망, (바꾸고자 하는 자신의) 능력, (변화의) 이유 및 (변화의) 필요], 우리에게 실행언어의 형태(결심공약, 실행활성화 그리고 실천하기)로 들려올 수도 있다. 제9장에서 언급했듯이, 동기 자체의 절대적인 힘도 중요하지만, 궤적도 중요하다. 우리는 시작할 때 동기가 미약한 부분에 대한 걱정보다는 끝으로 향할수록 동기가 강화되는 추세로 가는가에 대해 더 많이 걱정을 한다.

❦ 유지대화의 감소. 현상을 유지하고자 하는 방어가 줄어든다. 불협화음이 생길 때는 마치 배에서 항해하는 도중 바람이 사그라든 상황처럼 느껴진다. 내담자가 고민하는 점에 대해 충분히 이야기한 것처럼 보이면서 다음 단계로 넘어가기 시작한다.

❦ 실천하기. 내담자가 약간의 변화를 시도해 균형을 조정하면서 새로운 행동을 시도하기 시작할 수도 있다. 마치 내담자가 구매를 결정하기 전에 옷의 사이즈를 가늠해 보는 과정처럼 보인다. 실제 구매는 아직 이루어지기 전이지만, 고객은 어떤 변화가 생기는 경험이 늘어날수록 확실히 (옷을) 구매하기 직전으로 다가간다. 이러한 사이즈 가늠 전략의 정확한 예는 운동량을 늘리고 체중을 줄이려고 세운 새해 결심의 일환으로 구입한 헬스장 회원권에서 찾을 수 있다. 이 회원권은 개인적 목표로 나아가는 단계 중 하나임에 분명하지만, 정기적인 운동을 실제로 하

는 것과는 다르다. 그렇지만 회원권 구매는 여전히 운동을 할 수 있는 상황을 제공한다.

❦ 결심. 내담자가 결심을 해서 더 평화롭고, 느긋하고, 평온하고, 후련하고, 자리가 잡힌 듯이 보일 수 있다. 일종의 평온함이 내담자에게 찾아오며, 무언가를 상실한 듯한 어조와 눈물, 포기하는 모습 등도 보일 수 있다.

❦ 변화에 대한 질문들. 내담자는 자신이 그 문제를 해결하기 위해 무엇을 할 수 있는지, 사람들이 이런 변화를 도출해 낼 방법이 무엇인지에 대한 질문들을 하기 시작할지도 모른다.

❦ 미래 상상하기. 내담자는 변화 이후의 삶이 어떠할지와 변화에 도달하는 데 걸림돌이 무엇일지에 대해 이야기하기 시작한다. 이 대화에는 변화와 현상 유지의 측면이 모두 나타나지만, 순수한 변화대화와 유지대화를 넘어서는 상상적인 요소도 이 과정에 포함된다. 이 상상대화는 내담자가 이러한 변화를 통하여 그것이 무엇을 의미하는지 실제로 알고 있다는 것을 보여 준다.

앞의 여섯 가지 신호는 내담자가 변하려고 생각하는 과정에서 실제 행동으로 옮기려는 과정으로 이동할 준비가 되었음을 알리는 단서이다. 상담자도 이러한 신호를 알아차리고 핵심 기술과 지도방식을 계속 적용하고, 내담자가 변화계획을 수립할 준비가 되었는지 여부까지도 가늠해 본다. Miller와 Rollnick(2013)은 요점 반복하기, 핵심 질문들 및 잠시 침묵하기의 세 가지 전략을 제시한다.

요점 반복하기

이 '요점 반복하기' 과정은 일반적으로 유발하기의 마지막 부분을 연결하는 역할을 하여 다음 단계로 이행하기 위한 요약으로 시작해서 핵심 질문을 이끌어 낸다. 요약하는 과정이 내담자의 경험을 정리하는 데 도움이 된다는 것을 기억하면서 내담자가 너무 많은 정보에 압도당하지 않는 선에서 필요한 요소들을 포함시키는 데 목표를 두어야 한다. 다음 단계로의 전환적 요약은 일반적인 요약보다 약간 더 길어야 하지만 여기서는 간결하게 요약하는 것이 중요하다. Miller와 Rollnick(2002)은 이러한 종류의 요약을 "상담자가 수집한 모든 변화대화의 꽃송이들을 한데 모아서 꽃다발을 만드는 것"(p. 264)이라고 언급한다.

이 요점 반복하기 과정에서, 유지대화가 얼마나 포함되어야 하는지에 관한 문제는 MI 분야에서 논쟁 거리이다. 중요한 것은 우리가 그것을 무시하기를 원치 않으면서도 또한 강조하기도 원하지 않는다는 것이다. 이것에 대해 알아두되 시간은 많이 할애하지 않기를 권한다. 자, 이 요약의 순서는 다음과 같을 것이다.

1. 내담자가 무슨 말을 했는지 우리가 함께 이야기해 보고 있다는 것을 나타내는 문장
2. 특별히 이 과정을 시작하기 위한, 내담자의 양가감정에 대한 간단한 말
3. 현재 내담자가 있는 단계, 그리고 드러나는 변화대화
4. 다음에 일어날 일에 대한 질문

이것의 목표는 내담자가 그들이 어느 과정에서 시작했는지를 알아차리고, 동시에 변화하려는 동기와 그들의 대화 도중 있었던 변화가 어땠는지에 집중하면서 마지막 요소에 도달하는 것이다.

핵심 질문들

제목이 복수형인 것을 눈치챘는가? 핵심 질문들은 한 번이 아니라 여러 번 사용할 단어이다. 핵심 질문들은 내담자들에게 변화과정의 다음 부분으로 이동할 준비가 되었는지, 변화의 강 그다음 단계로 이동할 준비가 되었는지를 묻는다. 이 전략은 내담자와 협동정신을 유지하면서 방향을 제시할 수 있는 또 하나의 기회이다.

이 시점에서 결심공약을 요청하고자 하는 유혹이 있지만, 그렇게 하는 것은 시기상조일 수 있으며 내담자를 퇴보하게 만들 수 있다. 그들에게 변화에의 결심공약을 요구하는 대신 (변화의 강) 강을 시험하는 데 관심이 있는지 묻는다. 즉, "변화를 계획한다고 생각하면 당신은 어떻게 할 것 같습니까?" 이런 종류의 질문을 할 때 염두에 두어야 할 것이 있다. 이 시점에서 하는 닫힌 질문은 내담자에게 결심공약을 하라는 압박을 주기 때문에 역효과를 불러올 수 있다. 열린 질문은 이러한 압박을 줄여 줄 것이다. 그러나 열린 질문이 모두 그런 것은 아니다. "당신은 무엇을 하려고 합니까? 라고 묻는 것 또한 상당한 압박을 준다. 이 질문과 다음 질문의 차이점에 주목하라. "이제 당신은 무엇을 할 건가요?" 이 차이는 미묘하지만 중요하다.

실질적으로 핵심 질문은 "그다음은 무엇이지?"라고 묻게 되고, 이러한 질문을 통해 상담자가 강요한 생각이 아닌 내담자 스스로가 변화하는 것에 대해 생각하고 있는 바를 일깨우게 된다. 핵심 질문은 다음 내용들을 포함한다.

"저에게 얘기했던 일들이 실제로 일어난다면 다음으로 해야 할 일이 무엇이라고 생각하세요?"

"지금 이 시점에서 어느 방향으로 가고 싶은가요?"

"그다음 단계는 무엇인가요?

잠시 침묵하기

잠시 침묵하기는 심리치료 관련 공동체에 잘 알려진 개념이지만 MI 방면에서는 조명을 덜 받아 왔다. 이 용어는 내담자가 어떤 일이 일어났는지, 그리고 그 순간 자신이 지금 어디쯤에 위치하는지에 대해 생각하는 조용한 순간들을 상담자가 채우려는 경향성을 늦추는 것을 의미한다. 이 시간은 내담자가 내면의 생각, 감정, 가치 및 동기를 탐색할 가능성이 높은 시기이다. 우리는 종종 우리 스스로가 불편하기 때문에 그 침묵의 시간을 채우려는 경향이 있다. 잠시 침묵하기를 위해서 상담자는 조용히 앉아 있어야 한다. 각각의 내담자가 정보를 처리하는 방식이 다르므로, 얼마나 오래 기다려야 하는지에 대해서는 각 내담자(그녀 혹은 그)가 정보를 어떻게 처리하고 있느냐를 보고 분별해야 하는 문제이다. 일반적인 지침은 다음과 같다. 개입하고 싶은 첫 번째 충동을 느꼈다면 이후 10 초 동안 기다린 후, 필요한 경우 당신 스스로가 침묵한 시간을 재라. 이 침묵의 시간을 갈증이 나는 내담자에게 사막의 오아시스를 만들어 주는 시간으로 생각하라. 무언가를 더 말하기 전에, 내담자들이 물을 깊이 들이키기 위해 필요한 시간을 제공하라.

이 잠시 침묵하기에는 핵심 질문들을 하는 것이 특히 도움이 된다. 이 시기는 내담자가 어디에서 왔고, 또 어디로 가고 싶은지에 대해 내면에서 검토할 시간을 준다. 이것은 삶의 다음 단계가 어디로 흘러가는지 조용히 가늠해 보는 시간이다. 우리는 왜 변화하면서 앞으로 나아가야 하는 것이 적합한지에 대한 이유들을 찾아내고 싶을지라도, 내담자의 변화를 이끄는 가장 설득력 있는 방법은 내담자가 스스로 생각하게 하는 것임을 기억해야 한다.

이 시기는 또한 '정갈한 마음'을 연습할 수 있는 기회이다. 우리는 이 사람에게 가장 적합한 것이 무엇인지 생각하기보다는, 대신 다음 단계가 언제 이어질지 궁금해하며 잠잠히 있는다. 이런 맥락에서 보면, 우리가 '내담자에게 가장 적합한 것이 무엇인지 알고 있다'고 가정하지 않는 법을 연습하는 것이 내담자뿐 아니라 우리 스스로에게도 성장할 기회가 된다. 대신에 우리는 상황을 통제하지 못하고 있다는 불편을 느끼고, 내담자가 내면의 갈등에서 벗어나는 것을 본다. 이 순간에 선(Zen)이 느껴진다면, 이는 그것이 거기에 있기 때문이다.

Tanya의 사례처럼, 핵심 질문 및 잠시 침묵하기가 계획하기 과정으로 진행될 수 있다. 그러나 내담자가 준비되지 않았을 수도 있다. 다음 장에서는 이러한 각각의 상황에 응대하는 방법을 설명한다. 지금 집중할 것은 전환 단계로 이어지는 그리고 전환 단계 동안의 이동에 있다.

3. 개념 정리 문제—자가 진단하기

진실 혹은 거짓

1. T F 전환요약은 내담자가 있던 곳과 지금 있는 곳을 돌아보고, 계획하기가 적절한 시기인지 확인하는 것을 목표로 한다.
2. T F 상담자가 전환 단계로 넘어가는 것이 너무 느리면 내담자는 방어적인 태도로 바뀔 수 있다.
3. T F 내담자가 자신이 어떻게 바뀔지 묻기 시작할 때, 이것을 계획하기로의 전환 단계로 넘어가기 위한 준비 신호로 해석할 수 있다.
4. T F 내담자가 변화하는 과정에서 발생할 수 있는 어려움에 대해서 말하기 시작한다면, 그것은 변화할 준비가 부족하다는 것을 의미한다.
5. T F 핵심 질문은 일반적으로 계획하기로 넘어가는 과정에서 시작된다.
6. T F 만약 그 사람이 핵심 질문을 하는 시점에 망설인다면, 우리는 변화의 강 속으로 그 사람(그/그녀)을 떠밀어야 한다.
7. T F 잠시 침묵하기는 우리가 내담자가 어떻게 변하기를 원하는지에 대한 (우리의) 생각을 정리할 수 있는 기회이다.
8. T F 상담자는 내담자로 하여금 지금 행동하는 것이 왜 중요한지를 알게 해 주므로, 이 전환 과정 동안 의사소통 방식과 기술들을 변화시켜야 한다.
9. T F 내담자는 전환으로 넘어갈 준비가 되면 보다 안정되고 저항을 덜 하는 것처럼 보인다.
10. T F 양가감정은 내담자가 계획하기로 이동하는 데 적합한 시기라고 판단하면 더 이상 나타나지 않는다.

정답 및 해설

1. T 이 시기는 현재 시점으로 이동한 거리를 되돌아보고, 앞으로 나아가서 계획하기에 적합한 시기인지 살펴보는 시기이다.
2. T 이 점은 상담자가 너무 앞서 나가서도 너무 뒤처져서도 안 되는 부분이다. 실제로 MI도 효과적으로 적용되지 않는 경우가 있다는 연구가 있는데(예: Project MATCH 연구팀, 1997b, 1998b) 이미 변화하기 위해 준비가 되었던 내담자의 경우가 이에 해당한다. 이런 상황에서 양가감정을 탐색하거나 동기를 일으키는 과정을 계속하게 되면 변화하는 데 방해가 될 수 있다. 이러한 상황에서 우리가 계획하기로 바로 전환하지 않으면, 내담자가 방어하는 모습을 보일 수도 있다.

3. T 변화할 수 있는 방법에 대해 내담자가 질문하는 것은 그가 변화하려는 준비가 되었다는 것을 말해 주는 신호이다. 이러한 상황은 특히 유지대화가 줄어들거나 변화대화에 대한 이야기가 많아지는 것과 같은 다른 신호들과 합쳐져서 일어날 때 더 진심이 담겨 있다고 해석할 수 있다.

4. T 미래 상상하기는 내담자가 자신이 변하게 된 이후의 삶이 어떨지에 대해 예상하는 것에 익숙해지는 과정을 말한다. 이러한 과정은 변화함으로써 생기는 여러 가지 어려움을 포함한다. 제2장으로 다시 돌아가서, 언제 양가감정이 떠오르게 되었는가? 어려운 변화는 어떻게 보면 항상 양가감정을 동반하고 이렇게 중대한 시기에 이러한 감정을 느끼게 되는 것은 당연한 일이다. 그러나 이러한 양가감정이 결심공약도 하지 않은 채 일어나게 되면 상담자는 계획하기로 옮겨 가기 전에 양가감정과 동기에 관한 더 깊은 탐색으로 돌아가야 할 필요가 있다.

5. T 핵심 질문이 대부분 다음 단계로 옮겨 가는 과정의 일부이긴 하지만 그 과정은 일반적으로 내담자가 변화에 대한 자신의 생각을 정리하는 데 도와주는 역할을 하는 다음 단계로 이행하는 요약에서 시작된다. 이것은 핵심 질문이 증가하도록 유도한다. 내담자가 강을 점검해 볼 시간이라고 정하면 전환 단계가 완료된다.

6. T 좋다, 밀어 넣지 않기, 동의했는가? 이 방법은 사람들을 강물 속으로 밀어 넣는 것만큼이나 솔깃할 수 있지만, 추천할 만한 방법은 아니다.

7. T 이것은 우리의 다음 단계를 계획하는 시간이 아니다. 대신, 우리 마음속의 혼란을 해결하고, 내담자가 다음으로 어떤 단계를 생각하는지 호기심 있게 바라봐야 하는 시기이다.

8. T 한마디로, "아니요."다. (나만의) 지도방식과 호기심 있는 마음가짐이 최우선에 있다. 그렇게 하지 않으면 수용과 유발성으로 구성된 MI 정신의 요소들을 약화시킬 수 있다.

9. T Miller와 Rollnick이 했던 말을 풀어서 설명한다면, 마치 바람이 돛을 피하며 부는 것 같지만 배는 여전히 앞으로 나아가는 것과 같다고 표현할 수 있다. 불안이 없어질 수도 있고 새로운 방식의 해결책이 나올 수도 있는 것이다.

10. T 양가감정의 강도가 일반적으로 계획과 변화의 과정에서 활발한 양상을 보이는 사람들에게서조차도 줄어들겠지만, 양가감정은 정상적인 것이다. 다시 말하면, 강한 저항은 계획하기로 나아가는 것 혹은 결심공약을 굳세게 하는 것보다는 오히려 양가감정을 해소하는 데 더 많은 작업이 필요할 수도 있음을 나타낸다.

4. 연습하기

Tanya의 사례로 다시 돌아가자. Tanya는 자신이 겪고 있는 어려움의 범위를 설명했었다. 우리는 지금부터 상담자의 마지막 반응부터 시작할 것이다. 이전에 언급했던 것처럼 이것은 일반적인 동기가 높아 보이는 하나의 사례이지만, 그래서 우리는 다른 과정에 많은 시간을 할애할 필요가 없을지도 모른다. 따라서 계획으로의 전환은 비교적 짧을 수 있다.

	진술	설명
상담자:	그 해는 진짜 지옥같이 느껴지네요. 상처도 받았고, 좋아하고 즐길 수 있는 일들도 할 수 없고…… 해야 하는 일들은 말할 것도 없고요. 삶의 거의 모든 부분에 영향을 끼쳤네요. 그냥 느끼기에도 너무 강력해요.	다음 단계로 이행하는 요약을 시작함.
내담자:	맞아요. 아파 하는 것도 이제 지쳤어요. 물리치료를 받긴 했는데(나는 이 물리치료를받는 데 종교처럼 매달렸어요.) 잠시만 괜찮았지, 그렇게 많은 도움이 되지는 않았어요. 의사 선생님은 등 수술을 받으라면서 저를 다른 의사 선생님한테 보냈어요. 갈 필요가 없었으면 차라리 안 가고 말았겠지만 가야 했죠. 진통제를 맞고 나면 고통이 좀 줄어들긴 하지만 그러면 또 정신이 멍해져요. 그런 느낌을 받으니까 진통제를 맞기가 싫어요. 의사 선생님한테 코르티손(역주: 부종을 줄이기 위해 쓰이는 호르몬의 일종) 주사를 놓아달라고 계속 졸랐는데, 전혀 반응을 안 보이시더라고요. 그 주사가 도움이 안 된다고 생각하시면서요. 저는 점점 자포자기하게 되고 우울해져서 의사 선생님들이 저를 돕기 위해 뭘 할 수 있을지를 지켜보겠다고 생각했어요.	내담자가 더 많은 정보를 이야기함.

진술	설명
상담자: 이 상황에서 무엇이 도움이 될지는 확신하지 못하지만, 뭔가 해 낼 준비가 되어 있다는 것처럼 들리네요.	이 응답은 질문이 아니라, 상담자의 대화가 핵심 질문으로서 어떻게 작용하는지 알아보는 것임. 그 대화의 뒷부분을 계획하기로 자연스럽게 이끎. 이 반응은 효과가 있지만, 잠시 침묵하기의 기회는 제공하지 않음.
내담자: 맞아요. 선생님은 어떤 생각을 가지고 계세요?	조언을 구한다.
상담자: Tanya 씨와 비슷한 상황에 있었던 사람들의 경우를 바탕으로 몇 가지 생각이 떠올라요. 하지만 지금 본인에게 가장 중요한 게 무엇인지도 알았으면 해요. 어디서부터 시작해 볼까요?	상담자는 요구에 반응을 했지만, 먼저 내담자의 최 우선순위가 무엇인지 알고자 함. 이것은 핵심 질문을 이끌어 냄.
내담자: 글쎄요, 통증을 다루는 것부터 먼저 이야기를 시작해 보면 좋을 것 같아요.	즉각적으로 대답함.
상담자: 그 통증이 꼭 이 버스를 움직이고 있는 것 같은 느낌이 드네요.	직유/은유.

위의 발췌문은 내담자가 계획하기로 옮겨 갈 준비가 되었는지에 대한 토론의 예시이다. 그녀에게 이것은 가정(만약에)의 문제라기보다는 오히려 방법(어떻게)의 문제이다. 결과적으로 계획하기로의 전환은 비교적 빠르게 이루어진다. 앞서 언급했듯이, 우리는 내담자가 변화 준비에 뒤처지는 것을 보고 싶어 하지 않는다. 상담이 진행되면서 해결해야 할 양가감정이 더 많이 드러날 수 있다. 또한 Tanya가 변화할 준비가 되었음을 보여 주었다 할지라도, 특정한 목표행동은 언급되지 않았다. 결과적으로, 변화에 대한 그녀의 결심공약은 약해지게 된다. 우리가 집중해야 할 것은 계획을 논의할 때, 이 대화와 구체적인 행동에 대한 결심공약을 강화시키는 것이다.

5. 시도해 보기

아래에 결심공약을 하는 말을 확인하는 것과 전환요약을 연습하는 것, 그리고 핵심 질문을 물어보는 것과 관련된 기술을 익힐 수 있는 연습이 몇 개 있다. 파트너와 함께 연습해 보는 것은 상호적인 측면에서 도움이 될 수 있을 것이다. 그러나 이전에 언급했던 바와 같이 이러한 기술들을 치료 장면에 적용하는 것이 중요하다. 아직도 이런 과정이 어렵게 느껴진다면 수련이나 슈퍼비전, 또는 코칭을 추가적으로 더 받을 필요가 있다. 실제 장면에서 연습하는 것이 어렵게 느껴지지 않더라도, 이후 제14장에서 다룰 내용처럼 기술을 배우고 유지하기 위한 슈퍼비전과 코칭의 중요성에 대해 많은 연구 자료들이 분명하게 언급하고 있다.

〈연습 12-1〉 그들은 준비가 되었나요?

이 연습에서는 내담자의 반응을 읽고 나서, 내담자가 계획하기 단계로 옮겨 갈 준비가 되었을 때 '변화를 위한 여섯 가지 준비신호'를 사용하여 결정하는 연습을 하게 된다. 이 활동에서도 역시 당신의 선택에 대한 추리 과정을 설명하라.

〈연습 12-2〉 진퇴양난의 상황에서……

다음 단계로 넘어가기 위해 준비가 되어 있는지 알아보기 위해 전환요약을 연습해 보게 한다.

〈연습 12-3〉 그럼, 다음에는 무엇인가요?

계획하기로 가기 위한 준비가 되었다는 것을 확인하고 전환요약을 하는 데 능숙해지기 위해 핵심 질문들을 연습해 보는 기회를 갖게 된다. 계획하기로 나아가는 다른 형태의 핵심 질문들을 적어도 5개 정도 만들어 보는 간단한 연습이다.

〈연습 12-4〉 잠시 침묵하기 연습하기

이 활동은 상대방과 함께 해야 하는 활동이며, 일반적으로 서로 상호작용하는 방식에는 사회적 기준이 있기 때문에 조금은 어색할 수 있다. 이렇게 해 보자. 대답을 기다리는 동안 인내심을 연습하고, 사람들이 생각을 완전하게 끝낼 충분한 시간을 주겠노라고 미리 결정을 하자. 그런 다음 그것을 당신의 삶에서 실천해 보라. 그 후에 양식을 작성하라.

6. 파트너 활동

〈연습 12-1〉, 〈연습 12-2〉 그리고 〈연습 12-4〉는 모두 파트너와 함께 공동으로 작업해도 좋은 문제들이다. 아래에는 각각의 문제에 대한 변경된 지시문이 나와 있다. 당신은 또한 〈연습 12-3〉에 대한 핵심 질문들을 브레인스토밍해 볼 수도 있다.

〈연습 12-1〉 그들은 준비가 되었나요?

내담자의 반응을 읽고 내담자가 계획하기 단계로 갈 준비가 되었다고 생각하면 여섯 가지 준비신호를 사용하여 각자 선택하라. 당신의 추리 과정을 설명하라. 불일치하는 점이 있다면 의견이 일치할 때까지 이야기를 나누어라.

〈연습 12-2〉 진퇴양난의 상황에서……

이 연습에서는 전환요약을 연습해 보게 된다. 각각의 반응에 대해 두 가지 다른 요약을 해 보도록 노력하라. 어떤 방법이 당신의 스타일에 가장 어울리는지, 또는 제시된 정보들을 가장 효과적으로 정리하는 데 도움이 되는지 이야기해 보라.

〈연습 12-4〉 잠시 침묵하기 연습하기

당신의 파트너와 순서를 바꾸어 가면서 중요한 문제에 관하여 대화를 나누어라. 주기적으로 일시적인 중지 상태가 생기는 것을 허용하여 파트너가 더 깊이 생각할 수 있는 기회를 갖게 하라. 이러한 중지 상태를 알리는 데 도움이 되도록 ① 당신의 파트너가 한 사람으로서 최선을 다한 시기, ② 그가 역경을 극복한 때, ③ 어린 시절 기억에 남는 이야기 그리고/또는 ④ 중요한 성취에 대해 질문하는 것을 고려해 보라. 그 후에 활동지를 통해 이야기하라.

7. 그 밖의 고려 사항…

계획하기로 가는 과정은 어렵다. 앞서 언급한 세 가지 전략상의 실수 외에도 양가감정을 쉽게 다룰 수 있는 감정이라고 생각하는 것 또한 (상담자가) 범하기 쉬운 실수이다.

동기 수준을 최고로 올린다는 것은 굉장히 오래 걸리고 힘든 과정이 될 수 있다. 이전에 언급했듯이 Miller와 Rollnick은 처음 세 가지 과정이 목표를 향한 상향식 도전인 것에 만족스러워한다. 정상에서, 갑자기 내담자가 양가감정을 다시 표현하기 시작하는 상황이 되면 실망할 수도 있다. 비록 우리는 변화라는 것이 전형적으로 하나의 사건, 즉 내담자가 갑자기 자각하고 변화의 의지를 행동화하는 것이 아니라 일련의 과정이라고 얘기해 왔지만, 양가감정의 재출현은 아주 훌륭한 상담자조차도 내담자를 변화의 방향으로 설득하고자 하는 마음이 들게 한다. 이것은 마치 우리가 MI의 정신을 포기하고 우리가 무엇을 '알고 있는지'가 내담자들에게 '좋을' 것이라며 조언하는 것과 같다. 유감스럽게도, 이러한 변화는 제11장에서 언급한 바와 같이 내담자로부터 같은 종류의 반응 양식을 유발할 수 있다. 실제로, Miller는 상담자의 변화계획에 마무리가 필요한 표준화된 치료의 경우, MI의 가장 마지막 순간에 약물중독 환자의 동기가 감소한다는 자료를 설명해 왔다(Amrhein et al., 2003; Miller et al., 2003). 만약 내담자가 준비되어 있다면 최종 목표를 향해 나아갈 수 있도록 이러한 양가감정을 정상으로 받아들이고 그 점을 강조하는 것이 중요하다. 그러나 내담자가 계속해서 변화에 대해 고민을 하고 실행으로 옮길 준비가 되지 않았다면 그때는 반대 감정을 해결하는 데 도움이 필요한 그 내담자에게 더 잘 맞는 전략으로 바꾸어야 한다. 이 순간에는 들어주는 것이 동반되어야 한다.

이러한 사실을 고려해 보면서 그와 관련된 예외적인 사례들이 떠오를 수 있다. 정상으로 밀어 올리는 것은 우리를 도울 뿐만 아니라 내담자도 변화할 수 있게끔 도와주었던 경험이 있을 것이다. 이러한 상황이 실제로 생기고 결국에 대부분의 사람들은 밀리는 듯한 압박을 느낄 때 불협화음을 일으킨다. 그래서 그러한 극한 상황이 필요하다는 명백한 판단이 서지 않는 한 이러한 경향을 피해 보라고 조언해 주고 싶다. 주저하는 수영선수의 사례로 돌아가서, 일반적으로는 그 사람을 바다로 힘껏 미는 것보다 그 사람의 손을 잡고 함께 뛰어 주는 것이 훨씬 더 좋은 방법이다.

연습 12-1 그들은 준비가 되었나요?

내담자가 계획하기로 옮겨 갈 준비가 되었다면 내담자의 반응을 듣고 '변화를 위한 준비신호'를 사용하여 결정을 내려라. 당신의 추리 과정을 설명하라.

변화를 위한 준비신호

- **변화대화의 증가**. 내담자가 변화의 가능성에 대해 이야기하는 상향 궤적이 나타난다. 이것이 주로 자연스레 나오는 준비언어에 머물지라도[예: (변화하고픈) 열망, (바꾸고자 하는 자신의) 능력, (변화의) 이유 및 (변화의) 필요], 우리에게 실행언어의 형태(결심공약, 실행활성화 그리고 실천하기)로 들려올 수도 있다. 우리는 시작할 때 동기가 미약한 것에 대해 걱정하기보다는 끝으로 향할수록 동기가 강화되는 추세로 가는가에 대해 더 걱정한다.
- **유지대화의 감소**. 현상을 유지하고자 하는 방어가 줄어든다. 불협화음이 생길 때는 마치 배에서 항해하는 도중 바람이 사그라든 상황처럼 느껴진다. 내담자가 고민하는 점에 대해 충분히 이야기한 것처럼 보이면서 다음 단계로 넘어가기 시작한다.
- **실천하기**. 내담자가 약간의 변화를 시도해 유지대화를 변화시키기 위한 균형을 조정하면서 새로운 행동을 시도하기 시작할 수도 있다. 마치 내담자가 구매를 결정하기 전에 옷의 사이즈를 가늠해 보는 과정처럼 보인다. 실제 구매는 아직 이루어지기 전이지만, 고객이 어떤 변화를 맞게 될지를 경험한 일이 늘어날수록 확실히 의류를 구매하기 직전으로 다가간다. 이러한 사이즈 가늠 전략의 정확한 예시는 운동량을 늘리고 체중을 줄이려고 세운 새해 결심의 일환으로 구입한 헬스장 회원권에서 찾을 수 있다. 회원권은 개인적 목표로 나아가는 단계 중 하나임에 분명하지만, 정기적인 운동을 실제로 하는 것과는 다르다. 그렇지만 회원권을 구매는 여전히 운동을 할 수 있는 상황을 제공한다.
- **결심**. 내담자가 결심을 해서 더 평화롭고, 느긋하고, 평온하고, 후련하고, 자리가 잡힌 듯이 보일 수 있다. 일종의 평온함이 내담자에게 찾아오며, 상실한 듯한 어조와 눈물, 포기하는 모습이 나타날 수도 있다.
- **변화에 대한 질문들**. 내담자는 자신이 그 문제를 해결하기 위해 무엇을 할 수 있는지, 어떻게 사람들이 이런 변화를 도출해 내는지와 같은 질문들을 하기 시작할지도 모른다.
- **미래 상상하기**. 내담자는 변화 이후의 삶이 어떠할 지와 변화에 도달하는 데 걸림돌이 무엇일지에 대해 이야기하기 시작한다. 이 대화에는 변화와 현상 유지의 측면이 모두 나타나지만, 순수한 변화대화와 유지대화를 넘어서는 상상적인 요소도 이 과정에 포함된다. 이 상상대화는 내담자가 이러한 변화를 했을 때 그것이 무엇을 의미하는지 실제로 알고 있다는 것을 보여 준다.

(다음 쪽에 계속)

그들은 준비가 되었나요?

예시

이건 제가 기대했던 것이 아니에요. 전 제가 음주운전을 한 것에 대해서 선생님께서 더 강하게 반응하실 거라고 생각했어요. 이건 벌을 받기보다는 워크숍을 듣는 듯한 느낌이에요. 이러한 상황이 제가 무엇인가 더 생각을 하게끔 만드는데, 전 이런 걸 기대하지 않았어요.

이러한 진술들이 단계를 전환하는 준비신호인가? 아니요 ____ 예 ____ X

만약 그렇다면, 어떤 종류에 해당되는가?

____변화대화의 증가 ____결심
____유지대화의 감소 ____변화에 대한 질문들
____실천하기 ____미래 상상하기

그 답을 선택한 이유는?

이 내담자는 어떻게 자신의 기대와 다르고 어떻게 이러한 상황이 변화를 일으킬 수 있는지 명확하게 이야기하고 있다. 변화할 준비가 되었건 생각하는 바가 명확하지 않건 간에 내담자의 대답은 변화가 가능하다는 것을 암시한다.

진술문 1

그래서 다른 내담자들은 이런 상황에 대해서 뭐라고 얘기하나요?

이러한 진술들이 단계를 전환하는 준비신호인가? 아니요 ____ 예 ____

만약 그렇다면, 어떤 종류에 해당되는가?

____변화대화의 증가 ____결심
____유지대화의 감소 ____변화에 대한 질문들
____실천하기 ____미래 상상하기

그 답을 선택한 이유는?

그들은 준비가 되었나요?

진술문 2

위험이 덜한 선택을 하는 게 좋다는 건 동의하지만, 전 제 친구들이랑 즐겁게 노는 것도 좋아해요. 전 친구들이랑 있으면 너무 잘 논다고요.

이러한 진술들이 단계를 전환하는 준비신호인가? 아니요 ____ 예 ____

만약 그렇다면, 어떤 종류에 해당되는가?

____변화대화의 증가
____유지대화의 감소
____실천하기
____결심
____변화에 대한 질문들
____미래 상상하기

그 답을 선택한 이유는?

진술문 3

선생님은 절 이해 못하세요. 이 인간들은 "아니, 괜찮아."라는 대답을 하지 않을 거라고요. 절 괴롭힐 거예요. 뭔가 더 강력한 걸 가지고 돌아가야 돼요.

이러한 진술들이 단계를 전환하는 준비신호인가? 아니요 ____ 예 ____

만약 그렇다면, 어떤 종류에 해당되는가?

____변화대화의 증가
____유지대화의 감소
____실천하기
____결심
____변화에 대한 질문들
____미래 상상하기

그 답을 선택한 이유는?

그들은 준비가 되었나요?

진술문 4

다시는 그런 상황이 되고 싶지 않아요. 정말 짜증 나요. 진짜 너무 당황스러워요.

이러한 진술들이 단계를 전환하는 준비신호인가? 아니요 ____ 예 ____

만약 그렇다면, 어떤 종류에 해당되는가?

____변화대화의 증가
____유지대화의 감소
____실천하기
____결심
____변화에 대한 질문들
____미래 상상하기

그 답을 선택한 이유는?

진술문 5

선생님도 제가 사교적인 스타일이 아닌 거 아시잖아요. 하지만 여기서는 더 크게 말해 보려고 노력하고 있어요.

이러한 진술들이 단계를 전환하는 준비신호인가? 아니요 ____ 예 ____

만약 그렇다면, 어떤 종류에 해당되는가?

____변화대화의 증가
____유지대화의 감소
____실천하기
____결심
____변화에 대한 질문들
____미래 상상하기

그 답을 선택한 이유는?

그들은 준비가 되었나요?

진술문 6

전 이 얘기를 하고 있는 의도를 전혀 모르겠어요.

이러한 진술들이 단계를 전환하는 준비신호인가? 아니요 ____ 예 ____

만약 그렇다면, 어떤 종류에 해당되는가?

____변화대화의 증가
____유지대화의 감소
____실천하기
____결심
____변화에 대한 질문들
____미래 상상하기

그 답을 선택한 이유는?

연습 12-1의 핵심

진술문 1

그래서 다른 내담자들은 이런 상황에 대해서 뭐라고 얘기하나요?

예: 변화에 대한 질문들.

우리가 모든 상황을 다 알지는 못하지만 그 질문은 이 문제에 대해 호기심이 있고 다른 사람들의 의견을 듣고 싶다는 것을 암시한다.

진술문 2

위험이 덜한 선택을 하는 게 좋다는 데 동의하지만, 전 제 친구들이랑 즐겁게 노는 것도 좋아해요. 전 친구들이랑 있으면 너무 잘 논다고요.

아니요.

이러한 반응은 처음 부분에서는 변화에 대한 이야기를 하는 것처럼 보인다. 그러나 '그렇지만'이라는 말 다음에 부정하는 반응이 나온다. "네, 그렇지만……"이라는 말은 양가감정이 강하게 남아 있다는 것을 의미한다.

진술문 3

선생님은 절 이해 못하세요. 이 사람들은 "아니, 괜찮아."라는 대답을 하지 않을 거라고요. 절 괴롭힐 거예요. 뭔가 더 강력한 걸 가지고 돌아가야 돼요.

예: 미래 상상하기.

이 여성은 변화하게 되면 어떨지, 특히 그녀가 겪어야 할 어려움과 관련해서 생각하고 있는 것처럼 보인다. 그녀는 성공하기 위해서는 무엇을 '되돌려야만' 하는지에 대해 생각하고 있다.

진술문 4

다시는 그런 상황이 되고 싶지 않아요. 정말 짜증 나요. 진짜 너무 당황스러워요.

예: 변화에 대한 이야기, 명확한 결심.

이 내담자는 반응이 매우 명확하고, 왜 그런지에 대한 근본적인 이유를 이야기하고 있다.

(다음 쪽에 계속)

연습 12-1의 핵심 (계속)

진술문 5

선생님도 제가 사교적인 스타일이 아닌 거 아시잖아요. 하지만 여기서는 더 크게 말해 보려고 노력하고 있어요.

예: 실천하기.

이 내담자는 새로운 행동을 시도하기 위해 노력하고 있다. 물론 목표행동이 무엇인지는 모르지만, 이러한 반응은 내담자가 도움을 필요로 하는 문제와는 관련되어 있지 않을 수도 있다. 그러나 이러한 반응에는 변화하고자 하는 노력이 깊이 담겨 있다.

진술문 6

전 이 얘기를 하고 있는 의도를 전혀 모르겠어요.

아니요.

이 내담자가 그 상황에 대해 이야기할 필요성이 줄어들었다고 말하고 있는 것일 수도 있으나, 알 수 있는 충분한 정보가 없다. 현재 상태로는 불협화음이나 유지대화가 나타나는 것 같다.

연습 12-2 진퇴양난의 상황에서……

다음 단계로 넘어가기 위한 준비가 되어 있는지 알아보기 위해 전환요약을 연습해 보게 한다. 다음의 네 가지 요소들을 포함시킬 것을 제안한다.

1. 요약을 하고 있다고 알려 주기
2. 내담자가 어디에서 (변화를) 시작하는지 인식하고 혹은 인식하거나 남아 있는 양가감정을 인정하기
3. 가장 중요한 변화대화의 꽃다발을 포함시키기
4. 계획하기로 이동할 준비가 되었는지 묻기(일명 '다음 단계').

사례 1

목표행동: 학교에서 공부하기

"전 엄마가 이 일에 상관하지 않았으면 좋겠어요. 엄마가 왜 그렇게 하길 원하는지 모르겠어요. 저도 뭔가 변해야 한다는 걸 알기 때문에 아빠랑 이 문제에 대해서 계속 이야기하는 중이었어요. 전 아빠랑 같이 사니까 아빠가 돈을 내 주시잖아요. 그러니까 아빠랑 이야기하는 게 더 맞다고 생각해요. 졸업을 할 거면 저도 뭔가 시작할 필요가 있다는 거 알아요. 선생님들과도 어느 정도 얘기해 봤는데, 저도 제가 무엇을 해야 하는지 알아요. 단지 지금부터 연말까지 해야 할 일이 많을 뿐이에요.

사례 2

목표행동: 글쓰기

"어젯밤에도 또 시간을 낭비해 버렸어요. 글을 쓰려고 앉았다가 옛날 컴퓨터에서 새 컴퓨터로 파일들을 옮기면서 빈둥거리기 시작한 거예요. 그러고 나서는 처리하기로 약속한 업무 관련 이메일 보내는 것을 깜빡했다는 걸 생각해 내고서 이메일을 확인하고 몇 가지 일들을 처리했어요. 그러고 나니까 제 컴퓨터가 멈춰 버렸어요. 그 후에 9시라는 걸 알았는데 아직 첫 페이지도 못 쓴 거예요. 지난 몇 주 동안 당장 처리했어야 하는 일들을 하느라 전혀 생산적이지 못했고, 글 쓰는 것도 항상 시간에 쫓겨서 끝내게 돼요. 이젠 진짜 해야 돼요, 안 그러면 큰일 나요!"

(다음 쪽에 계속)

진퇴양난의 상황에서……

사례 3

목표행동: 가까운 관계로 발전시키는 것

"저도 기꺼이 사과할 마음이 있지만, 그 사람도 저에게 잘못했다고 인정해야 돼요. 제가 잘못한 거 저도 인정해요. 그렇게 얘기해서는 안 되는 거였어요. 그런데 그 사람은 자신도 치사하게 말했다는 걸 인정하지 않을 거예요. 제 친구들은 하나같이 절 나쁘게 생각해요. 하지만 제가 화가 난 상태로 계속 있는 게 저한테 좋을 게 없다는 걸 알아요. 전 그냥 기분이 더 안 좋고 더 우울해요. 그래서 그냥 흘려 버려야 한다는 것을 아는데, 그게 어려워요."

사례 4

목표행동: 약물복용에 대해 고려하기

"약을 먹었을 때 느껴지는 그 기분이 싫었어요. 부작용이 너무 많았거든요. 그래서 약을 더 안 먹은 거예요. 열여덟 살 이후로는 아무것도 복용하지 않았어요. 복용하고 기분이 좋아지는 약이 없거든요. 항상 불안하고 하나도 편안해지지 않았어요. 가끔은 그냥 집에만 있어요. 밖에 나가려고 하면 너무 많은 노력이 필요한 것처럼 느껴지거든요. 그런데 하루 종일 그렇게 집에 있으면 우울해지기 시작하고 기분이 좋지 않아요. 이게 지금 제 상황이고요. 지난 3주 동안 집 밖으로 나온 적이 없어요."

진퇴양난의 상황에서……

사례 5

목표행동: 더욱 건강한 식습관 가지기

"더 건강한 식습관을 가지기로 결심했어요. 그렇게 하면 제 건강에 더 도움이 많이 될 거라 생각해요. 마무리는 거의 제 의도와 다르게 그리 좋지만은 않았지만……. 전 단 음식을 정말 좋아해요. 하지만 단 음식을 먹는 것에 대해서는 더 조심하려고 노력해 왔어요. 채소 종류를 더 많이 먹고 싶고, 점심으로 샐러드 먹는 걸 좋아해요. 아침과 점심, 심지어 저녁에도 그렇게 먹어도 괜찮아요. 그런데 지금 문제는 밤에 간식을 먹는다는 거예요. 전 아이스크림을 좋아하는데, 그게 정말 문제예요. 아이스크림 대신 과일을 먹는 것이 저에게 더 도움이 된다는 것을 아는데도 진짜 내키지가 않아요. 다른 것들은 참을 수 있는데 밤에 간식 먹는 습관은 정말 어떻게 해서라도 고쳐야겠네요."

사례 6

목표행동: 음주

"자, 보세요. 저는 제가 그냥 정말 운이 없어서 여기에 오게 된 거라고 생각해요. 경찰이 절 갓길에 세웠을 때 제 혈중 알코올 농도는 겨우 1정도밖에 안 됐다고요. 전 그냥 피곤했을 뿐이고 그렇게 취하지도 않았어요. 선생님이 피곤한 상태에서 술을 마시면 어떻게 되는지 저한테 가르쳐 주셨었잖아요. 이제 생각해 보니까 아무도 다치지 않아서 참 다행인 것 같아요. 전 술을 완전히 끊을 준비가 되지 않았는데, 그래도 조금 덜 위험한 음주 방식을 택하는 것에 대해서 정말 심각하게 생각하고 있어요. 그럴 가치가 없어요. 전 이렇게 다시 상담을 받고 싶지 않아요."

연습 12-2의 반응 예

사례 1. 표적 행동: 학교에서 공부하기

"전 엄마가 이 일에 상관하지 않았으면 좋겠어요." (이하 생략)

내가 이 모든 상황에 대해서 이해했는지 보자. 아빠한테는 지금까지 있었던 일을 다 말씀드렸구나. 하지만 엄마가 이 문제에 관여하시는 걸 네가 원하는지가 확실하지 않은 거구나. 넌 졸업을 하고 싶은데 이 모든 것들을 끝내는 것에 대한 걱정이 있고, 또 상황을 변화해야 한다는 것을 너 자신도 알고 있고. 어떻게 했으면 좋겠니?

사례 2. 표적 행동: 글쓰기

"어젯밤에도 또 시간을 낭비해 버렸어요." (이하 생략)

제가 이 상황을 잘 이해했는지 보세요. 이제 급박함을 느껴요. 마감 날짜는 다가오는데 해야 할 일은 남아 있고요. 이 일을 하려고 하는데 막상 일을 시작하려고 할 때에는 다른 일들을 먼저 해야 할 것 같고요. 생산성이 떨어지는 게 걱정이군요. 뭔가 할 준비가 되어 있는데 그게 무엇인지 명확하지가 않아요. 어떤 생각이 드세요?

사례 3. 표적 행동: 가까운 관계로 발전시키는 것

"저도 기꺼이 사과할 마음이 있지만, 그 사람도 저한테 잘못했다고 인정해야 돼요." (이하 생략)

이해했다고 생각은 하는데, 맞나 확인해 볼게요. 화가 난 것을 가라앉힐 수가 없어서 지금 무엇을 해야 할지 모르는 것 같아요. 본인의 입장에서는 남자친구가 스스로 잘못한 부분에 대해서 인정하지 않으니까 뭘 해야 할지 모르겠지만, 이런 생각을 하고 있는 게 본인이 대가를 치르게 할 수도 있다는 생각도 있는 거고요. 남자친구가 사과하기를 기다리면서 앞으로 무엇을 하고 싶은지 생각해 본 것이 있나요?

사례 4. 표적 행동: 약물복용에 대해 고려하기

"약을 먹었을 때 느껴지는 그 기분이 싫었어요." (이하 생략)

말씀하신 내용을 제가 잘 이해했는지 한번 보세요. 지금으로서는 모든 게 기분 좋지 않게 느껴지나 보군요. 집에 있어도 나가도 편치 않고요. 기분이 더 좋아지기를 바라면서도 약물을 복용하는 것에 대한 걱정도 있고요. 게다가 3주 동안 밖에 나온 것은 이번이 처음일 정도로 움직이지 않았었고요. 뭔가를 해야 한다고 생각하고 있네요. 저에게 말해 준 것을 생각해 보면 적어도 약물을 복용하는 게

(다음 쪽에 계속)

연습 12-2의 반응 예 (계속)

일리가 있다고 생각하는 것 같네요. 제가 말한 것에 대해 어떻게 생각하세요?

사례 5. 표적 행동: 더욱 건강한 식습관 가지기

"더 건강한 식습관을 가지기로 결심했어요." (이하 생략)

방금 하신 말씀 안에 여러 가지 이야기가 들어 있네요. 더 좋은 음식으로 더 건강하게 먹기로 결심을 하고 식단을 바꾸셨어요. 단, 음식과 저녁에 먹는 것이 지금 어려우신 거고요. 과일을 먹는 것이 이론적으로는 좋은 일인데 본인한테는 효과적이지가 않았어요. 그래도 지금 노력하고 계시고요. 더 건강해지고자 하시고, 목표하긴 것 중에 몇 가지는 이미 성공하셨어요. 다음 단계는 어떨 것 같나요?

사례 6. 표적 행동: 음주

"자, 보세요. 저는 제가 그냥 정말 운이 없어서 여기에 오게 된 거라고 생각해요." (이하 생략)

짧은 순간에 많은 변화가 있었네요. 어떤 일이 있었는지에 대한 생각이 드는데, 확실한 건 생각하는 게 정말 많이 변했어요. 운이 없다고 하는 대신에 이제 운이 좋다고 느끼시네요. 모든 것을 하지 않는 것이 당신이 원하는 것인지는 확실하지 않은 것 같아요. 하지만 덜 위험한 음주 방식이 조금 괜찮은 것 같다는 생각에는 확신이 좀 드시는 것 같아 보여요. 그리고 물론 한 번 더 음주운전 벌금 고지서를 받는 것은 당신에게 더 큰 문제일 수 있는데 그걸 바라는 것은 아니고요. 이건 본인에게 있어서 꽤 큰 변화인 것처럼 보여요. 그다음에는 어떤 일이 일어날까요?

연습 12-3 그럼, 다음에는 무엇인가요?

핵심 질문들을 물어보는 연습을 할 수 있는 기회이다. 계획하기로 옮겨 가기 위한 준비 수준을 물어볼 수 있는 핵심 질문들을 적어도 다섯 가지 정도 만들어 보라.

예시 대답: **이제 어떻게 될까요?**

1.

2

3.

4.

5.

연습 12-3의 반응 예

계획하기로 옮겨 가기 위한 준비에 대한 핵심 질문들:

1. 지금 무슨 일이 일어나고 있나요?
2. 앞으로 할 일에 대해서 어떻게 생각하나요?
3. 앞으로 어떤 일을 해야 할 것 같나요?
4. 이제 어떻게 할 건가요?
5. 당신은 이제 무엇을 할 건가요?
6. 여기에서 당신 스스로 어떻게 나아갈 것이라고 느껴지나요?
7. 계획하기로 나아가는 것에 대해 어떻게 생각하나요?
8. 당신은 뭔가 다른 것을 할 준비가 된 것 같습니다.
   (질문의 형태는 아니지만, 핵심 질문의 목적에 부합하는 문장이다.)
9. 다음 단계가 여러분에게 어떤 것을 의미하나요?
10. 다음 단계는 무엇인가요?

연습 12-4 잠시 침묵하기 연습하기

이 활동은 상대방과 함께 해야 하는 활동이며, 일반적으로 서로 상호작용하는 방식에는 사회적 기준이 있기 때문에 조금은 어색할 수 있다. 이렇게 해 보자. 대답을 기다리는 동안 인내심을 연습하고, 사람들이 생각을 완전하게 끝낼 충분한 시간을 주겠노라고 미리 결정을 하자. 그런 다음 그것을 당신의 삶에서 실천해 보아라. 그 후에 양식을 작성하라.

이 연습은 일반적으로 당신이 그 사람과 어떤 관계가 있고, 어떤 느낌이 들거나 생각의 깊이가 있는 어떤 것을 이야기하는 상황에서 매우 효과적일 것이다. 따라서 날씨에 대한 화두는 잠시 침묵하기의 기회를 만들어 내기 쉽지 않지만 기후 변화에 대한 질문은 그 기회를 만들 수 있다. 몇몇 가능한 질문을 미리 생각하는 과정에서 이 사람과 이 사람의 삶의 배경을 아는 것이 질문을 만드는 데 도움이 된다는 것을 깨닫게 된다. 또, 일례로 내담자(그/그녀가) 가장 좋았던 시기, 가장 빠르게 이겨 냈던 시기 혹은 그들에게 중요한 의미를 갖는 일을 이루어 냈던 시기처럼, 이런 류의 일시 중지 가능성이 높은 시기가 언제인지에 대해 질문할 수 있다. 어린 시절부터 기억에 남는 일들에 대해 묻는 것은 이런 식의 상호작용을 위한 또 다른 필수 요소이다.

대화의 배경은 무엇입니까?

어떤 질문을 하기로 하셨습니까?

일시 중지했을 때, 타인과 어떤 일이 일어났습니까? 구체적으로 말해 주십시오.

당신의 내면에서 어떤 일이 있었습니까? 당신이 생각하고 느끼는 것과 당신의 신체에 일어난 변화에 대해 구체적으로 말해 주십시오.

이 과정에서 무엇을 발견(혹은 재발견)했습니까?

변화계획 발전시키기, 결심공약 강화하기, 그리고 변화 지지하기

1. 도입

"저는 정말 최선을 다했지만 더 이상 할 수 있는 게 없어요. 지옥에 있는 것 같은 시간이 지속되고 나아지는 게 하나도 없어요. 평소 같으면 상담 같은 건 믿지 않았겠지만, 이제는 정말 뭔가 해야 될 것 같아요. 여러 사람들에게 메시지를 남겼는데 조만간 누군가를 만날 수 있었으면 좋겠어요. 가능하면 빨리 저에게 전화 좀 주세요."

이것은 Tanya가 제12장에서 자동응답 서비스에 남긴 메시지로, 그녀가 계획하기로 전환하도록 상담자가 안내하는 것을 보여 주었던 사례이다. 그 과정의 끝부분으로 돌아가보자. Tanya가 자신의 고통을 다루기 위한 방법으로 계획하기에 초점을 맞추기로 결심한 것을 떠올려 보자. 이 지점에서의 대화는 일상적이다. 제12장부터 반복된 이 대화의 마지막 부분이 다음에 제시되어 있다. 우리는 상담자들과 함께 항우울제에 대한 몇 가지 정보를 제공하는 것으로 시작할 것이다.

"글쎄요, 통증을 다루는 것부터 먼저 이야기를 시작해 보면 좋을 것 같아요."

"그 통증이 꼭 이 버스를 움직이고 있는 것 같은 느낌이 드네요."

"맞아요, 그냥 신체적으로 조금 더 편안하게 느낄 수 있다면 다른 것들은 더 하기 쉬워질 거라고 생각해요. 제가 하는 말이 무슨 뜻인지 아시겠어요?"

"네, 음량을 좀 낮출 수 있으면 다른 모든 소음을 해결할 수 있다는 것과 같군요."

"바로 그거예요."

"이 작업이 당신에게 어떠한 영향을 끼치는지 꽤 확실하게 알고 있는 것 같아 보여요. 당신이 어떻게 느끼는지, 특히 우울한 감정에 대해서 조금 더 말해 주세요. 그리고 나서 함께 통증에 대해 다루어 보기로 해요.”

“저는 고통스러울 때, 아무런 일도 안 하고, 기분도 좋지 않죠. 친구들도 만나지 않고 화를 잘 내기도 해요. 아이들과 남편에게도 신경질을 내요. 그러고 나면 짜증이 밀려오고 우울해져요.”

“기분이 가라앉는 게 통증과 함께 동반되어 나타나기도 하고 통증이 시작되는 즈음에 일어난다는 것도 스스로 알고 있군요. 이미 알고 있는 사실일 수도 있지만 또 다른 측면에서는 그러고 나면 그 우울한 감정이 통증을 더 심하게 만들 수도 있고요. 그 점에 대해서 어떻게 생각하세요?”

“맞는 말인 것 같아요. 제가 우울할 땐 모든 게 다 안 좋게 느껴져요.”

“그래서 다른 사람들이 사용했던 방법 중에 하나는 우울해지는 것을 해결해서 통증을 포함한 다른 측면들이 좀 더 괜찮아졌다고 느낄 수 있게 만드는 거예요. 통증을 치료하는 것은 아니지만, 통증에 더 잘 대처하게 된 기분이 들 수도 있을 것 같아요. 이 방법은 어떤 것 같아요?”

“처음으로 시도해 보기에 좋은 방법인 것 같아요.”

“아마 기분이 가라앉았을 때 그 기분에서 벗어나 보려고 어떤 일들을 해 보았을 것 같아요. 지금까지 이미 해 왔던 것은 무엇이고, 예전에 어떤 방법들이 효과적이었는지 얘기해 줄래요?”

“글쎄요……. 의사 선생님과 얘기해 봤더니, 항우울제를 복용해 보라고 하시더라고요. 하지만 제가 그것을 복용하고 싶은지 잘 모르겠어요. 약물에 너무 의존하게 되는 것 같은 느낌이에요.”

“항우울제에 대해서 생각해 본 적이 있군요.”

“등을 다치기 전에 운동을 좀 했었는데 기분이 우울할 때 많이 도움이 되었어요.”

“일상생활에서 좀 벗어나서 활동을 하는 게 도움이 되었군요.”

“하지만 이젠 할 수 없어요.”

“예전에 했던 방식처럼 할 수는 없지요. 다른 건요?”

“제가 사고를 당했을 때 상담을 받아 본 적이 있었는데 무언가 얘기할 수 있는 곳이 있다는 게 도움이 되었던 것 같아요.”

“본인이 겪고 있었던 여러 가지 문제들을 자세히 살펴볼 수 있는 곳이었군요. 또 다른 게 있나요?”

“대충 그 정도예요.”

“이미 도움이 되었거나 도움이 될 수도 있을 것 같은 다양한 방법들을 알고는 있지만 그 방법들이 도움이 될지 걱정도 하고 있군요. 그 방법들에 대해서 제가 알고 있는 몇 가지 정보를 함께 나누어 봐도 괜찮을까요?”

“제가 그래서 지금 여기 있는 거예요.”

“좋아요. 사람들이 항우울제에 대해 복합적인 감정을 가지고 있는 것은 아주 흔한 일이에요.

특히, 그 약물이 필요하지 않은 사람들에도 이러한 약물들이 과잉 처방되고 있는 것에 대한 우려가 크고요. 그래도 지금까지 저에게 말씀해 주신 것들 때문에 제가 지금 말씀드리는 게 적절할 수도 있다고 생각하는데요, 먼저 담당 의사 선생님과 상의하셔서 확실하게 해야만 할 것 같아요. 희망적인 이유 몇 가지가 있어요. 먼저 약물은 우울한 기분을 줄이는 데 대체로 도움이 돼요. 둘째로, 특정한 상담 방식은 우울증을 치료하는 데 도움이 될 수 있어요. 셋째로, 이러한 두 가지 방법을 함께 사용하는 것은 가장 성공률이 높다고 보여요. 이 점에 대해서 어떻게 생각하세요?"

"저도 그렇다고 생각해요. 저는 그냥 이런 약물에 중독되기를 바라지 않는 것뿐인데, 아무래도 약물을 복용해야 할 것 같아요. 저는 있는 그대로의 저 자신이 되고 싶어요."

"그런 점이 걱정이군요……. 그러니까 자기 스스로 그런 결정을 내리는 능력을 잃어버리게 되면 어쩌나 하는 걱정 말이에요."

"그래요. 맞아요. 그게 정말 사실이 아니라는 것은 저도 알지만, 제가 두려워하는 점이 바로 그거예요."

"이런 두려움을 갖는 것도 당신의 모습 중 일부예요. 하지만 당신의 또 다른 부분은 그런 부정적인 일이 일어나지 않을 것이고, 약을 복용하는 게 도움이 될 수도 있다는 걸 알고 있어요."

"네, 저도 도움이 될 거라고 생각해요. 저는 그냥 밖으로 소리 내서 말할 필요가 있을 것 같아요. 하지만 전 중독되지 않을 거예요. 그렇죠?"

"이 약물들은 그렇게 작용하지는 않아요. 사람들이 술이나 헤로인에 중독되는 것과는 달라서 그 약물을 절실하게 필요로 하고 마치 그 약물이 없으면 못 살 것 같거나 그러진 않아요."

"저도 알아요. 제 친구 중에 몇 명은 가끔 그 약을 먹었는데 정말 도움이 많이 되었다고 하더라고요."

"약물을 복용할지 안 할지에 대한 결정은 결국 본인에게 달려 있지만, 생각해 보면 도움이 될 만한 몇 가지 이유가 있어요. 의사 몇 명이 저에게 얘기해 주었던 것은 항우울제가 우울증을 완화시키는 데 도움이 될 뿐만 아니라 뇌에 영향을 끼쳐서 통증을 완화시키는 데 직접적인 영향을 줄 수도 있다고 하더라고요. 그래서 당신의 상황에서 진지하게 생각해 보면, 항우울제를 복용하는 것을 고려해 보아야 할 이유가 있는 거예요. 어떻게 생각하세요?"

"네, 아마도 그렇게 해야겠죠."

"약물복용이 도움이 될 거라고 생각하는 것처럼 들리네요. 이제, 이러한 상황에 대한 제 생각을 얘기할게요. 저는 이런 종류의 약물에 대해서 가족 주치의뿐만 아니라 정신과 의사와 이야기해 보는 것이 중요하다고 생각해요. 이 약물들은 항생제 같은 것이 아니에요. 어느 약이 맞는지 또 얼마만큼 처방해야 하는지를 알아내기 위해서는 꽤 노력이 필요하거든요. 그래서 저는 내담자들이 전문가와 상의하는 쪽을 권해요. 어떻게 생각하세요?"

"저도 그렇게 생각해요."

"그러면 약을 복용하는 것에 대해서 이제 어떤 입장인가요?"

"약을 복용해 볼까 해요……."

"당신은 그게 내키지 않고, 이제 한 발 앞으로 나아가고 싶군요."

이 대화를 통해, Tanya는 전진하였다. 그녀의 양가감정은 변화하는 쪽으로 기울었다. 그것이 완전히 해결되지는 않았을 수 있다. 그녀는 실제로, 여전히 망설이고 있다. 그러나 그녀의 양가감정은 변화했고, 그녀는 약물복용을 고려하는 길목에 서 있다. 아직 그것을 어떻게 실행할지에 대한 계획은 없었다. 이제 우리는 그녀가 변화하기 위해 특정한 행동에 전념할 수 있도록 도울 필요가 있다. 당신이라면 그다음으로 무엇을 할 것인가? 당신은 목표에 도달하기 위해 어떤 질문들을 할 것인가?

2. 심층 탐구

참여시키기, 초점 맞추기, 유발하기, 그리고 계획하기의 과정이 각각 따로 제시되지만 이러한 과정들 사이에는 확실히 뚜렷한 경계가 없다. 우리가 강에 비유했던 것을 보면 물의 흐름은 하나의 물줄기 안에서 계속해서 서로 섞이고 있는 것을 보여 준다. 이는 놀라운 일이 아니며, 그 과정에서 지속적이고, 역동적인 상호작용이 이루어진다. 내담자가 계획하기로 옮겨 간다 하더라도, 우리는 나머지 세 과정과 관련된 요소로 되돌아갈 것이다.

다시 강에 비유해 보자면, 강은 생각보다 더 부드럽게 물보라를 많이 일으키지 않으면서 움직일지도 모른다. 하지만 실습자들은 여전히 적극적인 안내자로서 역할을 한다. 그들은 급류가 떠밀려 갈 때, 뗏목에서 뛰쳐나오며, "행운을 빌어요!"라고만 외치지는 않는다. 이처럼, 정보의 공유는 이 시점에서 특히 도움이 될 수 있다. 이 시점에서 우리는 내담자의 자원에 대한 지식과 변화가 어떻게 일어났는지를 이해함으로써, 내담자를 도울 수 있다. 이때, 도움이라는 용어를 썼음에 주목하라. 이 작업은 협동작업의 일환이며, 자신에게 가장 적합한 계획을 정할 사람은 바로 내담자이다. 우리는 우리의 상담 방식을 유지하고, 내담자가 스스로에게 도움이 될 계획을 수립하도록 돕는다.

상담 방식을 유지하려면 섬세한 균형감각이 필요하다. 때때로 우리는 성공 가능성이 더 큰 계획에 대한 어떤 의견이 생길 것이다. 책 전반에 언급했듯이, 이러한 의견을 명확하게 표현하는 것은 문제가 되지 않는다. 중요한 문제는 내담자가 결론적으로 결정할 필요가 있다는 MI의 신념을 또한 염두에 두면서, 이러한 생각들을 우리가 어떻게 공유하는가에 있다. MI 정신과 핵심 기술은 계획하기 과정의 핵심이다. 이 과정 그 자체는 SOARS라는 약자로 압축시켜 놓았고, 다음의 다섯 단계로 나눌 수 있다. SOARS: 목표 세우기(Set goals), 선택 사항 분류하기(sort Options), 계획에 도달하기(Arrive at a plan), 결심공약을 재확인하고 강화하기(Reaffirm and strengthen commitment), 그리고 변화 지지하기(Support change).

목표 세우기

목표 세우기와 관련된 문헌에 의하면, 목표의 구체성(Locke & Latham, 2013)에서부터 목표의 바람직성과 목표실현 가능성(Gollwitzer, 1990, 1993, 2014), 목표 그 자체의 특성(Dweck & Leggett, 1988; Higgins, 1997; Ryan & Deci, 2000)에 이르는 다양한 요소가 중요하다고 말한다. 이 요소들을 설명하는 것은 이 책의 범위를 벗어나지만, 몇 가지 원칙을 염두에 두는 것은 중요하다. 첫째, 일반적인 목표와 특정 하위 목표(또는 달성 가능한 목표) 사이의 차이점을 구별하는 것이 중요하다. 목표가 구체적일수록 두 유형의 목표 모두에 좋지만, 특히 하위 목표에 그러하다. 둘째, 목표는 내담자가 중요하게 여기면서도 충분히 성취 가능하다고 느끼는 것이어야 한다. 셋째, 자율성, 향상 등에 집중하는 목표들과 배움(무언가의 발생을 회피하기보다 무언가를 향해 움직이는 것)은 예방보다는 목표 추구 행동에 더 큰 동기를 부여할 수 있는 것으로 보인다(Gollwitzer, 2014). MI의 계획하기 과정에서 이러한 목표 관련 원칙들에 대해 설명한 내용을 살펴보면, 내담자들이 어떤 목표가 스스로에게 중요한지를 결정하고, 이러한 목표들을 구체화하도록 돕는 MI 정신과 본 내용들이 일맥상통한다는 것을 알게 된다. 예를 들어, '부모님에게서 벗어나기'와 같은 10대들의 목표는 '내가 주말 언제쯤 집안일을 도울 것인지에 대해서 금요일 오후에 부모님과 상의하여, 수말을 더 자유롭게 보내기'와 같은 특정한 목표에 대한 논의를 통해 구체화시킬 수 있다. 이 목표에서 자율성 및 향상 요인을 주목하라.

다시 한번, 교정반사가 이 상황에서 나타날 수 있다. 내담자를 향한 우리의 우려나 요구 사항이 그들의 필요나 상황과 일치하지 않을 수 있다. 우리는 이러한 경향성에 주의를 기울여야 한다. 이것을 인식하는 것에 더하여 우리는 내담자의 희망과 기대에 초점을 맞추고, 이러한 목표를 구체적인 목표로 좁혀 나가는 방식으로 이러한 경향성에 대처할 수 있다. 다음의 질문들은 이 정보에 다가서기 좋은 방법이다. 예를 들어,

"당신은 어떻게 삶을 다르게 만들어 가고 싶나요?

"당신은 어떤 변화를 원하나요?"
"만약 상황이 좋아진다면, 무엇이 달라질까요?"
"당신을 무엇을 좀 더 갖고 싶고, 덜 갖고 싶나요?"

당신은 이러한 의문들에 대하여 특히 반영과 요약이라는 또 다른 핵심 기술을 따라 할 수 있다. 내담자 삶의 중요한 측면들을 놓치지 않으려 하다 보니 상담 초기에는 초점이 광범위해질 수 있다. 그러나 일단 하나의 목표가 명확해지면 이를 성취 가능한 목표로 간결하게 조정하고 변화하기 위한 선택 사항들을 고려하는 것이 도움이 된다.

선택 사항 분류하기

이것은 내담자에게 있어 상담자의 전문지식이 특히 유용하게 적용될 수 있는 분야이다. 그래도 지나치게 지시적이 되지 않도록 주의를 기울여야 한다. 이끌어 내기-제공하기-이끌어 내기(E-P-E) 모델은 이러한 과제의 전반에 매우 도움이 된다. 내담자가 하려고 생각해 왔던 것이 무엇인지 알아보고 거기에 생각을 덧붙여라.

많은 문제에 대한 해결적 접근 방식과 같이 때로는 비합리적으로 보이는 것들까지도 일부 포함하여 내담자들이 생각하는 범위를 함께 논의하는 것이 유용하다. 이러한 접근 방식은 내담자들이 계획을 세워 나가는 데 있어서 확장된 감별 능력(palate)을 제공할 수도 있다. 만약 내담자들이 그들 고유의 생각을 잘 따라가지 못한다면 보다 강력한 요소들이 포함된 선택 사항을 제시할 수 있다. 늘 그렇듯 내담자들은 자신에게 가장 적합한 대안을 선택할 것이다.

계획에 도달하기

계획은 MI에서 적극적인 과정이다. 즉, 상담자들은 내담자들이 계획을 너무 복잡하게 세우거나 계획을 세우지 못할 때 아무것도 하는 일 없이 방관해서는 안 된다. 대신 훌륭한 안내자처럼 상담자는 선택의 단계, 내담자가 직면할 수 있는 어려움, 이러한 걸림돌들을 언급하는 방법, 이 과정에 사용할 수 있는 자원, 그리고 결과를 평가하는 방법을 고려함에 있어서 내담자를 돕는다. 이러한 과정은 일반적으로 열린 질문으로 시작된다. 예를 들면,

"제일 처음에 무엇을 할 건가요?"
"어떤 구체적인 단계가 진행되어야 할까요?"
"당신의 계획은 무엇인가요?"

어떤 내담자들에게는 글로 쓰인 기록이 매우 도움이 될 수 있지만, 다른 사람들에게는 그런 일이 부자연스럽고 위협적이거나 불필요할 수 있다. 내담자들은 글쓰기를 해야 할지 말아야 할지의 여부를 결정하는 주도권을 가져야 한다. 그러나 상담자들은 일부 내담자들에게 이 방법이 유용하다고 느끼는 이유(예: 명확성 증대, 기억 보조 장치로서의 기능, 스스로에 대한 결심공약의 강화)에 대한 정보를 제공할 수 있다. 상담자들은 또한 그들의 작업환경과 내담자들의 욕구를 조화시킬 수 있는 양식을 제공할 수 있다. MATCH(Miller et al., 1992)와 Miller와 Rollnick(2002)에 기초한 변화를 계획하기 위한 활동지의 견본은 〈연습 13-2〉에 포함되어 있다. 이 양식에 대한 당신의 소개는 다음과 같이 이루어질 수 있다.

"우리는 당신이 무엇을 할 수 있는지에 대해 이야기해 왔어요. 제가 맡았던 일부 내담자들이 시도해 볼 수 있는 선택 사항을 적어 보는 것은 매우 도움 된다는 것을 알아냈는데, 그것을 바탕으로 명확한 기준을 세울 수 있었어요. 또 그것을 공적인 자리에서 공개하는 것은 자신의 결심공약을 유지하는 데 도움이 될 수 있어요. 자신의 계획에 따라 행동하려는 자신의 의도를 명확하게 이야기하고 그것을 다른 사람들이 알 수 있게 하는 사람들은 자신이 소망하는 변화를 이끌어 내는 데 보다 성공적이라는 것을 나타내는 자료가 있어요. 또 자신이 계획한 것을 종이에 글로 적어 두면 자신의 결정을 시각적으로 상기시키는 기능을 하고요. 이것은 당신이 결정할 일이고, 어떤 사람들은 그렇게 하지 않을 거라고 선택하기도 했어요. 당신은 어떠신가요?"

만약 그 계획의 어떠한 부분이 제대로 실행되기 어렵다면 상담자가 걱정을 표현하는 것이 중요하다. 이러한 피드백은 제8장에서 논의된 방식으로 제공되어야 한다. 지나치게 지시적인 상담자 피드백의 예를 살펴보자.

"당신이 이러한 변화를 원한다는 것은 확실해요. 그리고 당신은 한번에 다 작업하려고 선택한 것이 많군요. 저는 그 점이 걱정돼요. 이러한 걱정에 대해 이야기를 나누어 봐도 될까요?"

"제 내담자들은 너무 많은 과제에 조금씩 다 관여하면 자신이 세웠던 모든 목표를 달성하는 데 문제가 생기는 경험을 해 왔어요. 결과적으로 그 사람들은 결심공약했던 것이 약해지면서 자신들을 실패자로 바라보기 시작해요. 한곳에만 집중해서 어떤 분야에서 성공을 경험한 다음에, 그러한 경험을 외부의 다른 분야로 확장시켜 나가는 것이 도움이 된다는 걸 알아내더라고요. 이 이야기를 들으니까 어떤 생각이 드세요?"

대신에, 만약 내담자들이 계획을 세우는 것을 어려워하면 상담자는 다음과 같은 것들을 제공해야 한다.

"당신은 스스로에 대해서 행동하는 것보다 생각하는 데 많은 시간을 보내는 것을 좋아하지 않는 사람이라고 말한 적이 있어요. 일단 실행으로 옮기기로 결심하면 당신은 지금 바로 행동하기를 원해요. 실행하고자 하는 열망은 본인이 원하는 것에 따라 행동으로 옮겨질 수 있어요. 또 우리가 당신이 행동으로 옮기는 데 성공할 수 있도록 충분한 구조를 가지고 돕기를 바라는 건지 확실하게 하고 싶어요. 지금 이 순간 저는 당신이 성공하기 위해 최선을 다하지 않을까 봐 걱정이 돼요. 그 이유에 대하여 이야기 나누어 봐도 될까요?"

내담자가 동의할 것이라고 가정했을 때, 상담자는 자신이 걱정하는 것을 언급하고 내담자의 견해를 듣고 싶다고 권유하면서 대화를 끝낼 수 있다. 그 계획을 시행하고 감시하는 것이 내담자가 해야 할 일이라는 것을 감안하면 내담자는 상담자의 충고를 무시할 수도 있다. 이러한 상황에서 내담자가 단호하게 "아니요."라고 하는 것에 상담자가 대안을 제공하는 것은 도움이 될 수 있다. 상담자는 다음과 같이 이야기할 수 있다.

"당신은 그러한 것들에 대해 별로 걱정하지 않네요. 자신이 필요할 때 계획을 바로 만들 수 있다고 느끼는 군요. 그 계획을 더 자유롭게 실행으로 옮길 수 있게 될 때, 특정 상황에 가장 어울리는 선택을 자유롭게 할 수 있게 되는 것처럼 보여요. 저는 다음번에 당신이 왔을 때 그 결정에 대해 마무리 점검을 할 수 있게 될지 궁금해요. 우리는 당신이 세운 계획의 다른 부분에 대해 이야기해 보고 그 일이 어떻게 진행되는지 볼 거예요. 그 말에 대해 어떤 생각이 드세요?"

결심공약을 재확인하고 강화하기

다음 과제는 계획에 대한 내담자의 결심공약을 재확인하고 강화하는 것이다. 어떤 경우, 이러한 결심공약이 이미 명확해서 불필요할 수도 있고 구체적인 결심공약을 요구받는 것이 못마땅하게 느껴질 수도 있다. 하지만 다른 경우, 특히 중요한 논의 이후에 그것은 계획을 검토해서 간단한 닫힌 질문을 요청하는 데 유용할 수 있다. "이것이 당신이 하려고 계획한 것입니까?"

이것은 또한 상담자가 내담자의 망설임과 우유부단함을 경계하도록 하는 시기이기도 하다. 이때는 양가감정이 일어나는 것이 자연스러운 시기이다. '희망하다', '시도하다', '고려하다'와 같은 활기찬 동사를 적게 사용하는 현상이 나타날 수도 있다. 이것은 반드시 문제가 되지는 않지만, 상담자의 반응을 요구한다. 만약 내담자가 불확실하다면 상담자는 결심공약을 재확인하거나 양가감정의 근원에 대해서 탐구하고 내담자들이 이러한 상황을 다룰 수 있도록 돕는다. 때로 이러한 탐구가 다음의 예시처럼 단순한 두 가지 시각의 반영을 사용함으로써 달성될 수 있다.

"당신이 이 계획을 시작하기 위해 포기해야만 하는 것들에 대해 생각하는 것은 걱정스러울 수 있어요. 동시에, 당신이 지금 상황을 현재 상태 그대로 지속할 수 없다는 것은 확실히 알 거예요.

또한 연구 결과에 의하면, 계획하기와 목표 설정에 관한 본 주제가 일반적으로 생각하는 것보다 더 모호할 수 있다. Peter Gollwitzer는 이 분야의 개척자이다. 예를 들어, 그와 동료들(Gollwitzer, Sheeran, Michalski, & Seifert, 2009)은 이미 주변에 알린 변화계획을 구체화하는 것이 대개 도움이 될 것이라고 생각하지만, 오히려 사람들의 실행 의도에는 방해가 될 수 있음을 발견했다. 확장되고 있는 이 분야에서 '내담자의 변화 내용이 비교적 복잡하지 않고, 내담자의 변화를 향한 욕구가 강하며, 특별히 바꾸기 힘든 것이 아닐 때, 변화를 실행하려는 내담자의 일반적인 의도는 도움이 될 수 있다'는 주장이 대두되고 있다. 그러나 많은 행동 변화들에서, 도움이 되는 요소들을 나열하는 것은 도움이 되지 않는다. 따라서 '실행 의도'라고 불리는 이것이 특히 중요해진다(Gollwitzer, 2014). 이러한 의도들은 사람들이 언제, 어디서, 어떻게 목표를 달성하기 위해 노력할 것인가를 보여 준다. 특히, 이러한 의도들은 상황이 발생했을 때, 특정한 상황들을 다루는 구체적인 '만약-그렇다면'의 관계들을 명료화한다. 실행 의도는 사람들이 목표를 향해 발을 내딛고, 목표를 향해 나아가며, 문제가 있는 전략에서 벗어나서, 목표를 달성하는 과정에서 오는 피로감을 피하는 데 유용하다. 즉, 이 분야의 다양한 요소들은 앞서 말한 논의의 범주를 넘어선다. 이러한 요인들을 검토하기 위한 자세한 내용은 Gollwitzer(2014)를 참조하라.

우리의 목적을 위해서는 이 세 가지 요소가 중요하다고 간단하게 말할 수 있다. 첫째, 특정한 실행 계획이 있다. 둘째, 그 사람은 계획에 대한 실행 의도를 분명히 밝힌다. 셋째, 그 사람은 발생할 수 있는 장애물 또는 어려움('만약 ……')과 그에 상응하는 대응 방식('그러면 나는 ……할 것이다')을 생각하고 올 것이다. Tanya의 이야기로 돌아가면 다음과 같은 형식을 취할 수 있다.

- **계획**: "나는 정신과 의사에게 연락해서 나에게 효과가 있는 항우울제를 처방 받기 위해 약속을 잡는다."
- **의도**: "내일 아침에 전화해서 최대한 빨리 예약을 할 것이다."
- **만약-그렇다면**(If.... then): "(만약) 그 의사와 다음 주에 예약을 잡을 수 없다면, (그렇다면)

다른 정신과 의사를 추천해 주길 부탁할 것이다."

이러한 구체성 수준에 도달하려면 핵심 기술들의 사용이 필수적이다. 예를 들어, 우리는 다음과 같은 질문/문장 기술을 사용할 수 있다.

"정신과 의사를 어떻게 찾으려고 합니까?"
"제가 정신과 의사들을 몇 명 알고 있는데, 알려 드려도 될까요."
"당신이 제게 연락할 때, 정신건강 전문의에게 어떻게 연락하는지를 알고 있으며, 연락할 마음이 있다는 것을 이미 알려 줬습니다. 어떤 점이 어렵게 느껴지거나 또는 방해 요소로 작용할 것 같은가요?"

변화 지지하기

우리는 이제 두 가지 주요한 이동 방향이 있는 지점에 있다. 내담자가 계획대로 행동할 준비가 되었거나 혹은 아니었거나! 결심공약을 할 준비가 되지 않은 내담자부터 살펴보자. 만약 내담자가 결심공약을 할 준비가 되어 있지 않다면, 준비를 강요하는 함정은 피해야 한다. 그것은 특히 상담자로서 우리를 위해 노력하는 순간이 될 수 있다. 왜냐하면 우리가 산의 정상에 올라가 내담자들이 방금 올라온 길을 돌아볼 수 있도록 돕기 위해서 열심히 노력해 왔기 때문이다. 이런 시점에서 우리의 성향은 협상을 끝내기 위해 더 강하게 밀어부치는 것일 수 있다. 그러나 그렇게 하는 것은 내담자가 결심공약을 하는 것을 약화시키고, 적극적이거나 혹은 수동적인 저항을 이끌어 낼 수 있다. 힘들 수도 있지만 이때가 OARS로 돌아갈 시간이고, 이렇게 함으로써 그 문제에 대해 다시 언급할 수 있도록 내담자를 위한 문이 열려 있다는 것을 확실하게 한다. 이를 위한 하나의 기술은 '알람 맞추기'이다. 아침에 일어나기 위해 도난 경보기를 맞추어 놓거나 경보를 울리는 것이 아니라 본인 스스로가 그저 알람 시계를 맞추어 놓기만 하면 된다.

"지금 이것을 받아들일 준비가 되어 있지 않은 것처럼 보이네요. 지금까지를 생각해 볼 때, 언제 이 일이 일어날 수 있을까요? 그러한 일이 일어나기 위해서 무엇이 필요한가요?"

이러한 접근은 불협화음이 생기는 것을 줄여서 많은 준비를 해야 할 수도 있는 사건들과 미래에 대해 내담자들이 수동적이기보다 활기찬 역할을 담당할 수 있도록 용기를 북돋운다. 그것은 또한 그들이 이러한 변화가 일어난 미래의 시간에 대해서 생각할 수 있도록 격려한다. 아침에 일어나기 위해 알람을 맞추는 것처럼, 이러한 접근법은 우리가 일어날 거라고 확신하지는 못하지만 그렇게 될 가능성을 향상시킨다.

마지막으로, 적어도 우선 내담자와 필연적인 변화를 위한 결정에 대해 다시 확인해 보는 것은 도움이 된다. 앞서 언급했던 선택에 있어서 언어는 중요한 역할을 한다. "당신은 결정을 내렸습니까?"라고 묻는 것보다 "이 결정에 대한 당신의 생각은 어떻습니까?"라는 질문이 보다 생산적이다. 이러한 표현은 닫힌 질문을 피할 수 있도록 하고, 이 분야에 대해 더 이야기해 볼 수 있는 가능성을 열어 준다. 따라서 우리는 내담자가 향후 가능한 변화에 대비하여 알람을 설정하도록 도와준다.

변화할 준비가 된 내담자의 경우, (그들에게) 지속적으로 동기 부여가 되도록 지원하고 행동에 대한 재결심공약을 장려하며, 조건, 필요 또는 결과에 따라서 계획을 수정할 수 있도록 도와야 한다. Miller와 Rollnick(2013)은 이 단계를 다시 계획하기(replanning), 상기시키기(reminding), 초점 재조정하기(refocusing) 및 다시 참여시키기(reengaging)라는 네 가지 범주로 나누었다. '다시 계획하기'는 비교적 간단하며, 앞서 설명한 기술을 사용하는 것을 포함한다. 우리는 내담자가 변화하는 조건이나 비효율적인 초기의 시도들을 해결하도록 그들이 계획을 수정하는 것을 뒷받침한다. 그들이 시도했던 것을 탐색해 보고, 부분적인 성공을 인정해 주고 인식하는 것이 이 과정에서 중요한 요소가 될 수 있다.

'상기시키기'는 내담자들이 이전부터 분명하게 말해 왔던 변화를 일으키는 이유와 변화에 대한 도전으로 인해서 어려움을 겪을 수 있다는 점을 염두에 두는 것이다. 말하는 어조와 방식이 여기에서는 중요하다. Miller와 Rollnick(2013, p. 298)은 "제가 ……를 기억나게 해 드릴게요."라는 말로 시작하는 것은 지지해 주는 느낌이 아닌 혼낸다는 느낌을 줄 수 있다고 언급한다. "잠시 한 발 물러서서, 큰 그림을 생각해 보고, 지금 당신의 현재 위치와 지금 당신을 이곳으로 오게 만든 고민거리가 무엇인지 생각해 볼까요?"라고 말하는 것이 더 나은 접근 방법일 수 있다. 또한 내담자에게 언제 이러한 유형의 문제가 생겼었는지에 관해 이전에 분명히 말했던 계획을 상기시키는 것이 도움이 된다. 예를 들어, "이 계획을 실행하기 전에, 당신이 경험할 수 있는 어려움 중 하나가 무엇인지를 말했어요……. 지금 이 상황이 그러한 상황 중 하나인 것처럼 보여요. 그때 당신이 말한 계획이 지금 이 순간에도 당신에게 도움이 될 수 있을지 궁금해요. 어떻게 생각하세요?" 즉, 이때의 어조가 중요하다.

'초점 재조정하기'는 여러 가지 이유로 중요할 수 있다. 초기 목표가 달성되고, 우선순위가 바뀌고, 또 다른 문제가 발생하고, 내담자가 변화를 피하는 등등의 이유가 있다. 이때의 목표는 핵심 기술로 옮겨 가고, 직접적인 논의를 나누는 것이다. "이 목표는 더 이상 당신에게 중요하지 않아 보여요. 지금 당신의 목표가 어디쯤 있는지 궁금해요." '상기시키기'처럼 어조와 MI 정신이 중요하다. 내담자가 목표를 달성하지 않기로 결정한 경우 교정반사가 나타날 수 있음을 생각해 두어라(예: '하지만 당신 여기에 오기 위해 엄청 노력했잖아요.'). 우리는 MI 정신의 수용을 염두에 두고, 우리의 목표가 아닌 내담자 스스로의 목표가 중요하다는 것을 기억하라. 다시 한번 말하지만 만약 당신이 목표를 두고 논쟁하고 있다면, (논쟁해야 할 사람이 아닌) 다른 사람이 논쟁을 하고 있는 것이다.

'다시 참여시키기'에는 본질적으로 두 가지 구성 요소가 있다. 그중 하나는 상담에 잘 참여해 오다 점점 무성의한 태도를 보이기 시작한 내담자이다. 예를 들어, 내담자가 약속에 나타나지 않거나, 더 이상 상담 중에 부여 받은 과제를 끝내지 않거나, 상담 중 무관심해 보이는 것을 들 수 있다. 이러한 상황에서 상담자는 초기 참여시키기 과정의 일부로 논의되었던 기술로 되돌아간다. 이 문제를 직접적으로 그리고 호기심 있게 다루는 것이 도움이 될 수 있다. "당신에게 무언가가 변화한 것처럼 보이는군요. 우리는 당신이 상담에서 받은 숙제를 할 때, 무엇을 깨달았는지 궁금하네요." 두 번째 상황은 우리와 함께 상담을 완료한 내담자를 추적조사해 보는 것이다. 변화가 어려울 수 있으므로, 우리는 변화를 유지하는 데 구체적인 일정 기간이 중요할 수 있다는 사실을 알고 있다. 우리는 단순히 내담자들을 지지하는 모양새로 연락해 볼 수 있다. 이러한 노력은 정교할 필요는 없지만, 사적인 메모 남기기와 같은 소소한 일들은 행동에 매우 큰 영향을 미칠 수 있다.

3. 개념 정리 문제—자가 진단하기

진실 혹은 거짓

1. T F 결심공약은 계획하기 과정에서 중요한 일회성 과정이다.
2. T F 'SOARS'는 계획하기 과정의 다섯 가지 요소를 의미한다.
3. T F 내담자가 계획하기 과정으로 이동할 준비가 되면, 두 사람은 어떻게 변화할 수 있을지에 대한 생각을 함께 논의해야 한다.
4. T F 달성 가능한 목표를 위해 다양한 목표에 집중하는 것이 유용하다.
5. T F 우리는 내담자들이 실행하는 것을 돕기 위해 때로는 극단적인 방법을 포함하여 다른 선택 사항들을 다양하게 고려할 수 있도록 격려해야 한다.
6. T F 내담자들이 변화가 일어난 것처럼 연기할 수 있기 때문에, 계획은 궁극적으로 내담자 자신의 것이어야만 하고, 이것은 그들이 우리의 조언을 거부할 수도 있음을 의미한다.
7. T F 이것은 내담자들의 계획이기 때문에 그들이 문제가 있는 목표를 선택한다 해도 우리는 간섭하거나 방해해서는 안 된다.
8. T F 내담자들은 항상 자신의 변화를 위한 계획을 기록해야만 한다.
9. T F '결심공약의 재확인'은 변화를 위한 계획에 대한 내담자들의 결심공약을 확고하게 하는

것을 의미한다.

10. T F 만약 내담자들이 변화를 위한 계획에 전념하는 것을 망설인다면, '알람 맞추기'가 변화를 심사숙고하는 데서 보다 적극적인 과정으로 돌아갈 수 있도록 도울 수 있다.

정답 및 해설

1. F 결심공약하기가 중요한 요소이긴 하지만 그것은 한 번만 발생한다거나, 계획하기 과정에서 유일하게 중요한 부분이 되는 것도 아니다. 결심공약하기를 재검토하고, 강화시키고, 재확인하고, 변화 노력을 통해 뒷받침할 필요가 있다.

2. T SOARS는 우리가 계획 과정에서 나타나는 다섯 가지 요소의 약자이다. 목표 세우기(**S**et goals), 선택 사항 분류하기(sort **O**ptions), 계획에 도달하기(**A**rrive at a plan), 결심공약을 재확인하고 강화하기(**R**eaffirm and strengthen commitment), 그리고 변화 지지하기(**S**upport change)

3. F 일반적으로 내담자들이 변화하기 위한 목표를 이야기하고 실행하는 것을 따르긴 하지만 브레인스토밍은 중요한 전략이다. 핵심 질문에 대한 긍정적인 반응을 듣고 나서 우선적으로 해야 할 단계는 내담자들이 어떠한 변화를 원하는지 찾아내는 것이다. 그러고 나서 이 부분을 목표로 한 전략을 발전시킨다. 이것이 보통 브레인스토밍에서 이루어지는 핵심이다.

4. T 우리는 목표를 도출할 때 폭넓은 범위에서 시작한다. 이러한 범위는 내담자의 또 다른 욕구와 더불어, 보다 중요할 수 있는 배경에 집중할 수 있도록 한다. 그러나 일단 이렇게 광범위한 목표를 더 집중적으로 구체화하면, 달성 가능한 목표는 적절한 전략으로 발전시켜서 과정을 평가하고 대안이 필요한지 결정하는 데 도움이 된다.

5. T 우리는 내담자들이 막무가내로 행동하는 것을 원하지 않는다 해도, 그들이 자신에게 일어날 일에 대해서 폭넓고 창조적으로 생각하기를 원한다. 극단적인 방법과 함께 많은 문제 해결적 접근 방식과 마찬가지로, 사람들이 성공에 이르는 새로운 혹은 적어도 지금껏 생각해 보지 못한 방식을 찾아내도록 도와줄 수 있다.

6. T 내담자들은 변화에 대한 책임이 있고, 따라서 그들은 계획에 전력을 다해야 한다. 그들은 그 계획이 상담자가 아닌 자신의 것이라고 느껴야 한다. 이러한 자기 책임에 대한 인식 없이는 지속적인 변화는 일어나기 어렵다.

7. F 훌륭한 안내자로서 우리는 걱정하고 있다는 것을 표현하지도 않고 내담자가 문제가 있는 목표를 선택하도록 내버려 두지도 않는다. 내담자들은 자신의 목표를 선택해야 하지만 이것은 우리가 조용히 방관하는 것을 의미하지는 않는다. 다시 일관적인 MI에서 우리의 우려를 표현하는 것은 훌륭한 MI 연습의 핵심이다.

8. F 계획을 적어 보는 것이 유용한 데에는 많은 이유들이 있지만 이것이 계획을 구성하는 유일한 방법은 아니다. 그리고 일부 사람들에게 이러한 방법은 적합하지 않다. 몇몇 상황

에서는 오히려 위험할 수도 있다. 예를 들어, 대인관계 폭력의 피해자가 파트너에게로 돌아간다면 그들의 환경을 변화시키는 단계로서 안전한 계획을 세우도록 강력한 권유를 받게 된다. 그러나 일반적으로 이러한 정보를 적어 보는 것에 잘 고무되지 않는다.

9. T 비록 내담자들이 이미 변화하겠다고 광범위하게 결심공약을 하였더라도, 이러한 단계는 방금 수립된 계획에 대한 특정한 결심공약을 확고하게 한다. 이 단계가 어떤 경우에는 불필요하거나 못마땅하게 느껴질 수 있다 해도, 그것은 실행 의도를 이끌어 낼 수 있는 기회를 제공한다. 이에 관한 연구들은 변화를 위해 노력할 때 뒤따르는 피로를 줄일 때뿐 아니라 필요할 순간에 변화계획들의 시작, 유지 및 수정을 할 때 매우 유용하다는 것을 보여 준다.

10. T 주저하는 것과 양가감정은 일상적으로 나타난다. 일부 내담자들은 행동으로 옮길 준비가 되어 있지 않다는 것을 스스로 깨닫게 될 것이다. 그들이 '알람 맞추기'를 할 수 있도록 돕는 것은 그들이 준비되었다는 것을 나타내는 신호를 찾고 확인하게 되는, 보다 적극적인 상태로 만들어 준다.

4. 연습하기

Tanya의 사례로 돌아가보자. 그녀는 항우울제 복용을 목표로 결심했지만, 그에 대한 적절한 계획이 없다. 이곳에서 우리는 간략하지만 적극적인 계획 과정을 볼 수 있다.

	진술	설명
상담자:	약물복용에 대해 어떤 입장이세요?	그녀가 앞으로 나아갈 준비가 되었는지에 대한 또 다른 핵심 질문을 함.
내담자:	"약을 복용해 볼까 해요……."	약한 결심공약하기 대화.
상담자:	"당신은 그게 내키지 않고, 이제 한 발 앞으로 나아가고 싶군요." 어떻게 하실 거예요?	양가감정에 주목하지만, 결심공약을 강화함으로써 방향성 있게 행동함. 그런 다음 그녀의 생각을 이끌어 낼 질문을 추가함.
내담자:	집에 연락처가 있어요. 제가 예전에 제 친구와 이야기했을 때, 자신의 정신과 의사의 이름을 알려 주었는데, 아직 그 번호를 간직하고 있어요. 확실히 제가 어디에 연	동의하고 나서 그것을 어떻게 실행할지에 대한 생각을 제시함. 이것은 목표 설정과 선택 사항에 대한 고려 두 가지 모두에 해당됨.

	진술	설명
	락처를 두었는지 알고 있어요. 제 친구는 그 의사를 좋아했고, 저는 제 친구를 신뢰해요.	
상담자:	좋은 선택을 한 것 같네요. 만약 그 의사가 가능하지 않다면요?	강화한 다음 장애물을 어떻게 처리할 수 있을지 확인함. 이것은 선택 사항을 분류하는 방식임.
내담자:	그 병원에서 다른 사람을 찾아볼 수 있을 것 같아요.	다른 선택 사항을 제시함.
상담자:	그럴 수 있겠네요. 저 역시 다른 분을 소개시켜 드릴 수 있어요.	표면반영, 그리고 자원을 제공함. 이것은 상담자가 중요하게 생각하는 사항을 부과할 수도 있음.
내담자:	그 분과 시작해 보고, 만약 일이 잘되지 않으면 전화 드릴게요.	자신의 자율권을 행사하고 자신에게 맞는 방식을 선택함.
상담자:	어떤 계획을 가지고 있는 것처럼 들리네요. 이 일을 언제 할 거라고 생각하나요?	계획을 강화함. 시기에 대한 또 다른 핵심 질문을 함.
내담자:	아마 오늘 집에 도착하자마자요.	불확실한 진술.
상담자:	아마라고요…….	취약한 수식어구를 발견하고, 그녀의 결심공약을 강화하고 재확인하도록 작업함.
내담자:	(웃음) 알았어요. 집에 도착하자마자 바로요.	내담자가 상담자의 의견을 따르고, 문제없이 이러한 압박을 처리함.
상담자:	(웃음) 다른 내담자들이 시간에 대해 확실하게 해 두는 것이 좋다고 가르쳐 주었어요.	강화함. 그리고 이 과정에서 조력자로서 다른 내담자들을 이용함.
내담자:	알겠어요. 오늘이요. 오늘 바로 할게요.	계획을 위한 결심공약을 확고하게 함.
상담자:	그런데 만약 원하는 대로 잘 안 되면요?	상담자는 실행 의도에 대해 작업함.
내담자:	그럼, 다른 사람을 알아보거나 전화할 거예요.	내담자의 생각을 마무리 지음.

	진술	설명
상담자:	당신과 그것을 할 수 있는 계획, 결정 그리고 능력은 분명하군요.	계획과 결심공약을 강화시키고 내담자의 실행 능력을 확인함.
내담자:	재밌네요. 아직 아무 일도 일어나지 않았는데도, 지금 훨씬 기분이 나아졌어요.	희망이 엿보이는가?
상담자:	이런 바람으로 기분이 좋아졌고, 집에서 정신과 의사에게 전화하는 다음 단계를 밟는 것이 기본적인 것이라는 것을 알고 있군요.	상담자는 공개적으로 이야기하는 것에 대한 부담감이 목표를 향해 나아가는 내담자에게 방해가 되는 것뿐 아니라 내담자의 바람도 인지함. 그래서 그 바람을 단순히 말하는 것에서 그치지 않고 내담자의 계획을 실행하는 데까지 이어지게 함.

이 대화는 작성되지는 않았지만 구체적인 요소들을 포함하고 시간 계획까지 가지고 있는 한 예시이다. 상담자는 내담자가 성공에 필요한 자원을 가지고 있는지 확인하고 내담자의 의지를 따르지만, 그와 동시에 떠오르는 양가감정을 다루고 결심공약을 강화한다. 마지막으로, 상담자는 실행 의도에 주의를 기울이고, (내담자가 했던) 공개적인 발언과 초반의 행동 사이의 간극을 해소하는 데 도움을 준다. 이것은 발생할 수 있는 방해물에 대한 정보 공유 및 계획하기가 포함되는 적극적인 상담 방식이다. 이러한 계획과정에 다른 요소가 추가된다 하더라도, 이 주제에는 무엇이 이루어질지, 언제 행해질지, 만약 문제가 발생할 경우 어떤 일이 일어날 것인지에 대한 명확한 동의가 있다. 그것은 또한 다루기 쉽고, 그 내담자는 그것을 다룰 능력이 있다고 느낀다. 그녀의 기분과 태도가 이렇게 직면하는 과정 동안 어떻게 변화되어 가는지에 주목하라.

5. 시도해 보기

활동(activity) 5를 다시 보는 것이 도움이 될 것이다. Russell의 계획하기 과정을 예시로 살펴보는 것이 좋다. 활동지의 계획하기 열을 채운 다음에, 답안과 비교해 보라.

계획하기 과정 중 당신의 기술을 연마할 수 있는 몇 가지 연습을 추가했다. 파트너와 작업하는 것은 파트너와 함께 상호적인 측면을 연습해 볼 수 있으므로 도움이 될 것이다. 이런 기술을 치료 장면에서 사용하기 시작하는 것 역시 중요하다. 만약 이러한 접근이 어렵게 느껴진다면, 지금이 바로 추가적인 훈련과 슈퍼비전, 코칭이 필요한 시기이다.

〈연습 13-1〉 다음은 무엇일까? 변화를 위한 추가적인 계획 발전시키기

이러한 활동에서 우리는 Tanya와의 상호작용으로 돌아가, 이야기하는 과정에서 언급은 되었으나 다루어지지 않은 부분을 위한 변화를 위한 계획을 발전시키는 연습을 해 본다.

〈연습 13-2〉 변화를 위한 계획 양식 발전시키기

내담자들과 사용하기 위한 개인적인 양식을 개발할 수 있는 기회가 있다. 이 장의 끝[1]에 있는 연습의 양식대로 시작하라. 그리고 그것을 맥락과 내담자들에게 적용되는 당신의 스타일에 맞는 형태로 수정하라. 내담자와 사용할 간략한 서문을 적어 보는 것을 잊지 말아라. 이 서문은 단지 당신의 생각을 구조화하기 위해서이지, 내담자들에게 읽으라고 주기 위한 것이 아님을 기억하라. 일단 그것을 계획하면 내담자와 작성하라. 이러한 예비 실험 이후에 그것을 수정하고, 다른 내담자와 함께 해 보라. 그러한 양식의 도입과 사용이 만족스럽게 느껴질 때까지 이러한 과정을 계속하라.

〈연습 13-3〉 표적 질문: 계획하기

제5장, 제8장, 그리고 제10장과 마찬가지로 좋은 질문을 만들어 보는 연습을 해 보자. 하지만 이번에는 계획하기 단계의 내담자를 대상으로 연습한다. 다시 한번 말하자면, 내담자의 설명을 읽은 다음 다른 두 가지 질문을 만들어라. 계획하기에는 특정한 목표행동이 필요한데, 이 정보가 본 설명에는 나타나지 않기 때문에 추론을 해야 한다. 질문을 하기 위해서는 반영을 사용해야 할 수도 있다. 이는 언제나 좋은 연습이므로 부담 없이 해 보라. 이 장과 이전 장('계획하기로의 전환')에서 배운 다양한 유형의 질문들을 모두 사용할 수 있다. 복습을 위해서 앞 장으로 되돌아가 보라.

〈연습 13-4〉 표적 반영: 계획하기

이제 반영하기 위한 연습에 집중해 보자. 하지만 이번에는 계획하기 단계의 내담자를 대상으로 연습한다. 다시 한번 말하자면, 내담자의 설명을 읽고, 다른 두 가지 반영반응을 만들어라. 변화대화와 마찬가지로, 계획하기에서의 목적을 이루기 위한 특정한 목표행동이 필요하다. 이러한 행동이

[1] Miller와 Rollnick(2002)의 승인하에 개정. 저작권은 Guilford Press에 있음.

내담자의 설명에 명확히 나타나지 않기 때문에 제한된 정보를 바탕으로 추론을 해야 한다. 다시, 복습을 위해 앞 장으로 되돌아가 보라.

〈연습 13-5〉 더욱 유용한 질문들

목표로 하는 질문 만들기를 연습해 보자. 문제를 보고 변화계획을 발전시키거나 혹은 결심공약을 강화시킬 수 있는 세 가지 질문을 만들어 보라.

〈연습 13-6〉 변화를 향한 지지와 관련된 네 가지 R

이 활동을 하는 데에는 당신의 상상력이 필요하다. 구체적으로, 간단한 상담을 마친 Tanya와 3개월 후에 추후 약속을 한다고 상상해 보라. Tanya가 마주했을 법한 어려움을 예상하면서 그녀에 대해 알게 된 것을 이용하고, 어떤 전략이 이 상황에 적합한지 생각하고, 그 후 이 전략을 잘 활용할 수 있는 접근법을 작성하라.

6. 파트너 활동

〈연습 13-1〉, 〈연습 13-3〉, 〈연습 13-4〉, 〈연습 13-5〉 그리고 〈연습 13-6〉은 파트너와 함께하는 연습이다. 변화를 향한 그녀의 노력을 어떻게 뒷받침할 것인지 예상해 보거나 변화계획을 발전시키는 Tanya와의 상호작용을 완성시기 위해 팀으로 작업하라. 또한 당신의 변화 양식에 대해 파트너로부터 피드백을 받을 수도 있다. 파트너에게 상황을 설명하고 함께 양식을 작성해 보라. 어느 것이 효과적이었고, 어느 부분에서 노력이 더 필요한지에 대해 파트너의 의견을 들어 보라.

〈연습 13-7〉 미래로 가 보기

만약 더 많은 연습을 바란다면 〈연습 12-2〉의 완성된 자신들의 활동지로 돌아가 이것을 변화계획을 발전시키기 위한 출발점으로 사용할 수 있다. 한 파트너는 시나리오에서 묘사된 내담자 역할을 한다. 그것이 적합하다면 결심공약을 했다는 확인을 하고 결론을 내리기 위한 작업을 할 것이다. 그러고 나서 다른 시나리오를 선택하고 역할을 바꾸어라. 또한 자신감 없고 변화를 주저하는 내담자 역할을 할 수도 있다. 이러한 시나리오를 통해 알람을 설정하는 연습을 하라.

7. 그 밖의 고려 사항

계획하기에서 해결할 과제가 남아 있다. 우리는 제12장에서 양가감정을 과소평가하는 과제 하나를 언급하였다. 이제 우리는 과잉처방과 불충분한 방향을 제시하는 것에 대해 다룰 것이다. '과잉처방'은 교정반사의 변형된 형태이다. 이러한 상황에서 우리는 내담자들의 자원과 계획을 하는 과정에서의 욕구를 다루는 데 실패한다. 우리가 가지고 있는 전문 기술과 경험은 내담자들에게 중요한 자원이 될 수 있다. 그러나 이미 이야기했듯이, 이것들은 오직 변화가 어떻게 일어날 수 있는지에 대해 내담자의 견해와 일치할 때만 가능하다. 즉, 내담자들이 이러한 의견이 자신의 상황에 적합하다고 받아들여야만 한다. 그렇지 않으면 우리는 멋있긴 하지만 결국에는 결함이 있는 변화에 대한 청사진을 그리게 되는 위험을 감수해야 한다. 우리는 변화를 이끌어 내야 하는 사람이라는 가장 중요한 요소를 처리하는 데 실패했기 때문이다. "네, 그렇지만……"이라는 반응은 내담자가 해결책이 자신의 것이 아니라 상담자의 것이라고 느끼고 있다는 단서로 생각해야 한다.

또 다른 문제는 과잉처방의 반대 개념인 불충분한 지시이다. 이 상황에서 우리는 내담자들이 완전하게 자신의 의도대로 행동하도록 한다. 이것은 마치 우리가 내담자들에게 지시하기나 안내하기 방식으로 계속해서 대해야 하는 시점에 따라가기 방식으로 하는 것과 같다. 반영은 특히 양가감정이 나타날 때 여전히 이러한 과정과 함께 나타나지만 그것들에 수반되는 이득과 위험뿐만 아니라 다른 선택 사항들에 대한 정보도 제공되어야 한다. 만약 내담자가 심각한 결점을 지닌 계획을 세운다면, 훌륭한 안내자는 이전에 이야기한 대로 단지 어깨를 으쓱하고 "그건 그(그녀)의 계획이에요."라고 말하는 것으로 만족하지 않는다. 대신 훌륭한 안내자는 특히 내담자가 위험한 선택을 할 때 우려하는 바를 직접적으로 표현한다. 그러나 이것은 걱정을 표현하는 것과 경고를 하는 것의 차이다. 경고는 "만약 술을 계속 마신다면 간이 약해져 죽을지도 몰라요."와 같은 것이다. 염려는 다음과 같은 방법으로 표현된다. "저는 당신이 술을 마셔서 간 기능이 떨어지는데도 계속 술을 마시기로 했다는 게 매우 걱정스러워요. 간이 손상되어서 죽음에 이르지 않을까 두렵네요. 이 문제는 여전히 제가 아닌 당신이 결정할 일이지만 저는 매우 염려스러워요. 당신의 생각은 어떤가요?"

연습 13-1 다음은 무엇일까? 변화를 위한 추가적인 계획 발전시키기

이 활동에서 우리는 Tanya와의 상호작용으로 돌아가, 중요하게 다루어지지 않은 부분에 대해서 추가적인 변화를 위한 계획 세우기를 연습할 것이다. 본래 제12장에서 다루었던 대화가 아래에 설명과 함께 다시 제시되었다.

다음으로 제시되는 대화를 살펴보고 대화의 어떤 특정한 부분이 대화의 전체 방향을 바꾸었는지 그리고 그 부분에서 대화의 방향을 변화시키려면 어떻게 반응했어야 하는지를 살펴본다. 그런 이후에 또 다른 대화문을 통해 내담자의 반응을 상상하도록 요청할 것이다. 이렇게 지도를 받은 후에 또 다른 대화로 옮겨 가게 된다. 그 양식은 당신이 특정한 지시 문장에 응답하고, 내담자의 반응을 상상하도록 요청할 것이다. 당신은 내담자와 상담자 모두의 대화를 완성해야 한다. 제시된 대화의 마지막 부분까지 이 과정을 지속하라. 그리고 나면 연습을 위한 또 다른 기회를 얻게 될 것이다.

	진술문	설명
상담자:	이 상황에서 어떤 것이 도움이 될지는 확신하지 못하지만, 뭔가 해 낼 준비가 되어 있는 것처럼 들리네요.	이 답변이 질문 형태는 아니지만, 이 대화가 어떻게 핵심 질문으로서의 역할을 하는지 보아라. 이 문장의 후반부는 자연스럽게 계획하기로 이어짐.
내담자:	맞아요. 선생님은 어떤 생각을 가지고 계세요?	조언을 구함.
상담자:	Tanya 씨와 비슷한 상황에 있었던 사람들의 경우를 바탕으로 몇 가지 생각이 떠올라요. 하지만 지금 본인에게 가장 중요한 게 무엇인지도 알았으면 해요. 어디서부터 시작해 볼까요?	내담자의 요구에 응함. 그러나 먼저 내담자에게 더 중요한 사항을 점검함. 이것이 핵심 질문으로 이끎.
내담자:	글쎄요, 통증을 다루는 것부터 먼저 이야기를 시작해 보면 좋을 것 같아요.	즉각적으로 대답함.
상담자:	그 통증이 꼭 이 버스를 움직이고 있는 것 같은 느낌이 드네요.	직유/은유로 표현함.

(다음 쪽에 계속)

다음은 무엇일까? 변화를 위한 추가적인 계획 발전시키기 2/8)

	진술문	설명
내담자:	맞아요. 그냥 신체적으로 조금 더 편안하게 느낄 수 있다면 다른 것들은 더 하기 쉬워질 거라고 생각해요. 제가 하는 말이 무슨 뜻인지 아시겠어요?	변화하고 싶은 것을 분명하게 얘기하기 시작함.
상담자:	네, 음량을 좀 낮출 수 있으면 다른 모든 소음을 해결할 수 있다는 것과 같군요.	또 한 번의 심층반영을 표현함.
내담자:	바로 그거예요.	
상담자:	이 작업이 본인에게 어떠한 영향을 끼치는지 꽤 확실하게 알고 있는 것 같아 보여요. 당신이 어떻게 느끼는지, 특히 우울한 감정에 대해서 조금 더 말해 주세요. 그러고 나서 함께 통증에 대해 다루어 보기로 해요.	인정하기를 한 후에 E-P-E를 시작함.
내담자:	저는 고통스러울 때, 아무런 일도 안 하고, 기분도 좋지 않죠. 친구들도 만나지 않고 화를 잘 내기도 해요. 아이들과 남편에게도 신경질을 내요. 그러고 나면 짜증이 밀려오고 우울해져요.	명확한 관련성을 제시함.

다음은 무엇일까? 변화를 위한 추가적인 계획 발전시키기 3/8)

새로운 가지

다음의 내담자 진술에 초점을 맞추어 보자. "저는 아무런 일도 안 하고, 게다가 기분도 좋지 않죠. 저는 친구들도 만나지 않아요." 새로운 대화를 읽고, 제시된 조언/주의에 따라 상자 안을 채워라. 당신이 상담자로서 이 분야에 대해 잘 모르더라도 걱정하지 말라. 고통에 빠진 사람들을 위해 적용할 수 있는 당신의 훌륭한 감각을 사용하라. 내담자들의 반응에 따라, 만약 당신이 만성적인 통증에 시달린다면 어떠할지 상상해 보라. 이번에도 목표는 변화를 위한 계획을 수립하는 것이다.

	새로운 대화	설명
상담자:	당신은 아무것도 하지 않는군요.	문제에 초점을 맞추는 간단한 반영을 표현(제공)함.
내담자:	네, 저는 아무것도 하지 않고 그냥 집에 있어요. 단지 제가 얼마나 기분이 좋지 않은지에만 집중해요.	추가 정보를 제공함.
상담자:	벽돌 위에 다른 벽돌들이 올려져 있는 것처럼, 얹힌 것 위에 또 다른 게 계속 얹히는군요.	좀 더 심층반영을 제공. 정서적 반향을 추가할 수 있는 은유법.
내담자:	저는 결국 그 무더기에 깔려 묻혀 버릴 거예요.	동의한다. 상호적인 의제가 시작됨.
상담자:		이 문제에서 변화하기 위해 현재 하고 있거나 이전에 했던 노력에 대한 정보를 이끌어 냄.
내담자:		중요한 정보를 제공함.
상담자:		인정은 하지만 문제 해결로 바로 넘어가지는 않음. 좀 더 탐색함.
내담자:		추가적인 정보를 제공함.
상담자:		반응을 약간 재구성함.
내담자:		추가적인 정보를 제공함.
상담자:		논의 가능한 종결을 신호하는 반영과 탐색을 제공함.
내담자:		동의함.

다음은 무엇일까? 변화를 위한 추가적인 계획 발전시키기 4/8)

새로운 대화	설명
상담자:	요약을 제공하고 계획하기로 나아가는 핵심 질문을 물음.
내담자:	변화하기 위해 결심공약을 하지만, 그 방법은 명시하지 않음.
상담자:	반영을 제공하고 나서 내담자의 목표에 대한 질문을 함.
내담자:	자신이 하고 싶은 것이나, 반대로 피하거나 하지 않았으면 하는 것을 명확하게 표현함.
상담자:	한 가지나 두 가지에 대해서 반영함.
내담자:	추가적인 목표를 1~2개 세움.
상담자:	요약하고 나서 이러한 목표들을 어떻게 달성할 수 있을지에 대해 질문함.
내담자:	어떻게 나아가야 할지에 대한 불확실성을 표현함.
상담자:	메뉴의 양식에 따라 몇 가지 방법을 제공함. (허락을 받는 것을 잊지 말아라.)
내담자:	모든 제안들을 선택함.
상담자:	Tanya가 이 가능성들을 좁힐 수 있도록 도움. 좀 더 초점을 맞출수록 더 좋은 결과를 얻을 수 있는 이유를 설명해 줌.
내담자:	이 계획을 어떻게 달성할 것인지에 대해 동의하고 명확하게 표현함.
상담자:	내담자의 계획에 의견을 추가하고 생각을 물음.
내담자:	계획에 동의함.

다음은 무엇일까? 변화를 위한 추가적인 계획 발전시키기 5/8)

새로운 대화	설명
상담자:	계획을 실행하겠다는 결심공약을 담은 질문을 함.
내담자:	결심공약을 함.
상담자:	결심공약을 강화함.

다음은 무엇일까? 변화를 위한 추가적인 계획 발전시키기 6/8)

이제 이러한 진술을 위해 같은 전략을 사용한다. 지시 문장이 다소 변화되었음을 주의하라.

"저는 화를 잘 내요."
"저는 아이들과 남편에게 신경질을 부려요."

	새로운 대화	설명
상담자:	화를 잘 내고, 본인이 좋아하지 않는 방식으로 가족들에게 반응하는군요.	재구성하는 것에 이어 간단한 반영을 제공함.
내담자:	맞아요. 저는 절대 이런 방식으로 행동하지 않았었어요. 지금은 작은 일들이 저를 그냥 폭발하게 해요. 이건 마치 내가 다른 사람인 양 행동해요.	추가적인 정보를 제공함.
상담자:	완전히 다른 사람인 것 같고, 특별히 신경 써 주고 있는 사람이 아닌 것처럼 말이죠…….	좀 더 심층반영을 해 줌.
내담자:	가끔은 그런 말을 들어도 싸요. 사람들은 꼭 제가 얼마나 불편한지 알아차리지 못하는 것 같아요.	이러한 보다 심층반영에 대한 약간의 불협화음을 나타냄.
상담자:		불협화음에 대해 반응하고 그녀의 걱정거리로 돌아감.
내담자:		중요한 정보를 제공함.
상담자:		인정은 하지만 문제를 해결하는 것으로 바로 넘어가지는 않는다. 좀 더 탐색함.
내담자:		추가적인 정보를 제공함.
상담자:		반응을 약간 재구성함.
내담자:		추가적인 정보를 제공하면서도 양가감정을 나타냄.
상담자:		요약하고, 양가감정을 인정하도록 신경 씀. 핵심 질문을 함.

다음은 무엇일까? 변화를 위한 추가적인 계획 발전시키기 7/8)

새로운 대화	설명
내담자:	변화하기로 결심공약을 하지만, 그 방법은 명시하지 않음.
상담자:	반영을 제공하고 나서 그녀의 목표에 대해 질문함.
내담자:	자신이 하고 싶은 것이나, 반대로 피하거나 하지 않았으면 하는 것을 명확하게 표현함.
상담자:	한두 가지에 대한 반영을 제공함.
내담자:	내담자가 동의를 하지만, 그녀의 양가감정을 나타냄.
상담자:	양가감정에 주목하며 요약함. 그녀가 이러한 목표들을 어떻게 달성할 수 있을지에 대한 핵심 질문을 함.
내담자:	어떻게 나아가야 할지에 대한 불확실성을 표현함.
상담자:	메뉴의 양식에 따라 몇 가지 방법을 제공함. (허락을 받는 것을 잊지 말아라.)
내담자:	이러한 선택 사항에 대한 불확실성을 표현함.
상담자:	그녀가 무엇을 걱정하는지에 대해 더 찾아냄.
내담자:	염려를 표현하고, 이 목표를 어떻게 달성할 수 있을지 명확히 함.
상담자:	그녀의 계획에서 추가해야 할 부분을 제안하고 그녀의 생각을 물음.
내담자:	계획에 동의함.
상담자:	계획에 대한 결심공약을 이끌어 내는 질문을 함(실행 의도).

다음은 무엇일까? 변화를 위한 추가적인 계획 발전시키기 8/8)

새로운 대화	설명
내담자:	결심공약을 하는 말이 약함…….
상담자:	불확실성을 탐구함.
내담자:	결심공약을 할 준비가 되어 있지 않음.
상담자:	그녀가 준비되었을 때를 위해 알람을 설정함.
내담자:	언제 준비가 될지 명확하게 표현함.
상담자:	요약함.

연습 13-1의 반응 예

참고: 이 두 가지 예시를 통해 우리는 조금 더 나은 계획으로 잘 마무리하기를 원한다. 그러나 지시 문장의 구조상 한계가 있어서 그렇게 하기는 힘들다. 내담자와 함께 본 상담을 할 때에는 대화가 더 길고 깊어질 수 있다.

이 예시는 내담자의 진술에 중점을 둔다. "저는 아무런 일도 안 하고, 게다가 기분도 좋지 않죠. 저는 친구들도 만나지 않아요."

	새로운 대화	설명
상담자:	당신은 아무것도 하지 않는군요.	문제에 초점을 맞추는 간단한 반영을 함.
내담자:	네, 저는 아무것도 하지 않고 그냥 집에 있어요. 단지 제가 얼마나 기분이 좋지 않은지에만 집중해요.	추가 정보를 제공함.
상담자:	벽돌 위에 다른 벽돌들이 올려져 있는 것처럼, 얹힌 것 위에 또 다른 게 계속 얹히는군요.	좀 더 심층반영을 제공함. 정서적 반향을 추가할 수 있는 은유법.
내담자:	저는 결국 그 무더기에 깔려 묻혀 버릴 거예요.	동의함. 상호적인 의제가 시작됨.
상담자:	제 추측으로는 당신이 그 상황에서 벗어나기 위해 무엇이든 시도를 했을 것 같아요…….	이 문제 상에서 변화하기 위해 현재 하고 있거나 이전에 했던 노력에 대한 정보를 이끌어 냄.
내담자:	네, 맞아요. 친구들한테 연락해 봤어요.	중요한 정보를 제공함.
상담자:	친구들에게 전화를 했었군요.	인정은 하지만 문제 해결로 바로 넘어가지는 않음. 좀 더 탐색함.
내담자:	가끔 문자 메시지를 보내거나 이메일을 보내기도 했지만, 항상 잘 안 되더라고요.	추가적인 정보를 제공함.
상담자:	연락이 안 되었을 때는 다방면으로 연락도 계속해 봤고, 실제로 꽤 적극적이었네요.	반응을 약간 재구성함.
내담자:	네. 그런 것 같아요. 가끔 될 때도 있었어요. 항	추가적인 정보를 제공함.

(다음 쪽에 계속)

연습 13-1의 반응 예 (계속)

	새로운 대화	설명
	상 안 되는 건 아니었어요.	
상담자:	100%는 아니다……. 친구에게 연락하는 다른 방법은 없나요?	논의의 가능한 종결을 신호하는 반영과 탐색을 제공함.
내담자:	맞아요, 100%는 현실적이진 않죠. 저도 가끔은 사람들과 대화하려고 전화와 문자를 이용하기도 하지만, 그래도 그게 집을 벗어나는 것은 아니죠.	동의함.
상담자:	제가 잘 이해했는지 볼게요. 당신은 우정을 이어 가는 게 중요하다는 걸 알고 있네요. 당신이 안부 전화나 문자 메시지를 보내죠. 그리고 집을 벗어나서 직접 만나서 안부를 묻고 싶군요. 어려운 일이긴 하지만, 당신에게도 그런 일이 일어나고, 더 자주 그런 일이 있길 원하는군요. 그다음은요?	요약하고 계획하기로 나아가는 핵심 질문을 함.
내담자:	모르겠어요. 하지만 다른 걸 시도해 봐야 할 때가 온 것 같아요.	변화하기 위해 결심공약을 하지만, 그 방법은 명시하지 않음.
상담자:	당신은 무언가를 시도할 준비가 되어 있군요. 만약 더 자주 일어난다면 어땠을 것 같아요?	반영을 제공하고 나서 내담자의 목표에 대해 질문함.
내담자:	저는 집에서 적어도 일주일에 한 번, 어쩌면 두 번도 나가고 싶어요. 그 스케줄이 주중에 흩어져 있어서 제가 뭔가 기대할 만한 일이 있었으면 좋겠어요. 그게 저를 지치게 하기 때문에 아마 만나고 나서 나중에 쉬는 시간을 좀 가져야겠지만요.	자신이 하고 싶은 것이나, 반대로 피하거나 하지 않았으면 하는 것을 명확하게 표현함.
상담자:	당신은 마음속에 몇 번 정도 만나는 게 좋을지에 대해서 만남 횟수도 생각하고, 또 언제가 좋을지에 대한 스케줄도 생각해 둔 게 있네요.	한 가지나 두 가지에 대해서 반영함.

(다음 쪽에 계속)

연습 13-1의 반응 예 (계속)

	새로운 대화	설명
내담자:	이 중 하나의 스케줄이 친구와 함께 하는 점심이나 브런치 일정이라면 좋겠네요.	추가적인 목표를 1~2개를 세움.
상담자:	그걸 생각할 때, 분명하게 느끼는 어떤 부분이 있네요. 기대하면서 기다릴 수 있는 확실한 일이 있었으면 하는군요. 한 번이라 말했지만, 일주일에 또한 두 번을 말한 것이 정말로 원했던 것이고, 이 시간들에는 식사도 포함시키시는군요. 어떻게 하면 친구들과 스케줄을 짤 수 있을까요?	요약하고 나서 이러한 목표들을 어떻게 달성할 수 있을지에 대해 질문함.
내담자:	그게 좀 어려운 일이에요. 친구들이 너무 바빠요.	어떻게 나아가야 할지에 대한 불확실성을 표현함.
상담자:	그리고 그게 걸림돌이었군요. 몇 가지 아이디어가 있어요. 들어 보실래요? [예.] 한 가지 아이디어는 모든 친구들이 모두 모인 자리에서 그들이 보고 싶다고 이야기를 하고, 밖에 나가야 할 필요가 당신에게 있다는 것을 이야기하고 문제 해결을 위해서 스케줄을 함께 맞춰 보는 거예요. 또 다른 방법은 규칙적인 스케줄의 빈 공백의 시간을 만들어서 친구들에게 한 달에 한두 번만 선택하도록 말할 수 있겠죠. 얼마나 많은 친구들이 가능한지에 달려 있겠지만요. 마지막 하나는 책 클럽, 시민 단체 등과 같이 정기적으로 일정이 잡혀 있는 활동을 선택하는 거예요. 이미 존재하는 새로운 그룹과의 친목을 도모하고 친구들과 보다 가벼운 일정을 가질 수 있겠죠. 이 중 어떤 게 당신에게 제일 잘 맞는다고 생각하나요?	메뉴의 양식에 따라 몇 가지 방법을 제공함. (허락을 받는 것을 잊지 말아라.)
내담자:	제 생각엔 전부 괜찮은 것 같아요. 세 가지 다 해 봐야겠어요.	모든 제안들을 선택함.

(다음 쪽에 계속)

연습 13-1의 반응 예 (계속)

	새로운 대화	설명
상담자:	이 세 가지 모두 좋군요. 그런데 내담자들이 제게 알려 준 것이 하나 있어요. 그들이 작은 걸 시도해서 바로 성공하면 그것에 힘입어서 더 쉽게 도전하고, 그런데 더 크게 시작해서 결과가 좋지 않으면 내담자들이 낙담을 하더라고요.	Tanya가 이 가능성들을 좁힐 수 있도록 도움. 좀 더 초점을 맞출수록 더 좋은 결과를 얻을 수 있는 이유를 설명해 줌.
내담자:	이해했어요. 좋아요, 저는 친구 모두를 모이게 하고 싶지만 그게 어려운 일이라는 걸 알아요. 그래서 제가 무엇을 부탁하는지에 대한 이메일을 모두에게 보내고, 그들이 빈 시간대 한두 개를 채울 수 있는지 물어보는 건 어떨까요?	이 계획을 어떻게 달성할 것인지에 대해 동의하고 명확하게 표현함.
상담자:	그게 당신에게 도움이 될 수도 혹은 그렇지 않을 수도 있어요. 처음부터 빈 시간대를 정해 놓는 것이 좋을지는 모르겠어요. 그래야 몇몇 시간대가 채워지지 않아도 실망하지 않죠. 어떻게 생각하세요?	내담자의 계획에 의견을 추가하고 생각을 물음.
내담자:	네, 그게 현명할 것 같네요. 사람들이 바쁘다는 이유로 제 감정을 상하게 하고 싶지 않아요.	계획에 동의함.
상담자:	이 계획—친구와 무엇을, 왜 하고 있는지 설명하는 이메일을 주고받고, 시간대를 선택하도록 요청하는—을 시작하는 것이 밖에 나가서 친구와 더 많은 관계를 맺고자 하는 목표를 달성하는 데 도움이 될 것 같아요. 언제 이메일을 보내시겠어요?	계획을 실행하겠다는 결심공약을 담은 질문을 함.
내담자:	오늘 가게에서 집으로 돌아가면 보낼게요.	결심공약하기!
상담자:	이 계획을 진행할 준비가 되었네요.	결심공약을 강화함.

이 진술문들에 대한 반응 예는 다음과 같다.

(다음 쪽에 계속)

연습 13-1의 반응 예 (계속)

"저는 더 쉽게 화가 나요."
"저는 아이들과 남편에게 신경질을 부려요."

	새로운 대화	설명
상담자:	좀 더 쉽게 화가 나고, 본인이 좋아하지 않는 방식으로 가족들에게 반응하는군요.	재구성하는 것에 이어 간단한 반영을 제공함.
내담자:	맞아요. 저는 절대 이런 방식으로 행동하지 않았었어요. 지금은 작은 일들이 저를 그냥 폭발하게 해요. 이건 마치 내가 다른 사람인 양 행동해요.	추가적인 정보를 제공함.
상담자:	완전히 다른 사람인 것 같고, 특별히 신경 써 주고 있는 사람이 아닌 것처럼 말이죠…….	좀 더 심층반영을 해 줌.
내담자:	가끔은 그런 말을 들어도 싸요. 사람들은 꼭 제가 얼마나 불편한지 알아차리지 못하는 것 같아요.	이러한 보다 심층반영에 대한 약간의 불협화음을 나타냄.
상담자:	그들은 당신의 진짜 어려움이 무엇인지, 당신이 고통 때문에 어떻게 만족스럽지 않은 방식으로 반응하게 되는지 이해하지 못하는군요.	불협화음에 대해 반응하고 그녀의 걱정거리로 돌아감.
내담자:	나는 정말로 인내심이 없나 봐요. 저는 정말 잘 참을 수가 없어요.	중요한 정보를 제공함.
상담자:	마치 물 위의 오리(자연스럽게, 평화롭게)처럼 원래 같았으면 크게 개의치 않았을 일들인데 더 이상 그냥 넘길 수가 없는 거네요.	인정은 하지만 문제를 해결하는 것으로 바로 넘어가지는 않음. 좀 더 탐색함.
내담자:	그렇게 되면 제가 의미한 대로가 아닌, 아니면 적어도 제가 원하지 않는 방식으로 말을 해요.	추가적인 정보를 제공함.
상담자:	당신은 가족과 어떤 관계를 맺고 싶어 하는지 알고 있군요.	반응을 약간 재구성함.
내담자:	맞아요. 저는 가족들을 지지해 주고 잘 챙겨 주	추가적인 정보를 제공하면서도 양가감

(다음 쪽에 계속)

연습 13-1의 반응 예 (계속)

	새로운 대화	설명
	고 싶은데도 그 대신, 저는 정말 불편하다고 느껴요. 저는 심술궂고 냉소적이에요.	정을 나타냄.
상담자:	저한테 (당신에 대한) 큰 그림이 만들어졌는지 한번 보실래요? 당신은 때때로 갇힌 듯한 느낌이 들어요. 고통은 현실이고, 무슨 일이 생겼을 때 당신이 한 발짝 물러서서 보는 걸 방해하는군요. 당신은 가족과 어떤 관계를 맺고 싶은지 알고 있고, 지금은 그런 관계가 아니지만 그렇게 되고 싶은 거죠? 그다음은 뭔가요?	요약하고, 양가감정을 인정하도록 신경 씀. 핵심 질문을 함.
내담자:	저도 몰라요. 하지만 제가 해 왔던 행동을 계속할 수는 없어요. 때가 되었어요.	변화하기로 결심공약을 하지만, 그 방법은 명시하지 않음.
상담자:	새로운 길을 찾을 때군요. 새로운 방식을 찾게 되면 집에서는 어떤 식으로 다르게 보일까요?	반영을 제공하고 나서 그녀의 목표에 대해 질문함.
내담자:	저는 더 인내할 수 있을 거예요. 매일 일어날 법한 작은 일들에 대해 고군분투하지 않고 남편과 아이들과 더 즐겁게 보낼 거예요.	자신이 하고 싶은 것이나, 반대로 피하거나 하지 않았으면 하는 것을 명확하게 표현함.
상담자:	당신이 좋아하는 것을 하기 위해서 가족과 함께 시간을 보내고, 일상적인 일이 일어났을 때 당신의 반응을 늦출 수 있겠군요.	한두 가지에 대한 반영을 제공함.
내담자:	저는 지금 그걸—천천히 반응하는 것—해 보려고 노력해요. 그리고 때로는 그것이 통하죠. 항상은 아니고요.	내담자가 동의를 하지만, 그녀의 양가감정을 나타냄.
상담자:	항상 그런 것은 아니지만, 때로는 그렇고, 그러고 나서 성취감을 느끼는군요. 당신은 그런 긍정적인 느낌을 더 자주 느끼고 싶어 하겠군요. 그리고 가족과 함께 일상에서 이걸 더 느끼고 싶구요. 당신 스스로 한 발 뒤로 물러나는 것은	양가감정에 주목하며 요약한다. 그녀가 이러한 목표들을 어떻게 달성할 수 있을지에 대한 핵심 질문을 함.

(다음 쪽에 계속)

연습 13-1의 반응 예 (계속)

	새로운 대화	설명
	어떻게 할 수 있나요?	
내담자:	모르겠어요. 만약 알았다면, 그렇게 했겠죠.	어떻게 나아가야 할지에 대한 불확실성을 표현함.
상담자:	나는 분노로 고생한 적이 있는 다른 내담자가 했던 방법들을 바탕으로 한 몇 가지 아이디어가 있어요. 들어보실래요? [물론이죠.] 사람들이 시도한 한 가지 방법은, 때로 끓는 물이 든 주전자를 불에서 내려놓는 거예요. 그걸 통해서, 제 말은 그들이 명상, 깊은 심호흡 또는 점진적 근육이완법과 같은 것을 해서 몸과 마음을 편안하게 하는 것을 말해요. 이것이 모든 고통을 사라지게 하지는 않지만, 반응 시간을 늦출 수 있는 긴장 완화에 도움이 될 수 있어요. 사람들이 또 다르게 시도해 보는 건 스스로에게 "나는 화가 났어요. 하지만 대답하기 전에 진정해야 해요."라고 말할 수 있게 스스로를 허락해 주는 거예요. 그런 다음 대답할 준비가 될 때까지 스스로에게 시간을 주는 거죠. 사람들이 사용하는 세 번째 접근 방법은 이거예요. 본인이 대답하기 전에, 종종 분노와 함께 오거나 분노와 관련된 자동적 사고에 주의를 기울이거나 반응하는 거예요. 다음 중 어느 것이 당신에게 가장 도움이 될 것 같다고 느끼시나요?	메뉴의 양식에 따라 몇 가지 방법을 제공함. (허락을 받는 것을 잊지 말아라.)
내담자:	이것 중에서 어느 것도 진짜로 제게 도움이 될지는 잘 모르겠군요…….	이러한 선택 사항에 대한 불확실성을 표현함.
상담자:	이게 당신에게 맞는 방법이라고 느껴지지 않는군요.	그녀가 무엇을 걱정하는지에 대해 더 찾아냄.
내담자:	저는 명상을 시도해 봤는데, 그게 효과적인 것	염려를 표현하고, 그녀가 이 목표를 어

(다음 쪽에 계속)

연습 13-1의 반응 예 (계속)

	새로운 대화	설명
	같지 않았어요. 일상에서 벗어나서 타임아웃(생각을 정지하는 일 등)을 가지는 게 좀 바보 같은 일이라고 느껴져요. 저는 제 생각을 확인해 보는 일이 제가 반응하는 방식들에 어떤 변화를 가져올지, 그것에 대해서 잘 이해가 가지 않아요. 제 생각에 아마도 제가 할 일은 예전에 제게 효과가 있었던 일을 하는 그런 것 같아요. 그러니까 제 스스로에게 "잠시 정지. 숨을 크게 들이마시고, 열 셀 때까지 숨 참아. 숨 쉬어."라고 하는 거예요. 그러고 나서 대답을 하는 거죠.	떻게 달성할 수 있을지 명확히 함.
상담자:	그리고 그게 예전에 당신에게 꽤 성공적이었던 것처럼 들리네요. 당신이 이 제안은 받아들일지 궁금하네요. [물론이죠.] 당신이 숨을 참았다가 내쉬는 중에, 당신 스스로에게 "편안해지자."라고 말하면 어떤 일이 일어날지 궁금해요. 그걸 추가해 보는 것에 대해 어떻게 생각해요?	그녀의 계획에서 추가해야 할 부분을 제안하고 그녀의 생각을 물음.
내담자:	그래요, 그게 좋을 것 같아요. 그리고 그 호흡법을 해 본 후에도 평화로운 느낌이 많이 들지 않는다면, 그걸 다시 해 볼 수 있겠어요.	계획에 동의함.
상담자:	당신은 이미 스스로에게 무엇이 좋을지 꽤 좋은 생각을 하고 있네요. 이 계획을 실행하도록 다시 결심공약을 하고, 무언가를 추가하는 것이 중요하겠어요. 이게 당신 생각인 거죠?	계획에 대한 결심공약을 이끌어 내는 질문을 함(실행 의도).
내담자:	그게 제게 필요한 일이에요.	결심공약을 하는 말이 약함…….
상담자:	확신은 없네요.	불확실성을 탐구함.
내담자:	제가 그렇게 해야 한다는 것은 알아요. 때론 제가 반응하는 게 쉽고, 그리고 제가 말씀드렸듯이 때로는 그럴 가치가 있어요.	전념할 준비가 되어 있지 않음.

(다음 쪽에 계속)

연습 13-1의 반응 예 (계속)

	새로운 대화	설명
상담자:	당신의 계획을 실행에 옮기는 것이 어떤 때에는 괜찮아 보여요. 하지만 당신이 옳다고 느낄 때 그것을 실제로 실행하고 싶어 하는지는 확실하지 않아 보여요. 그들이 틀리고 내가 맞다고 할 때라도 당신이 정말로 '뭔가 바뀌어야 한다'라고 느끼려면 어떻게 해야 할까요?	그녀가 준비되었을 때를 위해 알람을 설정함.
내담자:	정말 좋은 질문인데, 정말로 모르겠어요. 저는 자기가 옳다고 생각하는 것을 하기 위해 가족들 희생시키는 그런 사람은 되고 싶진 않아요. 저는 그걸 생각해 볼 필요가 있어요.	언제 준비가 될지 명확하게 표현함.
상담자:	정말 복잡한 일처럼 들리네요. 당신은 당신 자신을, 그리고 가족과의 관계에서 원하는 당신의 모습이 어떤 모습인지 잘 알고 있어요. 당신은 또한 당신 자신에게 정직해서, 스스로를 속이는 일은 하지 않을 거예요. 가족에 대한 분노를 줄이기 위한 방법으로 언젠가는 계획을 이행할 준비가 되어 있는 것 같지만, 그러나 매번 이렇게 실행하기 위해서 어떻게 해야 하는지에 대해서 조금 더 생각해 보고 싶으시군요.	요약함.

연습 13-2 변화를 위한 계획 양식 개발하기

이제 내담자들과 함께 사용하기 위한 개별 양식을 개발할 수 있는 기회가 왔다. 552쪽의 양식으로 시작해서 당신의 스타일과 그 상황, 그리고 내담자에게 어울리는 형식으로 수정하라. 내담자와 함께 사용할 수 있는 간략한 서문을 적어 보는 것을 잊지 말라. 계획을 설계하다가 그 형식을 내담자들에게 실행해 보라. 이러한 예비 실험 이후에 그것을 수정하고 다른 내담자에게 실행해 보라. 그 양식을 사용하고 도입하는 것이 만족스럽게 느껴질 때까지 이러한 과정을 계속하라.

서문 예:

> "우리는 당신이 무엇을 할 수 있는지에 대해 이야기해 왔어요. 제가 맡았던 일부 내담자들은 시도해 볼 수 있는 선택 사항을 적어 보는 것이 매우 도움이 된다는 것을 알아냈는데, 그것을 바탕으로 명확한 기준을 세울 수 있었어요. 또 그것을 공적인 자리에서 공개하는 것은 자신이 결심공약을 했던 것을 유지하는 데 도움이 될 수 있어요. 만약 이것이 변화를 위한 결심공약 여부를 나타낸다고 본다면, 자신의 의도를 명확하게 이야기하고 그것을 다른 사람들이 알 수 있게 하는 사람들은 자신이 원하는 변화를 이끌어 내는 데 보다 성공적이라는 것을 나타내는 자료가 있어요. 또 자신이 계획한 것을 종이에 글로 적어 두면 자신의 결정을 시각적으로 상기시키는 기능을 하고요. 여전히 이것은 당신이 결정할 일이고, 어떤 사람들은 그렇게 하지 않을 거라고 선택하기도 했어요. 당신은 어떤가요?"

당신의 서문:

변화계획 활동지

내가 이러한 변화를 시도하는 이유는:

변화를 시도하는 데 있어서 나의 목표들은:

다음은 내가 어떻게 할 것인가에 대한 내용이다:

구체적인 활동	**언제?**	**어떻게?**

다른 사람들이 나의 변화를 도울 수 있는 몇 가지 방법은:

나의 변화를 지지해 줄 3인	**이 사람의 지지를 활용할 수 있는 방법**
1.	
2.	
3.	

비슷한 변화를 경험했던 2인	**이 사람의 지지를 활용할 수 있는 방법**
1.	
2.	

즉각적인 도움을 구할 수 있는 1인	**이 사람의 지지를 활용할 수 있는 방법**
1.	

나에게 찾아올 몇몇 어려움이 무엇이고, 나는 그것을 어떻게 해결할 것인가?

만약 이 어려움이……	**그렇다면 나는 ……할 것이다.**

내가 이러한 결과들을 보면서 나의 계획이 진행되고 있다는 것을 알 수 있을 것이다.

연습 13-3 표적 질문: 계획하기

제5장, 제8장, 그리고 제10장과 마찬가지로 좋은 질문을 만들어 보는 연습을 해 보자. 하지만 이번에는 계획하기 단계의 내담자를 대상으로 연습한다. 다시 한번 말하자면, 내담자의 진술문을 읽은 다음 다른 두 가지 질문을 만들어라. 계획하기에는 특정한 목표행동이 필요한데, 이 정보가 본 설명에는 나타나지 않기 때문에 추론을 해야 한다. 질문을 하기 위해서는 반영을 사용해야 할 수도 있다. 이는 언제나 좋은 연습이므로 부담 없이 해 봐라. 이 장과 이전 장('계획하기로의 전환')에서 배운 다양한 유형의 질문들을 모두 사용할 수 있다. 복습을 위해서 앞 장으로 되돌아가 보라.

1. **저는 자녀들이 부모를 이해하고 존중해야 한다는 점을 알고 있어야 한다고 생각해요. 요즘 아이들이 불량한 행동을 하는 것을 너무 자주 보는데 무례한 행동은 절대 참지 않을 거예요.**

   질문 A:

   질문 B:

2. **저는 우리가 여기서 뭘 해야 할지 모르겠어요.**

   질문 A:

   질문 B

3. **물론 저는 제 아이들을 사랑하지만, 가끔 아이들은 저를 벼랑으로 몰아가요. 그렇게 되면 저는 해선 안 될 일들을 하곤 해요.**

   질문 A:

(다음 쪽에 계속)

질문 B:

4. 이제 이 모든 바보 같은 일들을 처리하는 것에 정말 지쳐요. 더 이상 아무것도 못하겠어요. 무언가 바뀔 필요가 있어요.

질문 A:

질문 B:

5. 제가 가진 문제가 뭐냐고 물으신다면, 아내가 끊임없이 불평한다는 게 문제이죠.

질문 A:

질문 B:

〈보너스〉

6. 또 시작이네요. 매일 반복되는 일들…….

질문 A:

질문 B:

연습 13-3의 반응 예

이 중 몇 가지 상황은 질문 이전에 반영하는 것이 적절할(혹은 필요할) 것으로 보인다. 여러분 역시 이를 느꼈을지 모른다. 변화대화와 마찬가지로, 우리는 계획을 세울 때 특정한 목적 행동이 필요하다. 이를 명확히 하지 않았기 때문에, 우리의 제한된 정보를 바탕으로 추론해야 한다. 기억하라. MI 코더들은 "……에 대해 말해 주세요."와 같은 말로 시작하는 열린 문장을 열린 문장의 범주에 넣는다.

1. **저는 자녀들이 부모를 이해하고 존중해야 한다는 점을 알고 있어야 한다고 생각해요. 요즘 아이들이 불량한 행동을 하는 것을 너무 자주 보는데 무례한 행동은 절대 참지 않을 거예요.**

관계 형성하기

질문 예시 A: 부모가 된다는 것이 당신에게 어떤 의미인지 조금 더 말해 주세요.

질문 예시 B: 당신 삶의 큰 그림에서 양육이 어떤 위치를 차지하고 있나요?

초점 맞추기

질문 예시 A: 부모라는 역할에 최선을 다한다면 당신은 어떤 모습일까요?

질문 예시 B: 자녀와의 관계에서 더 바라시는 게 있다면 무엇인가요?

유발하기

질문 예시 A: 아이들과의 관계에서 염려되는 것은 무엇입니까?

질문 예시 B: 아무것도 변화하지 않는다면, 당신과 아이들은 어떻게 될 것 같습니까?

계획하기

질문 예시 A: 일이 다르게 해결되기를 원하시는군요. 삶 속에서 어떻게 하면 그렇게 될 수 있을 것 같나요?

질문 예시 B: 어디에서부터 시작하실 건가요?

2. **저는 우리가 여기서 뭘 해야 할지 모르겠어요.**

관계 형성하기

질문 예시 A: 여기에 계신 이유에 대해 이해한 바가 있으시다면 말해 주세요.

질문 예시 B: 어떤 정보가 유용할까요?

(다음 쪽에 계속)

연습 13-3의 반응 예 (계속)

초점 맞추기

질문 예시 A: 당신에겐 혼란스러운 상황이군요. 저희가 함께 시간을 보낼 수 있는 좋은 방법은 무엇일까요?

질문 예시 B: 우선순위가 불분명하신 것 같아요. 인생의 큰 그림을 그릴 때, 가장 중점에 두는 것은 무엇일까요?

유발하기

질문 예시 A: 그게 당신에게 혼란스럽군요. 여기가 시작 지점이라면, 당신 입장에서 무엇이 달라지기를 원하나요?

질문 예시 B: 이것이 생산적으로 느껴지지 않는군요. 다르게 변화하고 싶다면 당신의 에너지를 어디에 쏟고 싶은가요?

계획하기

질문 예시 A: 계획이 있었으면 하시는군요. 첫 번째 단계는 어떤 모습일까요?

질문 예시 B: 앞으로의 상담 진행 방식에 대헤 어떻게 생각하시나요?

3. **물론 저는 제 아이들을 사랑하지만, 가끔 아이들은 저를 벼랑으로 몰아가요. 그렇게 되면 저는 해선 안 될 일들을 하곤 해요.**

관계 형성하기

질문 예시 A: 말씀하신 것과 같은 일이 있으셔서 구석으로 몰리는 느낌에 자녀에게 원하지 않는 방식으로 반응하셨을 때, 느낀 점이 있다면 무엇인가요?

질문 예시 B: 당신이 끝까지 몰리는 느낌이 들지 않을 때는 언제인가요?

초점 맞추기

질문 예시 A: 아이들과의 일상(보통 때)은 어떻습니까?

질문 예시 B: 부모들이 끝까지 몰리는 기분이 들 때 우려스럽지요. 그 우려에 대해서 함께 이야기하면서 어떤 생각을 하시는지 듣고 싶은데, 괜찮을까요?

유발하기

질문 예시 A: 무엇을 다르게 했었다면 좋았겠습니까?

질문 예시 B: 무엇이 당신을 다르게 할 수 있다고 느끼게 하나요?

계획하기

질문 예시 A: 그 대신에 무엇을 생각했습니까?

질문 예시 B: 이 부분에서 어떻게 변화시킬 수 있습니까?

(다음 쪽에 계속)

연습 13-3의 반응 예 (계속)

4. **이제 이 모든 바보 같은 일들을 처리하는 것에 정말 지쳐요. 더 이상 아무것도 못하겠어요. 무언가 바뀔 필요가 있어요.**

관계 형성하기

질문 예시 A: 어떤 바보 같은 일들을 다루셨나요?

질문 예시 B: 삶의 큰 그림을 말해 주세요. 그리고 바보 같은 일들은 그 계획 안에 어떻게 들어 있는지 말해 주세요.

초점 맞추기

질문 예시 A: 이 모든 바보 같은 일을 둘러보면서, 당신이 이 시점에서 가장 중요하게 생각하는 것은 무엇입니까?

질문 예시 B: 추측컨대, 당신은 이미 이런 상황을 변화시키려고 시도한 것 같네요. 당신이 깨달은 것이 당신에게 효과적이었는지에 대해 더 말해 주세요.

유발하기

질문 예시 A: 무엇이 바뀌었나요?

질문 예시 B: 그것이 어떻게 바뀌기를 원하나요?

계획하기

질문 예시 A: 당신은 그 변화 중 어디에 있습니까?

질문 예시 B: 그 대신에 무엇을 생각했었습니까?

5. **제가 가진 문제가 뭐냐고 물으신다면, 아내가 끊임없이 불평한다는 게 문제이죠.**

관계 형성하기

질문 예시 A: 부인의 불평을 멈추려면 어떤 일이 일어나야 할까요?

질문 예시 B: 당신의 아내는 몇 가지에 불만을 가지고 있는데, 이에 대해 어떻게 생각하세요?

초점 맞추기

질문 예시 A: 그 끊이지 않는 대화에서 가장 중요하다고 생각되는 부분은 무엇인가요?

질문 예시 B: 아내와 상호작용하는 방식에 만족하지 않으시는군요. 가장 문제가 되는 부분은 무엇인가요?

(다음 쪽에 계속)

연습 13-3의 반응 예 (계속)

유발하기

질문 예시 A: 어떤 면에서 그녀와의 관계가 더 나아지길 원하시나요?

질문 예시 B: 그것이 좀 더 나아지게 하기 위해서, 당신 쪽에서는 무엇이 바뀌어야 할 것 같으신가요?

계획하기

질문 예시 A: 변화를 한다면, 어디에서부터 시작할 생각이십니까?

질문 예시 B: 무엇을 할지 생각해 보셨습니까?

6. **또 시작이네요. 매일 반복되는 일들…….**

관계 형성하기

질문 예시 A: 이 반복적인 패턴이 어떻게 느껴지시나요?

질문 예시 B: 당신 삶에서 좋아하지 않는 부분이신가 봐요. 이번에는 삶에서 좋아하시는 부분에 대해서 말씀해 주시겠어요?

초점 맞추기

질문 예시 A: 오늘 함께 시간을 보내며 이야기할 만한 부분이 많이 있으신가 봐요. 가장 생산적이라고 느껴질 만한 부분이 있을까요? 아니면 조금 더 이야기하고 싶은 부분이 있을까요?

질문 예시 B: 당신이 에너지를 쏟고 싶은 다른 부분이 있다는 말로 들리네요. 그게 무엇일까요?

유발하기

질문 예시 A: 6개월 후에 당신의 상태가 더 나아진다면, 그 삶은 어떤 형태일까요?

질문 예시 B: 1점부터 10점까지의 척도에서, 1점은 전혀 중요하지 않은 것이고 10점은 매우 중요한 것입니다. 새롭고 변화된 다른 어떤 일이 일어나는 것이 당신에게 얼마나 (몇 점으로) 중요할까요?

계획하기

질문 예시 A: 이전 버전에 싫증이 났네요. 이제 어떻게 할 거예요?

질문 예시 B: 결과를 다르게 만들려고 시도했을 때, 어떤 것이 효과가 있다고 느꼈습니까?

연습 13-4 표적 반영: 계획하기

이제 반영하기 위한 연습에 집중해 보자. 하지만 이번에는 계획하기 단계의 내담자를 대상으로 연습한다. 다시 한번 내담자의 설명을 읽고, 다른 두 가지 반영반응을 만들어라. 그러나 이번에는 초점 맞추기 단계의 변화대화와 마찬가지로 계획하기에서의 목적을 이루기 위한 특정한 목표행동이 필요하다. 이러한 행동이 내담자의 설명에 명확히 나타나지 않기 때문에 제한된 정보를 바탕으로 추론을 해야 한다. 즉, 복습을 위해 앞 장으로 되돌아가 보라.

1. 저는 제 딸이 좀 더 건강한 식습관을 가지길 바라요. 상황이 바뀌지 않으면 그녀의 건강이 위험에 처할 것 같아 걱정이 돼요. 짐작하시다시피 아이는 거슬려 하는데 저는 일관성 있게 보이기가 쉽지 않네요.

   반영 A:

   반영 B:

2. 요즘은 마리화나가 많은 곳에서 합법화되어서 아직까지도 옛날의 논쟁이 이어지고 있다는 게 이해가 안 돼요. 물론 너무 많이 피운다면 문제가 될 수 있습니다만, 그렇다고 해서 마리화나를 피우고 음주하는 것이 더 나쁜 문제를 야기한다고 할 순 없어요. 제 아내가 그것에 대해 행복해하지 않고, 자녀들이 눈치챌까 염려하고 있기는 하지만, 저는 직장에도 가고 있고, 집안일도 돕고 있어요.

   반영 A:

   반영 B:

(다음 쪽에 계속)

표적 질문: 계획하기

3. 가족들은 제가 일을 너무 많이 한다고 생각하고, 때론 저를 힘들게 해요. 제 생각에는 가족들이 제 입장을 몰라서 그런 것 같아요. 저는 제가 하는 일을 사랑하고, 그 일이 사람들에게 변화를 가져다준다고 생각해요. 그들은 저와 같은 방식으로 일을 해 보지 않았기 때문에, 이러한 일들이 저한테 짐이 된다고 생각하는 것 같아요. 다른 한편으로, 저는 그 일들이 때때로 저를 혹사시킨다는 것도 알고, 가족과의 시간을 줄어들게 한다는 것도 알아요. 그게 싫고요.

   반영 A:

   반영 B:

4. 저는 신앙을 갖고 영적인 것을 느끼고 싶어요. 하지만 종교 행사에 참석하는 사람들이 보이는 일부 위선적 모습들이 저를 거슬리게 해요. 그들의 말과 행동이 다른 것을 보면 정말로 미치겠어요. 그리고 저는 어떤 종교가 주장하는 정형화된 것들을 믿는 것을 어려워하는데, 이런 게 저한테는 어리석은 것처럼 느껴져요.

   반영 A:

   반영 B:

연습 13-4의 반응 예

1. **저는 제 딸이 좀 더 건강한 식습관을 가지길 바라요. 상황이 바뀌지 않으면 그녀의 건강이 위험에 처할 것같아 걱정이 돼요. 짐작하시다시피 아이는 거슬려 하는데 저는 일관성 있게 보이기가 쉽지 않네요.**

   관계 형성하기

   반영 예시 A: 딸을 도와주고 싶은 마음이 간절하시군요.

   반영 예시 B: 딸의 건강이 염려되시는군요.

   초점 맞추기

   반영 예시 A: 이 문제에서 그녀와 함께 할 수 있는 방법을 찾는 것이 당신에게 중요하군요

   반영 예시 B: 당신이 이 문제를 접근하는 방법과 좀 더 일치하는 방식을 찾고 있는 거군요.

   유발하기

   반영 예시 A: 이 문제와 관련해서 딸과 당신이 어떻게 되어 가고 있는지가 염려되는군요.

   반영 예시 B: 당신의 목표는 당신의 딸이 동기유발하는 데 도움이 되는 방식으로 대화를 하고 싶은 거군요.

   계획하기

   반영 예시 A: 좀 더 일관성 있게 몇 가지 새로운 방법을 시도해 볼 시기라고 생각하고 계시군요.

   반영 예시 B: 그녀를 도울 방법에 대해 아이디어를 가지고 계시네요.

2. **요즘은 마리화나가 많은 곳에서 합법화되어서 아직까지도 옛날의 논쟁이 이어지고 있다는 게 이해가 안 돼요. 물론 너무 많이 피운다면 문제가 될 수 있습니다만, 그렇다고 해서 마리화나를 피우고 음주하는 것이 더 나쁜 문제를 야기한다고 할 순 없어요. 제 아내가 그것에 대해 행복해하지 않고, 자녀들이 눈치챌까 염려하고 있기는 하지만, 저는 직장에도 가고 있고, 집안일도 돕고 있어요.**

   관계 형성하기

   반영 예시 A: 마리화나의 해악이 과장되게 여겨진다고 생각하시는 것 같네요.

   반영 예시 B: 마리화나 때문에 집 분위기가 어수선해요.

   초점 맞추기

   반영 예시 A: 마리화나가 당신에게 매우 중요한 것이군요.

   반영 예시 B: 부인과의 관계가 당신에게 매우 중요한 것이군요.

(다음 쪽에 계속)

연습 13-4의 반응 예 (계속)

유발하기

반영 예시 A: 당신은 마리화나가 어떤 문제도 일으키지 않는다고 꽤 확신하는군요. (이때 태도가 중요하다.)

반영 예시 B: 마리화나는 아내의 걱정과 아이들이 알게 될 위험을 감수할 가치가 있다고 느낄 만큼 당신에게 중요하군요.

계획하기

반영 예시 A: 당신은 지금 어떤 변화를 할 준비가 되어 있지 않네요. 하지만 나중에 당신이 변화된 모습을 원할지에 대해서는 생각해 볼 수 있을 거예요.

반영 예시 B: 직장, 아이들 또는 집과 관련한 어떤 종류의 문제가 다시 마리화나를 피울 생각을 하게 한다고 당신이 알고 계시는 듯해요.

3. **가족들은 제가 일을 너무 많이 한다고 생각하고, 때론 저를 힘들게 해요. 제 생각에는 가족들이 제 입장을 몰라서 그런 것 같아요. 저는 제가 하는 일을 사랑하고, 그 일이 사람들에게 변화를 가져다준다고 생각해요. 그들은 저와 같은 방식으로 일을 해 보지 않았기 때문에, 이러한 일들이 저한테 짐이 된다고 생각하는 것 같아요. 다른 한편으로, 저는 그 일들이 때때로 저를 혹사시킨다는 것도 알고, 가족과의 시간을 줄어들게 한다는 것도 알아요. 그게 싫고요.**

관계 형성하기

반영 예시 A: 지금 하고 계시는 일을 사랑하시는군요.

반영 예시 B: 가족들이 당신을 많이 염려하시나 봐요.

초점 맞추기

반영 예시 A: 직장과 가정 사이의 균형을 원하시는군요.

반영 예시 B: 가정과 일, 이 두 가지 모두가 우선순위군요.

유발하기

반영 예시 A: 당신은 일과 가정의 균형을 원하는데, 본인이 그러한지에 대해서는 확신이 없군요.

반영 예시 B: 당신은 일과 가정의 균형 사이에 있다고는 느끼지만, 그래도 뭔가 변화가 필요하다는 것을 알고 있어요.

(다음 쪽에 계속)

연습 13-4의 반응 예 (계속)

계획하기

반영 예시 A: 직장과 가정 간의 균형이 더 나아졌을 때에 대한 당신의 청사진이 있군요.

반영 예시 B: 지금 균형을 잘 잡아가는 중이지만, 여전히 가족들과 소통하고 싶은 부분들이 남아 있군요.

4. **저는 신앙을 갖고 영적인 것을 느끼고 싶어요. 하지만 종교 행사에 참석하는 사람들이 보이는 일부 위선적 모습들이 저를 거슬리게 해요. 그들의 말과 행동이 다른 것을 보면 정말로 미치겠어요. 그리고 저는 어떤 종교가 주장하는 정형화된 것들을 믿는 것을 어려워하는데, 이런 게 저한테는 어리석은 것처럼 느껴져요.**

관계 형성하기

반영 예시 A: 영적인 것을 느끼시는군요.

반영 예시 B: 종교를 받아들이려고 계속 노력하고 계시는군요.

초점 맞추기

반영 예시 A: 당신에게 신앙을 찾는 것이 중요한 일이군요.

반영 예시 B: 어떻게 하면 종교 활동을 할 수 있는지 탐색하는 것을 통해 활력을 느끼시는 것 같아요. 쉽게 관둘 수 있는 고민이 아니네요.

유발하기

반영 예시 A: 무언가가 빠졌군요.

반영 예시 B: 당신은 자신을 초월하여 다른 사람과 연결해 주는 어떤 것에 다가가고 싶으신 거군요

계획하기

반영 예시 A: 다시 몰입할 수 있는 방법에 대해 찾아보며 생각하고 계시군요.

반영 예시 B: 이러한 영역에서 당신의 삶이 어떻게 달라졌으면 하는지에 대한 몇 가지 청사진이 있네요.

연습 13-5 더욱 유용한 질문들

더 많은 목표 질문 만들기를 연습해 볼 수 있는 시간을 가져 보자. 지시문을 보고 결심공약을 강화시키거나 혹은 계획을 세우는 세 가지 질문을 생각해 보라.

구체적인 목표 정하기 ……에 대한 질문을 할 때

예시 대답: **어떤 점이 달라졌으면 하나요?**

1.

2.

3.

선택 사항들을 분별하는 것 ……에 대한 질문을 할 때

예시 대답: **이 일에 대해서 어떻게 생각하나요?**

1.

2.

3.

(다음 쪽에 계속)

더욱 유용한 질문들

계획에 도달하는 것 ……에 대한 질문을 할 때

예시 대답: **방해가 되는 것이 무엇인가요?**

1.

2.

3.

계획을 실천하기 위한 결심공약 ……에 대한 질문을 할 때

예시 대답: **계획을 가지고 계신데, 지금 계획 중 어느 단계에 있나요?**

1.

2.

3.

더욱 유용한 질문들

알람을 맞추기 ……에 대한 질문을 할 때

예시 대답: **지금이 가장 좋은 때는 아닌 것 같아 보이는데, 적당한 때가 되기 위해서는 무엇이 필요할까요?**

1.

2.

3.

내담자가 결심공약을 하지 않는 경우 그 이후에 이루어지는 논의 ……에 대한 질문을 할 때

예시 대답: **지난번에 이야기했을 때에는 시작할 준비가 좀 안 되어 있었어요. 이젠 준비가 되었나요?**

1.

2.

3.

연습 13-5의 반응 예

구체적인 목표 정하기 ……에 대한 질문을 할 때

1. 어떻게 하면 상황이 나아질 것 같은가요?
2. 구체적으로 당신이 바라는 변화는 무엇인가요?
3. 당신이 생각하는 첫 번째 변화는 무엇인가요?

선택 사항들을 분별하는 것……에 대한 질문을 할 때

1. 실천하기 위해 무슨 생각을 해 왔나요?
2. 예전에 어떤 방법이 당신에게 효과적이었나요?
3. 다른 사람들은 어떻게 했다고 알고 있나요?

계획에 도달하는 것……에 대한 질문을 할 때

1. 첫 번째로 해야 하는 일은 무엇인가요?
2. 지금이 이 전략을 실행할 때라는 것을 당신은 어떻게 아나요?
3. 이 과정 중 당신을 지지하는 사람은 누군가요?

계획을 실천하기 위한 결심공약……에 대한 질문을 할 때

1. 이것을 언제 시작할 건가요?
2. 이 계획을 세우는 것에 대해 어떻게 생각하나요?
3. 만약 당신이 문제에 봉착하면, 당신은 어떻게 할 건가요?

알람을 맞추기 ……에 대한 질문을 할 때

1. 이러한 번화를 언제 알 수 있었나요?
2. 지금이 바로 그 순간이라고 느끼기 위해서 무엇이 바뀌어야 하나요?
3. 그 순간이 언제 올지 알기 위해서 어떠한 것들을 지켜볼 건가요?

내담자가 결심공약을 하지 않는 경우 그 이후에 이루어지는 논의 ……에 대한 질문을 할 때

1. 그 상황에 대해 지금은 어떻게 생각하나요?
2. 그것에 대해 생각한다면 지난번에 우리가 만난 이후로부터 어떤 기분이 들었나요?
3. 그래서 이러한 결정에 대해서 어떤 생각이 드나요?

연습 13-6 변화를 지원하는 네 가지 R

이 활동에는 당신의 상상력이 필요하다. 당신은 간단한 상담 시간을 끝마친 시점으로부터 3개월 후에 Tanya와 추후 약속을 한다. 우리가 함께 했던 8번의 회기에서 배운 내용은 다음과 같다. Tanya는 자신의 삶에서 문제 해결에 도움이 되는 몇 가지 자원이 있다. 그녀는 자신이 무엇을 해야 되는지 알게 되면서 적극적이고 자발적으로 행동하는 경험자가 된다. 그러나 그녀의 통증이 때론 그녀를 눈뜬장님으로 만들고, 마비가 되게 하고, 행동할 수 없게 하며, 그러고 나면 그녀는 우울에 빠진다. 이 우울증으로 인해 그녀는 화를 잘 내는 경향이 생겼는데, 이는 다른 사람들, 특히 그녀의 가족과의 관계에 영향을 미친다.

함께 상담을 진행하는 동안, Tanya는 정신과 의사를 만났고 항우울제 복용을 시작했다. 도움이 되는 듯했지만 (그녀가 좋아하지 않는) 부작용도 있었다. 그녀는 특히 체중 증가를 경험했고 성욕과 성적 관심이 감소되었다. 그러나 그녀는 자신이 이것을 기꺼이 받아들이는 것이 절충안이라고 생각했다. 그녀는 또한 거의 매일 명상을 시작했고, 그녀의 고통에 대해 걱정하고 악화시키는 경향을 조절하는 데 도움이 되는 마음챙김(mindfulness)에 좀 더 집중하기 시작했다. 그녀가 평가했을 때, 통증 관리가 나아졌다고는 하나 그것이 만성적인 상태이기도 했기 때문에 절대 완전히 사라지지는 않았다. 그녀의 우울은 상당히 줄어들었고, 특히 가족과 함께 더 즐거운 시간을 보내기 시작했다. 전반적으로 통증과 불편한 정도를 측정한 점수는 10점 만점 중 9.5점에서 3.5점/4점으로 떨어졌다. (그녀는 "언제든지 더 악화될 수 있다."고 말했다.)

그녀와의 상담을 종결하고 3개월 후에, 그녀가 어떻게 지내는지 알아보기로 하는 데 동의했다. 그녀는 (상담) 약속을 잡는 것은 거부했지만, 3개월 후의 추수 전화는 받고자 했다. 당신은 어제 전화를 걸어 휴대전화에 메시지를 남겼다. 그녀가 다시 전화를 걸어오며 다음의 메시지를 남겼다.

> "안녕하세요, 선생님. 전화 잘하신 것 같아요. 전반적으로 모든 것이 좋아졌지만 어려움도 조금은 겪고 있어요. 제 계획이 다시금 망가졌어요. 이전 점수와는 멀어졌지만, 여전히 6에서 6.5 정도입니다. 상담 예약이 필요한 건지는 모르겠지만 (제 상태에 대해) 확인을 해 보는 게 좋을지도 모르겠군요. 내일 8시에서 12시 사이에 전화해 주실 수 있으시다면 집에 돌아가서 기다리고 있을게요. 안 되신다면 편하신 시간을 알려 주세요. 고맙습니다, 선생님."

어떤 것이 그녀의 통증 수치를 올리는 요인일 것이라고 예상할 수 있는가? 예를 들어, 그녀가 부작용을 줄이기 위해 약을 바꿨을 수도 있고, 새로운 약이 효과적이지 않거나 혹은 치료에 도움이 되는 투여량이 아니었을 수도 있다. Tanya에 대해 논의한 모든 문제를 생각해서 네 가지 가능성을 꼽아 봐라. 번호 옆에 답을 쓴 후에 다음 파트로 넘어 가면, 이에 대한 전략 및 접근법과 관련하여 (내담자가) 무엇을 해야 하는지에 대해 설명하고 있다.

(다음 쪽에 계속)

변화를 지원하는 네 가지 R

1.

전략:

접근법:

2.

전략:

접근법:

3.

전략:

접근법:

변화를 지원하는 네 가지 R

4.

전략:

접근법:

이제 '다시 계획하기, 상기시키기, 초점 재조정하기, 그리고 다시 참여시키기'로 구성된 4R에 대해 생각해 보자. 다음 전략들 중 당신이 꼽은 네 가지 가능성에 적합한 전략은 무엇인가? 각 문제를 해결할 수 있는 전략을 찾았다면, 그 전략을 이용하는 Tanya에게 당신이 무엇을 말할지 작성하라.

예시: Tanya가 부작용을 줄이기 위해 약을 바꿨을 수 있으며, 새로운 약은 현재 효과적이지 않거나 치료에 도움이 되는 투여량이 아니다.

전략: 다시 계획하기, 상기시키기, 초점 재조정하기, 그리고 다시 참여시키기는 모두 적절한 전략일 수 있지만, 다시 계획하기가 가장 적절할 것 같다.

접근법: Tanya, 우리가 마지막으로, 이야기했을 때 항우울제에 대한 염려가 있었죠. 그때 이후로 그 부분에서 어떤 일이 일어났는지 궁금하고, 그리고 이것이 어떻게 진행되고 있는지에 대해 살펴볼 만한 부분인지 궁금하네요.

연습 13-6의 반응 예

Tanya는 약 복용을 중단했다…….

전략: 다시 계획하기, 상기시키기, 다시 참여시키기-다시 참여시키기와 상기시키기의 조합이 적절하다.

접근법: 그녀가 약 복용을 중단한 것과 중단 이유에 대해 이미 말한 것으로 가정하고, 요약하기를 시작으로 접근하겠다. "처음에는 약효가 있었지만, 시간이 지남에 따라 부작용이 약효보다 심해진다고 느끼기 시작했습니다. 이제 당신은 가고 싶지 않은 방향으로 돌아가고 있는 그 무엇을 알아챕니다. 저는 우리가 약을 복용하기로 결정했을 때의 당신의 생각을 다시 돌이켜볼 수 있을지 궁금합니다. 괜찮을까요?

Tanya의 고통이 되살아났다…….

전략: 다시 계획하기가 이 상황에서 가장 합리적인 전략이다.

접근법: 그녀가 이미 고통이 되살아난 상황에 대해 나에게 말했다고 가정할 때, 나는 이 부분(핵심 질문)을 계획하는 데 시간을 할애하고 싶은지 물어보는 것으로 시작한다. 다음과 같이 진행될 수 있다. "고통이 되살아나기 전까지 상황이 꽤 잘 흘러가고 있었습니다. 우리가 그걸 다룰 수 있는 접근법 몇 가지를 이야기하는 게 도움이 될 것 같나요? (네.) 당신이 생각하거나 시도한 것을 어느 정도 말해 주세요. 그리고 그것들 각각에 어떤 일이 일어났나요? (정보 제공) 당신이 무엇을, 어떻게 했었는지, 당신이 (시도)하는 데 무엇이 방해가 되었는지, 그리고 그 결과가 어땠었는지 제가 알 수 있게 조금 더 구체적으로 들여다볼 수 있을까요?"

Tanya는 남편과 분노에 차서 말싸움을 했고, 그것은 그녀의 기분을 계속 우울하게 만들었고, Tanya는 우리가 의논했던 기술 사용을 그만두게 되었다…….

전략: 다시 계획하기, 상기시키기, 초점 재조정하기 모두가 적절할 수도 있겠지만, 다시 참여시키기가 이 상황에서 가장 합리적인 전략인 것 같다.

접근법: 그녀가 이미 그 사건에 대해 나에게 말했었고, 현재 안전하며 폭력의 위험을 느끼지 않는다고 가정하고 요약하기를 시작으로 접근하겠다. 다음과 같이 진행될 수 있다. "상황이 꽤 잘 진행되고 있었는데, 그 후에 싸움이 일어났고, 그것은 정말로 당신을 고통스럽게 했네요. 그리고 이게 마치 외줄 타기를 하는 도중 줄에서 떨어진 것처럼 느끼게 했군요. 당신은 지금 다시 돌아가야 하는지 궁금해하고 있네요, 양 쪽이 어느 정도 주의를 끄는 점이 있을지 모른다고 생각하게 되네요. 당신이 생각해 오신 것이 무엇인지 말씀해 주세요."

(다음 쪽에 계속)

연습 13-6의 반응 예 (계속)

Tanya는 통증의 호전을 경험했으며, 직장 복귀를 생각하기 시작했지만, 일을 하는 것이 좋은 생각인지 망설이고 있다. 이전에 했던 방식대로 일할 수 없는 그녀의 무능력함은 그녀가 일하는 세계에서의 그녀의 위치에 대한 고통스러운 감정을 갖게 했다.

전략: 이것이 새로이 집중해야 하는 영역이라는 점을 감안하면, 초점 재조정하기가 적절하다.

접근법: "큰 그림에서 보면. 몇 가지 부분에서 실제로 변화가 있었다는 것을 알 수 있어요. 이것은 좋은 소식이지만, 우리가 예상하지 못한 몇 가지 귀찮은 문제도 있어요. 그래서 우리가 앉아서 이러한 새로운 도전과제들을 어떻게 다룰 것인지 생각해 보는 것이 좋겠군요. 어디에서부터 시작하길 원하시나요?"

연습 13-7 미래로 가 보기

이번 연습에서는 〈연습 12-2〉에 있었던 활동지의 완성본이 필요할 것이다. 이러한 시나리오들을 변화계획을 발전시키기 위한 시작점으로 사용하라. 파트너는 그 시나리오에 제시된 내용으로 내담자 역할을 하면 된다. 그 과정은 다음과 같다.

- 상담자 역할을 하는 파트너는 전환요약을 제시하며, 핵심 질문을 한다. (당신은 신빙성을 높이기 위해 단지 읽기만 하기보다는, 이것을 분명히 끝까지 다 읽고 당신 고유의 언어로 이야기해야 한다.)
- 내담자 역할을 하는 파트너는 핵심 질문에 확실하게 반응하고 나서 연습의 전개에 따라 이야기의 나머지 부분을 창작한다.
- 상담자는 변화계획을 발전시키기 시작한다. SOARS 중 앞의 네 가지 요소들[목표 세우기(Set goals), 선택 사항 분류하기(sort Options), 계획에 도달하기(Arrive at a plan), 결심공약을 재확인하고 강화하기(Reaffirm and strengthen commitment)]을 사용해야 한다는 것을 기억하라. 결심공약을 강화하고 확인으로 끝나는 결론에 도달하라. 실행 의도들에 집중하라.
- 그러고 나서 다른 시나리오를 선택하고, 역할을 바꾸어라.
- 자신감 없고 변화를 결심하지 못하는 내담자 역할도 해 보라. 이러한 시나리오에서 알람을 설정하는 것을 연습하라.

MI 실행

*Merriam-Webster*에 따른 '실행'의 사전적 정의는 다음과 같다.

- 수행하다, 적용하다
- 습관적으로 행하다
- 전문적으로 개입하다
- 능숙해지기 위해 반복적으로 수행하다
- 반복적인 연습으로 훈련하다

탐험으로 시작한 이 여정에서 이제 '그래서 무엇을 해야 하는가' 하는 질문 앞에 서 있다. 지금까지 배운 것을 어떻게 실천에 옮기는가 하는 것이다.

위의 사전적 정의에서 알 수 있는 것과 같이 실행의 의미는 다양하다. 이 마지막 장은 실행에 대해 깊이 있게 탐색하고, MI를 배우는 과정 중 우리의 위치를 이해하는 것을 목적으로 한다. 이미 알고 있듯이 이 책을 마친다고 MI를 배우는 과정이 끝나는 것은 아니다. 슬픈 소식인가? 좋은 소식은 MI를 실행할수록 우리도 변화한다는 것이다.

MI 학습하기

1. 도입

"안녕하세요. 저희는 ____에 서비스를 제공하는 비영리 기관입니다. 3월 목요일, 금요일 이틀 동안 워크숍을 해 주실 수 있을까 해서 전화 드렸습니다. 전화 주십시오. 저희 번호는 ……"

"____ 지역에서 집중 훈련을 받을 기회가 있을지 문의하러 전화 드렸습니다. 오래전에 단기 워크숍에 참여했고 이번에는 장기 집중 훈련을 받고 싶습니다. 이 지역에서 워크숍을 진행하는것이 가능할까요? 저희가 이 지역에서 워크숍을 여는 데 도움을 드리면, 할인된 가격으로 참석하는 것이 가능할까요?"

"저는 ____의 국장입니다. 저희 직원 25명을 대상으로 워크숍을 열어 주실 수 있을지 문의하러 연락 드렸습니다. ____ 번호로 연락 주십시오. 감사합니다."

"저는 임상사회복지사입니다."

"저는 대학원생입니다."

"저희는 보호관찰소 직원입니다……"

"저희 병원의 정신과의사분들이 MI에 대해 공부를 하셨는데 실제로 사용하는 방법을 정확히 모릅니다……"

지난 몇 달 동안 내 음성메시지 및 이메일을 통해 도착한 문의 내용들이다. 모두 MI를 좀 더 깊이 있게 배우고 싶어 한다. 시간이 지나면서 질문의 형태와 훈련의 모습도 조금씩 변하지만, 핵심 질문은 여전히 "MI가 무엇이며, 어떻게 하면 실전 기술을 배울 수 있는가"이다.

2. 심층 탐구

지난 24년 이상 기간 동안의 나의 경험 및 기존 연구 결과를 비추어 볼 때 MI를 학습하는 과정은 자기 개발서의 주장처럼 명확한 정답은 존재하지 않는다. 명확한 영역이 있는가 하면 모호한 영역이 분명 존재한다. 연구가 지속될수록 큰 그림이 드러나기도 하지만 동시에 미묘한 부분들도 드러난다. 전문가들도 해석하는 방식이 다양하기 때문에 되도록 연구 결과에 귀를 기울일 필요가 있다.

누군가가 MI를 학습하는 간단한 일곱 가지 단계가 존재한다고 주장한다면 의심해 보아야 한다. 이는 마치 골프를 치는 것이 쉽다고 주장하는 것과 같다. 골프채를 들고 공을 치면 공은 홀 주위로 자연스레 흘러가서 그 홀 안으로 들어가기만 하면 된다는 것이다. 쉽지 않은가? 그렇다면 무엇이 어려운가? 골프를 쳐 본 적이 있다면 이와 같은 설명이 얼마나 말이 안 되는지 눈치챘을 것이다(그래서 나는 골프를 치지 않는다). MI도 마찬가지이다. 간단하게 보일 수 있으나 실제 실행은 쉽지 않다. 이를 명심하면서 MI의 학습을 위해 이 책을 활용하는 방법부터 살펴보자.

이 책은 MI의 개념을 습득하고 좀 더 쉽게 기술을 훈련하는 방법들을 설명하고 있으며 기본서가 될 수 있다. 또한 개념에 대한 지식 및 기술을 재정비하는 데에도 도움이 된다. 그러나 그것만으로는 충분하지 않다.

나는 상담 트레이닝을 담당하면서, 종종 훈련이 천천히 진행될수록 더 많이 배운다는 것을 알아차렸다. 앞서 언급했던 것처럼 MI 기술은 언뜻 보면 쉬워 보일 수 있다. 그러나 Simpson(2002)은 중독치료의 복잡성을 염두에 두었을 때 MI는 굉장히 어려운 접근법이라고 주장한다. 복잡한 MI 훈련의 속성을 다음의 다섯 가지 과정으로 정리해 보자.

1. 말하라—정보를 이끌어 낼 수 있는 간단한 시나리오 및 활동을 제시하라.
2. 보라—어떤 식으로 기술을 실행하는지 관찰하라.
3. 천천히 진행하라—그룹 형태로 기술을 여러 번 연습하라.
4. 실행하라—실제 내담자에게 기술을 시도하라.
5. 세워 나가라—쉬운 부분부터 어려운 부분까지 연습을 거듭하여 기술을 정교하게 발전시켜라.

이러한 과정으로 나눌 수 있는 것은 다음의 네 가지 이유 때문이다.

1. 다양한 방식을 사용하는 것은 배우는 사람이 흥미를 가질 수 있도록 한다.
2. 훈련과정을 천천히 진행하면 기술의 미묘한 차이를 습득하는 데 도움이 된다.

3. 실제 내담자에게 실행하기 전에 단계적으로 기술을 연습하는 것은 상담자의 자신감을 상승시킨다.
4. 학습 단계를 체계화하면 복잡한 기술에 좀 더 쉽게 접근할 수 있으며 각 기술의 미묘한 차이를 배울 수 있다.

이 기술훈련서는 이러한 생각의 일환으로 나온 것이다. 간단한 영역부터 복잡한 영역까지의 연습 및 활동들이 정리되어 있고 실제 상황에 적용하기 전에 체계적으로 연습할 수 있도록 설계되어 있다. 상담자가 새로운 기술을 습득하는 과정에서 자기 효능감을 경험하는 것은 중요하다(Bandura, 1997). Duckworth(2016)가 말한 것처럼 학습의 각 단계에서 유능감을 경험한다면 집중적으로 반복하는 과정에서 연습할 동력이 생긴다는 것이다.

MI를 학습하는 데 있어 어떤 부분이 가장 중요한 지에 대한 의견은 분분하다(Madson, Loignon, & Lane, 2009; Miller & Moyers, 2006; Morgenstern et al., 2012). 분명한 것은 하나의 방법만이 존재하는 것은 아니며 배우는 순서, 시간적 적절성, 방식에 대한 추가적인 연구들이 필요하다는 것이다. MI 학습 과정은 다음의 세 가지 질문에 의해 나누어진다.

1. MI의 기본 개념을 배우기 위해서는 무엇이 필요한가?
2. 초기 유능감 단계에 이르려면 무엇이 필요한가?
3. 전문가적 숙련 단계에 이르고 이를 유지하려면 무엇이 필요한가?

"MI의 기본 개념을 배우기 위해서는 무엇이 필요한가?"

MI의 기본 원리는 다양한 방식을 통해 전달 가능하다(Arkowitz & Miller, 2008). Handmaker, Hester와 Delaney(1999)는 20분짜리 비디오를 사용하여 산부인과 의사들에게 MI의 기본 원리 및 핵심 기술을 가르쳤다. 이 비디오를 통해 공감 표현하기, 내담자의 방어를 최소화하기, 변화에 필요한 믿음을 지지하는 것과 관련한 기술을 교육했다. Voss와 Wolf(2004)는 의대생에게 MI 강연 및 비디오 상담 시연(총 3시간 30분)을 통해 기본 원리 및 개념을 교육했다. Martino와 동료들은(2007) 3년 차 의대생들에게 2시간 정도의 MI 훈련을 통해 간단한 기술습득이 가능하다고 보고했다. 또한, 약물중독 상담사들을 대상으로 한 예비연구(Martino, Haeselr, Belitzky, Pantalon, & Fortin, 2011)에서 온라인 학습을 통해서도 기본적인 기술 훈련이 가능했다고 보고했다. 그러나 이런 경우 학습하는 상담자의 상담기술 수준이 중요하고, 이미 높은 수준의 상담기술을 가지고 있는 사람들에게 온라인 학습은 효과적이었다. MINT 회원들 사이에는 기본적인 MI 개념은 7~8시간 소요되는 훈련으로 가능하다는 의견이 지배적이다. 어떤 사람에게는 이 책이나 다른 MI 책을 읽는 것만(이 책 초반부에 언급했던 것처럼 MI에 대한 다양한 책들이 출판되고 있다)으로 충분할 수도 있고, 온라인 교육을 통해서도 기본적인 개념 습득이 가능하다(Carpenter, Watson, Raffety, & Chabal, 2003).

"초기 유능감 단계에 이르려면 무엇이 필요한가?"

이것은 직접적인 대답을 필요로 하는 매우 간단한 질문이다. 그러나 대답은 복잡하고 미묘하다. 먼저 '유능감'이 무엇인지 정의할 필요가 있다.

'유능감'을 정의하려면 몇 가지 사항이 필요하다. 우리는 무엇이 내담자에게 차이를 만드는지 알 필요가 있다. MI에서 변화 메커니즘을 뒷받침하는 증거 자료가 증가하고 있다(Apodaca & Longabaugh, 2009). 이러한 증거들을 세 가지 요소로 나누어 볼 수 있다. 첫째, MI에 일치하는 상담자의 행동은 내담자의 변화대화를 증가시킨다(예: Gaume, Gmel, Faouzi, et al., 2008; Vader et al., 2010). 둘째, MI에 일치하지 않는 행동은 유지대화를 증가시킨다(예: Apondaca et al., 2014; Apodaca et al., 2016). 셋째, 의도적으로 대화하는 방식(예를 들어, 어떻게 반응할지 주의 깊게 선택하는 것)은 MI 행동과 결과에 중요한 영향을 끼친다(예: Barnett, Moyers et al., 2014; Borsari et al., 2015; Glynn & Moyers, 2010; Houck & Moyers, 2015). 이 세 가지 요소 모두 내담자에게 더 나은 결과를 예측하는 것으로 나타났다. 이 책에서 앞서 다룬 내용을 생각해 볼 때, 이 세 가지 증거는 크게 놀랍지 않다.

전반적으로 연구 결과는 초기 유능감은 2~3일의 MI 기초 훈련을 통해서 키울 수 있다는 MINT 지도자들의 의견과 일치한다(Madison, Lane, & Noble, 2012). 이 이틀간의 워크숍은 대화연습, 관찰, 경험하고, 실습할 수 있는 활동들을 포함한다. 그중 기술 훈련은 매우 중요하다(Barwick, Bennett, Johnson, McGowan, & Moore, 2012). 많은 연구자들(예: Baer et al., 2004; Brug et al., 2007)은 기술 훈련을 포함한 이틀간의 워크숍을 통해서 유능감을 얻을 수 있다고 보고하고 있다. 중독상담가, 정신건강 치료사, 아동복지사, 형사 사법 근로자, 의료기관 전문가 등을 포함한 다양한 지역사회 상담자들을 대상으로 기술훈련이 진행될 수 있다(예: Shwalbe, Oh, & Zweben, 2014). 연습이 포함되어 있다면 MI를 실시하는데 필요한 초보적인 기술은 워크숍 형식으로 충분히 가르치고 배울 수 있다.

이틀 동안 진행하는 기초 수준의 워크숍은 상담가들에 필요한 가이드를 제공하기 때문에 상담가들이 초기 유능감 단계에 이를 수 있도록 하는 데 유용하다(Baer et al., 2009; Madson et al., 2009). 그러나 워크숍 형태가 유일한 방법은 아니다. 다른 형식들(예를 들어, 모의 시뮬레이션 프로그램 등)이 앞으로 MI를 배우는 대안이 될 수 있다. 이러한 새로운 프로그램들은 빠르게 성장하고 있으므로, 더 알고 싶다면 인터넷 '동기강화상담 시뮬레이션 프로그램'을 검색해 보기를 권한다.

MI 훈련자들에게는 연구 결과와 공식적인 코딩 시스템 외에도 상담자 기술 단계를 측정하는 가이드라인이 존재한다. 예를 들어, 기초 훈련이 끝난 후에는 상담가들의 질문 대 반영 비율이 1:2 정도가 되어야 한다. 이것이 쉬운 것처럼 보이지만 대부분의 상담가들이 반영보다 질문을 훨씬 많이 한다. 표면반영을 주로 하는 사람들이 좀 더 깊은 반영을 해야 하며, 또 다른 목표는 닫힌 질문보다 열린 질문을 많이 하는 것이다. 인정하기의 중요성을 이해하고 제공하는 것, 간결한 요약을 의도적으로 제시하는 것이 가능해야 한다. 변화대화와 유지대화를 구분하고, 비록 미세한 방식의 변화대화는 놓칠 수도 있지만 변화대화에 대해 최대한 반영으로 반응하는 것이 가능해야 한다. 준비대화와 변화결심을 구분하고, 성급하게 묻거나 충고하지 않고 이끌어 내기-제공하기-이끌어 내기(E-P-E)를 사용할 수 있어야 한다. 좀 더 내담자의 입장에서 자율적인 태도를 유지하면서 어떻게 변화를 일으킬 수 있을지에 대한 관점이 성장해야 한다. 이는 내담자와의 평소 대화 방식이 MI 정신과 맞지 않을 수 있다는 깨달음을 얻는 순간이 될 수 있다. 통제감이 약해진다고 할지라도 MI 사용의 새로운 자기 효능감 발견은 즐거운 일이다. 그러나 새로운 기술에 익숙해지고 숙련되기 위해서는 추가적인 연습과 코칭은 분명히 필요하다.

아쉽게도 많은 상담자들은 이 지점에서 MI 훈련을 끝내는데, 그럴 경우 실제 환경에서 기술의 변화로 이어지지 못하고(Barwick et al., 2012) 결국 MI를 사용하는 데 필요한 관심과 자신감을 줄어들게 만든다(Decker & Martino, 2013). 실제로 상담자가 "MI를 어떻게 하는지 알아."라고 말하면서 실제 상담은 MI 정신을 전혀 담고 있지 않은 경우들을 종종 본다.

"전문가적 숙련 단계에 이르고 이를 유지하려면 무엇이 필요한가?"

Bill Miller와 Steve Rollnick은 수업, 워크숍, 교과서 없이 MI을 하는 것을 습득했다. MI에 대해 스스로 학습하고 유능해질 수 있는가? 이를 위해서는 책을 읽는 것을 훨씬 뛰어넘는 많은 노력과 헌신이 요구된다. MI의 개념은 책에서 배울 수 있지만 실제 상담을 통해 훈련되어야 한다.

음악에 비유한다면, 음악의 타고난 재능이 있어서 기술을 좀 더 쉽게 배우고 사용할지 모른다. 어떤 사람이 MI에 적합한지에 대해서 연구 결과가 분분하다. MI에 이미 자연스러운 친밀감을 가지고 있는 사람은 MI와 성격상 잘 맞지 않는다고 느끼는 사람보다 훈련이 덜 필요할지 모른다. 그러나 여전히 MI의 개념과 기본 기술들을 구조화된 활동을 통해 배우는 것이 중요하다.

이전에는 MI에 대해 학습하는 이런 자료들이 없었다. 대부분 상담을 하면서 익숙해지고, 코칭과 피드백을 얻었을 뿐이다. 이들의 워크숍이 MI 개념과 기술을 배우는 기본적인 통로가 될 수 있지만 MI 기술을 숙련된 상태로 사용할 수 있다는 뜻은 아니다(Schwalbe et al., 2014). 숙련되려면 초기 훈련보다 더 많은 것이 필요하다.

MI에 유능하다는 것이 무엇인지 정확하게 말할 수는 없다. 그러나 MI와 일치하는 행동이 더 많은 변화대화를 일으키며 MI와 일치하지 않는 행동이 유지대화를 일으킨다는 설득력 있는 증거들이 많이 있다(예: Barnett, Spruijt-Metz et al., 2014; Magill, Stout, & Apodaca, 2013; Magill et al., 2014). 내담자의 언어와 결과와의 관계가 복잡하더라도, 상담자의 행동이 내담자의 언어에 영향을 미치고, 내담자의 언어가 내담자의 상담 결과로 이어진다(예: Apodaca et al., 2014; Gaume et al., 2016). 단순히 MI에 대해 아는 것으로는 부족하며 MI에 숙련되는 것이 중요하다.

MI 숙련도의 궁극적인 기준은 실제 상담 현장에서 판단할 수 있겠지만, 기술 향상과 유지를 위해서는 피드백과 코칭이 중요하다. 이러한 부분의 중요성은 지난 10년 동안의 상담기술 연구들(May, 2013), 특별히 상담가의 유능감과 관련한 연구들(Fixsen, Naoom, Blasé, Friedman, & Wallace, 2005)이 잘 보여 주고 있다.

Miller 등(2004)은 코칭과 함께 피드백을 제공하는 것이 기술을 획득하고, 증진시키고, 유지시킨다고 보고했다. 흥미롭게도 이 연구에서는 코칭만으로는 부족하며 코칭과 피드백이 함께 제공될 때 내담자의 변화대화를 이끌어 낼 수 있는 상담자의 수준이 높아진다고 밝혔다. Smith 등(2007)은 워크숍 참석 후 '실시간' 코칭을 제공하는 것이 상담능력 향상에 중요한 요소라고 주장한다. '실시간' 코칭이란 상담자가 이어폰을 낀 상태로 트레이너가 상담 회기 진행에 대한 제안을 전달하는 것이다. 시간과 노력이 많이 드는 훈련에 비해 당장의 효과성은 크지 않을 수도 있다. 그러나 훈련 3개월이 지난 시점에도 그 효과가 유지되었다고 보고했다. 효과성은 반영 대 질문의 비율과 같은 기본적인 MI 기술에서 가장 분명하게 드러났다. 종합해 볼 때, 숙련된 트레이너에게 코칭과 가르침을 받는 것은 효과적이며, 특별히 구조화된 피드백이 주어지면 더욱 효과적이다.

문제는 많은 상담자들이 추가적인 피드백이나 코칭을 받으려 하지 않는다는 것이다. Forrester, McCambridge, Wassbein, Emlyn-Jones와 Rollnick(2008)은 코칭이 상담자 기술을 향상시킴에도, 아주 소수의 사회복지사만이 무료로 제공되는 코칭을 받으려고 했으며, 총 다섯 번 중 최대 세 번밖에 참석하지 않았다고 보고했다. Moyers 등(2007)도 상담자에게 제공되는 서비스에 참여하는 상담자의 비율이 낮았다고 보고했으며, Bennett 등(2007)은 상담자들이 자신의 상담을 녹화하고, 코칭을 받고, 상담을 리뷰하도록 녹화본을 제출하는 횟수가 대부분 1회에서 그쳤다고 보고했다. 이러한 결과는 MINT 회원들이 직접 목격하고 경험한 바와 일치하는데, 기관이 의무적으로 요구하지 않은 이상, 상담자들이 추가적인 코칭을 받지 않는다는 것이다. 그렇기에 자신의 기술을 더 향상하고자 하는 상담자는 적극적으로 기회를 탐색해야만 한다.

MI 기술의 미묘한 차이를 잘 이해하고 유지하기 위해서는 추가적인 훈련이 꼭 필요하다. Madson, Loignon과 Lane(2009)은 많은 연구나 문헌들이 Miller와 Moyer(2006)가 말한 MI의 여덟 가지 과제 중 후반부 과제들에 대해 다루지 않는다고 지적했다(Miller와 Moyer는 여덟 가지 단계라고 이야기했으나, 단계보다는 과제라고 이름 붙이는 것이 더 적절하다). MINT 설문조사에 의하면(Madon et al., 2012) 훈련의 목표는 가용할 수 있는 시간, 전문가 환경, 상담자의 이전 기술/지식에 영향을 받는다. 많은 훈련자들이 이 여덟 가지 과제가 가치 있다고 생각하지만, 한 영역을 마친 이후 다음 영역으로 넘어가기 전에 완성해야 한다고 생각하지 않는다. 이는 이 과정들이 순서대로 진행되는 단계라기보다는 서로 긴밀히 연결되어 있는 과제이기 때문이다. 또한 트레이너에 따라 초기의 목표와 훈련의 많은 부분이 달라지므로, 이후에 필요한 훈련의 종류도 다를 수밖에 없다. 『동기강화상담』 이전 판에서 이 여덟 가지 과제 모델은 기술하지 않았으나 『동기강화상담』(3판)에는 이러한 과제들이 제시되어 있다. 이 기술훈련서를 읽는 것 또한 이러한 정보와 기술을 추가하는 방법이며, 중급 또는 고급 훈련을 받는 것도 하나의 방법이다. 두 가지를 모두 한다면 서로 상호 보완적이며 그럴 경우 『동기강화상담』(3판)을 사용하기를 권한다.

상담자는 기술을 더욱 가다듬을 수 있도록 지속적인 훈련을 해야 한다. Madson과 동료들(Madson et al., 2012; Madson et al., 2009)은 이런 훈련에서의 초점은 변화대화를 이끌어 내고 강화시키는 것, 변화계획을 발전시키는 것, 결심을 더욱 굳히는 것, MI와 다른 치료 방법을 전환하는 것 등에 맞춰져야 한다고 말했다. 나는 반영적 경청의 미묘한 차이를 잘 사용하는 것 또한 이런 상위 수준 훈련의 초점이 되어야 한다고 생각한다.

MI에 숙련된 상담가는 다음과 같은 모습을 보인다. 능숙하게 수면 아래 있는 깊은 내용을 지속적으로 반영하는데, 반영을 억지로 만들어 내지 않고 더욱 경청하려고 노력한다. 의도적으로 더 집중해서 듣는 것이다. 그럴수록 좀 더 변화대화의 미묘한 차이를 인지할 수 있고 반영의 기회를 잘 잡을 수 있다. 그런 반영은 단순히 변화대화를 인식하는 것을 넘어서, 변화대화를 이끌어 내고 강화시키는 것까지 나아간다. 내담자가 현재 이야기하고 있는 그 이상을 이끌어 낼 수 있는 것이다. 이 상태에서는 정보 공유 및 인정하기도 자연스럽게 나타나며, 무엇보다 변화대화에 초점을 지속적으로 맞춘다. 유지대화를 필요 이상으로 반영하지 않고 강화하지 않는다. 네 가지 과정에 대한 이해와 사용이 자연스럽게 연결된다. 상담자들은 기계적으로 단계에 맞춰서 진행하는 수준을 넘어서 대화의 흐름에 맞게 적절한 속도로 물 흐르듯 진행하는 것이다. 자신의 눈 앞에 놓여 있는 문제에 급급하기보다는 내담자의 상황에 맞는 큰 그림을 파악하고 내담자가 변화과정에서 앞으로 나아가는 데 필요한 것을 중심으로 상담을 진행하는 모습을 보인다. 노력을 들여 MI 기술을 사용하고자 하는 수준에서 벗어나 좀 더 편안하게 내담자에게 충분히 귀 기울이는 태도를 보인다.

MI 기술이 자신의 기관에 꼭 필요한 것이라면 기관 차원의 지지가 중요하다. Miller, Sorensen 등(2005)은 기관의 준비도 수준(Simpson, 2006)과 새로운 상담방법에 대한 기관 차원의 지지가 기술 획득에 영향을 끼친다고 주장했다. 기관의 문화가 MI의 사용을 지지하지 않는다면 아무리 열정적이고 숙련된 상담자도 MI을 지속적으로 사용하기 힘들다. 이럴 경우 또는 그렇다면 MI '선수권 활동'이 기술 유지에 큰 영향을 끼친다(Hartzler, Baer, Dunn, Rosengren, & Wells, 2007). 선수권 활동은 MI 기술의 사용을 상기시키는 것, MI에 대한 대화를 위해 직원 모임을 갖는 것, 추가적인 기술 훈련을 제공하는 등 다양하다. 여기에 학습공동체 설립, 상담 코칭과 슈퍼비전 시간 배정, 상담자 수준 측정 등을 포함한다. MI의 사용을 적극적으로 권장하는 사람이 그 기관에 존재하면 기술의 유지가 훨씬 쉽다. Powell과 동료들(2015)은 기관이 협조할 수 활동들의 항목을 제시하고 있는데, 어려운 수준의 항목일수록 기관의 지지가 더욱 필요하며(Karlin & Cross, 2014) 이런 활동들은 기관이 작동하는 방식을 바꿀 것이라고 주장한다(Fixsen et al., 2005). 기관 지도자들의 리더십 형태가 상담자들의 MI 실행을 지지하는 데 중요한 부분이라는 것은 놀라운 이야기가 아니다.

리더십과 기관 차원의 사안들은 개인이 영향력을 끼칠 수 있는 범위에서 벗어난다고 느끼기 쉽지만, 다음과 같이 각 개인 상담자가 기관에게 도움이 되는 방법들이 있다. 첫째, 리더들에게 근거 기반 기술의 중요성에 대해 이야기하라. 둘째, 기술을 강화하고 유지하는 데 도움을 줄 수 있는 지역 현장이나 온라인의 학습공동체를 적극적으로 찾아라. 셋째, 기관에서 MI 숙련자 팀을 만들라. 만약 MI 숙련자가 한 사람뿐이고 그 사람이 기관을 떠나면, MI에 대한 노력이 유지되지 않을 수 있으므로 팀으로 이루어지는 것이 이러한 상황을 대비할 수 있게 해 준다. 넷째, 스스로 상담 회기를 리뷰하고 MI 코드 작성을 하는 연습을 하라. 자가 평가는 기술을 배우고 정교화시키는 데 아주 중요한 부분이다. 코딩 표는 MINT 웹 사이트(*www.motivationalinterviewing.org*)에서 다운받을 수 있다.

3. 개념 정리 문제—자가 진단하기

진실 혹은 거짓

1. T F 여기에서 언급한 MI 학습 모델이 MI를 배우는 최선의 방법이다.
2. T F 연구들은 MI를 배우는 데 가장 중요한 요인이 무엇인지 명확하게 밝히고 있다.
3. T F 연구 결과들은 MI 안에서 변화에 영향을 끼치는 세 가지 중요한 요소가 있음을 보여준다.

4. T F 단순한 일곱 가지 단계로 MI를 실행하는 방법을 배울 수 있다.
5. T F MI 개념은 하루 정도의 훈련을 통해서도 배울 수 있다.
6. T F 이 책을 읽는 것만으로 MI 기술 훈련은 충분하다.
7. T F MI 초기 훈련은 트레이너, 훈련 환경, 훈련의 길이에 따라 달라질 수 있다.
8. T F 이틀에 걸친 워크숍을 받으면, MI 사용에 필요에 모든 요소를 다 배울 수 있다.
9. T F 기술을 유지하고 향상시키는 데 코칭과 피드백은 중요한 요소이다.
10. T F 기관의 성격과 같은 (상담자 개인의 통제를 벗어나 보이는) 부분들이 MI 기술 유능감을 유지하고 지속적으로 사용하는 데 영향을 끼친다.

정답 및 해설

1. F 여기에 언급한 것이 MI를 배우는 유일한 방법은 아니다. 이 책에서 언급한 내용이 연구 결과를 바탕으로 하고 있는 것이 사실이나, MI 학습에 대한 다양한 연구들이 존재한다 (예: Martino, Canning-Ball, Carroll, & Rounsaville, 2011).
2. F MI를 배우는 데 중요한 과제가 무엇인지에 대해서는 일반적인 합의가 존재하지만, 이 합의 또한 연구 결과보다는 전문가 의견에 기초하고 있다. 아직 연구들이 MI를 연습하는 과정에서 어떤 부분이 중요한지에 대해 명확하게 밝힌 바는 없다.
3. T 연구들은 다음과 같은 세 가지 중요한 메커니즘이 존재한다고 말하고 있다. MI와 일치하는 행동은 변화대화를 촉진한다. MI와 일치하지 않는 행동은 유지대화를 일으킨다. 의도를 가지고 대화하는 방식은 MI 행동과 결과에 중요한 영향을 끼친다.
4. F MI는 단순해 보이지만 쉽지 않다. MI 배우기에서 단순한 일곱 가지 단계라는 것은 없다. Simpson(2002)이 말했던 것처럼, MI는 정교하고 복잡한 기술이다. 기술 증진을 위해서는 연습하는 데 시간을 투자해야 한다. 다이어트를 할 때 노력을 들이지 않으면 지속되는 효과가 없는 것과 마찬가지이다.
5. T MI를 배우는 것은 어려우나, MINT 기관 및 연구들은 하루 정도의 트레이닝이 MI의 일반적인 개념을 전달하는 데 효과적임을 보여 주고 있다.
6. F 나와 다른 상담자들의 경험상 이 책과 같은 자원은 훈련의 과정에 도움이 되고 MI 개념을 학습하는 데 유용하다. 그러나 이 책으로 충분하다는 근거는 없다.
7. T MINT 지도자들이 MI를 배우는 데 있어 중요한 부분에 대해 공통된 의견은 존재하지만, 각각 강조하는 부분은 다를 수 있다. 상황의 성격, 목표로 하는 전문가 집단, 훈련의 길이 등 모든 요소가 어떤 훈련을 제공할 것인지 선택하는 데 영향을 끼친다. MINT 집단 밖에서는 훈련 내용이 더욱 다양하게 나타날 수 있다.
8. F MI를 배우는 여덟 가지 과제는 이틀 안에 진행되는 워크숍 안에서 모두 다룰 수 없다. 개념을 배우는 것이 하루 동안 워크숍으로 가능하다고 하더라도 개념을 효율적으로 사용

할 수 있는 수준이 되는 것을 의미하는 것은 아니다.

9. T 상담 실행 연구들과 훈련의 효과성에 대한 연구들은 코칭과 피드백이 기술의 유지와 강화에 중요한 요인임을 말해 주고 있다.

10. T 상담 실행 연구들은 상담자의 유능감이 근거 기반의 상담에 중요한 부분임을 보여 준다. 그러나 기관의 지지 그리고 리더십이 또한 상담가의 유능감과 MI 기술을 지속적으로 사용하고 향상시키는 데 매우 중요한 요소임을 보여 주고 있다.

4. 연습하기

코칭과 피드백 회기가 어떤 식으로 진행되는지 예를 들어 살펴보자. Prime Solutions은 알코올 및 마약 사용장애 치료 프로그램으로 Carlo DiClemente와 Terri Moyers가 함께 설립했고 Gerald Schulman의 컨설팅을 받았다. 이 프로그램은 변화단계 모델과 MI를 기본적인 상담 방법으로 사용한다.

	진술	설명
코치:	지난번 피드백 보낸 것은 어떠셨나요?	코칭은 상담자에게 초점을 맞추고 열린 질문으로 시작함.
상담자:	일리가 있는 피드백이었어요. 아직 상담 녹음본을 다시 들어 보지는 못했지만 무슨 말씀이신지 알겠더라고요.	상담자는 자신의 회기 녹음을 다시 들어 보도록 권유 받음. 이는 보통 첫 피드백 세션 전에는 일어나지 않음.
코치:	크게 놀랄 만한 피드백은 없었죠.	MI 코치들은 보통 MI 상담자와 같은 기술을 사용함. 여기서는 반영을 사용함. 어느 정도의 확대가 가미됨.
상담자:	사실 점수가 높아서 좀 놀랐어요. 낮을 것이라고 생각했었거든요.	때때로 상담자가 반대로 반응할 때도 있지만 많은 경우 자신의 상담능력에 대해 걱정함.
코치:	꽤 잘하셔서 놀랐어요. 오늘 집중해서 이야기할 부분들이 몇 가지 있는데, 먼저 본인은 어떤 부분들을 이야기해 보고 싶으신가요?	내담자에게 MI를 하는 것과 유사함.

상담자:	제가 어떻게 해야 할지 모르는 지점들이 있었어요. 대화가 막힌다는 느낌이 드는 부분이 있었어요.	상담자는 집중적으로 이야기할 필요가 있는 부분에 대한 아이디어를 가지고 있음.
코치:	사용하는 기술은 적절했으나 방향을 잃는 것 같은 느낌이 드는 부분들을 말씀하시는군요. 저도 몇 군데 방향이 불확실하게 느껴지는 부분이 있었어요. 원하시는 부분이 있으면 그 부분부터 먼저 이야기해 보면 좋을 것 같습니다.	반영 및 정보를 제공하고 상담자의 의견을 먼저 따르고자 함.
상담자:	특별하게 생각나는 부분은 없습니다. '그랬었다'라는 것만 기억나네요.	자신의 상담 회기를 듣지 않으면 구체적인 부분을 기억하는 것이 어려움.
코치:	네, 알겠습니다. 혹시 다루고 싶은 다른 부분이 있나요?	내담자에게 쓰는 것과 같은 질문.
상담자:	이야기하면서 기억날 것 같긴 한데 지금은 방금 이야기한 것이 큰 부분인 것 같아요.	흔한 반응이며 상담 회기를 듣는 것이 더 풍부한 대화를 이끎.
코치:	괜찮다면 제가 오늘 세션이 어떻게 구성될지 이야기해 봐도 될까요? 먼저 본인의 강점, 잘하고 있는 점에 대해 리뷰를 해 보고 이에 대한 부분을 다시 들어 보겠습니다. 그다음, 본인이 개선하고 싶은 부분을 이야기하는 시간을 가질 것입니다. 마지막으로, 그 부분을 개선하기 위해서 어떻게 해야 할지에 대해 이야기해 봅시다. 어떻게 생각하세요?	허락을 구하고 난 다음 구조화된 진술을 제공함. 피드백은 의도적으로 장점부터 시작하여 긍정적인 생각들을 세워 나감. 기술 연습은 상담자가 개선하고 싶은 영역을 다시 살펴보는 것과 더불어 진행됨.

이 대화는 MI를 사용하여 코칭과 피드백을 어떻게 하는지에 대한 예를 보여 준다. 코치는 상담자가 내담자에게 MI를 사용하듯이 상담자에게도 MI를 사용하고 있다. 사실 코치는 상담자에게 MI를 어떻게 사용하는지에 대한 모델이 되어야 한다. 이후에 어떻게 하면 코치를 찾을 수 있을지에 대해 정보를 제공할 것이다.

5. 시도해 보기

아래 연습활동을 통해 어떤 부분에서 상담기술을 다듬을 필요가 있는지 점검해 볼 것이다. 연구 근거에 기초한 측정 평가 도구라기보다는 간단한 자기평가라고 생각하면 된다.

〈연습 14-1〉 MI를 배우는 아홉 가지 과제

Miller와 Moyers(2006)는 MI를 배우는 여덟 가지 과제를 이야기했다. 이전에 언급한 것처럼 우리는 이를 단계가 아닌 과제로 부를 것이다. 이 연습 활동에서는 하나를 더 추가하여 아홉 가지 과제를 제시하였고, 각 과제에서 본인이 어디쯤 있는지 스스로에게 질문하면서 체크해 보자.

〈연습 14-2〉 MI 기술 차트

이 차트는 MI를 사용하는 각각의 기술들에 대한 유능감 수준에 대한 정보를 제공한다. 일부 부분은 연구 결과에 기초하고 있지만 대부분은 전문가들의 의견을 바탕으로 하고 있다. 자신이 읽은 부분에 대해 체크해 볼 수 있는 퀴즈처럼 생각하면 된다. 이것은 자가평가 도구로, 근거 기반의 MINT (Moyers et al., 2014), MISTS(Madson et al., 2005), YAKS(Martino, Ball, Nich, Frankforter, & Carroll, 2008)와 같은 코딩 시스템과 혼동하면 안 된다. 솔직하게 답할수록 어떤 기술에 더 많은 노력을 기울여야 하는지 파악하는 데 도움이 될 것이다.

〈연습 14-3〉 MI 코치 찾기

여기서는 어떤 사람을 MI 코치로 삼을 것인지 코치에게 물어볼 수 있는 사항들은 무엇인지에 대해 정리해 놓았다.

6. 파트너 활동

이 활동은 파트너가 누구냐에 따라 달라진다. 코치가 있다면 자신의 상담 샘플을 듣고 스스로 코딩하는 것이 필요하다. 함께 MI 숙련 단계를 밟고 있는 동료가 있다면, 〈연습 14-1〉과 〈연습 14-2〉 자료를 사용하여 당신의 상담기술에 대한 평가를 부탁할 수 있다. 그리고 이 여정을 시작할 때의 위치와 지금의 위치로 나누어 평가해 주기를 부탁할 수 있다. 이 과정은 앞으로 어떤 부분에 대한 노력이 필요한지 파악하기 위한 것이다. 물론 파트너가 솔직하게 당신을 평가한 것이며 생산적이고 지지적인 피드백을 해 줄 것이라는 가정에 기반하고 있다.

7. 그 밖의 고려 사항

그 밖에 상담자의 기술을 효과적으로 평가하고자 하는 여러 시도들이 있어 왔다. 예를 들어, 지난 5년간 MI 상담 틀 안에서 상담자의 공감능력(Imel, Barco, et al., 20014) 및 상담의 주제(Imel, Steyvers, & Atkins, 2014)를 평가하고 상담자의 반영(Can et al., 2016)을 구분하는 온라인 프로그램에 대한 논문들이 발표되어 왔다. 컴퓨터 점수 시스템을 사용하는 것은 여러 분야의 상담자 평가에 있어 지금 현재의 방법보다 비용적인 면에서 효율적일 것이다. 이러한 발전은 상담자의 기술 숙련도에 있어 중요한 의미를 가진다. 이러한 발전에 대해 우려의 목소리도 있지만 상담자인 우리의 기술을 발전시키는 데 중요한 기회가 될 수 있다. 이 모든 과정의 핵심은 내담자가 성장하는 것임을 명심해야 한다.

이 장을 읽고 코칭을 받는다면 모든 상담은 성공적일까? 그렇지 않다. 일반적으로 MI가 항상 효과적인 것은 아니다. 어떤 내담자들은 이미 화가 난 상태에서 상담자에게 화가 난 이유를 찾는다. 이런 경우에는 MI 관련 방법을 먼저 시도해 보되 여전히 효과가 없다면 지금 하고 있는 방법을 바꿔야 한다. 이전에 한 교수가 "지금 하고 있는 것이 효과가 없다고 판단되면, 제발 거기서 멈추라. 다른 방법을 사용하라. 필요하다면 물구나무를 서라. 같은 것을 반복하지 말라!"라고 말한 것을 기억한다.

여러 내담자의 반응이 좋지 않다면, 지금하고 있는 방식에 수정이 필요하다. 이 워크북에 있는 핵심 기술을 다시 한번 연습할 수 있겠지만, 다른 전문가의 의견과 코칭이 필요할 수 도 있다.

마지막으로, 아무리 훈련도와 기술 숙련도가 높다고 할지라도 다른 사람의 의견을 구하는 것이 바람직하다. 내가 일하는 곳에도 경력이 오래되고 숙련된 상담자들이 있지만 여전히 피드백을 받는 것은 중요하다고 말한다. 여기서 나는 (요청받지는 않았지만) 충고를 한 가지 하고 싶다. 이전에도 이 책으로 연습해 왔듯이 앞으로도 지속적으로 연습하라.

연습 14-1 MI 학습의 아홉 가지 과제

Miller와 Moyers(2006)는 MI를 배우는 여덟 가지 과제를 제시했다. 이 책에서 우리는 단계가 아닌 과제로 부를 것이다. 이 연습에서 한 가지 과제를 추가적으로 더하였고, 총 아홉 가지 과제에 대해 본인이 어디쯤 있는지 스스로에서 질문하면서 체크해 보라. 아래 1(전혀 동의하지 않음)~5(완전히 동의함) 중에서 자신이 어디쯤 있는지 체크해 보자.

MI 정신을 받아들이고 전달하기					
1. 내담자의 필요에 맞는 MI의 네 가지 요소를 찾음	1	2	3	4	5
2. 내담자의 변화에 대한 생각이 내 생각보다 훨씬 중요한 것을 앎	1	2	3	4	5
네 가지 과정을 이해하고 실행하기					
3. 네 가지 과정을 기술할 수 있음	1	2	3	4	5
4. 각 네 가지 과정 안에서 어떤 접근법을 가져야 하는지 명확하게 앎	1	2	3	4	5
의도적으로 OARS+I 기술을 사용하기					
5. 다섯 가지 핵심 기술 사이를 자유롭게 옮겨 다닐 수 있음	1	2	3	4	5
6. 핵심 기술들을 목표를 가지고 사용함	1	2	3	4	5
변화대화를 인식하고 강화하기					
7. 명확하지 않을 때에도 변화대화를 들을 수 있음	1	2	3	4	5
8. 변화대화를 반영하는 것이 쉬움	1	2	3	4	5
변화대화를 유발하고 강화하기					
9. 유지대화와 불협화음에서 변화대화의 기회를 놓치지 않음	1	2	3	4	5
10. 변화대화가 들리지 않을 때도 변화대화를 유발하는 방법을 앎	1	2	3	4	5
왈츠를 추듯 불협화음을 넘기기					
11. 내담자와의 불협화음 과정 중에도 마음이 조급하지 않음	1	2	3	4	5
12. 불협화음을 내담자와 상담자 모두에게 도움이 될 수 있도록 다룸	1	2	3	4	5

(다음 쪽에 계속)

변화계획을 발전시키고 수정하기					
13. MI에 일치하는 방식으로 변화계획을 발전시키는 방법을 앎	1	2	3	4	5
14. 계획한 대로 진행되지 않을 때도 MI와 일치하는 방식으로 대화를 이끌어 감	1	2	3	4	5
내담자의 결심을 굳히고 상기시키기					
15. 결심에 대해 언제, 어떻게 물어보아야 하는지 앎	1	2	3	4	5
16. 이미 변화를 일으키고 있는 사람들의 양가감정을 다룰 수 있음	1	2	3	4	5
MI와 다른 상담 접근을 활용하기					
17. 다른 상담 접근법 사용 중에도 MI를 사용할 기회를 인지함	1	2	3	4	5
18. MI 정신을 놓치지 않고 다른 상담 접근법을 사용할 수 있음	1	2	3	4	5

각 과제 아래에는 2개의 질문이 있고 각 과제에 대한 점수는 2점에서 10점까지이다. 점수 해석의 기준은 다음과 같다.

- 2~4 = 자신감이 낮음
- 5~7 = 자신감이 중간 정도
- 8~10 = 자신감이 높음

자신감이 낮은 영역들에 대해서는 이 책으로 다시 한번 점검하라. 모든 영역의 점수가 낮을 경우에는 기초 훈련이나 코치를 구하는 것을 고려해 보라. 중간 영역인 경우 한 항목 점수는 높은데 다른 항목의 점수가 낮은 패턴을 보일 수 있다. 그렇다면 점수가 낮은 영역을 집중 공략하라. 그 부분은 코칭 받는 것을 고려해 보라. 모든 영역에서 점수가 높다면 축하할 일이다. 그럼에도 여전히 원하는 만큼의 수준이 아니거나 MI 기술의 결과가 정확한지 의문이 들 수 있는데 그런 사람들에게도 코칭을 받아 보기를 권한다. MI의 미묘한 차이를 잘 알고 있는 사람에게 도움을 구하라.

연습 14-2 MI 기술 차트

이 차트는 MI의 각 영역에서의 자신의 기술을 평가하는 방법으로 활용할 수 있다. 각 기술의 숙련도 수준을 표시해 보라. 기초 숙련도와 높은 숙련도 두 곳 모두에 해당된다면, 두 가지 중 저울의 균형이 조금 더 기울어져 있는 곳에 표시하면 된다.

	기초 숙련도	지금의 상태	높은 숙련도
네 가지 과정	네 가지 과정을 알고 있으나 그 과정을 따르지 않거나 기계적으로 따름		그 과정들 사이를 유연하게 이동하며, 유용한 도구로서 그 과정들을 인식하고 사용함
열린 질문	닫힌 질문보다 열린 질문을 많이 함		방향성이 있는 열린 질문을 하며, 전략적으로 닫힌 질문을 사용함
인정하기	응원, 칭찬, 인정하기의 차이를 알고 있으며, 필요할 경우 인정하기를 제공할 수 있음		내담자가 자신의 강점 알 수 있도록 인정하기를 자유자재로 사용함
반영—반영 대 질문의 비율	반영 대 질문의 비율이 1:1		반영 대 질문의 비율이 2:1
반영—깊이	대부분이 표면반영이며, 일부가 심층반영		대부분이 심층반영이며, 일부가 표면반영
반영—방향성	내담자를 따라가는 경향이 있으며, 변화대화가 명백할 때 반응함		내담자가 집중해야 할 부분을 이끄는 경향이 있으며, 변화대화가 미묘하게 나타날 때도 반응함
반영—유지대화	대부분이 표면반영이며, 일부가 심층반영		심층반영을 이용하여 유지대화를 넘어 중립 또는 변화대화로 이동함
요약하기	이전보다 짧고 구조화된 요약하기 제공함		명료하고, 목표가 있으며 전략적인 요약하기 제공함

(다음 쪽에 계속)

MI 기술 차트

	기초 숙련도	지금의 상태	높은 숙련도
정보 공유	허락을 구하기와 요청받지 않은 조언하기 사이의 균형을 유지함. 자신의 생각을 공유해도 괜찮은지에 대한 불확실성이 존재하는 상태임		허락을 받고 생각을 편안하게 공유함. 그러나 내담자의 관점과 생각에 더욱 무게를 둠
변화대화	변화대화와 유지대화, 준비언어와 실행언어 사이의 차이를 인식하고 명백한 변화대화를 강화시킴		미묘한 변화대화를 인식하고 반응함
유지대화/불협화음	유지대화와 불협화음을 구분함. 필요할 경우 기본적인 기술을 사용할 수 있음. 내담자와 표면에 머무는 경향이 있음		유지대화와 불협화음을 변화과정의 일부로서 편안하게 생각함. 유지대화와 불협화음으로부터 멀어질 수 있는 심층반영을 사용. 유지대화와 불협화음 중에서도 변화기회를 포착하고 반응함
변화계획하기	MI 기술의 필요를 인식하나 일반적인 대화로 돌아 감		MI적 안내 방식과 정보 제공기술을 지속적으로 사용
결심을 굳히기	결심을 일회적인 사건으로 반응함. 결심에 대한 실행이 부족하면 변화준비도가 낮은 것으로 인식		결심이 지속적으로 강화되어야 하는 과정으로 인식하며 실행의 부족은 결심을 탐색하고 강화해야 할 사인으로 생각
MI와 다른 접근 사이 변경하기	MI와 다른 접근을 별개의 것으로 간주하고 특정한 때에만 통합		MI를 다른 접근 방식에 녹여 내어 분리해서 사용하는 것이 아니라 통합적으로 자유자재로 변경하여 사용함

MI 기술 차트

실제 상황에서, MI 정신에 일치하는 요소들을 구분하는 것은 어렵다. 결과적으로 이러한 요소들은 동시에 나타나기 때문에 상담자는 내담자와의 상호작용 및 사고나 태도를 고려해야 한다.

	기초 숙련도	지금의 상태	높은 숙련도
MI 정신	협동정신의 필요성을 인식하나 자신의 전문 영역에 대해서는 허락을 구하지 않고 충고하기를 할 가능성이 높음 MI 정신에 입각한 대화의 가치를 인정하나 내담자가 자신과 타인에게 부정적인 영향을 끼치는 선택을 할 때 힘들어함 공감의 필요성을 인식하나 내담자가 위험성이 있는 선택을 할 때 공감을 유지하기 어려움 내담자의 생각을 물어보나 성급하게 계획하기로 진행하거나 대안을 제시함 관계를 형성하지만 자신이 잘하고 있는지에 대한 두려움이 있음. 내담자에게 호기심이 있으나 앞으로의 방향으로 끌고 나가고자 하는 조급함이 존재함. MI를 제대로 실행해야 한다는 압박감에 내담자에게 집중하는 것이 어려움		내담자의 열망을 적극적으로 이끌어내고 본인에게 맞는 방법을 선택하도록 격려함 내담자가 문제가 되는 선택을 할 때에도 정확한 공감을 표현하고 관계를 유지하며 내담자의 변화능력을 인정함 내담자가 위험성이 있는 선택을 할 때에도 내담자의 이익을 최선으로 고려하며 자율성을 존중함 지속적으로 내담자의 생각을 이끌어내고, MI 정신과 일치하는 방식으로 필요할 때만 아이디어를 제공 편안하게 내담자와의 관계 형성에 집중함. 내담자에게 호기심 있는 태도로 일관성 있게 접근하며 안정적으로 대화의 흐름을 주시함

코칭이나 피드백을 받을 때 기초 숙련도에 속하는 영역을 집중할 필요가 있다. MI 학습공동체, 고급 훈련, 가상 프로그램 등을 찾아보는 것도 도움이 된다. 이 책을 활용하여 각 해당 영역에 대해 복습하고 연습하는 것도 도움이 될 것이다. 책을 한 번 읽는 것으로 완벽하게 학습 및 연습하는 것은 불가능하기 때문이다.

연습 14-3 MI 코치 찾기

MINT(*www.motivtionalinterviewing.org*) 사이트는 가까운 지역에 특화된 훈련 분야를 가지고 있는 사람들의 리스트를 제공하고 있어 코치를 찾는 데 유용하다. 기술이 발전함에 따라 더 이상 지역을 국한할 필요 없이 내담자와의 대화를 녹음하고 들을 수 있는 도구만 있으면 된다. 단순히 내담자에 대해서 이야기하는 것은 회기를 같이 듣고 이야기를 하는 것만큼 도움이 되지 않는다. 그만큼 기술을 연습하고 보여 주는 것이 중요한 과정이다. 마지막으로, MINT 회원은 아니지만 MI 기술을 가진 상담자들도 많이 있으므로 이들도 훌륭한 코치가 될 수 있다.

MINT를 거쳤는지의 여부에 관계 없이 명심해야 할 사항이 있다. 훌륭한 코치나 멘토는 다음의 세 가지 기질을 가지고 있어야 한다. 첫째, 주제에 대해 지식이 풍부하며 열정이 있어야 한다. 자신이 이야기하는 것에 대해 잘 알고 있고, 필요할 경우 보여 줄 수 있어야 한다. 둘째, 높은 기대감을 가지고 있어야 한다. 물론, 기대 수준이 비합리적일 정도면 안 되지만 현재 수준을 뛰어넘어 지도할 수 있어야 한다. 코치/멘토들은 지속해서 기술을 발전, 개선해 나가는 것을 기대하며 한계 너머에 있는 것들을 추구하도록 격려해야 한다. 또한 기술을 향상시키기 위해 구체적인 방법을 제시해야 한다. MI를 사용하는 데 있어 자신의 목소리를 찾도록 하는 것도 필요하지만, 모호한 피드백을 주는 것은 경청이나 반영을 향상시키는 데 도움이 되지 않는다. 셋째, 지지를 많이 해 주어야 한다. 이 부분은 특별히 중요하다. 현재 수준을 뛰어넘는 기술을 사용하도록 격려할 때는 많은 지지가 필요하다. 또한 코치는 편안함을 주는 사람이어야 하고 기술 향상에 진정으로 관심을 보이는 사람이어야 한다. 이런 편안함과 믿음이 없으면, 코치를 받는 사람은 스스로의 기술을 살피고 정교하게 만드는 데 에너지를 쓰는 대신 자신을 방어하는 데 시간을 들이게 된다. 어떤 코치가 다른 코치들보다 좋다는 것은 아니나 각자의 필요, 관심, 성격 유형에 적합한 코치가 있다. 마지막으로, 이런 편안함과 믿음이 있으면 코칭을 받는 사람이 코치보다 더욱 성장할 수 있다. 코치가 제공한 피드백이 이미 알고 있는 것이지만 새로운 관점이 필요할 수 있기 때문이다. 다른 사람을 위한 코치가 되는 준비 과정 중에 있는 사람일 수도 있다.

다음은 코치에게 물을 수 있는 질문이다.

- 처음 어떻게 MI에 대해 알게 되었는가?
- 기술을 향상시키는 데 어떤 노력을 하였는가?
- 어떤 슈퍼비전/코칭을 받았는가?
- 멘토링을 받을 때 어떤 부분을 중점적으로 받아야 하는가?
- MI 개념에 대한 지식과 기술 수준을 어떤 식으로 유지하는가?
- 어떤 것이 좋은 코칭인가?
- 어떤 식으로 코칭을 하는 것을 좋아하는가?

(다음 쪽에 계속)

MI 코치 찾기

- 코칭 회기 이외에 기대하는 바가 있다면 무엇인가?
- 코칭 시간에 내담자와의 녹음된 회기 내용을 듣는 것은 괜찮은가?
- 회기녹음/관찰할 때 코딩이나 피드백 시스템을 사용하는가?
- 회기를 녹음한 파일을 어떻게 안전하게 다루는가?
- 코칭을 할 때 초점을 맞추는 영역은 무엇인가?
- 코치로서 본인의 강점은 무엇인가?
- 코칭 과정에서 어떤 부분을 즐기는가?
- 어떤 멘티들과 잘 맞는가?
- 비용은 얼마나 드는가?

동기강화상담 학습공동체 설립하기

MI 학습공동체 설립을 고려해 보라. 공동체를 이끄는 사람이 MI 전문가일 필요는 없으나, 공동체가 형성되기를 간절히 원하는 사람이어야 할 것이다. 우리는 이런 사람을 'MI 선수'라고 말한다. 학습공동체가 형성될 수 있는 환경은 다양하므로 추천 사항도 자신의 상황에 맞게 변형하여 적용해야 한다.

1. MI 선수 되기

MI 선수가 되기로 결심했다면 학습공동체를 시작하는 데 몇 가지를 조건하고자 한다. 첫째, 자신에게MI를 배우고 실력을 향상시키는 열정이 있는지 확인하라. 이 책을 샀다는 것은 이미 그런 열정이 있음을 의미한다. 두 번째, 당신의 열정을 다른 사람들과 나누라. 단체 이메일로 공동체에 대한 정보를 공유하는 것도 하나의 방법이지만, 직접 만나서 대화를 나누는 것이 더 효과적이다. 동료들에게 학습공동체를 시작하고자 하는 생각을 대화로 나누라. 관심이 있다고 하면, 그다음 그에 대한 정보를 이메일로 보낼 수 있다. 셋째, 관심 있는 사람들과 첫 모임을 계획하여 공동체에 대한 열망을 나누고 공동체 사람들과 관심사를 공유하라. 이 모임에 대한 계획을 나누는 자리를 가지고 앞으로 참여를 원하는지 결정하도록 하라. 첫 모임에 참석하는 것이 저절로 공동체의 일원이 되는 것이 아님을 명확히 이야기하라. 마지막으로, 앞으로의 공동체 계획과 첫 공식 모임에 대한 공지를 보내라. 첫 모임에는 오지 못했지만 관심 있는 사람들도 초대하라.

공동체를 유지하는 데 도움이 되는 전략들이 있다. 먼저 모임 장소에 대한 스케줄을 짜고 모임 날짜가 다가오면 일시 및 장소에 대해 상기해 줄 수 있는 이메일을 보내라. 필요한 물품들이 있는지 확인하라. 예를 들면, 녹음된 회기 내용을 듣는 것이 모임의 목표이면, 녹음한 내용을 틀 수 있는 기기를 확인하고 코딩 형식을 제공하라(MI 웹 사이트 *www.motivationalinterviewing.org*에서 다운 가능하다). 모임을 정시에 시작하고 정시에 끝내며 계획한 대로 진행될 수 있도록 하라. 모임의 흐름을 제한하라는 의미는 아니지만 참가자들이 모임이 효율적이며 유용하다고 느낄 수 있도록 해야 한다. 방향을 잃고 진행되는 모임은 동력을 잃게 된다. MI 선수가 되는 것은 MI 전문가가 되는 것과 다르다. 자신과 다른 사람들에게 학습의 기회를 만드는 것에 열정과 의지가 있는 사람이어야 한다. MI 선수의 역할을 그룹의 촉진자로 정의하는 것이 적합하다.

2. MI 학습공동체 건설하기

다음은 MINT 훈련자들이 MI 학습공동체를 건설하는 것에 대해 나눈 몇몇 아이디어들을 제시해 놓은 것이다.

정기적인 모임 스케줄 짜기

공동체의 유일한 목표는 MI 기술을 강화시키는 것이다. 공동체 관리에 대한 내용이 모임의 주요 주제가 되지 않도록 하라. 한 달에 두 번 정도 모임을 가지는 것이 좋다. 한 달에 한 번 이하로 모임을 가지면 구성원의 결합력을 유지하는 것이 어렵다. 반면, 일주일에 한 번씩 만나면 너무 잦은 모임으로 부담을 느낄 수 있다.

의제를 설정하고 융통성 있게 대처하기

미리 모임에서 어떤 것을 다룰 것인지 알리는 것이 좋다. 이 책을 사용하여 각 장에 다루는 내용을 모임의 의제로 구조화할 수 있다. 모임 전에 각 장을 읽어 오도록 하는 것도 좋다. 이러한 방법은 MI 기술 훈련의 전체 흐름을 설립하는 데 도움이 된다.

또한 Miller와 Moyers(2006)가 제시한 여덟 가지 과제를 활용할 수 있다. 훈련의 순서는 과제 순서에 따라 구성하고 참여자들이 다음 과제로 넘어갈 자신감이 형성된 다음 진행할 수 있다.

세 번째 접근은 모임에서 읽기 자료들을 활용하는 것이다. 각 모임마다 특정 주제를 정해 놓고 토론할 수 있다. MI와 관련된 기사 및 연구, 책, 읽기 자료들이 급속도로 늘어나고 있다. 특별히 MI 연구에 관심이 있다면 '저널 클럽'을 만들어 모임 초반 20분을 MI 최신 연구를 살피는 것에 투자할 수 있다. MINT 웹 사이트에도 연구논문들을 확인할 수 있다. MINT 게시판은 다른 곳에서는 잘 찾아볼 수 없는 MI에 관련한 아이디어 및 정보를 찾아볼 수 있는 장소가 될 것이다.

연습의 중요성

모임 초기에는 이 책의 연습문제를 활용하는 것이 유용하다. 연습활동을 정하고 연습 후 의견을나누라. 어떤 부분이 잘 진행되었는가? 어떤 부분이 어려웠는가? 어느 부분에 있어 정교화가 필요한가? 모의 만남 비디오 평가(Video Assessment of Simulated Encounters)와 같은 자료들도 활용할 수 있다(Rosengren, Baer, Hartzler, Dunn, & Well, 2005; Rosengren, Hartzler, Baer, Wells, & Dunn, 2008).

MI 전문가의 회기 리뷰하기

MINT 웹 사이트에도 자료들이 있지만 유튜브에도 무료로 활용할 수 있는 자료들이 존재한다. 유튜브에 존재하는 모든 자료가 훌륭한 수준은 아니며, 그런 자료들에 담긴 MI는 그 수준이 다양하다는 것을 염두에 두라. 사실 그런 자료들은 훌륭한 MI 수준과 아닌 것을 구분할 때 유용할 수 있다.

코딩 시스템 활용하기

단순히 상담 회기를 듣는 것을 넘어서 구조화된 코딩 도구를 활용하라. 이러한 도구는 상담 중 대화 과정에 집중할 수 있도록 돕는다. 코딩 시스템은 기초 수준부터 좀 더 정교한 수준까지 단계가 다양하다. 다음은 몇 가지 예이다.

- 질문과 반영의 횟수 세기
- OARS를 코딩하기
- 반영의 깊이를 코딩하기(표면 또는 심층)
- 내담자의 변화대화의 횟수를 체크하고 변화대화로 이끈 부분 표시하기
- 회기 중 내담자의 준비변화도 및 변화의 중요한 순간들 체크하기

코딩 형식은 MINT 웹 사이트에 찾을 수 있다. 예를 들어, MIA-STEP은 무료로 제공되는 형식이다(Martino et al., 2005). 참가자들은 같은 코딩 형식을 사용하여 결과를 비교하거나 다른 코딩

형식을 사용하여 회기의 다른 측면들에 초점을 맞출 수 있다.

자신의 상담 회기 녹음 듣기

배움의 핵심적인 도구는 자신과 다른 사람들의 MI 회기를 듣고 토론하는 것이다. 자신의 상담 회기에 대해 다른 사람이 보고 의논하는 형식이 어떤 사람에게는 낯설고 힘들 수 있다. 그러나 이 방식은 MI 기술을 향상시키는 데 매우 중요하다. 이에 대한 심리적 저항을 뛰어넘을 수 있는 방법은 다음과 같다. 첫째, 구성원들이 이 형식에 익숙해지기 전에는 사용하지 말라. 먼저 집단 응집력을 키우고 서로에 대한 믿음이 형성할 수 있는 활동을 하라. 둘째, MI 선수로서 본인의 상담 회기를 먼저 보여 주라. 셋째, 회기를 리뷰하는 데 있어서 필요한 과제를 제공하라. 넷째, 항상 회기를 보여 주는 상담자에게 초점을 맞추어 논의하라. 어떤 부분이 잘 진행되었으며 어떤 부분에서 변화가 필요한지 본인에게 물어보고 토의한 후 다른 사람들이 참여할 수 있도록 초청하라. 그 후 솔직하지만 최대한 지지적인 피드백을 제공하라.

회기 과정을 녹음하고 관리하려면 도구가 필요하다. 요즘은 고품질 녹음기들을 저렴한 가격으로 구입이 가능하다. 스마트폰도 녹음 기능이 있지만, 음향의 질이 좋지 않는 경우도 있고 보안문제가 있다. 어쨌든 좋은 녹음기를 구입하는 것이 배움에 확실히 도움이 된다. 순서를 미리 정하여 자신의 차례를 기억할 수 있도록 하라. 각 모임마다 하나의 회기를 듣고 의논할 수 있도록 하라. 녹음 회기의 20분 정도를 듣고 토론하는것이 가장 적당하다. 내담자에게 서면 양식으로 녹음에 대한 동의서를 받는 것이 중요하다. 내담자에게 이 녹음이 어떻게 사용되며, 누가 들을 것이며, 언제 어떻게 폐기될 것인지와 같은 비밀유지에 대한 부분을 알려 주어야 한다.

Miller는 녹음 회기를 리뷰하는 데 있어 몇 가지 사항을 제안했다. 회기를 듣고 토의하기 전에 상담자는 내담자의 어떤 행동의 변화를 목표로 하는지 이야기해야 한다. 그런 정보 없이는, 변화대화를 정의하는 것조차 불가능하다. 각 회기가 MI 정신과 부합하는지 그렇지 않는지에 대한 부분이 다루어져야 하며, 상담을 한 본인이 토의를 이끌어 가는 것이 좋다. 참여자들은 서로 'MI 정신에 일치하는 상담이 되기 위해서는 어떤 부분들이 좀 더 필요할지'를 묻고 토의한다.

까다로운 내담자에 대해 의논하기

까다로운 내담자 사례를 가져오도록 해서 동료들에게 어떻게 MI를 사용할 수 있을지 피드백을 받도록 하라. 상담자 본인이 까다로운 내담자 역할을 맡아 역할극을 해 보는 것도 도움이 된다.

추가적인 훈련 고려하기

거리에 상관없이 MI 훈련자가 훈련을 제공할 수 있는 기회가 많아지고 있다. MI 트레이너와 특정 부분에 대해 전화 또는 비디오 회담을 가지는 것을 고려해 보라. 회담 전에 어떤 부분을 집중적으로 토의할 것이며 연습할 것인지 의논하는 것이 도움이 된다.

모임의 마무리를 구조화하기

모임을 마무리할 때 다음 모임의 일시 및 의제를 알리고, 누가 어떤 부분에 책임지고 준비할 것인지, 누가 언제 알림 이메일을 보낼 것인지 확인하라. 특별히 회기 녹음본을 가져와야 할 구성원에게는 모임 일정을 상기시켜 주는 것이 꼭 필요하다. 모임이 한 달에 한 번 진행된다면 MI 선수는 모임 2주 전에 알림 이메일을 보내는 것이 좋다.

추가적으로 고려해야 할 사항들이 있다. 만약 장소가 MI 학습공동체 모임을 진행하기에 너무 협소하다면, 다른 공동체와 넓은 장소에서 함께 모임을 하는 것을 고려해 보라. 만약 본인이 개인 사무실을 운영하고 있다면 그 지역의 다른 상담가들에게 연락을 해서 MI 공동체에 관심이 있는지 물어보라. 시작하는 시기와 마치는 시기가 정해진 모임일지 아니면 계속해서 진행되는 모임일지, 어떤 사람이든 참여할 수 있는지, 참석 횟수에 대한 기준이 있을지 등을 고려하여 모임의 성격을 정하라. 이러한 논의는 앞으로의 혼란을 줄일 수 있다. 마지막으로, 재미있게 배우면 더 효율적이다. 모임을 재미있게 진행하라!

참고 문헌

Allison, J. (2006). Resistant ramblings: Feedback on a consensus statement on change talk. *MINT Bulletin*, *13*(1), 4-5. Available at www.motivationalinterviewing.org/bulletin.

Amrhein, P., Miller, W. R., Moyers, T. B., & Rollnick, S. (2005). A consensus statement on change talk. *MINT Bulletin*, *12*(2), 3-4. Available at www.motivationalinterviewing.org/bulletin.

Amrhein, P., Miller, W. R., Yahne, C. E., Knupsky, A., & Hochstein, D. (2004). Strength of client commitment language improves with training in motivational interviewing. *Alcoholism: Clinical and Experimental Research*, *28*(5), 74A.

Amrhein, P., Miller, W. R., Yahne, C. E., Palmer, M., & Fulcher, L. (2003). Client commitment language during motivational interviewing predicts drug use outcomes. *Journal of Consulting and Clinical Psychology*, *71*, 862-878.

Apodaca, T. R., Borsari, B., Jackson, K. M., Magill, M., Longabaugh, R., Mastroleo, N. R., et al. (2014). Sustain talk predicts poorer outcomes among mandated college drinkers receiving a brief motivational intervention. *Psychology of Addictive Behaviors*, *28*(3) 631-638.

Apodaca, T. R., Jackson, K. M., Borsari, B., Magill, M., Longabaugh, R., Mastroleo, N. R., et al. (2016). Which individual therapist behaviors elicit change talk and sustain talk in motivational interviewing? *Journal of Substance Abuse Treatment*, *61*, 60-65.

Apodaca, T. R., & Longabaugh, R. (2009). Mechanisms of change in motivational interviewing: A review and preliminary evaluation of the evidence. *Addiction*, *104*(5), 705-715.

Arkowitz, H., & Miller, W R. (2008). Learning, applying and extending MI. In H. Arkowitz, H. A. Westra, W. R. Miller, & S. Rollnick (Eds.), *Motivational interviewing in the treatment of psychological problems* (pp. 1-25). New York: Guilford Press.

Arkowitz, H., Miller, W. R., & Rollnick, S. (Eds.). (2015). *Motivational interviewing in the treatment ofpsychological problems* (2nd ed.). New York: Guilford Press.

Baer, J. B., Wells, E., Rosengren, D. B., Hartzler, B., Beadnell, B., & Dunn, C. (2009). Context and tailored training in technology transfer: Evaluating motivational interviewing training for community counselors. *Journal of Substance Abuse Treatment*, *37*(2), 191-202.

Baer, J. S., Rosengren, D. B., Dunn, C. W., Wells, E. A., Ogle, R. L., & Hartzler, B. (2004). An evaluation of workshop training in motivational interviewing for addiction and mental health clinicians. *Drug and Alcohol Dependence*, *73*, 99-106.

Bandura, A. (1997). *Self effi cacy: The exercise of*

control. New York: Freeman.

Bandura, A. (2004). Health promotion by social cognitive means. *Health Education and Behavior*, *31*(2), 143-64.

Barnett, E., Moyers, T. B., Sussman, S., Smith, C., Rohrbach, L. A., Sun, P., et al. (2014). From counselor skill to decreased marijuana use: Does change talk matter? *Journal of Substance Abuse Treatment*, *46*(4), 498-505.

Barnett, E., Spruijt-Metz, D., Moyers, T. B., Smith, C., Rohrbach, L. A., Sun, P., et al. (2014). Bidirectional relationships between client and counselor speech: The importance of refraining. *Psychology of Addictive Behaviors*, *28*(4), 1212-1219.

Barth, T. (2006). Consensus and change talk: Feedback on a consensus statement on change talk. Available at *www.motivationalinterviewing.org/bulletin*.

Barwick, M. S., Bennett, L. M., Johnson, S. N., McGowan, J., & Moore, J. E. (2012). Training health and mental health professionals in motivational interviewing: A systematic review. *Children and Youth Services Review*, *34*, 1786-1795.

Bern, D. J. (1967). Self perception theory: An alternative interpretation of cognitive dissonance. *Psychological Review*, *74*, 183-200.

Bennett, C. A., Moore, J., Vaughan, T., Rouse, L., Gibbins, J. A., Thomas, P., et al. (2007). Strengthening motivational interviewing following initial training: A randomised trial of workplace-based reflective practice. *Addictive Behaviors*, *32*(12), 2963-2975.

Bertholet, N., Faouzi, M., Grnel, C., Gaume, J., & Daeppen, J.-B. (2010). Change talk sequence during brief motivational intervention, towards or away from drinking. *Addiction*, *105*(12), 2106-2112.

Bohman, B., Forsberg, L., Ghaderi, A., & Rasmussen, F. (2013). An evaluation of training in motivational interviewing for nurses in child health services. *Behavioural and Cognitive Psychotherapy*, *41*(3), 329-343.

Borsari, B., Apodaca, T. R., Jackson, K. M., Mastroleo, N. R., Magill, M., Barnett, N. P., et al. (2015). In-session processes of brief motivational interventions in two trials with mandated college students. *Journal of Consulting and Clinical Psychology*, *83*(1), 56-67.

Brug, J., Spikmans, F., Aartsen, C., Breedveld, B., Bes, R., & Ferieria, I. (2007). Training dietitians in basic motivational interviewing skills results in changes in their counseling style and lower saturated fat intakes in their patients. *Journal of Nutrition Education and Behavior*, *39*, 8-12.

Campbell, S. D., Adamson, S. J., & Carter, J. D. (2010). Client language during motivational enhancement therapy and alcohol use outcome. *Behavioural and Cognitive Psychotherapy*, *38*(4), 399-415.

Can, D., Mann, R. A., Georgiou, P. G., Imel, Z. E., Atkins, D. C., & Narayanan, S. 5. (2016). "It sounds like... ": A natural language processing approach to detecting counselor reflections in motivational interviewing. *Journal of Counseling Psychology*, *63*(3), 343-350.

Carpenter, K. M., Watson, J. M., Raffety, B., & Chabal, C. (2003). Teaching brief interventions for smoking cessation via an interactive computer-based tutorial. *Journal of Health Psychology*, *8*, 149-160.

Cialdini, R. (2016). *Pre-suasion: A revolutionary way to influence and persuade*. New York: Simon & Schuster.

Cohen, G. L., & Sherman, D. K. (2007). Self-affirmation theory. In R. Baumeister & K. Vohs (Eds.), *Encyclopedia of social psychology* (pp. 787-789). Thousand Oaks, CA: SAGE.

Cohen, G. L., & Sherman, D. K. (2014). The psychology of change: Self-affirmation and social psychological intervention. *Annual Review of Psychology*, *65*, 333-371.

Decker, S. E., & Martino, S. (2013). Unintended effects of training on clinicians' interest, confidence, and commitment in using motivational interviewing. *Drug and Alcohol Dependence*, *132*(3), 681-687.

Diabetes Control and Complications Trial Research Group. (1993). The effect of intensive treatment of diabetes on the development and progression of long-term complications in insulin-dependent diabetes mellitus. *New England Journal of Medicine*, *329*(14), 977-986.

DiClemente, C. C. (1991). Motivational interviewing and stages of change. In W. R. Miller & S. Rollnick, *Motivational interviewing: Preparing people to change addictive behavior* (pp. 191-202). New

York: Guilford Press.

DiClemente, C. C. (2003). *Addiction and change: How addictions develop and addicted people recover*. New York: Guilford Press.

Donovan, D. M., Rosengren, D. B., Downey, L., Cox, G. B., & Sloan, K. L. (2001). Attrition prevention with individuals awaiting publicly funded drug treatment. *Addiction, 96*, 1149-1160.

Doran, G. T. (1981). There's a S.M.A.R.T. way to write management's goals and objectives. Management Review, 70(11), 35-36.

Downey, L., Rosengren, D. B., & Donovan, D. M. (2000). To thine own self be true: Self-concept and motivation for abstinence among substance users. *Addictive Behaviors, 25*, 743-757.

Duckworth, A. (2016). *Grit: The power of passion and perseverance*. New York: Scribner.

Dweck, C. S., & Leggett, E. L. (1988). A social-cognitive approach to motivation and personality. *Psychological Review, 95*, 256-273.

Engle, D., & Arkowitz, H. (2006). *Ambivalence in psychotherapy: Facilitating readiness to change*. New York: Guilford Press.

Feldstein Ewing, S. W., Filbey, F. M., Hendershot, C. S., McEachern, A. D., & Hutchison, K. E. (2011). Proposed model of the neurobiological mechanisms underlying psychosocial alcohol interventions: The example of motivational interviewing. *Journal of Studies on Alcohol and Drugs, 72*(6), 903-916.

Fisher, W. A., Fisher, J. D., & Harman, J. (2003). The information-motivation-behavioral skills model: A general social psychological approach to understanding and promoting health behavior. In J. Suls & K. A. Wallston (Eds.), *Social psychological foundations of health and illness* (pp. 82-106). Malden, MA: Blackwell.

Fixsen, LX L., Naoom, S. F., Blase, K. A., Friedman, R. M., & Wallace, F (2005). *Implementation research: A synthesis of the literature* (FMHI Publication No. 231). Tampa, FL: University of South Florida, Louis de la Parte Florida Mental Health Institute, National Implementation Research Network.

Forrester, D., McCambridge, J., Waissbein, C., Emlyn-Jones, R., & Rollnick, S. (2008). Child risk and parental resistance: Can motivational interviewing improve the practice of child and family social workers in working with parental alcohol misuse? *British Journal of Social Work, 38*, 1302-1319.

Fredrickson, B. L. (2009). *Positivity: Top-notch research reveals the 3-to-1 ratio that will change your life*. New York: Three River Press.

Fredrickson, B. L. (2013). *Love 2.0: How our supreme emotion affects everything we feel, think, do and become*. New York: Hudson Street Press.

Gaume, J., Bertholet, N., Faouzi, M., Gmel, C., & Daeppen, J.-B. (2010). Counselor motivational interviewing skills and young adult change talk articulation during brief motivational interventions. *Journal of Substance Abuse Treatment, 39*(3), 272-281.

Gaume, J., Gmel, C., & Daeppen, J.-B. (2008). Brief alcohol interventions: Do counsellors' and patients' communication characteristics predict change? *Alcohol and Alcoholism, 43*(1), 62-69.

Gaume, J., Cmel, C., Faouzi, M., & Daeppen, J.-B. (2008). Counsellor behaviours and patient language during brief motivational interventions: A sequential analysis of speech. *Addiction, 103*(11), 1793-1800.

Gaume, J., Longabaugh, R., Magill, M., Bertholet, N., Cmel, G., & Daeppen, J.-B. (2016). Under what conditions?: Therapist and client characteristics moderate the role of change talk in brief motivational intervention. *Journal of Consulting and Clinical Psychology, 84*(3), 211-220.

Gaume, J., Magill, M., Longabaugh, R., Bertholet, N., Gmel, G., & Daeppen, J.-B. (2014). Influence of counselor characteristics and behaviors on the efficacy of a brief motivational intervention for heavy drinking in young men: A randomized controlled trial. *Alcoholism: Clinical and Experimental Research, 38*(7), 2138-2147.

Glynn, L., & Moyers, T. B. (2010). Chasing change talk: The clinician's role in evoking client language about change. *Journal of Substance Abuse Treatment, 39*(1), 65-70.

Gobat, N., Kinnersley, P., Gregory, J. W., & Robling, M. (2015). What is agenda setting in the clinical encounter?: Consensus from literature review and expert consultation. *Patient Education and Counseling, 98*(7), 822-829.

Gollwitzer, P. M. (1990). Action phases and mind-sets. In

E. T. Higgins & R. M. Sorrentino (Eds.), *Handbook of motivation and cognition: Foundations of social behavior* (Vol.2, pp. 53-92). New York: Guilford Press.

Gollwitzer, P. M. (1993). Goal achievement: The role of intentions. *European Review of Social Psychology, 4*, 141-185.

Gollwitzer, P. M. (2014). Weakness of the will: Is a quick fix possible? *Motivation and Emotion, 38*, 305-322.

Gollwitzer, P. M., Sheeran, P., Michalski, V., & Seifert, A. E. (2009). When intentions go public: Does social reality widen the intention-behavior gap? *Psychological Science, 20*(5), 612-618.

Gordon, T. (1970). *Parent effectiveness training*. New York: Wyden.

Handmaker, N. S., Hester, R. K., & Delaney, H. D. (1999). Videotape training in alcohol counseling for obstetric care practitioners: A randomized control trial. *Obstetrics and Gynecology, 93*, 213-218.

Hartzler, B., Rosengren, D. B., & Baer, J. 5. (2009). Motivational interviewing. In L. M. Cohen, F. L. Collins, A. Young, D. E. McChargue, & T. Leffingwell (Eds.), *The pharmacology and treatment of substance abuse: Evidence- and outcome-based perspectives* (pp. 579-604). Mahwah, NJ: Erlbaum.

Hasson, Y., Nir, Y., Levy, I., Fuhrmann, G., & Malach, R. (2004). Intersubject synchronization of cortical activity during natural vision. *Science, 303*, 1634-1640.

Higgins, E. T. (1997). Beyond pleasure and pain. *American Psychologist, 52*, 1280-1300.

Hohman, M. (2011). *Motivational interviewing in social work practice*. New York: Guilford Press.

Houck, J. M., Hunter, S. B., Benson, J. G., Cochrum, L. L., Rowell, L. N., & D'Amico, E. J. (2015). Temporal variation in facilitator and client behavior during group motivational interviewing sessions. *Psychology of Addictive Behaviors, 29*(4), 941-949.

Houck, J. M., & Moyers, T. B. (2008). *What you do matters: Therapist influence on client behavior during motivational interviewing sessions.* Paper presented at the First International Addiction Summit, Melbourne, Australia.

Houck, J. M., & Moyers, T. M. (2015). Within-session communication patterns predict alcohol treatment outcomes. *Drug and Alcohol Dependence, 157*, 205-209.

Houck, J. M., Moyers, T. B., & Tesche, C. D. (2013) Through a glass darkly: Some insights on change talk via magnetoencephalography. *Psychology of Addictive Behavior, 27*(2), 489-500.

Imel, Z. E., Baer, J. S., Martino, S., Ball, S. A., & Carroll, K. M. (2011). Mutual influence in therapist competence and adherence to motivational enhancement therapy. *Drug and Alcohol Dependence, 115*, 229-236.

Imel, Z. E., Barco, J. S., Brown, H. J., Baucome, B. R., Baer, J. S., Kircher, J. C., et al. (2014). The association of therapist empathy and synchrony in vocally encoded arousal. *Journal of Counseling Psychology, 61*(1) 146-153.

Imel, Z. E., Steyvers, M., & Atkins, D. C. (2014). Computation psychotherapy research: Scaling up the evaluation of patient-provider interactions. *Psychotherapy, 52*(1), 19-30.

Jones, E. E., & Harris, V. A. (1967). The attribution of attitudes. *Journal of Experimental Social Psychology, 3*, 1-24.

Karlin, B. E., & Cross, G. (2014). From the laboratory to the therapy room: National dissemination and implementation of evidence-based psychotherapies in the US Department of Veterans Affairs Health Care System. *American Psychologist, 69*(1), 19.

Leffingwell, T. R., Neumann, C. A., Babitske, A. C., Leedy, M. J., & Walters, S. T. (2006). Social psychology and motivational interviewing: A review of relevant principles and recommendations for research and practice. *Behavioural and Cognitive Psychotherapy, 35*(1), 1-15.

Locke, A. E., & Latham, G. (Eds.). (2013). *New developments in goal setting and task performance*. New York: Routledge.

Madson, M. B., Campbell, T. C., Barrett, D. E., Brondino, M. J., & Melchert, T. P. (2005). Development of the Motivational Interviewing Supervision and Training Scale. *Psychology ofAddictive Behaviors, 19*, 303-310.

Madson, M. B., Lane, C., & Noble, J. J. (2012).

Delivering quality motivational interviewing training: A survey of MI trainers. *Motivational Interviewing: Training, Research, Implementation, Practice*, 1(1), 16-24.

Madson, M. B., Loignon, A. C., & Lane, C. (2009). Training in motivational interviewing: A systematic review. *Journal of Substance Abuse Treatment, 36*(1), 101-109.

Magili, M., Gaume, J., Apodaca, T. R., Walthers, J., Mastroleo, N. R., Borsari, B., et al. (2014). The technical hypothesis of motivational interviewing: A meta-analysis of MI's key causal model. *Journal of Consulting and Clinical Psychology, 82*(6), 973-983.

Magiil, M., Stout, R. L., & Apodaca, T. R. (2013). Therapist effects on client drinking across four motivational interviewing sessions: A longitudinal analysis of process predictors. *Psychology of Addictive Behaviors, 27*, 54-62.

Martino, S., Ball, S. A., Ceperich, S., del Mar Garcia, M., Gallon, S., Hall, D., et al. (2006). Motivational interviewing assessment: Supervisor tools for enhancing proficiency (MIA-STEP). Available at *ctndisseminationhibrary.org/display/146.htm*.

Martino, S., Ball, S. A., Nich, C., Frankforter, T. L., & Carroll, K. M. (2008). Community program therapist adherence and competence in motivational interviewing. *Drug and Alcohol Dependence, 96*, 37-48.

Martino, S., Canning-Ball, M., Carroll, K. M., & Rounsaville, B. (2011). A criterion-based stepwise approach for training counselors in motivational interviewing. *Journal of Substance Abuse Treatment, 40*(4), 357-365.

Martino, S., Haeseler, F., Belitsky, R., Pantalon, M., & Fortin, A. H. (2007). Teaching brief motivational interviewing to year three medical students. *Medical Education, 41*, 160-167.

McNamara, R., Robiing, M., Hood, K., Channon, S., Cohen, D., Crowne, E., et ai. (2010, February 9). Children and Teenagers Experiencing Diabetes (DEPICTED): A protocol for a randomized controlled trial of the effectiveness of a communication skills training programme for health-care professionals working with young people with Type 1 Diabetes. *BMC Health Services Research, 10*, 36.

Miller, W. R., & C'de Baca, J. (2001). *Quantum change: When epiphanies and sudden insights transform lives*. New York: Guilford Press.

Miller, W. R., & Moyers, T. B. (2006). Eight stages in learning motivational interviewing. *Journal of Teaching in the Addictions, 5*, 3-17.

Miller, W. R., Moyers, T. B., Amrhein, P., & Rollnick, S. (2006). A consensus statement on defining change talk. *MINT Bulletin, 13*(2), 6-7. Available at *www.motivationalinterviewing.org/bulletin*.

Miller, W. R., & Rollnick, S. (1991). *Motivational interviewing: Preparing people to change addictive behavior*. New York: Guilford Press.

Miller, W. R., & Rollnick, S. (2002). *Motivational interviewing: Preparing people for change* (2nd ed.). New York: Guilford Press.

Miller, W. R., & Rollnick, S. (2009). Ten things that motivational interviewing is not. *Behavioral and Cognitive Psychotherapy, 37*, 129-140.

Miller, W. R., & Rollnick, S. (2013). *Motivational interviewing: Helping people change* (3rd ed,). New York: Guilford Press.

Miller, W. R., & Rose, G. 5. (2009). Toward a theory of motivational interviewing. *American Psychologist, 64*(6), 527-537.

Miller, W. R., Sorensen, J. L., Seizer, J. A., & Brigham, G. S. (2006). Disseminating evidence-based practices in substance abuse treatment: A review with suggestions. *Journal of Substance Abuse Treatment, 31*, 25-39.

Miller, W. R., & Sovereign, R. G. (1989). The check-up: A model for early intervention in addictive behaviors. In T. Løberg, W. R. Miller, P. E. Nathan, & G. A. Marlatt (Eds.), *Addictive behaviors: Prevention and early intervention* (pp. 219-231). Amsterdam: Swets & Zeitlinger.

Miller, W. R., Yahne, C. E., Moyers, T. B., Martinez, J., & Pirritano, M. (2004). A randomized trial of methods to help clinicians learn motivational interviewing. *Journal of Counseling and Clinical Psychology, 72*(6), 1050-1062.

Miller, W. R., Yahne, C. E., & Tonigan, J. S. (2003). Motivational interviewing in drug abuse services: A randomized trial. *Journal of Consulting and Clinical Psychology, 72*, 1052-1062.

Miller, W. R., Zweben, A., DiClemente, C. C., & Rychtarik, R. (1992). *Motivational enhancement therapy manual: A clinical research guide for therapists treating individuals with alcohol abuse and dependence* (Project MATCH Monograph Series, Vol. 2). Rockville, MD: National Institute on Alcohol Abuse and Alcoholism.

Morgenstern, J., Kuerbis, A., Amrhein, P., Hail, L., Lynch, K., & McKay, J. R. (2012). Motivational interviewing: A pilot test of active ingredients and mechanisms of change. *Psychology of Addictive Behaviors*, *26*(4), 859-869.

Moyers, T. B., Manuel, J. K., & Ernst, D. (2014). *Motivational interviewing treatment integrity coding manual 4.2.1*. Unpublished manual.

Moyers, T. B., Martin, T., Christopher, P. J., Houck, J. M., Tonigan, J. S., & Amrhein, P. C. (2007). Client language as a mediator of motivational interviewing efficacy: Where is the evidence? *Alcoholism: Clinical and Experimental Research, 31*(S3), 40S-47S.

Moyers, T. B., Martin, T., Houck, J. M., Christopher, P. J., & Tonigan, J. 5. (2009). From in-session behaviors to drinking outcomes: A causal chain for motivational interviewing. *Journal of Consulting and Clinical Psychology*, *77*(6), 1113-1124.

Moyers, T. B., & Miller, W. R. (2013). Is low therapist empathy toxic? *Psychology of Addictive Behaviors*, *27*(3), 878-884.

Moyers, T. B., Miller, W. R., & Hendrickson, S. M. L. (2005). How does motivational interviewing work?: Therapist interpersonal skill predicts client involvement within motivational interviewing sessions. *Journal of Consulting and Clinical Psychology*, *73*, 590-598.

Naar-King, S., & Safren, S. A. (2017). *Motivational interviewing and CBT Combining strategies for maximum effectiveness*. New York: Guilford Press.

Naar-King, S., & Suarez, M. (2011). *Motivational interviewing with adolescents and young adults*. New York: Guilford Press.

Patterson, G. R., & Forgatch, M. 5. (1985). Therapist behaviors as a determinant of client noncompliance: A paradox for the behavior modifier. *Journal of Consulting and Clinical Psychology*, *53*, 846-851.

Peterson, C. (2006). *A primer in positive psychology*. New York: Oxford University Press.

Petty, R. E., Barden, J., & Wheeler, S. C. (2009). The Elaboration Likelihood Model of Persuasion: Developing health promotions for sustained behavioral change. *Emerging Theories in Health Promotion Practice and Research*, *2*, 185-214.

Petty, R. E., & Wegener, D. T. (1999). The elaboration likelihood model: Current status and controversies. In S. Chaiken & Y. Trope (Eds.), *Dual-process theories in social psychology* (pp. 41-72). New York: Guilford Press.

Powell, B. J., Waltz, T. J., Chinman, M. J., Damschroder, L. J., Smith, J. L., Matthieu, M. M Kirchner, J. E. (2015). A refined compilation of implementation strategies: results from the Expert Recommendations for Implementing Change (ERIC) project. *Implementation Science*, *10*(1), 21.

Prochaska, J. 0., & DiClemente, C. C. (1984). *The transtheoretical approach: Crossing the traditional boundaries of therapy*. Malabar, FL: Krieger.

Prochaska, J. 0., & DiClemente, C. C. (1998). Comments, criteria, and creating better models. In W. R. Miller & N. Heather (Eds.), *Treating addictive behaviors* (2nd ed., pp. 39-46). New York: Plenum Press.

Project MATCH Research Group. (1997). Project MATCH secondary a priori hypotheses. *Addiction*, *92*, 1671-1698.

Project MATCH Research Group. (1998). Matching alcoholism treatment to client heterogeneity: Treatment main effects and matching effects during treatment. *Journal of Studies on Alcohol*, *59*, 631-639.

Robling, M., McNamara, R., Bennert, K., Butler, C., Channon, S., Cohen, D., et al. (2010). The effect of the Talking Diabetes consulting skills intervention on glycaemic control and quality of life in children with type 1 diabetes: Cluster randomised controlled trial (DEPICTED study). *British Medical Journal*, *344*, e2359.

Rogers, C. (1980). *A way of being*. New York: Houghton Mifflin.

Rokeach, M. (1973). *The nature of human values*. New York: Free Press.

Rokeach, M. (Ed.). (1979). *Understanding human values*. New York: Macmillan.

Rollnick, S. (2016, November 28). Re: MI and Radicalism [Online forum comment]. Retrieved from *http://motivationalinterviewing.org/mintforum/message*.

Rollnick, S., Kaplan, S. G., & Rutschmann, R. (2016). *Motivational interviewing in schools: Conversations to improve behavior and learning*. New York: Guilford Press.

Rollnick, S., Mason, P., & Butler, C. (1999). *Health behavior change: A guide for practitioners*. London: Churchill-Livingstone.

Rollnick, S., Miller, W. R., & Butler, C. (2008). *Motivational interviewing in health care: Helping patients change behavior*. New York: Guilford Press.

Rosengren, D. B., Baer, J. S., Hartzler, B., Dunn, C. W., & Wells, E. A. (2005). The Video Assessment of Simulated Encounters (VASE): Development and validation of a group-administered method for evaluating clinician skills in motivational interviewing. *Drug and Alcohol Dependence*, *79*, 321-330.

Rosengren, D. B., Hartzler, B., Baer, J. S., Wells, E. A., & Dunn, C. W. (2008). The Video Assessment of Simulated Encounters-Revised (VASE-R): Reliability and validity of a revised measure of motivational interviewing skills. *Drug and Alcohol Dependence*, *97*(1-2), 130-138.

Ross, L. (1977). The intuitive psychologist and his shortcomings: Distortions in the attribution process. In L. Berkowitz (Ed.), *Advances in experimental social psychology* (Vol. 10, pp. 173-220). New York: Academic Press.

Ryan, R. M., & Deci, E. L. (2000). Self-determination theory and the facilitation of intrinsic motivation, social development, and wellbeing. *American Psychologist*, *55*, 68-78.

Schoener, E. P., Madeja, C. L., Henderson, M. J., Ondersma, S. J., & Janisse, J. J. (2006). Effects of motivational interviewing training on mental health therapist behavior. *Drug and Alcohol Dependence*, *82*, 269-275.

Schumacher, J. A., & Madson, M. B. (2015). *Fundamentals of motivational interviewing, tips and strategies for addressing common clinical challenges*. New York: Oxford University Press.

Schwalbe, C. S., Oh, H. Y., & Zweben, A. (2014). Sustaining motivational interviewing: A metaanalysis of training studies. *Addiction*, *109*, 1287-1294.

Silver, H. F., Strong, R. W., & Perini, M. J. (2000). *So each may learn: Integrating learning styles and multiple intelligences*. Trenton, NJ: Silver Strong.

Simpson, D. D. (2002). A conceptual framework for transferring research into practice. *Journal of Substance Abuse Treatment*, *22*, 171-182.

Simpson, D. D., & Joe, C. W. (1993). Motivation as a predictor of early dropout from drug abuse treatment. *Psychotherapy*, *30*, 357-368.

Smith, J. L., Amrhein, P. C., Brooks, A. C., Carpenter, K. M., Levin, D., Schreiber, E. A., et al. (2007). Providing live supervision via teleconferencing improves skill acquisition of motivational interviewing skills after workshop attendance. American *Journal of Drug and Alcohol Abuse*, *33*, 163-168.

Steele, C. M. (1988). The psychology of self-affirmation: Sustaining the integrity of the self. In L. Berkowitz (Ed.), *Advances in experimental social psychology* (Vol. 21, pp. 261-302). San Diego, CA: Academic Press.

Steinberg, M. P., & Miller, W. R. (2015). *Motivational interviewing in diabetes care*. New York: Guilford Press.

Stinson, D., & Clark, M. D. (2017). *Motivational interviewing with offenders: Engagement, rehabilitation, and reentry*. New York: Guilford Press.

Vader, A. M., Walters, S. T., Prabhu, G. C., Houck, J. M., & Field, C. A. (2010). The language of motivational interviewing and feedback: Counselor language, client language, and client drinking outcomes. *Psychology of Addictive Behaviors*, *24*(2), 190-197.

Villaume, W. A., Berger, B. A., & Barker, B. N. (2006). Learning motivational interviewing: Scripting a virtual patient. *American Journal of Pharmacy Education*, *70*(2), 1-9.

Voss, J. D., & Wolf, A. M. (2004). Teaching motivational interviewing in chronic care: A workshop approach. *Journal of General Internal Medicine*, *19*, 213.

Wagner, C. C., & Ingersoll, K. 5. (2013) *Motivational*

interviewing in groups. New York: Guilford Press.
Westra, H. A. (2012). *Motivational interviewing in the treatment of anxiety*. New York: Guilford Press.
Zuckoff, A., & Gorscak, B. (2015). *Finding your way to change: How the power of motivational interviewing can reveal what you want and help you get there*. New York: Guilford Press.

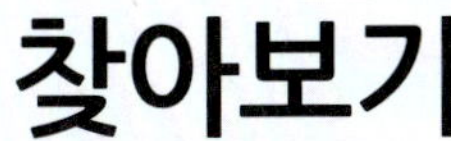

찾아보기

[ㄱ]

[ㄴ]

[ㄷ]

[ㅁ]

[ㅂ]

[ㅅ]

[ㅇ]

[ㅈ]

[ㅊ]

[ㅋ]

[ㅌ]

[ㅍ]

[ㅎ]

[기타]

역자 소개

■ 신성만

Boston University, Rehabilitation Counseling 박사
전, 하버드 의대 정신과 연구원
전, 미국 Asian Pacific Counseling and Treatment Centers 상담전문가
현, 한동대학교 상담심리사회복지학부 교수

♣ 공동 역서
불안장애를 위한 동기강화상담(2017, 시그마프레스)
동기강화상담의 핵심: 일반 임상적 난제의 해결방안과 전략(2017, 시그마프레스)
집단 동기강화상담(2016, 박학사)
동기강화상담, 3판(2015, 시그마프레스)
학교에서의 동기강화상담(2015, 박학사)

■ 김성재

서울대학교 간호대학 학사 · 석사 · 박사
현, 서울대학교 간호대학 교수

♣ 공동 역서
정신건강간호학(2019, 학지사메디컬)
건강관리전문가를 위한 동기강화상담(2017, 박학사)
집단 동기강화상담(2016, 박학사)

■ 이동귀

서울대학교 심리학과 학사 · 석사
미주리주립대학교 상담심리학 박사
전, 퍼듀대학교 교육학과 교수
현, 연세대학교 심리학과 교수

♣ 저서
YTN Science 생각연구소(2019, 박영스토리)
서른이면 달라질 줄 알았다(2016, 북이십일)
너 이런 심리법칙 알아?(2016, 북이십일)

■ 전영민

중앙대학교 심리학과 임상심리학 박사
전, 을지대학교 중독재활복지학과 교수
현, 한국도박문제관리센터 연구부장

♣ 공동 역서
도박중독의 인지행동치료(2015, 박학사)
중독상담(2012, 박학사)
중독상담과 재활(2010, 학지사)

■ 김주은

미국 뉴욕주 콜럼비아 대학교 임상심리학 석사
시라큐스대학 임상심리학 박사
현, 충남대학교 심리학과 교수
동기강화상담 훈련가 네트워크(MINT) 회원

♣ 공동 저 · 역서
네비드의 심리학개론(2019, 학지사)
중독상담학 개론(2018, 학지사)

동기강화상담 기술훈련: 실무자 워크북, 제2판

Building Motivational Interviewing Skills: A Practitioner Workbook

발 행 일 | 2023년 2월 28일 초판 2쇄 발행
저 자 | David B. Rosengren
역 자 | 신성만 · 김성재 · 이동귀 · 전영민 · 김주은
발 행 인 | 구본하
발 행 처 | 도서출판 **박학사**
주 소 | 서울시 마포구 월드컵북로5길 33 동아빌딩 2층
전 화 | (02)3142-3764~5
팩 스 | (02)3142-3766
웹사이트 | www.pakhaksa.co.kr
등록번호 | 제10-2230호

정가 27,000원 ISBN 978-89-98521-73-8